U0959563

HUMANITIES AND SOCIETY

马基雅维里时刻

佛罗伦萨政治思想和大西洋共和主义传统

J.G.A. Pocock

[英国] J.G.A. 波考克 著　冯克利 傅乾 译

译林出版社

图书在版编目（CIP）数据
马基雅维里时刻：佛罗伦萨政治思想和大西洋共和主义传统／（英）波考克（Pocock, J. G. A.）著；冯克利，傅乾译．—南京：译林出版社，2013.10（2019.5 重印）
（人文与社会译丛／刘东主编）
书名原文：The Machiavellian Moment
ISBN 978-7-5447-4178-1

Ⅰ．①马…　Ⅱ．①波…　②冯…　③傅…　Ⅲ．①政治思想史－世界
Ⅳ．①D091

中国版本图书馆 CIP 数据核字（2013）第 196418 号

The Machiavellian Moment by J.G.A. Pocock
Copyright © 1975 by Princeton University Press
This translation published by arrangement with Princeton University Press
through Bardon-Chinese Media Agency
Chinese (Simplified Characters) trade paperback copyright © 2017 by Yilin Press, Ltd
All rights reserved.
No part of this book may be reproduced or transmitted in any form or by any means, electronic or mechanical, including photocopying, recording or by any information storage and retrieval system, without permission in writing from the Publisher.

著作权合同登记号　图字：10-2015-277 号

马基雅维里时刻：佛罗伦萨政治思想和大西洋共和主义传统
［英国］J.G.A.波考克／著　冯克利　傅　乾／译

责任编辑　马爱新
装帧设计　胡　苨
责任印制　单　莉

原文出版　Princeton University Press, 2003
出版发行　译林出版社
地　　址　南京市湖南路 1 号 A 楼
邮　　箱　yilin@yilin.com
网　　址　www.yilin.com
市场热线　025-86633278
排　　版　南京展望文化发展有限公司
印　　刷　江苏凤凰通达印刷有限公司
开　　本　880 毫米 × 1230 毫米　1/32
印　　张　22.375
版　　次　2013 年 10 月第 2 版　2019 年 5 月第 3 次印刷
书　　号　ISBN 978-7-5447-4178-1
定　　价　108.00 元

版权所有 · 侵权必究
译林版图书若有印装错误可向出版社调换，质量热线：025-83658316

主 编 的 话

刘 东

总算不负几年来的苦心——该为这套书写篇短序了。

此项翻译工程的缘起,先要追溯到自己内心的某些变化。虽说越来越惯于乡间的生活,每天只打一两通电话,但这种离群索居并不意味着我已修炼到了出家遁世的地步。毋宁说,坚守沉默少语的状态,倒是为了咬定问题不放,而且在当下的世道中,若还有哪路学说能引我出神,就不能只是玄妙得叫人着魔,还要有助于思入所属的社群。如此嘈嘈切切鼓荡难平的心气,或不免受了世事的恶刺激,不过也恰是这道底线,帮我部分摆脱了中西"精神分裂症"——至少我可以倚仗着中国文化的本根,去参验外缘的社会学说了,既然儒学作为一种本真的心向,正是要从对现世生活的终极肯定出发,把人间问题当成全部灵感的源头。

不宁惟是,这种从人文思入社会的诉求,还同国际学界的发展不期相合。擅长把捉非确定性问题的哲学,看来有点走出自我囿闭的低潮,而这又跟它把焦点对准了社会不无关系。现行通则的加速崩解和相互证伪,使得就算今后仍有普适的基准可言,也要有待于更加透辟的思力,正是在文明的此一根基处,批判的事业又有了用武之地。由此就决定了,尽管同在关注世俗的事务与规则,但跟既定框架内的策论不同,真正体现出人文关怀的社会学说,决不会是医头医脚式的小修小补,而必须以激进亢奋的姿态,去怀疑、颠覆和重估全部的价值预设。有意思的是,也许再没有哪个时代,会有这么多书生想要焕发制度智慧，这既凸显了文明的深层危机，又表达了超越的不竭潜力。

于是自然就想到翻译——把这些制度智慧引进汉语世界来。需要说明的是，尽管此类翻译向称严肃的学业，无论编者、译者还是读者，都会因其理论色彩和语言风格而备尝艰涩，但该工程却绝非寻常意义上的“纯学术”。此中辩谈的话题和学理，将会贴近我们的伦常日用，渗入我们的表象世界，改铸我们的公民文化，根本不容任何学院人垄断。同样，尽管这些选题大多分量厚重，且多为国外学府指定的必读书，也不必将其标榜为“新经典”。此类方生方成的思想实验，仍要应付尖刻的批判围攻，保持着知识创化时的紧张度，尚没有资格被当成享受保护的“老残遗产”。所以说白了：除非来此对话者早已功力尽失，这里就只有激活思想的马刺。

主持此类工程之烦难，足以让任何聪明人望而却步，大约也惟有愚钝如我者，才会在十年苦熬之余再作冯妇。然则晨钟暮鼓黄卷青灯中，毕竟尚有历代的高僧暗中相伴，他们和我声应气求，不甘心被宿命贬低为人类的亚种，遂把迻译工作当成了日常功课，要以艰难的咀嚼咬穿文化的篱笆。师法着这些先烈，当初酝酿这套丛书时，我曾在哈佛费正清中心放胆讲道：“在作者、编者和读者间初步形成的这种‘良性循环’景象，作为整个社会多元分化进程的缩影，偏巧正跟我们的国运连在一起，如果我们至少眼下尚无理由否认，今后中国历史的主要变因之一，仍然在于大陆知识阶层的一念之中，那么我们就总还有权想象，在孔老夫子的故乡，中华民族其实就靠这么写着读着，而默默修持着自己的心念，而默默挑战着自身的极限！”惟愿认同此道者日众，则华夏一族虽历经劫难，终不致因我辈而沦为文化小国。

一九九九年六月于京郊溪翁庄

目　录

导　言　001

第一部分　特殊性与时间：概念背景　001

第一章　问题及其模式（一）：
经验、习惯与审慎　003

第二章　问题及其模式（二）：
神意、命运和美德　033

第三章　问题及其模式（三）：
积极生活和公民生活　053

**第二部分　共和国及其命运：1494年到1530年的
佛罗伦萨政治思想　087**

第四章　从布鲁尼到萨伏那罗拉：
命运、威尼斯与末日启示　089

第五章 美第奇复辟(一):
圭恰迪尼和下层显贵,
1512—1516年 123
第六章 美第奇复辟(二):
马基雅维里的《君主论》 166
第七章 罗马和威尼斯(一):
马基雅维里的《论李维》和
《战争的技艺》 194
第八章 罗马和威尼斯(二):
圭恰迪尼的《对话录》和
亚里士多德式审慎问题 230
第九章 詹诺蒂和孔塔里尼:
作为概念和作为神话的威尼斯 284

第三部分 革命之前大西洋的价值和历史 345
第十章 英格兰的马基雅维里主义问题:
内战之前的公民意识模式 347
第十一章 共和政体的英格兰化(一):
混合政体、圣徒和公民 377
第十二章 共和政体的英格兰化(二):
宫廷派、乡村派和常备军 419

第十三章　新马基雅维里主义的政治经济学：
王道盛世时期有关土地、贸易和
信用的辩论　442
第十四章　18世纪的论战：
美德、欲望和商业　485
第十五章　美德的美国化：
腐败、宪法和边疆　531

跋　581
文献目录　615
索　引　638

导　言

vii

本书分为两大部分，主题的复杂使篇幅浩大在所难免。前一半又分为第一和第二部分，讨论马基雅维里时代的佛罗伦萨思想，把他与他的同代人和同事——萨伏那罗拉、圭恰迪尼、詹诺蒂等人——放在一起，采用了英语世界过去从未尝试过的方式。在这种讨论中，我力求把佛罗伦萨共和主义置于第一部分的三章所分析的语境之中。我在这里认为，公民人文主义者对共和主义理想的复兴，给一个社会带来了问题，亚里士多德所描述的人之政治天性要在这个社会中得到实现，而它却力求生存于否认任何世俗完满之可能的基督教时间框架之中。我还认为，这一时期的欧洲思想只有几种有限的方式能够使世俗时间变得可以理解。在“习俗”（custom）、“神恩”（grace）和“命运”（fortune）这一组标题下，我在前三章讨论了这些方式。共和国在时间中存在的问题，只能以这些方式加以解决，舍此别无他法。正是16世纪最初二十多年里，佛罗伦萨人——特别是马基雅维里——表述和探索当时提出的这一问题的方式，赋予他们的思想以鲜明的特点。

“马基雅维里时刻”这一短语可以用两种方式进行阐释。第一，它是指马基雅维里主义的思想出现的时刻和方式；在此恳请读者记住，这不是佛罗伦萨共和国最后岁月的“政治思想史”，不管它可能是什么；也不是该时期佛罗伦萨人的政治经验史，它无意“解释”他们对本书所研究的观念的具体表述。对于这里所说的“时刻”，是做了有选择的和基于主题的界定的。本书断定，中世纪和现代早期欧洲人的时间意识中某些持久的模式，导致了认为共和政体的出现和公民对该政体
viii 的参与构成了一个历史中自我理解的问题，可以看到马基雅维里及其同代人或明或暗地与之对抗。这个问题在他们的时代变得至关重要，并且（主要是由于他们看待这个问题的方式）在此后的两三百年里依然如此。他们与该问题的对抗被描述为具有历史的真实性，虽然只是作为从他们思想的复杂历史真实性中选取的一个方面；他们的“时刻”被界定为他们遭遇这个日益重大的问题的时刻。

其次，“马基雅维里时刻”也表示这个问题本身。它是概念化时间中一个时刻的名称，在这个时刻可以看到共和政体要应付本身的时间局限性，它在不断出现的、理性无从知晓的事件之流中，试图维持道德和政治的稳定，而这些事件则被认为对一切稳定的世俗体系有着实质性的破坏作用。在为此目的而形成的语言中，这被说成是“美德”（virtue）同“命运”（fortune）和“腐败”（corruption）的对抗，而研究佛罗伦萨的思想，也就是研究马基雅维里及其同代人如何探究这些字眼的意蕴，其背景则是前几章所探讨的那些涉及时间的思维方式。许多大大小小的人物全神贯注于共同探究这一问题，马基雅维里便是其中之一；在力求揭示这一点时，我也希望揭示，这是研究马基雅维里思想的一个合适语境，并且这种研究方式可以减少它所遭受的夸张而笼统的解释的数量。

我进一步断定，“马基雅维里时刻”有其延续的历史，即世俗的政治自我意识在不断提出历史自我意识方面的问题，这构成了西方思想从中世纪的基督教模式走向现代历史模式之旅程的一部分。就这些问题而言，马基雅维里及其同代人、佛罗伦萨理论及其有关威尼斯实践的形象，留下了具有典范意义的重要遗产：平衡的政府、动态的“美德”、武装及财产在塑造公民人格中的作用等概念。在本书的后一半，即第三部分，我追溯了“马基雅维里时刻”在17和18世纪英美思想中的历史，力求表明英语世界的政治传统继承了共和主义的和马基雅维里的观念

与价值，正如它继承了立宪主义、洛克和柏克的观念与价值一样。可以断定，这里的关键人物是詹姆斯·哈灵顿，他实现了公民人文主义思想与英格兰政治和社会意识的综合，实现了马基雅维里的武装理论与普通法对自有地产（freehold）之重要性的理解的综合。第三部分前三章所讨论的是，古典共和主义的政治表述如何在英国内战这一本来不可 ix
能的背景中成为适当的理论，在这一背景下，与佛罗伦萨的情况相比，都铎时代的君权论同清教的宗教民族主义和宗派主义之间的斗争，确保了更多相互竞争的思想方式和语言的存在。一种新古典主义的政治观——某种程度上是清教千禧年主义的遗产——的稳步成长，及其在18世纪英美两地的得势，是一个需要予以探索的现象，这就是本书其余部分所要提供的内容。

“马基雅维里时刻”在18世纪的形式是最后几章的主题，其重心更多地转向美国。“美德”与“腐败”的对抗，在这个时期的社会和历史哲学中被视为生死攸关的问题，其人文主义的和马基雅维里式的词汇，表达了对早期现代资本主义一种根本上敌视的观念——其基础是对公共信用的精巧法则而不是对更为直接的市场交换的认识。“命运”的角色日益由“信用”和“商业”等概念来扮演；这使得思想家们更多地从动态的而不仅仅是失序的角度去理解世俗时间，但是同时，“美德”与“腐败”（或“美德”与“商业”）的对立也继续作为工具，表达着以其最初的现代和世俗形式出现的争论：一方面是价值与人格之争，另一方面是历史与社会之争。就18世纪而言，这种争论的最终结果是，欧洲出现了一种辨证的历史观，在美国出现了一种乌托邦式的全球空间观，而从后者可以看到，一种本质上是文艺复兴的时间意识延续到了19世纪。可以断定，能够追溯至莱奥纳多·布鲁尼的佛罗伦萨人文主义者所开启的事业，对于塑造现代的历史意识和摆脱历史的意识，发挥着重要作用。

本书的缘起是，诺曼·坎托（Norman F. Cantor）请我为他那时正在编辑的一套丛书写一本研究16和17世纪欧洲宪政思想的著作。这本书写了将近十年，大大超出他和我本人的最初设想；但我绝不敢忘记感谢他当初的鼓励，以及他当时就职的出版社（John Wiley and Sons）的宽怀大度，它免除了我原已承担的义务。

一些学者的著作使我写作本书时受益匪浅，在列举他们的名字时，汉斯·巴隆（Hans Baron）虽有争议（而且完全没有得到他事先的承认），他对我的精神影响却无处不在。我直接求教其著作和交谈的人
x 士众多，不胜枚举，择其要者有：菲利克斯·吉尔伯特（Felix Gilbert）、唐纳德·温斯坦（Donald Weinstein）、威廉·J.波斯马（William J. Bouwsma）、约翰·M.华莱士（John M. Wallace）以及格登·S.伍德（Gordon S. Wood）；与历史学家研讨会的学者有更密切的接触者，如赫斯特（J. H. Hexter，耶鲁大学）、彼得·莱森伯格（Peter Riesenberg）和约翰·M·穆林（John M. Murrin，乔治·华盛顿大学）、理查德·福拉特曼（Richard E. Flathman，华盛顿大学）和昆廷·斯金纳（Quentin Skinner，剑桥大学）阅读和评论了不同阶段的手稿的不同部分。当然，他们并不为本书的内容承担责任。昆廷·斯金纳先生甚至推荐了书名，然而他不应因我所写出的东西而受到指责。我还要感谢我在政治思想研究会圣路易斯分会的同事彼得·福斯（Peter Fuss）、马克斯·奥肯福斯（Max Okenfuss）和亨利·夏皮罗（Henry Shapiro），他们为了我的工作任劳任怨；爱妻在我们忙于其他许多事务时编制了索引。华盛顿大学研究生院和历史系八年来一直是我获得的物质、道义和智力支持的不竭来源。

J. G. A. 波考克

圣路易斯，华盛顿大学

1973年11月

第一部分

特殊性与时间：概念背景

第一章 3

问题及其模式（一）
经验、习惯与审慎

一

本书贯穿始终的意图是，在一种正在形成的历史主义语境中描绘现代早期的共和主义理论，它是一些观念和概念性词汇的产物，中世纪和文艺复兴时期的人——譬如刘易斯所谓的“老西方人”（Old Westerns）[1]——可以用这些观念和概念性词汇来对待特殊和偶然的事件、对待作为偶然事件之维度的时间。共和政体或亚里士多德式的城邦，作为重现于15世纪公民人文主义思想中的概念，既是普遍的，又是特殊的。“普遍的”是说，它的存在可以为其公民实现人们在现世生活中能够实现的全部价值；“特殊的”是说，它是有限的，它置身于时空之中。它有开端，因而也有终点；这就使两个问题变得至关重要：揭示它如何产生和维持自身的存在；对其实现普遍价值的目的与其世俗生活的动荡和环境的无序加以调和。因此，共和主义理论——以及同时出场（如果不是更早出场）的所有政治理论——的关键内容，是有关时间的观念、有关以时间为维度的偶然事件之发生的观念，以及关于

1　C. S. Lewis, “De Descriptione Temporum,” in *Selected Literary Essays*（Cambridge University Press, 1969）.

构成了我们所说的历史的特殊事件之序列（称之为过程还为时尚早）之可理解性的观念。正是这一点，使共和理论可以被称为历史主义的早期形式，虽然我们将会发现，我们的“历史”一词的很多含义，那时是由另一些词及其在不同语言中的同义词——譬如“习惯”、“神意”和“命运”等等——所承载的。高度发达的概念化词汇已经存在，这些术语以
4 及其他术语的含义得以在其中得到扩展，而此类词汇又在某种程度上相互融合；于是有可能重建一种观念图式，而且这样做似乎并无不妥，16世纪的思想就是按照这个图式来表述一种相当于历史哲学的学说。虽然有许多困难和挫折，它构成了一个概念框架，“公民生活”（vivere civile，共和国中积极公民的理想形象）的学说只能在这个框架中努力维持自身的存在；这种努力便是本书的主题。

因此，以下三章所要阐释的，便是这些词汇中的主要概念，是让特殊现象、时间中的特殊事件尽可能变得可以理解的主要模式。贯穿其中的假设是，这种阐释并非易事：中世纪晚期和文艺复兴时期的知识分子觉得，特殊要比普遍更难以理解、更不合理性；既然特殊是有限的，处于时空之中，时间便成为它存在的一个维度，因而其合理性和可理解性都像特殊一样有所减损。采用的语言显示，这个假设能够进行哲学的解释。选取的词汇（本书就是围绕它们加以组织的）被视为具有亚哲学的性质，并且在假设其不具有完美合理性的基础上提供了理解时间和特殊的手段。我们将提出有关中世纪晚期哲学的假说，旨在揭示为何此种不完美的合理性会困扰人们的思想。

可以提出以下一般看法。中世纪哲学倾向于争论的是：理性认识之唯一真实的对象，是不是那些不受时空限制的普遍范畴或命题。获得有关它们的知识的过程，实际上只能在时空中进行，但对它们的真理性或真实性的认知，却是基于不受时空限制的认知能力；存在着永恒的、不受环境限制的自明之事。这种真实性是由普遍事物构成的，而理性活动便是指理智提升至对普遍事物的永恒合理性的认识。自明的命题的真理性是自足的，不依赖于对其他命题的偶然认知，更不依赖于时空中一时的证据；永恒事物主要就存在于它的这种自足性之中。相

反，对特殊事物的认识是受环境限制的、偶然的和有时间性的。它基于认知者一时的肉体感性知觉，而且常常基于其他认知者转达给他的感觉信息，而这也是其他人的感性知觉允许他们去感觉、认知或相信的事物的信息。由于这个缘故，还由于有关特殊现象的命题只能通过充 5
满偶然性的维度来建构，该命题总是依赖于其他命题，因此对特殊事物的知识是受时间限制的，正像作为认识对象的特殊事物因其特殊性而处于时空之中，因此其自身亦有时间上的局限性一样。

如果把“历史”作为这一时间维度的名称，那就可以说，经院派的“历史哲学”强调它的偶然性和亚理性的（sub-rational）性质；然而也可以从若干意义上说，经院派的认识根本没有提供一种历史哲学。我们所说的“历史”的规范含义，是指在时间中相继发生的事件，它们具有社会的和公共的而非私人的和主观的性质，我们试图先把它们编织成叙事，然后编织成过程。但这不是经院派思想十分看重的目标。叙事仅仅是讲故事而已，按亚里士多德的思想，它不如诗学，正像诗学不如哲学，因为它在揭示事件的普遍意义上是低级的，做到后一点的最佳思维方式是完全抛开特殊事物，超越于它之上，进入对普遍范畴的思考。至于过程和作为其维度的时间，亚里士多德一派学者所挑选出的变化过程，是使事物生成然后灭失的过程：是“自然过程”（physis），即事物达到目的，完成其形式，实现其潜力，然后终止的过程——所有这些都是对有关存在然后灭失的观念的扩展。一切事物都在时间中终结，但是既然基本的“收缩”（systole）和“扩张”（diastole）在于事物的产生和灭失，时间的可理解性就更接近于事物的存在，时间便是它的计算尺度。但是，一个事物的出现和灭失不等于该事物被另一事物所取代；它是一个封闭的过程，而后者是一个无尽头的过程；就亚里士多德一派学者把变化等同于“自然过程”而言，他们倾向于采用一种关于过程，因而也是关于时间的循环观。这有着使时间完全可以理解的好处。亚里士多德说，如果时间是由运动来计量，

> 整齐划一的循环运动最适合于作为单位，因为它的数量最容易为

> 人所认识。性质变化、增长和产生都不整齐划一，只有位移能够整齐划一。也正因此，才有人认为时间是天球的运动，因为别的运动皆由这个运动计量，时间也由这个运动计量之故。
>
> 也因此，产生了一个惯常的说法，即人们常说的：人类的事情以及
> 6 一切其他具有自然运动和生灭过程的事物都是一个循环。这是因为所有这一切都是在时间里被识别的，并且都有它们的终结和开始，仿佛在周期地进行着，因为时间本身也被认为是一种循环。而这又是因为时间计量这种位移，时间本身又被这种位移计量之故。因此把事物的产生说成是一个循环，就等于说时间有循环；这就是说它是被循环运动计量的。因为除了计量单位而外，没有别的东西能看出被计量的事物；而整体事物就是多个计量单位。[1]

不难看出，亚里士多德深知，球形是最完美的图形，因而也是最佳的计量尺度，因此把时间看作一个循环是思维上的方便，而不是——像其他人认为的那样——对宇宙的终极可理解性这一信念的表达；也不太难看出的是，他知道把循环观应用到历史即“人类事务”上的困难。因为在人类事务中，事情的发生千变万化，没有任何可预见的顺序，我们说它们形成一个循环，只能是作为一个工具，用来说明人类经验的全部多样性形成一个单一的巨大实体，它有自身的自我实现和自我重复的“自然过程”。有亚里士多德之后的哲学准备作此断言，但我们现在被告诫不可高估它们的重要性；[2]人们已经有足够的理解：把“自然过程”应用于人类事务，是一种思考的便利和比喻；而且毕竟是希腊

1　Aristotle, *Physics*, IV, 223b—224a; R. P. Hardie 和 R. K. Gaye 翻译，见于 W. D. Ross 编, *The Works of Aristotle*, VIII（Oxford: The Clarendon Press, 1930）。（译按：这里的译文采用亚里士多德《物理学》，张竹明译，北京：商务印书馆，1982年，第137页。）

2　Robert F. Nisbet, *Social Change and History: Aspects of the Western Theory of Development*（New York: Oxford University Press, 1969）; Chester G. Starr, *The Awakening of the Greek Historical Spirit*（New York: Alfred A. Knopf, 1968）; *History and Theory*, Beiheft 6, “History and the Concept of Time”（Middletown, Conn.: Wesleyan University Press, 1966）.

人开创了很大程度上至今犹存的历史写作，一种政治反讽的活动——讲述明白易懂的故事，说明人们的行动如何产生有违初衷的结果。

但是，认识到把循环的“自然过程”应用于人类历史具有局限性——把一物继另一物而发生的演替类比为一物本身之从生到灭的演替——是一回事；在哲学层面建立同样令人满意的任何模式去处理前一种演替，则完全是另一回事。希腊的知识人撰写历史，但他们并未使历史在哲学上变得可以理解。至于基督教对这些事情的思考，它理所当 7
然地驳斥一切宇宙循环观；“循环的邪恶舞蹈”：[1]此种对事物的观点将使世界变得不可能被创造出来，并且是没有止境的。基督教坚信这样一个上帝，他在过去的一个时间点上创造了世界和人类，将在未来一个时间点上拯救人类并终结这个世界，这对促进历史思想的发展具有无可估量的意义，但它本身并未使特殊的事件和现象在时间中的相继发生能被理解，也未赋予作为事件相继发生之维度的时间以任何特殊的重要性。“神的预知”问题、个人如何能够把他受时间限制的存在与永恒不朽的上帝的当下存在联系起来的问题，使得奥古斯丁和波爱修斯假设了一个“永恒的当下”（nunc-stans），或永恒中的立足点，上帝从那里看到时间中的每一刻是被同时创造和存在的；但是，不管个人把“永恒的当下”视为理智还是信仰的产物，显而易见的是，他不能分享它，时间中的一个时刻不能被禁锢于另一时刻的理智所认知。这样的认知也没有任何终极的重要性。堕落的人，若受其自身堕落的意志和理智所影响，他的运动便是脱离上帝走向更深惩罚的运动，是脱离意义而深陷于无意义的运动（这种运动可以在地狱中得到见证）。有了最终赎罪的承诺，历史时间确实能被看作等同于返回上帝的运动；但这是通过救赎性神恩的单独一系列行动而实现的，它截然有别于世俗意义上的历史事件，只与后者有着神秘的联系。神的足迹可能存在于历史中，但是作为一个整体的历史并不是由这些足迹构成的；永恒可能对时间的产物产生爱意，时间却是一个消极被动的爱人。最后，亚里士多德

1　《诗篇》XI：9；转引自St. Augustine，见于Frank E. Manuel, *Shapes of Philosophical History*（Stanford University Press, 1965），p. 3。

化的基督教倾向于恢复“自然过程”的类比；人已丧失了他的“形式”、他的真实本质，而“改造”（reformatio）——神恩的成果——要使他恢复这一本质。人们可能会争论，“赎罪”（redemptio）是否不过就是“改造”：这一运动是回到堕落以前的亚当的循环呢，还是要高于那个因“幸运的罪愆”[1]而丧失的状态的螺旋式上升？但无论是哪种情形，它都是由相继
8 发生的人类行为和苦难所构成。世俗时间（从词源学上说，这是一种赘述[2]）是赎罪的场所，但不是其维度。再者，没有赎罪，它就是“混沌一片”（entropie）：形式的丧失，从有序变无序的运动，它可能被逆转，但不可能有意义地延续下去。

因此，研究特殊事物的基督教思想通常由绵延不断的努力所组成，它要把特殊与普遍联系起来，采用的手段可能是哲学的或诗学的、类型学的、解经的，或类比的——为此目的，有一整套令人难忘，甚至是庄严的谋略；但运用这些手段却是为了观察每个特殊事物与永恒之间的关系，通过揭示相继发生的特殊事物本身毫不重要而把它打发掉。特殊事物与其相关联的永恒秩序，不是时间的或历史的秩序，即使它通过在时间中显示自身而创造历史时亦是如此；而历史常常（虽然不总是）被视为不过是一系列象征，它的带有连续性的叙事只有注解的意义。[3]像“temporal”（时间的；世俗的；有生有死的）和“secular”（世俗的，世代的）这类词语的双重含义此时开始显现出真正的重要性：它们既表示“时间”（tempus, saeculum）观念，又表示因不属

1　一般性文献见Gerhart B. Ladner, *The Idea of Reform: Its Impact on Christian Thought and Action in the Age of the Fathers*（Cambridge, Mass.: Harvard University Press, 1959），具体的辩论事例见Jesper Rosenmeier, “New England's Perfection: the Image of Adam and the Image of Christ in the Antinomian Crisis, 1634 to 1638,” *William and Mary Quarterly*, 3d ser., vol. 27, no. 3（July 1970）。

译按：“幸运的罪愆”（felix peccatum，又称felix culpa）指亚当和夏娃在伊甸园中的堕落。阿奎那在解释这一原罪时认为，上帝允许罪恶发生，是为了带来更大的善”，故此罪的发生与耶稣道成肉身有着因果关系。

2　secular time（世俗时间）中的secular一词亦有“时间”义，故称“赘述”。——译注

3　关于这个问题的一个方面，参见William J. Brandt, *The Shape of Medieval History: Studies in Modes of Perception*（New Haven and London: Yale University Press, 1966）。

于永恒而与神的世界无关的观念。不妨采用一个有益的简单化说法：基督教世界观——尽管当然地包含着取代它的种子——的基础是对时间中的和世俗的历史的排斥，而历史解释模式的出现则要大费周章，它得用更具时间性和世俗性的世界观来取代基督教的世界观。

本书要讨论这个过程的某些方面，并且要论证政治关切在引发这一过程中发挥的重要作用。存在着一套回响于历史中的词汇，它把政治表述为"处理可能之事的技艺"，从而也是处理偶然之事的技艺；政治是统治人类的"无止境的冒险"，[1]是"深不见底、无边无际的大海"上的一艘"航船"；[2]如果我们把偶然性的领域视为历史，视为"偶然、意外和不可预见的因素的表演"，[3]从这种政治观似乎就会产生促进世俗历史写作成长的强大动力（这样，政治人也许会与基督教的世界观 9
一争高下）。但是，我们会看到，世俗偶然性观念并非起源于前现代意义上的政治哲学。在有人仍热衷于称为那种哲学的"伟大传统"中，政治共同体被视为一种符合人之天性的普遍现象。人们做过种种努力，阐述它的理念和形式，把它的原理同它作为其中一部分的普遍秩序的原理联系起来；而且由于显而易见的原因，这些努力倾向于把它从特殊性和偶然性的领域移出。然而，即便在这一哲学传统中，亦承认政治社会——当对它做具体观察时——是一种世俗的，因而有时间局限性的现象。这一哲学领域或许并未扩展到把全部世俗时间理解模式的装备，即从世俗世界内部去理解有时间局限的现象的方式，纳入到它的研究领域；不过在这一哲学传统之外，却多少能够看到明确论及政治特殊性问题，即如下问题的思想模式：如果把特殊的政治社会视为存在于时间之中，如果把特殊的偶然因素或事件视为发生于时间之中，如果把特殊社会视为一个承受和回应这些事件提出的挑战的结构，并且在其

1　F. S. Oliver, *The Endless Adventure: Personalities and Practical Politics in Eighteenth-Century England*（Boston: Houghton Mifflin, 1931）.

2　Michael Oakeshott, *Rationalism in Politics and Other Essays*（London: Methuen, 1962）, p. 127.

3　H. A. L. Fisher, preface to *A History of Europe*（Boston: Houghton Mifflin, 1935）.

制度和历史中包含着过去时间中做出这些回应的痕迹，那么有可能出现什么的思想。下面我将致力于详细论述三种这样的思想模式，并在此过程中建构一个模型，以帮助解释当共和理想提出存在于世俗特殊性中的普遍性这一问题时，发生了什么。

二

约翰·福特斯库（1390—1479），一位英格兰法律人和业余哲学家，他对一个时代各种观念的粗线条描述有助于我们对它们的理解。他在1468年至1471年间撰写了他最了不起的著作《英格兰法律颂》（*De Laudibus Legum Anglie*）。彼时他正在与要求得到英格兰王位的兰开斯特家族一起流亡，他从他们那里获得了大法官的头衔，但更重要的是，他在流亡之前曾担任王座法院（英国普通法的最高机构）的首席法官。后人在谈到弗朗西斯·培根时说，“他就像法官一样写哲学”，可以同样正确地说，福特斯库——在英国历史上并非最后一次——就像首席法官一样写哲学。这两大法律机构[1]对于把理智应用于社会有着不同的要求，相应地也就鼓励着不同的社会哲学。[2]

10 《英格兰法律颂》是一起流亡的威尔士亲王和英格兰大法官之间有关英国法研究的一篇对话。大法官试图说服亲王，他应当研究他打算统治的国家的法律，就像研究军事操练一样；亲王反驳说，英格兰法以过于技术化而闻名，即使职业法律人，在进入实务之前也要多年埋首于它的细节之中。[3]这时我们读到的回答，把我们径直引向我们主题

1　分别指英格兰上议院和王座法院。大法官（Lord Chancellor）是上议院议长，首席法官（Lord Chief Justice）则任职于王座法院。——译注

2　参见笔者以下两部著作中对哈勒（Matthew Hale，1609—1676）的研究：*The Ancient Constitution and the Feudal Law*（Cambridge University Press, 1957; New York: W. W. Norton, 1967），pp. 170—181，以及*Politics, Language and Time*（New York: Atheneum, 1971; London, Methuen, 1972），pp. 215—222, 262—264。

3　Sir John Fortescue, *De Laudibus Legum Anglie*, S. B. Chrimes编译（Cambridge University Press, 1949），ch. VII, pp. 19—21。

中的核心哲学问题。大法官答道，实际上，每一门学问都可以通过掌握其原理而入门。这在数学中称为公理（maxims），修辞学上叫“悖论”（paradox），民法上叫“法则”（regula juris），在英格兰法研究中也被称为公理。亲王只要掌握了有关这些公理的知识，那就可以当之无愧说他学过英国法，即便他从未把他的知识运用于严格的法律解释问题（他通常可以把这种事留给他的法官、高级出庭律师和其他职业法律人）。亲王对这个回答很满意，但他有何收获还有待于观察。就福特斯库提到的所有这些公理而言，显而易见，就像原理、悖论以及其他学科中诸如此类的事物一样，它们是普遍的、自明的、不可论证的原理，根据亚里士多德哲学的基本程式，任何知识体系都应建立在它们之上。它们可以“通过感觉和记忆，从归纳中”直接得到；它们“不是借论证的力量或逻辑的证明而知道的”；它们不是相互演绎出来或从任何在先的假设演绎出来的公理；“原理没有理性的依据”，而是“任何原理都是使它自身能够成立的理由”。[1]这些话是福特斯库从中世纪的亚里士多德文本中直接引用的，我们开始看到一个浸淫于习惯法实务中的人对严格的演绎哲学的运用。

在福特斯库概述的这种哲学中，一切理性知识本质上都是演绎知识。不论何种知识，都是从接受若干基本原理出发，其中有些原理是一切知识的基础，另一些原理则把知识划分为不同的分支，并且构成它们所划分出的不同学科的基础。任何陈述的合理证据，都是通过证明它是某一条或一组原理之必然逻辑结论而得出，因此可以说：(1) 任何原理都不可能存在合理的证据，因为能够从一条原理演绎出来的原理 11
根本就不是原理；(2) 知识的任何分支——数学、修辞学、民法、英格兰法——都是由相关的一组原理以及它们的演绎结果的知识所构成。严格意义上的理性，不过是指我们能够运用它从原理出发进行演绎；归纳则是我们赖以获得原理知识的心智过程；但我们在认识那些不能也不需证明的事物，即有关原理的真理时，所运用的既不是理性也不是

1　*De Laudibus*, ch. VIII, pp. 20—23.

归纳，直觉或许是它的最佳称谓，虽然福特斯库没有使用这个字眼。不过，如果我们稍微宽泛地使用“理性”一词，意指心智发现和确证原理之结果的能力，我们便立即遇到了福特斯库的英格兰法观点中的核心难题。原理不可避免地是普遍陈述；而从普遍出发，我们只能演绎出普遍。如果英格兰法是一个理性的学问分支，它就必然包括某些不是源自于其他原理的原理及其结论，它们必然在它们所适用的整个英格兰法律环境中是正确的。据说英格兰法包含着一系列源自某些基本公理的相互一致的演绎推理，它与这些推理有着逻辑上完全融洽的关系；但是（我们现在必须要问）能有什么样的原理，它不是源于其他原理而是被直觉地理解为自明的，又是以“英格兰”为对象？“英格兰”这个名称，要么是指各种因素的独一无二的集合，要么是指还有其他成分的一个类别中的一员。在前一种情况下，不存在有关它的一套通则，因为你不可能对独一无二的事物做出普遍陈述；在后一种情况下，涉及英格兰法的原理和通则，也将适用于“英格兰”所属之类别的其他成分的法律。但是在福特斯库的对话中，当亲王怀疑自己是否能研习英格兰法时，也表达着这样的疑虑，即他是否应当先于公法，即罗马法去研习英格兰法；大法官要打消这两种疑虑，他要让亲王相信，存在着有关英格兰法的简单易懂的理性科学，这使它有别于其他国家的法律。福特斯库的意图似乎从一开始就陷入了矛盾，亲王通过掌握一套纯粹的“英格兰”原理而学习法律的机会，看来注定要落空。

在《英格兰法律颂》一书稍后的地方，福特斯库宣称，法律研究中有一条普遍真理，即人类的一切法律要么是自然法，要么是习惯或法
12 规。[1]自然法包括自明的正义原理，以及可以从中普遍推导出来的结论，它们是真实而正确的，对所有人都有约束力。人类的法律也许不过就是把自然法的命令转述为一个特殊王国的正式命令或法规。但是这里没有任何研究英格兰特殊法律的人需要驻足的东西，因为

1 *De Laudibus*, ch. XV, pp. 36—37.

> 在英格兰法根据自然法的理由而给予支持的事情上,它对同类案件做出判决时,并不比其他国家的所有法律更好或更坏。因为正如亚里士多德《伦理学》第五卷所言,自然法就是对人类具有同等效力的法,因此不需要进一步讨论它。但是接下来我们必须审视英格兰的习俗和法规,我们首先要看看那些习俗的特征。[1]

普遍正义原理可以由理性认知,而且看来正是它们构成了为法理学提供基础的公理,它们便是君主通过短暂运用自己的理性可以学会的东西,他把这些原理的具体适用留给他的有长年专门研究和经验的专业臣仆。但是,就自然法而言,或就英格兰法中与自然法相一致或跟其他国家法律中相对应的成分而言,并不存在什么"英格兰"特有的东西。要发现英格兰法中独一无二的"英格兰"因素,必须转向那些被称为"习俗和法规"的东西,即人类一切法律必须被归入其中的其余两个类别。正是在这些类别中,英格兰法才具有独一无二的英格兰特色,并且其他任何国家的法律也都有自己的特色。

高度分权和传统的农业社会,但又有服从中央指令并致力于把社会置于其控制之下的、有着专业化组织的文官阶层,在这种社会里普遍可以看到(至少在西方)存在着不成文的习俗、惯例、传统与成文的命令、敕令、圣旨或福特斯库所谓的法规之间的区别;前者得到国王臣仆的承认,但承认它们是已由社会本身自发地和传统地加以适用而得到确立,后者则是通过国王及其文官的命令施行于社会,无论其是否宣称采纳或修订先前的不成文传统。可以说,这种区分虽然明晰,却不是绝对的;对成文的判决书(它承认由于习俗的缘故,过去和现在法律一向就是如此)和成文的法令(它规定因颁布法令者——不论是谁——的权威性的缘故,现在和以后它就是法律)也许很难加以区分。英格兰 13
的法律人有时试图在此基础上对"不成文法"(lex non scripta)和"成文法"(lex scripta)或法规加以区分;前者也许已经写成文字,但它并

1 *De Laudibus*, ch. XVI(整个这一章), pp. 38—39.

不主张除习俗和传统之外的其他权威；后者的权威则是来自法律的制定者，这通常是议会中的国王；但议会也行使法庭的功能，其职责是公布旧法（习俗）而不是颁布新法（法规），并且就法规本身来说，其中也留存着公布习俗的观念，这使它的性质变得扑朔迷离。

福特斯库的问题可以归纳如下。习俗和法规一起构成了任何国家的特殊法律。如果它们声称具有合理的正当性，那么它们必须能够从自然正义的原理中理性地演绎出来，或至少不包含任何与这种理性演绎出来的结果相冲突的东西；但是，并非是它们的可演绎性或理性赋予了它们以特殊性质。要理解英格兰法有别于罗马法或法国法的地方，必须探究的不是它的合理性，因为在这方面它与其他国家的法律一样；而是它内部的正义原理被应用于英格兰的特殊性格和环境的方式。简言之，英格兰法包含着——就像任何国家的法律一样——纯粹理性之外的要素，它的基础是对英格兰的特殊环境和状况的认识，是普遍原理对这些当地的特殊条件的适用和适应。

福特斯库对这种要素的说明见于他的著作的第17章，它紧随刚才引用的那段话之后：

> ……我们先来看那些习俗的特点。
>
> ［XVII］ 英格兰王国最初是由布立吞人（Britons）居住，后由罗马人统治，然后又由布立吞人统治，接着由撒克逊人拥有，他们把它的名称从不列颠改为英格兰。接下来一段不长的时期，这个王国被丹麦人征服，然后又被撒克逊人征服，但最后是被诺曼人征服，他们的后代如今拥有这片领土。在这些民族及其国王的整个时期，该王国就像今天一样，不间断地受着同样的习俗的支配，这些习俗如果不是最好的，有些国王就会出于正义的目的，或是出于任性，对其进行修改，或是把它们完全废止，尤其是被罗马人，因为他们用自己的法律对世界的几乎所有其他地区做出判断。同样，上述那些国王中的另一些人，是以
14 刀剑占有了英格兰王国，他们能够用权力毁灭它的法律。其实，无论是

因为许多世代的习惯而有深厚根基的罗马民法,[1]还是威尼斯人的法律——以其古老而闻名于世,虽然在布立吞人起源时,他们的岛上尚无人居住,罗马也未建立——或任何基督教王国的法律,都没有如此古老的起源。因此不可否认,亦无正当理由怀疑,英格兰人的习俗不但是好的,而且是最好的。

［XVIII］ 因此,剩下的事情就是评价英格兰的法规是不是好的。[2]

事实上,福特斯库在《英格兰法律颂》中就习俗之正当性的基础所要说的话,至此便已说完。在同时有着英格兰和中世纪特点的这一章,对特定民族的特定法律进行正当化的根据,不是理性和普适性知识,而是古老的历史和习惯。罗马和威尼斯的法律是好法律,因为它们在极漫长的时期不间断地得到运用,英格兰法律是最好的法律,因为它们在最漫长的时间中得到运用;检验它们得到遵守的标准,是看看那些相继到来的国王和不同的统治民族,假如他们有改变这些法律的愿望,他们是有机会这样做的。但是,关于这些统治者在断定现存法律就是最好的法律时的理性反思过程,他没有告诉我们任何东西,而且——严格地说——他也不可能这样做。亚里士多德哲学中基本的演绎过程,只能通过检验法律与自然正义的一致性去检验法律,而这种检验无论多么有价值和有必要,并不是唯一的。在讨论特定民族的特定法律时,福特斯库还会问一句,这些法律是否适合它们所调整的这个民族的特殊性格和环境。那正是这里所要检验的问题。当然,在这种背景下,英格兰的法律可以"优于"罗马或威尼斯的法律,仅仅是因为较之于同它们对应的法律适合罗马人或威尼斯人的程度,它们更适合英格兰人。这种令人难以捉摸的比较是如何进行的?既然理性研究的是通则,因此必须有另外的某种手段用来探究民族性格和条件,用来检验民族的法律对

1　拉丁语原文是"tantorum temporum curriculis . . . in quantum . . . inveterate sunt"(p. 38),但是usus一词经常出现在福特斯库的文本中,并被Chrimes译为"习惯"。

2　*De Laudibus*, ch. XVI, pp. 38—41.

这些条件的适用性。

这样的手段是存在的，即所谓的风俗或经验；但是，由于它不是
15 完全的反思性和规范性意义上的理性，因此尽管它只能被理智的人所利用，它却不是分析的、批判的和可以清晰表达出来的。它可以是无意识的，而且它时常就是如此。人们或是遵守习惯和习俗，或是不遵守。假如习俗得到服从，它们必定是好的，这样说的意思是，它们适合于遵守它们的民族；但是这个民族无法告诉你，他们所遵守的习俗为何是好的，或他们放弃的习俗为何是不好的；这不仅因为该民族不是哲学家，而且因为哲学家本人也无法告诉你。哲学家只能看到事物普遍的方面；研究它们的特殊方面的方法、自我批评或自我证实的手段尚不存在。因此，好的习俗之所以好，能够从它得到保留这一事实中推导出来，但它很难被证明，因为证明是从普遍前提进行演绎，而这种前提不可能包含作为民族的特殊性格和环境的习俗。习俗为何是好的或坏的，我们给不出“理由”；我们只能说，“有理由相信”它是好的（因为被保留）或它是坏的（因为被放弃）。这便是埃德蒙·柏克——这种思维方式的嫡系后裔——所说的“因袭的”（prescriptive）的或“推定的”（presumptive）理性。一种习俗，或一种特定的制度，具有“因袭的”权利——即它是已经形成的，因而便存在着有利于它的“推定”；我们推定它运行得不错。[1]

它存在的时间越久，赞成它的推定就越强大。福特斯库的朴素的论证（即英格兰法律最古老，所以它是最好的）于是就变得可以理解了。根据严格的演绎推理，对于特殊事物不存在理性的证明方式，不存在证明一个民族有某些特性或其法律适合于这些特性的理性方法。那么，如何能对法律体系进行任何比较性的评价呢？威尼斯人通过在漫长的时间里一直保留着他们的法律，验证了那些法律适合于他们；英格兰人也是以完全同样的方式来验证他们的法律适合于他们。没有合理的——或用现代的说法，科学的——方法去选取和分析威尼斯人和

1 关于推定传统的理论，见我的*Politics, Language and Time*，第6章和第7章。

英格兰人各自的特殊性，探知或分析他们各自的法律的特殊性，并通过与威尼斯人的比较来评价英格兰人。我们不能合理地说（或解释为何如此），与威尼斯人的法律适合威尼斯人相比，英格兰法律在适合于英格兰人上表现得更出色；我们只有两种推定，它们都不能被完全表述出来或给予合理的证明。但是，在面对这种缺少共同尺度的情况下， 16
我们可以逃入社会科学家最后的避难所：我们可以做出限定。既然英格兰法律确实比威尼斯法律更古老，不间断运用的时间更长久，那么也就有更多的人、在更长的岁月和更多的环境中，默默地做着有利于它们的验证；因此与威尼斯法律相比，有着更多的经验、更强大的推定，使我们相信它们满足着其所依存的那个历史中的社会。这便是根据古老的历史做出论证的理由，我们在本书中对此会有很多讨论（虽然是间接的）。这是演绎性哲学的缺陷的直接后果。

但是这里可以看到，《英格兰法律颂》中的君主受到了他的大法官的欺骗。他得到保证说，即便他只学会了英格兰法的原理，他也足以知道他的法官和其他职业法律人把这些原理适用于具体案件时在做什么。然而，认识具体的案件、搞清楚如何将原理适用于它们，与认识原理并演绎出它们的逻辑结论，是极其不同的思维过程。因此，职业法律人的学问不能被简化为有关原理及其结论的知识；它是有关什么习俗一直得到保留、它们得到保留的技术性而不是逻辑性的结果是什么的知识。习俗性的法律是一个技术性的和传统的结构，而不是一个理性的结构；福特斯库已十分接近于后来由另一位大法官爱德华·柯克爵士说出的观点：英格兰法律是“技艺理性”（artificial reason）。

> 因此，君主大人，假如有个英格兰法律人对您说，一个兄弟不得从同父异母的弟兄那儿继承一笔父亲的遗产，而是应把这笔遗产留给血缘完全相同的妹妹，或是作为无继承人的财产留给他的租地领主，您是会感到诧异的，因为您不知道这种法律的理由。但是，这一案件的难点丝毫不会给一个熟悉英格兰法律的人造成困扰。……由此您会认识到，如果您通过教育理解了那些现在不为您所知的法律，

您就会喜欢上它们，因为它们是最好的；您越是思考它们，就会越愿意欣然享用它们。一切被人喜欢的东西，都会通过习惯将喜欢它的人变得与它有相同的天性，所以亚里士多德说，“习惯变成了另一种天性”。[1]

17 下面我还会说明最后这句话极为重要。从“习惯”和“第二天性”这些概念中，可以找到以下历史主义教义的起源：我们变成了我们所作所为的样子，我们就是这样来塑造自己的。不过，君主不必对英格兰法律做太多事情，只要喜欢它、允许它改变他的天性就可以了。像“这种法律的理由”和“因为它们是最好的”这类说法，是在有意识地引出问题。这种说法是不可证明的，因而也是无从批评的。君主并不处在能够批评他的法官的法律适用的位置上，除非理性告诉他，他们所做的事情有悖于自然正义。除了这类罕见的情况之外，法律的理由是因袭而成的，是以古老的历史为基础的；他只能根据以下推定去接受（当然，还要喜欢）他的王国的习俗：它们是古老的，所以是好的；它们是天底下最古老的，所以也是最好的。法官知道王国的习惯是什么，他对自然正义及其结果的知识不仅不能告诉他，而且不能使他找到这些习惯。因为，研究习俗性的法律不是理性演绎的学究过程，而是——就像柯克对詹姆士一世所说[2]——一项毕生研究法庭记录和工作经验的事情。

福特斯库的主要意图极可能是，他仍要论证英格兰法律是合乎理性的，也就是说，能够证明它的整个结构与法学原理或普通法本身特有的定理的演绎相一致。但他的思想中还有一个难以消除的层面，就此来看英格兰的法律是不合乎理性的，也就是说，它不可能用任何这样的

1 *De Laudibus*, ch. V, pp. 14—17.

2 “国王说，他认为法律是建立在理性基础上，而他和其他人都拥有和法官一样的理性。我答道，诚然，上帝赋予了陛下出色的学问和了不起的天赋，可是陛下并未研习过他的英格兰王国的法律。有关他的臣民的生命、遗产、货物或财产的案件，并不是由自然理性决定的，而是用技艺理性和法律裁决来决定的；法律是一门技艺，需要漫长的学习和经验，才能获得这方面的知识。” Coke, *Twelfth Reports*, Prohibitions del Roy（12 Co. Rep. 65）.

演绎加以重建。哲学之外的其他形式的智慧创造着英格兰的法律，这些智慧需要漫长的学习过程，因为它们是建立在经验而不是研究上；因此，君主或许希望赞赏他的法官的智慧，但是一旦法律被视为习俗，他就只能赞赏之。

习俗是经验的成果，它在最低和最不易表述的智慧层面上，即在试错的层面上发挥着作用。只有经验能够建立它，只有经验能够知道它 18 是好的；承认它的心智经验，必然是以过去世世代代无数人的经验为基础，习俗本身便是这种经验的表达。因此，习俗是自我证明的；它本身的存在，它被推定拥有的漫长历史，是假定它为好、它十分适合人们的需要和天性的主要原因，它绝对要求从事探究的人满足于它本身所包含的有关它的假设。君主没有能力充当习俗的批评者和改革者，理由如下：除了经验本身之外，没有其他办法从人民的需要和天性中推导出他们的习俗，或科学地决定后者是适合还是不适合前者。既然只有经验，它只能依靠积累，而不能在一个人六七十年的一生中系统地建构起来，因此君主必须承认，他只有一个人的经验，不足以对抗在古老历史中创造任何一种习俗的无数人的经验，更不用说他王国中的整个习惯法体系了。

因此，福特斯库的君主是难以立法的，因为没有科学的方法去确定哪些具体的法律适合于特定民族或特定环境。经院派的头脑所知道的唯一方法，就是演绎逻辑的方法，它只处理普遍事物。对特殊事物的判断必须留给经验，其中的大部分都表现为习俗，表现为形成习俗的无数缓慢过程，它们是君主的头脑所无法左右的。诚然，有时法律确实必须在较短的时间内制定出来，不能像习俗那样靠大量的普遍行为结晶而成，这时我们便看到福特斯库划分出的第三类立法，即法规的范畴。但是，即使在这里，理性和经验的二分、经验量化的原理也起着作用。在把习俗建立在习惯和古老的历史上之后，福特斯库立刻便说：

> 剩下的事情就是评价英格兰的法规是不是好的。其实，这些法规也不是仅仅来自君主的意志，就像完全用法条进行统治的王国那样，

> 其法规往往只保障立法者的利益，从而增加臣民的损失和灾祸。……
> 英格兰的法规不是这样产生的，它们不仅是由君主的意志制定的，而
> 且得到了整个王国的赞同，因此它们不会伤害人民或是无法保障他们
> 19 的利益。再者，必须设想它们必然充满审慎与智慧，它们是审慎地制定
> 出来的，那不仅是一位或一百位顾问的审慎，而是超过三百个被推举
> 出来的人的审慎，当初罗马元老院就是由这样的人数来统治的；了解
> 议会的召集形式、秩序和议程的人，对此有再清楚不过的描述。倘若
> 以这种庄重而细心的方式制定出来的法律没有使立法者的意图完全生
> 效，它们能够被迅速修定，但也不是无需该王国的平民和贵族的同意，
> 就像它们最初被提出时要征得同意一样。由此，陛下，英格兰一切类型
> 的法律现在对你来说都是很清楚的。你能够运用自己的智慧，把它们
> 与其他法律加以比较，由此评估它们的优劣；当你看到世界上再没有
> 比它们更优秀的法律时，您肯定就会同意，它们不仅是好的，而且是您
> 所能希望的最好的法律。[1]

这番话说得踌躇满志，使君主作为一个比较法律的学者，无法得出任何其他结论，也没有能力行使立法者或立法批评者的职能，对习俗而言是如此，对法规亦是如此。特殊的法律——这是问题的关键——只能由经验、由漫长的习惯和当时的审慎来形成；君主的经验只是一人的经验，比不上他的三百名顾问和在世的臣民们的经验，或是古老历史上无以计数的人们的经验（可以由此推定，按这种量化标准，习俗比法规更聪明）；他的理性只告诉他习俗和法规是否符合自然正义的原理，但它所能告诉他的，无论如何也不会比它能告诉其他任何“理性动物”（animal rationale）的更多。因此，在任何情况下，其权威高于任何人的君主不能进行有效的立法，除非他尽可能多地用其他人的理性和经验来充实自己的理性和经验，只有当他与先人打成一片，尊重古老的习惯，才能在这件事上做得最好。我们在这里看到了福特斯库的以下偏好

1 *De Laudibus*, ch. XVIII, pp. 40—41.

的支柱之一：通过法律和臣民的同意进行统治的君主，优于只用自己的理性和经验进行统治的君主。后者未必是个暴君，但他可能是一个试图做不可能做到的事、无视别人能为他提供帮助的正人君子。但是，整个问题还要从更广阔的理论背景加以审视。

麦基文在《宪政古今》[1]一书中，将福特斯库对“法律之治”（regnum regale）和“政治与法律并用之治”（regnum politicum et realge）的哲学区分，追溯到柏拉图写《理想国》时与他后来和在他之后 20
的亚里士多德所采用的方式之间的分歧。柏拉图在《理想国》中提出这样一个问题：城邦应当受法律的统治，还是应当受理想的统治者不受约束的智慧的统治，然后他决定赞成哲学王的不受限制的权威。他这样做的根据是，法律只是通则，必须加以变通才能适用于具体案件，不然就得歪曲特殊案件使之适应法律，而哲学家既能直觉地把握他所看到的普遍，同时又能直觉地把握每个特殊案件的本质特点。法律就像一根硬邦邦的棍子，非得使之弯曲才能适用于每个案件，不然法律就打破了；而哲学家的智慧却是灵活的，它环绕每个案件流动，把握其全部的细节。但是，若让这一点成立，就必须使普遍与特殊之间的关系十分不同于它在福特斯库的中世纪亚里士多德主义中的情况。《理想国》的学说涉及柏拉图哲学中的“理念”（Ideas）和“形式”（Forms）的存在，这些理想而完美的认知对象构成唯一真实的世界，我们感官的现象世界中的每一个客体都与它们相一致，但又仅仅是它们衍生的和不完美的复制。“形式”知识不是感官知识，也不是从感官知识抽象或概括出来的知识；它是理智直接受到形式或受到形式世界的启发而获得的，就像洞穴神话中的囚徒所经历的那样，当他逃离他只能看到由火光投射出的事物影子的地方，来到阳光之下，他才能看到事物本身。一旦我们的理智被“形式”所照亮，我们就能完全获知从“形式”衍生出来的现象界的事物，因为衍生出来的现实被衍生它的实在所照亮。可以说，哲学王以这种方式——也只能以这种方式——知道特殊情况和案件，比法

1　C. H. McIlwain, *Constitutionalism Ancient and Modern.* Ithaca: Cornell University Press, Great Seal Books, 1958, chs. II and IV.

律的一般规则“知道”得更好。

但是，在《政治家》和《法律篇》中，麦基文接着说，后期的柏拉图打算考虑这样一种可能性，哲学王的知识不是“形式”知识，而是一系列从经验中归纳出来的通则。这个统治者应当让他的决定服从法律的约束，因为这些通则能够建立在比他一个人的理智可能提供的更广泛的基础上。然而，这种统治必然是不完美的，因为它的知识是从经验中
21 抽象出来的通则，必须对它们进行变通以适应个别的情况，而后者又可能包含着不被最初的通则所允许的因素。除了《理想国》中的哲学家所拥有的知识体系，在任何知识体系中，抽象和具体之间、普遍通则和特殊情况之间肯定有互不吻合之处；因此可以认为，能力较差的统治智慧必须受到法律的双重约束，首先是需要让他个人的决定服从法律的一般规则，其次是在把法律转化为具体的决定时必须接受某种指导——这是因为，如果他只有关于不完美的通则的知识，那么他对特殊的理解也肯定是不完美的。

亚里士多德在《政治学》中发展了这一论证路线，他在讨论是智慧还是法律应当统治时断定，只有出现了一位智力大大高于常人的哲学家，就像常人的智力大大高于禽兽一样，他的统治才能不受法律约束；智力与其臣民一样的统治者，即使达到了这智力的最高水平，也不可能像法律一样聪明。[1]这意味着亚里士多德不再相信“形式”（Forms）是真实的，或至少是可以被人获知的。我们的肉体把我们限制在时空之中，因此我们只能知道感官和记忆告诉我们的事情，我们的智力所能处理的也只有这样得到的信息。“理念”是“通过感觉和记忆由归纳而获得的”，就像福特斯库总结亚里士多德时所说。理念是从质料（data）抽象而来。但是这样得到的抽象构成了命题，其中一些命题是自明的原理；也就是说，它们的真实性是由智力即刻直观地把握到的。亚里士多德形而上学的历史表明，有可能把这些绝对精神性的抽象命题视为真正的实在，甚至视为由上帝创造的唯一终极的实在；现象世界表现为它

1 Aristotle, *The Politics*, Ernest Barker编译（Oxford: The Clarendon Press, 1946），pp. 134—135 （1284a），126—127 （1282a—b）。以下所有引文均出自这个版本。

的原理的示范、变异,甚至是退化,因此这种原理毕竟还是近似于柏拉图的“形式”(Forms)。但是,即使终极的实在也是精神建构,它是只能够被人——他是理性动物,但毕竟还是动物——利用从感官材料和社会交往中抽象出来的观念形式获知。基督教强调肉体生命和精神生命的不同,因此它鼓励这样的想法:“我现在仿佛对着镜子观看,模糊不清,到那时就要面对面了”;[1]在基督教的亚里士多德主义中,唯有天使能够直接体认精神的实在,它们具备的理智使其能够追求有关造物主之劳作的知识,但是由于它们只有灵魂而没有肉体、器官或欲望,所以不受时空限制,也无需感官、记忆或归纳性的通则,而是直接而直观 22
地认知实在。天使的知识没有受到特殊事物之网的过滤,因此据说天使是类存在,而不是个体:是普遍而不是特殊的存在。时间是特殊存在无法逃脱的条件。

于是,《理想国》中的哲学王变成了天使,被从这个世界流放到另一个世界。当然,在基督教思想中,这两个世界是相互渗透的,但是,虽然教会有着在尘世维护某些永恒真理的任务,但它并不期待天使下凡,挑起统治尘世社会的担子;因此并非远远不可能的事情是,任何尘世的统治者都可以对实在有直觉的把握,这使他有能力或有资格实施法律。事实上,亚里士多德的思想使我们甚至在雅典的或前基督教的背景中也看到一种与福特斯库相去不远的统治哲学。知识是通过对质料的概括和抽象而建立起来的,有些这样的概括被视为普遍命题,它们的真实性是自明的,不依靠归纳过程。这种原理成为理性进一步推导出命题的基础,后者的真实性可以通过证明它们是第一原理之真实性的必然逻辑结果而得到证实。但是,从抽象的普遍只能演绎出抽象的普遍,假如理性就是演绎逻辑,那就不能把归纳过程颠倒过来。我们迟早要面对柏拉图提出的问题,即如何能使普遍适用于特殊,我们必须在得不到柏拉图式哲学家——他对特殊及其性质拥有直观的和完美的知识——帮助的情况下面对这个问题。哪一类有关特殊的知识是可能的?用什么样的理智手段能够使普遍和特殊相互协调?

1 语见《新约·哥林多前书》,10:12。——译注就人类的统治而言，亚里士多德的答案很清楚：共同的经验。这便是他的著名格言的含义：判断菜肴的法官不是厨子，而是吃菜的人。[1]在人类不加反省的理智的最低层次上，你若想搞清楚自己的靴子是否会夹脚，并不需要任何鞋匠的技艺或足病医生的学问。当鞋匠和足病医生尽力而为之后，你必须把他们劳作的结果告诉他们，但是如果（就像在统治问题上很容易发生的那样）没有鞋匠或足病医生来帮你，那
23 么从理论上说你有可能（虽然非常不划算）不停地为自己缝制靴子，直到通过尝试，你做出了一双不会夹脚的靴子，你在这样做时从自己的错误中学不到多少东西，因此最终的成功纯粹来自运气。当聪明的统治者总结人民的需要和生活环境并根据这种总结制定法律时，他们会把这些法律留给人民去决定是否确实适合其需要和环境；因为只有这样，才能消除理念和现实之间的鸿沟。可以通过召开人民大会来做这件事，询问他们是否认为这些法律适合他们。或许任何个人都无法重复统治者的总结过程，但是他们的全部预期很可能为统治者的法律有无成功机会提供出色的评判。这便是获得同意的统治的情况。但是也可以通过习惯，通过让人民自由地决定遵守还是无视那些法律来取得同样的结果。他们的决定不是预测——“我们认为这法律适合或不适合我们”（例如你向人民大会询问意见时出现的情况），而是确证：“人民保留了这种习惯，所以它是适合他们的；他们已经放弃了它，所以它是不适合他们的。”人民有充分的能力来形成他们的习俗，无须统治者去指导他们，他们只要自发地采用构成习惯的行为模式即可，这就是利用习俗进行统治的情况。

通过等待民众形成习惯而立法，这种做法的唯一问题是，它需要极其漫长的时间（虽然如我们所知，这有补偿性的好处：习俗越古老，就越有理由认为它适合人民，越不必担心出现它们不适合的情况）。它需要漫长的时间，因为从本质上说我们所要求的是，一个人对特殊事物的经验被累加到其他人的经验之中，直到形成共识，这个过程要在时间

1 Aristotle, *The Politics*, p. 126（1282a）.

中一再重复，直到由此出现的习俗宣称它享有一再重复的习惯和古老历史的权威。但是，进一步说，习俗的缓慢形成只是所有特殊的法律、政府的特殊措施和特殊决定的高度发达的事例。假如理性只与演绎和普遍事物有关，那就不存在对待特殊本身的科学或方法。每个人只能对他恰好想要了解的特殊事物运用他自己的判断力，把这种判断扩展到私人领域之外的唯一方式，就是把它同另一些人对自己的特殊知识的判断结合在一起。既然对特殊判断不存在系统的批评，既然它更像是(虽然不能等同于)技艺而非科学，因此一种判断能够声称优于另一种判断的为数不多的标准之一，就是凭经验做出这种判断的人数。三百人的判断，仅以数量来说，就更有可能优于一人的判断；世世代代的人 24
所做出的判断优于在世的人的判断；最古老的习俗优于不那么古老的习俗。"个人是愚蠢的，"柏克说，"众人有时也是愚蠢的，但人类是聪明的，只要给他们时间，他们总是能够正确地行动。"[1]顺便说一句，他这里说的是生物学意义上的人类，而不是经院学派所说的人类。

所有这些说法都是与或然性有关的说法，因为一项决定的正当性，只能根据它符合原理而不是特殊性加以证明——当然，除非根据"第二天性"的论证，我的习俗已成为我的自我的一部分，因此它们对我而言肯定是正当的。至于它们对于同我的人格对立的我的外部环境是否正当，则是另一个问题。但是，习俗是一种得到许多人的经验验证的特殊判断，它在漫长时期中不断得到检验而获得了极大的连续性，因此它继续让人满意的可能性是极大的(以它所维持的条件的稳定性为前提)。然而习俗也是一种可以从最长远的角度加以观察的判断，而且肯定会有很多判断只能利用较少的人的经验来做出。柏克所说的"个人"和"一时的众人"都在做出决定，虽然他们相对而言都是"愚蠢的"，也就是说，他们所能利用的有关特殊事务的经验和知识的数量，

1　Edmund Burke, *Works* (London: George Bell and Sons, Bohn's Libraries edition, 1877), VI, 147; 以下演讲的注释: *On a Motion Made in the House of Commons, May 1782, for a Committee to Enquire into the State of the Representation of the Commons in Parliament*。另参见*Politics, Language and Time*, pp. 226—227。

与“被给予了时间的人类”相比要少得多。“一时的众人”的决定是福特斯库所说的法规，制定它们时表现出的美德便是他所说的“审慎”。习俗的“证据”——当然不是证明——是它的古老性，“审慎”则可以被定义为制定能够经得起时间检验、从而获得习俗享有的古老性和权威性的法规的能力。但是，审慎也是个人做出自己的决定时表现出的美德，因为说到底它不过就是运用个人以及其他人的那些有望产生好结果的经验的能力。

阿奎那把技艺定义为“创造事物（factibilium）的正当理性”，把审慎定义为“做事情（agibilium）的正当理性”，有些现代翻译者把“ratio”译成“判断力”，以便减少区分从原理出发的“思辨理性”
25 （speculative ratio）和向目的进发的“实践理性”（practicial ratio）的难度。[1]他接着引用西塞罗的话，提到“审慎的另外三个成分，即对过去的记忆，对当前的理解和对未来的预见”，然后他断定，它们“不是有别于审慎的美德”，而是其“不可分割的部分或成分”。[2]现在十分清楚了，审慎是经验的现在时和未来时，习俗则是经验的完成时。习俗中的经验判断什么已被证明是好的和令人满意的；它还判断什么已被证明适合人民的特性或“性情”，这种判断很可能是自足的，因为习惯和习俗既创造这种“第二天性”，也对它进行评价——过去当然是已经完成的。法规中，经验判断哪些未来的经验有可能得到肯定，但它只能从理论上这样做，因为习俗尚未证明已经完成了它的工作。当人类事务（它在时间中是不稳定的和变动不居的）之进程中发生了某种不期而至的事情，它尚未融入习惯，那就必须迈出走向这种融合的第一步。法规是建立在经验上，并期待着得到进一步的经验的肯定，因此它是在不期而至的新事物出现了若干次时迈出的一步，这时经验积累到一定的程度，将它普遍化为习俗的过程已可起步。以审慎的形式做这种普遍化工作的经验是兼顾两面的（Janus-faced）；它在创新与记忆，法规与习俗，现在、未

1 St. Thomas Aquinas, *Summa Theologiea* （Blackfriars: New York and London）, vol. 23（1969）, 1a—2ae, question 57, 4（p. 51）.

2 同上，57, 6（pp. 57, 61）。

来和过去之间搭起桥梁。

但是,对不期而至的事件的最初反应、最初采取的行动是什么呢?在这个问题上,麦基文做出了他对“法律之代言”和“一人掌舵”的著名的,但也是有争议的区分。[1]他正确地说,对不期而至的事件的最初反应是审慎理论的一部分,但它最多也只能是间接地建立在经验之上。假设有些事情是第一次发生,它与以往的任何现象没有相似性,在这种情况下,我们没有语言来表达它,也不知道用什么方式来对待它;或者,它与以往的现象有足够的相似性,看上去像是属于这种现象的一类,但又表现出它自身足够的特点(或一组特点),看上去能让我们忐忑不安地用“自成一类”(sui generis)或独一无二来称呼它。假如后一种特点很突出,那就不宜召开长老议事会来集中他们的经验;在处理这种事情时必须根据它的新颖性,而后者几乎肯定与它呈现于我们面前并要求做出 26
反应的速度相对应。假如时间是变化的维度,呈现的速度与陌生程度便直接成正比。

因此,没有先例的事,必须由没有时间召集议事会的人来应付。但是,既然它不能靠经验来应付,那么在应付它时也就不太可能颁布能够用来对付未来同类事件的法规或精明审慎的一般性布告。那些做法必须等待这种不期而至的事件重复若干次,不再完全是没有先例的。由于人类事务的变动不居,有时正常的判断和法规是不适宜的;问题太新、太陌生,而且没有足够的时间;但是,根据“经验”这个概念中包含的假设,使法规成为适宜的时刻想必是会到来的。因此麦基文发现,可以把中世纪国王的统治权力排列成一个从“jurisdictio”(法律之代言)到“gubernaculum”(一人掌舵)的谱系。在这个谱系的一端,经验的决定已经做出,君主只要说出它们是什么即可,他只需运用记忆,排除审慎的其他方面;他本人的经验不必对习俗做出补充,他不必有自身的原创行为。在不同的中间位置,随着陌生性和所要求的反应速度的增加,就需要把更多的审慎注入到习俗的形成过程之中;国王更少采纳顾问

1 McIlwain, 同前书(见本书第21页注1), pp. 77ff。

们的建议，更多依靠自己的审慎，但是做出的决定在普遍性、持久性和约束力方面也会相应地减少。最后达到这样一个位置，事情完全是陌生的，反应必须即刻做出，舵盘上只能有一只手；这时君主便成了绝对君主，也就是说，他的决定既不受习俗也不受顾问的约束，但是它们不会——因为它们不能——立刻变成普遍的行为规则。只有重复和进一步的经验才能让它们变成这样。

这是对“法律之代言—独揽掌舵权”谱系的非常简单和理想化的表述，这也许会让它的作者吃惊；麦基文的批评者经常问，他的文章是不是过于简化了中世纪政府的事实。若不小心处置，它有可能导致一种同有关斯图亚特时代早期英格兰的理论颇为相似的、很不令人满意的理论：既存在着受到法律限制的王室权力，也存在着不受法律限制的王室权力，这两者并没有必然的矛盾；有些现代作家步17世纪的哈灵顿[1]和
27 18世纪的休谟[2]之后尘，认为中世纪的政府既不那么连贯一致，在都铎王朝以前的条件下也比这里所说的更加灵活。[3]但是，认为“法律之代言”和“一人掌舵”的不同形式尚未被制度化、从而并无清楚的区分是一回事，认为上述两个概念所表达的思想方式并不是中世纪思考政府之人所能利用的主要或唯一的理论框架则是另一回事。这里我们不妨采用一种形式，把政府描述为应付不期而至事件的时刻的一套装置，我们可以看到它所包含的结构是开放的，它仅仅区分出我们在组织时间时划分出的过去、现在和未来的时刻。因此不必奇怪，中世纪的思想在论及习俗时，既可以说它是由王权或朝臣的行动所建立，也可以说它从

1 *Oceana*（1656）：“……这不过是一场摔跤比赛，如果国王更强壮，就能摔倒贵族，或者贵族更强壮，就能摔倒国王……因为法律是模棱两可的，可以无休止地争论下去，断无定论可言。” Toland (ed.), *The Oceana, and Other Works of James Harrington*（London, 1771）, pp. 63, 69.

2 *History of England*（1762年版）, vol. V, ch. I, p. 14：“……似乎已沉睡了许多世代的哥特人政府的某些成分，现在又开始到处发威和相互侵害了。”

3 Donald W. Hanson, *From Kingdom to Commonwealth: the development of civic consciousness in English political thought*（Cambridge, Mass.: Harvard University Press, 1970）. 可特别参见该书第四至第七章对麦基文传统的批评。

古老的年代不经创造就存在着；制定新法律和公布旧法律的法规之间的区分既可见又经常被模糊起来；对发布仅限于单一事件的一次性决定的“一人掌舵”和创设具有一定程度的普遍性、因而对未来有相应约束力的规则（“法律”）的“一人掌舵”所做的区分，在实践中是站不住脚的。经验之两面性，以及作为仅由连续性记忆所组织的时间中一个时刻的现在之两面性，从原则上解释了所有这些事情。

我们这里讨论的事情，更多地关系到政体必须求助的概念体系的缺乏，而不是政体中发生的事情。坐在法庭上的大法官亨汉很清楚如何通过重新解释旧法规来创设新法规；[1]但坐在书房里的大法官福特斯库却无法给出理论上的解释，亨汉和他的创新性审慎为何没有被吸 28
收进由经验、习俗和回顾组成的世界。在光谱的一头，经验的概念完全失效，新事件及其对策被认为是独一无二的，除了神秘性以外没有任何东西。我们与决策一起进入纯粹“一人掌舵”的领域，与习俗性的管辖权相距最远；在这里，所有的统治者被承认为既是绝对的，也是极不安全的。在政策问题上，国王和他的顾问们的作为只能以他们的审慎和经验作为自己的向导。这也是他们的职责；他们在一生中受过这方面的长期训练；上帝把这份差事交给他们，他的恩典的力量也许会协助他们做这件事；他们那在本质上有着“神秘”或“技艺”性质的职业会养成令人称奇的技巧。治国术，或“御世秘术”（arcana imperii），或权力的秘密，或判断时代、气候、事件、环境和人类意愿的变化，是他们的专长。大获成功的统治者，例如西班牙的腓力二世——绰号“精明”（El Prudente），或英格兰的伊丽莎白一世，便是以这种专长作为根据，宣称他们拥有神秘的、近似于神旨的权威。他们操作的领域是莫测高深的神意的领域，在这个领域的成功似乎是来自神意；据说他们行使权力是

1　见亨汉对一个律师说的话（Hanson, p. 207）：“不要曲解法规，敝人比您更了解它，因为是我们制定了它，而且人们也时常看到一个法规废除了另一个法规。”参见T. F. T. Plucknett, *The Legis lation of Edward I*（Oxford: The Clarendon Press, 1949）, pp. 72—74。Hanson进一步说明（pp. 220—222），福特斯库并没有创设比习俗低一级的（也就是说，受其限制的）法规。但是Hanson没有对法规的权威和其内容的审慎性质加以区分。

受命于上帝。但是，纯粹政策的治国术与司法或立法是脱节的，因为它不涉及建立和维持法治。它是在必须放弃把事物置于法律控制之下的一切希望时，应付特殊、突发事件和不测之事的神秘技艺，也就是说，它是非理性的技艺。可是，在能够运用习俗或人民的同意这些经验的形式、能够建立并解释普遍规则的情况下，统治就会变得不那么像是神秘莫测的技艺，而更像是——总是要对理性与经验做出严格区分——理性的方法或科学。按福特斯库等人的假设，国王的治国术并不能使他有资格充当法官或立法者；统治的要求与此不同。在审慎溢价、经验贬值的地方，他可能具有成为决策者的审慎；他的经验的数量不足却使他不能充当法官或立法者，就像任何不借助于他人的经验和审慎的人一样。

纯粹的“一人掌舵”就是纯粹的秘术；只要经验依然是将特殊事物普遍化和检验普遍因素对后者的适用性的唯一手段，那么“法律之代言”和经同意而立法就必然是建构和管理经得起理智检验的法律的
29 唯一方式。但是，这种统治哲学肯定无法令人满足地解释“一人掌舵”包含在“法律之代言”之中的情况，国王在这种情况下感到他要亲自关心司法和立法，并且因其职责的缘故，对它们的正确运行负有不同于其他任何人的责任。福特斯库的论证倾向于剥夺他的与其职责相称的智力，让他（就像《英格兰法律颂》中的大法官对他的君主所做的那样）在一边充当法官之作为的尊敬旁观者，他不比其他任何有理智的普通人更聪明。但是，似乎没有“一人掌舵”的理论能够为国王提供一种司法和立法中的稳定而独特的角色，因为在我们所讨论的这种哲学中，“一人掌舵”说到底是一种技巧而不是科学，它涉及的是特殊性而不是重复性，是政策的管理而不是法律的创立。国王要承担这一极其困难的工作，所以他享有的权威类似于上帝授意的权威，或是以上帝的授意为基础；另外，存在着这种权威与议事会或法院所做的事情发生关联的时刻，存在着国王面对自己的顾问或法官的时刻，这时他可以运用其“一人掌舵”这种可怕的、类似于神的权威，像“狮吼”一样说话。这时不可与他顶嘴或反抗他；这时他可以运用其权威，暂时置法律于不顾。但

是，如果事关做出判决、颁布法规，尤其是事关习惯法的技术，这时狮子的声音就要沉默下来，使他感到不便的事实重新出现，即法律是由理性和经验创设的，国王在这两个方面不比其他人更出色；詹姆士一世和柯克再次相遇。

国王高于常人之处是他的权威，但是权威这时不再是以任何人类的知识理论作为基础。这里我们可以方便地借用瓦尔特·乌尔曼的“自上而下的”和“自下而上”的权力论；[1]统治者的权威可以来自他的政治智慧（福特斯库所说的“手腕”［politice］），也可以来自上面的“立法者”（regaliter），来自被理解为“道”（rex）而不是“法”（lex）、理解为意志而不是理性的上帝本人。甚至连这一点，福特斯库也尽量贬低它的作用，把它等同于“自然法”，即普通人的理性能够认知的普遍规律的作用。但是在特殊事物中，神授权威并不是人人可得，国王如何得到它便成了神秘的事情，原因就在于它是来自神意。只有来自“永恒的当下”的上帝，能够领悟特殊事件序列的全部意义，人们也较容易把它视为他的意志。神意就是上帝主导这一过程的意志、至少是人们在时间中 30
所领悟到的这种意志的名称；对于没有“永恒的当下”的他们来说，那是神秘莫测的。国王运用上帝从上面授予他的权威，像狮吼一般说话；因此他的权威也变成了神秘莫测的和不可抗拒的。但是，权威的授予不会增加他的受到时间约束的智力；这是一种神权统治的现象，而不是世俗现象；这便是让·博丹——就像主张“绝对君权”的许多理论家一样——有以下说法的原因：从权威的角度说，只要国王愿意，他随时可以置习俗于不顾；但是从审慎甚至智慧的角度说，他只有在极罕见的情况下才应当这样做。[2]甚至国王也不能完全消除上帝和人类之间的距离；因此似乎可以说，当权威离开人的记忆所领悟到的充满偶然性的时间领域，进入上帝的意志和神意所形成的时间领域时，它便把审慎置诸

1　Walter Ullmann, *Principles of Government and Politics in the Middle Ages*（London: Methuen, 1961）.

2　M. J. Tooley 编译, *Six Books of the Commonwealth by Jean Bodin*, 节译（Oxford: Basil Blackwell, n.d.）, pp. 43—44, 123—128。

脑后了。但是，当神意颁布对人人都有约束力的实在法时，它是在西奈山而不是在罗马或拜占庭做此事；它的行动不是人类立法者的行动。在国王或人类共同体能够完全主张实在法的立法权力之前，必须先有一种理论，它赋予人们在世俗历史领域创设新秩序的能力。为了搞清楚为何仍然缺少这种理论，我们接下来要更充分地探讨受神意支配的时间观。

第二章 31

问题及其模式（二）
神意、命运和美德

一件自相矛盾的事情是，基督教的救赎教义最终使历史观成为可能，然而数百年来它却一直要否认这种历史观的可能性。希腊人和罗马人的头脑看不出有何理由去期待人类的未来会发生什么很新鲜的事情，循环再生论或机缘至上论（希腊或罗马的“命运”［tyche，fortuna］）的出现并相互渗透——虽然我们必须当心，不要夸大或简化它们的重要性——便反映着这种缺少对未来的期待的状况，尽管偶然会有厌世感和焦虑感发生。[1]但是，这种看似空洞的图式中，却为对政治和军事现象的十分敏锐的研究留出了空间。当人们认为人的行动在事物的正常过程或宇宙的过程中终有一天会重新发生时，这种行动并未失去意义——或许恰恰相反。但是，救世主一神教的出现，却对时间做了重要的组织和改造，使之成为有着永恒意义的事件的一个方面。上帝与人立了圣约，这圣约有一天会兑现；人被创造出来，他却堕落了。上帝开始行动，要让他赎罪，这件事会在某个时刻最终完成。所有这一切都意味着时间中的事件（temporal events），在宣告它们时必须使用过去时或未来时；但每一个这样的事件的意义却是超历史的，也就是说，

1　见本书第6页注2。作为女神和实际崇拜对象的“命运”（fortuna），参见John Ferguson, *The Religions of the Roman Empire*（Ithaca: Cornell University Press, 1970）。

它是在人与完全处于时间之外的因素之间的关系中所发生的变化。时间是根据处于时间之外的一个永恒主体的行动来组织的；这些行动形成一个序列，其意义展现于时间之中，并赋予时间以意义；但是，既然行动的意义处于时间之外，时间因此是从它与永恒的关系中获得意义。甚至可以说，人在离开伊甸园时便进入了时间，构成神的历史的行动序
32 列，是要让时间最终结束，在超越并终结其存在的那一刻达到意义的圆满。简言之，历史是通过服从于末世论而获得意义的。

因此，教父时代的思想家经常认为，个体的生命包含着两个相互独立的、可以观察到的时间序列。一方面是行动和事件构成的序列，它把人与上帝分开，并引导二者重新聚集在一起；这些行动大多数发生在过去的某些时刻，从理论上说可以根据有记录的人类历史确定具体的日期，但是还有一些是信徒期待于未来某个时刻的行动，无法给它们标明可靠的日期，甚至确定日期的做法是不正当的。这就带来了末世论意义上的当下的问题，带来了在期待赎罪计划完成之前的间隔期的宗教生活的问题；一旦同意这个当下包含着许多毕生的时间和世代，就得给这个间隔期填充上另一种人类能够感知的时间序列。这就是教父时代的用语中所说的“现世”（saeculum）[1]和现代人所说的历史；人类的时间是根据社会世界中发生的事情来组织的，希腊人和罗马人的头脑把它们主要视为政治的和军事的，而古代后期的思想——不必奇怪——则主要是从帝国兴衰的角度来看待它们。如此一来就必然出现一个问题：这两个被分别认识的序列（或“神的”历史和“世俗的”历史）是否或如何可以相互联系在一起。公共智慧——古代晚期的基督教思想有强烈的公共取向——紧张地思考着什么事情会降临到他们的城市、行省和全帝国的社会，对于这种智慧来说，发生于这片区域的事情，肯定以某种方式与上帝让人类赎罪的意图联系在一起；其实，在为区分开逃避现世的禁欲主义与否定现世的二元论而进行的永恒斗争中，否认上帝以某种方式存在于当下并关心着世俗历史发生的事情并引

1 整个这一章的撰写，我要感谢R. A. Markus, *Saeculum: History and Society in the Theology of St. Augustine*（Cambridge University Press, 1970）。

导其走向救赎目的是危险的。“现世”是发生在救赎的戏剧中；难道不是这样吗？

此外，还有（至少从《但以理书》和《启示录》被接受为基督教信条的时代起）先知预言的图式，即被认为得到神启、预言尚未出现之事的话语；在这些预言中，对赎罪计划将在末世完成以及对时间终结本身的描述，暗示着人类的历史剧中将有大灾降临于城市和帝国，因此，非但有可能，而且可以正当地相信“世俗”历史其实是先知预言的对 33
象，相信先知或先知预言的解释者可以用某种方式“解读”世俗事件，从而能够从中探测到赎罪计划，并且那些事件是该计划的一部分。但是，先知预言建构历史的关键，并不是任何自主的意义上的历史写作。就其包含的对前述两部书那样的先知书的解读和应用而言，它所采用的语言是高度神谕性和象征性的，在先知预言所描述的事件同“现世生活”中体认到的事件之间建立联系和一致性，使建构某种象征性的次级词汇成为必需。它能够把一些次级事件序列同先知预言的事件序列联系起来，从而使后者从象征上升到类型的地位：最初的神秘实在能够在一些独立存在的序列中被类型化。末世论以这种方式保留着它对历史的优先性。不仅历史只能被理解为一种赎罪过程的模式，并且赎罪过程能够在事件序列中被一而再，再而三地模式化——是能够多次讲述的戏剧；其中有些事件序列根本不是世俗史中的事件序列，而是个体灵魂朝圣的事件序列，或是抽象的非历史现象的序列，同时历史事件本身又可以处在一种类型化的而不是历史的相互关系之中。简言之，先知预言的语言始终倾向于从历史叙事的散文退回到宇宙符号的诗学；同样的模式在许多层面上重复，而不是在不可重复的序列中相续发生的独一无二的事件；只有把特殊与普遍联系在一起才能理解特殊的思想，运用这个媒介，就像运用哲学的媒介一样，使自身获得新的意义。[1]

然而，历史的事件或现象能够与末世论事件联系在一起而又不失

1　一个可能的结果是，严格意义上的先知预言的线性序列与反映了类型重复的循环序列融合在一起。参见John W. O'Malley, *Giles of Viterbo on Church and Reform; A Study in Renaissance Thought*（Leiden: E. J. Brill, 1968）。

去它的历史独特性，只要能把它同最终的、不可重复的，因而是独一无二的全人类的赎罪联系在一起即可；可是，以奥古斯丁作为其化身的教父时代的思想，却断然拒绝了这种做法，并把它打入异端的地下世界。可以看到，《但以理书》和《启示录》的语言能够以不止一种方式来表示基督徒所归属的成员结构，他可以想象它在末世戏剧中扮演着一个角色。在君士坦丁或狄奥多西统治下获胜的基督徒可以认为，基督教的
34 帝国及其教会就是先知预言过的上帝在历史中的行动，它直接指向某种末世的完成；而非洲那些好战的清教徒则十分明确地认为，有必要不使教会与世俗权威妥协，因此他们坚信，只有在独立于帝国及其教会合作者的基督徒团体中才能得救。[1]救世固然是在社会和历史中的救世，但它是在仍有待发生的历史中，只有当时间终结时才能完成；同时伪教会和维持这个教会并使之成为伪教会的世俗帝国被列为对立的邪恶力量，先知书对此有大量象征性的描述。从这种基于启示录的区分——由末世论构建出一种期待于未来的反历史——之中我们看到一种千禧年主义，任何时代的基督徒都用它来表达他们对行使着世俗权力或被这种权力所左右的既有教会的反叛。

奥古斯丁以及他之后的传统做出的反应是，对末日启示信仰的帝国版和教派版皆予否弃，将末世论和历史做出严格的分离。基督徒与最终赎罪的关系，在于他是“上帝之国”（civitas Dei）的成员，这是一个与上帝同在的社会，因此它跟上帝一起存在于时间之外，而不会偶然落入时间之中；没有任何“地上之国”（civitas terrena）能被等同于“上帝之国”，因此，得到救赎的成员资格，既非因为一个人属于某个在可见的历史过程中落实上帝意志的基督教帝国，也非因为他属于某个期待着历史终结时成为上帝意志之工具的、信奉末日启示的反教会。无疑，时间中的救世过程会有一个终结，彼时基督徒有望成为一个圣徒的共同体；但是他的得救并不是历史过程的结果，也不是他参与一种体现

1 Markus, 同前书, ch. 2, “*Tempora Christiana:* Augustine’s Historical Experience”, and pp. 110f。另参见W.H.C. Prend, *The Donatist Church*（Oxford: The Clarendon Press, 1952）。

这个过程的生活模式的结果。世俗社会及其历史确实存在，并且是必要的；然而即使对于它们自身的目的——人类正义的目的——而言，它们也是十分不完美的，而且肯定不足以把人从他与上帝的关系中解脱出来。[1]赎罪的行动是由上帝在时间中采取的，能够被看作构成了一种神的历史；但是它们未必施行于公民社会的制度或是通过这种制度来施行，因此人的赎罪不可能是世俗历史的结果，或是一个反社会在末日启 35
示意义上的反历史的结果——这个反社会陷入一种谬误，认为需要得到拯救的是社会和历史。但是，假如救赎只针对个人，而个人的一生不能涵盖整个历史，那么世代的终结并不是时间的终结。末世论的观点，在奥古斯丁的视野中，成了一种部分超历史的观点。也许，个人的得救或被罚入地狱，是发生在他死亡的那一刻，他脱离时间、进入永恒的时刻；期待着当时间终结时发生的历史末日，也许不过是他肉体的复活，在他受到审判的条件下完成他的幸福或受苦。在但丁写于奥古斯丁九个世纪的影响之后的著作中，被罚入地狱，大概还有使灵魂得到照看的得救，似乎并未完成，因为肉体的复活和时间的终结仍未到来。[2]涤罪则可以在那个时刻到来之前完成——如同斯塔提乌斯[3]去了天国一样。

这种得救与社会、赎罪与历史、灵魂与肉体的分离，对末世信仰中当下的问题进行了分割，但并未消除它。它变成了对处于肉体死亡和复活之间的灵魂状态做出解释的问题，有一种用灵灭论（mortalism）或灵息论（psycho-pannychism）解决此一问题的偏激的异端学说，宣称灵魂的存在或经验在剩余的世俗时间中被悬置了；这就否认了“上帝之国”的成员的超时间性质，从而也否定了“上帝之国”本身的超时间性质。[4]“现世”中仍存在着为个人在其整个记忆中的过去直到时间终结

1　Markus, chs. 3 and 4, “*Civitas Terrena:* the Secularisation of Roman History” and “*Ordinata est res publica:* the Foundations of Political Authority.”

2　*Inferno*, V, 100—111; X, 94—108; *Paradiso*, XIV, 10—18, 37—66。

3　斯塔提乌斯（Statius，约45—96）：罗马诗人、基督教徒，其作品在中世纪广受喜爱，亦为但丁所欣赏。——译注

4　S. H. Williams, *The Radical Reformation* （Philadelphia: The Westminster Press, 1962）; Pocock, “Time, History and Eschatology in the Thought of Thomas Hobbes”, in

所经历的社会和历史事件赋予意义的问题。假如无从知晓它们具有特殊的末世论意义，那也没有其他办法赋予它们这种意义；“现世”不过是人的堕落的一种表现——他被罚入地狱的累积性的，即使不是日益严重的堕落过程；其中唯一具有意义的历史事件，是能够逆转其结果的事件。假如不把赎罪看作通过社会和历史事件来进行，那也不能把这些事件看作具有神圣的或合理的意义，从而可以根据这种意义做出解释。但是，“现世”是不可以被视为根本无意义而放弃的。救赎过程的
36 事件发生在同一个时间序列之中，所缺少的仅仅是把神圣事件和世俗事件联系在一起的手段；基督教宇宙的任何一部分，甚至地狱本身，都不可以被看作无意义。上帝存在并活跃于世俗历史之中是不能否认的；被否认的仅仅是，我们能够把世俗事件视同于上帝意图的完成。因此也不能否认，世俗历史是在上帝的指引下走向我们的最终赎罪；而只能否认，我们能够知道或应当力求知道这是如何做到的。在奥古斯丁的视野中，历史不是预言的对象，生活在历史中的当下的问题，是同不明究竟的末世论一起生活的问题。

但是，基督徒继续以这样或那样的方式做罗马人：继续做公民，密切关注着政治史中的事件，即他们所遇到的公共和军事现象，并且一次次地向上帝询问它们的意义。波爱修斯的《哲学的慰藉》当然是这类文学中的经典；这部西方历史上读者最多的著作之一，谈到了本书所研究的很多关键主题，因此再对它做一分析仍是有益的。它的作者的思想在多大程度上已经完全基督教化，这可以交给数百年来它的基督教读者去评判。波爱修斯是一个效力于哥特人国王的罗马贵族，他丢了权力，被投入牢房，后来又被处死；他很可能是在狱中写下这本书，抱怨比自己预想得更糟的命运，并要让自己适应这种命运。《哲学的慰藉》不是政治哲学著作，但它是一个政治人的哲学。波爱修斯抱怨自己丢了权力，他认为自己一直在用它做好事，而滥用权力者却对他施以不义的压制。因此他是在给这样一些人说话，他们感到——这种感觉与奥古

Politics, Language and Time, ch. 5.

斯丁的教义并不相违——人必须在“地上之国”行动，尽管他们必须不抱幻想地行动。书中的某些段落宣称，古代伦理命令有美德的人这样行动，使其成为别人表现美德的机会；他在那些段落中还指出，有一些美德除非表现在行动中，不然就会荒废和衰败。[1]但是，在政治中采取行动，会使人暴露在人类权力体系的不安全之中，进入一个易变和“境遇莫测”（peripeteia）的世界，它的历史便是政治不安全的一种表现；对于我们的论题来说极为意味深长的是，波爱修斯为这种表现所起的名称是“命运”。“命运”（Fortuna）这个拉丁词大体上类似于希腊语中的“tyche”，是一个含义复杂的字眼；波爱修斯在用美德跟命运对抗时，采用了一种历史久远的话语传统，但又把它置于基督教的背景之中。在共和国和帝国时代的罗马元老院的精神氛围中，[2]“命运”的含义是幸运而不是机缘：一个人可以是“幸运的”（felix或faustus），意思是同他 37
的人格有关的某种因素使他能够支配有利的环境；但是机缘的因素也是得到承认的，认为幸运是靠不住的，环境既不能预测也不能控制。成功的行动者的baraka、mana或charisma[3]（用另一些文化中的词汇），既是指能够主宰好运气的人格品质，也是指能够有效而高贵地对付命运可能带来的事物的品质；罗马人给予这种复杂特点的名称是“德性”（virtus）。“美德”和“命运”——转化成英语是virtue和fortune——经常被当作一对反义词，对抗恶劣命运的英勇果敢的品质变成了改变环境、使之对行动者有利的行动能力，从而也变成了能够神秘地主宰好运气的神授的“幸运”（felicitas）。这种对立时常用两性关系的形象来表达：具有阳刚气概的积极的智慧，力求主宰阴柔被动而又不可预测的事，后者以屈服作为对前者力量的奖赏，或以背叛来回应前者的

1　*De Consolatione Philosophiae*, I, iv; II, vii; IV, ii.

2　D. C. Earl, *The Moral and Political Tradition of Rome*（Ithaca: Cornell University Press, 1967）; *Charles Norris Cochrane, Christianity and Classical Culture*（New York: Oxford University Press, Galaxy Books, 1957）.

3　这三个词分别为阿拉伯语、波利尼西亚语和拉丁语，皆表示某种神秘力量赋予人的特殊能力。——译注

软弱。由此可见，与“男子气概”（virility）有着词源学关系的“德性”（virtus），表达着前者的多重含义；“vir”的意思是男子汉。

“德性”原来是，并且在很大程度上依然是表示一个政治和军事统治阶层的某种精神品质的概念，它逐渐变得类似于希腊语中的“arete”（优秀品质），并且有着与它一样的概念发展史。“Arete”的“公民优秀品质”（受到其他公民尊敬并能产生对他们的领导力和权威的品质）的含义，经苏格拉底和柏拉图的加工，有了这样的含义：唯一能够使人获得公共能力的优秀的道德品质，它没有公共能力也能存在，并且能使之成为不必要；在柏拉图思想的最高层次上，它能将生存和宇宙变得可以理解和令人满意。“Arete”和“virtus”后来又都有了这样的含义：第一，使个人或团体能够在公共环境中有效行动的能力；第二，塑造人格或它的要素的基本品质；第三，使人在城邦或世间成为其所应是的优秀品德。“美德”（virtue）及其在不同语言中的同义词，便表达着这多重含义，直到“老西方人”思想的终结；在围绕着马基雅维里这个人物写出来的任何一本书中，该词都有着显而易见的重要性。

波爱修斯的思想具有突出的柏拉图主义和新柏拉图主义的特点，这使他的基督教信仰的性质——假如不是其事实本身的话——引起了
38 争议；他将“德性”（virtus）与“命运”（fortuna）对立起来的做法，使“德性”一词有了罗马的、柏拉图的和基督教的多种含义，并且将“命运”的含义和“德性—命运”的两极对立留传给了后来数百年中奥古斯丁一派的基督教。也就是说，他作为自己对话中的人物，抱怨[1]他身为元老所具有“德性”——它使他因为想做好事而投身于政治——让他面对以“命运”作为其象征的权力斗争的危险。但他这是神正论的而不是政治的抱怨；他不是为自己作为政治家的失败找理由，而是探求上帝作为完美的美德，为何允许“德性”受到“命运”的蹂躏。奥古斯丁也许会简单地回答说，人若是非要在堕落的城邦中行动，他就必须预先想到不义。在政治上更投入、思想上有更多柏拉图倾向的波爱修斯，想找

1 *De Consolatione*, I, iv.

到一种视角,使他能够理解天国为何允许地上之国的存在。但是当他用“命运”作为“现世”(saeculum)不安全的象征时,他提供了一种强有力的综合语言,能够在质疑罗马的、政治的德性观行动中使这种德性观变得不朽。这时,一个慈爱的女性形象,即“哲学”,露面了,她对波爱修斯进行安慰。她要向他说透“命运”的含义,她要让他理解历史是上帝意图的一部分,所以他所获得的用来抵抗恶毒命运的德性,是哲学的和沉思的德性,而不是政治的和积极行动的德性;然而在雅典的传统中,政治并没有因为简单地以沉思取代行动而消失。为了探讨波爱修斯的问题,我们必须找出这个对他的思想至关重要的形象中的某种意蕴。

首先,命运是政治生活环境中的不安全因素。她的象征符号是转轮,人们被它带到权力和名声的高位,又突然因他们无法预测和控制的变化而被抛下。投身于“地上之国”的事务使我们追求权力,因而也要面对“命运”的不安全;但是,如果在以权力为中心的人类关系的世界中发生的事情,是所有事情中最不可预测的,而它们又是我们最希望能够预测的事情,那么“命运”这个政治象征符号就能够代表柏拉图的现象世界,即我们的感官和欲望所创造的幻象,我们从中只看到特殊事物一个接着一个相继发生,却看不到给予它们真实性的超时间的原理。柏拉图在《理想国》中没有使用“命运”(tyche)这个象征符号,但是从波爱修斯所使用的“命运”中,我们看到它是西方世界观深刻的政治性质的一部分,在这种世界观里,感觉和幻觉的现象世界也是人类城邦的政治世界。此外,这两个世界都有时间维度:事物看上去像是一个接一个相继出现,因为我们看不到它们所从属的超时间的实在,于是 39
转动的轮子让我们觉得极不安全,因为我们是在“地上之国”而不是在“上帝之国”行动。这时哲学的任务是让波爱修斯相信,“现世”和“命运”——政治世界中的权力的不可预测性——是现象和历史不真实性的表现;但是,存在着一种看到其真实性的视角。

哲学为此创立了一种教义,即后来人所熟知的“永恒的当下”

（nunc-stans）。[1]对于永恒的上帝来说，时间中的每时每刻是可以同时看到的；整个世俗模式是作为一个整体加以观察和命令的，因此事件序列和预见之类问题是不存在的。历史的世界是可以从其简单、统一和完整性来照看的，并且在上帝的意志和智慧（它们是一回事）的指引下走向人类的赎罪，上帝能够从它的完成中看到它。因此——这是《哲学的慰藉》的核心主张——“一切命运都是好运”，[2]或者毋宁说，“命运”被“神意”和“幸运”这两个概念吞噬了。神意是神的完美眼光，上帝用它来照看（或在人类的智力看来，预见）一切不测之事；命运是完美的模式，上帝用它来命令和了解不测之事。[3]我们所感觉到的“命运”，是我们对历史之完美性的不完美的经验。在后来一种与此密切相关的言辞中，更为常见的说法是：神意是神秘莫测的事物过程，它在一种我们所不具备的智慧、一个作为神的智慧之表现的形象的指导下，走向我们的赎罪；这种智慧指导着特殊事物和现象，同时又能领悟普遍和理念；在这种言辞中，“命运”可以被等同于“神意”。《神曲》中有一段波爱修斯色彩极重的情节，[4]其中但丁和维吉尔看到地狱中的败家子和守财奴打起架来，维吉尔解释说，双方都有过错，他们蔑视“命运”带给他们的相反的好处，“命运女神”属于天国，她以人类知识不可能掌握的方式，赐予这个世界一切事物，人类发牢骚，对于有上天保佑的她是不起作用的。我们知道，抱怨上帝的做法，也就是失去“健全理智”（il ben dell’intelletto）的开始，受到天谴的人则完全失去了它。[5]被波爱修斯等同于“命运”的“神意”，表示上帝的无时间性的认识，是对上帝本身呈现的那样，但是变得更为常见的说法是把神意说成像但丁这里所说的“命运”，表示上帝的知识是作为预知呈现给我们，我们只能把它称为神秘莫测的智慧，因为它主宰着我们只能在时间中知道的相

1 *De Consolatione.*, III, xii; IV, vi; V, iii—vi.

2 IV, vii.

3 IV, vi.

4 *Inferno*, VI, 25—99.

5 同上，III, 18。

继出现的特殊事物。存在着无法在时间中知晓的事情；上帝是从“永恒的当下”知晓它，相信他知晓它则是我们的事，而直到时间结束之前， 40
我们是无从知晓它的。败家子和守财奴在信仰上失败了；但丁这里所说的“命运”可以被，通常也被称为“神意”——即以信仰的眼光看到的波爱修斯的“命运”，并且知道她是好的。相反，异教徒的“命运”，即转轮上那个不能为理性所知的女神，指的是信仰不完整的人所看到和体验到的“神意”。

但是，对话中的波爱修斯是处在时间之中，这便是他要服从命运的原因；哲学使他从理智上确信“永恒的当下”是存在的，但并未给他提供具备这种“永恒的当下”的眼光的能力。所以，哲学与信仰是分不开的，尽管波爱修斯没有发展出个人奉献于他的救主这个意义上的基督教信仰观。哲学带给他的不是神的眼光，而是安慰，是让他听从自己的命运，使他确信上帝规定这命运是好的并且知晓它，而他是无从知晓的；信仰是这种精神状态的恰当名称。于此，哲学和信仰要取代（或改造）“德性”，作为对“命运”做出的反应；异教徒和公民的美德从“命运”中找到了通过战争和治理国家获得荣耀功绩的原料以及死后的名声，波爱修斯式的基督徒则认为“命运”是一种考验，是要求和召唤一种人生的时机，这种人生被哲学信仰所拯救，摆脱了死亡的痛苦。如果他在世俗世界中行动，这能使他的美德不是“遁世隐修的美德”，使他的信仰面对命运的考验，使之更加完美。数百年来，这便是“基督徒美德”一词的确切含义，虽然对于阿奎那来说，“美德”（virtutes）是个道德实践和道德习惯的问题。[1]

也许看起来，信仰和“沉思的生活”（vita contemplativa）已经取代了政治和处于道德生活核心位置的“积极生活”（vita activa），这其中当然包含着很多真理；不过必须记住，沉思也是一种活动，[2]是最适合于“上帝之国”的生活的活动，这个国的目的是认识上帝并与他同在。但是，在异教徒和基督徒的美德之间、美德和知识之间的关系却要复杂

1　*Summa*, 1z—2ae, question 55（Blackfriars ed., vol. 23, 1969）.

2　Aristotle, *Politics*, p. 289（1325b）.

得多。把亚里士多德的目的论运用于罗马人的“德性”观，可以认为，公民美德的践行者通过战争和治国术把行动作用于他的世界，也就是作用于他本人；他是在履行作为公民的恰当职责，他是通过行动把自己塑造成亚里士多德所说的人、他从天性上应当成为的人：一个政治动物。
41 在这个背景下，“德性”与“命运”的关系变得像是“形式”与“物质”的关系。运用“德性”——作为一个男子汉（vir）的品质——而采取的公民行动，抓住由命运抛来的无形体的环境，把它塑造成形，这也是在塑造“命运女神”本身，使之成为人类生活应有的完美形式：公民及其居住的城邦。可以认为，“德性”是塑造目的的形式原理，或者干脆就是这个目的本身。奥古斯丁的基督徒是在“上帝之国”而不是“地上之国”找到他的目标——虽然，与上帝的结合仍是用城邦的形象来思考这一事实表明，必须超越的依然是对人性的政治定义；而他用来找到这一目的的“德性”，则是波爱修斯的哲学与信仰的融合，他通过这种融合成为符合其天性的人：成为知道上帝并永远荣耀他的人。但是，波爱修斯哲学仍与“命运”，即社会生活中阴暗的一面对抗，“命运”仍然用环境来捉弄人们，而他们的职责就是把它塑造成人类应有的生活。他们的信仰将遭受的苦难整合到救赎的人生模式之中。[1]同时，救赎的灵魂既是由智慧——哲学，也是由信仰构成；有关“永恒的当下”的哲学，提供了认识现象世界和世俗世界（现在被等同于命运的领地）的手段，它通过认识作为特殊事物存在之原因的意图、目的和普遍实在，使暂时的、受制于时间的特殊事物变得可以理解。上帝把世界塑造成它应当成为的样子，人通过确定这一点而变成他们应当成为的样子。只有当“上帝之国”成为永恒的理性共同体时，人性的政治定义才能够被最终超越。

那个时刻尚未到来，并且在时间终结之前可能不会到来。人们栖身于有时限的肉体之中，哲学只能让他们相信有一种神的眼光，只要他们不能分享这种眼光，就只能靠信仰来支撑自己。可是，根据这种定义，信仰要依靠一种无时间性的眼光的保障，按这种眼光，现象界的事

1 *De Consolatione*, II, viii; IV, vii.

物是根据它们的形成所服务的目的来认识的；同时，信仰有助于塑造人们使之达到其目的，即拥有这种眼光。既然人只有从他的堕落的后果中得到救赎才能达到他的真正目的，这种“塑造”（formatio）就必须被视为“改造”（reformatio），即恢复他的已被亚当丢失的真正天性；亚里士多德式的改造是形式的恢复或回归。但是在奥古斯丁传统中有最明确的宣示，人的赎罪不可能仅靠哲学，甚至靠哲学和信仰的结合也不行，只有通过上帝恩典的行动才能使其发生，哲学、信仰和美德的实践可以祈求这种恩典，却绝对不能控制它，甚至不能认为这是好事。因此 42
必须使亚里士多德的目的论与神恩的观念——上帝的爱的行动，从严格意义上说它是无理由的——相互协调，假如人只能通过神恩恢复其真正的形式，包括根据事物真正的形式来认识它们，那么也必须认为，《圣经》中的而不是亚里士多德的上帝最初创造万物，使其各有其天性、本质和目的，是神恩和无理由的爱的行动。如此一来，神恩就像是发生在创世与救赎之间的循环运动的起点和终点；它创造万物使之具有真正的天性，恢复它们丢失的天性。通过基督徒的德性，个人尽其能力所能及，把自己带向神恩对他本人的“改造”；但是堕落的作用导致美德与神恩之间一定是断裂的，即使像阿奎那认为“神恩不取消天性，而是让它更完美”（gratia non tollit naturam, sed perficit）。人在赎罪时将“面对面”[1]地看事物，看到神恩所塑造的事物的真正本质，甚至在赎罪的行动中的人也不能那样做——只有神恩使其成为可能。

但是，如果“命运”是历史的质料，世俗历史便仅仅是“改造”过程中所使用的辅料；它没有自己的形式，所以也没有自己的目的。波爱修斯可以被完全放入奥古斯丁的传统之中；他认为社会政治世界中的事件序列是对信仰和哲学的一系列挑战，个人要克服这种挑战，并作为天国的公民，把它们整合到他的赎罪生活之中。一切命运都是好运这一说法的意思仅仅是，每一种环境都可以被这样利用；能够赋予它意义和模式——即波爱修斯所说的“宿命”，其意思仅仅是，上帝能把历史的

1　《新约·哥林多前书》13。

整体视为个人赎罪的总和。“现世”的事件序列没有被概括为赎罪的序列。但是仍然让人生疑的是，奥古斯丁把赎罪过程与帝国兴衰相分离的重大举措到底有多少效果。旨在让人赎罪的行动，是由上帝在时间中、在很难与“现世”分开的“一生”（aevum）中采取的；它们可以根据世俗历史的事件来标明日期——譬如教义上所说平日里要记住的，基督“在庞提乌斯·皮拉多的统治下受难”；按西方人的固执的政治思想，
43 很难不从如下事实中看到某种重大的、大概还是神秘的意义：如但以理对巴比伦统治者作出预言；拔摩的使徒[1]至少像是在暗示地上的国；基督徒社团的伟大制度对君士坦丁皇帝的皈依起了一定作用。奥古斯丁把历史与末世论分开，说到底是因为他否认世俗社会的生活对灵魂得救有多大帮助。一旦有可能再一次设想，基督徒在基督律法统治之下的王国和共和国，可以取得一定程度的尘世间的正义，在有着足够的公共性、能够使个人成为“地上之国”成员的层面上，此种正义的实践可能与人通过神恩赎罪有着正面的关系，那么公共历史——在时间中扩展的“地上之国”的生活——的事件就必须被看作不仅仅是“命运”；或者不如说，必须证明公共“命运”服从神恩的行动。因此，亚里士多德关于政治共同体合乎人的天性这种学说的复兴，理所当然地导致了政治历史与末世论的重新结合。

在波爱修斯的后奥古斯丁世界里，政治的历史仅仅表现为“命运”，只有用信仰的眼光才能把它转化为神意，这种信仰知道个人的命运可以成为他赎罪的原料。因此，历史只有（采用现代术语）私人的意义。但是，公共历史的事件要想起到任何赎罪的作用，就必须扩展神意的概念（这在任何时候都能做到），将先知预言的概念也纳入其中。先知预言的历史中的事件，例如创世和最终的赎罪，是神恩和无理由的慈爱的成果；但这里的神恩，不是从对本质性生存的创造或救赎中，而是从一些独特的、不会重复的行动中看到的，它们肯定发生在时间之中，虽然发生在时间之中，却是哲学思想无从理解的。只能认为这是

1 拔摩（Patmos）是爱琴海上一小岛，现属希腊。据《新约·启示录》，使徒约翰被流放于此并写下启示录。——译注

神恩所采取的行动，因为它采取有意图的行动，构成了一系列时间中的事件，它的原因是我们不能企及的；但是，神意在采取先知预言的历史行动时，同时也用言语或其他方式向人们揭示它们的部分意义。人在接受这种神的信息的真实性时，表现出一种与我们前面讨论过的不同的信仰。信仰不是从理智上肯定存在着神的智慧——它能够描述但不能分享，而是承认在时间中的某些时刻，某些话语或信号已经发出，某些行动已经做出，它们是上帝所为，他以此向人揭示某些真理。承认这种事，也就是肯定历史事实，因此它不是哲学思想的工作；当启示的信息是有关发生了什么的宣示（比如上帝化身为人），或尚未到来的行动的承诺（如上帝在时间终结时才会回来），这时它们便超出了哲学的范 44
围。（我们从波爱修斯的思想中看不到的，正是信仰的这个维度。）以先知预言作为依托的信仰可以被认为接受了权威，而权威性的宣示本身以及它们所发出的许多信息构成了时间中的，即先知预言的历史序列中的关键时刻。这种权威性的言语是公共的，不是私人的；它们是说给人的社会——以色列、教会——听的，并且帮助使其制度化并赋予其一种历史。这使它们在复活政治末世论的任何努力中起着重要作用。先知预言是神意的公共行动；它把已被信仰转化为神意的命运与作为世俗社会历史的命运统一起来。在先知时代，人们不仅肯定“永恒的当下”的无时间性；人们还肯定末世的迫近。“这是最后的时光，最糟的时代，我们当警觉。”（Hora novissima, tempora pessima sunt; vigilemus.）[1]

于是，先知预言的历史成了把神恩政治化、把政治神圣化的工具。对奥古斯丁的著作在任何时候都可以做出这样的解释：有可能把世俗社会的历史中的时刻等同于来自各种先知书的末世论戏剧中的时刻。当然，依然存在着麻烦，先知预言由其性质所定，没有直接谈及末世论中的当下问题；剧本没有规定在“现在”和末世的结局之间所发生的一切事情，它的恰当的任务是描述结局前的场景。假如有人诉诸复杂的类型学，主张世俗历史——更不用说经验的其他领域——预示了

1　语出12世纪本笃会修士及诗人贝尔纳（Bernard of Cluny）的诗集《论厌世》（*De Contemptu Mundi*）。——译注

许多时刻和许多地方的启示性现象，他也许会发现自己回到了元类型（archetypes）和普遍因素的无时间的世界，在这个世界里世俗历史回到关联性的最底层，缺少任何自发的意义。假如作为不可重复之经验序列存在于时间中的公民社会经历要从神圣历史的背景中寻找它的意义，那就必须认为，先知预言本身是沿着有待于解释的公民社会的轨迹，走向它的独特而不可重复的目的。显然，主张佛罗伦萨或英格兰及其历史是处在成为基督再世和上帝最后审判的舞台的时刻，这无异于自讨极端狂妄和亵渎神明的指责，而且也会使预言很容易落空；然而，这种主张却经常有人提出，因此不能把它仅仅当作精神错乱弃之一旁。在下面各节中，我们将建立一个框架，使它的一再出现变得可以理解。

45 大概，解释经常出现政治启示的最佳方式，是把它当作反映基督教后来那些世纪里教会同世俗社会之间发生意识形态紧张的一个指数。天主教会是以奥古斯丁对末世论和历史的区分作为基础；它否认任何世俗社会的结构和历史具有赎罪的意义，同时它声称自己是作为沟通“上帝之城”和“现世”的桥梁（即“永恒的当下”的制度化）而行动，并为此而行使它的权威。这种主张如此独断，使任何打算肯定自身独立性的世俗国家或王国，几乎不得不宣布自己也有赎罪的意义，因此赎罪是通过它的世俗的及历史的作为而获得的。教会一方强烈否定历史有赎罪的性质，这使它特别易于被基督教中声称历史具有赎罪性质的先知因素的复兴所伤害。因此，中世纪的异端几乎无一例外地依靠末日启示，即使它的唯一动机是宣布赎罪是在预言的实现中，而不是在无时间基础的教会的制度化操作中发现的；在他们为其重新注入活力的先知语言中，世俗统治者找到了为自己的作为赋予救赎意义所需要的符号。君主与宗教异端，在某些限制条件下，是天然的盟友；他们都要取消“永恒的当下”而赞成末世说，取消“上帝之城”而赞成基督在历史终结时回到圣徒中间，以此瓦解奥古斯丁的专横独断。因此，这两种人都利用自中世纪后期一直存在的异端末日启示的两个主流，它们相遇并汇合在一起，但又总是可以区分开：其一是以“启示录”为基础的千禧年传统，它期待着一切形式的世俗统治的毁灭，当历史时间终结时在人间建立基督及其圣徒的统治;其二是经由唯灵论的方济各教派从弗奥雷的约阿希姆那儿继承下来的传统,它宣称在上帝通过与以色列立圣约实行统治的教父时代、基督通过作为其神秘肉体的教会实行统治的圣子时代之后,会出现一个圣灵时代,那时上帝将在全体选民中现身,就像现在他只现身于基督一人一样。[1]

显然,这两种图式都具有革命性的潜力,它们想象一种不受早先的 46
律法和誓约(无论它有世俗的还是先知预言的性质)约束的、圣徒实行的统治;君主一次次发现,他的宗教异端同盟转而用这些武器来对抗他的权威。然而,这种先知预言图式对任何与教会有冲突的君主都有巨大的吸引力,后来的历史也表明,采纳这种意识形态的君主和共和国在其同代人中间是很聪明的。从短期的观点看,宗教个人主义者很想让教会摆脱世俗事务,把它重建为纯粹的精神共同体,因此他们往往乐于完全服从现世的君主,因为他们相信他干扰不了他们内在的灵魂。从长远观点看,可以把这种期待中的千禧年或"第三时代"(the Third Age)的变化延续至那个无尽头的世俗未来,这正是现代历史观和前现代历史观的区别所在。[2]事实上,末日启示是世俗化的强大工具,是把救赎过程拉回到奥古斯丁要把它们分开的那个社会时间维度,并把它描述为现有世俗过程的扩展或转型的手段。是故,我们在研究本书所讨论的这个时期时一定要记住,政治末世论既是世俗社会的统治机构所采用的武器,也是千禧年主义的反叛者对抗那些统治者的武器,圣徒与社会的关系从来就没有摆脱暧昧性。[3]

1 Norman Cohn, *The Pursuit of the Millennium* (2d ed., New York: Harper and Row, 1961); Gordon Leff, *Heresy in the Later Middle Ages* (Manchester University Press, 2 vols., 1967); Marjorie Reeves, *The Influence of Prophecy in the Later Middle Ages: A Study in Joachism* (Oxford: The Clarendon Press, 1969).

2 Ernest Tuveson, *Millennium and Utopia* (Berkeley and Los Angeles: University of California Press, 1949).

3 William M. Lamont, *Godly Rule: Politics and Religion, 1603—1660* (London: Macmillan, 1969),包括该书在内的一些著作指出,Cohn's *Pursuit of the Millennium*的好处在于,它不允许我们认为千禧年主义仅仅是一种叛逆现象。另参见William Haller, *Foxe's*

从某种意义上也可以说，末日启示说有助于打开通向现代世俗历史写作的道路；不过仅就这里的分析目的（要考虑中世纪晚期人们的政治思想中，可以利用的历史解释模式很贫乏）而言，需要强调的是，诉诸末日启示所带来的主要问题，是世俗政治经验能否具有末世论的维度。假如它能够有这个维度，对于世俗经验中的突发性危机，就能通过确定现有的这个或那个末世论剧本中的时刻、人物和符号而得到理
47 解。假如它不具有这个维度，则以上做法也行不通。这就是全部问题的困难所在。我们尚未达到一个位置，能够想象末日启示如何被用于（即使是间接地）扩大解释模式，把世俗政治，从而也是世俗历史中一个特殊事件接着一个发生纳入其中。我们只是又为我们以往熟悉的模式再简单补充了一个看待世俗事件的模式。我们所能想象的突发现象或事件，可以用已被融入习惯和习俗的经验与审慎的手段来对付，或是以法规或决策的手段做出回应。它可以用融入经过赎罪的基督徒生活模式的信仰来应付，在这种模式中，有信仰的个人把生活作为命运来承受，用信仰的眼光把它改造成神意。基督教信徒可以强化他的政治反应的活力，把他的神意观扩大为包含着先知预言，通过赋予突发现象一种末世论的意义来应付它。最后（过去不太受重视的一种选择），他可以大大减少自己信仰的活力，以此为代价，把突发事件简单地作为命运的结果来看待，这要么是因为他不值得、要么是因为他不相信神意在为他工作。如此一来，事件便没有根本性的意义，这些事件的相继发生或时间维度仅仅是命运之轮在旋转。于是命运成了历史之非理性的象征，即中世纪的荒谬感：对于无信仰的人来说，历史只能是这个样子，假如上帝及其意志不存在，历史只能是这个样子。当中世纪的思想陷入绝望时，这种象征便出现了：水晶球在天宇中完美地旋转，但在月球轨道上，堕

Book of Martyrs and the Elect Nation（London: Jonathan Cape, 1963）。Michael Walzer's *The Revolution of the Saints*（Cambridge, Mass. : Harvard University Press, 1965）是一部研究圣徒既疏远教会秩序又疏远社会秩序的经典著作。不过已经成为批评界常识的是，两种疏远方式未必同时出现，圣徒投身于世俗社会能够带来比Walzer所认为的更大的紧张关系。参见本书第336—339页。

落的结果引起“命运”之轮难以理解地偏离中心旋转，[1]它是不受约束的，全部历史集中体现于躺在转轮下面的海丘巴这个形象上。[2] 48

经验、审慎和“治国秘术”（arcana imperii）；命运+信仰=神意；神意-信仰=命运；神意+先知预言=启示录的末世论；美德和神恩。这些

1　在Robert Recorde, *The Castle of Knowledge*（London, 1556；这是第一部讨论哥白尼天文学的英语著作）的扉页上，“知识女神”用一根直立的木杖托起“球”，“无知女神”则用带曲柄的木棍转动着“命运之轮”与之对抗。是以下诗文：

恶毒的命运女神转动着她的轮子，
要让尤兰尼亚的天球停转，
但天球与那轮子对抗，
不屈服于一切邪恶的命运。
虽然人世间敬畏命运，
使她盲目的轮子不停旋转，
但天体不是命运的奴隶，
天球压倒了一切命运的机缘。

与圆球相伴的符号是太阳，与轮相伴的符号是月亮。月亮表面的不规则斑点为她带来无常和不完美的名声，似乎不亚于她的有规则的盈亏。这方面的讨论见Beatrice, Paradiso, II, 49—148。关于命运的象征意义的全面研究，见H. R. Patch, *The Goddess Fortuna in Medieval Literature*（Cambridge, Mass. : Harvard University Press, 1927）。

2　命运之轮无情地转动；
把我抛入深渊，
让别人登上高位，
雄踞荣耀的巅峰。
得意洋洋的人哪，
也难逃命运的劫难！
命运的轮轴已记下一切兴亡，
如那女王海丘巴。

Carmina Burana, LXXVII（ed. J. A. Schmeller, Breslau, 1904）.（海丘巴和命运之轮的形象也反复出现在《哈姆雷特》中国王的台词中，见第二幕。）另参“命运”之歌（I, LXXV, LXXVIa）和置于文集前的“命运之轮”的图画。

公式就是一种思想所建立起来的模式，它缺乏手段去解释政治和社会时间中相继出现的特殊事物，因此对它们的一切回应只能从经验和神恩之间寻找。我们要检验一下这种模式，用它来解释发生以下事情时出现的知识创新：自觉的共和主义给受到这种装备限制的思想增加了一层负担，即维持一种强烈意识到自身的脆弱和不稳定的政治结构。这一挑战是如何提出的，便是下一章的主题。

第三章

49

问题及其模式（三）
积极生活和公民生活

一

可以说，公民理想意味着一种有关政治知识及行动之模式的观点，它完全不同于我们前面所论述的经院学派—习俗的框架中隐含之义。在这个框架的限制下，个人运用理性，它向他揭示不变的自然的永恒等级秩序，吩咐他守在他的天性为他自己在社会和精神分类中安排的位置，从而维持着宇宙秩序；他运用经验，它向他揭示传统行为久远的连续性，并且只允许他维持这种连续性；他综合运用审慎和信仰，因为有时不期而至的特殊事件之流使他面对十分独特的问题，不论是理性还是三段论，不论是经验还是传统，都不能为此提供现成的答案。可以说，只有在这种时刻，他才像一个决策动物那样行事（并非不常见的情况是，这时他甚至更像是受启示录指引的真正信徒）；至于在其他时间，他的行为都是理论家所谓的传统社会的居民的行为。说这么多会有论证过头之嫌，要看到政治过程往往（有人会说一向如此）是在得到公认和传承的行为模式中进行，对传统的解释也可以是复杂而自觉的政治决定。但仍然可以确切地说，与自己的同胞一起不断参与公共决策的公民，肯定拥有一种知识储备，使他能够超越等级制度和传统的知识，使他有理由依靠自己及其同胞的能力去理解和回应发生在他们中间的事情。在永恒秩序的一个角落遵循习俗生活的共同体，并不是一个公民的共和国。假如他们坚信传统是对偶然事件的挑战做出的唯一恰当的回应，他们就不会运用他们集体的积极决策的力量；假如他们认为审慎是少数决策者对外部独特问题的回应，他们就会偏向于接受君主的“一
50 人掌舵”；假如他们认为普遍的等级制度是一切价值之所在，他们就不会有意为此而结合成一个独立的决策者主权团体。公民必须有一种知识理论，让他们能够在公共事件的公共决策上享有很大自由。试图将公共生活建立在只让人们承认普遍秩序和特殊传统的认识论基础上，会受到某些限制的妨碍。可以说，佛罗伦萨政治思想的历史，就是一部令人吃惊地，但只是部分地摆脱这些限制的历史。

有证据表明，14世纪的思想对佛罗伦萨公民精神的描述，是在一种普遍秩序和权威的背景下进行的，这种背景可以同时从等级制度和启示录两个角度来说明。人们对但丁（1265—1321）的公民爱国主义有着强烈的记忆，但是他认为，使佛罗伦萨摆脱宗派统治，是使意大利在一个普遍帝国中恢复政治和精神健康的一部分；就他的思想的这一部分而言，他认为人类的改造是由帝国而不是教会的权威完成的，这使他设想有个皇帝从阿尔卑斯山下来，这既是一个世俗事件，也是一个神圣事件，它在启示录时代的背景下早就有过预言，如我们所知，那是一个通过把赎罪视为世俗过程而建立的时间背景。世俗权力和启示预言之间有着密切的关系。把帝国视为一个救赎机构的但丁，将图拉真和查士丁尼放在与基督相去不远的位置上，又将布鲁图斯和卡修斯同犹大一起放在地狱的最底层。共和国作为一种世俗权威模式，是在帝国的背景下观察的，而帝国又是放在普遍救赎的启示录背景下观察的。但丁的世界观，从极为高深而复杂的意义上说，既是世俗的也是等级制的，但是就它是等级制的而言，它描述人类的人格和政治上的完美是在永恒秩序中占据适当位置而实现的；就它是启示的而言，人类的完美在于在蒙受神恩的历史过程中扮演得到神启的或模范的角色。两者强调的都不是与公民同胞一起参与集体的世俗决定。等级制度从形式上是君主

制的，受到自上而下权威的支配，帝国的等级制反映着宇宙的等级制，因此是不变原理的表现。但丁的爱国主义有着皇帝党（*Ghibelline*）和帝国派的性质；这使他的时间观具有启示的而不是历史的维度；他认为世俗统治就是永恒秩序在其中重复和恢复的帝国，而不是一个特殊团体在其中决定他们有什么特殊使命的共和国。

但丁在《天堂篇》中给了弗奥雷的约阿希姆以高贵的位置。[1]约阿希 51
姆的教诲或源自于他的传统重新出现，与公民人文主义不同凡响的先驱之一、罗马的煽动家科拉·迪·雷恩佐（1313—1354）有关。科拉运用其有着神授魅力、简直是偏执的人格力量，要把罗马居民组织成一个类似于公社的团体。可是他发现为了达到这个目的，有必要把14世纪的城邦说成是与古代共和国相同——并且把他本人视为它的“护民官”，宣布罗马人民对作为他们推选出的主教的教皇，对作为他们推选出的君主的皇帝，以及对作为臣服于他们的帝国的整个世界，拥有不可减少的直接权威。这种主张通过暗示普遍帝国的连续性来肯定共和国，故也难怪，在科拉第一次丢掉权力，他在阿布鲁齐的一个约阿希姆派隐修团体那儿待了一段时间之后，便以“第三时代”使者的面貌出现，召唤皇帝接过他所预言的改革教会和统治世界的使命。[2]对他而言，就像对但丁一样，共和国、帝国和启示完全是一体的；虽然只能用强大的神授魅力来解释科拉本人长期被当真看待这一些现象，但他那些声明的内容，不论是所谓共和国的护民官还是“第三时代”的使者，在他那个时代最优秀的头脑看来并不荒唐。人文主义先驱弗朗西斯科·彼特拉克（1304—1374）从科拉的共和国中看到了一种有望使意大利和世界恢复美德的预兆，但他同时也看到，希望科拉通过恢复共和国来恢复美德，希望教皇从阿维尼翁返回罗马来恢复美德，或是希望皇帝从阿尔卑斯山下来让意大利恢复秩序来恢复美德，这三者是不一样的。彼特拉克并不是一个很投入的政治人，没有对不同的统治形式做严格的区分；此外意味深长的是，在阐述恢复美德的想象，他没有用启示录中的

1 *Paradiso*, XII, 139—145. Reeves, *Influence of Prophecy*（见本书第49页注1）。

2 Iris Origo, *Tribune of Rome* （London: Hogarth Press, 1938）.

预言来壮大声势。[1]人文主义学术的技艺，如我们将要看到的那样，在塑造古代美德的形象时太人性化，在塑造时间中的人生形象时太社会化，这就不会为先知语言的类型和符号留出太多的空间。另一件意味深长的事情是，对那位护民官夸下的海口最不感兴趣的似乎正是佛罗伦萨人。他们觉得没有必要为共和国制造一种夸张的象征符号，或是给
52 他披上启示录式的雄辩的外衣，因为他们已经拥有它了，并且能够为它的效用提供一种特殊的现实主义解释——尤其是在他们更不受魅惑的时刻。但是，也正是这些佛罗伦萨人，在随后的两百年里，对公民意识及其问题做出了最深刻的表述；虽然这些表述最受益于人文主义的思想和写作方式，但启示录模式此时还远未在他们的思想中说下临终遗言。

在15世纪早期——不往更远里说——的佛罗伦萨作品中，尤其是在科卢乔·萨卢塔蒂（1331—1406）和莱奥纳多·布鲁尼（1361—1444）的著作中，可以看到与上述思维方式的断然决裂。对这个题目做过最全面研究的现代作家是汉斯·巴隆和奥根尼奥·加林。[2]他们的著作享有盛誉，亦实至名归，但在学者中间仍是有争议的话题，因此我们必须小心地走自己的路。在佛罗伦萨的意识形态模式中，可以看到后来出现了一些变化，这似乎是没有多大疑问的。首先，过去的一种很有基础的神

1 E. H. Wilkins, *Life of Petrarch*（Chicago University Press, 1961）, ch. XII, pp. 63—73; pp. 117—118, 120, 134—135. J. H. Whitfield, *Petrarch and the Renascence*（New York: Russell and Russell, 1965）, pp. 35—37.

2 Hans Baron, *The Crisis of the Early Italian Renaissance*（Princeton University Press, 2d ed., 1966）; *Humanistic and Political Literature in Florence and Venice at the Beginning of the Quattrocento*（Cambridge, Mass. : Harvard University Press, 1955）; *From Petrarch to Leonardo Bruni; Studies in Humanistic and Political Literature*（Chicago University Press, 1968）; "Petrarch: His Inner Struggles and the Humanistic Discovery of Man's Nature", in Rowe and Stockdale, eds., *Florilegium Historiale: Essays Presented to Wallace K. Ferguson*（University of Toronto Press, 1971）. Eugenio Garin, Italian Humanism, *Philosophy and Civic Life in the Renaissance*, Peter Munz（New York: Harper and Row, 1965）. George Holmes, *The Florentine Enlightenment*, 1400—1450（London: Weidenfeld and Nicolson, 1969）.

话（认为佛罗伦萨城最初是朱利乌斯·恺撒士兵的定居地）被迅速抛弃了。取而代之的神话宣布，这个城市是罗马共和国的基础。在稍后的著作中，布鲁尼甚至打算追溯得更加久远，认为佛罗伦萨早就是伊特鲁里亚各城邦共和国中的一员，它们在罗马统治这个半岛之前就很繁荣。布鲁尼是想暗示，这些共和国被一个共和国吞并，为后者蜕化为专制世界铺平了道路（这预示着马基雅维里的一个观点）。把共和统治与恺撒的统治对立起来，把后者等同于暴政而不是君主制，并不是偶然的，这可由同一时期的一种努力来证明，即放弃但丁所描述的布鲁图斯的可耻死亡，拯救他的历史形象。[1]但丁把布鲁图斯看作反叛上司的人；因为这 53
个上司预示着未来的皇帝，他统治着人间的等级秩序，就像上帝统治着自然的等级秩序一样，所以但丁把布鲁图斯和卡修斯同背叛了上帝的犹大放在一起。但是在后来发生巨变的历史想象中，布鲁图斯（卡修斯从未享受过这种理想化）被描述为共和国公民的典范和诛杀暴君者，恺撒则被谴责为暴君和共和国的颠覆者。[2]

这里不仅有神话的修改。佛罗伦萨人眼中的人类权威及其历史的整个形象，经历了戏剧性的重建，它被剥夺了连续性，而且——这有着极重要的意义——日益世俗化了。在所谓的帝国历史观中，政治社会被设想为存在于生活在天国和自然的等级秩序中的人们之间；它的正当性和它赖以进行组织的范畴是超时间的，变化只能是退化或恢复。因此，归属于帝国，像归属于君主制一样，就是归属于超时间。那些不论从教皇至上的观点还是从政治现实主义的观点，强调帝国或君主制是“地上之国”（civitas terrena）的人，当然会强调它们的世俗性质。新的观点则宣布，佛罗伦萨共和国是一个高贵的理想，然而它是存在于当下和它自身的过去之中，这个理想只归属于另一些共和国和存在着共和国的既往时代的某些时刻。共和国不是超时间的，因为它不反映与自然的永恒秩序的简单一致性；它有另外的组织方式，将共和国和公民身份视为

1 彼特拉克对恺撒的声讨见Baron, in *Florilegium Historiale*（见本书第56页注2），pp. 19—20, 37—39。

2 Baron, *Crisis*（见本书第56页注2），ch. 3。

首要现实的人，会不明言地对政治秩序和自然秩序进行区分。共和国有更多政治的而不是等级制的特点；其组织方式使它能够肯定它的主权和自治，从而肯定它的个性和特殊性。当佛罗伦萨的思想家准备同意对佛罗伦萨的忠诚是一个有别于自然秩序及其永恒价值的概念时，我们即可知晓佛罗伦萨一种广为流行的说法的基本含义：爱自己的国家，更甚于爱自己的灵魂；这里暗含着一种区分和冲突。但是，就肯定共和国的特殊性而言，这也是在肯定它存在于时间而不是永恒之中，它是暂时的，它必有一死，因为这是特殊事物的前提。共和理想接受共和国必有一死的事实，其象征性的表现是它选择了失败的反叛者布鲁图斯作为英雄。就共和国而言，再清楚不过的一件事情是，它们会在时间中达
54 到一个终点，而以神为中心的宇宙观是永远肯定君主制的，无论具体君主国的命运如何。甚至，共和国是不是某种原理的结果，也不是那么确定。

可见，肯定共和国，就是打破秩序井然的宇宙的无时间的连续性，把它分解为特殊的时刻：有共和国存在的值得关注的历史时期，和没有它们的存在、因而没有为当下提供价值或权威的历史时期。野蛮时代之后的“复兴”这种观念，似乎受益于一种爱国主义信念，它坚持让佛罗伦萨直面罗马共和国，而把中间的罗马和日耳曼的帝国的漫长岁月贬斥为专制和野蛮的插曲。共和国的特殊性和历史性包含着历史及其世俗化的特殊性：也包含着把大部分历史批判为价值缺失。然而，既有意思又很重要的是，这带来了一个评价佛罗伦萨自身历史的附带性问题：给但丁和另一些佛罗伦萨文人所安排的荣耀地位的问题，他们同意共和国属于帝国，抹黑布鲁图斯，抬高恺撒，其庸俗的语调被严格的人文主义者视为中世纪野蛮的象征。抬高共和国，把它说成古代的复兴，这种愿望不能付出贬低共和国自身历史中一些重要因素的代价，但丁和“庸人们”（volgare）也就随之在适当的时候恢复了名誉。但是，为此必须做出解释，在他们那个时代，既不是古典时代也不是古典化的当下，他们怎么能够存在，而且取得了辉煌的成就；当下的形象本身被一种认识

改变了，即它的荣耀存在于，也是来源于“十四世纪”（trecento）[1]的人和古人。[2]思想正在逼近现代历史解释的门槛、逼近历史思想的关键发现：“各个世代距离永恒同样遥远”——每一种历史现象都存在于它自己的时代，有它自己的道理，走它自己的路。它之所以如此，是观念运动的结果，在另一个时刻和另一种文化中亦可看到这种运动：当过去具有连续性并享有权威的时间形象受到攻击，过去的各个阶段被视为没有价值（这可能是将一切价值置于一个特殊时期的古典化企图所导致的）而被抛弃时，可以发生两种情况：或是被否弃的时代以它与当下有着另一些关系为由而重申它对当下享有权威；或是必须做出解释，假如 55
相关的现象没有权威或价值，那么它们怎么会存在并且与现在和过去有着因果关系。在这种情况下，就会出现一些解释过去的相对主义模式，说它们有着自身的存在方式、自身的价值或另一些需要我们注意的主张。[3]在我们所研究的这个事例中，过去的连续性表现出许多超越时间的等级秩序的特点。它受到攻击，断裂为拥有积极或消极价值的一系列时刻，是因为对它采用了一种特殊政治形态作为价值标准；根据这种图式，一个具有消极价值的时刻（“十四世纪”）却对当下具有积极价值，因为共和国强烈意识到它自身的连续性和传统。两种时间形象发生了冲突，结果是对“十四世纪”的历史解释。但是，只有在肯定共和国的个性和连续性之后，才能够出现把非时间改造为时间，以及随之而来的对过去时代的相互冲突的评价。

汉斯·巴隆为支持自己的观点，对佛罗伦萨人文主义的某些关键著作的编年史做了细致的分析。他认为，这些著作都是源于1400年左右的

1　这里的意大利文“trecento”（十四世纪），以及下文（见本书边码86页）中的“quattrocento”（十五世纪）和“cinquecento”（十六世纪）（见本书边码329页）都是专指意大利文艺复兴的时间概念。——译注

2　Baron, *Crisis*, chs. 13—15. 另参见David Thompson and Alan F. Nagel eds, *The Three Crowns of Florence: Humanist Assessments of Dante, Petrarca and Boccaccio*（New York: Harper and Row, 1972）。

3　更全面的理论说明，见我的*Politics, Language and Time*, ch. 8（“Time, Institutions and Action: An Essay on Traditions and Their Understanding”）。

公民所经历的一场政治危机。强大的统治者吉安加莱佐·维斯孔蒂，他的家族在米兰拥有强大的权力基础，似乎就要建立起霸权体系，而这有可能导致意大利中部和北部君主制国家的形成。他的权力在托斯卡纳迅速扩张；佛罗伦萨和威尼斯之间发生了外交和军事分裂；巴隆认为，在这场危机中，佛罗伦萨人觉得他们自己受到严重的伤害和孤立，同时他们又挺身而出，自视为意大利和已知世界的共和主义自由的最后卫士。巴隆的观点是，[1]在吉安加莱佐于1402年末突然去世、他的权力随之崩溃后的两年里，佛罗伦萨的思想发生了一场我们前面追述过的自我历史归属感的革命，它是爱国主义危机的一部分，而后者同时也是一场共和主义自我意识的危机。受到维斯孔蒂权力的孤立后，佛罗伦萨人强烈意识到自己是一个受到威胁的共同体；受到一个人日益加强的领土强权的孤立后，他们觉得自己是一个以共和主义制度和价值作为基础
56 的结构。米兰宣传家采用的是恺撒式的和帝国的语言，而佛罗伦萨的人文主义者，尤其是那些与先后以萨卢塔蒂和布鲁尼为首的外交大臣有交往的人，做出的回击是，他们采取革命步骤，彻底否弃恺撒式的象征和帝国传统，使佛罗伦萨与共和主义原则相一致，将过去两极化并使之具有正当性，一极是共和国时刻，另一极是黑暗的插曲，其方式一如上述。

巴隆还从这个时期的作品中发现了，与这种历史写作观的革命相伴随，佛罗伦萨思想有一种更深刻的危机。自柏拉图和亚里士多德时代以来，一直断断续续讨论的问题是：投身于社会活动的生活——“积极的生活”（vita activa），和追求纯粹知识的哲学生活——“沉思的生活”（vita contemplativa），两者之中哪一种更优越。就雅典人的思想而言，他们一方面相信只有公民的生活是真正合乎伦理和人性的生活，另一方面却又相信，需要凝神静思的抽象世界才是真正可以理解的世界，对于他们来说，政治和哲学到底是否相互对立，一向是个痛苦的问题。中世纪的思想在这种争论中当然偏向于沉思；哲学家就像基督徒一样，关心的不是尘世，甚至在亚里士多德思想之复兴恢复了对理性的社会

1 *Crisis*, chs. 1—2, 10—11, 16.

行动的信念之后，认识普遍因素的知识与将普遍因素适用于社会决策的审慎依然无关。福特斯库笔下的服从自然法和习俗的个人，仅仅在制定法规的罕见时机才有政治上的积极表现，很难想象他的公共生活与他的哲学沉思严重对立，即使他投身于后一种活动的话。彼特拉克觉得能够责备自己理想中的罗马人西塞罗，说他卷入了不光彩的政治，他本应做他身为哲学家的正事，却毫无价值地死去。[1]但是，在后来的佛罗伦萨思想中，却有大量赞成“积极生活”的言论，它特指“公民生活”（vivere civile），一种表现公共关切和公民活力（说到底是政治活力）的生活方式；显然可以把作者对一种生活方式的偏好与他对一种政治形态的忠诚联系在一起。“沉思生活”的践行者可以思考万物不变的秩序，找到自己在君主统治下的永恒秩序中的位置，这个君主在一个小世界里充当上帝的角色，做维护秩序的卫士；“公民生活”的倡导者则会参与到社会结构并在其中行动，因为个人的行动只有在这个结构中才是可能的——成为某些类型的城邦中的公民，因此在后来的日子里，“公民生活”就变成了表示基础广泛的公民政体的专用语。巴隆不但 57
从1399—1402年危机期间米兰和佛罗伦萨的政论家的著作中发现了或明或暗的态度对立，而且他要根据同样的一系列事件，对佛罗伦萨人的行为关于这种价值两极化而表现出的波动做出解释。具体说来，科卢乔·萨卢塔蒂十分明显地游移于两者之间，他既肯定积极的公民精神的价值，又肯定沉思的价值，亦即退出尘世，默认君主甚至暴君的统治。巴隆极为细致地考察了萨卢塔蒂等作家的文本，希望由此把他们与维斯孔蒂危机[2]的发展联系在一起，他要证明，在这个时期出现了赞成积极的参政价值的决定性变化。[3]就像对历史的再评价一样，公民精神的

1 有大量文献谈到彼特拉克态度的转变，参见Baron, *in Florilegium Historiale, and From Petrarch to Leonardo Bruni*（见本书第56页注2），chs. 1 and 2。

2 指1402年米兰大公吉安加莱佐·维斯孔蒂对佛罗伦萨的进犯，一度使佛罗伦萨陷入严重困境。——译注

3 Baron, *Crisis*, chs. 5 and 7; *From Petrarch to Bruni*, chs. 3 and 4; “Leonardo Bruni”, *Past and Present* 36（1967）.

重新发现，是共和主义的自我意识与吉安加莱佐相遇受到了伤害而突然得到强化造成的。

有若干年的时间，巴隆的观点一直受到学者们的批评，可以看到，它受到最大挑战的、同时也是它最具挑战性的因素，是有关编年史和动机的观点。巴隆断定，决定性的价值变化可以确定为只发生在一个时期，并且可以说是这个时期的主导经验的结果。历史批评一向专注于这种断言是很自然的；历史学家感兴趣的是原因和动机问题，观念史学家关心的则是观念与事件、思想与经验之间的关系，他们想知道重大的意识形态变化是否发生在那个时刻，是否是巴隆所说的原因造成的，这种愿望是正确而恰当的。我们还应当提醒自己，知道一种思想现象发生的时机，并不等于知道了发生的一切。本书的设想是，我们要找出当时可以用来讨论与其特殊性有关的政治体系的某些概念性词汇，要探讨它们的局限性和含义，思考它们是如何起作用的；还要评价这些观念体系、它们的用法和含义在时间中的变化过程。因此，我们要知道佛罗伦萨思想的某些变化是不是作为1399—1402年事件的部分结果而发生，但这不是唯一重要的事情；我们同样十分想知道，这些概念变化是什
58 么，它们意味着哪些进一步的变化，以及它们的发生给思想世界带来了什么后果。因此，在发生了重要的语言突破或观念革命（例如与日益强调公民参政有关的对历史的再评价）的情况下，搞清楚人们的概念词汇的变化的内在意义和后果，以及这些变化最初出现的时机和原因，都是很重要的事情。

“公民人文主义”这个术语已经与巴隆的观点难分难解，想对他的观点提出挑战的学者，也倾向于挑战这个术语的有效性或它所指称的现象的重要性。除了攻击巴隆的编年学之外，他们还认为，首先，人文主义者对“积极生活”的关切，并非主要来自于他们作为共和国公民的“良心危机”（crise de conscience）；第二，意大利各地的公民并不需要用人文主义者的语言来表达自己的公民意识。在本书下面的内容中，我要用“公民人文主义”一词来表示对共和主义意识及其问题的某种表述，因此这里是一个恰当的时机，说明一下使用这个术语时所要表达

的含义，以及可以用它来为作者和读者提供哪些历史假设。只要开列出巴隆对人文主义政治意识的另一些解释，即可方便地做到这一点。

杰罗德·塞格尔认为，[1]人文主义者对“积极生活”的关切，来自于他们专业的思想信念，而不是他们的公民意识。他指出，人文主义者由其社会职能所定，致力于修辞的技艺，这种技艺在意大利文化中就像哲学一样重要，并且一向被认为与哲学形成极鲜明的对立。哲学研究的是普遍知识，并根据普遍去理解特殊，对待普遍的恰当态度是沉思，而不是行动；因此，哲学是非政治的，它被看作一个由普遍因素构成的宇宙，居住于其中的政治动物只有次要的位置。至于修辞学，它研究的是如何说服人们采取行动、做出决定、表示赞成；它是行动和社会中的智慧，是以这种智慧要与之交谈的其他人的存在为前提。它从本质上说是政治的，因此总是并且必然投身于特殊的环境，特殊的决定和特殊的关系；它投身于特殊的世界，因此与哲学相比，它必须总是面对这 59
样的问题：它是否提供了有关任何事务的知识。然而也可以看到，修辞学在意大利思想中占据的位置，可以与经验在福特斯库的思想中占据的位置相比，但从其政治特征来看它更为积极主动。它四处张望，劝说人们采取行动，而经验只能发现他们已经做了些什么。一个修辞学跟哲学平起平坐的世界，是一个面对面做出政治决定的世界；一个被经验和习俗占据的世界，则是一个有着制度化传统的世界。

塞格尔认为，就这方面而言，人文主义思想起源于以沉思作为价值的哲学和以公共行动作为价值的修辞学之间的对立：彼特拉克的成就是说服他的欣赏者和追随者接受这种对立，把它作为敌对的价值体系之间的辩论；两者都不能绝对凌驾于对方之上；出入于公共位置和沉思位置之间，就变成了人文主义思想的特点，这已经成为人文主义固

1 Jerrold E. Seigel, *Rhetoric and Philosophy in Renaissance Humanism: the Union of Eloquence and Wisdom, Petrarch to Valla*（Princeton University Press, 1968）；“Civic Humanism or Ciceronian Rhetoric?” *Past and Present* 34 （1966），巴隆的“Leonardo Bruni”一文做了回应。另参见David Robey, “P. P. Vergerio the Elder: Republicanism and Civic Values in the Work of an Early Humanist”，*Past and Present* 58（1973），pp. 3—37。

有的遗产，不必把它同外部事件的历史直接联系在一起。他说，巴隆既低估了布鲁尼和萨卢塔蒂在愿意做出沉思的选择上丝毫不亚于彼特拉克，也误解了用来解释选择这一套或另一套价值的方式。选择公民的价值，并不意味着把共和主义作为政治事业完全投身于其中；选择沉思的价值，也不意味着对共和政体的彻底幻灭。人文主义者在行动和沉思之间有着暧昧的态度；这是他作为知识人的“优点”（metier），他在共和国中能十分完美地践行这种优点。因此，当共和政体获胜时，人文主义并没有全然变成“公民的”学说，当共和政体在邪恶的岁月失败时，它也没有全然变成“沉思的”学说，对于个人出入于两种选择之间，并不需要根据他对政治事件的反应做出解释。因此，巴隆强调通过编年学做出解释，是不得要领的。

这也许说得很不错。可是，这显然不意味着不存在公民人文主义这种东西。既然修辞学具有公民的和积极的性质，那么修辞学家——或作为修辞学家的人文主义者——就有可能提供一种表述公民意识的语言，无论他有没有这种意识。修辞学家和公民同样可以从参与特殊行动和决定、参与特殊人群之间的政治关系的角度去看待人类生活；我
60 们从公民人文主义风格的发展中，便发现了表达这种人生观的一种手段，即把历史改造为存在于时间中的共和国的故事。两者的亲和性比这还要深刻得多，以及人文主义——无论它是不是公民人文主义——从整体上偏向于根据特殊时间的特殊行动来看待生活，这可以从欧根尼奥·加林的著作对人文主义精神的研究中看到。[1]他认为，人文主义学者把语文学而不是哲学作为通向知识的路径，比如洛伦佐·瓦拉就属于这种情况，因为他是修辞学家；他认为，真理是说出来的，而不是领悟到的，因此他十分关注包含着真理的言说行动发生的时刻和场合。[2]经

1　见本书第56页注2。

2　Garin, pp. 5—7, 15—17, 50—66, 69—77. 关于瓦拉和修辞学的作用，参见Seigel, *Rhetoric and Philosophy*, ch. V; Donald R. Kelley, *The Foundations of Modern Historical Scholarship: Language, Law and History in the French Renaissance*（New York: Columbia University Press, 1970）, chs. I and II; 以及笔者的评论文章，刊于*History and Theory* II

院派哲学家在面对亚里士多德的文本时，进入一个抽象、分析和整理的复杂过程，文本及其语境和作者实际上会从这个过程中消失，唯一重要的步骤是宣示普遍原理，然后便能领悟到它的结论。人文主义者对这种做法的批评——激烈的、往往是不公正的批评是，这背叛了亚里士多德的实际思想、亚里士多德的实际智慧，用图式化取代了它们；他要让自己学习能够从亚里士多德本人那儿学到的东西，要学习他的文字所揭示出的他的思想，要学习保留在文献中的他的文字。事实上，亚里士多德就是一个可怜的例子；亚里士多德被认为是现在受到抨击的经院派方法的始作俑者，所以他受到了谴责，并被另一些作者所取代，只是过了一段时间，当人文主义者完成了他们对亚里士多德主义的谴责之后，才又回过头来研究亚里士多德。但是这种人文主义技巧的作用是抬高语文学，它要努力找出文献中实际包含的内容，找出文字的实际含义、找出哲学家、演说家、历史学家或诗人实际说了些什么。[1]在逻辑 61
学领域，它倾向于抬高"语法"，就像语文学本身一样，这是个简化的术语，用来表示对过去的语言、文本批评、句子结构，总之是作为表达意思的工具所写下的文字的研究。通过语法和语文学，从某种意义上说也只有通过它们，才能知道作者的意思；这些辅助性的语言科学使他的思想能够直接与他的读者进行交流。

但是，这有着强烈的认识论和——终极地说——哲学的后果。越

---

no. I （1972）, 89—97; Nancy S. Struever, *The Language of History in the Renaissance* （Princeton University Press, 1970）。从社会和政治角度对公民人文主义的讨论，见Lauro Martines, *The Social World of the Florentine Humanists, 1390—1460* （Princeton University Press, 1963） 和 *Lawyers and Statecraft in Renaissance Florence* （Princeton University Press, 1968）, Marvin B. Becker, *Florence in Transition* （2 vols., Baltimore: The Johns Hopkins University Press, 1967—1968）, 另一些文献见Anthony Molho ed, *Social and Economic Foundations of the Italian Renaissance*, New York: John Wiley and Sons, 1969。

1 在最后阶段这种做法扩展到了上帝本人的话，见George Newton Conklin, *Biblical Criticism and Heresy in Milton* （New York: King's Crown Press, 1949）, pp. 1—2, 瓦拉的名言（见Garin, p. 16）是："基督没有一句话传给我们，因为基督说希伯来语，而且从未写下过什么。"

是强调早就成为古人的作者是在对身处当下的我们说话，越是减少作为古人声音之媒介的超时间结构的普遍性，我们就越会意识到这是跨时间的交流，意识到把古人与我们隔开的时空距离；我们越是通过研究文本以及古人的言说或写作语境来促进这种交流，就越是会意识到他表达思想的时间、社会和历史环境，这种环境通过塑造语言及其内容，也塑造着思想本身。在彼特拉克写给西塞罗和李维的信中，便清楚地表达着这种强烈的历史意识，他从自己所处的时刻直接向处于彼时刻的他们说话——写于“耶稣道成肉身（你们再活得久一点儿就能听到他说话）”之后的某某年。[1]我们从但丁对维吉尔的谈话中也可看到类似的东西——“诗人啊，你被你不知晓的神引领着前行。”[2]但是，彼特拉克没有模仿但丁，陪伴维吉尔在个人生命成为永恒的地方做超越历史的旅行。诗学（预言的一位近亲）关心的是普遍和神的境界，而散文——尤其史家或演说家的散文——关心的是社会和世俗事务。语文学的意识很大程度上是对散文所表达的精神、所看到的世界的意识；人文主义的修辞学家要把认知的生活转化为时间中的人们之间的交谈。

62 语文学和政治人文主义之间的某种亲和性就要出现了。两者都把人类过去的某些时刻孤立出来，致力于建立这些时刻和当下时刻之间的联系。彼特拉克直接向李维学习，直接给他写信；萨卢塔蒂和布鲁尼的佛罗伦萨直接向共和制的罗马学习，把自身想象成罗马的复活。在后来的故事中，在马基雅维里写给弗朗切斯科·维托里的著名信函中，他讲述自己晚上回到家中，穿上正装，通过阅读古人的著作与他们一起交谈。[3]这种交谈意味着不但恢复马基雅维里对政治的理解力，而且间

1　这是写给李维的信的签署日期，*Fam.*, XXIV, 8，不过他写给古典作家（至少是哲学和历史学家，但不包括诗人）的几乎全部信函都使用了类似的语言。见Mario E. Cosenza英译，*Petrarch's Letters to Classical Authors*（Chicago University Press, 1910）。

2　*Inferno*, I, 130.

3　“我走进古人的古老宫廷，在那里我得到他们的友好款待，我品尝着那*solum*（唯

接恢复实际的政治参与。与古人直接交谈的想法，是所有形式的人文主义的核心概念，可以发生在政治背景之中或之外，但它有着某种无法消除的社会的甚至政治的性质：它暗示着，上帝统治之下的人类经验的高度，要从同样的头脑的相遇之中、从它们的交流、它们对前提、情感和决定的共同认识之中发现。跟古人交谈带来知识，是与跟公民交谈带来决定与法律联系在一起的。它们都发生在特殊的人之间，发生在时间中的特殊时刻——古人和人文主义者处在不同的时刻，公民则一起处在同一时刻——并在感到有问题时运用适合于他们各自时刻的语言（人文主义者必须是语法学家，公民必须说共同的"方言"［voglare］）。如果把作为理性动物的人定义为"人文主义者"，把作为政治动物的人定义为"公民"，那么认知行动和决策行动便都具有某种福特斯库所说的"法规"的性质；它们都得到在世的人的同意，这些人处在时间之中，运用着因这种处境而获得的认知资源。但是，这种认知行动在福特斯库那儿只处于很次要的位置，人文主义者和公民却把它置于画面的中心，它所要求的认知能力要比单纯的审慎——这是福特斯库所知道的唯一工具——强大得多。人文主义者对交流的强调足以引起这样一个问题：存在于特殊时刻的特殊的人，如何能够要求得到可靠的知识？根据对普遍因素的简单认识是无法做出回答的，因为那样的话理性动物将会回到经院哲学的宇宙，政治动物将回到帝国等级秩序的宇宙；从单纯的经验积累的角度来回答，对于人文主义者和公民来 63
说也都是完全不得要领的。但是无论如何要做出回答，不然的话彼特拉克就无法阅读李维，佛罗伦萨也无法统治自身。特殊的人之间的交谈如何能够做到具有井然有序的合理性？语文学或政治学的修辞可以提供答案；但政治学不仅仅是修辞。

人文主义者对普遍问题的态度各不相同，极为复杂，佛罗伦萨的态度也与比如说帕多瓦的态度不尽相同；但有一点似乎是清楚的，出现

独）给我的食物，我生来就该吃它的；在那里，我毫无羞色地与他们交谈，询问他们所作行为的原由；还有他们出于仁慈而回答我的东西……" Machiavelli, *Lettere*, ed. F. Gaeta（Milan: Feltrinelli, 1961）, p. 304。

的思想主流既没有回到经院哲学简单的实在论，也没有采取只能认识特殊因素的相对主义立场。人文主义哲学肯定没有放弃这样的观点：存在着认知的普遍对象，搞清楚这种对象提供了唯一真正的确定性或合理性；但是，它由于采用了语文学而信奉的观点是，只有通过处在特殊时间、特殊地点的特殊的人的工作，才能知道这种确定性或合理性，它试图——往往是通过对柏拉图主义观点的加工——为这样一种思想辩护，即认为普遍因素内在于世界和人类行为，是通过创造性地认识它们和参与到它们之中来认知的。文艺复兴最具柏拉图主义特点的表现是，[1]它将心灵与普遍范式或价值之间的生动的关系，置于理性对它的抽象沉思之上；它能够赞扬历史学高于哲学，理由是，后者以真理观激励理智，前者却是用有关真理的具体事例启发整个心灵。真理本身不仅是一个命题系统，而且是一个关系系统，探索的心灵通过探索成为这个系统的一部分。因此，以这种或那种形式参与到人文主义的交谈之中，这本身也变成与普遍因素的一种关系模式。通过不断参与特殊因素的对话，能够认知和体验普遍因素。问题在于交谈采取何种形式，什么样的交谈方式能够最全面地认识普遍因素。

在亚里士多德看来一向存在的问题是，个体最高层次的生活是政治和行动的生活，还是认知和沉思的生活；假如佛罗伦萨的人文主义从它的公民环境中养成了对政治的偏爱，它也从哲学传统的主流那儿接受了相反的偏爱。假如把普遍因素视为首先是理智认知的对象，那么所选择的交谈形式就是沉思的，是与同时代人和伟大的古人进行的哲学对话。然而意味深长的一点是，沉思本身也变得具有社会性了，是对话的关系和思想与思想的关系，而不是形式演绎和证明；并且，“政治”
64 （politia）一词（即希腊语中的“*politeia*”，对于亚里士多德来说，它是指构成城邦的关系结构）有时被用来描述人的——无论是活着的还是已死的——思想共同体，就像我们有时说的“文人共和国”（republic of letters）一样。雅典的城邦既是决策的共同体，也是文化的共同体，像“得

1 Garin, pp. 9—11, and chs. III and IV.

体”（polite）、“文明”（civil）和“文雅”（urbane）这些字眼——与同源的单词“政治”（political）、“公共”（civic）和“城市”（urban）形成对照——似乎是从人文主义的沉思风格中获得了某种社会生活的含义，这种生活是由文明的交谈而不是政治决策和行动构成的。[1]

确实存在着这种沉思的风格，而且在某个仁慈的君主兼庇护者的统治之下它并非不常见，这种人可以被看作哲学王——在米兰，在美第奇的佛罗伦萨，在罗马或乌尔比诺。另一种风格则把公民精神作为它的理想，因此它是在共和国的气氛中，尤其是在佛罗伦萨形成的；至于威尼斯的氛围，它虽然在相对自由的环境中鼓励学术，但它的贵族气太重，不利于使公民精神得到热情的肯定。但是，整个现实显然要比这些话所说的更为复杂。可以看到，“公民生活”的理想在同沉思的理想的竞争中——假如有这种竞争的话——既有强大的力量，也有严重的弱点。首先，很明显的一点是，无论是作为语文学家、修辞学家还是共和国公民，人文主义者都深入参与到具体而特殊的人类生活之中，不管其重心是放在文学、语言上，还是放在政治和说服上。让特殊变得可以理解的需要，导致了交谈观的出现，即这样一种想法：普遍因素内在于对生活和语言网络的参与之中，因此，最高价值，甚至非政治的沉思的价值，也被视为只有通过交谈和社会合作才能获得。由此导致的必然结论是，社会合作本身是一种高贵而必要的善，是获知普遍性的前提，整个雅典和亚里士多德的传统都强调，人类社会合作的最高形式是政治社团，是亚里士多德从城邦中看到的分配、决策和行动的共同体。因此，将认知与社会活动视为一致的人文主义者，有极强的理由将自己视为公民——塞格尔由衷认为，公民价值内在于人文主义者的社会地位之中，而不在于他对外部事件做出的反应。

此外还可以认为，假如知识是从交谈中发现的，那么它也是一种活
动。“公民生活”的哲学基础是这样一种观念：正是在行动中、在一切 65

1 Garin, pp. 38, 87, 158—62.

类型的劳作和行为中，人类生活上升到它所内含的普遍价值的层次。积极行动的人通过投入其全部人格，去肯定沉思的人运用其理智的内省或柏拉图式交谈和友谊的对话只能知道的事情；加林从公民人文主义中看到了维柯学说的预演：我们通过在历史中创造世界去认识世界。[1]但是，行动若要肯定普遍，就必须证明某些行动形式具有普遍性。因此15世纪的彼特拉克、萨卢塔蒂等人的著作中有关法律和医学之相对优越性的辩论有着特殊重要性。[2]医学大体上是一种实践而非沉思的艺术。它当然能声称是在研究自然界的普遍规律，在一个把政治视为反映着自然的等级社会中，它能够声称以类比的方式给予政治家不少教益；可是在人文主义环境中，它却是在另一个基础上作战，它受到的指责是：首先，它仅仅机械地获取个别情况下的个别的结果；其次，它局限于特殊世界的知识，从未把它提升为原理的知识。柏拉图指责它是经验的而绝不是哲学的，萨卢塔蒂也本着《理想国》的精神，将医学人格化，让它悲伤地忏悔说，它受困于由单纯的经验积累而来的传统知识。[3]相反，政治家或法学家研究的是普遍，是不变的事物。道德内在于人类，而人类的法律是他认识自身天性的结果。既然政治共同体是这种自我认识的必要背景，法律是这种认识的产物，那么处理这个共同体的事务便是柏拉图的建构艺术，是获得了普遍性的人类活动，并且本身就是能够设想的最高形式的那种活动。萨卢塔蒂继承了这一雅典传统，宣布政治共同体是自足的，因而是普遍的；他认为，统治这个共同体的活动不是专业化的统治者或君主一个人的理性活动，而是参与大量社会活动但又高于其上的公民之间的不断对话。这是积极的对话，通过这种对话，人类生活在特殊的行动中获得普遍性。

但是萨卢塔蒂也能够宣称，沉思、隐修以及接受君主或暴君的统
66 治，是更优越的选择；[4]如果我们拒绝巴隆把这种观点与维斯孔蒂危

1 Garin, p. 55.

2 Seigel, pp. 37—40; Garin, pp. 24, 31—36.

3 Garin, pp. 32—33.

4 Baron, *Crisis*, ch. 7.

机的发展联系在一起的做法,我们就应当追随另一些作家,他们认为公民价值和沉思价值之间的这种暧昧关系内在于人文主义思想之中。如果是这样,那也不必见怪。在萨卢塔蒂对国家治理活动的赞扬中,从未完全排除公民地位的潜在弱点。总之,即使普遍因素是实在,它们也是理性的实在;它们的"存在"(esse)是"规定的"(percipi),它们只能是认知行为的对象。虽然普遍因素内在于人类的法律,但人类的法律本身并不是普遍的;它们是特殊的人类决定的结果(recta ratio agibilium),针对的是人类的特殊境况,并且存在于时间中的特殊时刻。普遍因素只能被认知,决定和行动只能为特殊因素立法。国家治理和公民活动的成果仍有可能表现为特殊的和暂时的,政治家比医生强不了多少。任何人文主义者,如果他(就像很多人有时所做的那样)选择了哲学而不是修辞学,选择了沉思而不是行动,选择了君主制和不变的等级秩序,以此来对抗公民活动和时间中的行动的风险,那么他都能想到这些。假如公民生活只能肯定特殊的决定和价值,那么它注定是暂时的;假如公民团体仅仅是特殊的人的集合,那么他们既不能决定也不能建构任何永恒之物。但在这里公民价值能够重新肯定自身。在雅典的政治传统中确实存在着一种方式,宣布共和国是致力于实现一切价值的全体人的合作关系。如果是这样,那么它便是一个普遍性的实体;但是这种断言取决于一种理论,即共和国能够达成使每个公民的道德天性得以实现的权威分配。没有这种分配,共和国就既不是普遍的和正义的,也不是稳定的,它的公民不能像君主及其臣民那样依靠宇宙秩序的支持,因为他们的政体并不像君主制那样声称反映着宇宙秩序。于是,城邦及其政制结构的理论就变成了人文主义事业的关键因素。公民人文主义者必须拥有一种同时也是哲学的政制理论体系。恰好存在着这样一种理论。

二

阅读亚里士多德的《政治学》有若干方式,这使它在西方传统中的

地位变得十分复杂。如果结合他的主要哲学论著来解读，它肯定了伟大
67 的自然法观点；人领悟到内在于自然的价值，在社会中追求它们。研究《政治学》与奥古斯丁和中世纪基督教的相互关系，我们又发现，它做出了有关理性自主和政治之理性取向的断言；这有着潜在的革命性，因为它们使神恩及神恩的媒介对于尘世事务必不可少这一点变得令人怀疑。但是，也可以把《政治学》解读为一种有关公民与共和国的关系、有关作为一个价值共同体的共和国（或城邦）思想体系的原创之作；正是这种解读路径显示出它对于人文主义者和意大利思想家的重要性，因为他们要找到某种方式，用来为"公民生活"（vivere civile）的普遍性和稳定性辩解。在这些问题上有一传统，《政治学》是其一部分，但它在这一传统中的作用却难以确定，因为它过于宏大和无所不包。这种传统几乎在每个方面都可以追溯到亚里士多德，但是（姑且不提对它的教义的某些决定性表述是由他之前的柏拉图做出的）众多后来的作者以自己的方式重申了它的部分内容并发挥着影响，因此，尤其是在文艺复兴的条件下，很难确定哪个特定的作者在特定的时刻享有权威。简言之，我们面对的是解释一种思想传统的问题；但是这一传统（几乎可以称为混合制政府的传统）是亚里士多德传统，《政治学》一书既是其最早和最伟大的全面阐述，又彰显出它在某些时候可能具有的很多含义；因此，除了该书所发挥的无数直接的权威作用之外，值得反复讲述它所包含的公民和政体的理论，以便搞清楚这种理论会造成（也确实造成了）什么后果，以及它对处在公民人文主义的问题情景中的思想家有什么重要性。

亚里士多德教导说：每一种人类活动都有价值取向，也就是说，它指向某些可以从理论上确定的善；一切有价值取向的活动都是社会的，也就是说，它是人们相互结成社团加以追求的善；城邦或共和国是所有特殊社团在其中追求它们的特殊目标的社团。[1]与他人结成社团，加入到那个社团的有价值取向的追求之中，既是达到目的的手段，也是

1 参见*Politics*, Book I, ch. 1, #1（1252a）。

目的——或善——本身；[1]参与到以所有特殊社团的善作为目标的社团之中，获得所有特殊的善，这本身就是一种境界极高的善——因为它是普遍的。在到达必须面对行动和沉思之间的选择的时刻之前，可以 68
设想的最高的人生形态，是作为“oikos”（家政）的首脑进行统治的公民，他作为平等的家长共同体之一员进行统治和被统治，做出对全体有约束力的决定。他参与确定普遍的善，亲身享受社会所能获得的价值，同时以他的政治活动对他人获得价值做出贡献。[2]这种活动关系到普遍的善，因此它本身就是比公民作为社会动物可能享有的特殊善更高一级的善，在享受他本人的公民身份（他为别人的善做贡献的行为、他同参与这种贡献的他人的关系）时，他享有普遍的善，成为与普遍联系在一起的存在。公民身份是一种具有普遍性的活动，城邦是一个具有普遍性的共同体。

但是，全体公民并不是一样的；他们有同样的公民身份，是具有普遍性的存在，但他们作为特殊的存在又是不一样的；每个人在选择自己追求的善时都有自己的优先选项，每个人都发现自己同那些有一种、一些或全部优先选项与他相同的人属于特殊类型。因此城邦要面对确定优先选项的问题，它要确定在特定时间哪些特殊的善应当被那些将其作为优先选项的人享有；解决这个问题显然是公民的任务，但亚里士多德并不认为，以公民身份参与追求和分配共同之善这种普遍活动的个人，应当被认为是与致力于追求和享受他所选择之善这一特殊活动的同一个人脱离了关系。既然公民被定义为既统治又被统治，统治的活动肯定伴随着他的被统治的活动。[3]普遍和特殊在同一个人身上相遇，假如公民由于追求、享受他所选择的特殊价值，并在获得这种价值上表现优异，从而具有了特殊的社会人格，这肯定会改变他参与旨在分配共同之善的决定这类普遍活动的能力。这时城邦面对的问题就变成了，在对这种普遍职能的特殊运用进行分配时，要同公民因其个人的价值优

1 I, xiii, #4—8（1259b—1260a）; III, iv, #10—15（1277a—b）.

2 III, ix（1280a—1281a）.

3 III, x（1281a）, xii（1282b—1283a）, xiii（1283a—1284b）.

先选项而呈现出的社会人格的多样性联系在一起。于是，亚里士多德转而思考可以根据这种多样性的结果来对公民做出的分类。

它们分为两类：理论的和传统的。从原则上说，它们可以像人类活动致力于获得的价值一样数量无限。既然这些价值的每一种都被在社团中行动的人所追求，那么就可以设想一个致力于追求每一种价值的
69 人的社团。从概念的自然外延来说，也可以设想这样一些人的社会，他们赋予那种价值以优先性，投入更多的精力去追求它，尽力争取获得它；他们（为完成这一观念序列的发展）可以被视为一个精英团体，因其在拥有这种价值方面高于常人而出类拔萃。在雅典（亚里士多德曾在这里就学于柏拉图的学园）的普通语言中，有一些术语用来表示被认为构成这种精英的不同类型：好人、智者、勇士、富人、世家子等等。[1]但一定要记住，从理论上说，这些精英就像人们所追求的价值目标一样数量众多，既然每个公民被定义为拥有他自己的价值优先选项，那么从原则上说，任何公民选择了多少种他所特别看重的价值，他就属于多少精英团体。接下来亚里士多德评论了一种把公民分为“少数”和“多数”这两大团体的传统习惯。这有着重大的实践效果，因为它为区分两种城邦提供了根据：一种是倾向于限制在公民中分配政治权威的城邦，另一种是倾向于扩大在公民中分配政治权威的城邦，此即当时所说的“寡头政体”和“民主政体”。还可以进一步说，虽然“少数”和“多数”意味着用来进行区分的标准是数量，但这种语言的常规用法还有更多的含义。“少数”常常被描述为“最优”，“寡头”经常被描述为“贵族”。如果我们不固执而严格地提出“在什么事上最优”这个问题，那么这种把数量和量化标准结合在一起的倾向，会使我们情不自禁地认为——就像亚里士多德本人有时谈论的一样——全体公民好像都能被分为少数和多数，可以把少数群体等同于属于不同的精英，可以把多数群体等同于不属于任何特殊的精英。但是亚里士多德很清楚，这种“少数”和“多数”的两极划分，虽然对讨论传统上承认这种区分的现实世界有

1 IV, iii, #1—6（1289b—1290a）.

用，但对于区分公民来说，却提供了一个不能令人满意的基础。[1]

只能用多重标准做出这种区分。首先，有多少能够从理论或传统上确认的、人们所偏爱并共同享有的价值，就有多少质量标准，个人可以对采用不同的标准做出不同的反应。其次，有一种标准可以运用于适合 70
把全体公民作为有同样价值来对待的场合——例如，强调全体致力于追求善，不根据偏好或才能对他们进行区分。这从性质上说与质量无关，因此是数量标准，[2]采用这种标准可能有各种不同的结果；它可以用于区分一部分类型，它的运用可以掩盖各种混合的情况。有三种传统上得到承认的类型，其作用可以被认为基于数量区分——“一人”、“少数”和“多数”；在每一种情况下，都可以看到数量和质量标准的混合：一人和少数可以被认为拥有精英的性质，这使他们具有统治的资格，而多数被认为缺少这种性质，于是为他们的统治要求所做的辩护，就变成了（一向如此）为分离政治权威与精英品质所做的辩护。虽然亚里士多德知道这种标准的混合不可靠，他还是冒险采用了一人、少数和多数的说法，因为它被用于普通的言说中十分悦耳动听。他有很好的理由这样做。首先，现实的国家其实就是分为君主制、贵族制和民主制；其次，对于他的理论来说，把决策团体设想为有不同的规模是很重要的。

因此，当把政治权威的分配同多样化的个人资格联系在一起时，亚里士多德提出了理论上无限多的适合于采用的标准。其中每个标准都可用来区分一种精英团体，从性质上说它们既是质量的也是数量的。建立一个“混合政体”（politeia，这个词虽然可以译为“政制”，但它指的是在一个全体公民都是参与者的普遍决策过程中决策权威的正式分配）的问题，就变成了看看如何为每个精英团体，包括非精英、“多数”或“全体公民”中的精英，在决策中安排一个角色，使之能够以最符合其性质的方式为获得特殊之善和普遍之善做出贡献的问题。[3]这之所以可能，是因为决策过程是一个复合体，所以能够把它分解为一些职

1 IV, iii, #6—IV, #22（1290a—1291b）; III, vii—viii（1279a—1280a）.

2 III, ix, #1—4（1280a）; III, xii, #67（1283a）; III, xiii, #4（1283a）.

3 III, viii, #3—8（1279b—1280a）; IV, viii（1293b—1294a）.

能，将每一种职能委托给一个特定的团体。在以下这些事情之间是有所不同的：列出一份政策选项的清单，决定采用其中哪一个选项，选出履行这种或那种职能的人，决心落实由他人做出的任何决定——这个
71 清单可以无限延长，因此从理论上说有可能把无数多的团体与公共决策联系在一起。亚里士多德认为，可以对不同类型的决策或者说决策过程中的职能加以区分，并且说明有些职能需要这样或那样的素质；还有一些决策应当委托给受到这种决策或过去的决策影响的人；有些决策应当由小团体做出，有些则应由大团体做出；有些需要由训练有素的头脑进行复杂的推理，而另一些最好由所有人共同具有的生活经验做出判断。[1]“混合政体”由此成了一种社会范式，它的组织方式使得从理论上可以设想的任何团体都有机会以最适当的方式为决策做出贡献，同时任何公民个人都可以多次做出贡献，无论是作为他凭才能而享有资格的任何专业团体的一员，还是作为非精英的“民”（demos），即作为一个整体的公民团体中的一员。被一个人列为优先选项的任何价值，或是可以据以对他做出判断和评估的价值——甚至平等的价值，即不给予任何价值以优先性或利用它们对人进行区分——都可以成为他参与决定和分配普遍价值的一种模式。由此可以确立追求特殊价值和普遍价值之间的关系。

亚里士多德很清楚，决定意味着权力，而这种权力要对他人行使。“混合政体”中的每一个团体、具有团体成员身份（可以有很多）的每一个公民，都拥有权力以这样一种方式追求每个团体的特殊利益，它能够使这种利益也被纳入其他团体对另一些利益的追求之中，既然追求每一种利益都要通过一些影响其他团体的优先选项的决策手段来进行，每个团体就像每个公民一样，既行使权力，也必须服从权力。需要避免的罪恶是，任何团体能对全体行使由它独霸的权力。[2]任何政体，如果把一个特殊团体的利益等同于全体的利益，它就是专制政体，即使它的特殊利益本身可能是一种真正的善，或至少最初是善的；堕落

1 IV, ix （1294a—b）, xiii—xv （1297a—1300b）.

2 III, vi, #I I—vii, #5; viii, #2 （1279a—b）.

的政府从本质上说,就是特殊对普遍行使独裁权,它导致具有独裁权力的善的腐化。这种专制权力从原则上说可以由任何团体行使;甚至可以有善的或智慧的专制,假如它们追求的善不是全体的善(采用这种 72
观点,可能涉及同意让较少的善和较少的智慧占有它们正当的权力份额)。[1]但是,在区分好政体和坏政体时,亚里士多德利用了一种既是数量的又是传统的简化说法。他接受对政体的常用分类,即一人、少数和多数支配着权力的行使,并补充上这样一种假设:在每一种情况下,支配成分在统治时都有可能关注全体的利益,或是把这种利益视同它自身的利益。于是这种三分法变成了六分法:君主制和暴政、贵族制和寡头制,混合制和民主制。最后一对政体最具理论意义。混合制,即权力由公民中所有类型的团体所分享的政体,因此在这种政体中,权力的行使最不可能迎合一个有限的团体或帮派的利益。另一方面,亚里士多德所说的民主,不仅是指一种普遍参与权力的体系——因为混合政体也具有一般意义上的民主的许多特征——而且是指权力得到广泛的分配但以专制的方式行使的体系。一般而言,这可能意味着偏重于穷人和无特权者的体系,他们被认为是属于非精英的团体;[2]但是这个术语的另一种更为正式和确切的含义,则是指相互之间无区别的人的统治,是一个全部权力由机械的、数量上的多数来行使的体系,它只考虑那些与所有人都相同这一假设相一致的利益。这是数量的专制和平等的专制,在这种统治中,个性的发展与行使权力之间、他是什么人与他可以在政治中发挥什么作用之间是脱节的。亚里士多德预见到了现代异化观的特点,他对无差异的平等所作批评中的要素,也存在于今天对大众社会抹杀个性的批评之中。

作为反题,他建构起混合政体的形象,这种体系在分配政治角色和权力时,会考虑个性和个人之间的差异。但是,无论作为纯科学还是应用科学,都难以创立一种社会理论,使每一种可以设想的个人和社会类型在决策中都有其适当的角色。首先,虽然社会可以划分为许多专业

1 III, x, #4(1280a).

2 III, viii.

73 团体，决策过程可以划分为许多专业职能，但很难在这两者之间找到严格的对应性，使人能够推论说，每一个有价值取向的团体都有自身特殊的和适当的政治活动方式。这便是亚里士多德理论中深刻的暧昧性之所在，虽然从许多方面看这不无益处。一方面，混合政体的概念倾向于变为凝固的传统概念，被简化为贵族制和民主制、精英和非精英、聪明的少数和愚笨的（或只有常识的）多数的二分法。另一方面，我们发现这样一个重要的结果：构成混合政体的复杂的融合，既可以认为是阶级和社会团体的融合，也可以认为是这些团体所具有的道德和智力品质的融合，还可以是能够从决策过程中区分出来的不同政治职能的融合，或是这些融合状态的结合。例如，贵族可以被视为世袭制贵族，或是具有超常的智慧、才能或野心的少数，或是任何政治体系中必然存在的、它必须为其提供特殊角色的少数；这些概念既可以合并，也可以分解。少数群体的政治职能，可以被说成只有这个少数群体具备的素质的发挥，或说成适合少数人素质的专业职能的履行，或说成最好留给一少部分人的职能的履行——与他们的专业才能无关。亚里士多德语言的宽泛性也是它的丰富性：它能够从多方面加以分析，尽管它也能把那些方面混在一起。在应用科学的层面，困难在于，让每一种可以设想的类型和范畴都有其适当职能的那种社会，不可想象它以任何单一形式制度化。因此，通常从实用的角度，乃采用上面提到的简略说法，即一人、少数人和多数人的融合或平衡，或者不如说贵族制和民主制的融合或平衡——既然对于生活在城邦国家中的希腊人来说，君主制不是他们面对的问题。两者分别都有它特殊的美德、它的适当角色和它对共同的决策活动的特殊贡献；但是在这种严重简单化的图景中，存在着内在于亚里士多德的分析中的多种概念，它们鼓励公民以多种方式来理解自己的政治角色。混合政体既是制度结构，也是道德结构，它对恰当的制度形式的探索，一向是为了解决一个极端复杂的问题的努力，这个问题就是协调只在其相互关系中表现出道德的人们的活动。

在对作为公民的个人和这个结构的成员的认识中，也存在着紧张。
74 一方面，正是他作为个人对特殊利益的追求，使他成为公民；另一方面，只有他对共同的普遍利益的关切和觉悟，能够维持他的公民身份；在这两者之间总是存在着冲突的可能。假如他一心只顾自己的私人利益，以至于让普遍利益服从于这种利益，他就有可能成为某个或大或小的团体实行暴政的同党，内在于他的个人目标中的价值并不能保证不会发生这种事。就像基督教神正论中那个堕落的人一样；他不能因自己的美德而得到救赎；但是，在奥古斯丁让神恩发挥作用的地方，亚里士多德对公民美德的分析则是让个人的公民同胞的政治活动去统治和引导他，就像他对他们一样；或者是——更严厉地——让支配着他们所有人的道德和政治法则去统治和引导他。但是，特殊利益和普遍利益之间根本的暧昧性依然存在。可以把公民设想为一个雅典人，他的特殊才能的多样性提升了他为公共利益而行动的能力；或者把他设想为一个斯巴达人，他为了公民行动而牺牲一切自我发展的特殊形式。亚里士多德大体上断然反对斯巴达人的理想，不论柏拉图会说些什么；但是在文艺复兴时期的欧洲，从15世纪到18世纪，主流声音都赞成斯巴达人严酷的爱国主义。[1]斯巴达是稳定的，实行权力的混合体制；雅典是民主的和不稳定的，热衷于随意迫害她的哲学家。斯巴达确实根本没有哲学家，但好处是它拥有公民，追求对共同利益完全自我认同的完美境界。不过，假如共同利益导致一切特殊利益被放弃，那么共同利益又是什么呢？这种矛盾依然没有得到解决；但切不可忽略的一点是，混合政体是各种价值之间的关系，公民的利益——统治和被统治——存在于一个人自身的美德与他人的美德的关系之中。只有在这种美德的相互性和关系性中，政治动物才能够成为真正的好人。

城邦理论——从某种意义上说，即最纯粹的原初形态的政治理论，是意大利城市和意大利人文主义者的政制理论的基本参照对象。在把一个政治团体设想为（意大利的城市共同体也只能如此）由互动的人而不是由普遍规范和传统制度组成时，它提供了如何使这个政治团体凝聚在一起的范式；当它把混合政体描述为一个道德共同体时，它 75

1 参见Elizabeth Rawson, *The Spartan Tradition in European Thought*（Oxford: The Clarendon Press, 1969）。

在这种能力方面的价值并没有终结，因为像佛罗伦萨这样的城市，其制度结构是由相互关联的公民大会、理事会和委员会混合而成，能够从亚里士多德的分析和雅典的历史中学到不少有关这种结构的理论。对于公民人文主义和“积极生活”的倡导者来说，它提供了一种他们的事业使之成为必要的理论：将人类社会生活描述为普遍参政而不是思考普遍因素的理论。特殊的人和他们所追求的特殊价值在公民生活中相遇，追求并享受为共同利益而行动的普遍价值，并追求一切次要利益；然而这种理论是以很高的代价换来的；它提出了很高的要求，也有很高的风险。混合政体必须是全体公民和全部价值的完美伙伴关系，因为假如它不够完美，部分就会以全体的名义进行统治，让其他特殊利益服从它自身的特殊利益，走向专制主义并败坏它自身的价值。公民必须是完美的公民，因为假如他不够完美，他就会阻碍混合政体达到完美，并诱使他的同胞变得不义和腐败——他们要为他做他应当为自己做的事情。变得依附于他人是一桩大罪，就像诱使他人依附于自己一样。因此，一个公民的懈怠会减少他人获得和维持美德的机会，因为此时美德已被政治化，它存在于同跟自己一样道德上必须独立的他人结成的统治和被统治的伙伴关系之中。因此，怀着公民理想的人文主义者，把他作为一个道德人的未来，押在自己的城市的政治健康上。他必须赞同以下格言：人应当爱自己的国家，更甚于爱自己的灵魂。这完全没有嘲笑他的意思，从某种意义上说，他的灵魂的未来取决于国家，因为一旦基督教的美德被等同于城邦的分配正义，得救在一定程度上就变成了社会的，在一定程度上要取决于他人。

对于文艺复兴时期的头脑来说，这个问题必然表现为一个时间中的问题。我们知道，共和国的问题是维持一种特殊存在的问题，特殊因素的特点就是不稳定，而不稳定的原因是时间。在城邦和混合政体理论中，有可能承认共和国是一种普遍，因为它是特殊价值的全面的，从而也是稳定的和谐化。这种和谐从原则上说（即使它采用了把一人、少数人和多数人成功组合在一起的简化形式）应当在时间中保持稳定不变。但是还有一个相反的假设，共和国作为一种人为的事物，肯定会在时间中终结；明确无误的历史事实是，雅典人、斯巴达人和罗马人都衰落了，都已不存在了；至于为何会是这样，亚里士多德的分析中隐藏着 76 出色的理论原因。特殊价值，以及追求这些价值的活动、共同体和个人是数量无限的，因此总是很难建立一个混合政体，使其在事实上不是一部分特殊对另一部分特殊的独裁，保证不使公民更喜欢特殊价值而不是共同利益简直是太难了。假如他这样做，他便牺牲了公民美德；可是我们还知道，公民美德的困境是，他只能与公民同胞一起践行美德，别人一懈怠，他也会懈怠，因而肯定会失去这种美德。可以严厉实施一些要求奉行公民美德的法律和另一些律令，就像在斯巴达那样，但公民不可能永远确信他的同胞会自行维持美德，更不用说他本人了。腐败（就像后人所说）是一种永远近在眼前的可能性。假如美德要依靠源于自由意志的行动、依靠调整这些行动的法律的维持，依靠使这些法律成为可能的外在环境的连续性，那么它其实是依靠无以计数的变量——既依靠有着无以计数的特殊因素的城邦，也依靠作为一个单一的普遍因素的城邦；而左右着各种各样的特殊因素的力量叫做"命运"。自波爱修斯以来，人们一直认为，虽然世俗现象之流是不可思议、不可预见的，对于一切表象而言是无法辩解的，但是基督徒可以坚信它受着与他的得救有关的神意的左右，看上去只像是命运的事，其实提供了塑造他的积极美德的背景，是使其得以形成的质料。这种观点重新出现在基督教人文主义者的著作中，并且得到了强化；因为他们敏锐的语文学和历史意识，使他们更加痛切地体会到命运多舛、人在其中行动的社会和道德背景的变幻无常。但是，美德的政治化导致了一种巨变。命运的作用不再处于人的美德之外，而是它内在的一部分；也就是说，假如一个人的美德依靠与他人的合作，当他人不再与他合作，他就会失去了美德，所以美德要依靠完美的城邦来维持，而这永远受制于人性的失败和环境的变数。公民的美德从一种特殊的意义上说，被抵押给了命运；因此，把城邦作为一个力求维持其在时间中之稳定性的、由特殊事物组成的结构来进行评估，就有着道德上紧迫的重要性。

由于必须假定为内在于雅典时间意识的性质中的某些原因，亚里

77 士多德对于作为一种不稳定因素的时间图式没有给予压倒性的关切。但是至少有一部前基督教的经典将这个概念用于政治和政制的思考。波利比阿的六卷《历史》虽然在16世纪20年代以前除了希腊文以外，没有其他语言的版本可以利用，但它对文艺复兴有关处在时间中的政治的思想却发挥过重大影响，因此这里可以把它视为有关那个时代的基本观念问题的向导。波利比阿是公元前2世纪的一个希腊流亡者，他从罗马统治阶层的有利位置上，见证了罗马对地中海中部的征服，他想解释[1]一个城邦国家所取得的这种前所未有的成就，认为这个共和国的军事成功可以同它的内部稳定联系在一起。于是他对城邦的稳定和不稳定做了冗长的分析，重申了对文艺复兴的思想家有着巨大感召力的混合政体理论。波利比阿接受了一种由亚里士多德所采用的六分法——君主制、暴政、贵族制、寡头制、民主制和暴民政治（暴民统治或无政府）——的变型，并且宣称这是一个演进的序列，即著名的anakuklōsis politeiōn，或称为“政制的循环”。[2]他宣布（在他所了解的历史资料中几乎没有任何证据），任何国家，除非受到阻碍，都会依次经历上述每一种形态，从无政府必然回到君主制，重新开始一轮循环。唯一稳定的体系，是逃离这种循环、或也许有望做到这一点的体系；它类似于亚里士多德的混合政体，即三种根据数量来定义的政体——君主制、贵族制和民主制——的融合或平衡。

在波利比阿看来，循环是一种“自然”（physis），是出生、成长和死亡的自然循环，共和国必然经历这种循环；[3]但是，从他提供了逃

1 见*Histories*第六卷。参见E. S. Shuckburgh的两卷本译本第一卷，这个译本有F. W. Walbank 写的新导言（Bloomington: Indiana University Press, 1962）; F. W. Walbank, *A Historical Commentary on Polybius*（Oxford: The Clarendon Press, 1957）; K. von Fritz, *The Theory of the Mixed Constitution in Antiquity*（New York: Columbia University Press, 1954） and Robert Denoon Cumming, *Human Nature and History*（The University of Chicago Press, 1969）, vol. 1, chs. 4 and 5。

2 VI, 3—10（Shuckburgh, pp. 459—466）, 57（pp. 306—307）.

3 Shuckburgh, p. 466; 不过请注意“罗马政制是自然原因的产物”这句名言（在p. 461又重复了一次），这大概意味着它不是先见之明的结果（p. 467）。

离循环的手段来看,他并没有把循环当作自然,而是它把描述为不可取的和有害的宿命。虽然在他的著作中,“宿命”(tyche)和“命运”(fortuna)是在外部事件的领域而不是内部关系的领域发挥作用,但理解一点是十分重要的:循环可以表现为“命运”之轮旋转的特殊事例。每一种单纯的政体都有它的优点,如果不受其他潜在统治因素的 78
优点制约,它就难免退化。在这种好的力量因其单一好品质的过度或压倒优势而败坏的思想中,有着与希腊人的悲剧观念“狂妄”(hubris)相似的因素,有着较多亚里士多德的观点——一种善对其他的善实行独裁,对善的统治者和被统治者来说都是致命的。然而,罗马人承认“命运”是“德性”(virtus)的正式对手,他理解每个部分的“德性”若是与其他部分的“德性”(virtutes)取得平衡并整合在一起,在这种情况下就能让命运接受秩序和荣耀。同时亦可看到,通过“politeia”——混合政体,或行使权力的各种美德之间的关系——亚里士多德的“politeuma”,即全体公民,被组织成城邦,就像把质料组织成它的正确形式一样,并维持着能够对抗时间之破坏作用的稳定——我们在这里再次看到美德对抗命运的作用。但是,“德性”现在被政治化了;它不是统治者个人的英雄气概,而是公民在城邦中的伙伴关系。

对于文艺复兴的读者来说,每一种单纯的美德必然退化,这恰恰因为它是单纯的和特殊的。特殊因素的问题,在于它的有限性、它的必死性、它的在时间中的不稳定性;一种美德(它本身是普遍的)一落实到特殊的政体中,就会染上这种一般的不稳定性。人类的正义体系会在时间中死亡,这不仅是一种“自然”现象,不仅是生物体自然的生与死,而是道德的失败,是“堕落”的重演,同时也是命运力量的又一次凯旋。当人们以有限的和历史的形式试图建立道德体系时,便是把他们的美德交给了命运摆布。使国王上台复又倒台的巨轮,是人们的虚妄野心的象征;使共和国兴起复又崩溃的巨轮,是人类对正义的虚妄追求的象征。致力于积极实践“公民生活”的公民,必须为退隐于波爱修斯的信仰和沉思之中付出沉重的代价;它确实沉重,因为事实上经常付出这种代价。

正义骑在命运之轮上的世界，是令人恐惧的景观，但是循环再生的概念又不可思议地提供了一种很确定的可理解性。可以说，“命运”本质上不具有创造性，她只能无休止地洗一副并非由她创造的牌。这种认为变化不是理性所能认知的观点，意味着变化中不包含成长的原理，不能产生任何新事物；因此不可能存在对作为历史而言的成长或变化的理解。但是，在这种情况下，“命运”注定会重复她的结果。纸牌的
79 每一种可能组合都玩过一遍之后，她只能重新开始；这样做不过是在重复，而“重复”（ricorso）就像“恢复”（rivoluzione）一样，成了一个经常被用来指命运的过程从早先时刻——大概是从万物的起点——重新开始的术语。因此从长远的观点看，万物过去都发生过，并且会再次发生；命运之轮变成了既是不可预测的又是重复的形象，由此便产生了一种极其重要，并在某些限制下令人振奋的结果：假如知道过去发生过什么，就能做出关于事情将以某种组合方式再次发生的预测。如果这是可能的，那么命运的世界就会变得更加可以理解，不再那么可怕，甚至更加可控了。

这离做出以下假设还很遥远：纸牌将再次洗出同样的顺序，事件不仅会再现，而且会以同样的顺序和循环方式再现。波利比阿与他的许多斯多葛派的朋友一起做出了这种假设，而且他很可能觉得自己更有能力这样做，因为他把创立混合政体时组合在一起的变量，从无数个减少到了三个。[1]如果退化是变化的唯一力量，那么它肯定不具有创造性；人世间的变量肯定是无限多的；现实中任何一个部门的变量越少，它们以固定的顺序出现的机会就越大，而三个当然是很小的数目。因此，对于建立一种能够逃脱变化循环的、普遍形式的混合政体，他可以允许自己持有相当乐观的情绪。假如只需要建立一人、少数人和多数人的混合或平衡，为每一方安排一定数量——或类型——的必要权力，使之能够制约另外两方中任何一方的单一的、会自动腐化的统治，那么普遍的政治和谐就会处在人类认识甚至实践的掌握之中。假如变化的原因在于特

1 关于波利比阿的难题和沃尔班克对它们的解释，参见Cumming, pp. 143—154。

殊因素内在的不稳定性,而在建立国家时只须考虑三种特殊因素,那么变化的原因并不多,也就很容易消除它们;在可能性的范围内,波利比阿式的政制可以免于变化,永远延续下去。人们将离开巨轮,进入天体。

但是,波利比阿没有允许自己采取这种立场。作为一个斯多葛派,他认为尘世间不存在永恒的东西,他还预测说,[1]国家越是变得富足而强大,它就越是难以维持以适当的平衡构成它的那些秩序和美德。对 80
特殊满足的追求将变得更加强烈,直到没有任何限制体系能够约束它。他不仅预测——至少在此后千百年里他的读者看来——罗马共和国将在地中海帝国的拖累和诱惑下解体,而且宣布,甚至(或者说,尤其)在最繁荣的历史条件下,追求特殊利益与维持公民美德会是不相容的。共和国有自己的命数。在基督教读者看来,这肯定意味着无法阻止历史重复"人类堕落"的故事,甚至共和国也不能代替神恩,把人类从它的结局中拯救出来。可以说,命运(或自然)将为任何处在时间中的共和国带来腐化和没落,这意味着重复奥古斯丁的信条:人的得救不存在于政治或历史之中。那种提出了共和国不朽可能性的波利比阿理论迫使基督教徒回到奥古斯丁;因为假如共和国永远延续下去,尘世也必然永远延续下去,只有异教才会这样说。

基督徒的公民仍可以尽其可能。他可以宣布,政治化的美德——有着完美平衡的波利比阿式国家——能够延续下去,只要未蒙受神恩的美德能够在这个由堕落和命运主宰的世界延续下去,它就几乎可以做到永恒。他也可以宣布,有美德的城邦把形式和稳定性强加于命运,就相当于蒙受神恩的王国,这个王国将在神恩带来末世时出现并呈现自身,它是千禧年或"第三时代"(the Third Age)的化身和实现。但是,神恩的政治化显然近乎于用政治取代神恩。公民人文主义可能走向这种极端和异端思想,因为他们决心放弃传统的超时间的政治模式,试图以特殊的、有限的和历史的共和国形式,实现城邦的普遍价值。共和

1 Shuckburgh, p. 507.

国既不是习俗的共同体，也不是一种好战的教会的表现，所以它只能存在于时间中的某个时刻——先知预言应验的时刻，或理性无从知晓的命运之轮旋转的某个时刻——或者它必须寻找逃离上述观念图式的手段。能够导致做出这种努力并抓住这种机会的头脑，当然是强韧而又世俗的公民头脑。

第二部分

共和国及其命运：
1494年到1530年的佛罗伦萨政治思想

第四章 83

从布鲁尼到萨伏那罗拉：命运、威尼斯与末日启示

一

前一章勾勒出的价值和问题图式，显然并非佛罗伦萨公民明确表达其公民爱国主义意识的唯一流行语。还存在着另一些语言，它们来自罗马法，来自佛罗伦萨各项制度的实际运作，公民爱国主义意识可以用它们来表达，积极行动和参与的价值可以用它们来形诸文字；并且可以理解，它们使李森伯格[1]等人有意发出质疑，到底是否有必要用“公民人文主义”这个概念来解释公民意识及其表述的兴起。他们表示，在市民法和城市法规中，公民的地位是从实际的而非理论的方面来表述的，这些方面并未遇到本书所讨论的问题。不过，我将在本书随后几章中证明，可以被恰当地冠以“公民人文主义”这个称呼的语言是可以找到的，它源自于对一种共和主义历史观的肯定，它被用于各种目的，而其中最重要者，就是提出“公共生活”（vivere civile）及其价值到底能否在时间中保持稳定的问题。佛罗伦萨共和国最后几年的伟大思想家们曾自

1 Peter Riesenberg, “Civism and Roman Law in Fourteenth-century Italian Society”, in *Explorations in Economic History*, vol. 7, no. 1—2（1969）, pp. 237—254. 另参见Lauro Martines（见本书第64页注2）。

觉探究这一目的，圭恰迪尼就是其中之一，他虽然在市民法和教会法上都训练有素，但在研究公民道德和政治制度时，他却极少运用法学知识；与此同时，有证据表明，[1]由于受困于外部威胁和内部分裂，在佛罗伦萨公民的日常协商中运用了一种我们要追溯其历史的语言。无论在实
84 践层面还是理论层面，“马基雅维里时刻”的概念词汇都发挥着作用，有其值得一书的历史。在佛罗伦萨留给后来的欧洲和大西洋的政治认知遗产中，它是举足轻重的一部分。

为了揭示这套词汇的范式特点，我们把它放入两种语境：一是模式的语境，这种模式主张，只有运用某些有限而具体的方式，方可使世俗现象的相继发生变得可以理解；二是历史学的语境，它主张，不论出于何种原因，意大利城邦国家的人文主义逐渐形成了对积极公民价值的图式的信奉，这种价值首先只能存在于城邦之中，其次是只能存在于时间之中。因此，人文主义者的共和国的典型困境是：它试图在一个特殊的，因而有限和必死的政治结构中实现价值的普遍性。亚里士多德哲学的复兴同时也带来了调和希腊观点（人被塑造为生活在城邦之中）与基督教观点（人被塑造为生活在信上帝的共同体之中）的问题；但是，只有当共和国，比如有其特殊性的罗马和佛罗伦萨，主张（不论出于何种原因）它自身有着自发的历史时，才使这两种价值图式之间发生了新的裂痕。如果——这从来就是一个问题而非假设——共和国仅仅存在于人类历史的特定时期，并且这些时期具有示范意义，其他时期则没有，那么特别清楚的一点是，共和国（其所秉持的“积极生活”的价值，是在一个分配性正义的自足体系中全部人类之善的实现）要过一种有时空限制的生活，在它之外是受“命运”主宰的不正当的世界。它因此

1 Felix Gilbert, *Machiavelli and Guicciardini:Politics and History in Sixteenth-Century Florence*（Princeton University Press, 1965）, ch. 1: “Florentine Political Institutions, Issues and Ideas at the End of the Fifteenth Century”，这一章研究的是在实践中和其他有记录的争论中使用的语言，以揭示其用语在多大程度上与马基雅维里和圭恰迪尼的用语相一致。另参见同一作者的 “Florentine Political Assumptions in the Period of Savonarola and Soderini”，*Journal of the Warburg and Courtauld Institutes* 20（1957），187—214。

面对变化的问题，只有让共和国存在的最后阶段能够与千禧年这一时间终点或世界末日同时发生，这一问题才能最终得到克服；或者反过来说，如果它最终能够克服世俗稳定性的问题并永远延续下去，那么基督教的时间图式，即人类的终点超越时间和世俗之城，甚至上帝本身在历史中的显现，就会烟消云散。

在不那么玄虚的层面上——近似于各个群体和派别必须努力实现协调的层面——共和主义理论面对的问题是，它需要做出解释，一个实行分配性正义的体系若被界定为有着时空上的局限性，如何能够在“命运”持续显露其威胁的世界中保持自身的存在，况且由于这些威胁是理性无从知晓的，因此它们总是迫在眉睫而不是来日方长。只说实行分配性正义的体系，其内部的每一种美德都相互强化，因此能够抵御每一种不稳定因素，是远远不够的。一旦承认城邦是有限的，它就 85
不再是真正自足的；[1]它存在于并受制于一个不稳定的时空世界，那是“命运”的领地；其中那些对它的稳定不可或缺的条件所处的状态，使其变得不可靠。共和国的正义可以采取由公民美德对人类生活的环境因素进行组织的形式；可是在这一认识图式中，共和主义美德战胜历史命运是没有保证的，除非神恩在历史中以这样一种方式运作，使时间上有限的共和国占据末世时刻。

除了神意或命运以外，习俗——作为另一种仅仅属于人类的方式，把相继发生的特殊事件组织起来，把经验塑造成构成人类第二天性的习惯和传统——无论具有多么重大的持续的重要性，也不太可能满足共和主义理论的要求。这有若干原因。决策机构不仅是一个习俗的共同体；除了多数人的经验之外，还必须加上少数人更优越的反思能力，此外，在宣告公民美德依靠或不依靠神恩的帮助而获胜之前，一切形式的才智、一切人类美德，必须被组织起来形成一种合作关系。基督教的赎罪和“公共生活”，关注的都是人的第一天性或本质，而不是仅仅从

1 参见Polybius, V, 57（Shuckburgh ed., vol. 1, p. 506）：“在所有政体中，我们都看到来自自然原因的两个衰败的根源，一为外在的，一为内在的和自生的。外在的根源无法给予确切或可靠的定义，但内在根源却有明确的规律。”

习惯中获得的、受社会条件制约的人格。如果前者得以完成，后者也一定为之改观。显然，面对外界生成的对共和国的危险，习俗即或不是毫无抵御能力，也是杯水车薪。

希腊和罗马的政治科学资源，确实为习俗、神恩和先知预言的合作关系增添了一个强大的增援武库。我们将会看到，佛罗伦萨经验的终端产品是一种令人印象深刻的自由社会学，它被传播给了欧洲启蒙运动和英美革命，这些事件的出现，是对共和国致力于在世俗历史中生存而带来的挑战的回应。但是，就佛罗伦萨人而言可以肯定地说，就美国人而言则可以大体上说，在解决这个问题上，在展示自足的、有美德的共和国如何在作为其自身局限性之结果的世俗时间中存在方面，他们并未完全取得成功。因此我们断定，当共和时期结束时，佛罗伦萨思想正被这个问题——双重含义上的“马基雅维里时刻”问题——所纠缠。我们
86 接下来的任务便是说明，这个问题及其应对模式，从前面概述的范式结构来看，确实呈现在当时的思想家面前。

二

下面就来讨论1434年之后一百年的佛罗伦萨思想。这一年，科西莫·德·美第奇建立了其家族长达六十年的统治，在共和制的外衣下操纵着政治。这个体系在经历了超过整整两代人和四位美第奇家族首领伪装的君主制统治之后，于1494年轰然垮台，随后被一个同样不安全的共和制美第奇式政权所取代。直到1537年，这个家族才由另一位科西莫，即后来的托斯卡纳大公，重新建立起世袭制的正式王朝。这一百年的最后二十多年——从1512年算起——出现了马基雅维里、圭恰迪尼和詹诺蒂的转折性著作，但是对于这整个时期，可以从揭示公民人文主义的内在含义和矛盾这个角度加以研究；而且还可以证明，这个马基雅维里新纪元的思想，如何把亚里士多德和波利比阿的传统传递给了未来的世代和意大利之外的地方。但是危险在于，若把目光聚焦于1512年到1530年期间的那些巨人们，可能会忘记他们的多少论题和价值先

已有人为他们宣布了；在为1494年、1512年和1527—1530年的场景搭建舞台之前，先得做一点儿事情，描述一下“十五世纪”（quattrocento）的人们所表达的公民人文主义的世界观。

在见证过1400年之后佛罗伦萨共和国的理想化及其陷入1434年危机的人中间，首要的政治思想家是阿伦佐的莱奥纳多·布鲁尼。还有一些人文主义者和人文主义作家——一旦有了人文主义风格可供利用，术语就没办法统一了——讨论“积极生活”的价值以及公民的virtus或virtù（选择使用拉丁语还是方言，这本身就意味深长）[1]经受“命运”无常的侵袭并奋起战胜它的方式；但是这些人并不急于提前分析“混合政体”在与“命运”的关系中的作用，即得到充分发展时构成了公民美德之结构的公共角色之间的正式关系。他们也许认为，公共活动和效力于共和国是美德的一种表现方式，公民可以寻求参与其中，也可以不寻求参与——虽然也同意他也许不会拒绝；他们或许会在有关积极角色的私人观、家庭观、商业观和完全公共性的认识之间表现得犹豫不决；[2]有关“德性”和“命运”的人文主义词汇，在达到政治分析的层面之前，在把公民描绘成必然参与决策、在不同的分配模式中参与到与 87
其他公民的权力关系中之前，有很大一部分或许已经开始发挥作用。就

1　“virtus”是拉丁语，“virtù”是意大利托斯卡纳方言，即马基雅维里的母语，经他在《论李维》和《君主论》等书中大量使用后，与前者的含义有微妙而重要的差别。此外，还有英语化的“virtue”和法语化的“vertu”，与上面两个概念的含义也不尽相同。这几个单词皆有“品德”、“优点”、“优势”和“特长”的含义，在本书中频繁出现，有时甚至出现在同一句话中。但它们在不同语种中的共同特点是，大体而言是与人在公共生活中展示出的某种突出品质有关，而无关乎私人行为（尽管也有例外）。波考克采用不同语种中的原形，有时是为表示它们含义上的微妙差别，有时则把它们作为同义词。译者尝试把它们分别译为“德性”（virtus）、“德行”（virtù）和“美德”（virtue）。这些译法都差强人意，仅为使其有所区别而已。读者在读到这些译名时，还是以记住它们的原始含义为好。——译注

2　全面的讨论参见Holmes, *Florentine Enlightenment*, ch. 5; Garin, *Italian Humanism*, chs. II and III, pp. 1—3; 另参见Renee Neu Watkins为其翻译的Albertis, *Della Famigliai*所写的导言，见*The Family in Renaissance Florence*（Columbia:University of South Carolina Press, 1969）。

像人文主义词汇一样，公民精神的词汇也是复杂而多样的。但是，虽然佛罗伦萨的思想家们可能一而再，再而三地脱离公民作为完全的政治动物的形象，这个层面的分析却是不可忽略的。人们很容易不由自主地承认，政治参与对美德而言是必要的，一旦认为参与已经丧失或受到他人的操纵，就要对发生了什么和为什么有所说明。

就此而言，布鲁尼的阐述对我们来说是重要的，因为他是这样一些人中的代表和主导人物：他们从政治层面对以下两点有清晰的表述，一是1430年前的公民人文主义理想的结晶，二是1434年前后对这些理想存在的问题之性质的日益觉醒。英语世界还没有堪与汉斯·巴隆的著述[1]相比的对布鲁尼政治思想的全盘研究，而巴隆的著作在一定程度上是以布鲁尼早期著作的编年学为主，这些著作与1400—1402年的维斯孔蒂危机有关。然而就布鲁尼后期的发展而言，关键性的活动时期应该是1415年到1421年、1428年以及从1438年到1444年布鲁尼逝世，因此，那场导致科西莫在1434年上台执政的危机，并未直接反映在他的著作中。在他的早期著作（《佛罗伦萨城礼赞》（*Laudatio Florentinae Urbis*）和《为皮埃尔·保罗·维杰里奥所作的对话录》（*Dialogi ad Petrum Paulum Histrum*，写于1402年之后）和他任职大法官的中期著作《佛罗伦萨人民史》（*Historiarum Populi Fiorentini*）前四卷（1415—1421年）、1421年的《论军事》（*De Militia*）及1427—1428年为曼尼·斯特罗齐而作的《葬礼演说》（*Oratio Funebris*）中，出现了以下公民价值的图式。积极的“美德”在与“命运”的对抗中为了达到至高境界——布鲁尼完全不同于那些宣称“命运”只是外在地、偶然地与“德性”相关的人——就要最充分地参与城市生活，公民必须参与选择市政长官及立法和决策。作为一个有着平民性质的共和国，佛罗伦萨是符合这
88 些要求的，它的大多数政府部门都向大多数公民开放，个人只要够格，就不存在财产或其他资格限制妨碍他在很多责任位置上投身于政治

1 Baron, *Crisis*, chs. 3, 9, 10—12, 15, 17—18. 参见Holmes, pp. 22—25, 26—28, 94—95, 155—164。

生活，其中包括一些高层位置。[1]布鲁尼然后沿着自觉模仿伯里克利《葬礼演说》的路子，阐发了一种有关佛罗伦萨公民政体（civility）的理想；[2]公民就是尽可能发展人类多种多样的优秀品质、在服务于城市中运用所有这些品质的人，像雅典政制——正是佛罗伦萨所要模仿的——那样的政制是值得赞美的，因为它鼓励并要求在尽可能多的个人中间实现这种多才多艺和爱国主义的结合。在布鲁尼看来，有利于这种开放社会的条件是，一个人的优秀品质只有在与他人多种多样的优秀品质的协作中发展，才能发挥其作用；如果存在着众多而不是寥寥无几的其他优秀品质，这不仅对全体更有好处，而且这种公民的、即使不是与政治直接相关的优秀品质，例如艺术和文学，只有在自由的条件下才能繁荣昌盛。对于任何一个共和国而言，还存在其他共和国，而不是由它独霸世界，才是更好的状态。布鲁尼在他的中期著作中重申了这一主题，他宣称，在古伊特鲁里亚（今托斯卡纳）本来有很多自由共和国，它们被罗马这个唯一东征西略的共和国所征服，这是美德衰落的首要原因，这种衰落先是在整个意大利蔓延，最终殃及罗马自身。由此他重申了以下观点：佛罗伦萨是罗马共和国——从中可以清楚地看到共和国的时空局限性和由此而产生的寿限——的后裔。[3]共和国需要其他共和国，因为美德是参与的美德和关系中的美德，它需要他者的美德；但是，它们之间应该是何种关系呢？

与此问题或许有关也或许无关，布鲁尼在七年后所作的《论军事》和《葬礼演说》中，表达了他本人的公民就是战士、战士就是公民的理想。在公民传统中，早就有人这样说过——彼特拉克就曾把任何公民军队准备“为捍卫自由不惜以死相争”（pro libertate tuenda recta

---

1　见*Laudatio*, part iv; 原文见Baron, *From Petrarch to Leonardo Bruni*, pp. 258—263。

2　尤见*Oratio Funebris*; Baron, *Crisis*, pp. 412—430。因此，布鲁尼是前述（见本书第79页注1）亲斯巴达主义这一普遍现象中的一个例外。

3　Baron, *Crisis*, pp. 65, 74, 267—268, 417—418.

fronte mori），视为罗马人用“德性”战胜“命运”的最高表现之一[1]；而且这是伯里克利精神的一部分，布鲁尼要用它来表达佛罗伦萨的价值观，即个人为公共利益所做的至善之事和至高无上的奉献，可以体现为人生所能展示的众多美德，然后以英勇牺牲把它们全部献给城邦。但
89 特别是在《论军事》一书中，[2]布鲁尼提出了若干更为复杂的说法。他要把基督教骑士精神的理想等同于对罗马骑士等级（ordo equestris）的历史记忆；在当时的环境中，有些佛罗伦萨人就是“十五世纪”所说的骑士，而历史记忆中的罗马的骑士等级，是一个承担明确政治职责的公民范畴。布鲁尼为此而采取的方式，不但能把军事职责视为公共职责，而且能把它视为公民精神本身的基本属性。雇佣军表现得三心二意，因为他们毫无荣誉感；他们作战乏善可陈，因为他们并非为自己而战；他们在战场上缺乏“德性”，因为他们所缺乏的“德性”只有在城邦中才能得到砺练。相反，拿起武器的公民不仅能被赞誉为“伯里克利式美德”的表率，而且可以说，他们作战优秀，正因为他们是公民——从这里只需再进一步就可以说，他们是优秀的公民，因为他们愿意提供美德的最高证明。如果一个有美德的共和国的公民战士遇到另一个同样的共和国的公民战士，会是怎样一番情景，我们不得而知。主张他们会有一番骑士式的美德较量（“我为托斯卡纳而倒下，你为罗马而倒下”），这不足以使公民现实主义者（和托斯卡纳的爱国者）感到满意，他们已经认识到共和国会吞噬其他共和国，这种事情一发生，它也得吞下丧失美德的苦果，而不仅是给对方施加那种痛苦。

但是，根据这种资格标准，特殊性问题就迎刃而解了，只要每个人与那些各自走向通往普遍性之路的各色人等结为社团，走他本人通向普遍性的道路即可；“平等规则”（isonomia）——即希腊人所说的公职向成员平等开放的社会——就近乎于这种理想的实现。但是在布

1 Petrarch, *Africa*, 转引自Baron in Rowe and Stockdale, *Fiorilegium*（见本书第56页注2）, p. 28。

2 见C. C. Bayley, *War and Society in Renaissance Florence*（University of Toronto Press, 1961）中的译文和评论；Holmes, pp. 156—157。

鲁尼的晚期著作中，他记述了一个他注意到的变化。科西莫·德·美第奇于1434年上台执政。1440年代末，布鲁尼完成了把亚里士多德《政治学》译成拉丁文的工作，并用希腊文撰写了《论佛罗伦萨人的混合政体》，在这本书里，就像后来的《佛罗伦萨人民史》一样，他认为佛罗伦萨已经变得更像混合制国家而非平民国家，在这种国家中，少数和多数的政治职能有清楚的划分。前者负责协商和提出政策，后者仅限于接受或拒绝，在提交给他们的不同方案中做出选择；这种划分出现在佛罗伦萨的事务中，乃是一种历史性变化——多数决定不再拿起武器保卫自身——的结果。于是对政策的有效控制落入少数之手，他们都是富人，有足够的资源供养雇佣军，能够以治国术而不是军队作为权力的 90
工具（consilio magis quam armis uterentur）。[1]于是，富人和精明的人正式成为亚里士多德分析中的少数精英，并且布鲁尼似乎记下了佛罗伦萨的政权正在根据适当的素质进行重新分配。大可以认为这并非坏事，因为它使佛罗伦萨接近于亚里士多德式混合政体的条件，说一种政制既非完全贵族的也非完全平民的，而是两种形式的混合，这通常是在褒扬它。布鲁尼的语言确实模棱两可；说权力应该按职能分配，使精英能够履行比非精英更专业化的职责，这与亚里士多德的观点完全一致，但是它与另一项同样古典的原则却有紧张关系，即各级责任应当尽可能均衡分配，这样才能使最大多数的公民有机会发展他们最高层次的才能。这种亚里士多德式的分析过于灵活，以至于能包含极大的矛盾。布鲁尼说，佛罗伦萨政制发生变化的时刻，始自于广大公民不再拿起武器，据巴隆所言，他这个说法提供了“早期人文主义社会学推理的一个杰作”。[2]我们可以接受这一点；他是以现实主义的态度关注“谁决定什么，为何决定？”的问题，但他的思想乃是基于一种发展人类能力的伦理考虑，我们从中可以看到同样根本性的暧昧态度。在财富和智慧上都不怎么杰出的人，就不应当让武装和平等的权力份额落入他们手中。那

1　这是Περί γης πολιγείας τών Φλωρεντινών的拉丁文译文，转引自Baron, *Crisis*, p. 560。

2　Baron, *Crisis*, p. 427.

个时代的大多数人认为，这样的规定是非常好的；很难说布鲁尼会完全不同意这种观点。但是，他把武装看作“终极原因”（ultima ratio），它使公民献身于保卫国家，同时确保没有他的参与就做不出这种献身的决定；正因为拥有武装，才使人成为完完全全的公民，使他能够做到并且要求他展示其多才多艺和自我发展，这是公民精神的最高表现（和先决条件）。把武装丢给专业军人，等于把政策的控制权丢给其财富和智慧特别适合于控制这种权力的精英集团；但这也等于多数放弃了全部志向，不想再成为同样合格、同样有美德的人——他们本可以通过军事训练达到这一目标。布鲁尼早先的学说依然有效，即公民精神的充分发
91 展有赖于它被尽可能多的人加以发扬。如果真正的公民数量稀少，统治城市的精英集团的数量也会稀少；相应地，统治中所表现出的美德的数量肯定稀少，这会带来（根据亚里士多德或波利比阿的原则）这些美德将因为不必承认其他美德的存在而受到败坏的危险。如果混合制国家是倾向于精英统治的国家，那么它也埋藏着衰败的种子，布鲁尼对佛罗伦萨从民主政体向混合政体的变化所做的说明，在价值判断上是暧昧的。但“混合政体”一词声望极高，布鲁尼亦不敢将这种变化完全等同于退化或命运的获胜。这种判断要由其他人、采用其他措辞做出。

美第奇时代早期的另一位作者，指出了被认为有着广泛参与——这是1434年前后的特点——的结构走向寡头制的趋势，意味深长的是，从他的思想中可以看到，他对有关美德和命运这个主题的一些公认的观念做了修改。这个人就是乔万尼·卡瓦尔坎蒂，他著有两部多少有些自相矛盾的研究科西莫·德·美第奇流亡和重掌政权的著作。[1]现代学者克劳迪奥·瓦雷西在分析他的著作时，首先研究了一位先驱人物格罗·达蒂[2]，他是巴隆所构建的公民人文主义中的主导人物之一。达蒂在以爱国主义笔调讲述的维斯孔蒂战争史中，提出一个问题：佛罗伦萨对她的托斯卡纳邻邦取得的优势，到底应当归因于神意、命运还是

1 Claudio Varese, *Storia e Politica nella Prosa del Quattrocento*（Turin: Einaudi, 1961）, pp. 93—131.

2 Varese, pp. 65—93.

某种特殊的美德？达蒂回答说（再次表现出人文主义者的“社会学推理”），佛罗伦萨土地贫瘠，不利于农业，她的居民只喜欢经商，他们周游世界，博采各国之长；就像我们所说的，经验的积累过程会得到强化和加速，这使佛罗伦萨在财富和智慧上都领先于邻邦。这种论证所隐含的意思是，参与性的公民权利的广泛分配，就像经商和旅行一样，有助于动员更多的智慧和美德服务于公益，这是君主政体或专制政体做不到的。但是达蒂又说，如果没有神恩的特殊赐予，这些事本不会产生，而凡是通过践行正义和神圣生活去追求这种恩赐的人，都能得到它；倘若没有这种追求，命运就会发威，从本不该得到的人手里夺走他在此世的利益。[1]我们在这里看到了传统的基督教教义，但是达蒂的思想与波爱修斯传统有着重要区别：无论如何，达蒂谈论的是政策和成功，虽然他认为成功是对基督教美德的奖赏，但是他也认为它是用“理智”（ragione）来实现的，这是个典型的佛罗伦萨术语，指那种用来指 92
导决策和治国术的思想品质。对命运做出回应，要有恰当的决策，这种决策的目的是对事件做到运筹帷幄，或至少顺势而为，这种对政治所做的界定，其内容与波爱修斯倡导的基督徒的谦卑服从大相径庭。佛罗伦萨是共和国，这意味着要把美德有效地调动起来服务于它，在这些美德之中，达蒂心目中第一位的美德是基督徒虔敬的美德。但是尽管虔敬应当获得成功，也是“理智”使之实现的；知识、技巧和决心，这些做出能够主宰事态的恰当决定所需要的品质，同样也是美德；我们接近于看到这样一种观点：“理智”和“德行”（virtù）是两个几乎可以互换的概念；面对命运挑战的美德，更像是罗马式的或政治的恰当反应，而不是基督教的恰当反应——“德行”开始具备了马基雅维里的意涵，即能够使人们支配事态和命运的技巧与勇气。[2]沿着这条道路发展下去，“德行”有可能失去它的基督教意涵，甚至失去它的全部伦理意涵；但是，只要政治意义上的“德行”只有在共和国公民的协作中才能得到最好的践行，它就不可能失去它与社会美德的合作关系，而后者仍是在基

1　Varese, pp. 76—77.

2　“但是，必须结合理智的力量才能获胜。” Varese, p. 79.

督教中得到最好的表述。不过，一旦共和国崩溃，使人类生活得以理解并合乎道德的许多事物，也将随它一起崩溃。

乔万尼·卡瓦尔坎蒂借一个力劝雇佣军首领不要再为维斯孔蒂效力的佛罗伦萨人之口，说出了下面这一番话：“佛罗伦萨人的忠贞不渝，以及对如此建立起来的共和国的爱是怎么一回事，想必您已有所耳闻。至于您对主人的爱，那固然也很了不起，却是短暂易逝的；它不可能比人的寿命更稳定；而共和国则继续存在。”[1]这种情感是人文主义者的老生常谈，但它并未失去激奋人心、解放的含义。共和国通过集众人之力，实现了美德和稳定——这两者几乎是一回事；它通过获得技术意义上的社团的不朽，不再依赖于一个人（或有限的几个人）的美德，由于后者的持续性差，其美德实际上也必然有所不足。我们可以清楚地看
93 到，这种能够同时利用全部人类智慧储备的人文主义知识，为何是适宜于共和国的知识模式：既然后者是一个“社团”（universitas），它就不能依靠一个人或少数几人的知识或美德；它也不能依靠超出记忆的经验的连续性，因为它不是一种建立在习俗上的制度，而是生存和行动于当下。卡瓦尔坎蒂笔下的“连续性”更侧重于不朽，而非古老的历史。全部社会美德都在其中被调动起来；所有人类智慧都可以通过学习获得。然而，卡瓦尔坎蒂在有生之年便已看到，佛罗伦萨共和国的“美德”和“德行”其实变成了有限的少数人的美德和德行，而且它无法使自身维持下去。

他描述了在美第奇统治时期之前的最后阶段，共和国的公民大会如何呈现出一副怪相：大会上说的一套和当选的人，与实际主事的政治密室中做出的决定和如何做出决定是不一致的。他观察到，多数被召集起来，但被选定的只是少数；被任命公职的人不少，授予实权的人却不多。[2]这种感觉对于研究公民大会的人并不陌生，但卡瓦尔坎蒂确信他正在目睹参与式政府的衰落。公民基于完全平等或比例平等进行自治

1　Cavalcanti, *Istorie fiorentine*（Florence, 1838），III, xxv, 转引自Varese, p. 117。

2　“共和国更多地是在餐桌和书房而不是在共和国宫被统治的；而且许多人是为了公事房而非为了统治才被选出的。” *Istorie fiorentine*, II, I, p. 29. 参见Varese, p. 122。

的状况，正在被一帮官衙中人的统治所取代，取代这种统治的美第奇家族所操控的政治，不过是其登峰造极的表现而已。后世的研究者把他所描述的这种现象名之为“腐败”，这个概念有多种含义，其主要含义也许是，共和国的统治所依靠的公民内部的公共关系，被私人关系所取代；卡瓦尔坎蒂显然发现，这个过程最值得警惕的特点是，合理性被别的东西所取代。他描述了危机时期的一次公民大会，公民出席大会并表达意见，一切都那么公开和得体，发言既有理性又讲美德；但是说的一套跟最后做的一套并无关联，决定最终是由谁做出的，以及是根据什么理由做出的，并不那么容易搞清楚。[1]大多数现代读者也很清楚卡瓦尔坎蒂有何感受，但理解卡瓦尔坎蒂和他那个世界的要点是：对于那个时期的共和派理想主义者来说，决定的做出如果不经合格公民的普遍 94
参与或至少是不受阻碍的参与，它就不可能是合理的和有美德的。共和国只要存在，就必须调动全体公民的智慧和美德，它的稳定取决于它这样做。做不到这一点，它就会变成少数人的统治，而由于少数人的局限性和不完美性，他们的智慧和美德注定衰败。躲在共和制的面具后面的寡头政治肯定缺少合理性，因为它不能引导所有人的智慧为所有人谋福祉；它肯定缺少美德，因为它使全体人的福祉从属于一小撮人所

1　“说着这些以及别的适宜得体的话，许多公民走上台前发表意见；各色各样的公民都提出来建议，各种不同的意见都提出来了。而因为我对观察共和国事务是如何管理的并不很在行，就集中精神注意某些政府的规则；如果我没有弄错的话，他们是选择了杰出公民尼可洛·达·乌扎诺（NIccolò da Uzzano）提出的规则和技艺，此人是最有名望和学识的大师。不管先前的话是怎么说的，当一个提议作出，大伙提意见时，那位高贵的公民便陷入沉睡，什么也没有听见，他也不感兴趣。许许多多公民都提了意见，这个人这么说，那个人那么说，各种事情各种题材你都能听见。我不知道那是有意的还是没办法，或者说睡眠才是他最后一条路，他睡意沉沉地走上台……据说好像是尼可洛这样干的，所有发表意见者都同意他的话。我注意观察尼可洛的做法，我认为，他和一些大人物，是超越那些规定的，他们在私下和秘密的地方，决定由他来提出这个意见，让他们来附和并且通过。于是，为了看看我的想法和他的行为是否确实无误，我就与同伴讨论，问他们是怎么看到，他们倒像是认为，在这共和国中，所行的是僭主的方式，而没有政治生活，共和国的统治是在共和国宫之外进行的。他们的回答跟我的看法是吻合的，我是说我就是这么以为的……”（II, 1, pp. 28—29）。

认为的福祉；它必然缺少“德行”，因为它难以调动全体人民的“理智”和“忠贞不渝”（costanza）去应付周围的事变。它的正当性和稳定性必然有所不足，卡瓦尔坎蒂把这称为“暴政而不是政治”。

因此，它肯定要面对新的复杂形式的“命运”。它在美德上有所不足，所以它必定要面对以不正当的形式出现的时间之流；它缺少“德行”，所以它无从知道如何控制事态或如何适应它。因此，它必然要面对一个因为不理解而变得不合理的世界、一个词语会改变含义的世界（就像修昔底德在相似的情形中看到的那样）。我们已经看到，那个时代赋予了“稳定”的概念以非同寻常的重要性，但是卡瓦尔坎蒂率先提出了一个马基雅维里的主题，他写道，在佛罗伦萨追求稳定的做法本身就是一种罪过，“我不责怪命运多变，而要指责我们共和国中各色人等和刚愎自用者的不变，……我们公民中间的这种顽固状态（stabilità della condizione），是本城蒙受多次不幸的渊薮。”[1]在一个因我们自
95 己裹足不前和走极端而易变的世界里，保持不变就是罪过；正是执意追求私人价值的做法使它变得混乱无序。关于有美德的人是认为世界听从神意的安排，还是服从他们的理性控制，佛罗伦萨人的思想暧昧不明，但他们毫不含糊地普遍同意，人没有美德，这个世界就会问题重重，甚至难以理解。卡瓦尔坎蒂坚信，在研究一个混乱或腐败的社会中人们的政治和道德生活时，只能把他们周围的世界视为一个不受控制和难以理解的流变过程，唯一的问题是，我们是否要为命运的观念补充上星相作用的观念。他的结论是，没有占星术是不行的：命运的观念，是有关一种本质上毫无意义的、荒诞的支配力量的观念，而占星术的核心论断是，这个世界上变化无常的事，可能跟游荡的星体有关，它们的运动虽无规律，但并非完全出于偶然。自相矛盾的是，这种信念恢复了自由意志的可能性，一旦我们恢复了人和社会事件中的因果秩序，就可以形成与这一秩序相关的我们自己的道德路线，而卡瓦尔坎蒂为占星术所做的辩护是，要想让道德判断（或由公民来做，或由历史学家来

1　转引自Varese, p. 110。

做）成为可能，占星术就是必不可少的。[1]这完全是因为他目睹了政治美德已然萎靡不振。用政治去治理社会和用理性去治理历史，几乎已经变成相互依赖的事情。

命运主宰着未被正当化的特殊因素的混乱局面，这种局面几乎总是形象地反映在人类事务中的事件和环境的变化上——"世事之兴衰，即人事之兴衰（vicissitudo rerum, la vicissitude des choses humaines）"。世界呈现出这样一副面貌，它臣服于命运的统治，共和国日益难以通过"德行"和"理智"把全体公民团结起来。但是，随着这种失败的蔓延，出现了另一种不正当的特殊因素的混乱，即不再结合在公民精神之道德统一体之中的个人意志、欲望和人格的混乱。政治化的失败使特殊因素的问题再次来到前台——当卡瓦尔坎蒂写下"diverse persone e perversi uomini"（互有差异的人和刚愎自用的人）时，"互有差异"和"刚愎自用"几乎是可以互换的字眼——并且带来一个问题，是何种力量使人们彼此各异并塑造着由心理差异所决定的事件的进程。值得注意的是，卡瓦尔坎蒂没有把这归因于命运，也没有完全归因 96
于星相这种赋予人们以个性和偏好的力量。他在星相和人之间引入一个象征性形象，还为它起了一个很抢眼的名称："幻觉"（Fantasia），它解释了这个世界从希伯来人到希腊人、从罗马人到佛罗伦萨人的历史，它宣称：

> 我是幻想（Fantasy），所有理性的创造物对我都不陌生……有多少种来自星相的不同影响，就有多少种不同的人类意志……意志各异，人的幻想和行动也各异……我是我的全体门徒的起源和支撑，我高居于一切权威之上，行使着这种主权，它是由全部星相体系、由天帝——一切短暂和永恒之物皆臣服于他——的命令授予我的主权。从这种幻想的差异中衍生出了人们性格的一切差异……[2]

1　Varese, pp. 108—109.

2　转引自Varese的手稿，p. 111。

幻觉女神(Fantasia)看来确实不是一种能把人塑造成他们自己无法做到的样子的创造性力量;这个角色被派给了星相的影响。她是一种内在于人的非理性的创造力,每个人都受其驱使去实现自己的个性,它截然不同于每个人遵从亚里士多德主义的基督教信仰而实现的普遍价值:个性是自我创造的独特倾向,每个人在追求它时施展自己的幻想,塑造自己的个体人格。一方面,她与伊拉斯谟的“愚人”(Folly)有相似之处,但另一方面,卡瓦尔坎蒂所采用的措辞清晰地显示出,她与斯宾塞的“变化无常”(Mutability),或更直接地与传统的“命运女神”有很多共同特点。作为一种把特殊发展成差异、只听命于星相和造物主的力量,她要对人类历史的进程负责;然而,只要事件的进程没有因为共和国的成功建立而变得稳定和井然有序,这同一个角色便被安排给了命运。马基雅维里在写给流放中的皮耶罗·索代里尼的一封信中告诉我们,“幻觉”是赋予每个人以个性的因素。相反,“命运女神”给我
97 们带来变化不定的宿命,而且——这种思想见于《君主论》——正是由于我们发现自己本性难移(卡瓦尔坎蒂所说的“顽固”[stabilità]),命运才有了凌驾于我们之上的力量。[1]当政治秩序没有使历史进程正当化时,“幻觉女神”和“命运”便是使之具象化而不是对它做出解释的必要概念;但是,共和国的目的是确立美德与理性,而它们被看作与变化极其格格不入。历史存在于没有共和国之时,后者是唯一能使特殊因素的共存正当化的秩序。

卡瓦尔坎蒂写作时的背景,是共和政体的失败,是美德未能战胜命运。他从科西莫·德·美第奇掌权之前一些派系策划反对其上台的阴

1 “我相信,正如自然让人类各有不同的面相,它也该让他们有不同的奇思幻想。由此得出结论,每个人都是为这奇思幻想所控制的。……但因为时间以及不管普遍还是特殊的事物都常在改变,而人类却不会改变他们的幻想和行动的方式,于是乎一个人就会一会儿得好运,一会儿倒大霉……既然首先人类目光短浅,又没有能力对他们的天性发号施令,所以结论就是:机运变化无常,而且控制着他们,将他们玩弄于股掌之间。”(*Lettere*, ed. Gaeta, pp. 230—231)见K. R.Minogue, “Theatricality and Politics:Machiavelli's Concept of *Fantasia*”, in B. Parekh and R. N. Berki, eds., *The Morality of Politics* (New York:Crane, Russak and Co., 1972), pp. 148—162。

谋中，首次看到了这种失败。他既可以把科西莫的统治谴责为黑箱政治登峰造极的表现，也可以将其誉为超越这种政治的秩序的创建者。在他讨论这个问题的不同著作中，存在着态度暧昧的迹象，这大概再好不过地体现在他的以下言论中，“假如我曾设想过在我们转瞬即逝的一生，人类美德能够永恒不变，那么我才敢说［科西莫］是个超凡入圣的不朽之人。”[1]对他的思想我们可做如下阐释。科西莫统治着这个城市；但与共和国不同，他并非不朽之人，因而他不能调动整个政治体的美德和理性。他的统治终将结束，不会留下一种能够抵抗变化和衰败的公民生活；它是命运和幻想的产物，或许还是一种罪恶的力量，因为它不能培养其他人的美德和理性，这只有通过受到科西莫阻挠的公民合作才能做到。另一方面，他的体系得以建立和持续，他成功了，在共和国失败的地方；可以正确地想象他是人们的公民精神的恢复者，或者是超越了共 98
和国的秩序的创建者。无论如何，倘若可以认为他做到了共和国做不到的事，那么他取得成功是因为社会的德行和理性的政治化没有成功。然而，人是“政治动物”；他的美德和理性只有在政治社团中才能发扬光大，如果科西莫以其卓尔不群的美德超越了社团，那么他的美德就是超人的美德。这等于把他视同亚里士多德暗示过的动物，它远高于人，一如人高于兽；可是，科西莫的作风并未真正让人想到柏拉图式哲学王的作风。这使得马基雅维里式的暧昧态度得以继续；如果科西莫的美德使他能够把秩序建立在只有一人能够具有美德的废墟上，那么他的美德就是完全外在于道德的“德行”（virtù）。我们稍后再探讨这样一种可能性：一个立法者的美德先于人类的公民美德的形成而存在，并且是它的源头。

卡瓦尔坎蒂走得如此之远，以至于踏上了通向马基雅维里的道路，这是因为，当共和国似乎已经解体，变成了它的各个特殊部分，这时个人似乎也就失去了与他的公民同胞一起思想和行动的共同体，在这种

1　*Istorie*, I, 1, 转引自Várese, p. 126。关于用公民人文主义的象征符号抬高科西莫，参见Donald Weinstein, *Savonarola and Florence:Prophecy and Patriotism in the Renaissance*（Princeton University Press, 1970）, p. 60, n. 85。

共同体中，“积极生活”（vita activa）为他提供手段，使他能够理解和控制他生活周围的特殊因素以及他自己作为一个特殊因素的存在。在洛伦佐·德·美第奇统治下兴盛起来的大部分新柏拉图主义哲学，都可以被解读为试图以非公民的形式恢复和谐与控制。[1]虽然它们是向“沉思的生活”（vita contemplativa）的回归，但它们的沉思并非对未受到歪曲的普遍事物的隐修式冥想。柏拉图主义强调知识就是直觉与澄明，这使它们能够重申一个古老的学说，即沉思是行动的一种形式，甚至是创造的一种形式。人被描述为在造物中具有独一无二的能力，使他能够认识其他造物的本性，由此把自己同它们联系起来，反过来又把它们纳入自己的本性。赫尔墨斯秘学（Hermetic）和巫术的观念认为，知识和语言把所有事物赖以结合在一起的一致性原理呈现于意识之中，使人能够凭其智慧（而非“幻觉”）成为一切造物的统治者和创造者（在神之下）。特殊性通过被人认知而被普遍化，他本身也通过认知特殊性而得享普遍性。但是，赫尔墨斯秘学倘若不能在平等的个人之间建立一种关系图式，它是无法取代政治学的。皮科·德拉·米兰德拉《论人的
99 尊严的演说》（*Oration on the Dignity of Man*）中的宇宙，说到底是由可理解的对象和知晓它们的理性人组成的。虽然对于皮科来说，知识已经变成一种对认同和创造、自我认同和自我创造的亚当式激情，但公民之间的关系其实难以被简化为认知者与认识对象之间的关系。公民并不参与对宇宙和他们自身的认知（和创造），而是参与对他们相互之间心灵、意愿和目的的关系的管理，对于这件事，更适宜的心智品质不是柏拉图式的“灵知”（gnosis），而是亚里士多德式的“爱”（philia），或基督教的“互爱”（agape）。巫术是利用有关客体本质的知识而对其进行操纵，这种活动最不适于平等的个人之间的关系，它倾向于将知识抬高到行动的地位（巫师仅仅通过念叨事物的名称去支配它），就此而言，它甚至算不上马基雅维里式的“德行”的一种形式。将人——通常是“男人”（Man），一个抽象、孤立的普遍范畴——作为有能力的认知者

1 关于这些问题，可参见Garin, ch. III: “Platonism and the Dignity of Man”。

孤立起来的哲学，如果认为统治是一项智力活动，就会把个人想象为哲学家或统治者，但它找不到用来表示实行统治的个人之间的关系的概念，这恰恰是因为它只考虑统治，不考虑被统治。因此新柏拉图主义要把知与行重新统一起来的努力失败了，这是与它不考虑社会化的认知、决定和行动相对应的；这是一个它无法应付的经验领域。它把美德和理性的生活想象为澄明的心灵与宇宙合为一体，它对知行关系的强调表明，宇宙有意使人接受城邦的丧失。也许，这就是皮科和其他新柏拉图主义者为何强烈地吸引着萨伏那罗拉的原因，我们将会看到，后者把恢复的城邦描绘成正义的神圣共同体，它将在末日启示中的神圣时间的高潮中出现，神恩和政治学由此取代了巫术和哲学，成为人类天性的恢复者。

在这种语境中，政制的思想（constitutional thought，我们用它来指有关公民共同行动的形式和制度的思想）可以具有巨大的道德甚至生存的重要性；它关注政治化美德的恢复，没有这种美德，就有理由担心不论是人的天性还是他的世界，只能处于各种不可思议的力量的混乱之中。如我们所知，对于想要思考公民关系的佛罗伦萨人来说，现有的理论是经由一系列古典作家和人文主义作家传递而来的雅典理论，为了实用的目的，它被概括为把政体划分为“一人、少数和多数”的范式。正是在美第奇家族如日中天的时期，关于威尼斯的稳定和古老历史的神话，具有了这样一种神话的特征：威尼斯是亚里士多德式的、后来是波利比阿式的混合政体，它有完美的稳定，因为它有完美的平衡；重要的是，这既是威尼斯制造的神话，也是佛罗伦萨制造的神话。菲利克斯·吉尔伯特追溯过它的起源，[1]它始于威尼斯的人文主义者（弗朗西斯科·巴巴罗，他得到过拜占庭人特拉佩赞提奥的帮助），他们极力想 100
为威尼斯政体找到古典辩护，但这不久就变成了描述和探索该政体的独特结构的手段。威尼斯对免于宗派之争和政制不稳定已经习以为常，

1　“The Venetian Constitution in Florentine Political Thought”, in Nicolai Rubinstein（ed.）, *Florentine Studies: Politics and Society in Renaissance Florence*（London: Faber and Faber, 1968）, pp. 463—500.

这使它能够忘掉很多它实际经历过的历史变迁，所以古老历史和经久不变的神话已然有其传统，并且表现在“极其安宁”（Serenissima）这个共和国用来自况的修饰词中。人文主义观察家想找出能够解释这种稳定成因的原理和古典范式，便紧盯住威尼斯政制的两个特点，可是它们并不指向同一个结论。其一是将统治权划分为“总督”、“元老院”和“大议会”；这看起来像是古典理论家所说的“一人、少数和多数”的混合。另一个特点是对政治参与意义上的公民权由来已久的限制，它仅限于人数众多但界线分明的古老家族团体。这好像是把威尼斯界定为寡头制或贵族制，但通常的做法是把“一人、少数和多数”这种数量的分类，等同于“君主、贵族和民主”这种社会性分类。那么，威尼斯是真正的混合制政府，还是真正的贵族政体？“最安宁的共和国”这一形象后来获得的大部分神话特点，都可归因于这种范式的根本性的含糊不清，而这又同亚里士多德的关键决定——他要把几套不同的标准简化为一句上口的公式——所引起的模棱两可有关。总督、元老院和大议会可以指一人、少数、多数，可以指君主、贵族、民主，也可以指一人或君主、少数或贵族、多数或民主所承担的不同政治职能；贵族制可以指一种纯粹的政体，可以指由三部分组成的混合制政府的一个部分，也可以指在它封闭的社会结构之中能够包含一人、少数、多数的混合。

从吉尔伯特的分析中可以清楚看到，“十五世纪”的威尼斯人，除了贵族制以外，不想把自己看作别的政体，虽然这种贵族制有着异常出色的内在平衡和比例分配；对威尼斯政制感兴趣的佛罗伦萨人，一开始
101 也没有对这种观点提出挑战。在洛伦佐时代的佛罗伦萨，威尼斯神话主要对人称“显贵”的身份集团的成员有吸引力，他们皆为世家，但都是商人而非贵族出身。他们可以自视为世袭统治阶层或主导要素，在审慎、经验和其他统治素质上卓尔不凡，因此可以被等同于亚里士多德的精英，把“少数”和“贵族”这类修饰词用在他们身上恰如其分。“显贵”（ottimati，这个称呼由罗马共和国的“俊杰”[optimates]或元老贵族转化而来）不满于美第奇家族的政治安排给予他们的职责和权力份额，因此不难理解，他们对任何强调和划分政治贵族（顺便说一句，

它非常不同于封建贵族或领土贵族，不管这时的威尼斯和佛罗伦萨贵族是否购买土地）角色的论证和措辞都很感兴趣，所以才选择威尼斯作为同时代政制的楷模，认为它体现着赋予贵族以适当权力份额的古典原则。从总督和威尼斯贵族之间的关系中，他们看到了美第奇家族首脑和佛罗伦萨“显贵”之间本应当存在却不存在的关系，甚至他们中间有些人幻想这样一个时代，佛罗伦萨总督应是“地位相同者之翘楚”（primus inter pares），根本不一定非是美第奇家族的人不可。他们显然无意强调威尼斯政制中的民主成分——若是强调这一点，就有必要创造出这样一个成分。然而有意思的是，社会现实如何与他们所采用的范式一起，促使他们这样做。在佛罗伦萨，确实存在着一个具有积极公民精神悠久传统的“平民”（popolo）（无论它是“大”还是“小”），在任何理论的或实际的权力分配中都很难对它不予考虑。“一人、少数、多数”的套话——人文主义的古典思想和威尼斯实际政制中的三分形式迫使他们采用这种套话——要求他们在谈论所向往的理想图式时，着眼于民主制、贵族制与君主制之间的平衡。在萨伏那罗拉之后的时代，在贝尔纳多·鲁切莱身边以及在他之后，出现了一伙顽固的显贵理论家，[1]他们坚持认为威尼斯是贵族制，佛罗伦萨也只应当是贵族制，这就是他们所表达的全部思想；但是不管还有其他什么原因，他们自己语言中无法摆脱的含义使他们失去了思想创新的能力。

长远来看，至少从英美视角来看，威尼斯神话（就其神话性质 102
最严重的方面来说）的基础在于以下断言：威尼斯国家（the Venetian commonwealth）有着完美的平衡，因而是君主制、贵族制和民主制这三种成分永享安宁的结合体。这一断言应当用波利比阿的理论语言和假设表述出来，但是在“十五世纪”，波利比阿的《历史》第六卷知者寥寥，不足以列入威尼斯神话的来源，倒是雅典哲学和人文主义的大传

1　Gilbert, “Bernardo Rucellai and the Orti Oricellari: A Study on the Origin of Modern Political Thought”, *Journal of the Warburg and Courtauld Institutes* 12 (1949), 101—131; 另参见*Machiavelli and Guicciardini*, pp. 80—81。

统更应引起我们的注意。[1]在制造这个神话上作用甚大的佛罗伦萨“显贵”，可以被看作促成了超出他们的初衷和控制的一些观念和一种意识形态，但事实仍然是，他们自视为公民，用政治共同体的语言来表达他们的阶级利益（如果我们愿意这样说的话）。他们原本只想说明一人与少数之间——洛伦佐或皮耶罗与“显贵”之间——应有的关系，但当它变成了佛罗伦萨政体中所有成分之间的关系的范式时，普遍公民权的理想就以把亚里士多德和波利比阿融合一起的形式，在佛罗伦萨的政治词汇中恢复了。不过，产生这种情况的环境——1494年之后若干年里的思想基调——却显示出，若没有政治和意识形态的巨大张力，是做不到这一点的。公民人文主义的遗产是，公民权的失败迫使思想者面对一种混乱无序的宇宙景象，可以说这就像“秩序和等级”（order and degree）的失败对莎士比亚的影响一样，而新柏拉图主义哲学则激励着这样一种思想：恢复秩序的唯一出路是理智与宇宙的合一，是对可理解的世界之统一性的激烈重建。阐述威尼斯神话的思想家属于另一种传统，他们主张通过公民权和政治秩序重建这个世界，威尼斯的形象不过是他们用来重新表达亚里士多德政治学范畴的工具。但是，威尼斯变成了一个神话，一个激发想象力的范式；佛罗伦萨的勇气丧失到什么程度，居然使思想家们如此严重地依靠威尼斯这个他们丝毫也不喜欢的敌对城市的形象，我们姑且把这个问题放在一边。符号的威力想必在于它的完美性，在于它反映着对一种混合政体的幻觉——所有特殊因素都和谐共处，因此它享有不朽的稳定性。要想让混合政体恢复主观世界的秩序，它就必须真正具有普遍性。意味深长的是，当威尼斯的
103 形象对佛罗伦萨发挥政治影响时，适逢萨伏那罗拉的末日启示式的布道正在鼓励佛罗伦萨把自身视为神圣的选民城市，是上帝用来改造教会和拯救世界的工具。

1494年，法国军队一到，美第奇的统治便土崩瓦解了；年末建立的政制成为佛罗伦萨共和主义在其政治存在的短暂岁月——从1494

1 巴巴罗和特拉佩赞提奥看来是根据柏拉图的《法律篇》（*Laws*）塑造了他们理想的威尼斯；Gilbert, “Venetian Constitution”, pp. 468—469。

年到1512年，以及从1527年到1530年——的象征。这种政制由大议会（Consiglio Grande）、执政团（Signoria）和正义旗手（Gonfaloniere，1502年起成为终身职位）组成；当时的理论坚持认为，它们符合多数、少数和一人的古典划分。此外，允许范围相当广泛的非贵族成分进入大议会，并且他们因此而享有通过选举担任执政团官职的权利，这表示在这一政制中存在着平民或民主的成分（对于这些修饰词，当然要根据它们在当时使用的含义来理解），而且有作为社会范畴的民主成分与贵族成分的平衡，它还伴随着根据数量规定的多数、少数和一人这些范畴之间的平衡。通过把两种分类模式结合在一起这一历史悠久的做法，该政制被说成是民主制、贵族制和君主制的平衡或混合，虽然“显贵”根本没有办法支配执政团（即从数量角度认为的“少数”），而一人行使权力，就算他终身任职，也并没有使他形成那种由一个国王及其廷臣所构成的一个阶层或身份团体。可是，这种政制一再被普遍说成是以威尼斯政制作为楷模——为召开大议会而建造的大厅，就模仿了威尼斯大议会的大厅；[1]威尼斯那种民主制、贵族制和君主制的独特的稳定融合的声誉，大多归因于这种认识。然而，如果威尼斯神话要大大归因于1494年的佛罗伦萨政制，那么同样真实的是，1494年标志着赞成基础广泛的混合制政府的人接受了这个神话。吉尔伯特收集的全部证据表明，1494年之前的佛罗伦萨人普遍把威尼斯看作贵族制。那么，是谁认为威尼斯的形象适合于平民与贵族的混合制政府的正当化，以及为什么人们普遍认为这种正当化模式是恰当的呢？当我们发现，大议会和与之一起运行的政制，以及把威尼斯奉为这种政制所效仿的楷模，所有这一切都出现在吉罗拉莫·萨伏那罗拉的末日启示式的布道中时，事情 104
变得愈发令人迷惑。这些常常明白晓畅、富有智慧的布道表明，末世论是与阐述特定政治体系问题的另一些模式并存的，我们的模型使我们能够预期这在现代早期的共和主义思想中至关重要。

萨伏那罗拉[2]自1490年起一直住在佛罗伦萨，并且形成了一种越来

1　Gilbert, *Machiavelli and Guicciardini*, pp. 9—10.

2　对于萨伏那罗拉思想中启示录与公民人文主义关系的研究，比这里的探讨更细致

越具有先知色彩的布道风格，他预言一些重大而又可怕的事件，声称它们是上帝对腐败世界的判决，是为净化世界铺路，以此规劝他的听众悔罪。在当时的氛围中，这能使人想到一种半地下的千禧年主义布道风格，总是带有异端和颠覆的可能性；但是，无论萨伏那罗拉对这种传统有多少共鸣，他表现出巨大的决心，要维护他从多明我会学到的正统托马斯主义。不过值得注意的是——至少在我们看来如此——那种末日启示的方式（我们把它与被压迫者的非理性主义联系在一起），它对文艺复兴时期佛罗伦萨人的头脑那么有威力；然而这也是很容易建立错误反题的一点。我们知道，公民人文主义的作用是把处于时间中的当下时刻的共同体孤立起来；末日启示的历史把时间描述为一系列具有独特意义的时刻，任何共同体都有可能在这些时刻发现自己受到召唤，去发挥如同以色列和罗马那样的极为重大的作用。在当时的思想中，实现公民共同体的努力与实现神圣共同体的努力依然相距不远，并且可以利用同一种语言。但是在1494年以前，萨伏那罗拉从未谈论过佛罗伦萨共同体的政治形态——虽然可以理解，美第奇政府对于有个先知在它中间很不自在；他没有强调佛罗伦萨会在各国中间发挥独特的作用，而是强调上帝最可怕的判决将要落在这个城市头上，而且迫在眉睫。然而，遭受噩运的是佛罗伦萨这个事实，必然使他的听众更强烈地意识到他们这个共同体的独一无二的个性，萨伏那罗拉反复使用的“一举完成”（cito et velociter）这种说法，有着可怕的效果，同样会强化对当下时刻有着独特重要性的感觉。所有这些话都是以法国国王就要
105 讨伐那不勒斯作为焦点。查理八世被形容为“上帝的鞭子”（flagellum Dei），用旧约先知的语言说，则是“北方来的王”，他将惩罚意大利，清洗教会的腐败。我们也许会想起但丁甚至科拉·迪·里恩佐的神秘帝国论（mystical imperialism）；但此事将在佛罗伦萨引起一场革命，它使萨伏那罗拉义无反顾（而且结局可悲）地卷入政治事件，迫使他用先知

深入的研究文献是Weinstein, *Savonarola and Florence*。参见同作者的“Savonarola and Machiavelli”, in Myron P. Gilmore, ed., *Studies on Machiavelli*（Florence: G. C. Sansoni, 1972）。

的眼光解释公民理想。于是，末日启示的语言与政治共同体的语言融为一体了。

查理八世抵达佛罗伦萨时，美第奇的统治在一系列革命事件中垮台了。皮耶罗·德·美第奇威风尽失；有势力的“显贵”小集团发现他们这时可以通过拒绝提供支持，使这个日益令他们不胜其烦的政权寿终正寝。皮耶罗让出权位之后，由显贵们接过古老的共和体制，通过复兴传统制度使其获得新生的努力，由于面对“平民”（popolo，享有参政权的阶层中的非精英成员）汹涌的政治活动而失败了。正是在这种情况下，提出并采用了以大议会为基础的三种成分组成的政制，而且还做出一项令人费解的决定，建议这个本质上非贵族的结构去模仿威尼斯模式。萨伏那罗拉在建议采用这种政制以及随后对其加以引导上扮演着领导角色，而且从他的布道辞中可以看到威尼斯的形象。不过，很难相信这种政制是由他的头脑设计出来的，他提议模仿威尼斯时采用的术语，其实并未表明这个想法起源于他。[1]但是，在意识形态的历史中，我们更关注的不是发起人、动机和行动，而是语言及其运用方式；我们可以研究萨伏那罗拉在这一紧要关头（1494年11月到12月）的布道，从中得出关于这个时刻共和主义意识形态的状况的结论。[2]

关键性的结合发生在萨伏那罗拉的末日启示式布道和卷土重来的共和派“平民”之间：即先知预言和公民精神的结合。他早已确信，一项特殊的神圣裁决已为佛罗伦萨和教会准备好，他这种信念有可能变成他相信佛罗伦萨在尘世间有一项特殊的神圣使命。“主所爱的，他必管教。”[3]佛罗伦萨将得到赐福，因为它已被拣选。[4]他相信，教会将通过

1　Weinstein, *Savonarola*, pp. 20—23, 150—153; Nicolai Rubinstein, “Politics and Constitution in Florence at the End of the Fifteenth Century”, in E. F. Jacob（ed.）, *Italian Renaissance Studies*（New York: Barnes and Noble, 1960）.

2　我用的版本是Francesco Cognasso, Savonarola: *Prediche Italiane ai Fiorentini: I, Novembre—Dicembre del 1494*（Perugia and Venice: La Nuova Italia Editrice, 1930）。

3　见《新约·希伯来书》12。——译注

4　Weinstein, *Savonarola, passim*：具体讨论见第35—66页，此处讨论一种新的启示录意识在一定程度上取代了佛罗伦萨承担着神的使命的旧意识；引用的*Compendium*

106 始于佛罗伦萨的精神革新而得到改革——这是使精神史与世俗共同体取得一致的末日启示思想。更重要的是，他接着又把这种革新等同于共和主义公民精神的恢复。他的思想到底在多大程度上从遵行传统道德转向政治职能的分配，这是争论他的思想是继承还是偏离了中世纪规范的人们所辩论的主题，[1]但就本项研究的意图而言，更有价值的是指出，萨伏那罗拉如何能够把亚里士多德主义的、公民的和末日启示的语言熔于一炉。

他的千禧年期待迎合了那个时刻的意识形态需要，当时正值共和国在消失六十多年后开始重建。头脑单纯的佛罗伦萨人把共和国等同于城市的传统和他们的守护神圣乔万尼；于是圣乔万尼又被搬了出来，就像1447年短命的米兰共和政府打着圣安布罗齐奥的旗号，或圣马可在安宁祥和的威尼斯的统治从未间断过一样。[2]但是，对异端布道传统有共鸣的人，以及对公民人文主义理想有共鸣并对它的明显破灭深感痛苦的人，都会用更加深奥的末世论来表达他们正在从事的事业中所包含的高贵勇气。共和国要得到恢复，特殊的城市要让自身——在早先的失败之后——在时间中实现普遍。新柏拉图主义思想为这些努力提供了一套异端词汇，但它并不适合政治表达。末世论语言则描绘了一系列时机，人类共同体在这些时机能借助神恩的行动而获得普遍意义。恢复公民精神就是恢复人的普遍性；假如这不能通过异端智慧来完成，那么它或许可以通过恢复“公民生活”和“政治动物”来完成；但是，恢复积极生活必须通过时间中的行动来实施。

然而，萨伏那罗拉的千禧年主义，是顽固的正统派和托马斯主义的千禧年主义。他虽然说教会的“第五时代”（the Fifth Age）即将到
107 来，并且因为宣判教皇为反基督[3]而最终覆灭，但他也持有圣托马斯的

*Revelationum*一书（萨伏那罗拉写于1495年，记录他自己作为先知的经历）的英译文，第68—78页；另见第168—170页。

1 Weinstein, *Savonarola*, 第4—25页，综述了有关萨伏那罗拉的历史文献。

2 Gilbert, “Venetian Constitution”, p. 464.

3 Weinstein, *Savonarola*, 第五章，对萨伏那罗拉的千禧年主义做了细致的分析。

教义，认为神恩成全人性而不是取消人性。存在着一种与人性相符的生活方式，即在同胞关系和社团中追求价值；城市就是这种同胞关系，人们在这种关系中追求公共利益、全体的利益，追求他人的利益而非自己的利益。[1]教会或城市也许会由此而得到恢复，这是使人类生活恢复其真正的形式。这种"改造"或"更新"有着严格的亚里士多德含义，是对精神和形式高于质料的肯定，不过它必定是神恩的产物，必定要在时间中实施。既然"原型"是神恩的惠赐，神恩不再现，它也无法再现，它只为能够得到它的义人而存在。但是，神圣之物——萨伏那罗拉让诺亚在方舟上告诉他的儿子们——不受制于时间，尘世之物却需要定期恢复。教会也不能自外于这一法则，[2]所以它的恢复要通过佛罗伦萨成为人类共同体所应当成为的、合乎人性的样子，建立起人间"正义"，但是，这种"原型"的恢复只能因神恩在时间中的作用而产生，它选定并宣布了佛罗伦萨、意大利和信仰史中的某个时刻，把该城得到拣选的预言讯息传达给她。佛罗伦萨人所要做的，就是听从先知，抓住这一时刻。

萨伏那罗拉一再坚持说，不能用主祷文治国这种说法（据说是出自科西莫·德·美第奇之口）大谬不然。[3]相当明显，萨伏那罗拉预见 108

1　对此特别参见1494年12月14日的布道书（Cognasso, pp. 181—197）及*Trattato circa il reggimento e governo della citta di Firenze*, composed in 1497, *Edizione Nazionale delle Opere di Girolamo Savonarola, vol. XI, Prediche sopra Aggeo con il Trattato...*, ed. Luigi Firpo（Rome: Angelo Belardotti, 1955）。

2　Cognasso, pp. 108—110（7 December 1494）："正如用大洪水来更新世界一样，上帝也降下这些苦难来更新他的教会，就和那些曾在方舟中的人一起。但鉴于那些不服从于时间的事物是不会衰老的，也就无须更新。上帝、蒙福者以及苍天都不会衰老，因为他们都不服从于时间，而此世之物以及由诸元素所复合之物，则有欠缺，且会衰老，因此就需要更新。相似地，构成并建立在有信仰者和他们的良好组织之上的上帝的教会，当它有欠缺时，就被称作衰老了，并需要更新……至于说到由质料和形式复合而成事物的更新，尔等当知，按照自然事物之秩序，其更新首先且主要在于形式，其次乃是质料。人由形式与质料构成，亦即灵魂和身体，而身体是为灵魂而造，而首先需要更新的是在灵魂中。因此，我们先来看灵魂的更新。"

3　Cognasso, pp. 116—117（7 December 1494）；pp. 186—190（14 December）。后一

到了马基雅维里后来的批评，并以这种批评自身的理由来对付它。正义之城不存在于命运和“理智”的时刻，因为它存在于“神恩”和“更新”的时刻；但明显的推论是，它二者必居其一——没有第三种选择。这样我们就被萨伏那罗拉本人所使用的语言带到了一个问题面前：他究竟在多大程度上把美德看作政治化的美德，把正义的统治看作混合政体中必须有公民的高水平的普遍参与。这种转化的手段是存在的；如果“原型”意味着人人必须追求公共利益而非一己私利，那么行使公民权就是做到这一点的最自觉、最制度化的手段，混合政体也就能够成为正义的形式。由此可以说，共和国的建立就是神恩的时刻。但不能轻易认为，萨伏那罗拉把行使公民权看作一切传统美德的践行都要予以遵守的范式。能够确定的是，他日益把“统治和领导”（governo e reggimento）说成是经过革新的生活的“形式”而非“质料”；[1]他谴责暴政，[2]谴责能够让别人唯其马首是瞻的一人统治[3]，认为这有违正义，然而他好像不是在指暴君对他人行不义，而是说暴君妨碍人们在自己的生活中践行正义；当他建议以威尼斯作为楷模[4]采用共和制时，[5]他是

篇布道是对同一句名言的冗长的正式反驳，其中详尽论证说，对国家的统治，只有通过神恩才能实现完美的形式。

1 参见Weinstein, *Savonarola*, pp. 147, 153—154, 156—158。

2 见本书第115页注3，另见Cognasso, p. 212。

3 Cognasso, pp. 115, 194; 219（16 December）：“我一次次对你说，要你在你的政府里工作，并采取这样一种改革形式，使得没有任何一个公民能够成为城市的首脑，因而不会损失上帝赋予你并重新恢复的那种自由。难道这是种什么恶吗？相反，这是对你们多大的善和福祉！我希望你们全体一心一意，并且每个人参与到共同体的善当中，而且他从城市中得到的善，他承认那是共同体和公共生活的，而非来自某个私人领域。”

4 Cognasso, p. 117（7 December）：“你们如此地以对上帝的敬畏为本，他就会给你们恩典，让你们在新政权中获得好的形式，使得没有任何人能够登上首脑的宝座，就像像威尼斯人那样，或者上帝会给你们更好的启示。凭着上帝对你们的启示，我劝告你们用三天的时间，全体民众都要斋戒祷告，然后在你们的议事会集合，为你们的政府选择好的形式。有关改革政府形式，就说这么多……”

5 “公民政府”（governo civile）或“公民政权”（reggimento civile）是*Trattato*中使用的术语； 参见Weinstein, *Savonarola*, ch. IX。 这种语言是出现在后来的布道书中，而不是1494年的布道中。

以“更新”（rinnovazione）和末世时刻作为背景的。

在这一点上并不能清楚地看出，萨伏那罗拉是否认为道德革新只有在共和国中才有可能——尽管这种思想的要素中有那种取向；较为 109
清楚的是，萨伏那罗拉承认，共和国只有在道德革新的环境中才能获得正当性。但是，反映他对共和形式的基本感情的最出色、最明显的标志，也许是他对佛罗伦萨的特点及其历史的态度。他从引导他了解亚里士多德政治学的中世纪作家——圣托马斯和卢卡的托勒密[1]——那儿发现，他们毫不含糊地说过，君主制如果由一个好人来统治，乃是最佳的统治形式，但在现实世界中，必须让人民享有最适合他们的特点和地方特性的统治形式。[2]他进一步认为，传统和气候（如果不是早期人文主义者所说的商业实践和旅行）已经使佛罗伦萨人特别习惯于参与自己的政府，并赋予他们一种特别适合于这样做的性格。[3]那么，即使“公民政府”（governo civile）或共和国是最适合于佛罗伦萨的政府形式，看样子它却是次优的，因为它源自佛罗伦萨人靠习惯和传统养成的第二天性。但是，一种特殊的基督教思想模式这时开始发挥作用，它使萨伏那罗拉能够自相矛盾地把习惯作为更新和再生的前提。他一再宣称，“风俗”（consuetudine）[4]不是精神完善的基础。第二天性是真正实现人的原初天性和“原型”的障碍；它是个人在自己身边树立的一种人为的人格，他们在这样做时并没有运用自己的正确理性，就像音乐家在演奏时并不太留意自己在做什么，能够跟朋友们东拉西扯一样；[5]这种人格往往起着保护壳的作用，使他们能听到先知的话，却没有领会它的真实含义。[6]这是一种十分强大的障碍，使得改革者经常必须“一点一

1 Weinstein, *Savonarola*, p. 290.

2 同上，pp. 292—293。

3 Cognasso, pp. 183—184（14 December）; *Trattato*, 1, 3（pp. 446—450）, II, 3（p. 470）.

4 Cognasso, pp. 125（8 December）; 228—231（17 December）.

5 Savonarola, *Prediche sopra Ezechiele*, ed. Roberto Ridolfi, *Edizione Nazionale*, vols, I—II（Rome: Angelo Belardotti, 1955）, I, 90—91.

6 同上，以及Cognasso, p. 230。

点地来”（pian piano），就像医生一开始要用缓慢而谨慎的步骤治病一
110 样。[1]但是，萨伏那罗拉在这些段落中也清楚表明，他自己并没有突然变为小心的实用主义者；“一点一点地来”是痛苦的，因为不能把预言的信息和盘托出，它所带来的负担会更加沉重。[2]对人为的人格的改造必须是完全的重生，即旧人在新人中死而复生；[3]佛罗伦萨的共和传统对创建正义的统治没有多少帮助，[4]这座城市必须凭借神恩来改变它的形式，它将不再是佛罗伦萨城，而是上帝之城。[5]

但是，既然佛罗伦萨已被选定以这种方式重生，那么看来也就不必怀疑，公民传统的第二天性乃是他们被选定的一个原因或标志。“旧亚当”（用使徒保罗的说法）必须死而复生；但有些“旧人”注定要先于他人而复生，至于习惯和传统为何不应当属于预定的力量，这谈不上有什么理由。我们应当理解的是，佛罗伦萨人的特殊性使他们适合于成为

1 Cognasso, pp. 125—126, 144, 146, 268, 272.

2 Cognasso, pp. 144—145（9 December）：“哦，佛罗伦萨，我无法对你说……哦，佛罗伦萨，如果我能够对你说任何东西……我看到了一个彻头彻尾的病人，然后医生来了，带来许许多多药膏来治疗他，先从头上开始，一点点往下。哦，佛罗伦萨，我可说不出什么东西……哦，佛罗伦萨，这种疾病，这佛罗伦萨人民……还有这前来治疗你们的拯救者。哦，佛罗伦萨，相信我，拯救者来了，一点点、一点点地在治疗着你身体的四肢。那医生大声疾呼：哦，佛罗伦萨，事情不是一蹴而就的。你现在只消知道，那医生已经来了……”

3 Cognasso, pp. 114—115：“歌唱吧，喜悦吧，我们的主创造了奇迹，给每个人新的生命，清除了他们污浊的生活。哦，佛罗伦萨，现在让我面对你。如果你愿意改过自新，哦，新的城市，如果你愿意革新，如果你已进入新的状态：如果你希望持久，就需要新的方式新的生命，而如果你希望能够站立，就需要唱着新歌，寻找新的形式。”p. 121：“在你们政府中的，将不是追求尘世事物的肉欲之人，而是完全没有肉身和此世欲望的灵性之人。”p. 196：“一切都要除旧迎新；一切都要革新，而将要采取的方式，将使每个人都坚定，因为它将给予每个人属于他也适合他的东西；但每个人都要敬畏，而整个城市是由每个人构成的……来吧，就从今天开始：就让今天成为美好生活的开端……”

4 Cognasso, pp. 221—222, 231—232.

5 Cognasso, p. 201：“我这样对你说，佛罗伦萨，为上帝奠定新家并革新整个城市的时刻到了……我还对你说，上帝希望你这样做，需要你革新整个城市，整个政权，让你的城市成为上帝之城，而不再是佛罗伦萨城——它已经是过去了；一切都要基于你将采取的形式，形式变了，城市也就变了。”

蒙受神意之特殊行动的对象，适合于占据末日启示时间中的特殊时刻。为什么神恩会选择以这种方式、在这个时刻成全天性，这不是人类所能理解的，但是，被选定的特殊天性或第二天性是用政治术语来描述的。宽泛地说是意大利人，具体地说是佛罗伦萨人，他们的天性使他们不愿忍受主子的统治；[1]但是神恩成全天性的教义对萨伏那罗拉来说必然意味着，如果人们生活在人间主子的“统治”（reggimento）之下是正常 111
的，那么没有主子的生活就只能是神恩之下的生活，就像他偶尔援引过的约阿希姆所说的“第三时代”（the Third Age）的情况那样。[2]但是，我们由此也看到了萨伏那罗拉的混合政体观——在这种政体中没有人是其同胞利益的主宰者——与他呼吁佛罗伦萨人宣布基督为他们的王之间的关系。[3]他曾宣布，“上帝是一切政府的形式”，[4]共和国和神授权力的君主国都可以被理解为神恩之国和“原型”的恢复。确实能够使这两者一致起来；采用这种方式，托马斯主义把君主制作为理想政府模式的主张，就可以与亚里士多德的混合政体学说相互调和。共和国——它是人人献身于公共利益的国家——是神权政体（theocracy）；它是神恩的王国，当神恩人格化为基督时，就像亚里士多德确实向往的完美君主制一样——一个人的统治，他大大高于常人，一如常人高于野兽。[5]以这种方式，佛罗伦萨人的第二天性便为它本身所取代，为重建人的真正天性使之成为伟大的存在之链中的一环、为该城在亚里士多德式的“改造”中占据弥赛亚时刻，铺平了道路。就此而言，萨伏那罗拉的思想把习惯与神恩这两极，把世俗习惯的时间和启示录中的赎罪时刻连接在了一起。

这是讨论他对威尼斯形象的运用这一问题的恰当时刻。一般说

1　例见*Trattato*, I, 3。

2　Weinstein, *Savonarola*, pp. 146, n. 30, 175—177.

3　*Prediche sopra Aggeo*, pp. 409—428（28 December 1494）and Weinstein, pp. 294—295.

4　Cognasso, p. 119；参见*Prediche sopra Aggeo*, p. 128。

5　Aristotle, *Politics*, III, xiii, #13—14; xvii, 2—3, 5—8.

来，他在1494年（此后他提到威尼斯的次数越来越少）的布道并未显示出，他对威尼斯形象有很多共鸣，或他用它来教导过听众。他说，过去的经验表明，佛罗伦萨人从未享有过能给他们城市带来稳定的制度，它还表明，威尼斯人在拥有更多美德意识方面不比其他人更出色，却从一开始就享有极其宝贵的天赐稳定；过去的经验甚至能指明保障这种稳定的制度形式。因此佛罗伦萨人应当研究威尼斯或其他任何城市的政制，取其合宜者为己用——例如“大议会”的模式，不合他们特殊天性
112 和特殊需要的则放弃之，例如“世袭总督制”。[1]这远不是一种编造神话的语言，人们好奇于威尼斯神话在萨伏那罗拉的思想中发挥着什么作用，却把它对1494年政制的正当化起着什么作用这个更大的问题丢在了一边。这是一种什么作用，从理论上说是很清楚的。能够完善人性的共和国，可以被看作存在于末日启示说的神恩时刻；唯一能够完全令人满意的另一种看法是，把它看作完全处在时间之外，作为柏拉图式的形式而存在，不受尘世变迁的干扰。人类的知识与美德的全部形式完美地和谐共存的波利比阿式平衡，便符合这种近乎乌托邦的要求，而且如我们所知，“威尼斯神话”中有一种柏拉图主义成分；但是没有哪个佛罗伦萨人，除非他想说嘲讽的话，会宣称威尼斯在美德上是独一无二的，他自己的城市则不是这样。就萨伏那罗拉而言，他更不可能让威尼斯占据他的画面中心，因为这个画面属于被拣选者的时刻并且依靠这样一种观点：佛罗伦萨是为世界的某种神圣的、末日启示所说的转型而选定的手段。倘若承认威尼斯的稳定超越了偶然和经验的层面，这会导致承认威尼斯也像佛罗伦萨一样是得到拣选的和神圣的；姑且不提其他反驳，从当时的环境即可看出，威尼斯人的言行举止显示出他们对自己并没有这种意识。在1494年，沉浸于一种弥赛亚式兴奋情绪中的是佛罗伦萨人，而不是威尼斯人，后者无论在那一年还是其他时候，都没有这种情绪。威尼斯稳定的神话可以把这种稳定说成技艺和谋略的结果，但它绝不是神恩的结果。所以，萨伏那罗拉强调的是佛罗伦萨人所

1 Cognasso, p. 195：“不合适的东西就要切除，若不合我们需要。如那种总督制。”参见Gilbert, “Venetian Constitution”, pp. 478—482。

应当践行的美德，以使他们无愧于神恩和拣选，而不是他们可以借鉴或复制的制度安排，以使他们的政体获得稳定；虽然它们在很大程度上是社会的和公共的美德，有助于政治稳定（它本身就是神恩的象征），并且是威尼斯神话中的那种混合政制——其制衡作用使任何一种美德不能凌驾于其他美德之上——所鼓励的美德。

在威尼斯作为所有三种政体的完美结合这一形象的发展过程中，萨伏那罗拉起着领导作用的1494年革命标志着一个决定性的阶段，其原因可以从萨伏那罗拉失败和去世后的政治辩论所采用的方式中找到。重建一个佛罗伦萨从未获得成功的共和国，一个比罗马更稳定的佛罗伦萨共和国，是做一件前无古人的事，斯巴达和威尼斯这两个被文学赋予了异常漫长的寿命的共和国，有关它们的神话也必然会回到画面的中心。萨伏那罗拉宣称此事可以办到，但他也宣称，如果没有天 113
性、神恩和预言应验——旧的佛罗伦萨烧成灰烬，一切焕然一新——的合力相助，那就不可能办到。使特殊团体稳定而持久，或使它上升为普遍，可谓难乎其难。马基雅维里有句名言，[1]他说萨伏那罗拉是“没有武装的先知”的典型，甚至是不太诚实的先知，出现这段话的语境所讨论的内容，则是政治创新乃人们最难办到的事情，以及做这种尝试的不同人物和不同方式。如果我们假设——这无论如何都很可能是真的——马基雅维里并非仅仅是在嘲笑自己的前辈，或轻蔑地把他看成蠢材和欺世盗名之人，而是像那个时代及其困境所要求的那样，十分严肃地看待他和他的思想，我们就能更好地理解这些问题。[2]佛罗伦萨弥漫着浓重的末世论气氛，马基雅维里即使想装成无动于衷的样子，他也不可能一直如此。最高层次的创新，创造一个正义和稳定的社会，已经在基督教思想最伟大的概念——天性、神恩、预言和更新——的保护下尝

1　参见本书边码第170—172页。

2　关于萨伏那罗拉和马基雅维里的关系，最权威的讨论是J. H. Whitfield, “Savonarola and the Purpose of *The Prince*”, reprinted in *Discourses on Machiavelli*（Cambridge, England: W. Heffer and Sons, 1969）, and Weinstein, *Savonarola*（见本书第111页注2）。

试过了；这种尝试已经失败，因此肯定是对它的理解有误。探究接下来要做什么，是一个真正令人生畏的重大问题。威尼斯神话提供了一个可能的答案，它带有更多柏拉图和波利比阿而非基督教的意味，不过，若想把任何一种美德放入神恩的空间，需要的是“强壮的灵魂”（esprits forts）。

第五章 114

美第奇复辟(一)
圭恰迪尼和下层显贵，1512—1516年

一

到此为止，本项研究的论点是，有关特殊事件、决策、制度或传统的认识论束缚着中世纪晚期的思想，它限定着当时的人们自认为拥有的、能使存在于时间中的世俗现象变得可以理解的手段。这些手段的局限性是如此明显，以至于可能让人觉得，世俗世界的流变不在人的认知能力的控制之内：它受一种不可思议的力量控制，在有信仰的人眼中，这种力量是神意的显现，在无信仰的人眼中，它是命运的显现。在公民人文主义出现之后，个人还可能增加这样一种感觉，只有作为公民，作为与同胞一起参与"公民生活"的政治动物，他才能实现其天性，获得美德，发现其世界的合理性；与此同时，他用于理解特殊因素和控制世俗世界的概念手段(他发挥公民功能的能力有赖于这种手段)却有可能尚未达到一定程度，能够适应他们所面对的新要求。萨伏那罗拉——那个阶层的经院哲学家、先知和公民——的秘密似乎是，他觉得公民生活需要某种程度的美德，它只有神恩才能赐予，因而只有在先知预言应验、世界得到更新的末世论背景下，才能获得那种美德。因此，他的失败对佛罗伦萨生活中的意识形态。体系造成了创伤，不论单

纯的人还是头脑复杂的人都能感受到它。

> 宣读这份草案时我在场[日记作者兰杜奇在1498年写道，人们在强迫萨伏那罗拉承认自己做了虚假的预言]，这令我万分惊讶，简直惊得我呆若木鸡。看到这座大厦因筑于谎言之上而轰然倒地，我心如
115 刀绞。佛罗伦萨一直期盼着一个新耶路撒冷，正义的法律和壮美的景观、正当生活的楷模会随之而生，期盼看到教会的革新、无信仰者的皈依和义人得到慰藉；可是我发现事情完全相反，我只好让自己接受这样的想法：In voluntate tua Domine omnia sunt posita（“主啊，万事万物皆取决于您的意志”）。[1]

至于更复杂的头脑会有何反应，我们在考察萨伏那罗拉对那些研究公民生活的理论家的思想所起的作用时，就将看到。不过有一点是很明显的，一个不像兰杜奇那样虔诚的人，在萨伏那罗拉倒台时或许会觉得，一切尽在命运而非上帝的掌握之中，只有恢复公民精神，才能把人从非理性力量的统治中拯救出来。但是，如果萨伏那罗拉把公民精神建立在先知预言上的努力已告失败，那么还能把它建立在其他什么基础之上呢？公民人文主义的传播一直伴随着得到公认的政治知识范围的某种扩展，这使它多少超越了理性、经验、审慎和信仰等概念工具——这些概念是以福特斯库为代表的传统在应对特殊因素挑战时采用的。首先，当时的人相信，置身于当下的人们可以与古人展开对话，学习他们在古代情境下的应对之道。这种信念可能导致人们天真地认为历史具有重复性，或是导致一种日趋敏锐的历史主义意识；但无论是哪种情况，似乎都能使人们更快地获取知识，提高他们以恰当的决定应对政治突发事件的能力。其次——作为从古代学来的智慧的一部分，是前一章已经作过分析的亚里士多德式和波利比阿式的公民哲学。它作为一种政制理论的力量，不在于它对制度的比较研究，而在于它是一门

1 Luca Landucci, *A Florentine Diary from 1450 to 1516*, trans. Jarvis（London: J. M. Dent, and New York: E. P. Dutton, 1927）, p. 139.

有关美德的学问。这即是说，它提供了一种把人们的特殊美德结合起来组成一个政治社会的手段，其组成方式使他们不会被自身的特殊性所腐化，而是齐心协力追求普遍利益；因此这种理论提供了一种强大的激励，让人们去考虑组成一个政治社会的是何种类型和范畴的人，他们表现出何种特殊的美德和局限性；以及用何种手段能够使他们在共同的追求中联合起来。既然这种社团只有通过对决策过程中的角色的分配才能实现，这又激励人们去分析决策过程本身，分析无论是制度化的还是其他形式的决策过程中能够划分出来的职能和角色，以及分析在构成社会的不同道德类型中对这些职能和角色进行分配的方式。无论是希腊还是文艺复兴时期的政治科学，其基础都是伦理学与决策战略的联姻。 116

如果亚里士多德的分类能够有助于佛罗伦萨共和国的稳定，美德的学问就会在先知萨伏那罗拉失败的事情上取得成功。它将有助于调和特殊与普遍，有助于使政治活动等同于践行美德，有助于使政治上的特殊事件的演替之流变得可以理解并具有正当性。因此，随着1494年“公民生活”的恢复而产生的政治思想，有着深刻的亚里士多德特点，它的主要内容是，努力阐明如何在佛罗伦萨的条件下建构亚里士多德式“混合政体”的基本成分。但是，还有一个因素在很大程度上解释了它的持久魅力。建立公民体制和共和国之外的另一种选择是命运之国，即凡事皆不具有稳定性、正当性和合理性的现实经验：questa ci esalta, questa ci disface, senza pietà, senza legge o ragione（“无情地兴起复又散去，毫无章法或理由可循”）。[1]无论是佛罗伦萨人在1494年前后的实际历史，还是他们试图用来理解这段历史的概念工具，都促使他们认为自己要生存于两极之间的辩证关系之中：一极是共和国的不可败坏的安宁，另一极是受怪诞的命运之轮摆布的变动无常的帝国。甚至在理论家直接读到波利比阿之前，他们就十分清楚，政治科学的目的是把诸多特殊的美德整合为一种普遍的善，除非做到这一点，否则特殊的美

1　Machiavelli, *Capitolo di Fortuna*, 第38—39行。

德就是不稳定的，有可能自我毁灭；再者，未必一定要读过波利比阿有关“循环”（anakuklosis）的论述之后，才会使用命运之轮和圆环这些意象。他们的思想会因此而做出调整，思考美德的衰落、政治体系的解体、进入不稳定、非理性和非道德领域的人类经验。对他们来说，共和国的稳定作为其中一端，与作为另一端的它们的崩溃相比而言并不更迷人、更熟悉。此外，公民人文主义思想的一些久已得到公认的问题——共和国的特殊性，它的时空局限性，以及由此产生的它与支配着其周围环境的法则的不一致性——都因1494年之后可怕的历史而凸现出来，当时意大利日益陷入非意大利势力的主宰，佛罗伦萨和威尼斯似乎都丧失了控制其对外关系的能力。如果共和国获得了内部的安宁，那么即使它一直受到外部命运的主宰，它也不会失去这种安宁吗？在支配着内部政治的法则与支配着对外关系的法则之间会存在如此巨大的差异
117 吗？如果亚里士多德式的学问提供了理解前者的手段，那么探究后者的恰当语言是什么？如果找不到这种语言，我们不必求助于命运的言辞吗？在1512年以及1527—1530年，佛罗伦萨共和国在控制发生于意大利强权世界中的事件上的无能，是与它协调内部公民关系的失败同时发生，由此引发了“公民生活”的解体和美第奇家族的复辟——总是随后就发生这种事情。每一次这样的失败都证明触发了一场复杂的思想危机——部分原因是天才人物登上舞台；而在每一次危机中，我们都可以研究当时的思想界发生了什么，他们在运用有关特殊因素的认识论、有关亚里士多德式公民精神的伦理—政治范畴以及一些思想家为理解正当性和合理性极差的政治行为而发展出的崭新术语。马基雅维里和圭恰迪尼的时代向我们展示出，致力于思考公民团体的政制和稳定的思想，与致力于理解不可预料的快速变化的思想，这二者之间有着内在的紧张关系。

二

从1494年到1512年，佛罗伦萨共和国的政制问题都与划分不同政

治团体的职能有关。在一项清晰透彻的分析中,菲利克斯·吉尔伯特[1]不仅阐明了这个政权的制度框架,而且阐明了实际参与其中的人所使用的概念性词汇(不只是理论著作,还有演说、决议和公开文件中的词汇)以及有可能随之出现的结果。在美第奇家族于1494年出逃之后迈出的关键一步,是采用了一般被描述为“威尼斯式政制”(il governo veneziano/ alla viniziana)的体制。如我们所知,在佛罗伦萨,这种体制实际上由大议会、执政团和正义旗手组成,从理想的角度说这是多数、少数、一人的完美和谐,就像威尼斯被认为已经达到的状态。但在实践中可以感觉到1494年政制偏向于多数。普遍看法是,它最根本的机构是大议会,有参与权的公民不计其数(虽然这不意味着全体公民);大 118
议会的存在赋予这个政权以“开放型政制”(governo largo)的特征。有人指出,按照一条已有两百年之久的法令,威尼斯的大议会(与佛罗伦萨相似的机构)议员仅限于特定数量的家族,这必然带给威尼斯政府以“封闭型政制”(governo stretto)的特征,对此最常见的回答是,议会的封闭性仅仅限定了公民团体,而不是把政治权利限制在公民中间数量有限的一部分人,被排除在议会和公民权之外的人不是外国人就是职业低贱的人,而根据定义他们没有能力参与公共生活。[2]这一争论除了让我们了解到亚里士多德式分类的含糊不清以外,还揭示出很多饶有趣味的东西。一是与“封闭型政制”相对立的“开放型政制”一词的含义:它显然不意味着把公民权扩展到所有人,甚至不意味着扩展到“平民”或作为界线清晰的社会团体的“多数”——1494年政制并未明确地这样做;它仅仅拒绝把公民权限定在居民中一个严格界定的(stretto)群体之中,认为公民参与是一件好事,是人们所追求的目标,能让人趋向于善,最好把它扩展到尽可能多的人。“governo”一词与我们的“政制”(constitution)一词最为对应,但在佛罗伦萨词汇中,它几

1 *Machiavelli and Guicciardini*, chs. 1 and 2.

2 Gilbert, “Venetian Constitution”, p. 488; 关于“开放型政制”(governo largo)与“封闭型政制”(governo stretto),参见*Machiavelli and Guicciardini*, p. 60。

乎可以与“生活方式”或单纯的“生活”互换；[1]可以说，由“公共生活”（vivere civile）一词的含义所定，它必然是“开放型政制”，而不是封闭型政制。认为公民参与本身就是一件好事，也就是认为应当将它大范围地普及。但是，对于应当有尽可能多的人参与公共决策，并非所有人都视之为至高无上的或必不可少的好事，并且这一问题依然可以用亚里士多德的思想来探讨。

更值得注意的一点是，那些捍卫“开放型政制”的人，为了维护威尼斯范式，坚决否认威尼斯是封闭式的贵族政体。佛罗伦萨观念史上的一个关键时刻，是1494年做出的决定，它要模仿威尼斯政制的形式，在大议会中采用范围广大的成员制。[2]我们不能确知是谁做出了此项决定，或他们当时在想什么，但其结果是，威尼斯在大多数作者看来继续象征着一种具有平民参与因素的政制，它的基础是在非精英与精英的参与者之间、多数和少数（可能还有一人）之间有着和谐的关系；而最想仿效威尼斯模式的理论家则是这样一些人，他们坚持认为，除非存
119 在着一个可以由“显贵”——佛罗伦萨势力家族的小圈子，他们自视为精英，自视为亚里士多德图式中的少数——来领导的参政的非精英或多数，否则他们就无法行使其天然的领导权或发展相应的美德。在他们有关自身角色的这种形象中，“显贵”是一种公民贵族，他们的素质存在于且展示于他们和其他公民的关系之中。

因此可以提出这样的问题：对1494年各项措施的“威尼斯式”表述，是不是那些认为“开放型政制”比“封闭型政制”更适合于他们的“显贵”所为？但是，有关威尼斯的真正特性和最适于佛罗伦萨的政府形式的辩论的背景是，“大议会”日益无法以一种能让“显贵”阶层满意的方式进行统治。威尼斯政府的奥秘在于“大议会”与行政长官和委员会的综合体（两者被统称为“元老”）之间的关系，[3]政治创制权则被

1 “governo”一词在意大利语中亦有“照料”、“理家”之义，故而作者有此解释。——译注

2 *Machiavelli and Guicciardini*, pp. 9—11.

3 关于这一模式在佛罗伦萨的运用，参见Gilbert, “Venetian Constitution”, p. 485。

交给后者进行协商审议的复杂机制。可是在佛罗伦萨，与之相对应的关系——“大议会”同以“执政团”（Signoria）为核心的行政委员会集团之间的关系却运转不畅，紧张的主要来源是“显贵”等级有着身份特殊的强烈意识。这些都使大议会失去信誉，成为自负的“平民”的无效机构，而在执政团或其他行政机构（其成员由大议会用抽签和选举的混合程序任命、一般任期很短的机构）中，也看不到“显贵”以其代表自居的贵族原则得到了有效的制度化。他们所归属的家族，在1434年到1494年期间一向支持美第奇的统治，他们认为美第奇的政权有赖于他们的合作，而这个政权的倒台也完全是因为科西莫家族的最后一代管理不善，行事恶劣，从而失去了他们的支持。此后他们觉得自己陷入了与“平民”合作的危险实验，唯有宣称这种合作遵循着威尼斯路线，才能使他们感到惬意。随着精英与非精英的紧张关系变得越来越糟，以及“大议会”和“执政团”日益丧失了处理共和国对外事务的能力，“显贵”的抱怨也有增无减，认为威尼斯式政府模式的承诺并没有得到正确的贯彻。

菲利克斯·吉尔伯特探讨了反对1494年政制的贵族运动的制度纲领和意识形态纲领。意识形态反击的领袖人物是贝尔纳多·鲁切莱，[1] 120
他与美第奇家族有姻亲关系，代表着所有那些支持1494年反叛的人，他们支持反叛，倒不是因为他们讨厌美第奇家族的统治，而是他们觉得皮耶罗在政治上已经没有出路。在他们对旧政权的看法中，美第奇家族被描绘为扮演着“地位相同者之翘楚”（primus inter pares）的角色，与“显贵”小圈子合作共事，而在与美第奇家族分道扬镳之后，他们转向由这个小圈子直接统治的组织。在1500年至1502年期间（很可能就是这段时间），贝尔纳多·鲁切莱是一个贵族文人团体的核心人物，他们在奥里切拉伊花园（Orti Oricellari）聚会，并以人文主义方式议政。这些方式包括：把洛伦佐·德·美第奇（“豪华者”）加以理想化，视之为精通如何与贵族家族亲密合作的领袖；重新评估威尼斯，把它视为一种

1 关于鲁切莱政治思想的特点，参见Gilbert, *Machiavelli and Guicciardini*, pp. 80—81, 112—113, 及“Bernardo Rucellai and the Orti Oricellari”（见本书第109页注1）。

封闭的贵族制，其言外之意是，这种“封闭型政制”最符合佛罗伦萨的需要；对罗马史进行系统研究，以便能从历史中获得有益于当前政府事务的正确教训。吉尔伯特从这项计划中看到了它与早先思维方式的断然决裂，甚至把它称为标志着“现代政治思想的起源”。他认为，在此之前，佛罗伦萨所有的制度改革建议如出一辙，都是要恢复在该城市遥远而神秘的过去存在过的一些模式，而鲁切莱团体现在却提出了某种没有先例的主张——要让上一个世纪不很正规的、其正当性值得怀疑的政权的一些特点得以继续；因此他们必须采用新的论证手法，为寻找政治原理而对过去进行发掘性的研究。新旧论证方式之间的对立也许稍有夸大，但1494年对威尼斯范式的采用及其在此后一直得到延续的重要性都证明，人们感到需要这种新的正当化方法。看来显而易见，鲁切莱和贵族对1494年政制的批评，既强化了对佛罗伦萨、威尼斯和罗马政治体制的比较研究，也强化了对亚里士多德式公民分类的深入阐释，以求确定一个政治社会有哪些成分，以及有哪些分别适合于它们的美德和职能。正如我们所见，对“大议会”的批评几乎完全依靠亚里士多德关于职能划分的概念。

121 贝尔纳多·鲁切莱在1502年遭受了政治挫折。他为一次鼓动行为推波助澜，号召即使不废除大议会，至少也要把它的大部分权力移交给一个元老院，后者由一旦当选就终身任职的杰出公民组成。但是，在至今依然晦暗不明的情形下，发生的事情却是把一名终身任职的“正义旗手”设立为共和国的首席行政长官——这一职位不久便由马基雅维里的庇护人皮耶罗·索代里尼充任。这种做法显然是在效仿威尼斯的“总督制”，想必是希望能够用适当履行职能的一人来稳定少数与多数的关系，而萨伏那罗拉曾认为这不适合佛罗伦萨的条件。鲁切莱最初曾为之奋斗，如今却告诉我们[1]他不能支持这种做法，因为没有在采取这种做法的同时废除“大议会”。然而他大多数朋友却认为，即使缺少一个有效的元老院，建立一个由三种成分组成的体制也值得一试。我们可以断

1 Gilbert, “*Bernardo Rucellai*”, pp. 106—109, 这里引用了Bernardo’s *De urbe Roma*。

定，有一个举足轻重的“显贵”团体，依然热衷于在“公民生活”中为贵族安排一个角色，佛罗伦萨政治思想的下一个发展阶段，便是试图从这个角度去界定“混合政体”。

我们需要细致考察的第一位作者是弗朗西斯科·圭恰迪尼（1483—1540），一个马基雅维里（1469—1527）的同代人，比他更年轻一些——他的政治大作还在后面。圭恰迪尼，也是唯一得到公认（包括马基雅维里的承认）其最终地位堪与马基雅维里媲美的政治思想家。此人出生于一个“低调的”或谨慎的亲萨伏那罗拉的贵族家庭，他年少气盛，雄心勃勃，我们知道他大约从1508年起就开始撰写一部美第奇家族统治下的佛罗伦萨史，[1]此书与来自奥里切拉伊花园的思想路线迥然不同，直言不讳地敌视洛伦佐。菲利克斯·吉尔伯特和维托里奥·德·卡普拉里斯[2]这两位圭恰迪尼思想最有价值的现代研究者都注意到，这种态度在他后来的论著和史书中逐渐发生了变化；[3]但重要之处在于，年轻的圭恰迪尼谴责洛伦佐，与鲁切莱和后来的圭恰迪尼把洛伦佐理想化，是一枚硬币的两面。美第奇家族与“显贵”合作，他们就敬重它；待他们如下属，他们就敌视它。至于把具有两面性的洛伦佐放在哪一边，也许仅仅取决于家族传统或修辞上的便利。圭恰迪尼以及他 122
的一两个同胞的思想的过人之处在于，他们要克服这种自相矛盾的贵族立场，并揭示它的含义。我们将会看到，最根本的问题在于“显贵”是继续把自己界定为公民，还是接受仆从的角色，但它既不为“公民生活”效力，也不为“封闭型政制”效力。

但是，在圭恰迪尼第一篇正式的政治学论文中，几乎见不到这方面的内容，该文即所谓的《洛格罗诺谈话录》（*Discorso di Logrogno*），

1 现在有Mario Domandi的译本：*The History of Florence*（New York, Evanston and London: Harper and Row, 1970）。他的传记见Roberto Ridolfi, *Life of Francesco Guicciardini*（London: Routledge and Kegan Paul, 1967）。

2 V. De Caprariis, *Francesco Guicciardini: dalla politica alla storia*（Bari: Laterza, 1950）.

3 *Machiavelli and Guicciardini*, pp. 106—123.

在其著作的现代版本中的标题是《治理我们平民政府的正确方式》。[1]圭恰迪尼写作此文时正在西班牙，他在那儿作为佛罗伦萨大使觐见阿拉贡的费尔迪南；他在得知索代里尼政府倒台时并未完成此文，[2]而在索代里尼政府倒台之后美第奇家族很快便于1512年卷土重来。可见，这一著述工作，是与“显贵”终止了让复辟的共和国适应其意图的努力同时发生，意味深长的是，他们在美第奇家族重新掌权之前实施的最后一项实际措施是设立元老院，它接掌了除选举正义旗手之外大议会的几乎所有职能，而正义旗手也不再是终身职，任期只有一年。[3]这一时期的问题仍然是在贵族的主导权与“公民生活”原则之间进行协调；《洛格罗诺谈话录》正是对这个问题进行了理论探讨，我们要研究它的实质性建议，同样也要研究它的概念性词汇。

圭恰迪尼首先宣称，“公民生活”已陷入严重混乱；无论尊卑贵贱，人人都在觊觎一切头衔和官职，插手一切大小公事；秩序荡然无存。[4]

123 用圭恰迪尼未曾使用但与其思想相去不远的古典理论术语来说，这是欲望的混乱，是社会中的人追求价值和平等之手段的全面失序。如果混乱像他说的那么普遍，如果人们的欲望正经历着柏拉图所说的从追求荣誉向追求财富的堕落，那么当务之急就是针锋相对地对人的行

1 “Del modo di ordinare il governo popolare”，收入*Dialogo e discorsi del Reggimento di Firenze*, ed. Roberto Palmarocchi（Bari: Laterza, 1932），下面引用时略作*D. e D.*, pp. 218—259。

2 文末有一条笔记如是说，不过也可能是一种文学渲染。

3 Gilbert, *Machiavelli and Guicciardini*, pp. 76—77.

4 *D.e D.,* pp. 218—219：“……我们的市民生活已极大地偏离了良好共和国的秩序井然的生活，在涉及政府形式的事情上是如此，在其他的风俗和我们的生活方式上也是如此：行政的管理或者有陷入僭政之危险，或者将会倾向于使民众解体；一种普遍的放纵于作恶，对法律和长官极不尊重，也不敬畏；没有向有德性有勇气的人开启一条展示并实施其德性的道路，没有给予为共和国做贡献的人以恰当的奖赏；在所有的人当中普遍存在一种追逐名誉的野心，并且假定在所有重要的公共事务中，都会起作用；男人们对精神变得娘娘腔，虚弱无力，喜欢纤弱的生活，而考虑到我们的财产能力，那就是喜欢奢侈的生活；很少去爱真正的荣耀与荣誉，爱的是财富与金钱……”

为进行普遍改造，而我们要找到进行这种改造的明确的思想手段。在此，圭恰迪尼求助于同其他人类技艺的类比，特别是医术，一种能以多种方式运用、几乎总是值得细心考察的技艺。他说，人们在做意大利面条时，如果他第一次做的花式失败了，他可以把用过的全部材料重新堆在一起揉成面团；如果医生是在给一个百病缠身的人治病，他的治疗不能只针对一个目标，他会通过药物治疗而使整个身体进入一种新的境况，这虽然困难，但并非不可能做到。[1]但这种类比的背景是有变化的，人体不同于水和面揉成的团，人的社会生活是由以价值作为导向的理智活动构成的，能够以无所不包的方式处理所有这些活动的智慧，即便不属于神，也只有超人才有。同时我们发现，圭恰迪尼承认，他所描述的那些手段受制于不受它们控制的环境；医生们发现，调理年轻的病人要比调理老年病人更容易，而佛罗伦萨城已经老态龙钟。[2]他不甘绝望，而是坚持认为，为了全面调理城市的健康，就要做一些超出公众能够接受的范围的事。这个城市已经"恶习缠身"（male abituata）：[3]我们可以把它的含义解释为，因习惯与认可而养成的"第二天性"，已经把人类生活引向道德不完善的境地，这在政治上相当于"老亚当"，但是（自萨伏那罗拉之后）不会再有人需要浴火重生的事情了。如果我 124
们对这后一种含义的揭示是准确的，我们也就揭示了有些学者从圭恰迪尼身上看到的萨伏那罗拉的特点，然而他不过是在说，我们必须满足于做我们能做的，如果我们在城邦事务上能开创一个良好的开端（dare principio），那么从这个开端始，时间的过程和岁月的流逝就会做一些

1　*D. e D.*, p. 219：我不觉得一两条特定的法律能有什么成效，相反，必需的是，把所有的事情都合在一起，整成一种原料，然后重新塑造，重新区分，就像用面团做食物的人那样：如果头一道没有做好，就把所有的面堆成山，再揉出新的形状；再拿好医生来打比方，当发现一个身体充斥着各种疾病，没有办法来施行特定的治疗，就用药物来缓解所有的病因，并为这身体安排一种全新的治疗方案，这样做，虽然很难，而且需要好医生，却并非不可能。关于萨伏那罗拉把基督描述为这样一位医生，参见本书第118页注2。

2　同上。

3　*D. e D.*, p. 220.

超出我们期望的事情。[1]但他并没有清楚地说明，要使不具备立法者超人智慧的人能为立法者的任务开创一个起点，所凭借的那种知识具有什么样的性质。

有趣的是，他潜心思考的第一个问题，是使用公民还是雇佣军的问题。就在写作《洛格罗诺谈话录》的同时，索代里尼和马基雅维里组建一支公民军以保卫共和国的努力正在到达悲剧性的高潮，这一经历使马基雅维里在随后的岁月里把他的军队组织理论与他的公民和“公民美德”理论越来越紧密地编织在一起；而且我们知道，在1512年前后，对于罗马和威尼斯等地的军事制度与政治制度之间的关系，奥里切拉伊花园里有大量的讨论。在《谈话录》一书中，圭恰迪尼持有与马基雅维里一样的观点，后者认为雇佣军大体上是靠不住的，并且特别指出，战事过后，你得继续供养雇佣军，而公民却可以遣散回家；此外，公民在战败之后更容易重整旗鼓。他还进一步指出——这在马基雅维里的理论中至关重要——只有城市秩序井然，公民才能骁勇善战，是故投身于公民军队，也就等于遵奉优良的法律和“优良的司法”（una buona giustizia），这都是些规定起来容易维持起来难的事情，对此他有更详尽的论述。[2]但是，圭恰迪尼的著作虽是基于这种信念，他的过人之处却在于，他清醒地认识到军队兼有对内和对外的职能；它既为扩张共和国的领土而存在，亦为捍卫它的领土而存在，而在前一活动领域是没有法律和正义可言的。他在这里发了一通容易让人误解的惊人之语：政
125 治权力无非就是对臣服于它的人施加的暴力行为，它有时因某种表面的理由而减轻，但只能用武力来维持——而这种武力只能属于自己，不

1 *D. e D.*, p. 220：“不大可能把一个如此身缠疾患的城市，转变到起码中等的状态，相反，给他们一个开端也就足够了，因为一旦开辟了道路，时间的进程也许就会随着以后的岁月产生更大的成功，而在那样一个开端人们可能都无法希望看到这种成功。”

2 *D. e D.*, p. 221：“把武器装备交给公民们，也无异于一种共和生活与民主生活，因为当你赋予他们一种良好的司法和有序的法律，那些武器就不会变成危害，而是祖国的利器。” p. 223：“的确，为了不至于使城市和国家陷入党争与不和，就必须维持一种良好的司法，制定法律尚属简单易行，难就难在遵守法律，这个问题下文还将更广泛地讨论。”

可属于他人。[1]显然，这里用来表示政治权力的词语（“国家和帝国”）是指对外的权力，即城市施加于不隶属于它的城市的权力，如佛罗伦萨对顽强反抗的比萨人施加的权力。这不意味着佛罗伦萨人对佛罗伦萨人行使的权威是一种暴力，而是意味着它是或可能是唯一非暴力的权威；[2]但在可以获得正义的国内领域与只有暴力的对外领域之间却有着紧密联系。一支必须以城内确保“优良的司法”为前提的公民军，是维持征服的最佳手段，是在对外关系这一无道德可言的世界中依靠他人权力之外的唯一选择。威尼斯人因为依靠雇佣军队长而几乎丧失其“自由”（libertà）。[3]这个词，就像它在文艺复兴时期意大利语中常有的含义，是指城市不受外部控制；但是对外领域与国内领域是如此密不可分，因此圭恰迪尼立即[4]转而从“政制”（governo di drento）或公民关系的背景来讨论自由。

他说，没必要讨论一人、少数或多数的统治是不是理想的最佳政府。事实是自由对于佛罗伦萨城自然而正当，佛罗伦萨人生而便享有自由，它是他们从祖先那里继承来的，因此用生命捍卫它责无旁贷。[5] 126
他的语言让人想起萨伏那罗拉，后者反对托马斯主义的理想，主张佛罗伦萨人具有使他们适合于成为革新工具的特殊品质。基于我们对圭

1　*D. e D.*, p. 222：“国家与帝国非他，就是在某些人身上以某种荣誉称号为掩饰的，施加于臣民之上的暴力而已；若想不用武器和暴力，而是借助于他人的帮助来维护它，则无异于想从事某种活动，却不使用与此相适宜的工具。总之，没有武器的人就不能胜过他人，不能抵御敌人。”

2　参见*Ricordi*, C, 48（Francesco Guicciardini, *Ricordi: edizione critica a cura di Raffaele Spongano*, Florence: Sansoni, 1951, p. 57）：“不能靠良知来维护国家，因为——考虑到它们的起源——它们都是暴力的，从自己祖国的共和国施加到外部，而非在别处……”

3　*D. e D.*, p. 222.

4　紧接本书第134页注2中的引文，“……更广泛地讨论。任命这位首领——众人中最重要者——就不能不多考虑内部政制。”

5　*D. e D.*, p. 223：……也不消讨论一个人、少数人还是多数人的统治是最好的政体，因为自由是天性属于我们城市的。我们的先人在此生活，我们都在此成长；我们的祖先不仅告诉我们，让我们记住，我们要乐意生活在此，而且还需要用自己的力量乃至生命去保卫它。

恰迪尼思想风格的了解，也可把这种语言解读为具有保守色彩，能让人想起柏克为1688年革命所做的辩护，他的理由是自由乃一宗世袭祖业（inherited trust），必须把它完好地传下去；或是解读为一种与以下名句一脉相承但令人生疑的传统主义说法：Spartam nactus es, hanc exorna——“斯巴达是你的遗产，把它发扬光大吧。”但是，在《洛格罗诺谈话录》中，圭恰迪尼又从这样一种角度来定义自由，它既为他提供了一件进行政治分析的灵活工具，同时又表达着一种亚里士多德和公民人文主义传统的完全的普遍主义。他说，自由在于公共法律和公共决定高于特定的人的欲望。[1]也就是说，在这种状态下，我个人的意志不服从于其他任何特定的个人或集团的意志；谁也不能约束我或把我带到我不想去的地方。但是城市的法律和法令能够这样做；在文艺复兴时期，就像在希腊城邦一样，对个人生活的公共管制能够详细而又严格。不自由的状态不是指我会受到约束，而是指我会受到追求私利（“欲望”）的其他人的特殊意志的约束。这时我会接近于亚里士多德所定义的奴隶状态，即他人达成其目的的工具；顺便说一下，这种通过控制奴隶而达到的目的是较为低贱的，因为它只能是一种私欲，而非对普遍利益的追求。对后者的追求，只能加入到平等的人中间一起行使公共权威。奴隶主只有在他们的相互关系中才是自由的，因为只有从这种关系中能找到公共权威。

因此，佛罗伦萨人以他们的公民遗产（这也是他们的天性）所致力于解决的自由问题，是创建一个能够行使公共权威的公民政体的问题，而自由的反面则是本应是公共的权威实际上由特殊的人行使。圭恰迪尼阐发了自由定义的第一层含义，即不依附于特殊的人，由此向我们揭示了这一理论在1494年之后佛罗伦萨的境况中的具体意义。他说，法律不能自动得到落实，必须由行政长官来执行；我们若想生活在法律而不是人的统治之下，第一项必要条件就是行政长官不能把他们的权威归属于特殊的人，或是在行使其权威时发现他们的意志被特殊的人的意

1 *D.e D.*, p.223，紧接上文：“自由无非是法律至上，并且公共秩序高于特定人们的欲望……”

志所左右。[1]他在这里极强烈地暗示着1494年之前美第奇家族统治的 127
情况,其家族首领非正式地操纵着行政长官的选举和他们对自身官职的行使,以此来统治该城。这便是在1512年仍然让“显贵”深感左右为难的制度:一方面它保证了他们对官职的垄断;另一方面它又让他们觉得官职并不真正属于自己。他们打算拿共和国做试验,希望证明它是一种能使贵族对官职的支配正当化的更佳手段。这确实是圭恰迪尼的立场,他一向有着支持政治精英的鲜明倾向;但值得指出的重要一点是,无论在这里还是在他的其他著作中,他一贯或明确、或暗示性地强烈反对形式上封闭的寡头制。他说,行政长官切不可把一人或少数视为自己权威的来源,或感到在统治中为迎合别人的意志而受到约束,因此自由的基础在于平民政府。寡头小集团——他似乎认为——在烟雾缭绕的房间里私分行政长官的职务(就像卡瓦尔坎蒂所怀疑的情况),这连自由的基本条件都满足不了,因为他们对于自己官职的来历总是心知肚明。权威若要自由,就必须具有公共性;若想让它成为公共权威,就必须使它非人格化;若想使它非人格化,授权团体就必须超过一定规模。用他本人的话说,自由的基础如果是平民政府,那么在佛罗伦萨,平民政府的基础就在于由大议会决定行政长官的职务和职责的分配。[2]

在另一制度传统中,分配行政长官职务被视为主权的属性之一。但是在这里,在亚里士多德和公民人文主义模式中,由多数对行政长官职务进行分配,并不打算赋予他们主权者的意志,而是要让行政长官摆脱对任何人的意志的依附:把分配权威的意志非人格化和普遍化,使之根本不再是一种意志,或在行政长官当选之际不再是一种意志,从而使这种权威不受任何特殊因素的影响。不过,大议会中的多数是由
运用他们自己的个人意志和智慧的个人组成的,因此问题在于看一看圭 128

1 *D.e D.*, p.223,紧接上文:“……而因为法律并没有生命,也不能靠它自己来使他人遵守,而是需要实施者,亦即执行法律的长官,若想生活在法律之下,而不是在特定人的意愿之下,就必须是长官们不惧怕每个特定的个人。”

2 同上,紧接上文:“但是,要奠定自由,就需要民众生活,其精神与基础则是广泛参政,它包含了决定城市的长官及职权。”

恰迪尼如何把这些人转化为公共团体的成员。线索存在于对政治职能的划分之中。在1494年的政制下，对大议会的成员资格的设想是，把它扩展到所有那些能够当选公职的人；而圭恰迪尼提出的改革方案是，它应当进一步扩大规模，把没有这种资格的人也包括进来。他说，现行制度的问题是，每一个参与官员选举的人都认为自己堪当大任，都想获取这一官职。因而他们的个人野心和偏好干扰了他们的选择，在政治过程中，在此事上犯下的错误多于任何其他事情。若是把选举行政长官的职能授予那些不能亲自行使行政长官职权的人，他们就只会考虑候选人的主张，而不是他们自己的野心，因为人们的自然倾向是，只要不为自己的特殊目的所干扰，他们就会择善而从。[1]

透过文艺复兴时期亚里士多德主义的公民理论中的这个问题去观察分权学说的起源，指出这一学说的基础——就像约翰·亚当斯所认为的那样——有着伦理而非制度的性质，是一个很恰当的位置。把选举职能与行政职能分开，是为了减少个人对于他为公共利益做出的选择之结果有私人考虑这种危险，防止他根据自己的事做出判断。混合政体理论，如我们之前所见，仍是一种美德的学问。但圭恰迪尼的分析进一步预设了一些有关认识论和知识论的前提。被判定为不能行使行政长官职权的人，方可断定其能够选举最好地行使它的人；他们是凭借何种认识过程做到这一点的？圭恰迪尼把对大议会职能的解释从选举行政长官延伸到立法，他评论道，虽然没有人认为大议会能够从最初的提案直到结束的全过程讨论和拟订一部法律，但问题是，由一个更小
129 的协商机构——假设它有着更高的素质——讨论并同意的法律，是否

1 *D.e D.*,, pp. 224—225：“因此，在所有那些参与国家事务的人挑选将军时，大议事会组织得秩序井然。但有几次我也在想，若是在产生行政长官时，介入到议事会的不仅仅是那些在这方面有能力的人，还包括大量的没有能力参与政府事务的人，又会如何。因为我们从经验中都看到了，议事会在选择官员时所犯的大部分错误，都产生于一种认为自己很在行的欲望，故而每个投票的人，都希望自己能获得那职位。这一原因在那些没有能力的人那里，便不复存在了，因为没有这方面在行的经验，他们就不会把职位授予别的人，除非是他们认为有此能力者……由此可看出人类的自然倾向：只要不牵扯自己的考虑，人们就会求善。”

要提交给大议会批准。兹事体大，因法律影响所及，人人概莫能外，况且，我们还被告知，法律可以在顷刻之间改变政体。[1]圭恰迪尼得出的结论是，大议会不应对提交给它的法律（它已然完成）展开辩论，但应具有给予或拒绝最终认可的职能。理由大概有二。其一，既然法律约束所有人，就不可以说它们来自少数人，为避免这种情况，当确保它们获得所有人的同意。其二，大议会的批准可确保没有法律可以改变政体或造成任何其他危害；为此，虽然没有公共辩论，但不妨提前几天公布提交的法律，如此议员们可知道他们要决定的是什么，并在他们内部进行议论。[2]

似乎相当明显，圭恰迪尼有关选举和立法的理论，都是以亚里士多德的多数决策概念为基础。多数本身固然不能胜任行政长官之职，但他们能从他人身上发现这种才能；他们自己虽然不能拟定甚至辩论法律，但他们有能力对别人提交的草案做出判断。不让他们染指于他们所要评价的职能，非人格化的原则即可得到保障；但仍不清楚的是，他们在评价中运用的是何种才智。亚里士多德学说（本质上是一种经验学说）认为，不属于精英的个人对于特定的官员或生效的法律对自己可能有何影响有着足够的了解，众多这类判断加在一起，就能对其结果做出比个人智慧所能达到的更可靠的预见。但是，正如我们在本书第一章所看到的情况，单独来看智慧不足的人的集体智慧有着累进的性质，当面临的特殊决定的复杂性使其必须加速领会、决策和付诸实施时，这种智慧的效力就会降低。在习俗制度中，只要求多数判断决定在反复出现的情况中是否应当重复他们之前的反应，并且对于保留还是废止以前的习惯，他们的决定是通过行为和记忆而非思考逐渐浮现出来的；而在城邦国家的平民大会中，决定有着更高的个人性质，他们受到的时间压力也更大——圭恰迪尼所用的词语，如“时机”（occorrere）和“每日”（giornalmente），就清楚地反映着这一点。[3]一旦需要决定一个特

1　*D. e D.*, p. 244.

2　*D. e D.*, pp. 230—231.

3　同上：“在一个共和国中，日常需要制定法律和临时决定时所采用的方式是很严格

130 定的个人是否适合于担任公职，一部具有普遍约束力的特定法律是否适合于制定，则多数必须以比习俗的形成快得多的速度去获取和处理他们的材料。重要的是，圭恰迪尼在处理这个问题时，似乎并没有赋予多数一种不同于少数的预见行为结果的审慎或能力，而是借助于一种有着伦理基础的战略，认为既然多数的决定不受其个人野心的干扰（我们已看到他打算如何确保这一点），他们能够比任何小的协商机构更确切地知道择善而从。除了创作《洛格罗诺谈话录》一书之外，他在对1494年的政制进行分析时，还写下两篇演讲稿，谈及在选举行政长官的大会上应当由多数投票还是进行抽签的辩论，[1]他让赞成投票（他偏向于此）的人说：

> 一人之良窳，不应由特殊的人来判断，而应由人民来判断，人民的判断优于我们任何一个人，因为它是君主，无欲无求……它比我们自己更了解我们中间的每一个人，它没有其他目的，只是要给应得之人以应得之物。
>
> 再者，我不想否认，人民有时会在投票上出错，因为它不可能总是对每个公民的品质了如指掌；但我确信，这些错误与采取任何其他方式造成的错误相比是微不足道的，况且它们每天都会得到改正，变得越来越少。因为我们在目前这条路上走得越久，就越了解每个人的价值，此乃我们今天可以观察这人的行为，明天可以观察那人的行为之故。人民现在已经投身于大议会的事务之中，并且知道政府是它自己的政府，它会比往日更加留意每个人的行为和品质，它对人们之优劣的判断力亦会与日俱增，没有什么能阻止它给予他们应得的东西。[2]

的，它们必定首先需要由最高长官提议，由签署者附议，然后重新由最高长官提交，争取到他们和各委员会的同意，还要交给八十人会议，最后在大议事会上审查通过。”

1 *D. e D.*, pp. 175—195: “Del modo di eleggere gli uffici nel consiglio grande.”（“论在大议事会上选举各公职人员的方式”。）

2 *D. e. D.*, pp. 178—179.

在此，常设的平民议会取代了习俗共同体；日复一日参与政治生 131
活，加快了获得相关经验和知识的速度；但仍需指出的是，平民所决定的事情，从根本上说是辨识那些组成决策精英的个人的品质。人民挑选人，并因其知人善任而得到赞扬。当选者就法律和政策做出决定，人民对接受或拒绝他们的提案享有最终决定权。但是我们没有听到多少他们具有辨别政策好坏的能力——他们顶多能知道某个提案何时会改变政体；也不存在有关他们具有创设政策的能力、更不用说改革和创新能力的任何暗示。他们能体察人的性格，但不能领悟事件或社会结构的塑造。

在《洛格罗诺谈话录》中，圭恰迪尼关于决策精英应有的或可能出现的道德品质和洞察力的想法，首次出现在他对"正义旗手"一职的思考中，其中的核心问题是：在任命这一最高行政长官时是应当有任职期限，还是让其终身任职。主张终身任职（这是圭恰迪尼所赞同的）之理由，最初是从信息的获取和以此为基础的决策这个角度来论说的。[1]"正义旗手"不可罢免，这使他不必操心于保住官位，或在任期结束之后自己会有什么遭遇，而这都是常常会让行政长官"冷漠"（freddezza）的顾虑；他在思考如何应付事变、如何了解他要与之打交道的人的天性时，不会受到任何干扰。显然，这种论证能够轻而易举地转换成伦理术语：终身任职使他不会因私心而受到两方面的干扰，即
获取为保住官职所需要的情报和技巧，以及不顾公共利益而只考虑自 132
己。既被终身任命为城邦的最高职位，他便不会再有动机去取悦于特定的利益集团，也几乎不会再去把他的权威扩展到设定的限制之外。但是在这一点上他的论证出现了一个新鲜而有趣的转变。主张设立这种超越一切私人干扰和个人顾虑之上的职位（甚至古代任职期满之后要就在职期间的表现接受询问这一约束也被免除），提出的理由是：公民可以渴求一种高于其他一切的奖赏，以至于除了把它用于公共利益

1　*D. e D.*, p. 237.

之外，不可能再用于其他任何目的。正是在这个时刻，圭恰迪尼发出如下一番言论，常常被引用作为他有贵族倾向的证据：征诸史册，无一例外，古往今来的一切共和国，都是由极少数人统治（retto），他们能够有带来荣耀的举止，是因为他们受着雄心壮志的驱策，有着伟大的欲望和攀登顶峰的渴求；[1]终身制的“正义旗手”一职，从总体上说是使这种欲望获得正当满足的最佳手段。[2]

这段话中值得注意之处，并不是它的精英主义。在亚里士多德的传统中，公民被明确划分为既无动机也无知识去关心自身事务之外的事情的多数，和寻求对事务有更大控制权并且有能力行使这种权力的少数；这表明少数总是行使与其人数不相称的权力，因此问题在于设计一个制度框架，即“混合政体”，以防止这种比例失衡走向极端，并确保占优势的少数在统治时顾及他们之外其他人的利益。圭恰迪尼在这件事上显然不是例外：一方面他坚持认为，参与程度高的少数只能在参与程度低的（但仍然参与）多数这一背景下行使职权；另一方面他
133 不断建议采取措施防止所有三个层次的决策者受到追求其私人目的的干扰。他的思想明显是贵族的，但绝非寡头的。他的创见在于，他认为多数不同于少数之处，是他们有能力判定别人是否胜任他们本身不去谋求的官职，而少数不同于多数之处则在于他们谋求官职的嗜好；而使他们谋求官职的“德行”（virtù,一个他明确使用过的术语）不是智慧，不是善，也不是其他任何使他们胜任官职的道德品质，甚至不是对

1 *D. e D.*, pp. 238—239：“虽说这是刺激少数人的食物，但它却不是无效的，因为在所有秩序良好的共和国，在各个时代，人们都看到少数公民的德性，而且是这种德性在治理着共和国，而荣耀的功绩和巨大的影响都始终产生于少数人，出于少数人之手，因为，想要成就大事并且在自由的城市中成为政府首脑，就需要尽可能多的大众再加上德性，这些只有通过少数人才可以结合。除了爱城市之外，还有善，让他们满怀热忱，雄心勃勃，充满了追求伟大卓越的渴望；当他们追求并考虑成功时，不是要超越法律，也不是通过结党营私，而是希望获得好公民和明智者的名声，并且为祖国作贡献，那么谁又能说这种雄心不是值得赞美并且是最有用的？对此没有感受的人是冷漠的，并且缺乏荣耀的激励，从他们那里绝不会产生伟大崇高的东西。”

2 同上。

城邦的爱（虽然他们也必须具备这些），而是十分单纯的野心和对荣耀的渴望。不过，他没有以任何方式把它描述为无关乎道德的“德行”；相反，他以“慷慨大度”和“诚实”这些形容词来为它定性。

野心不属于基督教的美德；“此罪可让天使堕落”。他的传记作者告诉我们，圭恰迪尼对这个主题的关注，部分源自于道德上的诚实；他强烈意识到自己的强大野心和对个人及家族荣誉的迷恋。但是，关于野心、荣誉和对荣耀的追求在他的政治理论中的作用，还需做进一步的考察。封建时代的精神气氛当然是以荣誉为中心，此外还有忠诚，有关骑士伦理的文学作品记载了很多使它符合基督教道德的努力；莎士比亚笔下的亨利五世的台词，表达着一种挥之不去的困惑：“如果贪图荣誉也算是罪过，我便是世上罪大恶极的人了。”[1]战士精神公民化这一问题，在欧洲思想中不是个新鲜的主题。不过我们还是要当心，莫把一套封建价值准则赋予佛罗伦萨贵族；圭恰迪尼自认为属于其中一员的“显贵”，乃是商人、银行家和法学家——姑且不提政治家；很难说骑士伦理对他们有多大影响。或许，荣誉主要是政治个体——用（且是用他的写法）圭恰迪尼政治思想中最模糊的关键术语，即“特殊之人”（particulare）的美德。一方面，“特殊之人”只要追逐自己私人的特殊利益，他就有致命的危险；野心是驱使他那样做的动力，追求显赫地位能够满足一个人的欲望，个人会为此而无视一切法律和公德。另一方面，荣誉是公共性的；它包含着同胞给予的认可；它是异教的而非基督教的，无论生前身后，它带来的是名望而非得救；而且，如果能让“特殊之人”在公民环境中，即在人人必须参与以相互利益和共同利益为目的的决策的环境中施展抱负，他的荣耀将取决于别人对他出类拔萃的活 134
动的认可。他对荣耀的渴望驱使他比同胞更加努力，并使他处在公众的监督之下；他将不断受到少数和多数的评价，他们会比他自己更了解他；一旦他的荣誉变成得到公认的对公共利益的关心，那么他对纯粹的个人诚实这种理想的内在关切，就会使他鄙视低贱的满足感。在这种情

1　*Henry* V, iv, 3, 28—29.

况下，给他提供不可废止的最高权力，又使其权力在公共的监督和评判下运行，从而把他的野心政治化，就是明智的做法；而且，一人和少数将自由地获得他们的职责所需要的知识和经验。

但是，圭恰迪尼虽把野心当作政治精英的突出特点，但他十分清楚，如果政治结构未能把它约束好，它必然会呈现出何种面貌。他在《洛格罗诺谈话录》的一段话中评论说[1]，使政制变革提出容易而实施困难的一套安排，看起来就像是维持现有集团一直掌权的寡头制策略；也许较好的做法是，这种变革只在难以进入的委员会中提出并迅速交由多数决定。在讨论大议会中的选举方法的两篇文章中，第二篇从新的角度对“显贵”的寡头倾向做了更深入的评论。文中的发言者赞成抽签选择的方式——这在古代被认为是比投票选择更加民主的程序——并且宣称，多数必然选出最佳人选的论点因存在着“显贵”的强硬派核心集团而失效，他们自称“俊杰”（uomini da bene），自认为具有世袭的固有权利担任官职，他们一向只是相互投票，把不属于小圈子的人排除在外；于是非精英只有两种策略可供选择：要么一成不变地投票反对“显贵”候选人——这毫无道理可言；要么干脆放弃投票而支持抽签。他进而宣布，自封的“俊杰”主张他们享有精英地位，其根据是他们有过人的审慎、智慧和美德，但这都是假定而已；事实是，他们占据这种地位，要么是由于他们获得或继承了财富，要么是因为他们的祖先身居高位——通常是由于一些经不住推敲的理由。他又补充说，人的财富和门第是来自命运；反对佛罗伦萨政治贵族的理由是，他们有这种地位，靠的是命运而非美德，[2]这就是他们为何追求私人而非公共目
135 标的根本原因。圭恰迪尼并不指望他的读者被这一番话说服，因为它带有令人不快的煽动语气；可以说，他赞成投票选举，多多少少是出于精英主义的理由。但他很清楚能够用来反对佛罗伦萨精英的理由的威力。这个精英有寡头性质，因为它是命运的产物；而野心，这个他单列出来作为明显可以被政治化的美德，使它的成员或他们的前辈去追求自

1 *D. e D.*, pp. 245—246.

2 *D. e D.*, pp. 189—192.

己的命运。由于同样的原因,精英既是潜在的公民贵族,同时也是潜在的追逐私利的寡头"朋党"(intelligenza)——佛罗伦萨用来指称派系或行业的用词。在《洛格罗诺谈话录》的结尾处有一段不同寻常的话,可以证明圭恰迪尼仍很重视从体制上消除私人满足和欲望。

这堪称一篇反对奢侈的慷慨陈词,它以一种几乎是萨沃那罗拉式的"将虚荣之物付之一炬"的提议而告终。奢侈腐蚀人;它使人对财富和炫耀,以及一切与真正的荣耀和德行相反的事物欲壑难填。世上这种腐败并不新鲜;古代作家大力抨击它,对于这种"如此普遍、如此古老并且如此深植于人心"[1]的恶,小修小补无济于事。简言之,这便是萨伏那罗拉希望用一把精神革新之火烧掉的"老亚当";但圭恰迪尼采用的是公民和古典的语言,而他的前辈采用的是末日启示的语言。他说,要翦除这种恶,需要一把利库尔戈斯的刀,他分掉全部财产,禁止使用金钱和私人饰品,一日之内就彻底铲除了斯巴达的奢侈。不可思议的节俭和对公共利益的奉献精神马上便降服了斯巴达人,利库尔戈斯的大名享有荣耀,因为他得到了"恩宠"(grazia,这是神恩?还是好运?)去执行如此耐久的改革。伟大的哲学家无此幸运,故也难怪,利库尔戈斯被认为得到了阿波罗之助;这是因为,改革一座城邦非凭人力,乃属 136
神工。[2]

对于萨伏那罗拉来说,改革具有确切的亚里士多德含义,即把形

1 *D. e D.*, pp. 257—258:"这种腐败并不是今天才开始在世上出现的,而是已经延续了许许多多个世纪,这可以从古代作家们那里得到证实,他们如此地憎恶并抨击他们那个时代的邪恶。

"要说治疗,也许是少数人能够稍稍缓和这些恶,但他们不能对人心中这种如此普遍、古老而又根深蒂固的疾病有什么像样的效果。"

2 同上:"……的确是极其幸福,充满荣耀,在于他获得了把他的共和国整顿得如此有序的恩宠,而更为幸福得多的,是能够以适当的方式,使他的制度和法律延续数百年,并且在这制度与法律之下,还许多次有力量成为全希腊的领袖,但首先是外邦民族中获得荣耀,被认为具有德性。他比柏拉图、西塞罗以及许多最博学最明智的人把它写在书中都更容易使它付诸实施;所以,在他那个时代,人家说他得到了德尔菲的阿波罗的帮助,不是没有理由的,而且合理的是,改革一个失序的城邦,并且以如此值得赞美的方式来改革,这更应该是神力而非人力所能为。"

式加诸于质料，使质料——城邦居民是其存在的“物质原因”——重新追求它原初的目的，这就是他喜欢将其称为“更新”（rinnovazione）的理由。但作为基督徒，他把这一目的看作“圣洁的生活”；“原型”是神恩的惠赠，因此改革只能发生于神恩在历史中的作用所提供的末日启示背境中。人由于追求不洁的利益而形成了“第二天性”，例如“虚荣之物”，将其付之一炬是复兴必不可少的一环。尤须注意的是，圭恰迪尼把这些主题转换成了另一种缺少基督教特点的措辞。他没有用过形式和质料的语言，也没有指出“德行”的作用是把形式加诸于“命运”；他只是说，他的立法者在改革城邦上取得了超人的成功，使它的法律及其优势能够世代相传。在谈到他的所作所为时，使用了“恩宠”（grazia）一词；即或不是实际的神助，也是神工带给了他威望；他实施改革的方式是，系统清除追求虚荣这种自古就植根于人心中的恶念。相同之处就像差别一样重要。一方面，萨伏那罗拉认为骄奢淫逸干扰人心对神恩的追求，圭恰迪尼则认为它们干扰公民对公共利益的追求，于是利库尔戈斯也就取代了耶利米的位置，他的改革是立法行动，而不是对悔过的呼吁。然而它是一种直接施加于公民道德人格的行动，其作用是使其重新恢复自然倾向或“第一天性”，不受个人特殊满足的干扰而去追求普遍利益。当我们被告知人性本善时，这便是它的含义；这样一种教义（即人具有腐败的“第二天性”，这使他们一有机会就贪求满足私欲），能够让它在适当的语境下说人性本恶而不会有本质性的矛盾。[1]立法者所做的事情，是以道德魅力和制度性规定双管齐下，消除人的第二天性
137 （它由来已久），使恢复第一天性（这才是原型）的道路畅通无阻。从基督教的神恩观来看，这是神之所为；可是，既然它完全是在政治决断和政治制度的公民背景中实施的，并且是以此为目的，那么适合于描述它的辞令便是希腊—罗马的政治辞令，那里的立法者经常以得到希腊诸神帮助的面目出现。这里更应当强调的，不是基督教传统与公民传统之间的世俗分歧，而是它们在一定程度上从俭朴和否弃自我的理想中

1　或许由此可以说，这一点没有得到理解，是对圭恰迪尼和马基雅维里有诸多误解的原因所在。

找到了共同的基础。树立这一理想有着公民人文主义的基础，在它之前有基督教隐修的基础，在它之后则有加尔文教的基础。

但是，立法者执行的任务是神迹的呈现，萨伏那罗拉相信神迹即将到来，圭恰迪尼却不这样认为。他说，就我们自身而言，希望做立法者的工作，甚至动这种念头，都是非分之想；我们要有自知之明，我们腐化得太严重，只能对我们的道德品质做一点儿修补。如果城邦能够受到使用武器的训练（恢复民兵传统），如果行政长官只能因为公众认可其良好的品质而当选，穷奢极欲之事就将为人所轻，甚至有可能制定有效限制消费的法律，使穷奢极欲之事受到永久约束。[1]但是，从本质上说我们又回到了《谈话录》开头的医生类比，能够清楚看到医生和厨师的区别。立法者运用做面条的人所采取的方式，把城邦的全部"质料"搅拌到一起，把新的形式加诸于它。而医生面对更加复杂的有机体，他认为它已病入膏肓，他只想控制病情的发展，而不是彻底根除疾病。但是这意味着，他所要对付的"质料"已然有着内在的不稳定性；他面对着不测的命运。至此，对于圭恰迪尼在把"显贵"作为野心勃勃追求荣誉的阶层时表现出的模棱两可，我们方能完全理解。一方面，他确信假如"混合政体"需要精英在具体决定中采取主动，那么野心就必须被政 138
治化和正当化；另一方面，他也十分清楚，野心可能已经造成了这样一种环境，它太不稳定，以至于无法使它本身政治化，它太腐败，以至于不能服务于公共目的。

1　*D. e D.*, p. 258："留给我们的是能够惊奇并疾呼这等崇高的事情，但把它付诸实施却是不允许的，也不能指望费力去考虑它；这样回到我们能力限度内的事情，我要说这种疾病是如此难治，故而是不可能根除的；就需要像他那样，去除那些以财富为考虑的习俗，也不能有用于人类奢侈的东西，除非另有计划。我充分相信，给城市以武装，并开启由此而获得荣耀的道路，让行政长官关心人们的好名声好举止，对过错立即能加以惩处，所有这一切加起来，就能够使财富不像今天这样被看重。我们就能做到一桩一直想做却从来没有做到的事：尽可能限制并约束装潢和服饰的奢华……"之后是一篇冗长的控诉。

三

野心在决定公民精英的行为中发挥的作用，仍是1512年美第奇家族复辟后的岁月里贵族思想关注的焦点。或许，决定着复辟政府之特点的首要事实是：枢机主教乔万尼·德·美第奇于1513年当选为教皇利奥十世。美第奇家族在佛罗伦萨的统治被纳入一个更广阔的政治背景，从而使形势发生了变化。当初这个家族是被外国军队送回来的，此事无情地凸显出佛罗伦萨在控制外部环境上的无能，但是，当利奥十世接过尤利乌斯二世的教职时，他就成了协调意大利政局的主角，他或许有可能建立一个体系，削弱意大利外部列强的支配权。不仅如此，除了一个出身佛罗伦萨的教皇的登基带给城市的荣耀以外，他的当选还意味着，美第奇家族统治的稳定既不取决于外国军队，也不取决于该统治家族建立起能令佛罗伦萨城内主要政治集团满意的政治关系，而是得到了当时任何教皇政治体制依然具有的正当性和稳定性的保障。由此，利奥的升迁不但给了美第奇家族，也给了另一些佛罗伦萨人以喘息之机，他们本来必须决定是否接受美第奇家族，以及给双方列出哪些条件作为这种接受的代价。与此同时，它也使美第奇家族看似最有能力的成员离开了佛罗伦萨，使该城的公民有不快的感觉，他们成了领地，不再处于命运为他们指定的中心地位；这就使整个美第奇体系首先取决于利奥的寿限（他统治了八年），其次取决于其家族中地位较低的成员（他们在他不在时在佛罗伦萨掌权）在不再受制于佛罗伦萨公民关系的美第奇家族政治背景下会有何作为。思想家们在1494年之前就对自己的小圈子与美第奇统治者之间的关系感到左右为难，对他们而言，所有这一切又带来了一些新的问题。伴随着每一次新的国事危机——1513年利奥的当选，1516年为美第奇家族掌管佛罗伦萨的朱利亚诺·德·美第
139 奇之死，1519年朱利亚诺的继任者、使佛罗伦萨卷入征伐乌尔比诺公国的洛伦佐之死——我们都会发现显贵著作的出现，[1]其中与我们的论

1 此事可参见Rudolph von Albertini, Das *florentmische Staatsbeivusstsein im*

题相关一点的是，他们致力于用亚里士多德和人文主义的范式来界定公民贵族，使之适合于在他们看来前所未有的情形。此外，他们同样热衷于一些术语，要用其说明目前的情形前所未有，以及它到底前所未有在何处。

圭恰迪尼便是这些作者之一，但是，他本人、他所属的阶层以及整个时代的特点在于，我们不可以认为他参与了佛罗伦萨公民贵族与剥夺他们所寻求的权力的美第奇家族之间的持续对抗。他出使西班牙归来之后，便在佛罗伦萨操起法律职业，观察到显贵们对朱利亚诺和洛伦佐的不满，因为这两人除了他们的亲信外，越来越不愿意与任何人分享权力；然而，在1516年朱利亚诺去世时，他从罗马教廷那儿接受了摩德纳的治权，之后又在前后两位出身美第奇家族的教皇手下负责管理和防卫意大利中北部的教皇领地。他像其他显贵著作家一样，也像马基雅维里一样，只要能按符合自己理念的方式行事，就很高兴为美第奇家族效劳；但是在佛罗伦萨，那种理念包含着他在公民贵族——古典意义上的"少数"中的成员身价，美第奇家族必须承认他们是与自己平起平坐的同胞。如果朱利亚诺和洛伦佐不这样做，他就不会和他们共事，并会带着不祥的预感去看待这个无法调整与公民精英之间关系的政府的未来。但是在摩德纳以及其他归属教皇的城市，并没有出现公民权的问题。作为那里的管理者，他是一位合法的虚位之君的代理；借用詹姆斯·哈灵顿下一个世纪使用的说法，他的地盘是领地，不是国家；我们理所当然地会感觉到，他对人民的管理是如此非政治化，以至于公民权于他们无干，臣服于君主的权威——正如马基雅维里所观察到的——是唯一选择。因此，圭恰迪尼在1516年至1527年间的生活，使他对理论与实践的关系有了宝贵的洞察。[1]当他作为君主的仆人生活在那里时，他对贵族在混合政体中的角色（一种有限的角色）进行思考并行诸于文；而如果他还待在佛罗伦萨，他就会直接面临（如同他1527年之后的遭遇一样）他的阶层所陷入的两难选择的困境，即要么坚持他们在公

Übergang von der Republik zum Parinzipat（Bern: Francke Verlag, 1955），他在附录中收入了*discorsi*的文本。

1　Roberto Ridolfi, *Life of Francesco Guicciardini*, chs. VIII—XVI.

140 民权之“比例平等”中的精英角色，要么接受仆从和廷臣的角色，侍奉一个日益成为君主政体却无法用佛罗伦萨的方式加以正当化的政府。这一选择及其在观念层面的含义，便是1512年以后显贵思想愈发关注的问题。

从西班牙归来后不久，圭恰迪尼创作了一篇短文，题为《论1512年美第奇家族复辟之后的佛罗伦萨政府》[1]，它延续了《洛格罗诺谈话录》和他早先写的历史著作中的思想。此文戛然而止，恐属未竟之作，但它所包含的语言非常重要。那辞藻华丽的绪言，打眼一看就能发现，舵手与医生的熟悉形象仍在，厨师—立法者的形象却没有出场。暗含的原因在第二段中有说明：一个城市是由有着无限多样性的个人组成，管理他们时出现的变故与麻烦同样是无限的。因此，舵手、医生和政治家需要同样的美德：周全、审慎、勤勉。靠它，舵手能把握航向，引领航船入港；靠它，医生能明察病理、预见一切不测，没有它，就做不到“对症下药”，甚至有违病人的“总体体征”。[2]这不是让质料恢复其原形的问题；“质料”一词初次出现是与“麻烦”（difficile）一词一起；医学的类比预设了身体有病、船只遭遇风暴。在谈到多数和少数一样参与统治的平民政府时，采用比较乐观的语气，讨论立法者及其能够同时施行
141 于整个政治共同体的神授权力是适宜的。但在这篇文章中，圭恰迪尼却囿于“显贵”的观点，只谈如何调整他们与美第奇家族的关系问题，

---

1 *D. e D.*, pp. 260—266：“l governo di Firenze dopo la restaurazione de' Medici nel 1512.”这是这类著作中唯一一篇我们无需借助于Albertini的文章。

2 *D. e D.*, pp. 260—261：“人们会看到，审慎老到的医生会竭尽全力认清疾病的本性，明确这种疾病的性质和所有的表现，然后以此为基础，来解决这疾病的根源是什么，该用什么药，什么时候用药；因为，如果这一点做不好，就去规定什么样的饮食，开出与疾病不相称的药，全然与该疾病的症状和本性相反，结果就会造成病人的完全毁灭和死亡。

“这一方案在任何事情上都是值得赞美和必要的，首先需要决定的是，谁是各国政府的领袖和首脑；既然城市是一个头［引者注：身体？］，由无限多不同状况的、不同欲望与心思的人构成，那么他们的表现、性情也是无限多的，驾驭他们的困难也是无限多的；因此，就必须明确并采取一个政府该有的秩序，质料本身越是复杂，所产生的后果越是重大，就越是需要小心谨慎。”

既然他们只不过是整体的一部分——尽管是最审慎、最有经验的一部分——他们就决不应超出他们的审慎和经验,试图对整体的品质施加影响。在早先的著作中他强调少数的正当野心,强调他们对荣耀的渴求可以为整体的完善做出贡献,但这里的语气却变得四平八稳。良药可保人性命,劣药则能让人送命;好政府可保持公民的联合与一致,这是人类生活中最弥足珍贵、"难得一见的"(singulare)事情,但我们也能预见到坏政府会带来"败落、毁坏、毁灭"。[1]即便在圭恰迪尼这里所能提供的最具亚里士多德色彩的语境中,"至善"并不会比不存在"至恶"的情况好到哪里去。

这种不抱幻想的语气的深层原因,不久便昭然若揭。他说——明显是以城市包含着无限多样的性情和处境作为根据——泛泛谈论政府无所裨益;必须考虑被统治的人民和地区(luogo, sito)的性质(natura)。圭恰迪尼要描述佛罗伦萨人的典型特征,即他们由于第二天性和历史的缘故,除了自由的生活之外不适于其他任何生活,但在这样做之前,他提出了一组吸引读者注意并对他的其他论证有深刻影响的范畴。他说,有一种政府模式是由君王或"天然的大人物"(signore naturale)行使统治权,还有一种则是由一个人在暴力和篡夺的基础上行使统治权;有一种是对惯于服从的城市实行的统治,另一种则是对惯于自我管理并统治他人的城市实行的统治。值得指出的是,我们将会看到,此乃马基雅维里用来构思《君主论》的重要范畴(在1512年至1513年期间,即这篇文章和《君主论》都在写作中的时候,似乎没有迹象表明他们两人有过来往)。但是,马基雅维里运用这些范畴,是为了把"新君主"——城市权力的篡夺者——单独拿出来作为一种理想类型,并 142

1 *D. e D.*, p. 261:"因为良好的政府可以带来无数人的福祉和安全,而相反则会造成城市的毁灭和消亡,因此,在人类生活中,没有任何东西比这一共同体和公民团体更为珍贵和独特了。正如一种疾病是否得到了医生的良好照料,人们可以提出生或死的强有力论证,涉及一个国家的政府,情况也是同样,因为如果得到了明智而且相称的治理,人们就可以相信并指望获得好的结果;得到其他方式的治理,或者说政府是坏的,那么,除了毁灭和消亡,人们还能指望什么呢?"

对该类型所属的那类政治现象进行界定，而圭恰迪尼则宣称，对该领域的详尽分析耗时太长，因此他采用这些范畴别无他意，只是为了界定复辟后的美第奇政府的特点和问题。[1]他这么做，无疑是由于他自认为比马基雅维里更接近于权力和实际问题；但与此同时，他的分析所采取的形式，是对1434年之后和1512年之后的美第奇统治进行比较——这是对历史的复述；因此使复辟后的美第奇家族到底在何种程度上属于“新君主”的类型，以及他们可以找到何种稳定性和正当性的来源，变得难以确定。

他接着说，佛罗伦萨城自古以来享有自由，在意大利行使着主导权。这要归因于它的地理位置，但也归因于居民的性格，他们不甘清静、四处游历，擅长攫取财富与权力，最重要的是，他们着迷于关心公共事务。因此佛罗伦萨生活中的关键事实是，存在着数量庞大的惯于要求和行使“参政权”的公民，这导致了对“自由的平民生活”（vivere libero e populare）的内在偏好，以及对从有权势的特殊人物那儿得到的政治地位的憎恨。[2]我们知道，圭恰迪尼对这个事实有着复杂的心情；他承认广泛的政治参与是自由之要件，但又不信任多数实际行使参与创议的权利。故也难怪，虽然他声称在这些方面佛罗伦萨人的性格中自由品质古已有之，根深蒂固，但他不认为它是神圣的，尤其值得注
143 意的是，他不认为它是正当的，甚至不把它视为不变的规范。它会一再

1 *D.e D.*, p.261：“……由此可见，用同样的规则进行一般的讨论并不够，需要的或者是对所有事例都加以区分的一般讨论，这样将会太冗长；或者就是只局限于讨论一点，亦即我所要做的，仅限于对于美第奇家族列位所必要的讨论，仅限于佛罗伦萨城的国家与政府……”

2 *D. e D.*, pp. 261—262：“佛罗伦萨这个城市长久以来其自身就一直是自由的；它由民众所统治，并且在托斯卡纳地区的许多地方有统治权和治理权。在过去意大利的政局中始终在各列强之间是最有名望和地位的，似乎没有谁比得上它的控制权。要说原因，可以说是它所处的位置，那里人们的天性，他们不甘清静，愿意四处闯荡，在贸易方面很在行，他们向来精于牟利。这些状况，就使得佛罗伦萨市民对自由生活和民主生活有着共同的渴望，不愿意承认某些人有特殊的地位，对每一个高高在上的人或者某个人过分的权力都很憎恨，而且他们都有参与并思考国家和政府事务的倾向。”“参与”（participazione）一词初见于p. 263；见本书下页注2。

遭受挫败。但是，自1494年开始，之后又从1502年开始，由于大议会的设立，它成了一项制度化的规范，[1]正是这一点，使美第奇家族以往的统治与复辟后的统治截然有别。在1434年并不存在“平民生活”；城内派系林立，各派首领争权夺利，因此当科西莫·德·美第奇夺取了控制权时，他似乎不是夺自“平民”或“全体”，而是“夺自里纳尔多·德利·阿尔比齐大人，夺自帕拉·斯特罗齐大人或其他类似的特殊人物”。对“平民”来说，虽然派系之争有碍于权力的有效行使，他们在美第奇治下参政的机会也没有扩大，但派系领袖的倒台却使他们感到受到的剥夺相对减轻了。此外，美第奇家族避免让人觉得他们直接控制一切，而是与一个亲信小圈子分享权力，后者虽不能与他们平起平坐，却享有一定程度的“参政权”；因此，即便是豪华者洛伦佐，虽然对这个内部的小圈子（圭恰迪尼仍在暗示）拥有极大的权力，也是经过数年的蚕食之后才获得的。[2]

但是在1512年，所有这些条件都不复存在。在过去长达十八年的时间里，大议会为大量公民提供了广泛的参政空间，他们的参政欲望仍在，而且也不能指望他们不会那样。美第奇家族直接从“全体”（universale）手里夺取了权力，而且做得突然而又野蛮，没有给后者留下机会忘掉行使公民权的体验。这个复辟家族的成员敌众友寡，只好公开

1 *D. e D.*, p. 262：“这种介入如今犹胜往日，因为市民们从1494年到1512年间都是在一种最广泛最自由的民众政府治下成长的，并习惯于这种方式，在这种制度中，所有的人似乎都是平等的，他们最难以承认有人高高在上，并且在每一件事情上掌握完整、绝对的裁量和统治权。”

2 *D. e D.*, pp. 262—263：“再说相当重要的一点，美第奇家族不是纯粹从平民那里夺取政权的，而是说，长久以来该城已然分化，并掌握在各派别且流变不居的首领们手里……他似乎不是从全体市民那里，而是从另一派别的首领们手里获得的；这一点并没有使中层和平民们不满意，因为随着这种变化，他们的地位似乎并没有下降，相反，因为上层互相争斗，他们的状况倒有所改善。就这样，1434年美第奇家族执掌政权，不是从平民，而是从某个里纳尔多·德利·阿尔比齐大人、某个帕拉·斯特罗齐大人以及其他类似的人手中获得的；而即便是美第奇家族，也没有在每一件事情上成为绝对的主人，而是有某些同伙，他们尽管地位较低，但也有某种参政权［波考克注：这是该词第一次出现］；因此，洛伦佐手中完成的大业，并非在他们家族一蹴而就，而是在许多年中一点点实现的。”

和直接行使权力，从而使现在与记忆中不远的过去之间的反差更加突
144 出。[1]多数与少数，“平民”与“显贵”，同样疏远政府，并且由于美第奇家族难以与多数分享权力，他们面对的关键问题，便成了他们同少数的关系问题。

在这项分析中，圭恰迪尼把人们希望参政是因为将它本身作为目的的学说，与另一种思想结合在了一起，后者认为革故鼎新是危险的，因为迅速而突然的改变没有给人们留出时间逐渐适应新的环境。美第奇家族的第一代人没有从任何人手里拿走权力，而是以循序渐进的方式得到了权力；但是，1494年突如其来的革命带来了广泛的政治参与，而1512年的另一场革命又突然使其荡然无存。复辟后的美第奇家族至少在两层意义上是“新君主”：使他们得以复辟的那场革新是如此突如其来，以至于无人习惯于他们的统治，仅此一项就足以作为他们不能以传统方式进行统治的原因；此外，城市的环境已经与1494年之前的情况大为不同，因为十八年的“平民生活”已培养起“全体”的参政嗜好，更确切地说，是使他们恢复了正常的参政嗜好，它在科西莫及其继任者治下只是被暂时搁置而已。固然，人们的天性，或至少是他们的社会和政治习性，是可以改变的；但是得到公认的能造成这种改变的只有两种力量，一是习俗和习惯，它起效缓慢；二是政治参与，它能迅速奏效，消除起来则费时良久。

很多人不愿意逐渐习惯和认可“参政权”的丧失，因此革新使得复辟后的美第奇家族在这些人中间树敌甚多，处境危险；但是，有必要把这些政敌分为两类。“全体”的敌意是消除不掉的，这与其说是因为他们的敌意十分强烈，不如说是因为除非恢复大议会，否则就无法安抚他

1 *D. e D.*, p. 263：“如今每件事都分化了：变成了一个根本不是民众的国家，刹那间就被美第奇家族接管了权力，一个人绝对掌握了城市的权威力量；由此产生了一个从民众和城市全体手中攫取的政权，而且这种变化是一下子发生的，没有任何的时间间隔，就从充足落到极度贫乏。而这种状况在任何一点上［参见本书第150页注2］都是极其困难的，因为很大一部分市民都成了敌人，他们如今可以说是完全没有了当初的那些参政权；不光是这一类市民成了敌人，还有其他许多不喜欢该政府的人，而要想更好地认清这种恶的本性以及该政治体的复杂性，需要花更多的篇幅来加以分析。”

们，可是美第奇家族正是通过推翻大议会才重新上台掌权。然而不同的精英集团则是另一种情况，他们才是圭恰迪尼主要关注的对象。我 145 们依然记得，在《洛格罗诺谈话录》所讲述的那个相对理想的世界里，少数被视为一个出类拔萃的阶层，他们对荣耀有着勃勃野心，追求荣耀使他们能够不同寻常地效力于“公共事务”（res publica）。这里的态度则大不相同，他首先剔除了一些不可调和的集团：美第奇家族的世仇，还有那些野心无边、极不安分，不愿屈居任何人之下的人。[1]接下来是对“显贵”的界定：那些门第高贵、享有仁慈或审慎的名望（essere tenuti, avere fama），因而在1494年政府中得到尊崇，大概也能在任何政府中确保其精英地位的人。对于这些人，从原则上说没有什么好担心的，这是因为以其审慎和智慧而在社会上出人头地的人，可以从任何政府中获益，也可因它的倒台而受损。就像洛多维科·阿拉曼尼几年后以更加露骨的方式所言：“何必害怕聪明人呢，因为聪明人是从来不会革新的。”[2]然而并非大家都是聪明人，而且即便聪明人在事关个人利益时也会受骗，因此圭恰迪尼说，他宁愿不去预测他们当中绝大多数人的行为。[3]

可以察觉到他对“显贵”的基调发生了变化。此处，他不再强调他们的野心和对荣誉的热爱，而是关心他们是否具备审慎的品质。毕竟，审慎是公民贵族的第二美德；这是一种既能在当下采取行动又能深谋远虑的能力，这种对事务的难能可贵的见识，只有那些得到了获得它的罕见机会的人才能拥有。但是，实际发生的情况并不是圭恰迪尼现在

1　*D. e D.*, pp. 263—264.

2　Albertini, 前揭书, p. 370：“老人们的这种奇想绝不会消除，但它们是聪明人的奇想，但用不着怕聪明人，因为他们从来不会革新。”

3　*D. e D.*, pp. 263—264：“……为他们所用的人，无非是或者身为贵族，或者有亲戚关系，或者要坚持做好人，或者是有着审慎者的名声，都曾在民众政权中状况良好，也许会一心在此寻找位置，不管是什么样的生活方式。这些人，因为与其他人比起来在这个政权下状况要好得多，所以用不着惧怕他们会费力去危害政权……如果他们具有明智或者善良，就必定会考虑让这政权延续下去……但因为人们并非都是聪明的，而更多地是为自己的私事花心思，对于他们大部分人的精神状况，我可不会作肯定的判断。”

要推崇一种新的美德，而是决定着“显贵”角色的局势发生了变化。野心属于这样一些人的美德，他们是在“平民生活”中享有精英地位，在一群作为观众的既景仰又挑剔的公民同胞面前行事张扬的人。但是，现如今，“显贵”和“全体”的公民参政权已经丧失，因此，他这时所讨
146 论的问题的本质是，前者是否能够在美第奇家族的庇护下重获领导角色。但是，美第奇家族由于垄断着权力，与受到排斥的“显贵”之间存在着紧张关系；既然“全体”不会重新掌权，他们对“显贵”重新进入权力集团也不会是友好的旁观者。这是因为革新已然发生，安全已然普遍丧失；人人相互为敌。圭恰迪尼强调需要审慎而非野心（能教人把船驶向何方的审慎），其语境与他把精英描述为因其门第和名望而显赫——这近乎使他们成为命运的产物——的语境是一样的，并且可通过这种语境得到解释。

接下来他谈到一个问题，意味深长的是，他认为这个问题要由美第奇家族而不是“显贵”加以定夺。复辟后的政权的最佳战略，是迎合“全体”，尽可能像平民政府那样去分配荣誉和官职，充当人身自由的保护者，使之免受强者的压迫，还是压制一切赋予平民以创议权的尝试，借助一小撮党羽进行统治，把荣誉只分配给他们。[1]第一个选项隐含的问题是，和平、秩序与正义能否使多数接受“参政权”的丧失；第二种选项隐含的问题是，“显贵”能否保持其精英地位，而付出的代价尚不至是永远依附于那个统治家族。在文章余下的部分，圭恰迪尼陈述了支持前一种战略的理由。对于“全体”来说，好政府代替不了自治政府；无论什么政府，不管它的官职分配多么公正无私，只要不能使他们恢复在大议会中参政的“愉悦”（dolcezza），他们是不会感到满意的。因为只要不让他们参政，他们的抱负就会受到压抑。[2]然而美第奇

1 *D. e D.*, p. 265.

2 *D. e D.*, pp. 265—266：“再说，统治者和政府的首要目的是要维护他们自己及其政权，出于这一目的，他们就需要他们的敌人们一直相互争斗，而不能变成朋友，而这一类人据说不仅是美第奇家族公开的敌人，甚至就是城市中的全体。这些人并没有因私人的损害和惧怕而恨他们，也不是因为他们统治得不公正，而只是因为他们在整整十八年间损害

家族是不能这样做的，除非他们招募一帮忠心耿耿的拥护者，而这些人必然是从一批野心勃勃的人中录取，并且要授予他们对官职的垄断 147
权，但又要表明，他们这种垄断权是与美第奇家族共存亡的。野心会与自利相结合，使这类人成为狂热的党羽，而非三心二意的朋友。不过圭恰迪尼后来在这个问题上背离了1513年的论文，他说自己完全反对那些观点。[1]

他也许认为，“显贵”若是在公开敌视“平民”的情况下与美第奇家族结盟，这未免失之审慎；或者，他们若是承认缺少自由的处境是为了保全自己的地位而公开依附于美第奇家族，这未免有失尊严。我们知道他本人是如何解决这一问题的；但他作为理论分析家所采用的方案，却很难让人明白美第奇家族的统治如何能够失去使它树敌的革新特征，或者贵族如何能够避免在美第奇家族与依附之间，或在公民权与大议会之间做出选择。在圭恰迪尼的同代人中，有人提出了甚至比圭恰迪尼所反对的还要冷酷无情的建议。其中一位就是保罗·维托里，他在1512年为美第奇枢机主教写了一份有关他的罗马之行和教皇选举的备忘录。他对这位家族首领说：“您的祖先保有此城，靠的是苦心经营而非武力；您若要保有它却必须靠武力。因为自1502年以来此城受到良好的治理，这种记忆总会向您发起挑战；您在城内敌人太多，因此无法通过任何形式的联合来保有权力。但是，乡村属地——即‘城郊’（contado）的统治一向十分恶劣，只要您把那些地方武装起来，置于您的直接庇护之下，那么用不了半年，您就会比有西班牙军队的保护更安全。”[2]维托里的这一提议，是把马基雅维里要将“城郊乡民”

了这些人过去民众生活的愉悦，因而希望回到过去，而其他任何事情这些人都不喜欢。不过，这些人既不是出于好品行，又不是喜欢正义，也不是为了荣誉和利益；他们始终在考虑变革，要回到过去的大议会，回到共和政府。”

1 *D. e D.*, p. 266：“……这些说法虽然花团锦簇，我却有不同的见解。”这是*discorso*一书的结语。

2 Albertini, p. 345：“你们的先人，从科西莫开始，一直到皮埃罗，他们执掌这个国家，是靠勤勉而非武力。于你们，则需要比勤勉更多的武力，因为你们有更多的敌人，缺乏对付他们的手段……要把聪明人笼络在身边，按你们的想法来把持军队……但所有这些

（contadini）组织成公民军的政策颠倒了过来，他的理由当然是，“城
148 郊乡民”没有公民权，因此他们不想为了保卫城市而去抵御西班牙人，[1]但是他们乐意帮助美第奇家族去制服一座剥削他们的城市。不过这不会把他们造就成公民。实际上，维托里所描绘的，正是1530年之后形成的大公国体制下美第奇家族统治的特征，那时“城郊”即或没有被武装起来，也得到了宠幸；但是到了那个时候，美第奇家族冒充公民而在其他公民中间进行统治的伪装，已被弃之不用了。

但是贵族的两难困境的性质得到了清晰的表述。他们强烈意识到自己是一个排外的精英集团，这足以使他们欢迎对大议会进行压制，向往他们同美第奇家族一起实行“封闭型政制”的前景；然而与此同时，上述感觉也使他们渴望仍然做公民贵族，不依附于任何上司，在内部实行平等，这使得美第奇家族只有作为“地位相同者之翘楚”（primus inter pares）的角色才可以接受。然而，不论是圭恰迪尼、维托里还是另一些人，都清醒地意识到，这种情况在1434年至1494年期间的条件下或许可能，现在却不可能了，因为皮耶罗的倒台和大议会的兴亡已经带来了太多的改变。显然，对豪华者洛伦佐的理想化带有某些怀旧的成分：关于一个黄金时刻的神话，那时“地位相同者之翘楚”与奥古斯都元首制的理想一度成为现实。但是，只要一指出以下情况，就会感到佛罗伦萨政治分析中令人痛心疾首的事情：多数和少数在萨伏那罗拉的政制下都享有“参政权”，对这种政制不久前的失败还难以忘怀，因此每当“显贵”被认为是在向美第奇家族施压，要他们把自己作为平等的合作伙伴，“平民”因为没有恢复权利而产生的嫉妒感便肯定会被认为也在施加它自身的压力：这一方面使美第奇家族对“显贵”的让步成

力量还不够，因为这座城市太大了，有太多的人不满……因为你们要明白，在过去的十年里该城状况好极了，所以对这段时间的回忆就让你们陷入战争。另一方面，城郊和乡村则坏透了，因此，城市你们没有能力重新获取，但城郊则可以。如果你们把它武装起来，用武装人员去对抗损害他们的外部的统治者和内部的各种长官，那你们就实际上成了他们的主人，这样，从现在起不消六个月，你们在佛罗伦萨这座城市，就会比在普拉多驻扎一支西班牙军队还要安全。”

1　这在马基雅维里本人的著作中大概从未得到承认。

为可取的事情，另一方面又使“显贵”大大依附于美第奇家族，从而抵消那种让步的大部分影响。此一阶段的圭恰迪尼可被看作代表了这样一些人，他们认为“显贵”除非处在公民自由的背景下，否则能否作为公民贵族而存在值得怀疑，因此他们倾向于（虽然越来越停留在理论分析上）在一定程度上恢复多数的“参政权”，把美第奇家族描绘为类似于威尼斯政制中的领袖角色。维托里则为另一些人说话，他们想成为美第奇家族合作者，以这种方式维护贵族的权势，而这种统治形式根本不是按地位相同者之翘楚的形式运行，即使这意味着取消佛罗伦萨在古典式公民权方面的一切实验。最引人注目的是，这两派人都认为，无 149
论从人民尚未习惯美第奇家族的统治这个意义上，还是从其统治是环境变化的产物这个意义上，美第奇家族都是革新者，它的统治是“新型的”统治。正是革新——主要不是指多数在1494年获得了“参政权”，而是指他们在1512年丧失了这种权利——使得任何数量可观的公民行使公民权都变得即便不是毫无可能，也是困难重重；因此，要么必须恢复先前的环境，要么城市必须接受一种新的、非公民政治的关系。

我们发现，这种观念模式在1516年的一些著作中得到了重新阐述。需要说明的是，当时马基雅维里《君主论》的内容为佛罗伦萨一些小圈子所知已经有些时日，尽管马基雅维里那时刚刚写完该书中致乌尔比诺公爵洛伦佐·德·美第奇的献词。就在写那篇献词之际，朱利亚诺病重不治，于1516年3月去世，洛伦佐的军事行动不断升级，夺取了他的公国并用它为自己冠名。马基雅维里在撰写讨论“新君主”的著作时，心中或许想着美第奇家族，不过我们就会看到，难以确定的是，他所思考的是他们在佛罗伦萨政治中的角色，而不是他们在意大利中部获取了新的领主权和领土，因此有趣的是，与他类似的思想在圭恰迪尼讨论“如何确保政府属于美第奇家族”的《谈话录》中特别清晰，[1]这篇谈话是对利奥十世上任三年后形势的总结。圭恰迪尼观察到，那位教皇的当选为该家族在佛罗伦萨的统治带来了获得信任的神奇机会，但其

1　*D. e D.*, pp. 267—281: “Del modo di assicurare lo stato alla casa de’Medici.”

主要作用却是，这使他的亲属疏于巩固他们在当地的地位，而去追求在意大利其他地方的权力。这种做法显然十分鲁莽。比如在乌尔比诺这样的地方，他们的政权才刚刚建立，对这种攫取行为仍然怨声四起，况且它如此依赖于一个人的寿限和教皇权力。[1]这使圭恰迪尼说出了《君主论》的任何读者显然都耳熟能详的话：切萨雷·博尔贾把权力押在其父的教皇身份上，也会同他一起毁灭。更值得一提的是，他接下来分析
150 了弗兰切斯科·斯福尔扎的例子：他取得了米兰的政权，而这座城市早已习惯了维斯孔蒂家族的统治，他娶维斯孔蒂末代公爵的亲女儿为妻，使自己看上去像是他们的合法继承人。[2]不过，美第奇家族并非乌尔比诺的世袭统治者，他们在那里的统治与博尔贾相仿；他们在佛罗伦萨虽然也不是“天然的执政者”（signori naturali），但他们出身于“在公私事务上”上都发挥着首要作用的公民，他们由此具有了正当性。[3]因此，就像明智的舵手和航海家利用风平浪静时对船的龙骨和设备进行整修一样，他们也必须利用利奥十世尚在人世，巩固他们在佛罗伦萨统治的

1 *D. e D.*, p. 269：“……如果教皇活着，那他们就能有足够的机会和力量去攫取各国，实现他们的图谋；教皇如果死了，那谁会看不到维持与新赢家的交情将是多么重要？要想守住其他那些国家将是很困难甚至是极端困难的，因为它们是新的，邻近的强人、自命有权利的人，或者低下败坏的民众，他们都会强烈反对。适应了这种情况，要想维持权力就不会困难了，因为统治这个国家并不冒犯也不夺取任何人，如果不伤害那些市民自身的话，后面我们会谈到，让他们满足是不困难的。”

2 *D. e D.*, pp. 270—271：“……我们有瓦伦蒂诺的例子，其道理很明显：因为获得个别大国家是件艰巨的任务，而维持它们则是更加艰巨的任务，要建立一个新的君主国有无限多的困难，尤其是成为一个新的君主。只有弗兰切斯科·斯福尔扎在米兰成功地维持了统治，但这有许多原因……再加上，他获得的是这样一个国家，尽管它喜爱自由，但它习惯于为外来的主子所统治，而且它的自由也大大地变质了，自由的民众也大大地陷入了奴役；各种条件都使得维持统治变得极其容易，很少会有人起来反对新的主宰，自由的民主和天然的主人倒是更会起来争取解放。不如说他是占有一件无人认领的遗产（eredità vacante），即他从其他人那里没有抢任何东西；甚至对于该城民众而言，这倒可算是给了他们很大的好处，考虑到这是从威尼斯人嘴里夺取的，这自然是再滑稽不过的事。”不难设想，圭恰迪尼在写下这段话时，他一定十分熟悉《君主论》。

3 *D. e D*, p. 270：“……虽然他们也有一位教皇，但他们却不是天然的主人，而是说他们都是公民，并且是在公私各方面都起过巨大作用的长辈们的后裔。”

唯一基础,以使他们的政权在他去世后仍能延续。不言而喻,这个基础就是城市中的公民关系——值得注意的是,在几乎位于句中的位置,舵手的比喻变成了医生的比喻,他所诊治的那个病人即使无法痊愈,病情也可部分好转。[1]

这病症依然是1513年分析的那种:美第奇家族有一种习性,他们认为一定要事必躬亲,不信任任何人,而是把人人看作潜在的对手,不 151
管何人的敌意如果像是要变成现实,他们就立即予以镇压。[2]对此,圭恰迪尼看得分明,这种做法让支持他们权力的基础变得十分狭小,愈发处于不安全的境地;然而可惜的是,他们事事多疑的态度大多没有必要。圭恰迪尼认为,贵族已别无选择,只能支持美第奇家族。他们在1512年默许摧毁大议会,甚至被认为亲自参与其中,以至于平民把他们视为美第奇家族复辟的同党。1494年的情况已经一去不复返了,当时美第奇家族虽然被赶走,"显贵"却留了下来,在随后成立的政府中居领导地位;如今,任何平民反叛都会使他们的精英地位受损(正如圭恰迪尼在1529—1530年看到的情形)。[3]因此,"显贵"对那个统治家族不存在任何威胁,相反,它只要寻求他们的友谊,许给他们行动的自由,并通

1 *D. e D.*, p. 268:"虽然教皇国的强大会使人认识不到这一危险,但这并不是低估它的充足理由,因为时机和幸运会改变,而且把一切都建立在一个人的生命之上,是很靠不住的,一旦他死去,人们马上就会看到各种失序的后果……但是正如明智的水手在港口或者风平浪静时会修整船木和各种在未来用以对付风浪的工具,同样,为国家掌舵的人,也必须着眼于修整并妥善安排这一身体的各个肢体,以便在发生任何情况时,能够调动起它的全部神经和力量。的确,谁若能认真考虑这些恶的原因和起源,不应怀疑他能不太困难地因势利导去医治这一病人,即便不能达到最佳,起码也可使其处于良好的状态。"

2 *D. e D.*, pp. 272—273.

3 *D. e D.*, p. 275:"……然而,当初他却是个内心温和的人,但如果人们发动了新的变革,那他也是会改变的,因为,照我看来,在当初的宽大和后面引入的情况之间的差异,也就相当于如今的狭小和洛伦佐时代的情况。

"这样就会在那些赞同这个政权的人们当中产生怀疑、愤怒和无知;有人会认为这和94年的变革很相似,那会儿美第奇家族的朋友们,都是这座城市的佼佼者,他们得到了保护,而没几个月之后又和其他人一起进入了政府。如今要是不心狠手辣就会有危险……也许就是流放、剥夺财产以及其他类似的损害……"

过他们给予的帮助、建议和爱戴来巩固自己的地位，它就能得到一切。

在这篇文章中，他似乎更加认同于他为之写作的团体（不断使用第一人称的复数形式"我们"），并且绝望的语气清晰可闻。令人存疑的是，他的论证是否摧毁了贵族要求得到平等对待的基础，只留给他们一种服从和依附的角色？还有一篇写于1516年后期的文章，讨论美第奇家族统治的巩固，其中鼓吹的政策更巧妙，因而也更严厉，甚至比
152 保罗·维托里曾提出的政策尤有过之。此文的作者是洛多维科·阿拉曼尼，[1]他跟圭恰迪尼一样，认为洛伦佐在意大利的地位因其依赖于利奥十世的寿限而不安全，所以更有必要确保佛罗伦萨政权永固，[2]但是，关于如何做到这一点，他的观点却与圭恰迪尼大相径庭。他承认，公民中普遍存在的分享权力的愿望，对于把权力保留在少数人手中构成了持久的挑战，但他声称自己有办法使这种愿望发生变化。以下做法是无法奏效的：采用恐怖统治——如果它不分青红皂白，会把敌人和朋友一起毁灭，如果进行甄别，则只会坐等敌人出手；放逐公民——这会使他们形成势不两立的谋反集团；杀人不经审判——这会造成新的紧张，同时又自取其辱。古罗马的放逐之所以行得通，只是因为普天之下除了罗马之外没有其他权力中心，况且叙拉古的阿加托克雷和奥利韦罗托·达·费尔默是不计后果孤注一掷的罪犯。[3]阿拉曼尼与马基雅维里相识，而且听口气他似乎读过《君主论》，在这本书里阿加托克雷和

1 Albertini, pp. 362—371："Discorso di Lodovico Alamanni sopra il fermare lo stato di Firenze nella devozione de' Medici"（"洛多维科·阿拉曼尼论将佛罗伦萨政权巩固于美第奇家族之奉献"，这是Roberto Ridolfi为此文起的标题）。关于阿拉曼尼的生平，以及他与他共和派弟弟Luigi的必要区分，见Albertini, pp. 43—45。另参见G. Guidi, "La teoria delle 'tre ambizioni' nel pensiero politico fiorentino del primo Cinquecento", in *Il Pensiero* Politico, vol. 5, pt. 2（1972）, pp. 241—259。此文的英译本见*Social and Economic Foundations of the Italian Renaissance*, ed. Anthony Molho（New York: John Wiley and Sons, 1969）, pp. 214—220。

2 Albertini, p. 363.

3 Albertini, pp. 366—368.

奥利韦罗托就是以纯粹罪犯的面貌出现的。但是他的分析的取向,却不能说马基雅维里或圭恰迪尼也会接受。阿拉曼尼明白,其他人也明白,1434年至1494年美第奇家族的统治靠的是培植一批公民,他们的官职和地位都拜其所赐,在执行公务时都投其所好。贵族派和共和派的分析的要点都是:即便这不是导致1494年之前的不稳定局面的根源,在1512年之后已经变化的环境中也不可能故技重施。阿拉曼尼用大量笔墨反驳了这观点,[1]其论说的高潮则是他对萨伏那罗拉和圭恰迪尼的批驳,这二位认为佛罗伦萨人对于公民"参政权"的迷恋已难以改变。

他对一种人所熟知的语言稍加变通,论证说,[2]在全体公民中可 153
以看到三个层次的野心。有些人野心勃勃,想进入政府最高级别的委员会;有些人只想获得荣誉和官职;另一些则没有什么其他野心,只求自由自在,私事不受打扰。最后这种人,显然就是亚里士多德所指的多数,而且很容易看出,亚里士多德式的知识社会学为他们的政治理解力所确定的局限性,能被用来把"参政权"减少到近乎为零的程度。阿拉曼尼可以毫不费力地指出,美第奇家族应当如何管理后两种人。而在讨论另一种人(即圭恰迪尼在《洛格罗诺谈话录》中描绘的那种有着高贵野心的精英)时,他虽然受当时语言的限制,却提出了作为一名政治思想家的创见。他同意诸多前人之见,认为人只能是那个样子,因为习惯已经成了他们的第二天性,过了一定的年龄或阶段之后,这种天性已经无法用普通手段加以改变。在佛罗伦萨那些野心勃勃的人当中,年长者

1 Albertini, p. 368:"……我知道,其他许多人是这样反驳的,他们说,对于不同的时间和不同的条件,需要想到不同的方法,因为老一套是不行的。但我说,从那会儿到现在,各方面的可能是加大了许多,但还没有到变种或者增长过头的地步。而对于那些年长和因袭的人,老洛伦佐的老办法就是最佳的;对于那些新近才为人所知的人,也还有极便捷和安全的药方,这样如今掌握政权就和当初一样容易。而当对某些人而言情况似乎相反时,他们就会声称此前要比现在有利得多,为他们所看到的找借口,说一切都会与他们的说法吻合。"

2 Albertini, pp. 368—369:"他们还会说,在洛伦佐的时代,没有一个像如今这样的大议会,它与市民们的心性完全相异:而我说,这个困难并不是不可以轻易解决,因为在佛罗伦萨的市民中间,存在着三种类型的灵魂……"

已经十分习惯于通过参与公民生活去追求公共荣誉，因此他们绝不会接受一个肯定会剥夺他们公开竞争和得到无限奖赏的机会的政权。年青人则另当别论。还有一种政治文化形态，可以使他们脱离“公民精神”（civilità）的文化。这就是追求“廷臣的品德”（alii costumi cortesani）的文化，[1]与公民生活相比，廷臣的生活一点也不缺少荣耀或——热衷于此道的人会说——缺少自由。卡斯蒂利奥内对这种生活的经典研究完成于1518年，其背景是洛伦佐的野心所觊觎的乌尔比诺城，书中引入了朱利亚诺作为对话人。这位年轻的贵族从侍奉自己的君主中发现了一种生活方式；阿拉曼尼丝毫不带有卡斯蒂利奥内的激情，以枯燥的文笔概述了它的特点：与君主亲密无间，统帅君主卫队，为君主的外交利益出使各国，着装样式迥异于公民贵族（圭恰迪尼主张制定反奢侈法，因
154 此这里对他加以丑化和反对），聪明的君主用这种方式可以把年轻人吸引到自己一边，驳倒那种谴责他们的生活方式缺乏自由的说法，改造他们的习惯、价值观和性格，直到权威与“参政权”之间的紧张失去任何意义。[2]在阿拉曼尼著文二十年后，由另一位科西莫·德·美第奇建立的托斯卡纳大公国就以这种政治文化作为基础，无论他是否准确预见到

1 Albertini, p. 370：“但他们都习惯于他们的某种愚蠢之行为，而不是自由，故而在佛罗伦萨，他们不肯去尊重任何东西，不管它多么有价值，只要它不是属于其统治者，并且是出于强迫和劳累。正因为如此，他们与宫廷的方式大相径庭，而且我相信，很少会有其他人这样；然而，一旦到了外面，他们就不会这样。由此我相信，起初他们那做派准是显得很不合适；而后他们的游手好闲则成了习惯，习惯又成了自然。因此我相信，当他们到了他们的地界和习俗以外，和君主们打交道就毫不费力。这种奇想在老年人那里从来就不会消失，但他们都是聪明人，而聪明人你不用害怕，因为他们从来不会革新。而年轻人则很容易戒掉这种公民精神，并习惯于廷臣的习性，只要君主愿意。”

2 Albertini, pp. 370—371：“除此之外，更需要考虑到的是，这会让他们戒掉那种与他们自己的习惯如此相异的公民精神；因此对于那些见了长官阁下要脱帽除冠的人，情况就会像是修士们那样，他们会拒斥共和国，按他的命令行事，从此再也不会装出公民的素质，或者民众的善意……而随着时间的推移，一点点地，如果按照同样的选举和任命程序，用那些将走上前台的年轻人，以及那些现在还是少年的人，来替代本城政府中那些曾经是年轻人如今已年老的人（他们也是在它的学校里培养的），那么，在我们的城市中，就没有人可以离开君主而生活（他会与他们交谈，这是与现在各处的情形都相反的）。”

了以廷臣理想取代公民理想对佛罗伦萨人的个性的影响。

至此，我们也许要进入本项研究的下一个阶段了。阿拉曼尼解决了一个马基雅维里即使没有回避也没有触及的问题：说明“新君主”如何让习惯的稳定作用对自己有利，以此来加强他的地位；他在这样做时，利用了“习惯是另一种天性”这句格言，着眼于马基雅维里和圭恰迪尼完全漠不关心的另一种政治文化。然而，与我们密切相关的却是一个所有这些佛罗伦萨人在其语境中思考的问题，即创新问题。圭恰迪尼、维托里和阿拉曼尼三人都根据那些与复辟后的美第奇家族相关的陌生和前所未有的因素，对该家族的处境进行了分析，并对新的因素加以考察，以便弄清在“显贵”行使他们所选择的所谓公民领导权的传统职能的道路上遇到了哪些困难。在他们当中，更具保守主义和人文主义色彩的人（特别是奥里切拉伊花园小圈子里的人，以及他们中间后来的一些人）采取的路线，导致了在亚里士多德和波利比阿学说的基础上对威尼斯进行理想化；更激进、更极端的人，则走向废除公民理想，代之以廷臣的理想。但中心主题是创新和新君主。在这一背景下，马基雅维里在1512年至1513年大部分时间埋头创作的《君主论》，采取了一种新的视角，一种在所有创新政治学的理论探索中最伟大的视角。马基雅维里没有贵族地位（他属于阿拉曼尼所说的三种人中的第二种），故而他 155
不必为贵族操心；他决不可能当上元老或是廷臣，故而他的思想可以无所顾忌地探索新君主与环境的关系这个引人入胜的主题。正是这一点，赋予了《君主论》以思想革命发动者的地位：一项开辟理论研究新领域的突破性壮举。

156

第六章

美第奇复辟（二）
马基雅维里的《君主论》

对于革新问题，马基雅维里在1512年着手撰写《君主论》时，并未从革新对公民生活的影响方面予以考虑；他把这一主题留给了论述共和国的著作。这即是说，他既不自视为致力于保持公民精英特性的"显贵"，也不自视为——阿拉曼尼在1516年将之归入萨伏那罗拉派——要求恢复大议会及普遍"参政权"的人。《君主论》并非一本意识形态著作，换言之，不能认为它宣扬某一团体的观点。它是对革新及其后果的分析研究；但是由这种性质所定，它径直分析了革新和公民生活的衰败所引起的终极问题。这是"命运"的问题，对此，圭恰迪尼及下层"显贵"并未述及，其原因大概是，他们属于精英这个假设依然十分强大，足以传递他们仍然相对安全的含义。马基雅维里处境艰难，他对自身无法作此假设；但他所从事的理论探索，与贵族的思想立场并无不一致之处。如果认为政治是应付偶然事件的技艺，那么它就是一种应付"命运"的技艺，因为命运就是主宰着偶然事件的力量，象征着不受控制的和未被正当化的纯粹偶然性。如果政治体系不再具有普遍性，而是被视为一种特殊的体系，那么相应地它就难以做到这一点了。共和国能够支配"命运"，仅仅是因为它能把公民整合为一个自足的"社团"（universitas），但是这反过来又取决于自由参与和道德上给予认同的公民。

公民生活的没落导致了共和国的衰败和“命运”的肆虐；而当这一切都由革新——不受控制的行动引起时间中不受控制的结果——所致时，问题就变得更加突出。因此，马基雅维里在讨论“新君主”——作为革新者的统治者时，没有联系“显贵”和其他一些人的欲望，要继续作为公民去行动，而是认为新君主及其治下的人仅仅是在与“命运”的关系中采取行动。公民生活本身与“命运”的对抗这一题目，被留给了《论李维》。

再怎么强调也不过分的另一点是，“命运”问题是一个美德问题。157
对于波爱修斯传统的思想家来说，“德性”是好人用来形塑自身“命运”的。公民人文主义将好人等同于好公民，把德行政治化，使之离不开别人的美德。如果“德性”只有在公民共同从事“公共事务”时才能存在，那么“混合政体”——亚里士多德所说的职能有所划分的参政结构——实际上就变得与美德本身是一回事。假如好人只有在公民制度中才能践行自己的美德，那么这种制度的崩溃，不管是因为暴烈的革新，还是因为有些人日益依附于另一些人，都会既败坏当权者的美德，也败坏无权者的美德；暴君不可能是好人，因为他没有公民同胞。但在这个问题上，共和国维护自身抵御内部和外部打击——作为偶然因素之象征的“命运”——的能力，被视同为与“命运”相对立的罗马的“德性”。公民的美德是“混合政体”的稳定器，反之亦然；从政治和道德上说，“公民生活”是抵抗“命运”肆虐的唯一力量，也是个人具有美德的必要前提。马基雅维里在《君主论》最著名的段落所做的事情，就是重新借助于这种标准的罗马定义，探索是否存在某种“德行”（virtù），能够使摆脱了道德社会的革新者形塑自身的“命运”，以及是否可以设想，这种“德行”因其作用而产生的政治结果具有任何道德品质。这个问题只是作为政治行动的革新的结果而存在，因此对它的探讨必须根据进一步的政治行动。

本书采取形式的和分析的路径研究《君主论》这本并不是正式的或分析性的著作；为了阐明该书的某些含义，本书力求把它们同两个观念图式联系在一起：一种图式复述了对特殊事物的认知和行动的模式，它是中世纪和文艺复兴时期的政治思想可以利用的；另一种图式详细讲述了人文主义和佛罗伦萨思想对公民生活、美德和“命运”间关系的看法。任何分析路径都必然有方法论的局限性，因此，对于《君主论》中马基雅维里思想的某些方面，这里必然无法论及。但是有众多著作解释过这部经典，要么径直探讨一些难以捉摸的问题，如马基雅维里的道德观问题，他思考1512年的佛罗伦萨和意大利时的心理状态问题，
158 要么不事先针对任何特定问题，只进行纯粹的文本解释，因此也应当容许本书采取一种探索性的诠释模式。[1]

以此观之，《君主论》就成了一部研究革新者及其与“命运”关系的典型著作。该书一开始就采用分类研究的路径，并且贯穿于本书的核心章节。所有政体不是共和国就是君主国；所有君主国（或公国）不是世袭的就是新建立的。后者要么是全新的，要么是世袭领土与新领土的混合。新领土要么已经习惯于自由，要么已经习惯于其他君主的统治。新统治者获取它们，不是依靠他人的武力，就是依靠自己的武力，不是依靠“命运”，就是依靠“德行”。

这一连串典型的马基雅维里式对比概念，包含着全书中最关键的用语，构成了第一章的全篇。[2]下一章进一步探讨了极为重要的差别，即世袭君主（principe naturale）[3]与新君主的差别。马基雅维里解释

1 这种解释的较早阐述，参见笔者的“Custom and Grace, Form and Matter: An Approach to Machiavelli's Concept of Innovation”, in Martin Fleisher（ed.）, *Machiavelli and the Nature of Political Thought*（New York: Atheneum, 1972）, pp. 153—174。

2 Niccolò Machiavelli, *Opere*（a cura di Mario Bonfantini; Milan and Naples: Riccardo Ricciardi Editore; vol. 29 in series *La Letteratura Italiana: Storia e Testi*, undated but 1954），下面的引文见*Opere*, p. 5：“从古至今，统治人类的一切国家、一切政权，不是共和国就是君主国。君主国不是世袭的就是新的。在世袭君主国里，长期以来君主的后裔就是那里的君主，新的君主国或者是全新的，如弗兰切斯科·斯福尔扎的米兰公国；或者是世袭君主国占领的附庸，如西班牙合并的那波利王国。这样获得的领土，或者原来习惯在一个君主统治下生活，或者向来是自由的国家；而其获得，或者依靠他人的武力或者依靠君主自己的武力，或者由于命运或者由于德行。”

3 第二章题为《论世袭君主国》，同时以拉丁语和意大利语书写标题，这与第一章一样；但是，这个术语的初次出现是在第二段：“因为世袭君主没有多少原因和必要性去得

说，前者享有传统的正当性；居民已“习惯于”（assuefatti）他的“血统”（sangue），习惯于由出自其世系和姓氏的人统治。习惯和习俗对他的作用是，只要他遵循祖制，那么即便他遇到变故，也只会失去“权位”（stato）[1]；他的取代者一旦有所闪失或时运不济，他就有可能复位。简言之，他因习俗和传统而取得正当性，相对而言不太受“命运”的侵扰，几乎无须非凡的“德行”。[2]这些论点一个接着一个，每一种情况都与新君主的情况正好相反。可见，马基雅维里是把古老习惯作为“命运”与 159
“德行”的对立面；缺少前者，后两者之间的关系才变得至关重要。我们看到这仍是中世纪政治的概念世界，因为没有传统和古老习惯，正当性就无法想象，但我们同时也正在迅速离它而去，因为马基雅维里已着手考察缺乏正当性的统治的性质。应当进一步强调的是，在马基雅维里时代，阿尔卑斯山以北发育成熟的君主国有着更多的正当化手段，不只古老习俗一种：它可声称代表一种道德的、神圣的和理性的普遍秩序；除了人们自古就习惯于它的统治外，它还可从古老的习惯法体系中获得正当性，它作为“法律之代言”（jurisdictio）管理着这个体系；它也可声称，它行使着“一人掌舵”（gubernaculum）中可能得到神意指引的技巧。对于经过这三重正当化的统治体系，马基雅维里并未浓墨重彩地描绘，虽然我们从他有关法国君主制[3]的言论可以看出，他很熟

罪人民。”

1　马基雅维里的“stato”一词既指“权位”（status），也指“国家”（state），“stato”就是一个人或一个集团统治他人时拥有的“权位”（status）。但马基雅维里使用此词时常指某人的权位（status），较少指非人格化的国家（state）。参见Harvey C. Mansfield, “On the Impersonality of the Modern State: A Commentary on Machiavelli's Use of *Stato*”, *American Political Science Review* 77（1983）：849—857。——译注

2　*Opere*, p. 5：“……只要具有通常的能力，便可继续维持他的权位，除非有某种异乎寻常的、格外强大的力量篡夺他的地位。”参见*Discorsi*, III, v, 其中明确讲到，世袭君主只有在全然漠视人民的古老习俗时，才需担心其君位不保。

3　*Ritratto delle Cose di Francia*, in *Opere*, pp. 471—486. 在“Niccolò Machiavelli politologo”, in Gilmore, ed., *Studies in Machiavelli*中，Nicola Matteucci把他对法国君主制的观察与他对罗马共和国的研究做了比较，并认为这是马基雅维里最欣赏的两种政体。这一令人吃惊的解释被称为“结构性的和一成不变的”（Gilmore, p. 211）。

悉它的许多特征。在《君主论》的这一章里，世袭统治的唯一例子来自意大利，即费拉拉的埃斯特家族，[1]他指出，这种家族不过是成功的篡权者，由于他们持续了足够多的世代，使最初的革新被人遗忘了。[2]可以说，埃斯特家族与受膏者卡佩家族不可相提并论；但是，即便是埃斯特家族，也是作为“新君主”的对立面提出来的。我们现已知道，《君主论》并非君主的实用手册（虽然他们中间有些人对它很感兴趣），也不是论述“绝对君主制”的著作。绝对君主，如福特斯库所说的“以纯粹的君主方式”（regaliter tantum）统治的王，是根据他与一套法律之间的关系进行界定的，这种法律是使他本身得以正当化的复杂框架的一部分；“新君主”（new prince）全无正当性，因此不是我们所谓的君王
160 （king）。君王不是新的，他能够否认自己是命运之子——除非他获得了一块之前不在他名下的领土；阿拉贡的斐迪南便是马基雅维里在此处的事例。

《君主论》是对新君主的研究——我们从马基雅维里的通信和内在证据都可以知道这一点——或者说，是对他所属的那类政治革新者的研究。他的统治的新颖之处是指，他实施革新，推翻或取代他之前的某种政体。他这样做时必须伤害很多人，即那些不接受他统治的人，而那些欢迎他到来的人，则会期盼比他所能提供的更多的东西。[3]对于这种情况，当时的“显贵”在佛罗伦萨的特定情境下做过分析：有人被视为异己，有人心怀不满，由此导致社会分裂，各种愿望陷入不可调和、争斗不休的乱局，统治者缺乏正当性，公民生活不复可能。但是，马基雅维里的分析既未着眼于佛罗伦萨的特定情境，也未着眼于公民生活的特定问题；他只关心革新者与命运的关系。由于这个原因，绝不可能

---

1 *Opere*, p. 6和Bonfantini的注释，他在这里反驳说，埃斯特公爵并不缺乏“德行”（virtù）。

2 同上：“而且革新的记忆和原因，由于统治的年代久远并且连绵不断而消失了；因为一次变革总是为另一次变革留下可以继续进行的条件。”看来这些“记忆”（memorie）本身是“自生自灭的”（cagioni）。

3 同上：“……所有被你损害的人们将统统变成你的敌人；你也留不住那些把你请进来的朋友们，因为你不能按照他们的期望给予满足……”

确切说明《君主论》在何种程度上是要阐明复辟的美第奇家族在统治佛罗伦萨时面临的问题。有证据表明，此书曾打算就获取意大利的另一些领地，向朱利亚诺和洛伦佐提供建言，但美第奇家族在这样做时与其他君主家族并没什么不同。他们所特有的，乃是他们过去在佛罗伦萨的权力的性质和历史，部分地基于对这些因素的分析，使圭恰迪尼、韦罗里和阿拉曼尼赋予了复辟后的美第奇家族一些“新君主”的特征。但是，他们虽然叙述细节不一，都在具体说明构成革新的具体历史变革，而马基雅维里在《君主论》中的起点，却是把革新作为一项抽象原则；诚然，与美第奇家族统治者最为相似的具体事例——依靠其公民同胞中一派的支持而当上新君主的一位公民的事例——在第九章做过细致的考察，但并没有给予特别的强调，只是把它作为一系列“新君主”的类型之一。从形式上剖析《君主论》，它就像是一部理论著作，虽然受到特定情境启发，却并非直接针对这一情境。我们必须重新回到革新者及其命运这一主题。

革新，即推翻既有的体系，打开了命运之门，因为它冒犯一些人，扰乱所有的人，造成的情况使他们没有时间逐渐适应新的秩序。习惯是唯一能取代命运的东西；在共和主义理论中，我们会探究“公民生活”得以恢复的前景，而《君主论》关心的不是共和国，主要关心的也不 161
是公民生活。新君主的新臣民对他并不习惯，因此他没有把握让他们效忠：“……一次变革总是为启动另一次留下了空间。”[1]拿他与世袭君主对比，必是认为他要努力获得后者的稳定性，其家族自我维持了很久，最初的革新带来的伤害和失望已被遗忘，如同“天然君主”（principe naturale）一词所暗示的，服从他们已成为人民所继承下来的“第二天性”的一部分。但是，新君主如何做到这一点呢？我们还可以提出一个马基雅维里没有问过的问题：世袭君主的祖先是如何做到的呢？仅凭时间的流逝是不够的，因为形势可能突变。在此处以及其他著作中，马基雅维里对当时的人常提出的因循和“利用拖延”的计策大加嘲讽。[2]

1　参见本书第170页注2。

2　“世袭君主”（principe naturale）却只要“不违祖制，遇有意外之事便因循”就够形势尚未稳定时，没有人知道时间会带来什么，故而因循守旧是最不适宜的策略。

因此，新君需要罕见的超常品质，不受制于“自然君主”的情况所划定的规范。这些品质可以被称为“德行”，它可以被用来形塑“命运”的质料，但是，既然形式与质料必须相配，革新者面对非同寻常的命运，也必须以超常的“德行”加以应付。马基雅维里进一步假设，受命运主宰的形势并非一概混乱无序；它们存在着战略上的差异，因此“德行”也应采取不同的策略。他以两种方式为这一假设提供依据。其一，他把革新界定为对先前具有正当性的体系的破坏，由此断定，先前的体系各有不同，君主的新臣民对自身损失的反应也不相同。先前是共和国公民的人，比起先前是其他君主的臣民的人，更难以适应他的统治，这是因为在前一种情况下必须改变既有的行为规范，而在后一种情况下这些规范只需换一个对象即可。[1]其二，他区分了几种不同模式的革新。君主获取君位，不是通过自己的武力，就是通过支持者的武力；他可以归功于自己的能力，也可以归功于好运。当马基雅维里用“德行”
162 与“命运”来指代“能力”和“好运”这一对概念时，他的用法并不十分精确。几乎无法想象一个人在获取权力时不会显示出自身的某种“德行”，因此“德行”总有这样一层含义，它是使人暴露在“命运”面前的革新手段；但另一方面，“德行”仍意味着要用它来掌控命运，关键性的区别是，有的革新者拥有维持其当前地位的自己的手段，有人则继续依靠当初使其取得地位的手段。在这一点上，后一对概念可以包含前一对概念，“德行”具有双重含义：它既指武力之类的权力手段，也指运用

了。*Opere*, p. 5。在有关“手术”（pratiche）的言论中的这个主题，参见Gilbert, *Machiavelli and Guicciardini*, p. 33。

1　Chapter III（*Opere*, p. 7）：“……只要根绝过去统治他们的君主的血统，就能够牢固地保有这些国家了。由于在其他的事情上维持着他们的古老状态，在风俗习惯上也没什么不同，人们就会安然生活下去……” Chapter V（*Opere*, p. 18）：“那些习惯于生活在一位君主统治下的城邦和地区，一旦旧君的家族被铲除，它们却不会赞成另立新君，因为它们服从惯了，没有旧君，却又不会像自由人那样生活……” 这一章也讨论了前共和国的问题，见本书第175页注2。

这些手段所需的个人品质。

因此，革新从性质和环境两个方面使革新者面对不同的问题。他越是能把前人的传统正当性转移到自己身上，他就越会较少面对“德行”与“命运”赤裸裸的对抗，他对“德行”（无论在它的哪个含义上）的需要也会变得不那么紧迫。他的革新越是使他依赖于不受他直接控制的环境和人民，他就越会面对“命运”，越需要使他摆脱依赖的“德行”。因此，他对“德行”的需要有两种不同的尺度，他的地位被受经验决定的环境所左右，因此需要采取的战略行动及其所需要的心理品质——这二者一起构成了“德行”——同样也会有所不同。因而便有可能构建一门有关创新、有关革新者受到侵害的方式以及抵抗这种侵害的“德行”的形式的类型学。与之对照的情况是世袭君主，他受侵害的可能性和对“德行”的需要极小。

《君主论》的前三分之一对革新进行了分析，并且至少为该书这一部分的模式提供了指南。第三到第五章研究的是新君主的权力同他已获得统治权的社会传统结构之间的关系；第六到第九章研究的是革新在何种程度上使他依赖于命运。从这一路径完成对《君主论》的全景考察，我们可以看到第十二到第十四章研究了君主的军事力量，第十五到第十九章讨论君主在与臣民关系中的个人品行；这一部分主要讨论了 163
后来人们所知道的马基雅维里式道德。在二十四和二十五章，马基雅维里又回到他的主题，再次把新君主与世袭君主和“命运”加以对照，结尾的二十六章是著名的和令人生疑的《奉劝将意大利从蛮族手中解放出来》。《君主论》并没有采取系统而详尽阐述各种范畴的形式，但其中还是可以分辨出一些模式，这便是其中之一。

如我们所知，革新的政治危险性源自这样一个事实，它伤害一些人，扰乱所有的人，造成使他们来不及适应的环境。理解《君主论》思想的关键大概是，马基雅维里认为这种环境中的行为是可以部分预见的，因此其中的行动策略是可以谋划的；他的重大的创新性之处在于，他研究的是失去正当性的政治。但是，如果习俗行为结构在君主获取领土后依然存在，那么对这种结构之外的人类行为的讨论只能稍后再议，问题在于这些结构对君主的权力和权威造成何种影响。从第三章到第五章，马基雅维里考察了这个问题的诸多方面，始终强调习俗的观念。如果君主的新领土被合并到他已有的领土——这里的用词是“古老的”（antico），表明他在此不是“新君主”；如果两块领土属于同一“族群”（provincia），操同样的语言，最重要的是，如果新领土早就习惯了君主统治，那么他的任务再轻松不过，他只要将先前的统治家族消灭殆尽、不去改动当地的法律和税赋、让自己前任取得正当化的一切手段服务于自己即可。除此之外，他的新旧领地在习俗结构和语言上的相似性，很快会让它们变得“浑然一体”[1]。马基雅维里没有详述这种统一是如何产生的，我们也不该期望他这样做；他这里研究的是与世袭君主国最相似的新君主国，他提供了前者最简单的传统形式，即由一套共同习俗——包括忠诚于既定的家族世系——形成的统一的共同体。如果仅仅世系有变，传统结构很容易形成新的忠诚；而且，这样的共同体也很容易融入习俗相近的共同体。但是，倘若君主获取的领土在语言、法律和习俗上都不同于他的原有领土，他就要有极大的运气和勤奋才能保住它，而最佳手段就是君主亲自驻节于当地。马基雅维里并未
164 告诉我们，这是否意味着君主要去适应新臣民的习惯，或在他原有的领土上同时会发生什么；他很快转向下一问题，即君主应如何对付他新获取的领土所必然导致的不稳定状况。[2]这里隐含着的另一个假设是，传统社会先前只忠诚于单一的统治家族。马基雅维里在第四章指出了这一限制条件，他谈到君主和一大群封建领主（baroni）分享传统忠诚的情况，后者构成了众多地方上的传统忠诚的中心。惰性原则在这些地方是无效的，封建领主中总会出现不满者，因此很容易通过煽动叛乱把君主赶下台。但是，新统治者在取得占有权之后会发现，首先，革新的通常后果仍然有效：他的支持者不可靠，他的敌人顽固不化；其次，每个封建贵族家族仍然享有臣民的忠诚；再次，“封建领主”人数太多，无法赶尽杀绝。罗马人在旧贵族依然存在的行省从未安全过，因为仅

1 Chapter III（*Opere*, p. 8）.

2 同上；要点是君主应随时准备纠正其官员引起的失序。

仅这些人的存在，就使得对先前状态的记忆得以延续；罗马人能够做到比行省的贵族更长命——马基雅维里似乎暗示——只是因为他们垄断了当时已知世界的所有权力。[1]

其中值得留意的一点是，马基雅维里似乎预设了一种完全传统的社会形态，它基于习俗，而不是基于作为亚里士多德式城邦基础的公民关系。不过他在第五章又说，正如有自己的习俗的领土比习俗较易同化的领土更难保有一样，习惯于自由和运用自己法律的城市是最难保有的地方。建立依靠外部支持的寡头制也许能保有它，但唯一可靠的方法是摧毁它；理由是，当地对先前自由权的记忆格外顽固，绝对无益于新君主的正当化。马基雅维里的重点再次落在习惯上；似乎除此之外再没有什么东西能够提供正当性，革新者总要面对的问题是，臣民不习惯他，而是习惯于被他剥夺的东西。但在这种情况下，还有一些习惯和习俗之外的东西在发挥着作用："……共和国中有更大的仇恨，更多 165
复仇的欲望；对古老自由权的记忆使他们无法平静，也不可能使他们平静。"[2]时间在这里不起作用。这让我们想起圭恰迪尼的学说，公民自由已经成了佛罗伦萨人第二天性的一部分；马基雅维里在这一章可能是要谈论复辟后的美第奇政府的性质，虽然至少从形式上说这是一个

1　*Opere*, p. 16："西班牙、高卢和希腊之所以频频发生对罗马人的反叛，是因为这些国家有无数的小王国。在他们的记忆尚未消失之时，罗马人总是不能高枕无忧。但是，只要罗马帝国的权力和统治一长久，使他们的记忆烟消云散，罗马人就成了这些地区牢固的占有者。"

2　*Opere*, p. 17："任何人一旦成为一个城邦的主子，如果这个城邦原来习惯于自由的生活，而他不把这个城邦消灭，他就是坐以待毙。因为这个城邦在叛乱的时候，总是利用自由的名义和它的古老秩序作为借口，而这两者尽管经过悠久的岁月或者施恩受惠都不能够使人们忘怀。除非将那里的居民弄得四分五裂或者东离西散，否则无论你怎么办或者怎样预防，他们还是永远不会忘掉那个名义和那种秩序的，正如在佛罗伦萨人羁绊下百年后的比萨人一样，人们遇有任何不测之事就立即想起它们。"

p. 18："共和国中有更大的仇恨，更多复仇的欲望；对古老自由权的记忆使他们无法平静，也不可能使他们平静。但在共和国里，就有一种较强的生命力，较大的仇恨和复仇心。因此，最稳妥的办法就是，把他们消灭掉，或者驻在那里。"对于驻在那里如何有益，似乎未作讨论。

前共和国被合并到外来统治者领土的例子。但真正的问题是，自由的习惯为何如此难以动摇，如此难以忘记。答案似乎是，当人们习惯于服从一位统治者时，他们无需改变习性即可服从另一个统治者；但是，公民生活的体验，尤其是延续数代的体验，会给他们的习性打上难以抹去的印记，因此他们确实要变成新人，才能学会自愿服从君主。与洛多维科·阿拉曼尼不同，马基雅维里似乎认为这种转变无法实现；其实他的全部命运理论的核心就是，人本性难移，除非依靠习俗观念的指引，以无比缓慢的速度。我们的心底一定埋藏着一种可能性：即便是马基雅维里，也认为曾是公民的人懂得实现他们的真正天性或“原型”（prima forma）。

新君主现在进入了偶然性的领域；他身处其中的时代是由人类行为所塑造，此时人们已不再受传统的正当性结构的引导。于是他暴露在命运面前，但《君主论》的核心主张也许是，他身处其中的时代并非完全不可预料或不可驾驭。这是一个霍布斯式的世界，人们只追求自己的目的，不理会任何法律结构；他们这样做，是因为革新者自己也这样做，他身处其中的这个世界几乎全都如此。他们在追求自己的目的时运用的是权力，而每个人的权力都被界定为对其他人构成威胁。马基雅维里对这个失去正当性的追求权力者的世界进行了战略性分析，第三章
166 后半部分就是这种分析的第一篇论述，一向得到公认的是，这使他的思想受到了最广泛的关注；正是在这里，我们首次听到了他的断言：当务之急就是行动。不采取行动，就是拖延和因循，而一旦时间成为纯粹偶然的领域，就不可能再因循，因为无法确切预知时间会带来什么；或者唯一能预知的是，除非采取行动，否则时间只会带来不利的变化。如果一人有权，其他人无权，那么唯一能够发生的变化就是其他人获得权力，那人失去自己的权力。罗马人明白，战争不可避免，他们总是选择立即向敌人开战，而不是拖后再说。[1]马基雅维里对“拖延时间”这种现

1 *Opere*, p. 10：“所以，罗马人预先看到麻烦就立即加以补救，而且从来不曾为了避免战争而让它发展下去，因为他们知道不应该逃避战争，宕延时日只是有利于他人……他们从来不喜欢我们这个时代的聪明人口中常念叨的‘享受时间的恩惠吧’这句话，而宁愿享

代防御策略会作何评论，我们只能猜测；或许，只有当列强打算稳定他们之间的关系并使之正当化，共同采取这种策略时，它才有意义。文艺复兴时期是个更为简单和相当可怕的世界，马基雅维里大可以将君主视为致力于追求权力无限最大化，他唯一能够提出的终极问题就是建成普遍帝国时他会成为什么样子——但是《君主论》并未提出这种问题。

策略是行动者的行为科学，对这些行动者是根据其拥有的权力来定义的；作为权力获取者的君主所居住的这个策略世界，理解它的最佳方式是从君主与其同类君主的关系入手。但这种关系处在各子系统之外，对这些子系统的控制权使每个君主拥有自己的权力；被视为构成（或瓦解）政治社会的个人之间的关系是分析的对象，"策略"一词不足以涵括这种分析。正是在这里，我们完全进入了个人"德行"与"命运"的关系问题，它既是一个简单的策略问题，也总是一个道德和心理问题。第六章和后面几章专门研究"德行"对获取和保有新领地的作用，[1]马基雅维里把"德行"界定为革新力量，他迈出这简单的一步，便踏入了道德上似是而非的领域。在没有正当性的世界，人们不仅通过它来把握自己的命运；人们也可以通过它来革新世界并使之具有正当性， 167
我们或许会看到，在某个时刻，它甚至赋予世界一种从不为人所知的正当性。这时，稳定的语义学关联只存在于"德行"和革新之间，后者被看作行动，而不是一个过去已完成的事实，而"德行"的突出作用在于，它使人在革新的情境中和作为革新者的角色能够有杰出的表现。由于革新不断引起伦理问题，这样使用"德行"一词便没有割断它与伦理的联系，而是用这个词来界定出现伦理问题的环境。

在第六章，君主是他对其获取了权力的社会内部的一员，而不是外在于它；此处讨论的不是增加了领地的君主，而是一个成为君主的私

受他们自己的德行和审慎的恩惠。因为时间把一切东西都推到跟前：它可能带来好事，同时也可能带来坏事；而带来坏事，同时也带来好事。"

1　*Opere*, p. 18："论依靠自己的武力和德行获得的新君主国。"

人。马基雅维里说，这要么靠“德行”，要么靠“命运”；[1]但是，两者显然不仅是简单的对立关系。一方面，我们靠“德行”来革新，这会导致一系列我们无法预见也无法控制的偶然事件，这使我们受命运的摆布；另一方面，“德行”内在于我们，我们用它来抗拒“命运”，用某种形式的秩序来塑造命运，它甚至能形成道德秩序的模式。这似乎就是马基雅维里式暧昧态度的核心。它解释了革新为何极为困难，有着自取毁灭的形式；它也解释了为何行动——以及根据行动而不是传统加以界定的政治——与道德秩序无法相容。把美德政治化，最终导致了发现原罪被政治化的版本。

从这个关键性的暧昧问题中，可以分离出“德行”与“命运”的对立关系；现在马基雅维里的思想专注于此。人越是靠自己的“德行”而无需依靠自己的“命运”，他就越安全，因为“命运”不言而喻是不可靠的。但是，如果获取权力是靠“德行”，那么我们就是在寻找一种理想类型：个人获取权力全靠运用他的个人品质，而全然不是他之外的偶然事件或环境的结果。这解释了为何我们必须考察获取权力的私人，而不是在获取权力时的掌权者；但这样做并未消除困难。在既定社会中，任何个人做事都要受制于该社会并非由他造成的特殊环境，这是他“命运”的一部分。但是，要找到一个完全不受制约的人并非完全不可能；他必须是亚里士多德所说的“非兽即神”。马基雅维里的陈述中给
168 出的大致答案是，凭自己的“德行”而不靠“命运”的理想类型（“出类拔萃的楷模”［Il piú eccellenti］），见诸于“摩西、居鲁士、罗穆路斯、提修斯以及诸如此类之人”[2]。他们是建国者这一最严格意义上的古典立法者（没有提到利库尔戈斯和梭伦，他们应被称作改革者而非建国者）；这些有神性的人或得到神助的人能够创立社会，是因为他们所具有的“德行”不需要作为普通人美德之前提的社会框架；他们是有些兽性的神（至少提修斯和罗穆路斯是这种人物）。但是，马基雅维里介绍这些立法者有其特别的理由。他说，考察他们的行迹，

1 *Opere,* p.18：“……以布衣一跃为君主，就是以德行或命运为前提条件的……”

2 *Opere*, pp. 18—19.

看来除了“机缘”之外他们并不依靠命运，机缘给他们提供质料，他们赋予它他们所认为的好形式。如果没有机缘，他们的“德行”会被浪费；但是，没有“德行”，有机缘也会被白白放过。因此，就摩西而言，他必须遇到受埃及人压迫的以色列奴隶，他们为了摆脱奴役，愿意追随他。罗穆路斯则必须不再留在阿尔巴，必须在他出生时就被遗弃，日后他才能成为罗马的国王和建国者。居鲁士必须察觉到波斯人不满于梅迪人的统治，同时梅迪人由于长期处于和平状态而变成柔顺软弱的人。至于提修斯，如果不曾遇到涣散的雅典人，他也无以施展自己的“德行”。[1]

比较一下马基雅维里关于“命运”和“机缘”的两首诗便可看到，他把这两个象征形象是多么紧密地融合在了一起。他认为“命运”是个女子，只要你别对她迟疑不决，你就能成为她的主人，[2]这一看法得到

1　*Opere*, p. 19：“看来除了‘机缘’(l'occasione)之外他们并不依靠命运，机缘给他们提供质料，他们赋予它他们所认为的好形式。如果没有机缘，他们的德行会被浪费；但是没有德行，有机缘也会被白白放过。

“因此，就摩西而言，他必须遇到受埃及人压迫的以色列奴隶，他们为了摆脱奴役，愿意追随他。罗穆路斯则必须不再留在阿尔巴，必须在他出生时就被遗弃，日后他才能成为罗马的国王和建国者。居鲁士必须察觉到波斯人不满于梅迪人的统治，同时梅迪人由于长期处于和平状态而变成柔顺软弱的人。至于提修斯，如果不曾遇到涣散的雅典人，他也无以施展自己的德行。可见，是这些机缘使这些人走了运，同时由于他们具有卓越的德行，使他们能够洞察这种机缘，从而利用这些机缘给他们的祖国增光并且为国造福。”

2　*Capitolo della Fortuna*，第10—15行：

因为这反复无常的造物
常习惯于用更大的力量来对抗
她在自然中所看到的巨大力量。
她的自然强力迫使着每个人；
而她的统治又始终是暴烈的，
如果没有更强的德性来制服她。

第124—126行：

因此就应该把她当成自己的明星，

169 了他对机缘的古典形象的描述的支持，他把她描述为留着额发的女子，可以从前面抓住她，却没法从后面抓住她，因为她已剃成短发；[1]用来形容其中一位的语言，用于另一位也很恰当。但是形式和质料这一对概念能告诉我们有关这段话的更多含义。立法者的功能是以“混合政体”（politeia）去塑造作为质料的“全体公民”（politeuma）；“德行”的功能是塑造“命运”。但当事关革新时，“德行”却有受“命运”力量的左右之虞，因此作为理想类型的革新者，要尽量不依靠不受他控制的环境。越是认为革新者要推翻和取代过去存在的习俗和正当性结构，他就越是要应付盲目的突发行为造成的偶然事件，越是会暴露于“命运”面前。因此，为了得到这种理想类型，必须设想一种情形，质料没有形式，最重要的是没有先前存在的形式，只能由革新者赋予它形式；而革新者必须是立法者。因此逻辑上的必要前提是，英雄发现他的人民处于彻底的混乱状态；如果质料的形式已荡然无存，这可使他的“德行”摆脱对“命运”的完全依赖。

难以从细节上设想这种理想状况。除了设想一个处于完全混乱状态的特定社会这一问题之外，我们越是认为没有什么东西可以被革新
170 者消除，他就越是不可能有可供建树的基础；我们面对的问题是如何描述他做了什么，又是如何做的。立法者的“德行”在于他能绝对主宰“机缘”，具有不受制于环境的塑造质料的能力；但是这样一来他就变成了类似于柏拉图的造物主（demiurage），只需一道创造性的命令，就可以实现一切潜能，远远超出人类的普通水平。古典立法者中当然有一

而且尽我们之所能，每时每刻
按她的千变万化使自己得到适应。

1 *Capitolo dell'Occasione*，第10—15行：

我前面披着一头散乱的头发：
用它们我遮掩了胸膛和面目，
为的是我前来时无人能觉察。
脑后的头发我每根都已去除，
由此让人辛苦徒劳，如果他
想要抓住它，或者使我留步。

个不同于其他人的人。

> 关于摩西，我们不便置词，因为他只是在执行上帝给他的吩咐；不过，仅凭他蒙受“神恩”（grazia），使他有资格跟上帝说话，他还是应当受到崇敬的。但是，想想居鲁士和其他获得或创建王国的人，我们就会发现，他们全都值得崇敬；想想他们特殊的行动和法律，就会发现他们与摩西并无不同，虽然他有那样一位伟大的导师。[1]

马基雅维里的语言是令人不悦的正统说教。只有通过上帝，才能令特殊（质料）的混乱状态成为整体（形式），而只有通过神的恩宠和吩咐，个人才能被授权这样做。以上引文中很可能[2]暗示的亵渎神明的思想，仅仅是因为如果不提供一种对摩西也适用的解释，便难以解释异教立法者如何能够完成他们的功业；但是，把先知等同于“立法者”和“革新者”范畴的欲望，从根本上说并不具有反宗教性。在革新问题上，先知享有神的授权和启示，这提供了一个——但仅此一个——可以接受的答案。我们已经看到，圭恰迪尼用“恩宠”（grazia）一词来形容利库尔戈斯，他暗示这位斯巴达的立法者类似于萨伏那罗拉。我们对《君主论》第六章的分析意在考察马基雅维里对萨伏那罗拉的暗示，他把他列为“没有武装的先知”，在“武装的先知”能成功的事上，他必 171
失败；[3]但是在分析这个说法时，必须根据马基雅维里将先知和立法者

1　*Opere*, p. 19：“关于摩西，我们不便置词，因为他只是在执行上帝给他的吩咐；不过，仅凭他蒙受神恩，使他有资格跟上帝说话，他还是应当受到崇敬的。但是，想想居鲁士和其他获得或创建王国的人，我们就会发现，他们全都值得崇敬；想想他们特殊的行动和法律，就会发现他们与摩西并无不同，虽然他有那样一位伟大的导师。如果考察一下他们各自的表现和做法……”省略处见本书第179页注1的引文。

2　但这并不确定，总可以认为（詹姆斯·哈灵顿就是这样做的）神恩的作用和智慧的作用可被证明是相同的。参见本书第十一章。

3　*Opere*, p. 20：“若要透彻地探讨此事，就要研究这些革新者是依靠自己还是依靠别人；也就是说，为完成自己的事业，他们必须恳求别人，还是实行强迫。就前一种做法而言，结果总是很糟糕，绝不会带来任何结果，可是如果依靠自己并实行强迫，他们就很少

等量齐观的做法。二者所做之事，都超出常人之力；二者需要不同寻常的“德行”；我们不能说，神启被降低到了“现实政治”的层面，除非我们同时说，“现实政治”也被提升到了神启的层面，马基雅维里或许已是异教徒，但不是“启蒙哲人”（philosophe）。摩西是武装的先知，即便他使用刀剑，他仍是先知。先知需要刀剑，是因为他作为革新者不能依靠别人偶然的善意，因此必须具有强制手段，以便在别人不相信他时强制他们。可以完全合乎正统教义地说，上帝给了摩西神圣的吩咐，但并未保证以色列人一直服从他，先知用世俗之剑[1]来对付顽固分子是得到授权的，这是他领受的神启的一部分。

不论是对是错，先知需要刀剑，因为他们是革新者。关键在于认识到第六章是对革新的分析，摩西和萨伏那罗拉都在其中出现，因为立法者是定义理想类型的革新者的要素，而革新者是定义理想类型的立法
172 者的要素。马基雅维里极力强调的是，先知的启示和使命并不能使他摆脱革新造成的政治环境，这种环境有着内在的原因使他必须继续使用世俗武力，它使世俗武力成为那儿的适宜武器。（他或许也是在暗示，以色列人的神如果打算——他确实打算——影响一个特殊国家的历史，也会受到同样的约束。）革新是这里的主题。这是人类事业中最困

遇到危险。因此，所有武装的先知都获胜了，而没有武装的先知都失败了。因为除了上述原因，人们的性情是多变的，在某件事上说服人们不难，可是让他们总是信服那就难了。所以必须做出这样的安排，当人们不再相信时，那就必须用武力让他们相信。

“如果摩西、居鲁士、提修斯和罗穆路斯不曾拥有武器，便不可能让人们长期遵守他们的戒律，就像我们当今时代的季罗拉·萨伏那罗拉修士一样，只要民众一不相信他，他和他的制度便垮掉了，因为他没有办法让相信的保持相信，也没有办法让不相信的人相信。”

1　《出埃及记》32：26—28：“摩西见百姓放肆（亚伦纵容他们，使他们在仇敌中间被讥刺），就站在营门中说：‘凡属耶和华的，都要到我这里来！’于是利未的子孙都到他那里聚集。他对他们说：‘耶和华以色列的神这样说：你们各人把刀挎在腰间，在营中往来，从这门到那门，各人杀他的弟兄与同伴并邻舍。’利未的子孙照摩西的话行了。那一天，百姓中被杀的约有三千。”关于这段经文的解经史，参见Michael Walzer, “Exodus 32 and the Theory of Holy War: The History of a Citation”, *Harvard Theological Review* 61, no. 1（January 1968）。

难、最危险的事，原因我们都已知道。它招致狂热的敌人，因为他们知道自己失去了什么；它结交冷淡的朋友，因为他们尚不知自己能得到什么，尚未对它有足够的体验：这就是埃及肉锅的问题。[1]由于这个原因，革新者处境不利，他被抛入人类行为的偶然事件：被抛入“命运”之中。他对抗命运的手段要从自身寻找，除非他直接领受神启；它被称为“德行”，除非他获得了“神恩”（grazia）。既然也是他的“德行”（而非他领受了神启）使他成为革新者，暴露于命运面前，那就必须追求一种尽量少依赖命运的“德行”。理想的和极端的革新者的原始“德行”不受制于外部环境，这种例子能在立法者和先知的类型中找到；但最伟大的天才或最能领悟神启的先知只引导人民追随他，如果他没有手段（马基雅维里只会以刀剑来形容这种手段）确保他们继续追随他，他就会暴露于“命运”面前。可见，若无“机缘”便不能彰显自身的“德行”，若是没有强制人们意志的外在手段，也无法自我维持。根据这些限制条件，才能成功地界定“德行”，即最小限度地依赖于“命运”。

在分析的这一阶段，“革新者”的范畴显然已取代了“新君主”的范畴，这意味着它更全面、理论上更准确。《君主论》依然在讨论新君主，但这个新君主属于跟立法者和先知同样的类型，他们具有新君主没有的特点，而他们和他共同具有的特点则在革新者这一类型中为所有成员共有。在革新者的类型中，每一个革新者都有特殊的位置，这要看他的“德行”依赖或不依赖命运的程度和性质。立法者和先知属于依赖程度最小的极限，对于“新君主”一词，我们能够给予的最准确的界定是，它包括所有那些没有达到这种最小依赖程度的人。

可以说，第七章到第九章是对“革新者”这个范畴的考察，仍然着 173
眼于“德行—命运”的两极对立，关注的是那些缺乏立法者和先知的超人“德行”的新君主。既然前面最后提到的是被认为不依靠“命运”的人，第七章一开始便举出了地位完全拜命运所赐的新君主的例子。[2]

1 典出《新约·出埃及记》16：3：摩西带以色列人脱离奴役，来到荒野，他们饥肠辘辘，于是又怀念起在埃及受奴役时围坐于肉锅旁吃得饱足的情形。——译注

2 *Opere*, p. 21：“那些光靠幸运，从平民崛起成为君主的人们……”

虽然能够想象一个人成为君主全凭运气，自己毫无“德行”，但这样做没有多少理论价值。他很快就会出事，因此他的表现毫无理论意义。此外，既然“德行”和“命运”并非相互排斥的概念，一个人所遇到的运气，未必与他的个人能力有关。因此可以设想，一个人承受了非同寻常的命运，同时又具有非同寻常的能力，足以抵消他对命运的依赖：他

> 具有巨大的“德行”，能够及时采取措施保住“命运”之所赐，成为君主后能够奠定其他人事先奠定的基础。[1]

这就是向我们介绍切萨雷·博尔贾时的背景。马基雅维里对此人的着迷世人皆知；人们基于以下假设写下了大量东西：他是《君主论》的英雄，参照他的角色就能理解《君主论》的全部主题，很有必要准确界定他在书中的确切地位。如果我们采用“德行—命运”的标准，可以把他算作许多理想类型（全都属于“德行”不同程度地独立于“命运”的谱系——中的一个。立法者的“德行”使他几乎具有完全的独立性，但在切萨雷身上却能看到最大的“德行”与对“命运”最大程度的依赖结合在了一起。他被描述为一个能力超常的人，而他获得机缘仅仅因为他的父亲恰好当上了教皇，他的“德行”表现在他的努力中：他要尽力赶在其父因不测而身亡之前，在罗马涅建立独立的政权。[2]显然，亚历山大六世的当选是切萨雷展示自身“德行”的“机缘”，但这种情况与
174 立法者抓住“机缘”的情况大不相同。我们得知，当发生那种情况时，立法者只靠“机缘”之外，一点也不靠“命运”；他的“德行”完全属于他本人，留给我们的印象是，非凡的个人创造力给环境打上自身的印记，如同印于一块“白板”（tabula rasa）之上，偶然性世界成了任由“德行”形塑的惰性质料。但切萨雷抓住的“机缘”却使他骑在命运之轮

1 *Opere*, p. 22.

2 同上：“……依靠他父亲的好运而获得那个国家。可是后来由于这种好运消失了，他也就亡国了，尽管他在这个依靠他人武力或幸运而获得的国家里，为着使自己能够在那里扎根，已经采取了各种措施，凡是一个明智能干的人所能做的一切事情他都做了。”

上；他面对的形势大大依赖于“命运”，任何时刻都可能被夺走，这种对“命运”的依赖一直在延续，同时他尽力用“德行”去建立不受命运之轮下一次运转影响的政权。

切萨雷的地位在形式上有别于立法者，因为他的“德行”和“命运”并非简单的对立关系。这是因为立法者有超人的“德行”，“命运”控制不了他；切萨雷的“德行”仅仅是普通人的——他与立法者的关系，有些类似于亚里士多德的“具有实践智慧的人”与柏拉图的哲王之间的关系，这可以从他努力摆脱“命运”的控制中看出。不仅如此，切萨雷在革新者的行列中还多少处于一种特殊地位。第六章告诉我们，在所有事情中，完成起来最困难、最危险的就是革新，[1]革新者受“命运”的摆布是由于这样一个事实，他的革新扰乱了一切人际关系，与吸引某些人相比，它更强烈地使另一些人成为异己。但切萨雷的情况不是这样。他之依赖“命运”，并非在于罗马涅地区对其统治的反应的不确定，而在于亚历山大六世寿限的不确定。诚然，他的“德行”出类拔萃，这确保他在罗马涅地区的政权在亚历山大死后仍能存在，马基雅维里把这归因于他的军事力量和其他手段，但实际情况是，这仍然完全取决于教皇和罗马教廷的政治，马基雅维里也无法有力地断言不是如此。[2]“命运”被外部化了，发生在罗马涅的事取决于发生在其他地区的事，而不单是切萨雷的革新影响罗马涅传统生活的简单结果。我们并未听到多少罗马涅社会在切萨雷到来之前的特点，这不是因为要把切萨雷视为罗马涅的潜在的提修斯，或罗马涅人是可以任由切萨雷塑造的惰性质料；他与“命运”的关系不同于立法者与命运的关系。

切萨雷如果不是立法者，他却可以是——如同马基雅维里确实坚 175
称的那样——他（经过仔细界定的）那一类新君主所应效仿的理想类型。[3]但是，与某些马基雅维里的解释者不同，我们从这里只能推断，

1 *Opere*, pp. 19—20.

2 *Opere*, p. 26：“……我们从罗马涅人继续等候他一个多月这件事看来，他的基础是牢固的。”他的成功是用他把握短期机会来衡量的。

3 *Opere*, p. 27：“……其实我觉得应当对他加以褒扬，让那些因幸运或依靠他人武力

新君主不是潜在的立法者，立法者是处于革新者范畴中一个极端的理想类型，新君主只是这个属里的一个种。不仅立法者的“德行”与“命运”的关系完全不同于新君主，而且他要实施的是完全另一个层次的革新。他发现他的“质料”——他所要塑造的人民处于严重混乱不堪的状态，他的“德行”只需用刀剑把形式强加于他们；很少谈到其他革新者清除的那类先前的传统行为框架。此外，在用形式塑造质料时，他是政治秩序的创立者：居鲁士、提修斯和罗穆路斯建立的是王国，利库尔戈斯建立的是混合政体，摩西建立的是一个与上帝立圣约的民族。“国家”（stato）一词——在马基雅维里和圭恰迪尼那里，规范的含义是“一些人统治另一些人”——看起来并非是指立法者所建立的东西，一个生存能力极强的政治共同体，其稳定依靠立法者的“德行”和（至少在它是个共和国的情况下）公民的“德行”；王国的稳定依靠习惯和世袭制。相反，新君主找不到没有任何形式的质料，他所获取的是一个已经因自身的习俗而得到稳定的社会，他的任务——其难易视习惯于自由还是习惯于服从而定——是用其他东西来取代这些“第二天性”。他的“德行”的功能不是施加“原型”（prima forma，这是萨伏那罗拉和圭恰迪尼的说法），而在于打乱旧形式，使之转向新形式。旧形式植根于习俗和“第二天性”，他的革新打乱了人们的行为模式，这使他暴露于“命运”面前。他被认为是要建立一个“国家”，这是一种有局限性的政府形式，只有部分的正当性，只是部分植根于习俗和“第二天性”，这对于人民来说是件新鲜事。渡过这个阶段需要一种更加非凡的“德行”，因为它不同于立法者的“德行”。

赫斯特曾指出，[1]马基雅维里在描述新君主的目标时，最常使用的短语是“保有国家”（mantenere lo stato），它带有短期含义；它似乎仅
176 仅是指在革新带给他他的权位和不安全中自保。按这种观点，君主并

而取得统治权的一切人效法。”

1 *“Il Principe and lo stato”, Studies in the Renaissance* 4（1957），113—138；现收录于*The Vision of Politics on the Eve of the Reformation*（New York: Basic Books, 1972）。参见Gilbert, *Machiavelli and Guicciardini*, pp. 326—330。

不高瞻远瞩,希望做到使自己的“国家”接近于不朽,就像立法者的创造活动所取得的成就那样;或使它具有世袭君主国中的习惯和世袭权所形成的正当性。“国家”(stato)意味着人们的眼睛总是盯着当下的危险,“德行”是用来对抗这种危险而不是摆脱对危险的恐惧的手段。新君主不想改变他的政治生活环境,或是盼望着他自己不再是暴发户的时期。如果“德行”和“命运”幸运地一起出现,他的世系可以维持足够长的时间,达到费拉拉的埃斯特家族那种习惯性的稳定,他们获得的正当性几乎到了不需要“德行”的地步。同时,从短期观点看也存在着“德行”:亚该亚的斐洛波门的“德行”,他在路途上也总是谋划着战役。[1]“德行”存在于当下,它给未来带来荣耀。立法者的“德行”大不相同,它建立的国家垂诸后世。

如果把这种认识与《君主论》的分析性章节(在考察革新者的类型、把新君主单独拿出来并告诉他要做什么的章节之后)对照起来考虑,似乎就能使这种解释得到证实。由此及彼的转变发生在介绍切萨雷·博尔贾行迹的两章之后。主导性的主题其实是讨论君主面对眼前的威胁确保自身安全的技巧。他置身于一个有对手的世界,这使我们进入了君主之间关系的主题,他最需要的是军队和运用军队的技巧。或许有一个这样的问题:马基雅维里强烈关注佛罗伦萨的公民军传统,相信只有公民军能使公民团体维护它的自由,那么他是否没有想过君主统领军队是改变君主与臣民关系的手段?我们还记得维托里对美第奇家族的忠告,应当把“城郊乡民”武装起来对付城市(佛罗伦萨城),也记得阿拉曼尼的忠告,青年贵族应当成为君主卫队的队长。但是,就算马基雅维里这样想,他并未做出具体说明。《君主论》中谈军事的章节(第12—14章)激情澎湃地宣称雇佣军和援军远不如“自己的”(proprie)军队,但并未考察君主和“他的”士兵之间的社会关系,只是在一句话中谈到他们的成员要么是“臣民”(sudditi)、“公民”(cittadini),要么是他的依附者(creati,奴才、走狗、由他豢

1 *Opere*, pp. 48—49.

177 养的人）。[1]这只是提示，不足以构成一种理论。马基雅维里在《论李维》和《战争的技艺》中对军事组织政治学的伟大探索，是以作为政治规范的共和国为前提的。

讨论军事的章节大体上把军队描述为应付短期危险的武器，论述君主行为的道德规范的著名章节（第15—19章）也采取了类似的视角。此处有个简单的假设，新君主由于自己的革新而处在这样一种环境中：人的行为只获得了部分的正当性，部分地服从道德准则。因此君主的才智——他的“德行”所包含的必要技能是，他要清楚何时可以像恪守道德准则（从未否认其内在的有效性）那样行动，何时能用它来控制别人的行为，何时不能这样做。从形式上说，这是指一种特定政治情境，它是革新的产物。假如可以找到马基雅维里似乎是指任何政治情境的时刻，其原因也许是，他采取了一种短期视角，并没有预期革新的影响会一直持续下去，这使他能把一切政治情境部分地看作革新和争夺权力的产物，这种短期视角从来不会完全失效。然而也可以得出进一步的结论。君主的道德和政治行为，如同他的军事和外交行为一样，是在一个受“命运”主宰的世界中采取的，冷漠的时间给他带来好处和坏处，而他的“德行”最为主要的成分就是辨别时间会带来什么，要采取何种策略加以应对。关于君主是否要遵守道德律令的讨论，也就变成了关于他何时应当遵循的讨论，[2]而这又跟另一种讨论混在一起：被人爱戴与被人畏惧，勇猛而无耻与审慎行事，哪一个更好。答案一成不变。“德行”的本质是，要明白这两种做法中哪一个更合乎时宜；但是，如果其他条件相同，那么良策总是进攻，采取主动——要勇猛而无耻，要采取令人生畏的行动。赢得爱戴是需要时间的。

1 *Opere*, p. 47：“所谓自己的军队，就是由臣民、公民或者你的依附者组成的军队。所谓其他一切军队，就是雇佣军或者援军。如果你考虑一下我们在上面已经提到的四个人［指切萨雷·博尔贾、叙拉古的锡耶罗、以色列的大卫和法国的查理七世］的谋略，观察一下亚历山大大帝之父腓力以及许多共和国和君主怎样整军经武，把自己武装起来，那么很容易找到组织自己军队的办法。我对此道笃信不移。”

2 狐狸比狮子更懂得这一点。（ch. XVIII）

我们知道，正当性是存在于长期背景之中——理性的永恒、习俗的古老。革新者由于自身的行为，处在失去正当性的情境中，“命运”肆虐，人的行为也靠不住，所以他不得不采取短期视角，继续采取行动，也就是说，进行革新。因此，在十分确切的意义上，行动就是“德行”。如果这个世界动荡不安，始终有着难以预料的威胁，行动——去做不见容于正当性体制的事情——就是把形式强加于“命运”。进攻有更大的价值。正是这一点，而非得到公认的被归之于马基雅维里的色情幻想，潜藏于他对“命运女神”的反复描述之中：她是一个可以用武力征服的女子。不过，倘若你不及时——对用词做了小心的掂量——行动，她就会毁掉你。 178

但是，行动的“德行”并不能把行动的环境正当化。它所强加的形式只能短期存在，而立法者施加形式却是为了世俗的不朽。确实，在最后几章节（第二十四至二十六章），马基雅维里一开始就宣称，新君主的“德行”会

> 使他看上去就像旧君主，很快就使他比立国久远的君主更加安全、更稳固。因为新君主的行动总是比世袭君主更受关注，当它们被视为有德行的行为时，他就比古老血统更能赢得人心，人们也会更忠实于他。因为人们更易于被眼前的事而不是往事所打动，他们若是发现自己眼下过得不错，就会只管享受，再无他求；只要他在其他方面没有失策，他们甚至会保护他。他能获得加倍的荣耀，因为他既创建了新君主国，又用优良的法律、优良的军队和优良的榜样为它增光添彩，使它变得强大；生来就是君主的人因为缺少审慎而丧国，则会蒙受加倍的耻辱。[1]

然而，这与其说是在宣称，相比于由习惯和传统建立的体制，新君主能建立起制度和正当性更持久的体制，不如说是在宣称，得到革新

1　*Opere*, p. 78.

179 的世界中的人是生活在当下。如果人们在人世间看到和体验到的是行动和变动，而不是传统和正当性，他们就会对当下有更强烈的感受；行动比传统更令人兴奋，它引人注目，令人动情。在当下，新君主的光芒能够盖过世袭君主，唤起更多的忠诚；他的"德行"——在理性和传统权威缺席的地方发挥作用——是一种"神授魔力"（christma）。但是如果我们要问，这种神授魔力是否已被制度化，那就必须从短期视角切换到长期视角，但马基雅维里不会跟着我们一起变化，就如同《君主论》没有告诉我们"优良的法律、优良的军队和优良的榜样"是什么一样，对此我们必须等待《论李维》。他提供的那些失去自己国家的世袭统治者的例子，与他在第二章建立的模式并不一致，因为他提到的那些人显然不享有其臣民的传统忠诚的支持。[1]至于那些令人叹为观止的新君主国的"有德行的人"（virtuosi），如果关于他们还有什么确定之事，那就是他们仍然生活在命运的世界里。马基雅维里在第二十五章又回到了这样一些主题：人们对抵御命运能抱多大希望，对付她的最佳手段是勇猛无耻还是谨慎小心。他在一段至关重要的文字中说，适当的策略有时在此，有时在彼；但人们是勇猛无耻还是谨慎小心乃是天性所定，因此他们的成败取决于他们在所处的时代有何命运。一个人用哪一种策略都有可能成功，

> 但如果时间和环境有变，他就会遭到毁灭，因为他没有改变做事的方式。没有人能如此审慎地使自己适应这种情况，这是由于他摆脱不了自己的天性，也是由于他在一条路一向走得顺遂，无法说服自己改弦易辙方为上策；因此，小心谨慎的人，在需要迅速行动时便不知所措，只能自取灭亡；人若能适时改变自己的天性和环境，命运也绝不会

1 同上："……就像那波利国王、米兰大公以及其他人，我们在他们身上首先发现，由于上面已详述的原因，他们的军队都有一个共同缺点；其次，我们看到他们当中有些人受到平民的敌视，至于另一些人，尽管能使平民对他们友善，却不知怎样确保其地位免受贵族的敌视……"

变幻无常。[1]

马基雅维里是在说，我们的第二天性是习俗和习惯的产物，是通过习惯于勇猛无耻或小心谨慎而习得的——他没有诉诸他在致信索代里尼时使用的“幻觉”（fantasia）[2]概念。没有任何“德行”能够完全主宰命运，确保同一种策略总是适用；更重要的是，“德行”能够赋予人改变自身天性、使行动“及时”的能力。君主不能改变他习得的第二天性，他似乎也无法改变臣民的第二天性。立法者和先知把他们所要统治的混乱人格塑造成型；但新君主发现人们已习惯于某种“生活”，如果他想使权力正当化，就必须使他们习惯于另一种生活。他的“德行”看来无法做到这一点，当他们习惯于公民自由时尤其如此，马基雅维里把它描述为难以根除的习惯。在1513年之后的几年里进行写作的洛多维科·阿拉曼尼，很可能是在读过《君主论》并反思了它的局限性之后，认为自己知道一种方法恰恰能够做到这一点。但是作为革新者类型的新君主，若说他改变政治生活的条件，我们的意思只是，他把它改变为只有短期眼光有效的革新和命运的背景。就我们迄今所知，有两条途径能够创造稳定：一是习俗，它能建立第二天性；一是神恩（或立法者的超人“德行”），它能建立“原型”。既然立法者建立了高度稳定的共和国，那么我们要想知道马基雅维里对政治生活的稳定有何想法，就必须转向他的共和主义理论；而且我们为解开第二十六章的谜团，看来同样要朝着这个方向努力。《君主论》以“奉劝将意大利从蛮族手中解放出来”这激情澎湃的一章作为结尾，它是对“新君主”说的。因此问题就变成了，能够在多大程度上把前面各章看作是向这位从事解放

1　*Opere*, p. 81：“盛衰的变化亦由于这个原因：如果一个人以谨慎、耐心的方式行动，时间与事态的发展情况说明他的行动是合适的，那么他就获得成功；但如果时间和环境有变，他就会遭到毁灭，因为他没有改变做事的方式。没有人能如此审慎地使自己适应这种情况，这是由于他摆脱不了自己的天性，也是由于他在一条路上一向走得顺遂，无法说服自己改弦易辙方为上策；因此，小心谨慎的人，在需要迅速行动时便不知所措，只能自取灭亡；人若能适时改变自己的天性和环境，命运也绝不会变幻无常。”

2　见本书第104页注1。

的英雄的过渡和对他的逐步刻画。但是，基于这里采用的假设，即《君主论》并未提供一个唯一的完美画像，而是提供了一系列革新者的样本类型，因此更应当提出的问题是，这个解放者属于其中的哪一个次级范畴或是它们的综合。从修辞上看他似乎是立法者：摩西、居鲁士和提修斯被再一次呼唤，他告诉我们，意大利人卑躬屈膝，就像当年的犹
181 太人、波斯人和雅典人一样，因此，在赋予质料以形式时，他能够像古代的解放者那样，充分展现“意大利豪杰的德行”（virtù d'uno spirito italiano）。[1]但是，我们能够把意大利人的混乱状态理解为已经达到这样一种地步，使立法者的“德行”完全不靠“命运”而只靠“机缘”吗？马基雅维里是佛罗伦萨人，他十分清楚还要对付另一些国家和“世袭君主”，其臣民的习性或天性使立法者的任务变得错综复杂。意大利不是能够加以形塑的惰性质料，即便马基雅维里说它是；他自己就反对过切萨雷·博尔贾意图在罗马涅建立“王国”。关于第二十六章的英雄，我们被告知的另一件事是，他应是一位军事组织者，他的战术原则将复活“军事德行”和（用彼特拉克的说法）“古人的勇气”（antico valore）。[2]他曾提示说，有某些办法可以把军事“德行”和公民“德行”

1 *Opere*, p. 83：“思考了上面所讨论的一切，我问自己：意大利此时此刻是否会迎来一位众望所归的新君主，是不是存有某种质料，给一位审慎且有德行的君主提供了机会，让他能够推行某种形式，以此为自己获得荣誉并给本国人民带来普遍幸福；在我看来，许多事情合在一起都是对新君主有利的，我不知道何时会比现在更适合君主采取行动。正如我所说过的，为了表现摩西的能力，必须使以色列人在埃及成为奴隶；为了认识居鲁士精神的伟大，必须使波斯人受梅迪人压迫；为了表现提修斯的优秀，必须使雅典人分散流离；那么在当代，为了认识一位意大利豪杰的德行，就必须使意大利沉沦到它现在所处的绝境，必须比希伯来人更受奴役，必须比波斯人更受压迫，必须比雅典人更加分散流离，既无首领，也无秩序，受到打击，遭到劫掠，被分裂，被蹂躏，忍受种种破坏。”

2 *Opere*, pp. 84—85：“如果在上面提到的那些意大利人中，从来没有一个能够实现我们寄望于您的显赫王室可能做的事情，如果在意大利的多次革命和许多战役中，意大利的军事德行似乎都已丧失殆尽，那也不值得大惊小怪，因为她的旧制度不佳，也未曾有一个人知道如何创立新制度。一个新生的当权者要想获得非凡的荣耀，莫过于创立新的法律与制度，如果他们具有良好的基础，本身又不同凡响，那就能给一位新生的统治者赢得敬畏。意大利并不缺乏质料，就看用什么形式来塑造她……因此，如果您的显赫王室决意效

结合在一起，或许它还是公民“德行”的基础，但我们尚不知道这是些什么办法；从这一章的语言来看，解放者使意大利同时恢复这两种美德的可能性看来已被排除在外。他若表现不佳，他就是个低级的新君主，是“命运”的受害者，只能生活在当下；如果他是摩西、罗穆路斯和提修斯一类的大人物，他训练的军队就必须演变为国民。马基雅维里对军事首领钦佩有加，如前期生涯中的博尔贾，晚期的乔万尼·德莱·班德·内雷，在《战争的技艺》对法布里齐奥·科隆纳的理想化描述中，他暗示“雇佣军队长”在理论上可以成为立法者。但仅仅霸权并不能造就 182
人们的公民人格。而在《论李维》中，我们既见到了建立共和国的军事首领，也见到了本身就是霸权的共和国。

法我在前面提到的那些拯救国家的俊杰翘楚，那么当务之急就是组建自己的军队，作为任何一项事业的真正基础，没有比他们更忠实、更真诚、更优秀的士兵了……因此，为了能够凭借意大利的德行抵御外侮，就必须筹建这样一支军队。”

183

第七章

罗马和威尼斯（一）
马基雅维里的《论李维》和《战争的技艺》

一

怀特菲尔德曾经中肯地告诫马基雅维里的研究者，在阐释他的思想时，不要从《君主论》入手，不要局限于《君主论》和《论李维》。[1]本书确实只限于思考马基雅维里的这两本著作，看来它忽略了怀特菲尔德的告诫，就像它忽略了近年来有关马基雅维里的大量研究一样；但是这自有其理由。我们试图抽离出一个“马基雅维里时刻”：也就是说，从观念史中抽离出一个连续性过程，它似乎是探讨他对那段历史的贡献的最有希望的语境；这项研究是有选择的，也就是说，它不要求我们去阐释马基雅维里的全部思想或其思想的全部发展。“马基雅维里时刻”不是要讲马基雅维里的历史，而是要讲马基雅维里的历史表现，在此前所营造的语境中，选出《君主论》和《论李维》——如同选出圭恰迪尼的《谈话录》（*discorsi*）和《对话》（*Dialogo*）一样，是因为可以用它们来呈现他思想中最能使我们了解这种语境以及他在其中角色的那些方面。检验这种方法，要看它是否能够讲述观念史上实际发生的一

1 J. H. Whitfield, *Discourses on Machiavelli*（见本书第121页注2），pp. 17, 43, 57—58, III, 141—142。

个过程，并证明当时马基雅维里和圭恰迪尼是其中的主角，而且现在也可以作此理解。目的不在于提供任何一人的完整思想传记——即使能够写出这种东西。

因此，本书把关注的要点放在当时的政治学上，采取了深入考察美德概念的形式。对于美德（virtue）一词，我们已区分出它的两个含义，每一个都与时间有关，也与亚里士多德的形式概念有关。共和国或城邦通过把公民美德制度化，在时间中保持自身的稳定，使作为构成共 184
和国或城邦之原料的人，向着政治生活这一人的目的发展。革新者通过运用部分非道德的"德行"（virtù）去形塑"命运"：这即是说，形塑被他的行动打乱的时间中的事件序列。在马基雅维里的《论李维罗马史前十卷》和《战争的技艺》中，这两个概念难分难解，要分析这些著作，可以从用于阐释《君主论》的概念框架入手。在前一本著作中，革新者需要"德行"，因为他打乱了使先前的政府取得正当性的习俗结构；这使他面对"命运"和人们不可预料的意志。"德行"所要面对、但绝不会完全取胜的考验是，在习俗本身失效之后，去改变原来由习俗形成的人们的天性。不过，遍览《君主论》全书，习俗的共同体都是以世袭的王国或公国作为典型，其臣民简单地习惯于服从一个特殊的人或家族。共和国确实属于这样一些政治结构的范畴，革新者将它们打乱，使自身受到"命运"侵扰，但我们发现有理由猜测，还有比世袭忠诚更可靠的东西使它团结一致：我们被告知，当人们习惯于自由时，他们对它的记忆挥之不去，无法说服他们接受君主的统治。我们发现从中解读出如下含义并非全无可能：公民生活的体验——即圭恰迪尼所说的"参政"（participazione）以某种方式使他们的天性发生了改变，这是单纯的习俗做不到的。习俗充其量只能影响人们的第二天性或习性，但假如人的目的是成为公民或政治动物，那么通过"公民生活"的经验而得到发展的就是他的原始天性或"原型"，而且这种发展是不可逆转的。

因此可以把马基雅维里的思想与萨伏那罗拉传统联系起来，在这一点上公民美德的概念有了更深一层的含义。成为政治动物是人的目的，因此也是它的美德之所在；混合政体是使人类质料在其中发展出自身美德的形式，而美德的功能是形塑“命运”。从另一种意义上说，共和国或混合政体又是具有美德的结构：在这种结构中，每个公民把公共利益置于自身利益之上的能力，是其他每一个公民的前提条件，因此每个人的美德是使其他每个人的美德免于腐败的成分，“命运”则是这种成分的时间维度。可见，共和国是一种组织原则比习俗更复杂、更优良的结构。

但是，这种具有美德的结构会腐化和解体，这不止是经验和历史的事实；可怕的悖论是，正是共和国的内在本性会导致这种情况发生。共和国试图在公民彼此之间的关系中实现完整的美德，但它这样做的
185 基础却具有时间和空间上的局限性。它有一个时间上的起点，因此它既要对这个起点如何可能提供解释，也要承认——既然它在理论上必然有一个终点——它的维持所带来的问题不亚于它的建立。它有空间上的地点或位置，四周都是邻国，与它们的关系不受只存在于公民之间的美德制约。（撇开空间不谈）从时间上说，它要面对它是自行其是的革新者这个事实带来的问题；（撇开时间不谈）从空间上说，它置身于一个权力关系没有正当性可言的世界。这种具有美德的结构生存于“命运”的地盘，至少部分原因是它的美德本身就是一种革新，因此它必须具备形塑命运的“德行”。对“新君主”的研究已经表明，这主要是个对失去正当性并且以权力为中心的人类行为进行操纵的问题。马基雅维里式的暧昧问题，并没有随着共和国的建立便立刻消失；它们仍存在于它的内部关系和对外关系之中，共和国可以在前一种关系中变得腐败，不亚于它在后一种关系中遭遇失败。但是，君主的“德行”失效让他失去的是他的“权位”，共和国失败让公民失去的却是他们的美德，即他们的公民生活。

因此，对于关心共和主义价值的佛罗伦萨理论家来说，无论在实践上还是理论上，首要问题是说明共和国如何产生以及如何维持。赌注下得极大，因这无异于要把美德确立为积极生活的原则；风险也同样极高，因为它的困难在于只能把这项事业建立在不安全、不稳定的基础上。我们曾在圭恰迪尼身上找到贵族思想的传统，它在很多方面可以追

溯到萨伏那罗拉，后者同意佛罗伦萨有自由的欲望，这是一种深植于悠久传统和"第二天性"的流沙之中的习性，他想方设法要把这种欲望转化为完美的"原型"（prima forma）。怀着悲观但锲而不舍的心情，圭恰迪尼从1512年开始，一直对亚里士多德式混合政体和混合制政府，以及不太久远的1494年政制和威尼斯模式的实例进行考察。这一思路试图把贵族的领导和"开放型政制"结合起来，似乎还由奥里切拉伊花园里聚会的一伙人于贝尔纳多·鲁切莱1514年去世后实施过。[1]这个团体 186
从成员上说属于贵族，其同情心却是在平民一边，它似乎是由那些赞赏威尼斯的人所组成，认为威尼斯通过把各种单纯的权力形式加以融合的原则，实现了具有美德的结构。圭恰迪尼不在教皇领地的严酷世界，这使我们不能把他算作奥里切拉伊圈子的一员。马基雅维里则确实属于这个圈子，但出身和信念都使他无法认同它的贵族理想主义，我们会看到，对他的《论李维》的最佳解释是，它对威尼斯范式表达了系统的异议，并为寻找这种异议的结论而大费周章。圭恰迪尼的《关于佛罗伦萨政府的对话》（*Dialogo del Reggimento di Firenze*）继承了贵族和亲威尼斯的传统，有时读来就像是对《论李维》的主导思想进行的系列回复。我们可以把这两本著作看作阐述共和国问题的不同路径，并在以下各章研究这些观点如何以一种奇特的方式，共同形成了西北欧和大西洋世界的古典共和主义传统。

二

在《对话》中，圭恰迪尼从讨论佛罗伦萨人有着传统的自由倾向入

1　对这个团体以及马基雅维里加入他们的时间问题的讨论，见Gilbert, "Bernardo Rucellai and the Orti Oricellar"（本书第109页注1），pp. 101—131,以及"The Composition and Structure of Machiavelli's Discorsi", *Journal of the History of Ideas* 14, no. 1(1953), 136—156; Whitfield, Discourses, pp. 181—206; Baron, "Machiavelli: the Republican Citizen and the *Author of The Prince*", *English Historical Review* 76 (1961), 217—253。

手，全书一直停留在佛罗伦萨制度的语境中，马基雅维里则一如既往，从更高的理论普遍性的层面进行研究。《论李维》就像《君主论》一样，也是先谈类型，根据共和国起源的方式对共和国做了分类。一切城邦，不是由本地人所建就是移民所建；[1]它们的创建者在建立制度时，不是独立于就是依赖于外力，后一类城邦最初就缺少自由，此后也很少
187 有自由。在读起来像是直接挑战萨卢塔蒂传统的一段话里，马基雅维里还补充说，由苏拉或奥古斯都创建的佛罗伦萨就是这样一座城市，[2]他在《佛罗伦萨史》中又提到这一点，用来阐发他的如下论点：佛罗伦萨无论在统治还是自由方面从未实现稳定。[3]马基雅维里在《论李维》一书中则宣称（在有关城邦应当建于贫瘠还是肥沃土地的一段插语之后），[4]他不打算研究这一类城邦，而是只研究在起源之时就完全自治的城邦；[5]这是相当清楚的提示，此后的论述中佛罗伦萨不是主要的参照对象。

接下来，马基雅维里再次回到图解式的研究，对城邦做了区分：由利库尔戈斯这样的立法者[6]建立的城邦，他的成果近乎完美，无须再做改进；[7]初建时不很完美，因此很不幸必须进行自我改革的城邦；建立

---

1 *Discorsi,* I, 1; *Opere,* p. 91.

2 *Opere,* p. 92："这些城市没有自由的起源，故而鲜有卓越的表现，也很难成为王国的首府。佛罗伦萨的建立即属此类，因为它是在罗马帝国的统治下建立的，无论它是由苏拉的士兵所建，还是由菲耶索莱的山民偶然建立，他们因相信屋大维治下的长期太平，才迁居阿诺山下的平原。这个城市在创立之初，无论有何收获，都端赖君主善意的恩赐。"

3 *Istorie Fiorentine,* II, 2; *Opere,* pp. 620—622.另见*Discorsi,* I, 49，这里有关佛罗伦萨未能克服其不自由的起源的论述甚至更加详细。参看Nicolai Rubinstein, "Machiavelli and Florentine Politics", in Gilmore, ed., *Studies on Machiavelli,* pp. 21—22。

4 "*Discorsi*", I, 1; *Opere,* pp. 93—94.

5 II, 2，开头几句；*Opere*, p. 95。

6 有时用的词是"秩序恢复者"（ordinatore），但马基雅维里喜欢含蓄的说法，如"单独一人"（uno solo）、"那些发号施令者"（il quale ordino）等。"立法者"（Latore delle leggi）一说见II, 1; *Opere*, p. 205。

7 *Opere*, pp. 95, 98, 99, 107.

之后衰败的城邦;最初的制度极不健全的城邦。[1]这种对《论李维》全部三卷后面的内容来说至关重要的分类,可以检测出诸多含义。首先,不仅区分出了“秩序恢复者”(ordinatori)的智慧是完备的还是不完备的,还区分出了建城是由单个立法者完成,和建城的环境根本不允许归因于“单独一人”。梭伦的成果不如利库尔戈斯;[2]我们还会看到,罗穆路斯是介于二者之间;不过,马基雅维里既关注古代共和国,也关注现代共和国,像威尼斯这样建于基督教时代的城邦,不能追溯到单独的立法者,充其量只能追溯到作为庇护者的圣徒,他们并非真正的创建者。可能具有典范意义的威尼斯历史,肇始于群龙无首的流亡者,后来他们的公民美德水平的提升提出了一个需要解释的问题。[3]马基雅维里 188
其实不认为威尼斯是个应予效法的楷模,因此这个特殊问题并未过于困扰他;但《论李维》通篇集中关注的情形是:由于立法者不完美或不存在,要求公民去改革他们自己的“秩序”和他们本身——质料不得不自我塑造。

同样显而易见的是,这种区分是对相对摆脱和相对屈从于时间中的事变的区分。利库尔戈斯“一次性地”赋予斯巴达人“他们所需要的全部法律”;此后他们只须善加维持,虽然——我们稍后会了解到——这也许很困难,但与另一些城邦面对的问题相比算不了什么,那些城邦之获得法律是由于“机会”(caso),分成若干次,经历了各种变故,

1 *Opere*, p. 95:“可以说,遇到一个精明的人为其颁行法律的城邦是幸运的,在这种法律的治理下,它不必改制即可享有安宁。我们看到,斯巴达遵行这种法律达八百年之久,既未败坏它们,亦未发生危险的内乱。比较而言,没有遇到一个精明的统治者,不得不一再改制的城邦,则多少有些不幸。尤其不幸者,则是那些纲纪废弛的城邦,它的秩序使它根本无法步入达到完美和正确目标的康庄大道。”

2 *Opere*, pp. 98—99.

3 I, 1; *Opere*, pp. 91—92:“……既然不存在可以向他们发号施令的任何特定的君主,所以在他们看来,生活在法律之下最适合于自保,这使他们得以避免罗马帝国衰败之后意大利因新蛮族的光顾而无日无之的战祸。他们的幸运之处,亦在于地理位置可使他们长期高枕无忧,因为那儿的海洋没有入口,况且那些侵扰意大利的人,也不拥有能够加害于他们的舟楫。可见,微不足道的起点,即可使他们成就自己的大业。”

譬如罗马。[1]有完美的立法者，便享有不受制于时间的稳定性；属于其他处境，则不得不在“命运”中依靠自身的“德行”。但就像我们在《君主论》中看到的，讨论再一次从立法者这个理想类型不断下降到具有不同程度的不安全性的“德行”。如果起初制度恶劣，就处于无望的境地；在不完美的政体中启动改革法律的努力，与斯巴达相比是不幸的。尽管如此，开端之时制度良好但不尽完善的共和国，可以“借各种变故的机缘”（per la occorrenzia degli accidenti）而臻于完美；我们知道，“命运”只青睐“德行”，这种含义又因马基雅维里的如下说法而得到强化：自我完善是困难的，人所共知的原因就是致使革新危险
189 的原因。[2]这就到了思考罗马的例子的时候，罗穆路斯未能使王制永远持续，他的成果却相当出色，使它能够变成一个异常成功的共和国。不过，类型研究并不周全。有一种共和国，其公民没有立法者指导，但从一开始就管理得很成功，马基雅维里设想到了这种情况，却没有具体论述；我们尤其会猜想马基雅维里对威尼斯有何想法，那里从未有过立法者，但人们认为它从一开始就获得了异常的稳定性。我们拿不准是否可以听得周全。

当公民在时间背景中完善他们自身的关系时，他们是在践行“德行”，也就是说，他们试图压倒“命运”；这是在《君主论》之前几乎不存在理论研究的由新君主所践行的一门技艺。但是他们也践行美德，也就是说，他们建立、维持并从实际上改进伦理和政治关系的结构，这方面的理论文献极多。在这一阶段，马基雅维里对波利比阿的政体循环论进行了详细解释，虽然没有提到这位作者的名字。[3]我们就会看到，

1 *Opere*, p. 95：“... alcune le hanno avute a caso ed in più volte e secondo li accidenti, come ebbe Roma.” 马基雅维里在第二卷第一章又回到这一主题，解释说，“命运”（fortuna）不是罗马伟大的原因或由来；我们可以用这里的语境来解释他的意思。

2 同上：“那些有着良好的起点，且能变得更好的城市，即或没有完美的秩序，亦可借各种变故的出现而臻于完美。诚然，它们在自我治理时并非没有危险，因为除非事物之必然迫使人们接受为城邦展示了新秩序前景的法律，否则不会有足够多的人表示赞同。不遭祸患，难以识必然。所以往往共和国在完美秩序未成之前即遭毁灭。”

3 I, 2; *Opere*, pp. 96—99.

不可能把《论李维》归结为一本研究如何建立完美平衡的政制、如何摆脱政体循环进入永恒的著作，因此我们自然会问，他利用波利比阿想达到何种目的。我们在第二章末尾能找到一个答案，他在这里重复了他先前对城邦所做的有无完美立法者的区分。利库尔戈斯只用一次“机缘”（马基雅维里在此没有使用这个词，但我们加上它是有益的）就确立了君王、贵族和平民之间的权力划分，它维持了八百多年之久。梭伦没能做到这一点，因而雅典从未实现稳定。但是罗马的例子——波利比阿从中发展出了整个理论——展示出最不同寻常的现象。这里没有立法者试图整合一人、少数和多数；罗穆路斯建立的王制到塔尔昆时就崩溃了；在共和制下，贵族和平民的纷争世代延续；但从这种分裂中却出现了一种政制，它令波利比阿钦佩不已，并且稳定到足以征服世界的地步。[1]

马基雅维里进行了一项激烈的世俗化实验。他断定，公民美德和 190
“公民生活”可以——虽然它们并非必然如此——在偶然性的领域全面发展，无需永恒力量的介入。由波利比阿所界定、利库尔戈斯所达到的目标，虽然仍要摆脱时间和变迁，但在某种环境下，公民自身可以在受制于时间的条件下达到这一目标。他感兴趣的不是斯巴达的例子，那儿的永恒公式是由实际上不受制于时间的立法者一次性写下的；他感兴趣的是罗马的例子，那里是由秩序混乱、受命运支配的特殊的人所实施的行为，在偶然性和命运的领域达到这一目标的，这接近于人力所能达到的极致。做到这一点的人，是靠自身的“德行”而不是超人的立法者的“德行”摆脱了“命运”，如果他们建立了一个从事征服的共和国——尽管要花几代人的时间才能做到——那么他们所建立的便是一个比“新君主”所能取得的更持久、更有德行的国家，除非“新君主”也

1　*Opere*, pp. 99—100：“……罗马建城之初，没有一个利库尔戈斯为它建立使其长期得享自由的秩序，但平民和元老院的不和却触发了种种事变，使得统治者未做之事，竟因机缘而产生。就算第一次好运未光顾罗马，却有第二次在等着它。它最早的统治者虽然不尽如人意，却未偏离把它引向完美的正道……此完美境界肇始于平民与元老院的不和，以下两章将详述之。”

是立法者，而我们发现这是不可能的。但是，通过与利库尔戈斯这一模范人物撇清关系，马基雅维里由此所获得的奖赏产生了重大影响。我们从《君主论》中把立法者和先知联系在一起的做法中得知，马基雅维里并没有摆脱把共和国或任何其他政体想象为起源于神圣王国的需要。作为人的美德的先决条件，它必须由超人的美德来创造。但是，把圣经中的先知跟异教的英雄立法者（hero-legislators）联系起来，放入建国者的行列，这就有些历史讽刺的意味了，前者得到圣经中所说的神启，后者的行动则不过是出于对“机缘”的超人把握。摩西看来不比利库尔戈斯更典型，基督教的神恩虽然仍是立法者概念的一部分，但很少作为自足的独立变量出现。考虑到世俗君主国被假定为由圣彼得所建——他是犹太教—基督教先贤祠中（或许只有君士坦丁除外）唯一的另一个可以被称为蒙受神恩的立法者——这就更加深了讽刺意味。在《君主论》第十一章，有对教会君主国之类的教会国家的唱衰式分析，虽然不是完全轻蔑。

> 只有这些统治者拥有国家却不设防，拥有臣民却不加治理；这些
> 191 国家从不设防，却从未被夺走；他们的臣民从未得到治理，却毫不介意，从未想过也不可能背弃统治者。所以，只有这些国家是安全而幸福的。[1]

这些话简直如同出自《道德经》，它的作者（老子）也许会说，这没有什么好解释的，但马基雅维里却需要做些解释。既然无论美德还是命运（他确实这样说过）[2]都不能解释这种君主国的存在和延续，我们也就想起一句笑谈：它们肯定是神授的制度，因为仅由人建立的制度，当局者的作为又如此愚钝低能，是连半个月也撑不下去的。马基雅维里对这句笑话做出了回应，其评论大概并非完全是讽刺性的：既然

1 *Opere*, p. 37.

2 *Opere*, p. 36：“取得这种国家不是靠美德，就是靠命运，但保有它却不是靠这两者。”

它们得了上帝的吩咐和维护，人类的头脑想分析此等事物，便是僭妄不慎之举。[1]但他又说，它们是由“ordini antiquati nella religion”——宗教中古老的、故而具有某种习俗性质的教规——所维持的，“它们如此强大，而且其性质使得君主无论怎样行事和生活，它们都能使其保有权位”。[2]如果搞不清楚神意的安排，那就无法用它们来解释人的行为。教会君主国可被看作一个习俗共同体，比世袭君主国更稳定，甚至连君主是什么样子和做什么都无关紧要。当回到这样一种视角（尤其是在《论李维》中）时，古典时期的人物看起来与犹太教—基督教典籍中的人物一样，这让我们想到除此之外还有另一些宗教，它们只能由人的行动所建立。一种新的革新者类型出现了，我们被告知：

> 在得到赞美的人中间，受到赞美最多的首推宗教的创立者和奠基人，其次为建立共和国和王国的人，再次为统帅大军为王国或祖国开疆拓土者。此外还可以加上文人学士……[3] 192

此处强调的重心很复杂。先知被认为做了某种从人的角度可以理解的事情，就此而言，他是制度的创建者，这种制度具备某种性质使它比拥有世代相传的忠诚的制度更持久。由于这个原因，他的地位高于立法者；但我们知道，立法者若要建立共和国，其目标是创立具有美德的制度，它不仅仅是一种习俗结构。马基雅维里马上便得出了他的观点，宗教基础是公民美德的前提条件，没有第二任君王努马·庞皮利乌斯的贡献，罗马就不会持久，他毕生致力于发展宗教，并把它注入罗马人的天性。[4]但是，就算宗教能改变人们的天性，因而是公民美德的前提，

1　p. 37：“但是，这种国家得到了人类智力难以企及的力量的关照，所以我就不多说什么了；因为这种国家显然是由上帝建立和维护的，对它加以议论未免失之于狂妄和冒失。”

2　pp. 36—37：“……这种国家是靠古老的宗教制度维持的，它们如此强大，而且其性质使君主无论怎样行事和生活，它们都能使其保有国家。”

3　*Discorsi*, I, 10; *Opere*, p. 118.

4　一般讨论见I, 11。

但它并不是美德本身，因为美德只能存在于公民制度之下。这种思想成了马基雅维里认为宗教低于政治、批评基督教没有带给人们公民价值的想法的一部分。[1]先知的地位也许高于立法者，因为他的成果无论如何是最持久的；但先知的目标是要成为立法者，提供一种能够作为公民生活基础的宗教。随后又谈到宗教习惯只是公民美德的成分之一，并且我们在此应当注意，在先知和立法者之后，受到赞美的是将领。罗穆路斯既是立法者也是将领，他“不靠神的权威，就建立了公民制度和军队制度”；努马则是立法者，也就是说，他是罗马宗教的创建者；在《论李维》第一卷中有几段有着明显矛盾的话，讨论哪一个人物更应受到赞美
193 和研习的问题。[2]一方面，努马的工作比他的前任更困难，因为教给人们军事上的技能和勇气，要比用宗教改变他们的天性更容易；另一方面，努马的继任者明智地选择了遵循罗穆路斯的道路，因为他们邻国的敌意使和平政策过度依赖“时间和命运”。我们又回想起《君主论》中的对比：没有武装的先知和武装的先知，小心谨慎之人和迅猛大胆之人；我们现在又回到了“德行”和“命运”的世界。显然，习俗、宗教和尚武精神都进入了迄今为止尚未界定的公民美德概念；这个意义上的美德与力求控制“命运”的“德行”是分不开的；除了我们在《君主论》中见到的立法者的理想形象之外，还有立法者的诸多类型。它们都是《论李维》概念框架中的核心观念。

1　见本书第225页注3。

2　I, 11; *Opere*, p. 123：“研习罗马史者皆可看到，信仰对于率军征战、动员人民、维持世人的良善和使恶人蒙羞，起到了多大的作用。所以，若要去争辩应当更感激哪一个罗马君主，是罗穆路斯还是努马，窃以为要把努马放在第一位。有信仰的地方，不难征募军旅，有军旅而无信仰的地方，引入信仰又谈何容易。”

I, 19; *Opere*, p. 144：“于是他想，如果他要维护罗马，他必须转向战争，他要效仿的是罗穆路斯，而不是努马。从所有这些掌握国家的君主身上，可以看到一个楷模。像努马那样的人是否能够拥有国家，全看他置身于什么时代，或好运是否降临到他的头上。但是像罗穆路斯那样的人，集精明和兵戈武备于一身，将以任何方式保住国家。”应当指出，君主要“集兵戈武备于一身”这样的语言，反映着《君主论》第二章中的语言，“世袭君主”的安全可抵御一切，但无法对抗“非凡的力量和超常的武力”。见本书第169页注2。

看来,马基雅维里是要寻找某种社会手段,借此可以把人们的天性转化到具有公民能力的程度。罗穆路斯与努马的结合提示着某种方式,它可以使立法者不必仅仅像《君主论》中“武装的先知”那样行动,当人们不再相信他时就必须对其加以强制;但是,这同时也使他不必成为我们在第一章提到的那种超人的造物主(demiurge),他只需“机缘”做出吩咐,即可塑造未成形的质料。立法者—先知在《论李维》中甚至比在《君主论》中更少露面,因为立法者的“德行”较之他所启动的社会和教育过程变得不那么重要,他能在时间中生存,做一个比利库尔戈斯和摩西较逊色的人。但是,降低立法者作用,马基雅维里也就降低了他对萨伏那罗拉学说的需要,这种学说认为共和国——“原型”(prima forma)的建立必须是神恩所为。如果人们成为公民不需要超人,而是能在时间和命运的世界中养成公民精神,地上之国和天国便再一次不可等同;这或许仍然是一种伦理和历史的区分。我们又回到了这样的观点上,即“治国不能靠主祷文”,公共目的(包括公民美德)与赎 194
罪目的相互分离。这是《论李维》中最具颠覆性的提示——可以说,它比《君主论》中所能看到的任何内容更具颠覆性。

三

舞台已经搭好,马基雅维里可以提出作为《论李维》之基础的大胆而醒目的假设了——圭恰迪尼认为它们都是不可接受的。[1]第一个假设是,贵族与平民的不和与纷争,是罗马获得自由、稳定和权力的原因[2]——这种说法让那些把团结等同于稳定和美德、把冲突等同于革新和衰退的人觉得震惊和不可思议。但是,只要想想“德行”(virtù)含义暧昧,我们就可以逐渐理解它。罗马人在进行革新时的处境并不十分稳定,容不得具有正当性的行为,但他们却用自身的努力建立了具有正

1 参见本书第8章;一般讨论见他的*Considerazioni intorno ai Discorsi del Machiavelli*。

2 I, 2—6.

当性的结构；因此我们必须探究那些本身不具有正当性但却达成了那种结果的行为。但是，如果团结产生于不和，那么产生它的就是非理性的行为，而不是理性的行为。唯一可能的解释是，它是命运不可思议的作用，马基雅维里也确实有一次提到“机会”（caso），有一次提到“命运”，说它们做了立法者没有做成的事。[1]但“命运”一词并不排斥“德行”；“德行”是对“命运”的回应；因此我们要寻找一种特殊的“德行”，一种罗马人在他们历史的这个阶段展现的“德行”。回想一下《君主论》，我们知道“德行”在那些环境下更可能采取积极而非消极、大胆而非谨慎的形式，同时展示狮子和狐狸的品质。但在这里，它必然表现为公民个体与团体的相互行为，而非孤立的君主对其环境的控制，它必然有着更多的社会和伦理含义。“德行”必然是美德的组成部分。

接下来是对早期罗马政制史的概述。[2]虽然罗穆路斯及其继任者
195 的成果未臻完善，他们制定的法律却并非不适合“自由的生活”（vivere libero）。[3]当国王变成暴君时（想到波利比阿循环观的读者，会把这视为正常情况，即因权力不完全稳定而产生的腐败），在建立自由上仍然大有可为。因此，王权并未随着驱逐塔尔昆而被废除，而是以执政官制度的形式保留了下来，与元老院中的贵族共享权威。当贵族又变得腐败和傲慢时，制约他们的权力不必摧毁整个政府架构，因为借助于执政官就可在一定程度上限制他们。为彰显平民的声音设立了护民官，罗马于是成了一个混合的“完善”社会，它的三种成分中的任何一种都能约束其他两种走向极端。[4]

在这段不是十分清晰的叙述中，决定性的步骤显然是在早期就已经采取了，这解释了驱逐国王时设立执政官的举措。马基雅维里没

1 见第201页注1和其中提到的文献。

2 *Opere*, pp. 99—100.

3 同上：“罗穆路斯诸先王制定了不少良法，事后证明它们均有益于自由的生活方式。他们的目的是建立王国而非共和国，所以当城邦获得自由时，仍缺少自由秩序所必需的许多要素。”

4 同上：“完善”（perfezione）用了两次，“完善的”（perfetta）用了一次。

有详述此举的原因，虽然他可能把它同担心塔尔昆卷土重来联系在一起；他说，这种担心使贵族对平民恭俭礼让，在他们有此担心时一直如此。[1]但是，要点是罗马在成为自由城邦之前就具有了适于自由的法律的说法，这意味着罗穆路斯及其继任者在立法上做出了某种贡献。马基雅维里对某些人（圭恰迪尼是其中之一）的看法提出异议，他们认为罗马天生是个混乱无序的共和国，只是由于好运和非同寻常的军力，它才免于毁灭。他说，这里的错误在于，他们忘记了凡是有优良军事组织的地方，肯定也有好的法律；有“优良的秩序”和“优良的军队”的地方，几乎肯定也有“好运”。[2]此外，良好的法律还产生“良好的教养”，这在罗马表现为不同阶层的争斗相对说来不那么血腥——这至少延续到格拉古时期——并且也较易于达成妥协。[3]平民表达要求的方式 196
是示威、罢市、拒服兵役和列队出城，这些做法其实都没有真正破坏秩序。想利用民众（这个说法包含着下一阶段所要分析的含义）的共和国，应当容许他们拥有表达愿望的方式，[4]对于享有自由的民众来说，其愿望很少有害于自由；这样的民众只担心受到压迫，当他们的担心有误时，他们能够明白这一点。[5]

1　I, 3; *Opere*, pp. 100—101.

2　I, 4; *Opere*, p. 101：“……我不得不对许多人的看法提出异议，他们认为罗马是个纷争不已的共和国，它如此混乱，若无武力和好运抵消其缺陷，它还不如其他任何共和国。我不能否认命运和军力乃罗马帝国的成因，然而我认为，他们没能认识到，武备强大之国必有良序，好运不降临此地也难。”

3　同上，p. 102：“共和国既有如此多的德行之楷模，断言它纲纪废弛，道理何在？优秀的楷模生于良好的教养，良好的教养生于良法，而良法生于受人无端诬责之纷争也。凡细心检审其鹄的者皆可发现，它们并未造成有损于公益的流放与暴力，却导致了有利于公共自由的法律与秩序。”

4　同上：“……然而我要说，每个城邦都要有自己的一套办法，让民众一展其抱负，在重大事务上借助于平民的城邦更是如此……”

5　同上，pp. 102—103：“享有自由的民众，其欲望鲜有危害自由者，因为这种欲望或是生于受人欺凌，或是来自于担心自己受到压迫。倘若他们持有谬见，仍有公民大会作为补救，那里会有贤达出面，雄辩地证明他们如何陷入了自欺；正如图利所言，民虽无知，若有值得信赖者告以实情，他们既有能力辨明真相，也易于服从。”

我们仍未看到对最初由国王在民众中建立的“自由”的定义，但接下来便把它同兵役联系在了一起。“优良的制度”同时产生“优良的军队”和“优良的教养”；罗马“平民”（plebs）的自由至少部分表现为拒服兵役的能力，马基雅维里似乎从“优良的教养”推导出了政治冲突相对不那么血腥和解决冲突的政制的逐步改善。自由、公民美德及军纪之间似乎存在着密切的关系。

《论李维》的第二个主要假设是在第一卷第五、六章提出的。最初提出的问题是，所谓“自由卫士一职（guardia）”是交给贵族还是平民？[1]就像圭恰迪尼早先指出的，“卫士”意味着权力优势还是某种特殊
197 形式的权威，从未说得十分清楚。[2]但是不久便可看到，马基雅维里并不想谈论权力分配或政制结构，也不想探讨军事“德行”和政治“德行”的关系。他一开始就说，斯巴达和威尼斯把“卫士之职”交给贵族，罗马则交给平民。三者都被称为平衡政制的成功案例，但斯巴达享有这些条件是从利库尔戈斯时期开始的，威尼斯达到这种状况是靠公民协商和命运的帮助，罗马实现这种情况则是靠内部纷争，并且经历了一段发展的过程。在和平稳定与贵族原则之间划了等号。马基雅维里在前面的第五章就毫不含糊地说过，在斯巴达和威尼斯，自由持续的时间长于罗马，因为罗马平民想包揽所有官职，这导致马略的得势和共和国的衰败；因此，如果我们把获得最大限度的稳定和持久作为价值标准，显然会选择贵族制的自由。[3]但马基雅维里并未到此为止，或是根据他的论证做出选择。他就什么对共和国更危险进行了讨论，是贵族保住其拥有之物（垄断官职）的欲望，还是平民获取他们没有的东西（不受限制地担任官职）的

1 I, 5, 标题：“谁是自由更可靠的保障，民众还是权贵……”

2 “我不明白这个问题的性质，即把自由卫士之职与平民或贵族放在一起是什么意思，这是因为，说谁（贵族还是平民）拥有权力是一回事——威尼斯便是一例，在那里掌权的是贵族，所有平民都被排除在外；谁应对维护自由负特别责任或进行特别关照，则完全是另一回事。” Cecil and Margaret Grayson, eds. and trans., *Francesco Guicciardini: Selected Writings* (London: Oxford University Press, 1965), p. 70.

3 *Discorsi*, I, 5; *Opere*, p. 103：“若溯及根由，可以说它们各有道理；若以结果计，那论者会站在贵族一边，因为斯巴达和雅典的自由，有着比罗马更长久的寿命。”

欲望，他做的附带性说明是，关键问题在于共和国是想成长为或建成帝国，还是只想保持它的独立，前者是罗马的夙愿，后者是斯巴达和威尼斯最初的唯一目的。[1]

完全稳定的政府的理想类型被等同于贵族占主导地位；但我们现在得知，稳定的理想本身并不是唯一值得追求的价值，因为共和国有可能牺牲自己的长治久安去追求帝国——这种选择同对更加平民化的政体的偏爱有关。这里的要点是，马基雅维里很关心共和国控制外部环境的能力，这也是他那一代人的特点。[2]城邦皆有敌人，皆生活在命运的领地，必须思考当面对不测的变故时，较之于大胆尝试去控制命运，防御的姿态是否 198
不会使人更多暴露它在面前；谨慎小心与勇猛无耻的对比又在这里起着作用。但是，对外政策与国内权力分配有着至关重要的联系。对于斯巴达和威尼斯来说，只要它们能够避免追求帝国，采取精明谨慎人士静观其变的姿态，[3]他们就不必武装平民，不必赋予他们政治权威；因而他们能享有稳定和内部的安宁。对于罗马来说，她决心成为帝国，做出勇敢的努力去主宰环境，为此就要进行革新和获得“德行”，以便能够控制由她本身的行动引起的混乱。于是她必须武装平民，蒙受因平民要求更多权力引起的纷争，并对他们的要求做出让步。[4]武装平民成就了罗马军事上的伟业；不同阶层的斗争巩固了混合制政府；但是某种持续的失衡（这仍有待分析）缩短了罗马自由的寿命。罗马是共和国中的“新君主”，而马基雅维里

1　*Discorsi,* I, 5; *Opere,* p. 104：“人们根据缜密的通盘考虑，终将得出如下结论：你要么是在思考一个终将成为帝国的共和国，如罗马；要么是在思考一个只想维持自身的共和国。对于前者，它务必如罗马一样行事；对于后者，则可仿效威尼斯和斯巴达，其理由一如下章所述。”

2　第六章全篇要结合这一点来阅读。

3　*Opere*, p. 109：“按我的浅见，既然难以征服它，既然它的制度颇利于自我防御，人们也就很难或根本不可能图谋征服它。如果它安于自己的疆域，人们凭经验知道它没有包藏野心，也就鲜有人因为畏惧而向它开战。如果它在根本大法或法律中明令禁止扩张，则更能收此成效。”

4　*Opere*, p. 108：“……尽量给骚乱和无处不在的纷争留出余地，因为若是缺少人口和精良的武装，共和国绝不会成长壮大；就算它能壮大，也难以长久生存。”

更愿意研究罗马而不是威尼斯，正如他更愿意研究新君主而不是世袭统治者一样：短期视角比长期视角更引人入胜，这种视角中的生活更荣耀。但是，斯巴达和威尼斯与世袭统治者不同，它们没有脱离命运的领地；从维护自身独立，它们被引向主宰邻国，这项任务对于斯巴达的军事精英来说过于艰巨，就像它对威尼斯的雇佣军一样；确实，这破坏了斯巴达的国内政制，马基雅维里显然也不会在意威尼斯发生同样的事情。共和国若能避免与邻国的一切交往，她便可以限制自己的军力，永远处于贵族制的稳定之中；但是，既然这无法做到，[1]拒绝扩张便无异
199 于将自己暴露于命运面前却又不想控制她——这是在重复《君主论》第二十五章的思想。罗马的道路并不能确保不会出现最终的退化，但在当下和可以预见的未来——简言之，在偶然性的时间世界里——它更聪明、更荣耀。[2]

但是，罗马的"德行"不仅是进攻性共和国在混乱无序的世界中称雄的意志。马基雅维里已经清楚表明，由先王建立的军纪，对共和国中自由和稳定的发展起着一定的作用；现在我们又得知，在军事扩张、武装平民与"平民生活"之间有着内在联系。接下来需要了解的，是马基雅维里的思想中个人的军事才能与公民才能之间的关系——简言之，军人与公民的关系。与此问题有关的材料散见于《论李维》和《战争的技艺》（*Arte della Guerra*）两书，后者似乎写于1519年至1520间，即《论李维》成书后不久；不必多做解释即可把两本书放在一起。

后一本书的标题译成英文，几乎只能是"The Art of War"，但这个译法却失去了原来标题的某些丰富含义。L'arte della guerra有双重含

1 *Opere*, p. 109："人间事变动无常，总有兴衰荣枯；许多事情纵使没有理性的引导，却有必然性促你完成。所以即使共和国的制度能使它不事扩张，却有必然性促其扩张，这会逐渐毁坏它的基础，使它很快覆亡。所以，假如上苍有眼，没让它从事征伐，也会让它因此而生惰怠之风，使它变得羸弱或分裂。此两者，或其中的任何一种，适足成为其灭亡的肇端。"

2 同上："因此我以为，既然人们无法保持事务之间的平衡，也无法恰当地保持中庸之道，那么在为共和国创立制度时，就必须看重更加荣耀的方面，在设立制度时假定，必然之势肯定引导它进行扩张，如此方可保住它将要获取的东西。"

义：它既指战争的"技艺"（art），即调兵遣将的创造性技艺，也指战争的"行业"，它与佛罗伦萨的主要技能职业被组织成的大大小小的"行会"（arti）同义。但是，"战争行业"不同于其他任何行业；诚然，马基雅维里从事写作的部分原因，是要说明战争行业能像诸如"羊毛业行会"（arte della lana，它是羊毛制造商的行会，佛罗伦萨的经济和政治对它依赖颇多）一样，成为对共和国有用、为其带来荣耀的行会，但他的核心论点是，它无论如何不应当成为一个被单独组织起来、人们从中寻求全部生活的行会。一个军人如果除了是军人什么都不是，是对所有其他社会活动的威胁，对他自己也没什么好处。当然，我们又回到了那个老生常谈的话题，即马基雅维里对雇佣军的痛恨和对公民军的赞 200
颂，但是，了解他的政治思想的关键，还在于这个主题与亚里士多德的公民生活理论的关系。一个把全副精力投入"羊毛业"、完全不参与公共事务的人，按古典理论算不上公民；是使其同胞衰弱的根源。但是，一个把全副精力投入"战争行业"——马基雅维里有时用诸如"以战争作为职业"（make war his *arte*）[1]这样的说法——的人，其危险不知要大多少倍。惟利是图的商人追求有限利益，忽视公益，这是坏事；他可能用这种利益取代城邦利益，这很恶劣，就像"羊毛行会"独占佛罗伦萨政府一样；但惟利是图的军人更有可能这样做，而且会采取更加反社会的方式，因为他的"技艺"就是运用强制和破坏的手段。基于一系列原因——从"雇佣军"的不可靠到恺撒式暴政的危险，务必"使这种技艺的运用限于公共事务"（al pubblico lasciarla usare per arte）[2]。较之

1 参见*Opere*, p. 503："……战争是这样一种行业，人们每次依靠它，便都无法诚实地生活，因此除了共和国或王国，谁都不能把它作为一种职业。而不论是共和国还是王国，当其秩序井然时，都绝不允许其公民或臣民把它作为一种职业，任何优秀之人，也绝不会把它作为一种特定的职业来实践。"

2 *Opere*, p. 505："庞培和恺撒，以及最后一次迦太基战争之后罗马的几乎所有将帅，都是作为具有才干之人而不是优秀之人博得声名的，而他们之前的那些将帅，则是作为既具有才干，又具有优秀品质之人获得荣耀的。这是因为后者不以战争作为职业，而前者则是以其作为职业。" p. 507："所以我必须说，秩序井然的城市，应该运用这种战争研究，平时是为了训练，战时则是出于必要和荣誉，使这种技艺的运用只限于公共事务，就像罗马

其他“行业”，这种“行业”更应采用公共垄断；只有公民可以从事，只有行政长官可以充当其领袖，只有在公共权威之下、得到公共命令，才可以运用。

马基雅维里的论断中形成的悖论是，只有兼职军人，才能相信他会以全副精力投身于征战，献身于战争的目标。公民应招从军，他们有家有“业”（arte），盼望结束战争回到家乡，雇佣军则乐见战争无限拖延，
201 不会为此感到不快，因此他们不会努力取胜。[1]因为公民在政治机体中有自己的地位，他理解打仗是为了维持它；雇佣军没有家而只有兵营，对于把他雇来保护自己的城市，反而可能成为施行暴政的工具——即有可能由庞培或恺撒之流施行的暴政，他们曾是公民，后来却堕落到以刀剑作为政治权力的工具。马基雅维里的这些论证咄咄逼人，使它们受到长达三个世纪的密切关注，不过它们只限于解释为何只有公民能够成为好军人。他也提出了只有军人能够成为好公民的主张，但说得很不透。用来说明这种主张的想法很复杂，但部分地基于《前言》中的若干诊断：

> 如果在对城邦或王国的每一种治理中，最当用心之处，是让人们维持忠诚与和平，对神充满畏惧，那么军队的治理就应加倍如此。因为，国家最为需要的，难道不就是那些甘心为祖国捐躯的人的忠诚吗？比起只会受到战争伤害的人，还有何人更加热爱和平？比起经受着无尽的险恶、最需要神的人，还有何人更加畏惧神？[2]

军事“德行”（virtù）必然需要政治美德，此乃因二者都可以根据同一目标论说之故。共和国是公共利益之所在，全心全意服务于此一利

所做的那样。任何对此行业抱有其他目的的公民，皆非善良之辈，而任何以其他方式治理的城市，皆非秩序井然。”

1 *Opere*, p. 505：“君王若不能安排有方，让步兵在和平时期甘愿解甲归田，重操旧业，他必然会遭遇灭顶之灾，因为，以战争为业组成的步兵，乃是最危险的步兵。因为你被迫要么征战不歇，要么一直付给他们饷金，否则就有让他们夺取你的王国的危险。”

2 *Opere*, p. 496.（此处引用的Ricciardi版 *Opere*不含《战争的技艺》全文，只能找其他版本。）

益的公民，可以说是为共和国奉献生命；爱国军人为国捐躯。二者都是通过为普遍目标牺牲特殊利益，使人性臻于完美。如果这就是美德，那么军人就像公民一样把它展现得淋漓尽致，一个人可能通过军纪学会做公民、展现公民的美德。在《论李维》对罗马早期美德的分析中，马 202
基雅维里似乎把它描绘为建基于军纪和公民宗教，它们像是两种学习做政治动物的社会化过程。他不信任基督教(或者，他至少把它同政治的善做了分离)，因为它教导人们献身于城邦目标之外的目标，爱自己的灵魂更甚于自己的祖国。[1]但是，如果因此便说没有高于社会的目标，那么社会的善也就没有超验因素了。关于罗马早期宗教，马基雅维里说，它主要基于占卜术，人们认为它是通神的，能提供预言未来的手段。[2]他认为罗马异教作为一种社会手段优于基督教，它所服务的目标与共和国的目标是一致的，即控制命运。但是，作为一种行动结构的共和国在这方面更胜占卜术一筹；占卜术中的谎言谬说，只要能使人产生自信，有助于他们展示军事“德行”(马基雅维里记述的关于罗马宗教的奇闻轶事，大多与投入战斗前的占卜和鸟卜有关[3])，从而形成献身于共同福祉的能力，它们便是正当的；因为共同福祉是罗马异教的道德内涵，也是公民美德的精髓。罗马平民能成为好军人，正是公民宗教使然；他们的军纪和公民宗教，使他们在国内冲突中心系公益，从而能在必要时置卜兆于不顾，把握自己的未来。[4]

这里很明显，马基雅维里要用“武装德行”(armed *virtù*)的概念

1　*Discorsi*, II, 2；参见本书第225页注4。

2　I, 12; *Opere*, p. 126：“部族宗教的生存，是基于对神谕的回应，以及一批术士和鸟卜师。他们的另一些礼仪、牺牲和典章通通取决于这些人，因而他们很容易相信，能够预知你的命运吉凶的神明，也握有这种命运的予夺大权。”

3　I, 13—15.

4　*Opere*, p. 132：帕庇利乌斯违背卜兆，赢得了战争；阿庇乌斯·克劳迪乌斯也违背卜兆，却输掉了战争；“他为此而在罗马受到指责，帕庇利乌斯则受到称颂，与其说这是因为一人获胜而一人败北，不如说在不顾卜相而行事时，一人格外精明，另一人失之鲁莽。这种对待占卜的方式，除了能让人满怀信心地投入战斗，不会有别的效果；有此信心在，则凯旋必至。”

对多数参与公民生活的问题加以变通。维护“开放型政制”（governo largo）的常见方式是宣称，多数喜欢安宁，除了享有个人自由之外几乎别无所求，他们有足够的常识，能拒绝不利于他们自身利益的事，也有足够的道德智慧，能从公民精英中选出他们的天然长官并加以服从。马基雅维里在《论李维》中采用了这一思路，在与《战争的技艺》同期
203 的一部著作中，即《应教皇利奥十世之请论改革佛罗伦萨政府》，又再次加以运用；[1]但他没有像圭恰迪尼一再做的那样，把它阐述为一种划分多数和少数职能的学说。一如既往，他强调的是革新、“命运”和“德行”；我们看到，《论李维》某种程度上是一部讨论如下问题的著作：世界上任何时候所存在的既定数量的“德行”采取哪些不同的形式，这一数量是如何被保存或流失的。他从罗马美德中发现了一种新形式的积极“德行”，它为多数所特有，只存于生气勃勃的军人国家中，那里把平民武装起来并给予他们公民权；他得益于佛罗伦萨理论中的公民军传统，加之他在索代里尼手下实际组织公民军的经验，使他把军事美德作为公民精神的基础，以至于让后者成了前者自动产生的结果。作为罗马公民的平民，与其说在决策机制中发挥着某种作用，不如说是受到公民宗教和军纪的陶冶，从而献身于“祖国”（patria）并将这种精神带入公共事务，因此他同时符合两种楷模：一是马基雅维里所说的展示“德行”的革新者，一是亚里士多德所说的心系共同福祉的公民。罗马“平民”（plebs）在要求自身权利时展示“德行”，在他们因要求得到认可而感到满足时展示美德。

对“技艺”（Arte）的分析，同时界定了公民军人的道德和经济特点。为了对公共福祉有适当的关注，除了兵营之外他还要有家有业。这

1 *Discorso sopra il riformare lo stato di Firenze a instanza di Papa Leone, in Tutte le Opere di Niccolo Machiavelli*, ed. Francesco Flora and Carlo Cordié（Rome: Arnaldo Mondadori Editore, 1949），II, 526—540. 他坚持认为，必须恢复“全体公民”（*universalità dei cittadini*）的“权威”（autorità），这有赖于大议会的参与权（p. 534），但他又说，“我们的少数公民是不敢惩罚大人物的”（p. 537）。如果做出安排，逐步恢复民众获取公职的权利，那么“我们还看不到何以公民全体还有什么不满意的，考虑到自己已成为权力分配的一部分，而其他东西也一点点到手了”（p. 538）。

一标准同样适用于亚里士多德式的公民，他必须有自己的家业，这样才不会变成别人的仆从，才能自食其力，也才会理解自身利益与城邦利益的关系。雇佣军只是别人手中的工具；公民—军人不仅仅是公众手中的工具，因为他拥有自己的“德行”，他征战是因为他知道为何而战。我们已知，在布鲁尼和圭恰迪尼看来，当人们因为受到压迫或性格柔弱，指 204
望从别人那里获取本应靠作为公共成员的自己所获取的东西时，就会丧失自由，产生政治机体的腐败。显然，当城邦在军队中不再使用自己的公民，而是使用雇佣军时，这在双重意义上也适用于城邦。公民会因为允许低贱的人替他们为公共利益服务而变得腐败；雇佣军则会成为这种腐败的推手，因为他们履行公共职能却无视公共福祉；任何心怀野心的个人都能使自己凌驾于共和国之上，将之摧毁，因为他们可以利用无所用心的雇佣军去为他做本应只能为公共福祉而做的事，而这又得到公民的允许，使其摆脱了公民的控制。只要考察一下马基雅维里在《论李维》中提出的有关腐败的理论和事例，我们就会看到，它在多大程度上建立在公民个体自治的概念上，而检验这种自治的标准，则是他拿起武器的意志和能力。

腐败最初表现为一种普遍的道德退化过程，其端倪难以预见，其过程几乎不可阻挡。政制秩序植根于道德秩序，而腐败所影响的正是后者；一方面，没有“优良的习俗”（buoni costumi），就没有“优良的制度”（buoni ordini），另一方面，一旦丧失“优良的习俗”，仅靠“优良的制度”去恢复它们，成功的机会十分渺茫。制度依赖于道德气氛和法律，人们尚未腐败时它们运转良好，当人们已经腐败时则会产生事与愿违的影响。[1]由于这个原因，应当研究一下格拉古兄弟的失败，他们用

1　*Discorsi*, I, 18; *Opere*, p. 140：“我要假设一个十分腐败的城邦，这将使事情变得更为复杂，因为整治普遍腐败的法律或是制度是找不到的。优良的风俗之存续，需要法律；同理，法律之得到遵从，也需要优良的风俗。再者，秩序与法律是在共和国诞生之初制定的，彼时人们依然良善；后来人们变得邪恶，它们便不再适用了。如果法律随城邦的事件而变，其制度却不变或很少改变，这会使新的法律变得不充分，因为依然如故的体制将败坏法律。”

心甚佳，却因为试图恢复罗马原来具有美德时的制度而造成了罗马的骤然衰败。[1]当马基雅维里断定，为了维护政治和宗教机体，必须回到其最初的原则时，[2]他并不是指腐败的国家能够创造一个新的开端，从
205 头再来，[3]或是指波利比阿式的循环可以逆转，而是指为了阻止腐败的发作，必须以十年或十年左右为一时段，以惩戒甚至可能是惩罚性的方式贯彻“原则”；[4]为此必须尽可能防止随波逐流。只要腐败尚未真正开始，制度机制可以强化和更新自身，甚至阻止腐败的发作；但腐败一旦开始，它们可能就无能为力了。这便是制度机制不时强化“原则”

---

1 I, 37; *Opere*, p. 173：“这种混乱的动力来自格拉古兄弟，与他们的精明相比，他们的动机更值得赞扬。他们想铲除共和国里有增无减的混乱，为此而制定了复古的法律，此乃一项颇不周全的策略。正如前面详加申论过的，你想对乱局引起的罪恶有所作为，却只会使其变本加厉，倒不如暂且苟安，这或能延缓罪恶的出现，或在其终结之日到来之前，便随着时间的推移而自行消亡。”

2 III, 1; *Opere*, p. 309：“我要讨论的是混合的机体，比如共和国和教派，所以我认为，为自身安全而做出的改变，是回到它们的源头。秩序井然、有着更长寿命的机体，或是具备经常进行自我更新的能力，或是通过秩序之外的事件进行更新。不进行自我更新的机体，也不可能持久，此乃最清楚不过的道理。

“如前所述，新生之道便是使其返回源头。一切教派、王国和共和国的初创时期，必定包含着某些优秀的东西，利用它们可以重新获得最初的名望和生长能力。随着时间的流逝，这些优秀的因素会受到败坏，除非有外力的介入，使其恢复原来的标准，不然的话它必然杀死机体。”这在宗教上的应用，参见本书第226页注3。

3 虽然高卢人对罗马的洗劫近乎又一个开端，使它从质料还原成混乱状态。

4 *Opere*, pp. 310—311：“这些事情［在《论李维》中，马基雅维里列出了李维说到的警戒性措施，并且不只一次对它们进行过讨论］做得极端而引人瞩目，所以它们一旦发生，即让人再也不敢越雷池一步［甚至连切萨雷·博尔贾都不能说已然达到，即便他曾有过处决拉米罗·德·奥尔科一事］；当它们变得稀少时，又会给人的堕落留出更大的空间，使他们的举止更加危险，变得更加骚动不安。从一次处决到另一次处决，相隔的时间最长不应超过十年。因为在这段时间过后，人们的习惯就会发生变化，开始违反法律。除非发生了什么事情，使他们重新记住惩罚，恢复其内心的害怕，不然的话，行为不端的事就会纷至沓来，而这时再进行惩罚，就会造成危险了。”如不考虑原始“原则”（principio）正义与否，这确属实情；马基雅维里接着说，在1434年到1494年间，佛罗伦萨的美第奇家族便动用了“恢复原状”（ripigliare lo stato）的方法，即把其自身的体系推倒重来，使它在原始的艰苦环境中得以更新——这一过程使人想起现代的“大清洗”和“文化大革命”。

的优点所在,不然的话,预知腐败之端倪便只能靠智者,然而就算确实有智者,他也会发现很难说服自己的同胞,说服那些实际上已经腐败的人更是难上加难。可悲的困境在于,腐败只有在普遍得势之后才易于察觉,而此时人们的"习俗"已变,旧的法律和补救之策就不管用了。在这种情况下,马基雅维里便把他更喜欢大胆行动而不是因循守旧的倾向放在了一边;像格拉古兄弟那样用立法去对抗既有习俗,即便它们已 206 经腐化,是错误的,斯巴达的克莱奥梅尼做得好一些,他在试图恢复利库尔戈斯的法律之前,对腐败成分进行了血洗。[1]如果你做不到这一点,就应随波逐流;[2]但是对于受日益增多的腐败所支配的时间进程,与受"命运"左右的过程相比,显然不能抱更大希望。唯一现实的希望是,一个美德卓越的人拥有绝对权力,在人民中间恢复美德,以此结束腐败。但是,他甚至比《君主论》中具有神授魔力的立法者面临更艰巨的任务;因为立法者发现人民完全处于混乱和可塑的状态,他们只利用"机缘"(occasione)即可,不必靠"命运"(fortuna);而前者看到的却是人民已经腐败,行为固执,从而将环境交给了命运。处在此种环境之下,即便武装的先知也会失败;他夺取权力的方式甚至会腐蚀他,[3]即便这事没有发生,在他有生之年,他的神授魔力也无法恢复人民的美德,[4]他一死,人民就会故态复萌(据说戴高乐就对法国人有此预言)。

1　I, 9(克莱奥梅尼), 17, 18(仍是克莱奥梅尼), 33, 38, 46。

2　I, 33; *Opere*, pp. 164—165:"所以我要说,既如此,最明智的办法是对他们做出让步,让他们自行消亡,或至少把罪恶的出现长期拖延下去。君主如欲革除弊端,或是同它的势力作对,务必睁大双眼,切不可使其不减反增;在抓住缰绳时,要确保让那畜生动弹不得,确保灌水是为了淹死杂草。对于弊端的力量,一定要有充分的考虑,如果你认为自己足以对付它,那就毫不迟疑地下手;否则就别去管它,别对它有任何图谋。"

3　I, 18; *Opere*, p. 142:"……既然正常手段已非良善,故而正常手段已不足以竟其功;人必借反常手段,譬如暴力与军队,才能在城里人人各行其是之前,按自己的方式加以整饬。因为匡正城邦的政治生活,要以一个好人为前提;借用暴力手段篡夺共和国的王位,却要以一个坏人为要件。然而鲜有好人愿用卑鄙的手段登上王位,即使他有着良好的目的;也鲜有恶人在登上王位后打算行善,即使他有过运用自己用卑鄙手段篡夺的权力行善的念头。"

4　I, 17; *Opere*, p. 139:"……其原因在于,一个人没有足够长的寿命,使他能够让一个

207 一位超人立法者后继有人的机会微乎其微，虽然马基雅维里坚持把军事和宗教“德行”（这在罗穆路斯和努马身上有典型体现）作为创立国家的两大工具，但有趣的是，他并没有利用下面这样的事例：武士约书亚继承了先知摩西，或士师又继承了他，成为得到神启的战争领袖。《论李维》并不重视从犹太先知和圣史中不断大力发现立法者。

到此为止，看来腐败不过就是“命运”的扩张，即对规范的一系列不可理喻的偏离，它们是无法控制的，因为它们不可预见，并对秩序有着内在的颠覆性。然而在现实中，对这种现象还需进行更具体的分析，而不能止步于这里的提示。值得注意的是，马基雅维里在讨论腐败时，是何其频繁地使用目的论的语言：法律和政制，甚至美德的结构，都是“形式”，立法者和执法者（姑且不提改革者）试图形塑共和国的“质料”，这种质料当然是构成它的人类成分。在《论李维》某些章节我们可以看到一种习惯，把“质料”作为准口语化的用词，用来表示一个城市的全体居民；但在腐败学说中它的用法则很专业。[1]我们得知，随着腐败的发展，“质料”本身会发生变化，在发生这种事情时旧的法律为何会失效，其原因在于同一种形式不能用于塑造不同的质料，不同的质

长期习惯于恶劣风俗的城邦改邪归正。即便有个寿命很长的人，或两个有德行的人相继掌权，也无法为它提供保障，如上所言，他们一死，它便会归于衰败，除非他敢于为它的新生铤而走险，不惜血流成河。”

1　I, 17; *Opere*, p. 139：“……如果质料没有腐败，则骚乱与耻辱无伤大雅；一旦质料已经腐败，则再好的法律也无济于事，除非一个权力超常的人确保它们得到服从，使事物变得良善……假如因腐败而衰落的城邦能够东山再起，那也是因为当时正好有个德行好的人在世，而不是因为维持着良好秩序的集体德行……”　I, 18; *Opere*, p. 141：“人们应当创制不同的制度和生活模式，这要依对象的优劣而定。对于截然相反的质料，不能待之以完全相同的形式。”III, 8; *Opere*, p. 342：曼利乌斯·卡皮托利努斯“不考虑它的生活方式，也不顾及它的目标历来不适合于接纳邪恶的形式，他决定在罗马煽起反对元老院和祖国法律的骚乱。人们这时便看到了这个城市的完美及其质料的优良……”p. 343：“假如曼利乌斯生在马略和苏拉的时代，质料已有腐化堕落的风气，使他得以落实自己妄图建立的统治形式，那么他也能取得马略、苏拉以及后来建立专制统治的人一样的成果……凡是想夺取共和国的权力、为其建立邪恶形式的人，需要找出那些会受岁月磨损的质料，那些从一代人到另一代人，一点一滴陷入混乱的因素……”

料也不能产生同样的形式。马基雅维里有时几乎是在建议,罗马人应当设计新的法律,去适应他们已然变化的状态,但只要这种变化被归结为腐败,那么看来他们几乎必然无法成功。

似乎有些语焉不详的是,"质料"是改头换面,还是干脆解体。但我们当还记得,萨伏那罗拉认为改革是一个恢复"原型"(prima forma) 208
的问题,对他来说这几乎也意味着人的目的,即通过有美德的生活去认识上帝,因此他盼望改革能全面恢复人的道德天性,这只有借助神恩才能办到。由于另一些佛罗伦萨思想家日益把美德等同于"公民生活"(vivere civile),因此它的必要条件也日益表现为世俗(时间中的)条件;时间受惯例和习俗这些力量的支配,它们是"第二天性"的创造者。假如"质料"是否具备获得共和主义美德的"形式"的禀赋,是受它的第二天性,即由时间所决定的条件的支配,那么"质料"的变化便可以是从一种世俗条件到另一种世俗条件的质变。因此可以提出这样一个问题,君主或立法者能在多大程度上改变第二天性或习俗结构这些时间和环境的产物。共和国是一个美德结构,因此它不仅是一个习俗结构;然而美德又是植根于"优良的习俗",它们能在时间中腐化变质,所以"质料"本身也会变化,失去美德的能力。一方面,美德呈现为一种得到完美实现的状态,只会退化而不会有其他变化;另一方面,它又被看作处于受时间决定的条件之中,因此可以从历史变迁和质变的角度去描述美德的丧失——虽然这种描述受制于什么有助于美德、什么无助于美德的观点。

因此,在《论李维》中既能看到对腐败的纯粹道德分析,也能找到对它的社会学分析。在开始讨论腐败的一章(卷一第十七章)的末尾,马基雅维里明确说,除了人的普遍邪恶之外,腐败还另有原因。

> 这种腐败,这种自由禀赋的缺乏,源自该城邦的不平等;而要恢复平等,就必须采取极不寻常的手段,可是知道或愿意采取这种手段的

人寥寥无几。[1]

这种“不平等”是什么，我们没有得到任何正式解释；对于马基雅维里对这个主题的想法，必须搜集相关证据。下一章谈的是罗马的旧法律因腐败而变得失效，马基雅维里说，当罗马人征服了他们的所有敌人、对他们无所忌惮之后，他们开始不再选择那些适当的人作官员，而是选择那些最擅长邀宠（grazia）的人。后来他们更是等而下之，把
209 官职授予最有权势的人，结果好人畏于有权有势的人，自己不再谋求官职，甚至不再向公众畅所欲言。[2]在这种条件下，改革变得几乎不可能。共和国落到如此境地，便无法改革自身了；法律既已失效，只能用暴力手段实行改革。既然有些人的权势已凌驾于法律之上，那就只能靠一个人近乎于君王的权力去控制他们，此人会发现，他很难用必须采取的手段去恢复法律或自由。[3]看来，向君主制的某种准循环式的回归几乎不可避免。

但是，如果以上就是对“不平等”起源的解释，那么这个字眼既不是指财富的不平等，也不是指政治权力的不平等（没有理由认为马基雅维里反对这两种不平等），它只是指这样一种状态：有些个人在本应关注公共福祉和公共权威时，他们却关注另一些人（圭恰迪尼所说的“特殊人”［particulari］）；“平等”必须是一种所有人同样关注公共福祉的状态。腐败是派系的出现，是权势熏天的公民的出现，这是一种对有权有势者及其附庸有着同样腐蚀作用的道德状况；在这个例子中，它的根源是纯道德的，是罗马“习俗”的恶化。在这一阶段，我们没有被告知任何必然带来腐败的社会条件，不过很容易设想，既然在马基雅维里有

1　*Opere*, p. 139.

2　I, 18; *Opere*, pp. 140—142.

3　同上, pp. 142—143：“在腐败的城邦维护共和国或予以更新极为困难或不可能，其缘由一如所述。假如确实要在这种地方创建或维持共和国，那就必须把它推向奉行王道的国家，而不是奉行民治的国家。这样一来，对于那些因其骄横而难以用法律驯化的人，可以用近乎王权的方式加以降服。打算以其他方式让他们改邪归正的做法，要么变成一项极残暴的事业，要么根本行不通……”

关公民军与平民国家的理论中始终把公民等同于自立自足的军人，因此那些条件与多数没有或交出征战的手段有关。

在卷一第五十五章，腐败和不平等的概念再次出现在对共和政府的有利和不利环境的社会分析中。马基雅维里说，在有众多他称为“富绅”（gentiluomini）的地方，根本不可能建立共和政府。这些人要么靠地产收益奢侈享乐，要么——这更加危险——还拥有城堡和臣民（sudditi）。那不勒斯、罗马、罗马涅和伦巴第“尽是这两类人”；很不幸，从这里的语境中难以搞清楚，马基雅维里想到的是军事和非军事的两“类”“富绅”，还是住在城堡中的领主及其“臣民”这两个等级。 210
不过后者至少是一种可能的解释，因为正是“富绅”的权力使他们不见容于自由政府，而前一类悠闲的遥领地主（absentee），难以见得有什么权力。托斯卡纳既没有“城堡领主”（signori di castella），“富绅”也寥寥无几，使这里的共和生活至少成为可能。除非先把“富绅”清除殆尽，不然是无法建立共和国的，因为“质料”已腐败透顶，连法律也管不了它，而是必须建立王权；同理，在有平等的地方也无法建立王国或君主国，除非给予野心勃勃的少数以城堡和扈从，让他们依附于君王。[1]在此，马基雅维里的思想已经与洛多维科·阿拉曼尼的思想相差无几，只不过他强调的是贵族，而阿拉曼尼强调的是廷臣。

如果说，是城堡和家臣使“富绅”成为不平等和腐败的根源，那么没有腐败的共和国就必须是一个没有军事依附的国家，“平等”的特征之一就是全民皆兵。必须存在允许武装全体公民的政治条件，必须存在使人人甘愿为共和国而战的道德条件，必须存在使军人于兵营之外有家有业的经济条件（领主的家臣便缺乏这种条件），以防止他们成为“臣民”（suddito）、“亲信”（creato）或雇佣军，让自己的刀剑听命于有权有势的个人。军人和公民的经济独立是防止腐败的前提条件。

1　*Opere*, p. 205：“在以类似方式塑造而成的地方，引入共和制是不可能的。有人若是成了它们的主宰，有意对其进行改造，最好的办法就是在那儿建立王国。理由是：腐败透顶的地方，法律也不足以让它守规矩，为整饬风纪计，就要辅以更大的暴力——帝王般的铁腕，以绝对的、超常的权力，制止权贵的勃勃野心与腐败。”

假如缺少这些条件，城邦若能戒绝对外扩张，使自己与世隔绝，仍能限制自己的军队和公民团体并且避免腐败；尽管马基雅维里对威尼斯的政策颇有微词，不过他从未说过威尼斯因使用雇佣军而腐败。但是，
211 城邦如果选择了平民政府、积极有为的“德行”和武装的人民，却又允许公民—军人成为有权有势的少数的依附者和家臣，它必然陷入可悲的腐败。这便是罗马的宿命。关于罗马共和国的覆灭，马基雅维里给出了两个主因。[1]其一[2]是格拉古兄弟恢复了限制土地所有权和在平民中分配被占土地的法律，这导致贵族与平民相互仇视，每个派系都拥戴自己的军事首领及其军队；其二[3]是军事统率任期的延长，这使军队把公共权威忘在脑后，成为统领他们的政客的朋党。值得注意的是，这两种说法都没有清楚地解释罗马公民—军人的腐败，而且奇怪的是（如詹姆斯·哈灵顿所察觉到的），马基雅维里从未很好地把这两种解释结合起来，他本可以说，土地的分配被军人—政客所操纵，军队便成了将领的依附者和朋党，只有将领能奖赏他们，最终出现了最成功的“将军”（imperator），用已经成为其雇佣军的军队统治罗马。这个题目成了十七、十八世纪公民人文主义者的共同议题，他们对这一问题和其他方面的思考，完全是基于马基雅维里式的前提。哈灵顿、孟德斯鸠、杰斐逊和吉本都属于这类人。

四

接下来是对自由的社会学分析，它在很大程度上是基于对军队在社会和“公民生活”中的作用的认识；就其否定的方面而言，腐败的概念日益取代了“命运”无常的概念。这当然是美德政治化的结果，它使

1 他在第一卷第五章说，当时的人民开始心甘情愿拜倒在所有攻击贵族的政客的脚下，“由此导致了马略的强权和罗马的覆灭”。

2 I, 37.

3 III, 24. 由皇帝进行军队的专业化这一主题，在《战争的技艺》第一卷有进一步的阐发。

得可以从政治上解释美德的衰落。一方面，腐败仍是一个不可逆的单向过程，是尘世之物的易变与混乱的一部分；人格或混合政体要么保持均衡，要么失去均衡，没有第三种可能；但是另一方面，对于腐败何以发生，自主和依附的概念(用军队的概念对其加以组织)开始提供一种客观的、几乎是唯物主义的解释，这与主观的伦理解释相反。人失去“德行”，是因其失去自主，其自主不仅仅是由“德行”构成；罗马共和国不 212
是毁于“世事无常”(volubil creatura)的神秘力量，而是由于可以做出说明的、当初仍有时间却未能阻止其结果的原因。

但是，虽然有些次要原因迅速侵蚀了“命运”的形象，更深层的“德行—命运”两极对立的意识仍在起作用；它是《论李维》中的民主理论不可分割的内容。马基雅维里把平民共和国立基于武装公民的“德行”，从而将民众参政从知识问题转化为意志问题。在亚里士多德的主流理论中，多数拥有基于经验的知识，这使他们能够选出他们的上级，对政策做出判断，它几乎无异于惯例、习俗和传统的判断。对于马基雅维里来说，无论他对这种判断有多少赞美，[1]但它行动缓慢，给予贵族太多的信任，因而无法适应国家的基本生存面对突发危险和挑战的世界。因此，他代之以武装的平民国家，即“senatus populusque”[2]，它既能御敌，又能展示既遵纪又充满活力的意志去改变和改进内部关系。罗马的力量在于，它能够为了军事和内政的目的，调动最大程度的“德行”，并且在数百年里一直能够做到这一点。但一切终归取决于作为个体人格之品质的“德行”，即对“公共事务”的奉献，而这又取决于政治、道德和经济上的独立。如果武装公民具备所有这些品质，再加上“优良的教养”(buona educazione)，即可展示罗马的“德行”，虽然他不能达到更高的境界。共和国比君主国调动更多的“德行”，其领导权的多元化更加灵活，更能适应“命运”的变化，而对于统治者个人的单

---

1 I, 58; *Opere*, p. 212：“人民的声音能被比作上帝的声音，是事出有因的。可以看到，普遍的意见有着神奇的预见力，那么它似乎也含有某种隐蔽的德行，能够预知善恶。”

2 Senatus Populus que Romanus(SPQR)，意为“元老院与罗马平民”，是罗马共和国和罗马帝国的正式名称。——译注

213 一人格，是不能指望做到这一点的；[1]只有当环境有变（可能是腐败），使结构变革势在必行，取得共识的需要才使得他们行动迟缓。[2]但尽管如此，取胜是“德行”的职能，“德行”则在于为公共福祉而动员起来的人格的独立。只有在共和国里才能动员这样的人格，而每个共和国是有限的特殊存在，它只能训练和集合起数量有限的人展示“德行”。但无论如何，每个人的“德行”依赖于其他每个人的“德行”；一旦开始衰落便无法扼阻；它必须体现在武装上，同样也必须体现在公民生活中，既要体现在对外部世界的征战中，也要体现在正义的内部世界中。以最大限度的参与作为鹄的的“开放型政制”（governo largo），需要武装的多数和为进行扩张而组织起来的共和国，这一点一旦确立，公民美德就有赖于共和国征服他国的能力，即在受“命运”而非“正义”（giustizia）主宰的世界中展示的“德行”。佛罗伦萨如果无法征服比萨，就无法成为一个共和国；但是如果比萨人无法阻止她，他们也没有“德行”可言。

《论李维》把公民生活军事化，这使它从一个重要的意义上比《君主论》更具道德颠覆性。君主的“生活”（vivere）环境如此混乱无序，因此他只有攀登上摩西或利库尔戈斯那样高的境界，才能担当让其他人保持公民美德的使命；但是，共和国在与外国的关系中只有做到既是狮子又是狐狸、既是人又是兽，才能具有道德美德和公民美德；见于

---

1 III, 9; *Opere*, pp. 344—345：“假如法比乌斯是罗马的君王，他是很容易输掉这场战争的，因为他不知道如何因时而变。然而，他是出生在有着形形色色的公民和性情的共和国里。”（参见《君主论》第25章；另见本书第191页注1）比如，它有一个最适于适时拖延战争的法比乌斯，后来又有一个能够适时赢得战争的西庇阿。

“可见，与君主国相比，共和国有着更强盛的活力、更长久的好运，因为它有形形色色的公民，能够比君主更好地顺应时局。如上所言，只用一种方式做事的人，绝不会改弦易辙；如果时局已变，他的方式不再适用，他也就覆灭了。”

2 同上：“……人的命运多变，盖源于此也，时局已变，他却因循守旧。城邦的覆灭，也是因为不顺应时势，对共和国的制度加以变革，对此我们前面已做过很多讨论。不过，它们的行动更为迟缓，因为它们的变化更为麻烦，需要有推动整个共和国的时机来临，只有一人改弦易辙是不够的。”

《君主论》[1]的半人半马的怪兽形象，可以在更复杂的层面上重现。承认这种双重性，对于波利比阿来说相对容易，因为他没有阐述一种按正义原则支配宇宙的上帝观，对马基雅维里来说，这种承认却与他含蓄地拒绝把共和国作为神恩的创造物有着直接的关联。共和国的正义具有时空上的局限性；它对其他共和国只能展示“军事德行”（virtù militare），它这样做的能力决定着它保持国内公民美德的能力。有德行的共和国之间相互征战。由于这个缘故，基督教美德与公民美德绝不可能相容；在共和国之间的关系中，谦恭及宽恕伤害的做法无立足之地，这里的第一要务是 214
守卫城邦，打垮敌人。马基雅维里确曾坚持认为，“基督徒的共和国若能谨遵创建者的训令，将信仰保存得完好如初，那么基督徒的国家和共和国会比它们的现状更团结、更幸福”，[2]况且基督教并未禁止我们热爱和保卫自己的国家；[3]但他也说得很明白，追求来世幸福会使我们的共和国和我们自身都受到伤害，[4]只有在对敌人毫不手软的地方，公民美德最为昌盛，城邦的战败则意味着居民的死亡或奴役。[5]“公民生活”具有了异教的、世俗的和受时间限制的含义；在没有宗教只有占卜、没有超越今生今世价值的价值的地方，它能使自身得到最充分的实现。

如果说共和国不存在于神恩的维度，宗教则可以被看作与共和国处于相同的维度。第三卷一开头便告诉我们，此世的万物之存在固然

1　Ch. XVHI, *Opere*, p. 56：“一半是兽一半是人。”

2　I, 12; *Opere*, p. 127.

3　II, 2; *Opere*, pp. 227—228：“假如他们认为，信仰允许我们壮大并捍卫自己的祖国，他们就会认识到，信仰希望我们热爱自己的祖国，为它增光添彩，为保护它而做好准备。”

4　同上, p. 227：“古代信仰，除了现世荣耀等身者，例如军队的将帅和共和国的君主，从不美化其他人。我们的信仰所推崇的，是谦恭好思之徒，而不是实干家，它把谦卑矜持、沉思冥想之徒视为圣贤，古代信仰则推崇威猛的勇气与体魄，以及能够使人强大的一切。如果我们的信仰要求你从自身获取力量，它是想让你具备更大的能力忍辱负重，而不是要你去做什么大事。这种生活方式使世界变得羸弱不堪，使其成为恶棍的盘中餐；看到那些一心想要上天堂的民众，只想忍辱负重，从来不思报复，他可以放心地玩弄世界于股掌。”参见Guicciardini, *Ricordi*, B 27。

5　II, 2, 散见于各处。

都有时限，但只有遵循天意为其指定的道路，机体才能像它原初构造（ordinato）的那样保持不变，或是朝着使其回归最初原则的方向改变。混合体尤其如此，例如共和国或各派宗教（sette）。[1]至于一种宗教究竟在何种意义上是个"混合体"，马基雅维里没有细说——通常的回答是，它是上天之物和尘世之物的混合体，萨伏那罗拉就曾这样
215 说过教会；[2]但他为了不让人怀疑"我们的宗教"能被算作"尘世之物"（cose del mondo），考察了方济各宗和多明我宗的行迹，他们模仿基督的清贫，以此使宗教恢复到奉行"主的原则"（verso il suo principio）。因此，这些圣徒建立的教团向人布道说，不应反抗邪恶的统治者，应把他们交给上帝惩罚，结果是恶人肆意妄为，并不害怕不为他们所相信的惩罚。这里讨论的恶人是指腐败的教会君主，而不是世俗暴君；但马基雅维里说，宗教就是这样通过圣徒实施的"更新"而得以保存的。[3]对改革派修士及其恢复教士清贫的努力，此处的讽刺再直白不过了；那些聆听方济各和多明我宣教的信徒，似乎不太会关注他们共和国的自由或公民美德。

失去神恩的维度，共和国及其美德便不再具有普遍性，再次变得在时空上（如果我们说"历史上"，会强化这种对比）有限。在时空中存在着很多共和国，每个共和国的美德都与其他共和国的美德紧挨在一起。承认这一点，就要面对一个问题：说明一个共和国，而不是君主，如何能够重建各部分已组织成很多共和国的意大利。萨伏那罗拉能够

---

1 见本书第216页注2。

2 见第115页注2。

3 III, 1; *Opere*, pp. 312—313："至于教派，可以看到，用我们宗教中的典范人物加以革新也是必要的，如果它不回到圣方济各和圣多明我的起点，它也会彻底消亡。他们以自己的清贫和基督人生的典范，把已在人们心灵中消失的东西，重新带回他们的心灵。高级教士和宗教领袖的虚伪没有毁掉这种宗教，全赖他们这一套强大的新制度。他们生活清贫，通过忏悔和布道赢得了人民的信任，他们使人认识到，以罪恶的言语议论罪恶，也是罪恶；追随他们才是美好的生活，如果人们犯下过失，就把他们留给上帝去惩罚。有些人无恶不作，是因为他们不惧怕这种他们既看不到、也不相信的惩罚。通过这种更新，这个宗教一直维持到今天。"

设想由佛罗伦萨来改造世界,但那只是在末世论的语境中,以许诺这座城市得到尘世富强的方式。在马基雅维里看来这条路走不通,一个共和国与其他共和国的关系是个现实的难题。结盟、霸权和赤裸裸的统治似乎都是可能的出路,如果最后一种可能因极不稳定而被排除在外,那么第一种可能则会遇到与贵族共和国同样的批评:自愿限制扩张太危险。作为从事扩张的民主国家,罗马采取了中间道路,马基雅维里用大量笔墨[1]考察并推荐罗马人的各种计谋,他们借此把盟友和过去的敌 216
人联合到自己麾下,使其处于附属地位,在不知不觉之间便丧失了全部自由。我们应当部分地在这一语境中考虑那句著名的、可能稍有费解的名言:受自由人民的统治比受君主的统治更糟糕,这显然是因为,君主由于想得到你的爱戴和忠诚,会尊重你的习俗,而自由的人民在道德上是自足的,因此他们只想让你完全服从,对其他事情一概不感兴趣。[2]罗马人力图避免采用这种专制,但马基雅维里并未对他们的长期成功心存幻想。在与意大利境内过去的自由共和国的关系上,他们能处理得很好,但其统治只要扩展到一向没有自由的人民,他们也进行相应的统治,意大利人就会发现自己的地位与野蛮行省相比没什么两样。[3]以这种方式,"罗马帝国用自己的武力摧毁了所有共和国和自由城邦",使他们的美德此后再也无法恢复;这种情况,加上来世价值的传播,解释了

1　II, 2, 3, 4, 19, 23.

2　II, 2; *Opere*, p. 229:"在一切严重的奴役中,最严重的奴役是臣服于一个共和国。首先,它更为持久,所以你摆脱它的希望更小。其次,共和国的目的是去他人之精髓,壮自己之筋骨。而要求你臣服的君主……如果他有人性、通常情,那么他对臣属于他的城市,一般会平等相待;对于……它们几乎所有古老的制度,一般会放任不管……"可比较 Guicciardini, *Ricordi*, C 107。

3　II, 4; *Opere*, pp. 232—233:"……它在整个意大利广揽盟友,在众多事务上,它们和罗马遵循着平等的法律。此外,如前所述,它始终掌握着帝国的枢纽之地和发号施令的头衔。故它的盟友在不知不觉之间,不辞辛劳与鲜血,心甘情愿地臣服于它。他们把军队派往意大利以外的地方,把王国变为行省,把甘心为臣的人变为它的臣属,因为这些人已习惯于国王的统治,他们视罗马为统治者,因为他们是被打着罗马旗号的军队所征服,所以除了罗马之外,他们不承认别的主宰。如此一来,意大利的那些罗马的盟友,突然之间就发现自己被罗马的臣民所包围,受到罗马这座巨大城市的压迫……"

现代人为何不如古人热爱自由。正是罗马对托斯卡纳的征服，从根本上导致佛罗伦萨无力发展成一个自由而稳定的共和国。[1]

217 军事（因而也是公民）美德带有争斗性和竞争性，因此其他人民丧失美德，也会助长罗马人自身美德的衰落；这就是马基雅维里提出以下观点的部分背景：[2]人世间的“德行”在任何一个时代的数量都是有限的，[3]当它由于腐败而全部耗尽时，就会出现某种大灾难，然后便会有一些没有腐败的野蛮幸存者现身于山野，重新开始。[4]这种理论是循环的，并且因其没有超越性，故而预设了一个封闭的人类及道德世界的体系；它的新斯多葛主义论调使人想起非正统的亚里士多德主义者的“无始无终的世界”。马基雅维里得出这种认识，既是由于他摒弃神恩的维度，也是由于他决意认为美德只存在于共和国之中——就是说，它们本身数量有限，在数目、时间和空间上也有限；我们应当记住，在循环的“无始无终的世界”（aeternitas mundi）之外，只有基督教末世

1 II, 2; *Opere*, p. 228：“这种教养，这些荒谬的解释，使我们今天再也看不到古代那样众多的共和国了，从而再也看不到人民中间有着像当时那样多的对自由的热爱了。此外我也相信，这是因为罗马用自己的武力摧毁了所有共和国和所有自由城邦。尽管那个帝国已经解体，但是除了帝国的少数地区，各城邦的人民一直无法重新团结在一起，为自己重建文明生活的制度。”关于罗马人摧毁托斯卡纳的美德一事，见pp. 228, 235, 237。

2 这一背景也是以下问题的背景：有关过去时代的记忆如何被一次又一次完全抹去，使它们是否存在过都成了疑问。马基雅维里说，这是由宗教和语言的变化导致的：一个在某些方面预言了吉本所说的“野蛮与宗教的胜利”的观点。

3 II, 前言, *Opere*, pp. 218—219：“……天下事历来遵循着同样的模式，其中善恶相当，只是善恶的多少因地而异，了解古代世界的人都知道，由于风俗的差异，它们的善恶有多有少，但世界还是那个世界。唯一不同的是，上天先是把德行放在亚述，又放在米底，然后放在波斯，最后是意大利和罗马。虽然在罗马帝国之后，再没有出现一个把世界的德行集于一身的帝国，然而德行却被分散于众多的民族，让它们过着有德行的生活……”

4 II, 5; *Opere*, p. 236：“至于天命的原因，我是指人类遭受的灭顶之灾，使某个地方的居民所剩无几。这或是瘟疫，或是洪水。最严重的是最后一次，这既因为它波及广大的地区，也因为幸存者都是山民和蛮族，他们不了解古代，也无法把这种知识传给后代……当简朴的躯体聚集了太多的多余之物时，自然就会经常自行地进行清洗，此乃躯体健康的所在，人类这种复杂的躯体也是如此，当……人类的狡猾与邪恶达到登峰造极的地步时，世界必须以上述三种方式之一进行清洗……”

论这一种选择。但由此产生的结果是，美德自身，而非仅限于新君主的“德行”，现在开始同类相残——莎士比亚所说的那只“最终吃掉自己”的“通吃狼”(universal wolf)。如果共和国不见容于神恩，其结果 218
便带有通吃性。真正具有颠覆性的马基雅维里，不是作为暴君顾问的马基雅维里，而是作为好公民和爱国者的马基雅维里。

因此，共和主义的历史图式仍然是受“命运”主宰的循环图式，它是能量有限的质料，很难被动员起来，倾向于自我毁灭并走向彻底混乱，直到某种不可预见的力量把它们重新动员起来。马基雅维里对共和主义理论的贡献有着非同寻常的原创性，但它是基于并且也受制于他的军事比追求稳定更可取的断言。正是这一断言引导他考察政治行动和政治人格的军事和社会基础；但是，另一些人却做出了更传统的赞成稳定的判断，他们没有抛开武装和战争问题，但回到了威尼斯的例子，把它用作考察政体权力分配的范式。他们的思想与马基雅维里思想的结合，促进了现代早期英格兰和美国的古典共和主义传统的形成。

219

第八章

罗马和威尼斯（二）
圭恰迪尼的《对话录》和亚里士多德式审慎问题

与马基雅维里的著作不同，圭恰迪尼的著作总是与佛罗伦萨的政治情境有着具体联系，缺少他那位老兄在理论和思辨上的自由。这不仅反映着圭恰迪尼更注重现实和实践，也反映着他的贵族保守主义。具体而特殊的世界，由其性质所定，几乎只有通过积累可观的经验，才能加以认识和控制，我们从圭恰迪尼的核心思想中，总能看到“显贵”（ottimati）是一个富有政治经验的小圈子的形象，他们能够统治，是因为他们从经验中了解他们所要治理的城邦，从经验知道不可对它举止过分。但是，若把圭恰迪尼仅仅视为他那个阶层的代言人，那就大错而特错了；即使他把“显贵”视为统治结构的基石，但是对于倘若容许他们垄断权力与官职，他们究竟会如何行事，他却不存任何幻想。他允许其他政治阶层担当的角色，至少（即便他通常只给他们这种最小的角色）是提供一种结构，使贵族的诸般美德——即实践经验和对荣誉的追求——在其中不至于腐化并发挥效用。

此外，他决定将自己的思想定位于佛罗伦萨的现实历史语境，也使得在《关于佛罗伦萨政府的对话录》[1]中看不到高度抽象的普遍概念，

1　这里用的文本是Palmarocchi’s *Dialogo e Discorsi*（*D. e D.*），pp. 3—174；见本书第132页注1。

而这在《君主论》和《论李维》中很容易觅见。命运和革新、质料和形式，都不是经常提及的对象，也不易发现它们暗示性地存在着；在抽象程度上，比起马基雅维里决定把共和国与君主国、革新与腐败作为一般主题加以研究要逊色很多，也不求诸于同等程度的分类。确实，圭恰迪尼喜欢对思辨性说理发些轻慢之论。《对话录》中的主要对话者，是 220
一位从经验中学习政治的人，既不研究哲学也不研究历史，尽管他不否认历史有着能使死者的经验为生者所用的作用；他也不认为对经验教训无法进行系统的阐述。我们无论如何要避开这样的陷阱：以为这种以经验概念为核心的思想缺少理论框架，而理解这种框架就是理解这思想。经验本身既是不可简约的现实，也是一个概念，本书主要讨论的便是经验和审慎的观点在其中发挥着突出的启发性作用的一个概念框架。圭恰迪尼对诸如此类的概念的论述，告诉我们很多他对政治知识和行动的认识，以及他对通常所说的政治理论的观点。我们考察他的思想，是通过考察这种思想的理论框架来进行，首先是《对话录》中的框架，在这里仍能设想佛罗伦萨拥有一个经验在其中发挥恰当作用的制度化组织，然后是《记事录》（*Ricordi*）中的框架，在这里佛罗伦萨的历史结构已然崩溃，只剩下经验在一个与马基雅维里的君主的世界并无不同的世界中发挥着作用。

《对话录》是圭恰迪尼有关佛罗伦萨政府的“论著”（*discorsi*）的最后一部，即一组系列著作的最后一部，它以1512年的《洛格罗诺谈话录》（*Discorso di Logrogno*）为起点，他在该书中认为有可能为佛罗伦萨建立稳定的政治结构提出规范性的建议。[1]菲利克斯·吉尔伯特和维托里奥·德·卡普拉里斯研究过他的“从政治到历史”（dalla politica

1 *D. e D.*, p. 6：“即使人们的愿望和欲求不可能不同于他们思考或讨论事务的方式，或从这种讨论中可以清楚地看出在这两种失序而腐败的政府中我较不厌恶哪一个，我也不必对最有希望得到变革的政府持较少的批评态度。”（*DGF*, p. 4）

译按：作者这里的引文是意大利文。此据布朗的英译本（Guicciardini, *Dialogue on the Governmnet of Florence*, ed. and translated by Alison Brown. Cambridge University Press, 1994）译出并注明英译本（简写为“*DGF*”）页码；下同。

alla storia，这是后者著作的标题）的思想演变过程：[1]从试图建立稳定的政治生活的必要条件，到相信人类的生存只能被描绘为处于受“命运”摆布的洪流之中；意味深长的是，《对话录》的背景是过去佛罗伦萨政治史的一个时刻，更有甚者，圭恰迪尼宣称这是一个无法返回的时刻。它发生在推翻美第奇家族之后不久的1497年；作为重点提到了萨伏那罗拉，但焦点是“显贵”作为革命参与者的问题。对话者包括三位年轻的显贵——皮耶罗·卡博尼、保兰多尼奥·索代里尼和圭恰迪尼之父皮耶罗，他们都不同程度地赞成放逐美第奇家族有助于“自由”，还
221 有一位年长者，即贝尔纳多·德·尼禄，圭恰迪尼的代言人，他对推翻那个统治家族似乎感到惋惜，但愿意考虑在大议会基础上能够建立一个什么样的政府。我们知道，圭恰迪尼认为大议会的设立改变了佛罗伦萨政治，它使得再也无法恢复1494年以前美第奇家族那样的统治；他还认为，1512年“显贵”在复辟美第奇家族和推翻大议会中的作用表明，他们已无可挽回地与那个家族绑在一起，再无机会在排除该家族的基础上协助建立一个共和国。因而，整个对话是发生在机会一去不返的时刻；好像是为了把这点做进一步的强调，圭恰迪尼选择了已被萨伏那罗拉政府非法处死的贝尔纳多·德·尼禄作为主要对话者——他在自己的早期历史著作中对其人格有过中肯的分析。[2]时间和恶化的世界把圭恰迪尼与对话场景分离开来，既突显又缩小了它的理想特征；他在写下有关这种理想的建议时，并不指望它们能得到实行。

在圭恰迪尼描述的1494年，三位朋友邀上贝尔纳多·德·尼禄，开始跟他讨论最近“事态的突变”（mutazione dello stato）的利弊。贝尔纳多悲叹道，他凭经验发现，所有的“突变”都会使事情变得更糟糕，但索代里尼问道，是否会有这样一种变化，它使政府形式由坏变好，或由好变为更好。[3]贝尔纳多在做出回答时，先是冷嘲热讽地提到萨伏那

1　见本书第131页注2。

2　Domandi ed.（见本书第131页注1），pp. 134—135。

3　*D. e D.*, p. 8：“［贝尔纳多：］……我要告诉二位，在我一生的经验中，突变带给了这个城市更多伤害而不是好处，我能举出许多事例来说明这一点……”（*DGF*, p. 7）

罗拉上台的时刻：难道哲学家（具体说来是马尔西利奥·费奇诺）没有教导说，三种统治中，一人统治要优于少数或多数的统治吗？圭恰迪尼让其父皮耶罗做了回答，因为他曾是费奇诺的学生，而卡博尼除了懂点占星术之外没有一点学问；这里有着嘲弄政治哲学家的意味，对此我们必须当心，不可解释得过于漫不经心。[1]皮耶罗辩解说，人尽皆知，这三 222
种政府中的每一种都有好的形式和坏的形式，只有当三种政府都是好形式时，一人统治才是最好的形式，这是政治理论的常识。问题在于，它的产生是由于"被统治者的选择或自由意志"、"合乎他们的意志和自然性情"，还是由于武力、派系或篡夺、"符合统治者的嗜好（secondo lo appetito di che prevale）"。皮耶罗似乎是在为选举和世袭的继任方式留出余地，同时考虑到权力的不正当获取以及对它的不正当运用。他说，都是好形式时，一人统治最好，但都是坏形式时，它最坏——一句萨伏那罗拉的格言；他进一步说，一人最容易把他的意志强加于公众，因此它最可能变坏。如果人们创建新政府并考虑君主制的可能性，那就必须问一句，好的前景是否大过出现灾难的风险。[2]

"［索代里尼：］ 如果它们就像您一生中的其他突变一样，那么大概就是如此，它们应被称为人事上的变化，或者像您自己说的'换人'，而不是'突变'……如果发生了这种事情，可以由好变坏，也可以由坏变好，我看不出来为何这是没有益处的。"

1　*D. e D.*, pp. 11—12：　也要注意贝尔纳多的话（p. 11）："关于这些事，我也只是通过经验才有一点儿理解，这是多年从事国务活动的结果，而这种经验你们也并不缺少。除了这一点和你们的天资之外，你们还有博览群书的优点，这使你们可以从古人那儿了解过去许多时代的事情，我却只能与生者交谈，只能看到自己这个时代的事件。"（DGF, p. 9）关于费奇诺与老圭恰迪尼的关系，见Carlo Dionisotti, "Machiavelli letterato", in Gilmore, ed., *Studies on Machiavelli*, p. 110。

2　*D. e D.*, pp. 12—13："［皮耶罗：］诚然，在这三种政府中，一人统治是最好的。但是，假如它是由武力或帮派、由篡夺权力，而不是通过臣民的选举或自由选择取得的，那就很难说它是好的统治。没有人否认美第奇家族的政权属于这种类型——就像今天所有的一人统治一样，它们大多数都不代表臣民的意愿和倾向，而是建立在控制者的嗜好上。因此，引用哲学家的话是没什么用处的，因为他们从未赞成这种类型的政府。我还可以说，按这些哲学家的看法，当所有三种政府都是好的时，一人统治是最好的，但如果它是坏的，它便是最坏的。……今天，当一个新建立的城邦需要成立自己的政府时，是一人统治还是多数统治对它更幸运呢？"（*DGF*, p. 11—12）

所有这一切确属老生常谈，但圭恰迪尼开始利用“自然性情”（naturale）一词的模糊含义。用在政府形式上，它可以指“选举的”、“世袭的”，或仅仅指“适合被统治者的性格和性情”，圭恰迪尼打算借助这种模糊的含义操纵进程，既否定那种认为一种形式比其他形式具有内在优越性的观点，又否定萨伏那罗拉派的学说，它认为由历史条件所决定的佛罗伦萨人的“自然性情”，需要一种具有广泛平民参与的政府。他在让贝尔纳多回答皮耶罗时同意，一个有着“自然”地位或
223 基于“选举或自愿”的统治者，除非是因为疏忽或自身“邪恶的天性”，他便没有必要作恶，但一个原本就有残暴统治或基于篡权的统治者，为了保持其统治，却常常不得不做一些违背自己道德天性的事，正如我们在美第奇家族的科西莫或洛伦佐的例子中屡屡见到的那样。[1]但这时我们就对统治者的权位、获取权力的正当性和道德人格，以及——暗示性地——被统治者的传统性格做了区分；既然所有这些都能用“天性”（natura）和“自然性情”这些词的不同运用来表示，那么显而易见，没有哪种政府形式本质上是好的或坏的，我们必须寻找另外的标准。假如我们设想，一个正当的君主统治不公正，而一个篡权者统治公正，或者——因为卡博尼反驳说，后者根本无法想象——他们统治都不公正，那么显而易见的是，我们用来评价一个特殊政府的是它的效果（effetti），而不是它的起源或界定条件（不妨说，是它的产出，而不是它的投入）。[2]

---

1 *D. e D.*, p. 14：“皮耶罗对一人统治（如果它是合乎自然的，是通过臣民的选举和按他们的愿望选出来的）和篡权统治（它以暴力作为标志）所做的区分，连白痴也能明白。对于施行仁政、要让臣民满意的人来说，除非他无知或天性恶劣，没有任何理由不实行仁政。这种情况不适用于以暴力手段控制国家的统治者，因为他为了保住国家，为了自己的安全而防范受到他猜疑的人民，他时常不得不做一些他自己不想做或不喜欢做的事情——我本人知道科西莫就经常如此。……洛伦佐有时是含着泪不情愿地做出决定……这有悖于他的天性……”（*DGF*, p. 13）

2 *D. e D.*, pp. 14—15：“判断不同的政府，主要考虑的不应是它们的类型，而应是它们的效果，统治得较好就称为好政府，统治得不太好就称为不太好的政府。例如，如果篡权者的统治优于正当的统治者，为其臣民带来更多的好处，难道我们不应当说，他的城邦

贝尔纳多接着论证说，假如我们抽象地讨论政府形式，那么我们确实得说，源于自愿比源于暴力更可取，因为它的“天性”中不带有在未来进一步施暴的“必然性”（necessità）。但是，当我们论及具体事例，论及实际存在的政府时，我们必须靠经验说话：必须观察它们如何运作，通过明确的道德和效用标准去评价它们的效果，然后才可以分出它们的优劣。[1]但是，当我们讨论“突变”，即一个旧政府被一个新政府取而代之时，这会出现明显的困难。前者的效果可以看到，后者的效果却只能预测；[2]在批评圭恰迪尼的论断时，我们还可以补 224
充说，前者的来源可以不计，后者的来源在进行预测时却必须予以考虑。贝尔纳多这时必须解释政治预测的性质和方法。他向他的对话者解释说，他久居佛罗伦萨，既作为行动者也作为观察者浸淫于该城的事务，常与经验老道的人士交谈，他认为自己对人民、公民和作为一个整体（universalmente）的城市的天性（natura，这个词重复了若干次）有足够的了解，可以对每一种政制（modo di vivere）的效果做出良好的预测。在具体问题（particulari）上他或许会出错，但是对于大局（universali）和一切基本问题，他有望不出错。[3]在他出错的地方，他可

过得更好，得到了更好的统治吗？”（*DGF*, p. 14）

1　*D. e D.*, pp. 15—16：“因此，在对正当的政府和不正当的政府何者更好进行一般性讨论时，我总会毫不迟疑地说，正当的政府更好，因为它合乎自然，可以假定它没有理由不施行仁政，而另一种政府几乎总有一天会施行恶政。但是，如果看看具体的现有政府，问一下哪个政府更好，是这个还是那个特定的城市，是美第奇家族当政时的佛罗伦萨还是在这之前的佛罗伦萨，那么为了提供确切的答案，我主要观察的便不是它们的类型，而是它们的效果。我会考虑人民是否得到最好的统治，法律是否得到更好的遵守，是否有更好的司法，是否更尊重全体的利益，每个人是否各得其所。”（*DGF*, p. 14.）

2　同上：“……考虑到这座城市的性情及其人民的性情，不难想象会产生什么结果。……”另参见皮耶罗·圭恰迪尼的反驳。

3　*D. e D.*, pp. 16—17：“……我已经活了一大把年纪，我不时经历这座城市的内乱，而且我经常听到在公共事务上经验十分丰富的年长者，特别是科西莫和内里·迪·吉诺等人谈论过去，我现在十分了解人民和公民的性情以及这座城市的一般状况，因此我认为自己能够十分具体地设想每一种政治生活形式的可能效果。我有一大把年纪，不断参与内政——几乎未参与过外交——事务，因此我若宣称自己对它们有所了解，我不想让人认为

以得到年轻人的纠正，他们也许缺少他的年纪和经验，却勤于披阅诸多国家的历史，这是他做不到的，在他只与生者对话的事情上，他们可以与逝者交谈。历史的教诲可以强化经验的教诲，因为现在的事都曾出现过，而曾经出现过的事还会再次出现。唯一的困难在于把它辨认出来，避免误把旧事当作新事；在这件事上，贝尔纳多及其对话者必须携手合
225 作，至于那种认识一再发生的事并预测其作用所需要的思想品质，是可以通过教育还是仅凭经验就能获得，他没有明说。[1]

这种论证显然是实用主义的，并且包含着对保守主义的偏好。对政府形式的研究和评价只能在行动和现实中进行，问题是如何能够做到这一点——这种方法是否难免有利于现存的甚至是存在不久的政体？圭恰迪尼承认，历史知识与基于经验的知识显然是平等的，他并没有赋予现存事物相对于不存在的事物以内在优越性，但他已然走向后来的立场，认为历史教训虽非不可应用，但应用起来极为困难。不过，这种实用主义的主张还以另一种方式带有保守主义的含义。我们若是仅凭效果去评价政体，那么我们想必应在所有情况下适用同一套价值标准；但是众所周知，不同的政府形式给予不同的价值以优先性，因此除非事先统一我们的价值，否则是无法采用实用主义方式的。在《对话录》的这个阶段，索代里尼提出了一个我们看到在1494—1512年之后成为佛罗伦萨思想的主要假设的观点："自由的生活"符合佛罗伦萨的天

我傲慢自大。这就是说，我相信自己在很多细节上可能出错，但在一般问题和重大事务上我希望自己不至于出错。"（*DGF*, p. 16）

1　*D. e D.*, p. 17："如果我出了错，各位很容易弥补我的不足。你们读过现代和古代不同国家的众多历史，我清楚你们一定对其有所思考，十分熟悉它们，所以你们不难判断未来会是什么样子。因为人世间的情况就是这样，现在有的事，过去也曾以不同的名称、在不同的时代和不同的地方存在过。因此，过去存在的事，也部分地存在于现在，并会部分地存在于其他时代。它们每天都会重新发生，只是有着不同的外表和色彩，没有眼力的人会误以为它们是新鲜事，识别不出它们。但只要具有好眼力，知道如何对事件进行对照和比较，考虑哪些是实质性的差别，哪些无关紧要，就很容易辨别它们，通过对过去事件的思考和权衡，能够大体上知道如何思考和权衡未来。因此不必怀疑，用这种方式进行通盘考虑，我们在讨论中就不会犯什么错误，并且能够预见到不少这种新的生活状态会发生什么事情。"（*DGF*, p. 16）

性,因为这座城市对自由的欲望是“普遍嗜好”(appetito universale),它铭刻于人们心中,就如同铭刻和烫印在他们的城墙和旗帜上一样。哲人们想必会同意,在三种政府形式中,最符合被统治的人民的天性的就是最好的形式,因此似乎需要事先就提出在佛罗伦萨实行平民统治具有内在优越性的证据。[1]

根据这种主张所依靠的那个假设,它似乎正如圭恰迪尼所愿,完全维系于具体而“特殊”的事情。但是他让贝尔纳多作出了双重的答复:即便是植根于人民天性的政府形式,虽然从理论上说更可取,在具体情况下也会产生有害的后果;“自由”的目的不在于确保人人都能参与所有层次的统治,而在于确保维护法治和公共福祉(“维护”[conservare]这个动词在同一句话中使用了两次),这一目的或许在一人统治之下较之其他方式能够更好地达到。[2]后一观点是随前一观点而来,这就附带地暗示着一个问题:对于看上去植根于人民的天性的政府,我们如何能够预测它的有害影响;但是通过提出这一问题,圭恰迪尼重新界定了“自由”,使之符合他本人的价值。索代里尼的意思和圭恰迪尼本人在不久前的1516年的主张是,[3]大议会让(或是要让)佛罗伦萨“平民”品尝到个人直接参政的味道,这种经验使他们发生了改 226

1 *D. e D.*, p. 18:“如果自由的生活在别处是好的,那么在我们的城市里就是最好的,这合乎它的性情,有人民的普遍需要作为它的基础,因为在佛罗伦萨,自由铭刻于人们心中,就如同铭刻于他们的城墙、烫印在他们的旗帜上一样。因此,虽然我认为政治作家通常根据三种类型划分政体,即一人、少数和多数的政体,但他们并不否认,对于任何城市来说,最好的政体就是合乎其性情的政府。因此,虽然条件千差万别,我还是看不出如何按照你的原则行事。我们岂能否认,在佛罗伦萨无人不知,自由政府是最合乎其性情的政府,它优于其他任何可能采用的政体。”(*DGF*, p. 17)

2 同上:“……一般而言,自由而开放的政府未必优于其他政府,你的哲学家,或者按你刚才的称呼,政治作家,提供了这方面的大量证据,他们通常都宁要城邦中的一人统治——如果他是个好人的话——而不要政治自由。这有很好的理由,因为采用这些自由共和政体的人的目的,不是让人人都去插手政府,而是维护法律和共同利益,如果一人实行良好的统治,那么他在这一点上会比其他政府类型做得更好。”(*DGF*, 17)

3 见本书第161页注3。

变，因此城市事务已无法恢复原状。这种观点现在被放弃了，[1]并表达了一种有关“自由”（libertà）一词之恰当含义的价值判断。据认为它有两种含义：它意味着每个公民尽可能充分地参与决策的状态，也意味
227 着法律——而不是人——至高无上，个人获得的社会利益是源于非人格化的公共权威，而不是来自个人。马基雅维里曾在类似的意义上使用过“平等”（equalità）一词。这两个定义在逻辑上并不相同，圭恰迪尼也暗示性地否认它们彼此有任何关联；但是一般认为，前一种状态是后者的最佳（激进派认为是其唯一）保障，如果贝尔纳多争辩说，多数在失去“参政权”这个意义上的“自由”的情况下，能享有法律和非人格性意义上的“自由”，那么他就要（与是否能够剥夺多数曾经享有的“参政权”这一问题无关）证明，如何能够让这种状态长久存在。不消说，这成了一个在享有权力并把别人排挤出去的有限团体中防止腐败的问题。

贝尔纳多的对话者接着解释道，把皮耶罗·德·美第奇赶出城时，他们并不想建立一个像大议会那样有着广泛基础的政府，但是他们受到萨伏那罗拉的胁迫，身不由己。他回答说，在那种情况下，他们应当对那位托钵修士深怀感激才对，因为“过去的经验显示”（ha insegnato la esperienzia de' tempi passati），而且总是会显示，在佛罗伦萨，最不稳定的东西莫过于这个由少数垄断权力的政府；过不了多久它总要垮台，权力被转移到一人或多数手中[2]——更有可能转移给后者，因为一人要

1 *D. e D.*, pp. 18—19：“这与你用作坚实基础的论证——自由符合佛罗伦萨人的性情——并不矛盾。哲学家或任何有判断力的人在回答这个一般性问题时都会说，对于任何城邦来说，最好的政府就是符合其性情的政府。……但是说到个别情况，就算看到一个自由政府，它符合这个城邦的性情，但由于某些特殊原因没有带来好的效果，那么无论是你的哲学家还是其他什么人，还是不会选择它，而是选择其他类型的政府。”（*DGF*, p. 17）

2 *D. e D.*, p. 20：“……你得多谢这位托钵修士才对。……不过我有一个坚定的看法，经验也总是会证明这一点，在佛罗伦萨，权力必然要么由单独一人掌握，要么完全交到人民手里，每一次过渡阶段总是充满了严重骚乱，暴力事件无日无之。这便是过去的经验告诉我们的事情。因为凡是少数掌握权力时，这座城市总是充斥着相互倾轧，天天都有突变和全民公决。用不了多久，权力就会从少数手里溜走，要么归属单独一人，要么回到全体人民手中。”（*DGF*, pp. 18—19）

成为最高统治者，需要精明审慎、财富、名誉、大量的时间以及不绝如缕的顺境，把所有这些集于一身几乎没有可能，佛罗伦萨史上也不过一个科西莫·德·美第奇而已（作者在后来的生活中恐怕也会受到这些话的嘲讽）。[1]少数的统治不稳定，是佛罗伦萨人的天性使然，他们热爱平等，厌恶别人居高临下。因此，少数因其野心而分裂，“一个小圈子外边的人”（ognuno che non è nel cerchio）又因圈内人的权力而恨他们，佛罗伦萨人便因拒绝互相支持而毁灭了。[2] 228

在这个论证中，圭恰迪尼采用的是“全体的天性”（natura dello universale）的标准，他不久前还反对这个标准，现在却以出人意料的方式使用它。在创作《对话录》之前，他和其他人的著作中就出现过以下观点：佛罗伦萨人的“第二天性”使他们不安分，抱着平等主义的想法，渴望分享公共权威；但它一般被交给多数，并把这作为支持“平民生活”的表示，因为使个人渴望分享权力的品质也使他拒绝依附于他人，这一特点一向是圭恰迪尼有关“自由”的定义的核心。但在这段话中，“佛罗伦萨人的天性”确实被归于多数（那些“圈外人”），然而它更是少数的突出特点。有野心的人的“圈子”争夺领导权，他们“对平等的天然热爱”变成了失败者拒不接受胜利者的控制。可以用“理智”（ragione）计算，亦可由“经验”（esperienzia）证明，在这种政府能够取得稳定上打赌，胜算是二十分之一。[3]不仅“平等”和“自由”被描绘

1　*D. e D.*, pp. 21—22：“为了做到这一点，必须集审慎、财富和名望于一人之身，而这是很罕见的事情。即便有人将这些品质集于一身，他仍然需要时间和无数好运气的帮助。这么多事情和运气发生在同一个人身上，实际上是不可能的。因此在佛罗伦萨，说到底也就只有科西莫一人而已。”（*DGF*, p. 20）

2　“佛罗伦萨人天性喜欢平等，非常不愿意接受和承认别人高自己一等。在我们的性情中充满了强烈的欲望和不安分，这正是统治精英相互倾轧与分裂的原因。……另一些人不喜欢有人高他们一等，所以只要一发生这种事情，这些人就会被消灭。在佛罗伦萨，凡是不属于一个小圈子的人，都憎恨别人的支配，所以若是没有根基和靠山，想保住显赫的地位是不可能的。如果统治者都意见不和，还有谁能提供这样的根基和靠山？”（*DGF*, pp. 19—20）参见 *Ricordi*, C 212。

3　*D. e D.*, p. 24：“……合理地说，可以用二十比一的赔率赌它不发生。”

为往往自我毁灭；对“野心”（ambizione）和追求“荣誉”（onore）也同样冷眼相看，而圭恰迪尼在早期著作中，曾把它们视为“显贵”的特点，使其为了自由而在公共舞台上扮演公共福祉的伟大公仆的角色。“佛罗伦萨人的天性”中强化其政治个性的一切因素，皆被描述为少数而非多数的特点；而这一阶段的修辞把所有这种特点都描述为具有政治上的破坏性。

229 但是，圭恰迪尼对“显贵”的暧昧态度，确保了对话形式可被用来展现多种视点。在接下来的内容中，卡博尼和索代里尼根据明显变得越来越贵族化的自由理想，提出了反对美第奇家族政府，即1494年被推翻的政府的理由。卡博尼把这种实质上具有操纵性的统治斥为专制，它名义上是在遵循公共法律准则行事，实际上却是根据一个非正式的统治团体的利益去衡量公认的价值，一个人的同一种行为，如果他们把他看作朋友，那就是准许的，如果把他看作敌人，却会受到谴责；[1]索代里尼又说，为了弄清一个人真正想做什么，不得不去观察那些没有明言的暗示，洛伦佐便擅长于此道。[2]索代里尼又进一步抨击贝尔纳多区分本质上的好政府与产生良好效果的政府，他指出，否认人类天生的、值得赞扬的习性，等于用定义做坏事，反之亦然。[3]当索代里尼说，人天生渴望自由、痛恨奴役（servitù）时，他实际的意思是，这似乎仅仅完全适用

1 *D. e D.*, pp. 27—28：“当另一些人看到，在他们看来是犯下死罪的事，放在有些人身上却是无足挂齿的小过，有人被当作国家的宝贝，有人却被当作杂种，难道我们能不相信在他们的心中会产生何等的愤怒甚至是绝望？这些人会采用怎样多么违反人性和专横的话语（已经变成了格言）去放弃——或更准确地说，欺骗——他们的良知：‘在关系到国家的事情上，一定要对敌严，对友宽！’仿佛法律能够允许这种区分，仿佛法律能够划出两种不同的尺度，一者用于敌人，一者用于朋友！”（*DGF*, p. 26）

2 *D. e D.*, p. 35：“这是多么可悲……人们要解释一个用暗示让人理解自己的人的愿望！我们都清楚洛伦佐以这种方式给每个人带来的压力。”（*DGF*, pp. 33—34）

3 *D. e D.*, p. 34：“因此，我不知道贝尔纳多如何能把这种政体中的生活方式与平民政府相比。平民政府的成果也许不如专制的成果，前者的基础是全体人民的习性，他们从天性上喜欢自由，后者则完全相反。因为人人都害怕奴役，所以就算它有弊病，人们也宁愿要符合他们性情的东西而不要与之相反的东西。每个人通常都有这种天生的本能。”（*DGF*, p. 33）

于这样一些人，他们具有非同寻常的高尚精神和才干，也即是说，他们渴望做出有利于公共福祉的杰出的或看起来杰出的行动。自由就是做出这些行动的自由；奴役则是这样一种状态：特殊的人根据自己对何者符合自身利益的想法，对这些行动加以评价、许可或禁止——即明知他们的行为“虽然理应是自由的，除了他们自己和国家的利益之外不依附 230
于任何人，却受别人的专横意志的控制，不论它是正当的还是出于随心所欲”。[1]

索代里尼接下来阐述了使我们以有“德行”（virtù）的方式行事的原因。

> 假如正确统治城市的人的首要目的，以及研究公民生活的哲人和其他人的首要关怀，是为激发人们的美德、卓越的品格和高尚行为提供基础，那么对于与此相反、竭力消灭一切慷慨大度的行为和美德的政府，我们难道不该给予严厉谴责吗！我所说的美德，是指能使人们有伟大的表现，也就是说，有益于共和国的美德……
>
> 所以我要重申，不论何时，只要政府是不正当的（如果它拥有正当性，美德就会受到尊重），它倾向于专制，不论是凶残的还是温和的，那么人们就应当寻求其他统治形式，为此牺牲任何财产和繁荣都在所不惜；因为没有什么政府比这种政府更可耻、更有害，它力图摧毁美德，阻止臣民获得由高贵品格和慷慨大度的精神所带来的任何荣耀，更遑论什么伟大。[2]

索代里尼的观点同“参与式民主”和“宽容的压制”（repressive tolerance）的现代理论家的区别在于，后者倾向于平民主义，前者则倾向于贵族主义。把“德行”的理想（这里没有被表述为用形式塑造

1　*D.e.D.,* p.34：“……他们的行动理应是自由的，除了他们自己的和国家的利益之外不依附于任何人，然而他们却受到别人的专横意志的控制，不论它是正当的还是出于随心所欲。”（*DGF*, p. 33）

2　*D. e D.*, p. 35.译按：这里的译文参考了*DGF*, p. 34。

“命运”，这不是《对话录》的关键思想，而是表述为在道德自主中的生活、自由和追求卓越）作为目标的人，从定义上看实际上是少数，圭
231 恰迪尼在其早期著作中就明确指出过他们的人数可能甚少。但是暴君对他们又恨又怕，因为暴君的目的是让一切依附于自己；索代里尼说，他不必告诉他的对话者他心里想到的是何人。[1]在这一段论述的最后他总结说，就像“封闭型国家”（stati stretti）通常的情况一样，美第奇家族极力解除公民武装，从而剥夺他们得自于他们的祖先的“阳刚之气”（virilità）和“生命力”（vigore de animo）。想想那些以自己的武器作战的人和那些用雇佣军作战的人之间的不同吧；瑞士人现身于意大利时凶残而好战，在自己家乡时却生活在自由之中，遵纪守法，和睦融融。[2]在此，公民军传统的修辞出现的语境暗示着，自由、公民美德和政治个性本质上是精英的理想，这确实不同于马基雅维里在《论李维》中的论说。

对这种公民人文主义立场的论述，贝尔纳多的回答冗长而散漫；它所形成的对话构成了《对话录》卷一的剩余内容。它不仅冗长而复杂，词锋亦多有迂回曲折。如我们所见，贝尔纳多试图把索代里尼意义上的自由界定为野心的展示，以及表现高贵行为的欲求，其中还包含着控制他人的欲望；他提出一个有趣的建议，投身于公共服务未必一定要有“自由的”政府，因为所要服务的是“祖国”（patria），“它包含着

1 *D. e D.*, pp. 34—35：“他们需要隐瞒自己的美德，因为专制者不喜欢一切高尚精神、一切卓越的能力——当它是以内在美德为基础，因此更难以根除时尤其如此。专制者这样做，有时是出于妒忌，因为他只想让自己鹤立鸡群；又时常是因为他心中通常充满了害怕，我不想用这些话来指具体哪一个人，因为各位都知道我并不是无的放矢。”（*DGF*, p. 33）

2 *D. e D.*, pp. 35—36：“美第奇家族就像一切封闭的政权一样，总想阻止公民拥有武装，扼杀他们的一切阳刚之气。这使我们变得十分女性化，缺少我们先辈的勇气。只要想一想用自己武器征战和用雇佣军打仗之间的区别，就会明白这对共和国是多么有害。……我们从古代共和国很容易明白这一点。从今天的瑞士人身上仍能看到它的一些痕迹，他们如今正在成为意大利家喻户晓的人物。虽然就人们所能了解的情况而言，他们是彪悍的战士，但我理解他们在家里却很安宁，过着自由的生活并处在法治之下。”（*DGF*, pp. 34—35）

那么多美好事物，那么多甜蜜事物，即便臣服于君主的人，亦是爱祖国的人，世人可以屡屡看到，他们不惜为它以身犯难”。[1]

索代里尼用“德行”和“参政”来界定自由，贝尔纳多则回到圭恰 232
迪尼早先对这个概念的一种界定：自由是这样一种状态，我们为了自己而服从法律，不服从特殊的人的权力和人格。它暗含着对个人的道德和政治自主的强调，以此观之，这当然是一种公民人文主义理想；但是，与《洛格罗诺谈话录》相比，有一极重要的不同之处，参政的“德行”的理想从自由的定义中拿掉了，并被置于自由的对立面。被界定为法治的自由，很可能受到索代里尼曾给予大力赞扬的咄咄逼人的竞争性高尚行为的危害，[2]一个人可以在法律之下享受自己的自由，尽量少参与甚至根本不参与涉及他本人或其他人的决策。可以说，圭恰迪尼在这里提出了一种与积极自由观相对的消极自由观，使自由变成了不受制于他人的自由，而不是发展积极的人类才能和品质的自由；随着这种定义上的变化，他提供给“显贵”的价值也发生了变化。现在可以看到两套价值规范，它们代表着圭恰迪尼自身人格的两极：一方面是在公共行动中展示卓越的理想；另一方面是只有精英才有闲暇获取的“经验”和“审慎”（prudenzia）。圭恰迪尼终其一生都感受着这种野心与谨慎之间的紧张，看看他在面对勇猛无耻与审慎的选择时如何与马基雅维里背道而驰，颇为引人入胜。《论李维》选择了武装的平民国家，把“德行”描绘成武装的多数充满活力的精神，《对话录》则让贝尔纳多——正如我们所见——对索代里尼恢复公民军传统的主张不理不睬，还极力反对他把“德行”理想化。但这里所说的“德行”是少数而非多数的品格。针对这种立场——或者不如说是针对他曾赞美过的野心和对“荣誉”的渴求，圭恰迪尼在卷一的最后一段话中，让贝尔纳多告诫他的贵族聆听

1 *D. e D.*, p. 39：“可以说，这些人的行动是出于热爱祖国，而不是热爱自由。自己的祖国包含着那么多美好事物，那么多甜蜜事物，即便臣服于君主的人也是爱祖国的人，世人可以屡屡看到，他们不惜为它以身犯难。”（*DGF*, p. 37）

2 *D. e D.*, pp. 45—46：“他会对三种人做出区分，一种人聪明但没有活力，另一种人既聪明又有活力，但并非不安分，还有一种人聪明、有活力而又不安分。”（*DGF*, p. 44）

者，要认识到佛罗伦萨城已老态龙钟，难以进行改革，国家衰老的自然过程的力量，胜过人类的“理智”和“审慎”。[1]

233 他之所言，句句是说给“显贵”听的，但圭恰迪尼的贵族倾向是表现在他的这样一种观点中，他认为“显贵”是唯一值得交谈或讨论的群体，而不是表现在他鲁莽地把每一种政治美德或对权力的正当权利都赋予他们——他从未这样做。贝尔纳多对索代里尼的反驳采取了为美第奇家族辩护的形式，针对的是索代里尼更恼火的指控，这反过来又成为对大议会和多数参与某些决策的批评。[2]但他的目标其实是少数，他认为少数而非多数才是1494年平民政制的创立者。好像是“显贵”因为不满于同美第奇家族的联盟，才转而与“平民”结盟，贝尔纳多好像是在问他们从这种改变中到底有多少收获。但是这种挑战隐然提出了贵族价值的问题。为1494年政府的辩护是从“德行”的角度，即从“显贵”在“平民”面前展示引人瞩目的卓越品格的角度表述的，它由索代里尼和圭恰迪尼本人在写作《洛格罗诺谈话录》时提出。对那个政府的抨击，既包含着推崇谨慎的理想，以取代“德行”的理想，也包含着对多数在看到“德行”时辨识它的能力表示怀疑；但是，抨击多数并不是在抬高少数，而只是对后者的价值有所批评。一旦我们认识到，在圭恰迪尼心中，“德行”理想已经变得不再代表对卓越的追求，而是代表对出人头地的不健康竞争的追求，我们就能更好地理解，他为何坚定地认为，由“显贵”垄断权力的“封闭型政制”将是佛罗伦萨的灾难。如果精英真要展开卓越品质上的竞赛，他们需要“平民”（或美第奇家族）作为观众或裁判；但如果他们竞相追逐的实际上是权力和支配地位，

1 *D. e D.*, pp. 81—82：“如果城市已经衰老，就不易进行改革了，一旦进行改革，它们会很快失去良好的体格，并且怀念过去的坏习惯。除了人们能够为此提供的可能原因之外，还可以举出许多古代的例子。如果它们不够幸运，在诞生之初或至少是早年没有采用良好的政体，那么后来想这样做的人只能是白费力气。其实，就算已经习惯于得到良好统治的人，他们一旦迷失了路途，遭遇不幸和混乱，也无法完全回到原来的良好状态。这是人类事务，或是——像你们乐于说的——命运的自然过程，它的力量往往超过人的理性和审慎。”（*DGF*, p. 79）

2 一般性讨论见*D. e D.*, pp. 42—47。

他们就需要“平民”（或美第奇家族）通过限制权力来限制这种竞争。与此同时，圭恰迪尼还向他的阶层推荐了一套不那么具有竞争性的价值。他也许认为“显贵”是唯一值得评论的人，但尽管如此，他还是持之以恒地批评他们。

按照这一解释，贝尔纳多为美第奇政府的辩护以及他对平民愚昧的批评，可以被解读为他支持美第奇家族，反对作为“显贵”盟友的平民或大议会。他的批评矛头指向圭恰迪尼在早期著作中表达的信念，即多数是其长官的优秀判断者，能够识别他们自身缺乏的品质，因而适于委以选择少数任职的责任。领袖的出众品质一旦不再是“德行”，而是变成了“经验”，以上信念就变得不太合理了，因为“经验”是一种后天习得的特点，只有那些已经亲自获得某些经验的人才能评价；共和国不是习俗的共同体，而是决策的共同体，因此多数没有多少机会去习得那些只有统治者才能获得的经验——一种表现为审慎而不是习俗的经验形式。这便是贝尔纳多如下断言的要点：他们的眼光囿于“自己的生意和自己的店铺”，无法胜任这种判断；[1]缺少闲暇固然无碍于他们辨识作为人格品质的“德行”，但几乎肯定有碍于他们获得公务知识，或使他们无法明白具有这种知识的人所做的事情。但是，贝尔纳多愿意赞成索代里尼的如下观点：1494年政制下的佛罗伦萨“平民”，如同威尼斯的平民一样，只要掌握以多数决的方式进行选举的技巧，他们在选择自己的官员上就可以做得还算不错——圭恰迪尼曾就这个棘手的问题写过两篇文章；但是，贝尔纳多忧郁地补充说，谁也无法知道这个合理的过程能持续多久。索代里尼则坚持认为，没有任何形式的政府一开始就能臻于完美，但可以从经验中学会巩固和增强其优秀品质。[2]简言之，他希望“平民”从经验中学会支持政治精英的选举方法，而圭恰迪尼大概求助于贵族的信念，他们认为用抽签选出的官员太多了。 234

但是，贝尔纳多主要关心的是为1494年之前的美第奇家族辩护，反

1　*D. e D.*, p. 43：“……只顾……自己的店铺和生意……”（*DGF*, p. 41）

2　*D. e D.*, p. 47：“不仅在政治领域，而且科学、艺术和一切事情，刚开始时总是不完善的，而是在经验的基础上逐渐形成的。”（*DGF*, p. 45）

驳索代里尼的以下指控：这个家族只任命他们认为可靠的人担任官职，因而压制“德行”。他在辩护时先是认可大部分指控，然后反驳说，这样的政府依然优于平民政府——这是一种很可能改变价值和假设的论
235 战策略。他说，美第奇家族确实提拔他们认为可靠的人，压制他们认为危险的人，但并不能因此就像索代里尼认为的那样，说这个家族把所有“德行”都视为对他们具有潜在危险。政治精英的品质是智慧和进取精神；人可能聪明（savio）而没有活力（animoso），也可能两者皆有但并不对既有秩序（inquieto）构成威胁。[1]美第奇家族能够更好地对此加以区分，因为他们已经拥有超常的权力，这赋予他们对人做出判断的经验，并且使他们能安全地做出这种判断。[2]做这种判断有两种致错的原因：无知和嫉妒。无知显然是平民大会的缺点，是两者中后果更危险的一个，因为由其性质而定，它是不受限制的，嫉妒则顶多把嫉妒的对象免职。[3]

圭恰迪尼这是在让贝尔纳多顾左右而言他。索代里尼把美第奇家族的统治界定为专制，而且非常明确地表明了一个经典观点，即专制者的嫉妒是无限的，因为他把任何不服从其权力者都视为威胁，尤其害怕任何其他个人的“德行”——内在的道德品质。在为“嫉妒”（malignità）辩护时，贝尔纳多说，人本性趋善，任何趋恶避善者不是人而是禽兽。[4]这当然是个古典命题，专制者就是地地道道的禽兽，但贝尔纳多此处是在利用那个（索代里尼已表示赞成的）假设，即美第奇家族的统治是独特的专制，它“温和”而不“残暴”，它利用人的良好品质，并没有试图摧毁它们。但是，“温和专制”从字面上看简直是自相矛盾，贝尔纳多的修辞会把“专制”一词的大部分含义掏空。美第奇家族通过利用人们的善心，使之服从他们的意志，但为了利用它，他们必须

1 见本书第243页注2。

2 *D. e D.*, pp. 44—46.

3 *D. e D.*, pp. 46, 55.

4 *D. e D.*, p. 55：“说到恶，我要告诉诸位，人从天性上说是趋善的，就算善恶相当的人，也会天然地向善——如果看到这种极端的情况，他们就该被称为禽兽而不是人，因为他们缺少几乎人人都拥有的天然倾向。”（*DGF*, p. 53）

了解它，能够对它做出评估，而为了继续利用它，他们必须能够防止毁掉它。他们不能让恐惧和嗜好压倒自己的理性，不然他们就成了典型的专制者；易于压倒人对善的自然之爱的人性弱点，在他们身上不能像其他任何类型的统治者那样突出。

这使贝尔纳多在第一卷的论证的结尾处否认美第奇家族的统治 236
因其本质而注定堕落和腐败。它在统治时利用“显贵”的品质，因此必须使它们完好无损；这种必要性起着缰绳、辔口或限制的作用，可防止统治意志走极端的任何倾向。而且，“显贵”除非作为自主的人而行动，也就是说自由地行动，不然他们是无法为美第奇家族效力的；美第奇家族的统治，从事事都要顺从其意志这个意义上说是专制统治，但它从未如“绝对君主的国家”——其至高无上的统治意志是制度化的和一望可知的——那样行事。它一直有着自由政府的举止和外表（le dimostrazioni e la immagine）。[1]拿走这个形象，也就拿走了这座城市的生命和灵魂；美第奇家族并没有这样做（只有疯子才会做），所以它才统治着一个更强大的城市，它的统治恩威并用，而不是仅靠赤裸裸的暴力。[2]毕竟，爱是自我驱动的活动；圭恰迪尼所用的这些词的分量表明，认为他想把佛罗伦萨人描述为受着幻觉的统治，是无法成立的。

---

1 *D. e D.*, p. 77：“如我所说，虽然美第奇家族的政权是专制政权，美第奇家族是一切现象的主宰，因为事事都要顺从他们的意志，但这并没有达到绝对君主统治的地步。因为它也有一些自由和文明的规矩，仍是以共和国的名义、通过行政长官进行统治。虽然后者按他们的吩咐行事，但从举止和外表来看这是个自由的政府。他们试图通过分配官职令广大公民满意，同样他们也要让公民领袖满意，不仅给他们重要的荣誉，而且让他们管理最重要的事务；就所有事务召开公开或私下的咨询会议。”（*DGF*, pp. 74—75）

2 *D. e D.*, pp. 77—78：“美第奇家族没有人会这样做，除非他真的疯了，因为他们可以保住自己的权力，无须采取肯定导致排斥每一个人的步骤。即使他们这样做，他们也会有所准备，要么只是最轻微地触怒佛罗伦萨，要么依靠军队和武力。在能够恩威并用保住权力的时候，却把统治完全建立在暴力上，专制者除非迫不得已，是绝不会做这种事的。还应当补充说，无论是谁，只要他剥夺了我们城市的文明生活，也就是剥夺了它的生命和灵魂，使它受到彻底的破坏。随着这个城市变得更软弱，更缺少实力，作为其主子的人也会变得更软弱，更没有实力。因此，如果美第奇家族想充当绝对君主，他们只会减少而不是增加他们的权力和声望。”（*DGF*, p. 75）

肯定存在着某种实实在在的自由，尊重这种自由的需要对美第奇家族权力构成了实实在在的限制。但是，在针对美第奇家族实行专制的指控进行辩护时，圭恰迪尼实际上把他们的政体描述为有别于“绝对君
237 主制”——即是说，它是一种混合制的君主政体，虽然他没采用这个说法。当我们了解到美第奇家族负有义务咨询和尊重城里的要人和长官（不是与他们正式分享权力），它的权力受到这项义务的限制，我们接近于看到法国和英国的王权学说。这项义务与对共和政体形式的尊重并非没有相似之处，这使美第奇家族的统治成了伪装的君主制。

但是，贝尔纳多的论证仍是要向“显贵”推荐美第奇体制，因此这种论证有着同样多的君主制和贵族制特点。它与亚里士多德或波利比阿有关不同权力相互协作的学说相去甚远，因为它提出的观点是，一个拥有最高权威的人或团体，其至高无上的地位使其适合于并且能够行使所有权力职能，无需任何协作的智慧给予支持；但它算不上是一种主权理论，因为它拒绝把最高权力交给一人或少数。值得注意的是，贝尔纳多对“显贵”在美第奇家族统治下的角色的论述，与他们以“德行”（virtù）作为最高价值的假设完全相容，然而他的主张还有另外一面，它完全基于审慎的概念，其中君主制和贵族制之别远不是那么清晰。他在这一部分内容中，对大议会参与对外政策（cose di fuora）的决策大加非难。[1]

这种思路把我们直接带回到特殊事件、才智、数量、时间这些概念，我们反复看到，它们是文艺复兴这方面思想的基础。我们被告知，对外政策事务没有规律或确定的方向，而是随着人世间发生的事而每天都在变化，因此我们对它们的思考在很大程度上只能是推测。最微小的原因可造成最重大的后果，同样的原因造成的后果可以极为多样。“因此，国家的统治者必须是极审慎的人，以极大的警惕随时留意最微小的变故，斟酌每一种可能的结果，以便将其消弭于端倪，并尽可能排除偶然因素和命运的力量。”[2]

1 *D. e D.*, pp. 60—65.

2 *D. e D.*, pp. 60—61：“这类事情无章可循，也无确定的轨迹，而是随着人世间事物

这再清楚不过地表明，圭恰迪尼拒绝涉足那个令马基雅维里着迷 238
的“德行”世界。“德行”作为一种勇猛无耻的精神，作为君主或武装人民积极主动的，甚至具有创造性的力量，它寻求主宰而不是消除命运；马基雅维里从天才的革新者，从公民与战士的混合体中发现了这一特点。圭恰迪尼则把“德行”等同于（即或不是取代）审慎，舵手或医生观察事变、顺势而为，而不是力求塑造或控制它们的力量；他的政治是操纵的政治，而非行动的政治。它要求最大程度的信息和深思熟虑，以适应以持续不断的、不可预料的速度发生的事变，反对平民控制对外政策的理由，就在于多数做不到这一点。贝尔纳多说，一人或少数有时间和精力获得这种对事务的直觉，并将其转化为行动。众多人的大会没有这种条件；[1]但不太清楚这是由于量还是质的原因。一方面表明，如果有关一个问题的知识只能分散于许多人中间，那么对它就不太可能进行研究和得到深入的理解；需要许多人同时参与的决策在制定和修改上过于缓慢。另一方面又透露着这样的语气，多数的大会是这样一些个人的大会，他们专注于各自的私事，因此缺少闲暇，而经验、审慎和对权力政治的认识只能从闲暇中来；贝尔纳多甚至指出，多数尤其易于腐败，因为他们作为私人不会把公共福祉视为自己的利益，而单独一个统
治者会把公共利益视为自己的产业。[2]总之，公民大会无法培养出理解 239
权力政治所需要的深思熟虑和直观知识，因而也永远无法保持政策上

的日常变化而变化。必须做出的决定几乎总是建立在猜测上；极要紧的事常常取决于很小的变化，最重大的结果往往起于青萍之末。因此，国家的统治者必须是极审慎的人，以极大的警惕，时刻留意最微小的变故，斟酌每一种可能的结果，以便将其消弭于端倪，并尽可能排除偶然因素和命运的力量。”（*DGF*, p. 58）

1　*D. e D.*, p. 61：“这是权威归属一人或少数的政府的特点，因为他们既有时间又有精力，能够专心思考这类事情。只要感到有必要，就有办法对症下药。平民政府则迥异于是，因为平民并不思考，也不专注，既没有眼光，也没有理解力，除非事情达到人尽皆知的程度。本来可以做到有备无患的事情，此时若想加以纠正，会遇到极大困难和危险，付出难以忍受的代价。”（*DGF*, p. 59）

2　*D. e D.*, p. 65：“当很多人参与决策时，便有腐败之虞。因为私人若不把共同福祉作为自己的利益，很容易被君主的许诺和馈赠所腐化。……对单独一个统治者则不必有这种担心，因为他不会让自己被人收买，放弃或破坏他视为自己的东西。”（*DGF*, pp. 62—63）

的连续性；但他们必须与之打交道的强权，绝大多数都是由君主统治的国家，这些人对自身利益有持久的构想，因而能够彼此理解和合作，但他们因此会拒绝跟不了解他们自己心思的民主政府打交道。[1]

同理，君主们常常能够与雇佣军队长和士兵打交道，而这些人是平民政府的天敌。君主把战争视为正常活动，他与雇佣军有着持久的关系；而民主政府只在迫不得已时开战，只把使用雇佣军作为应急手段，危机一过就想摆脱他们，一有可能就会赖账。[2]贝尔纳多又说，宣称罗马人在平民政府下取得的征战和对外政策上的成功是没有用的，因为可以否认他们的军事成功与其政府结构有关。既然后者充满纷争与混乱，它不可能促进罗马人的战争“德行”，无论在国王统治还是享有“自由”的情况下，这种“德行”都同样伟大。罗马的军事体制不是平民政府的产物，而对它的成功做出了两项贡献。首先，它使罗马人完全依靠自己的实力，因而无需“警觉与勤勉”（vigilanzia e diligenzia sottile），这是那些必须靠外交周旋于他国权力之间的国家才需要的。其次，它把战争和政策的控制权交给执政官和有经验的军人，后者将战争视为获得公民伟大精神的源泉，甚至视为天职（bottega）。除非我们能够复制罗马人的公民生活条件，否则我们就无法模仿他们。[3]

---

1 *D. e D.*, pp. 63—64：“与平民政府就难以结成长期稳定的同盟，因为执政的并不总是同一个人。想法和目标会因人而异，君主统治者不相信可以跟这类政府建立稳固的关系，也不知道他必须与谁打交道和达成协议，因此对它们不抱什么希望。他不信任你，因为他心里清楚，你到了关键时刻需要帮助时，几乎不会依靠他，就像他不指望能依靠你一样。”（DG*F*, pp. 61—62）

2 *D. e D.*, p. 65：“与一个人相比，他们对雇佣军队长和士兵的信任要少得多。因为在雇佣军和人民之间几乎存在着天然的敌意。人民只在战时因为别无选择才使用雇佣军。和平得到恢复后，人民不会犒饷他们，只会把他们打发走，有可能的话还会迫害他们。雇佣军知道自己不是在为一个人效力，因此要么尽量拖延战事以便从中渔利，要么动心思讨好作为他们敌人的统治者，或至少是三心二意地效力于人民。”（*DGF*, p. 63）

3 *D. e D.*, p. 68：“不要引用罗马人的例子来反驳我，说他们尽管有基础广泛的共和制政府，却建立了一个如此庞大的帝国。……在我看来，罗马的统治方式并不支持这样的伟业。因为它的结构助长争斗和骚乱，所以，若是没有他们的强大军队——它不可思议地骁勇善战、组织精良——那么我敢说他们根本没有办法取得伟大的进展。……如果你依靠不管圭恰迪尼是否了解马基雅维里《论李维》的内容或奥里切拉伊花园里的辩论，他的主张只能被解读为构成了马基雅维里必会表达的主张的对立面。看得出来，关于复制罗马的条件一事，也就是使军事训练和军纪成为每一位佛罗伦萨公民的公民人格的一部分，他认为这理所当然是不可能的。他在卷二让贝尔纳多谴责公民军的衰落，却又认为现在再加以恢复为时已晚；[1]但他并没有以恢复它即意味着给予平民过多的权力为由，认为这样做是件坏事。圭恰迪尼只是认为，在一个君主和“雇佣军”的世界里，佛罗伦萨不能运用强势军力，而是必须靠精妙的外交手腕；随后他又说道，假如罗马人使用雇佣军，因而只能“像没有武装的城邦那样”，靠机智而不是武装处世，他们的政体用不了几年就会将他们毁灭。[2]这种才智只有一人或少数能够具有，“没有武装的城邦”（città disarmata）的政体必须适应这种情况。但是，圭恰迪尼并没有为“显贵”唱赞歌，而是再次让他们改变自己的价值。建立一个大议会拥有此种权力的政制，他们所依靠的是索代里尼意义上的“德行”；城市的军事和外交处境不允许他们依靠马基雅维里那种亲罗马意义上的“德行”，是为何应把他们所需要的品质视为审慎的又一理由。贝尔纳多说，1494年政制的设计师意图很好，却不知道他们实验的结果会是怎样： 240

> 这也不足怪，因为他们谁也未曾目睹自由的城市或治理过自由人的性情；从书本上学习自由的人，不曾像从经验中认识它的人那样观察 241

自己的武装，特别是如果它像罗马人的武装那样精良，那么你就不必像那些依靠谈判和欺诈的人那样，必须保持警惕，事事当心。那时城邦的统治者也不必操心于说服人们从事新的冒险事业，无论是为了避免危险还是为了扩大他们的帝国。……因为他们是离开征战就不知如何生活的军人，战争是他们的职业，他们从战争中得到财富、荣誉和名望。因此，如果你的处境在性质上不同于他们，你是不能效仿这些事例的。”（*DGF*, pp. 65—66）

1　*D. e D.*, pp. 90—93.

2　*D. e D.*, p. 155：“倘若他们用雇佣军作战，也就是说，他们因而要利用没有武装的城市所采用的手段，即勤勉与谨慎，时刻留意一切，辛苦劳作，暗中未雨绸缪，那么不必怀疑，像他们那样待在家里，用不了几年就会被消灭。”（*DGF*, p. 150）

> 或领会它的特点，经验能教给我们很多学问和才智绝对不能提供给我们的东西。[1]

他们还应考虑到，佛罗伦萨城已垂垂老矣，这样的城市极难改革，也极难阻止他们回到过去的陋习。[2]圭恰迪尼在这里没有提到实施改革的立法者，马基雅维里曾把他描绘成在类似环境中担负着非人力之所能及的艰巨任务；这样做没有什么意义，因为他主要关心的是让“显贵”保持谨慎和警惕，就在这时，贝尔纳多郑重要求他的听者，要远离野心，满足于可能之事。他们本来最好不要推翻美第奇家族，但既然已经这样做了，他们必须学会应付后果。

但是，如果仅把第一卷解读为建议放弃“德行”，赞成审慎，或放弃公民理想，赞成统治集团的准君主制权威，对第二卷接下来的内容我们就会缺少准备。在这里，贝尔纳多应请求陈述了他对佛罗伦萨在1494年之后的环境下所能实现的最佳政府形式的看法，他在做出这种说明时，采用一种复杂的方式，在正义旗手、元老院和大议会之间分配权威，并且自觉地模仿威尼斯，将其作为人世间有过的结合三种统治形式的政制的最佳范例。语气中贯穿着古典的和人文主义的精神。贝尔纳多一展其博古通今的学问，这与他先前排斥学问的观点难以调和；他怀着敬意，提及（尽管他显然觉得不可以接受）公民军的理想；最令人费解的是，他接受这样的假设：判断任何政府形式的标准，是看其能否成功激励“德行”，而它与索代里尼意义上的“德行”基本无异。似乎发生了视角上的剧变。

在维托里奥·德·卡普拉里斯这位圭恰迪尼最敏锐的现代分析家之一看来，第二卷未免不得要领，是向着理想领域的一次毫无收获的

1　*D. e D.*, p. 81：“做这些事的人有着良好的目标，却没有充分注意到它的全部必要条件。这也不足怪，因为他们谁也未曾目睹自由的城市或治理过自由人的性情；从书本上学习自由的人，不曾像从经验中认识它的人那样观察或领会它的特点，经验能教给我们很多学问和才智绝对不能提供给我们的东西。”（*DGF*, p. 78）

2　见本书第131页注1。

跋涉，而且（像《记事录》一样）对研究其思想的真实发展没什么用处或价值可言。[1]不过，德·卡普拉里斯是克罗齐历史主义的出色阐述者；他专心致力于研究圭恰迪尼“从政治到历史”（dalla politica alla storia）的转变，从为佛罗伦萨谋划稳定的政制框架向他在晚年的历史巨著中表达的一种认识的转变，即佛罗伦萨人和其他所有意大利人的公民生活当时处在一场深刻历史变迁的洪流之中，它几乎不能再为他们自己所左右。德·卡普拉里斯深谙克罗齐的思想，足以感受到人类的自我认知本质上是一种历史知识，只待智者出现，便可认识到人类生活在历史之中而不是在别处；看到圭恰迪尼在通向这一发现的道路上迅速迈进，然后似乎又改变了方向，这使他明显感到不耐烦。他的论证中还有一个（正确的）必要部分，圭恰迪尼认识到“显贵”当时孤单地存在于他们的历史之中，是基于他认识到他们的命运已经不可避免地与美第奇家族的命运绑在一起；因此他强调卷一中的一些段落，其中把美第奇家族和“显贵”描述为联合行使着至高无上但自我节制的权力，把他们解释为全盘放弃了亚里士多德—波利比阿的传统。这使他无法接受恢复这种传统以及“显贵”在其中的地位，这构成了卷二的主题。因此德·卡普拉里斯指责《关于佛罗伦萨政府的对话》（*Dialogo del Reggimento di Firenze*）的后半部分，认为它犯下了反历史的“抽象”（astrattezza）这一致命的错误，否认它具有任何意义。 242

但是，这种想法本身就是反历史的。圭恰迪尼这类人不会幼稚到连篇累牍地仅仅论述陈词滥调，除非这种陈词滥调本身对他们来说有重大意义；问题在于找出这种意义是什么。大约在圭恰迪尼写作《对话录》的同时，马基雅维里创作了《论洛伦佐去世后的佛罗伦萨政府》（*Discorso delle cose fiorentine dopo la morte di Lorenzo*），他在该书中似乎真诚地相信，当时主宰着美第奇家族的神职人员——教皇利奥十世和未来的教皇克莱芒七世——自身无法建立世袭制君主国，也许会满足于在佛罗伦萨的一项政制安排（constitutional settlement），在

1　De Caprariis, pp. 78—82.

一个大致采用威尼斯模式的政府中，确保美第奇家族对一人角色享有世袭权。通常认为，马基雅维里带有几分理想主义色彩，这是圭恰迪尼所没有的，我们也可以赞同德·卡普拉里斯的观点，[1]他认为虽然圭恰迪尼乐于见到美第奇家族在其设想的政制中行使有效权力，但他并不指望看到他们把它制度化。自从1512年以来他就认为，美第奇家族需要
243 "显贵"使其统治正当化和稳定化，但权力的客观必要性使他们并没有依靠贵族的支持，而是正好相反。存在着道德上的必要性，但它得不到政治必要性的支持。因此我们可以看到，在1520年及1521年写作《对话录》期间，圭恰迪尼面临着约瑟夫·列文森描述的那种"价值"与"历史"之间的两难困境；[2]应然之事不是将要发生之事，但仍需要对它给予肯定。在这种环境中肯定某人的价值，并不是不真实的抽象，而是确实有着道德上的必要。如果"显贵"和佛罗伦萨城得不到其天性要求他们享有的东西，那么对他们将要获得的东西的唯一评价方法，就是深入研究他们本来应当拥有什么。这种两分法中有着价值二元的空间，对此圭恰迪尼在思考他那个阶层时一直有所体会。在1512年以后（或1494年以后）那样的世界里追求"野心"、"荣誉"和"德行"，对于"显贵"来说，也许是他们所展示的最危险、最不适宜的行为；但在他们自身的价值和天性所要求的应然世界中，必须给予这种意义上的"德行"以发展的自由。因此，可以把一种在很多方面基于贵族"德行"的"生活"，描述为评估（因而也是认识）贵族须以审慎作为策略的世界之方式。我们会看到，这里提到的"审慎"这个概念，在第二卷从未完全不见踪迹，该卷在结尾处走向了对历史世界的回归。

因此，《对话录》剩余内容的解读方法，就是观察"德行"与审慎的对话如何产生了后来成为共和宪政主义传统的核心观念的那些因素，即支持如下观点的一个普遍命题：这一传统的许多根源在亚里士多德政治学，被认为是"美德的科学"（science of virtue）。就像马基

1 同上，p. 71。

2 Joseph R. Levenson, *Liang Ch'i-ch'ao and the Mind of Modern China*（Berkeley and Los Angeles: University of California Press, 1953 and 1959），导论。

雅维里《论李维》的情形一样，我们处在一个概念的世界里，它与正式的混合制政府理论有关，例如波利比阿的循环论，但不依赖于这种理论，使这两位佛罗伦萨人有别于他们古代导师的主要不同之处是，前者特别强调武装与公民美德这两个相互关联的主题。圭恰迪尼著作的第二卷以重新检讨“德行”的概念开篇，对话者一开始就提出佛罗伦萨复兴公民军传统的可能性。卡博尼争辩道，在维持城市对周边领地的权力上，平民政府能做得比贝尔纳多所建议的更好，因为它比“封闭型政制”更能吸引公民对这一目标的热情，若把全体公民重新武装起来 244
那就更是如此。[1]贝尔纳多——如果从他的声音中直接听出弗朗西斯科·圭恰迪尼的语调，我们会多少有些惊讶——对此表示同意，并没有多少怀疑的迹象，虽然他的特点在于他不会采用个人服兵役能提高个人“德行”这样的论点，他认为公民军有利于平民政体的理由有二，一是它使这个城邦能够打败敌人，尽管它易于陷入内乱，二是它所带来的“能力与德行”（potenzia e virtù）可以大大消除平民政府的弱点，因为一个武装的国家不太需要只有少数能够提供的“警觉”（vigilanzia）和“勤勉”（industria）。[2]武装的人民与“德行”的关系绝不可以完全切断，贝尔纳多认为，废除公民军的做法如果不是肇因于平民对贵族——一个军事领袖阶层——的迫害，那就是派系领袖所为，他们觉得，解除武装的平民会专注于私事，不愿以身犯险，他们的权力就会更安全一些。[3]结果一向有害，因此他看不到恢复公民军有多大希望；需

1　*D. e D.*, pp. 89—90.

2　*D. e D.*, p. 90：“显然，用自己的武器武装起来，这不仅对保护自己有好处，而且是获取更多实力的途径，此乃不证自明的事。古代共和国的例子已说明了这一点——甚至你们自己也能给予证明。只要拥有武装，哪怕派系林立，混乱不堪，也总能严厉打击我们的邻国，巩固我们拥有的领地，平安度过那些岁月，而且能得到极大的尊重。组织良好的武装能够给你带来实力和勇气，不但可以制约我所担心的这种开放式政府可能产生的混乱，甚至能够压倒它们；无论是谁，只要刀剑在手，就不必过多依靠顾问会议的警觉和勤勉。”（*DGF*, p. 88）

3　*D. e D.*, pp. 90—91：“这种变化或是因为人民对贵族——他们在公民军中享有相当的地位和威望——的压迫，或者是因为当时控制大局的人认为，如果这座城市没有武

要多年励精图治才能改变平民的习惯和价值，在此期间（看一下1512年吧）依靠尚未完全恢复的公民军危险就太大了。[1]

在这样的世界，解除武装的城市需要审慎人士的统治；在受到理论上的价值所主宰的世界，公民军也许是公民"德行"的基础。但是圭恰迪尼虽然会同意公民军可使平民政府强大而成功，他却不会接受这
245 样的主张：平民政府产生了公民军，因此它是最强大、最成功的政府形式。贝尔纳多这时重申了他早前的论点，罗马的军纪根本不是靠平民政府的形式；它是由国王们建立的，共和国只是将它承袭下来而已，那时意大利的每个城邦都武装自己的平民。[2]他所要反驳的论点，若不参照马基雅维里的《论李维》便是难以想象的，卷一的末尾对罗马问题的重新考察使这种印象变得更加强烈。在对话的主要事项谈完之后，有一段很长的讨论，[3]皮耶罗·圭恰迪尼谈到早期共和国的混乱与武装平民的关系问题。他说，既然罗马人有"优良的军队"，他们想必已有"优良的制度"；既然他们有"伟大的德行"，他们想必已有"优良的教养"，因而也有"优良的法律"。各阶层之间的争斗比实际情况更惊心动魄，但并未带来根本的混乱。[4]人数远不及平民的元老院，要么以军事上的

装，他们能够更好地掌握权力；再不然就是因为人民开始过多致力于生意和行会，他们只想挣钱，不愿冒险犯难。"（*DGF*, pp. 88—89）

1 *D. e D.*, p. 92.

2 同上。

3 *D. e D.*, pp. 148—158.

4 *D. e D.*, p. 148："他们提出的理由如下。如果同意该城拥有精兵（这是无人否认，也无法否认的），那就必须同意它拥有良好的法律，否则不可能有组织良好的军政。这也可以用一个事实加以证明，不但军队，而且在其他一切活动中，罗马城都展示出无数拥有巨大优势的事例。如果没有良好的教养，这种事也不可能发生。如果没有良好的法律并得到遵守，这种事不可能做得出色。如果存在这种情况，那么政府也不会多差。因此，在元老与平民之间、执政官和保民官之间的冲突，其实从来不是那么可怕，它们造成的混乱并没有动摇共和国的基础。"（*DGF*, pp. 143—144）

比较马基雅维里《论李维》卷一第四章（*Opere*, p. 102）："岂能断言这些纷争有害或分裂了共和国呢？共和国既有如此多的德行之楷模，断言它纲纪废弛，道理何在？优秀楷模生于良好的教养，良好的教养生于良法，而良法生于受到世人无端诬责之纷争也。凡细

软弱为代价不对他们进行武装，要么对他们的“脾性”(umori)做出足够让步，以确保得到他们的军事和政治支持。[1]最好是既武装起来又不发生骚乱，但人世间难得有不伴随某种罪恶的完美状态。[2]因此，罗马的混乱主要来自事物的本性，而不是来自任何政制的具体缺陷，护民官一职作为保护平民抵抗反对元老院的一套机制，十分有效地控制着这种混乱，因此贝尔纳多大可以把此种制度纳入他的理想政制。[3] 246

难以置信的是，圭恰迪尼在完成《对话录》时没读过马基雅维里的《论李维》；但不管他是否读过，他借他父亲之口说出又让贝尔纳多反驳的主张，其实就是马基雅维里的主张。重要的是搞清楚到底他要反驳什么：首先，各阶层之间的争斗是武装平民的必然结果；其次，护民官是控制这种争斗的手段；第三，罗马军事威力构成了支持政府中平

心检审其鹄的者皆可发现，它们并未造成有损于公益的流放与暴力，却导致了有益于公共自由的法律和秩序。”

1　*D. e D.*, pp. 148—149：“所以，元老的人数很少，平民却数量庞大，因此罗马人必须做出决定：或者在征战中动员平民，这会剥夺他们创立自己的大帝国的机会；或者，假如他们想做到能够控制平民，就要表现得相当宽容，允许平民弘扬自己的精神，抵抗强权人物的压迫，维护共同的自由。”(*DGF*, p. 144)

参见马基雅维里(同上引)：“每个城邦都要有自己的一套办法，让平民一展其抱负，在重大事务上借助于平民的城邦，尤须如此。这些城邦中的罗马亦自有其法：平民希望获得一种法律时，他们要么有上述举动，要么拒绝以他们的名义开战。为了安抚他们，就需要在一定程度上满足他们。享有自由的平民，其欲望鲜有危害自由者，因为这种欲望或是生于受人欺凌，或是来自于担心自己受到压迫。”

2　*D. e D.*, pp. 148—149：“不必否认，如果能够找到一种办法，既利用人民去征战，又不使他们骚乱，当然最好。可是人世间不可能有完美无缺的事，所以我们也只能把好处大大胜过害处的事称为好事。”(*DGF*, p. 144)

参见马基雅维里《论李维》卷一第六章(*Opere*, pp. 107—108)：“对于人类的一切事务，审视者皆可从中看到，断难做到避免此一弊端而不引发另一弊端。可见，你若想做到人多势众，兵戈随身，足以创立伟大的帝国，那么你也会使他们获得一种品质，那是你无法按一己之方式加以治理的。如果你为了便于治理，使民众人数甚少或不事武备，那么当你获得统治权时，你也无法治理他们，或他们会变得不堪一击，使你沦入任何侵犯者的刀俎。可见，每当我们决断之时，都要考虑弊端较少的手段，以此作为上策，因为人们还从未见过黑白分明、全无疑义的事情。”

3　*D. e D.* pp. 148—149.

民成分的理由。贝尔纳多的第一个论点是，平民骚乱并非仅仅是肯定全民皆兵的结果，而是源自社会秩序的具体缺陷。罗马贵族构成一个特殊的世袭阶层，垄断着所有的名衔和官职，将平民排除在外；他们对后者傲慢无礼，施以压迫，在债务问题上尤其如此。在国王统治下所有这些条件全都具备，平民被征召入伍；但并不存在公开的冲突。原因是国王们运用其最高统治权保护平民不受贵族侵害，并且提拔数量可观的平
247 民进入元老阶层；但是当国王们被推翻时，平民领袖发现他们的阶级敌人把他们排除在所有行政长官职务之外，“底层平民”（plebe bassa）则发现他们失去了唯一的保护者。于是出现了冲突，前者为使自身跻身于官职而战，后者则支持前者。但是，城邦尚年轻，命运尚有利，这种状态下罪恶能及时发现，因而补救之策也显而易见；罗马贵族虽不情愿，但稳步地向平民领袖做出让步（同样幸运的是，他们数量甚少），并向平民开放越来越多的行政长官职位，既然事情有了这样的变化，“底层平民”也相应表示，只要能为他们的生命和财产提供保护，他们满足于别人享有行政长官职务。如此一来保民官也不再是举足轻重的官职；能够得出的结论是，倘若把行政长官的职务一视同仁地授予贵族和平民，全部的争斗，包括保民官在内，当初是可以避免的。对平民进行武装与各阶层之间的敌意并没有因果关系。[1]

至于罗马的军事“德行”，并不能用来证明，它在“秩序”和“法律”下茁壮成长，它们因此便是好的。贝尔纳多说，罗马军事成功的原因在于“风俗”——爱荣誉，爱“祖国”；他在解释这种爱时，谈到的是历史而非制度的原因。城邦贫弱，四面受敌；当这些敌人被打败，被合并到一个带来财富和奢侈品的帝国中时，在最好的法律下也会滋生出

1 *D. e D.*, pp. 150—153. 尽管与《论李维》的解释相悖，但圭恰迪尼是在一个非常相似的概念图式中进行解释的，可参见以下段落（p. 153）：“如果你们读过古史，我想你们肯定没有见过或极少见过一个城邦有着完美无缺的制度。它总有些最初的不完美，随着时间的推移，会不时发现一些需要纠正的不良秩序。因此可以确切地说，单凭人的实践智谋，不足以建立成功的共和国；还要有好运伴随着那个城市，才能看到在日常经验中显示出来的不良制度能够被及时发现，并且以这种方式得到救治。”（*DGF*, p. 148）

腐败和出格的恶行。[1]

显然，圭恰迪尼感到，没有平民政府，军事“德行”和公民军也可以存在，并且它们带给这种政府的要多于它们从它那儿得到的。但他没有用大量篇幅论证下述立场：公民军必然带来平民政府的蠢行，因此应当避免建立。他的论证从形式上确实与这一立场不相容。他反对佛罗伦萨有平民政府，是因为无法把该城武装起来；他主张不应把它武装起来，不是基于规范的理由，而是基于历史的理由。这迟早会把我们带回审慎的领域。但是关于“德行”的争论远未终结。圭恰迪尼对罗马贵族等级的批评表明，他的贵族倾向与他坚决反对任何垄断权力的法律上或制度上的“封闭型”（stretto）阶层并不冲突。他（至少从他的著作来看）不是寡头，与贵族阶层无任何利害关系；分析地看，他的精英主义政府模式处处显示出是一种竞争性的能者当政的体制（meritocracy），其中拥有“德行”的人——不管社会地位在提供培养它的机会上有何作用——通过公开展示这种品质来获得并保持政治支配地位，而只有在公民的政治行动中才能获得和展现这种品质。[2]此

1　*D. e D.*, p. 157：“我也没有批评罗马人的全部法律，相反，除了赞扬他们的军队，我还赞赏他们的习俗，因为它值得赞赏，而且很神圣；我喜欢他们对真正荣耀的渴求，他们对祖国的挚爱，以及这个城邦中多于其他任何城邦的许多美德。在前面提到的那些地区，并没有因政府治理不良而出现骚乱，因为煽动暴乱的行为从来不走极端，以至于使这个城邦失去它所享有的全部赐福。当时的政治生活也没有变得像它后来那样腐败，特别是它既贫穷，又有强邻环伺，使它不能沉溺于享乐。其实我认为，为它带来这些非凡美德的习俗、使它长久不为恶习所腐化的因素，主要不是它的良好法律，而是古代人们的性情和活力。……在后来的时期，这个城邦有更好的法律，既团结又和谐，可是人们却变得越来越坏。他们卓越的美德蜕化成了不同寻常的恶习，这并不是来自城里人的冲突，而是来自财富、广袤的帝国的和虚假的安全。”（*DGF*, pp. 152—153）

2　*D. e D.*, p. 93：“［索代里尼：］更有才华的人，比其他人更喜欢品尝名誉和荣耀的滋味，会有更大的自由和机会展示和运用他们的美德。 我对此表示敬重，并非是要迎合或煽动他们的野心，而是因为它对城市有益，它……一向依靠少数人的美德。因为只有少数人能够有如此高尚的行为，他们比其他人更有天赋，更聪明，更具判断力……努力获取荣耀和声誉……这完全表现为慷慨大度、值得赞美的行为，它有益于他们的城市，可以弘扬其名声，对其他公民也有好处，又不必让他们分担劳作和危险。”（*DGF*, p. 91）

外，佛罗伦萨“显贵”的唯一角色是美第奇家族的合作者，即便在这种情况下，美第奇家族也是取代“平民”而充当展示“德行”的裁判官，而不是使“德行”的本质在其中发生根本的改变。假如“德行”不能归于天意，而是必须去获取、展示和得到认可，基于它建立的政治体制便必然具有一定的开放性。

另外，我们在探究“德行”的性质时可以清楚看到，这个政治体系把庄严气派（magnificence）列为它的核心价值。卷二在前面讨论了公
249 民军之后，又让索代里尼重述对他所认为的“德行”的辩护。作为对贝尔纳多早先主张的回答，他认为，把“自由”界定为人人能在法律之下享受个人生活，不必将其归功于任何有权有势的保护者，也不必惧怕任何有权有势的压迫者，这种界定是不充分的。他说，这本质上是一种私人理想，不足以促进对“公共事务”的觉悟。索代里尼要为兼具“自由”和“德行”的政府辩护，也就是说，这个政府允许有非凡才华的少数去满足自己对“荣誉”的渴望，而这只能通过公开展示有利于“祖国”和公共福祉的杰出作为才能获得；他的自由是精英充分发展其“德行”的自由；正是从他的理由陈述中，我们认识到“德行”和“荣誉”在多大程度上是同一的。他接着说，必须重视荣誉、庄严气派和威仪，把“慷慨”和“大度”置于单纯的“功利”之上。城邦的建立也许是为了保护个人的安全和便利，然而这些都是私人目的，正是由于这个原因，除非城邦的公民和统治者使其恢弘耀目，在别国人民中间为自己赢得“慷慨”、“机智”和“有德而审慎”（virtuosi e prudenti）的名声（后两个修饰语对于读者尤为醒目），不然它是维持不下去的。对于私人，我们赞赏谦逊、节俭和朴素，而在公共事务上应有的品质是慷慨、气派和威仪。[1]“荣誉”

1 *D. e D.*, pp. 94—95：“为城邦的幸福计，你不但要考虑它有正义的统治，无人受到压迫，人们可以安全享受自己的生活，还要考虑它是否有一个为它带来尊严和气派的政府。只想赚钱和安全享受自己的东西，这不过是无益于公共福祉的私事……还要关心名誉、庄严气派和威仪，更应看重慷慨大度的胸襟而不是实利。因为，城邦虽然首先要保护把它作为栖身之地、为它提供日常商品的人，但它的统治者也有责任使之光彩夺目和庄严气派，这样它的居民才能在各国中间享有慷慨大度、既有美德又有智慧的声誉。安全和商品只有益于作为私人的公民，与服务于众人组成的共同体之利益相比，是等而下之的目

不仅仅是“自由”的目的；丧失荣誉是特别可怕的，既可耻又不光彩，对于公开宣示“把它作为自己天职”（ed ha fatta questa professione）的城邦来说尤其如此。

这显然是一个以荣誉为中心的价值图式的极端例子，很多人认为它是“文艺复兴人”的典型特点。然而不应忘记，这种“荣誉”只是公民“德行”的一种形式；获得它是为了服务于公共福祉，在追求它时把它以及与它相伴随的价值置于其他价值之上，这是在宣扬公共福祉至高 250
无上。值得注意的是，共和主义和爱国主义价值的表现形式，是服务于自我的理想，比如荣誉、名望和慷慨大度，而不是分配性的、社会性的和更为传统的正义理想。还可以看到，索代里尼认为“自由”、“荣誉”和“德行”的至高无上是由历史条件、由人类的选择所决定的，而不是政治人一开始就具有的天性。贝尔纳多认为，在评价任何一种政府形式时，应当考察它所产生的效果，而不是“自由”是不是其正式的组成部分，索代里尼针对这种观点评论道，城邦初建之时，这样说也许不错，但当城邦信奉自由，可以说自由成了它的性情（这里用的名词是naturale，而不是natura）的一部分时，以武力剥夺自由就是完全不可容忍的；[1]正如贝尔纳多本人在另一个语境中所言，这是在剥夺城邦的灵魂。于是我们又回到了佛罗伦萨自由至上主义的关键主张，即不论理论上的最佳政府形式是什么，高水平的参政符合佛罗伦萨人的性情；但一如既往，它指的是“第二”天性或“习得的”天性。

索代里尼承认自由是佛罗伦萨历史的产物，这把他的思想与贝尔纳多的思想联系了起来。当他请后者阐述有关佛罗伦萨最佳政府形

标。 所以作家们才说，对于私人而言，要赞扬谦恭、节俭和中庸，在公共事务上则应称颂慷慨大度、庄严气派。”（*DGF*, p. 92）

1 *D.e.D.,* pp.94—95：“所以，你说政治作家的目的不是为城邦提供政治自由，而是更加关心能够产生最佳结果的事——因此，如果一人统治好，它就比其他统治更加可取。我认为，对于建立之初就有正确制度的城邦，这样说也许不错……但是如果一个城邦已经享有自由并且信奉自由，因此可以说自由是符合其天性的条件，那么这个城邦一旦变得受一个人控制，不是通过它的自由意志或选择，而是通过暴力……这样的事便不可能不玷污它的威望，使它在别人眼中名誉扫地。”（*DGF*, pp. 92—93）

式的想法时，贝尔纳多不仅能接受这一请求——在第一卷中他也许会置之不理——而且能走得更远，接受索代里尼的自由理想，强调这里讨论的不是抽象的最佳政府形式（想必是君主制），这在城邦初建的背景下才能考虑，而是最适合佛罗伦萨实际情况的最佳形式，也就是说，它适合于这样一个城邦，它已“表示信奉”自由，因此惟有动用武力，才能把一人或少数的排他性统治强加到它头上。为了避免接踵而来的灾难——其中最坏的情况就是寡头制——最大的希望在于平民政府；从理论上说它是可以接受的最坏形式，但对佛罗伦萨人来说它是“适宜的”和“合乎性情的”，最不需要用暴力加以实施。而且，如果是为新城邦设计平民政府，我们可以依靠哲学的教诲和历史记载，但既然讨论的是一个实际存在的政府，那就必须考虑“性情、素质、环境
251 （considerazione）和倾向，一言以蔽之，考虑它的‘脾性’（umori，孟德斯鸠会说‘精神’［esprit］）”。有关这些“脾性”的知识，不是研习书本上的历史就能得到的。在此，圭恰迪尼又采用了他所喜欢的医生的类比，医生虽然比政治家更自由，他对病人可以用他所选择的任何药物，但仍然只能“根据气色和其他症状”，采用既对症、病人的体质又能耐受的药。[1]至于医生如何获得有关“气色”和“变故”（accidenti）的知识，并未说明，但可以猜测那是得自实践经验。

这种关于事变的理论使贝尔纳多能够接受索代里尼的价值图式，作为他所要研究的世界的一部分。现实的佛罗伦萨是用习得的第二天性加以说明的，一系列事变在经验、习惯和传统中累积起来，只能通过经验去认识它们。这种由事变而来的结构，反映着索代里尼诉求的价值——“平等”、“自由”、“荣誉”和“德行”；贝尔纳多在第一卷中倾向

1 *D. e D.*, pp. 97—99；特别是p. 99：“……不要追求想象的政府……而是要思考城邦及其公民的性情、素质、环境和倾向——总之一句话，它的各种脾性——然后再寻找一种政府，我们有理由相信它能够通过劝说而得到采纳，一经采纳，就要按照我们的爱好去容忍和维护它。就像医生的例子那样，他虽然比我们更自由，想给病人用什么药就用什么药，但他并非是好药就用，而是只提供根据病人自己的体质和其他因素而能够耐受的药。”（*DGF*, pp. 96—97）

于对它们不予考虑，而是赞成对具体的政治安排的预期结果进行严格审视，这时却愿意承认它们是事实，即佛罗伦萨人（他们确实如此）没办法不承认的价值，他本人甚至也承认它们是价值，附带条件是，他这样做只是迫于研究佛罗伦萨现实的需要。可见他对价值是持经验主义的态度；他赞同建立一种基于公民“德行”的政府结构，因为承认佛罗伦萨人性情中的事实是明智的，而崇尚“德行”就是这样的事实之一。

圭恰迪尼在这里没有把“显贵”及其价值置于1494年和1512年的事件所造成的十分具体的情境之中，而是置于由经验和传统所形成、事变在其中累积、第二天性在其中获得的情境之中。这使得也许在很大程度上可以同意德·卡普拉里斯关于他这时缺少严格的历史主义的意见；但对此可以回应说，他所采用的情境，是适合于在历史背景中呈现贵族 252
价值的情境，如果持这种观点，《对话录》卷二所描述的政制就变得不像德·卡普拉里斯所认为的那样抽象和不现实了——虽然我们会看到圭恰迪尼确实不认为它可能在历史中实现。在第一卷中，为“显贵”提供了两个选择，一是被视为一种公民“德行”的“荣誉”，二是能够用来认识到现实世界中的公民制度及其价值已被美第奇家族摧毁的审慎精神。在第二卷，既有的贵族价值乃是至高无上的；公认它们是“自由”、“荣誉”和“德行”；作者试图找出这些价值所必需的政制结构。但贝尔纳多一开始就断定，它们不是内在固有的，而是被赋予的，是审慎精神必须承认的现实世界的一部分，而且他要求“显贵”像他一样承认这一点。他们必须认识到“野心”和渴望“荣誉”是他们世俗性情的一部分，他们需要给予满足，但同时也要加以节制；审慎的运用是“德行”最高形式的展示，它需要接受一个追求“荣誉”在其中受到他人权力限制的政制框架。但反过来说，这个框架可以确保审慎的运用与自由追求卓越相一致，而后者是“自由”和“德行”的本质。

同时，佛罗伦萨作为“没有武装的城邦”，被拿来与马基雅维里的罗马进行对比，这一部分论说是为了证明，在一个佛罗伦萨权力控制不了的世界，对外关系的举措是最重要的政府活动，而这需要在“警觉与勤勉”方面进行持续不断的练习。只有富有经验的少数能够发展和展示这种品质，而创设政制的问题主要是一个在控制事务与保持自由之间加以协调的问题。

> 良药难寻，因为它必须既治好胃又不伤到头；也就是说，人们必须当心，不去改变平民政府的宗旨，即自由，或是在让不称职的人无法染指于重要决策的时候，却把太多的权威授予了特殊的人，因此有着建立专制的危险。[1]

253 既然外部世界无关乎道德，这个问题便可以表现为调和事实与价值、严酷的生存之需要与城邦内部对道德纽带的需要的问题。圭恰迪尼以怀疑主义和现实主义闻名，我们从这个角度可以很充分地认识到这一点。但是，《对话录》卷二从本质上说是有价值取向的，协调领导权和自由是一个价值问题，从等式的哪一边看都是这样。精英在行使领导权和控制时，是展示一种美德，即审慎，他们也是在追求他们特有的价值，即“荣誉”和“德行”。在这个层面审慎和“德行”（virtù）变为一回事，从中做出选择的问题也就消失了。但我们一再看到，“荣誉”和“德行”是公民品质，它们的发展需要一种公民的公共环境。索代里尼关于“德行”具有竞争性的观点——现在贝尔纳多可以接受它——的要点在于，它使贵族政府和平民政府相互一致；因为“德行”就是“荣誉”，需要公众和平民观众为它欢呼喝彩，赋予它意义。少数只存在于多数的视野中。事情必然如此，因为他们特有的卓越品质就像其他任何世俗的共和主义美德一样，孤立存在就可能自我腐化。假如是让拥有并力求展示“德行”的少数去承认这种“德行”，结果只能是灾难性的竞争（“野心”）或同流合污和暗中交易（“朋党”[intelligenza]）。要想让“德行”纯因其自身而被承认——要想让这种承认不受外来的或私人的考虑玷污；想要让精英真正自由地去发展它，承认就必须是由公共权威行使的公共行为。撇开这种权威可以是一个准君主制的美第奇

1 *D. e D.*, p. 101.

政府（这在第二卷中没有进一步的讨论）这种可能性不谈，剩下的选择就是大议会。能人当政的制度必须有一定程度的民主。少数的“自由”（libertà）就是让他们的“德行”得到“公共事务”的承认；多数的“自由”就是确保这种承认是真正公开的，使“德行”与“荣誉”的统治名符其实。

复合政体，或“混合制政府”，既是出于平衡“自由”与“审慎”（胃部与头部）的需要，也是出于“自由”性情本身的需要。这两种说法的要点是，防止平民大会试图亲自行使由它来监督和保障少数行使的美德和职能；同样关键在于防止少数建立寡头体制，即防止他们在一个水泄不通的“封闭型政制”中垄断那些美德和职能。因此，贝尔纳多对于他从理论上阐述的政制，有两个最主要的、相互关联的意图：将大议会限于行使维护自由所必需的职能，确保加入统治精英——如此就不能再有其他一切职能——仅仅取决于公开展示“德行”。这两个目标要求对 254
权力进行缜密细致的划分和分配，令人吃惊的是，圭恰迪尼多么接近于承认它们已在威尼斯模式中得到了实现。

大议会有三项基本职能。[1]仅就它的存在来说，它就能让每个有能力担任官职的人，也就是说城邦的每个成员——圭恰迪尼没有重提《洛格罗诺谈话录》中的建议，即通过增加不能胜任官职的人去扩大大议会——都能参与决策，都有机会担任官职；这是为了确保平等这一自由的首要基础。从理论上说，统治精英应实行开放式的能人当政制度；不可事先设定财富和出身方面的资格，晋升官职完全基于同胞对其功绩的意见。顺理成章的是，城邦的全部或几乎全部官职和行政长官都必须由大议会指派；其目的是确保行政长官的任职不必感谢任何私人或派系。要点不在于平民或多数作为一个独特的群体应当有权选择他们想要的政府，而在于对是否适合担任公职的鉴别过程应当尽可能公开，尽可能不带个人色彩。平民不是在行使主权，而是确保让“公共事务”（［res publica，这是“公意”的遥远先声）充当选择机制，不过我

1 有关论述和后面的段落，见*D. e D.*, pp. 102—103。

们没有看到有关能使他们辨识他人“德行”的思想品质的讨论。但这些品质是不会消失的，因为圭恰迪尼一直表示，投票（le più fave）选出行政长官要优于完全非人格化的抽签机制。人的功绩参差不齐，只有理性的头脑能够选出它的上级。

为了确保自由，交给大议会的第三项职能是，“制定新法，修订旧法”。人们会情不自禁地把这称为“立法权”，认为它包含着明确主权的最初尝试。但我们必须清楚这种立法职能究竟是什么。圭恰迪尼所谓的“法”（leggi）或“法规”（provisioni），其实是马基雅维里所说的“命令”（ordini）：它是规定诸种政治职能或权力的分配，以此赋予政体以形式的基本命令。它们必须保留在大议会手中，首先是为了确保特殊利益和势力不能染指于决定城邦形式的权力；其次，由于只有通过法律或武装才能改变一个自由政府，因此，如果能够使运用法律手段造成的
255 “突变”变得不可能，另一些办法也可以阻止以武力造成的“突变”。换句话说，大议会的职能不在于立法，而在于阻止立法，这在很大程度上仍被视为对政治形式的决定——一项应当一举完成便不再改动的任务。不过这里还暗示着一种观点，存在着“制定新法、修订旧法”的持续不断的活动，如果它进行的不当，就会造成“突变”，但它也很可能会正确地进行，因而不会造成“突变”。圭恰迪尼没有为我们界定这种可以允许的立法活动，但是由于他不相信城邦形式的建立能一蹴而就，[1]因此他很可能是把它视为对过去不足之处的纠正，以及依据将来的经验对基本原理所做的具体解释。不过他确实向我们讲述了这种活动如何进行的。他假定大议会没有能力创制立法——只有在“封闭型议会”（consigli più stretti）中才存在审慎，能够认识到具体的缺陷和补救之道；并且它被排除在一切“协商”、一切立法提案的拟定和辩论之外。它只保留单纯的“批准”的权力、同意或否决由较小的协商审议机构提交给它的提案的权力。意味深长的是，圭恰迪尼在这里没有像他在《洛格罗诺谈话录》中那样，考察使多数有能力评价他们所不能创议或形

1 见本书第133页注1、注2，第147页注1，第150页注2。

诸文字的事情的辨识能力的性质。假如他这样做，他无疑会重复有关多数判断力具有累进性的亚里士多德学说，但值得注意的是，他没有这样做，他没有强调他们知道什么对他们最好，而是再次强调他们使决策具有普遍性、确保其不受腐败的特殊利益影响的职能。多数的作用主要不是肯定非精英的意志，而是最大限度地使政府非人格化；与许多更极端的“威尼斯神话”的提倡者一起，我们想知道是否能设计出一种机制更有效地做到这一点。

但是，圭恰迪尼没有表示他希望看到能够做到这一点。他仍然（就这个方面而言）是公民人文主义者：他的政体理想的实质是，精英要在非精英面前展示“德行”。正是由于这原因，少数的“协商”需要多数的“批准”，而且他强烈反对少数僭越多数权限的做法。他重复《洛格罗诺谈话录》[1]中对佛罗伦萨现行做法的谴责，新法律在大议会中提出，却要交给一系列委员会批准；他说，这种做法明显是寡头制的，是现有 256
的当权者的计谋，要让一切可能的改革受到他们派系的破坏性干预。正确的做法是，让新立法只在开放的元老院中提出和讨论，只在开放的议会中对其表示同意或拒绝。[2]圭恰迪尼的设想带有理性主义的意味；他断定，在不受限制地参与决策的地方，理性和美德最有可能胜出，虽然必须保留精英与非精英的职能划分，但限制委员会的规模达到一定程度，就会使特殊的和邪恶的利益占有不当的分量。精英的自决必须是一个既公开又开放的过程，这种观点在他讨论选举时比他讨论立法时表现得更为明显。

佛罗伦萨的政治没有被理解为一个管辖权社会（jurisdictional society）的政治，因此对于理论家来说，立法——由主权者的意志对实体法进行变更——也就不像在北方君主国的政治中那么重要，而且如我们所知，马基雅维里和圭恰迪尼把处理对外事务作为政府最为重要的单项职能。这种事务每天都在不断变化，最需要决策者的“审慎”，因此务必要把主导权掌握在少数手中，同时这些少数应把这类事务的

1　见本书第139页注1、注2。

2　*D. e D.*, pp. 124—125.

最大经验和扩大这种经验的最大机会集于一身。选择行政长官组成政治精英，在很大程度上是任命处理对外事务的人，而在这一点上两种要求会发生冲突。一方面，“平等”和“自由”的原则要求全体公民应当有担任官职的最大机会，这意味着——就像对于1494年政制的筹划者那样——所有行政长官应当尽快轮换；另一方面，“经验”和“审慎”的原则要求行政长官应当有足够长的任职时间，以便获得经验并加以运用。然而危险在于他们会逐渐认为官职属于自己，作风变得腐败而专制。圭恰迪尼认为，威尼斯人已经为这一困境提示了最佳解决方案，即选出他们的终身“总督”（doge），这可确保其经验带来的益处，但又对其进行监督，要求其他权威始终与他的权威并存才能使之生效，从而
257 保证它不会变得危险。[1]他提议采用适合佛罗伦萨条件的总督制，即终身制正义旗手（gonfalonierate）的形式，而不是像1494年政制中那样任期极短；但这必然需要对“执政团”（signoria）进行改革，它是“正义旗手”需要与之合作的执行委员会。当时的“执政团”成员轮换得太快；每个公民都想轮到自己，这个机构里充斥着不明世事的人，和他们在一起，即便任期短暂的“正义旗手”在很大程度上亦可为所欲为。设立长期任职的“执政团”去平衡终身制的“正义旗手”，实行起来恐怕很难，最佳途径也许是，将“执政团”整体降级，让“正义旗手”与元老院及其处理日常事务的主席团（即“十人委员会”）分享权力。他担任后者的永久主席，不拥有正式的权力，而是依靠自己的人格和经验带给他的权威。[2]

元老院应是核心机关，是具有“德行”的精英的化身。圭恰迪尼观察到，政制理论中的一个问题是，元老院的成员应是终身制还是任期有限。古人选择了终身制；威尼斯人轮换成员太快，以至于“参议院”

---

1 *D. e D.*, pp. 103—104：“在我看来，在这方面威尼斯人比其他任何国家做得更好，他们选举一个终身总督，他受到法律的禁止，不会威胁到他们的自由，但他地位稳固，又不承担其他责任，他出主意，通事理；虽然他没有决策权，因为这会危及自由，但他是他们可以信赖的首脑，总是能以适当的方式提供建议和指导。”（*DGF*, p. 100）

2 *D. e D.*, pp. 104, 113—114.

（pregati，他们这样称呼对等的机构）大体上总是由同样的个人组成。我们采用哪种模式，相对说来没有多大区别。[1]技术问题是，如何把经验的最大连续性从而也是集中性，与有志之士最终成为议员的最大前景结合起来，如果元老院足够大，成员去世能产生足够多的空缺，就会使每个能够胜任的人都有有朝一日当选的希望。圭恰迪尼偏向于选出终身制的元老，其理由与他赞成正义旗手终身任职相同：这可确保经验最大程度的集中，并能使人抱有这样的希望，他们的“德行”能给他们带来官职，而且它十分安全可靠，因此他们对任何其他个人都不必感到惧怕或欠着他们的人情。对于元老院，他似乎也偏向于当选后终身任职而不是快速轮换，因为个人会更加确切地知道，他的任职是因为公众的认可，而不是政制机制的随机运作。他还暗示说，佛罗伦萨人比威尼斯人更不安分，更具野心，不太愿意坐等轮到他们；[2]因此最好创设一 258
个尽可能大的元老院——一百五十人，而不是1494年的八十人——并且在永久任职的基础上纳入最大数量的有志之士。

随着这一方案的文字和精神的形成，更多的关注似乎用在了调动“德行”和防止腐败而不是确保审慎的优势上；前两个目标似乎要求，使“德行”得到承认的竞争是公开的竞争，而第三个目标则不需要这样。皮耶罗·圭恰迪尼问道，“总督”或终身制的“正义旗手”是否更适合于威尼斯而不是佛罗伦萨，因为前者是贵族共和国，后者则是平民共和国，贝尔纳多回答说，二者并无实质区别。两个城邦都有一个大议会，它由全体公民，即全体有权任职的人组成；假如威尼斯在保障外来人口的这种权利方面更困难，差别仅仅是“等级”（ordini）差别，不等于“政制类型”（spezie del governo）的差别。重要的是，在两个公民团体——佛罗伦萨的“平民”和威尼斯的“富绅”——中都有担任官职的形式上的平等；“与俊杰统治的地方不同，他们没有财富或血统上的差

1　*D. e D.*, p. 115.

2　*D. e D.*, p. 116：“但是，使他们拥有历史悠久的政府和对事物更加平和的态度的措施与制度，我们再过许多岁月也无望获得；如果我们建立这种任期半年或一年的大议会，所有那些必须被纳入其中的人会发现他们往往被排除在外。”（*DGF*, p. 112）

别”，威尼斯体制与佛罗伦萨体制一样具有平民性，佛罗伦萨体制也与威尼斯体制一样具有贵族性。[1]我们要认识到，两个体系中的统治精英要想脱颖而出，都只能通过展示必要的品质并得到他们同胞的认可和选择。

威尼斯与佛罗伦萨即使存在着实质差别，也不是因为哪个城邦正式信奉平等原则，而是因为佛罗伦萨人在追求“荣誉”上更不安分，更具
259 野心，这是其个性的特征。贝尔纳多以亚里士多德式的十分模棱两可的态度看待这种特点。一方面，人们对于“荣誉”怀有野心，而这只有通过服务于“公共事务”才能获得，这是可取的事情；放弃野心他们就会苟且偷安，这不再是卷一中实用的现实主义，而是一种难以企及的柏拉图式理想。另一方面，“野心”会发展到为荣誉而荣誉的地步，这是危险的事情，因为这时私人利益会被置于公共福祉之上，人们很快就会为了得到和保有荣誉而变得无所不为。但是，不论是褒是贬，人确实有这种嗜好，政治理论家必须给予考虑。[2]自由政府无需担心公民的野心；只

1　*D. e D.*, p. 106：“虽然它的名称不同于我们所要采用的名称，因为它被称为贵族政府，而我们的被称为平民政府，但它并不因此而属于不同的类型，因为它是凡有资格担任公职的人都能参与的政府，不存在贵族统治中财产或出身的区分，他们可以平等参与一切事务，而且参与的人数众多——大概还超过我们。如果说他们的平民不参政，我们的平民也同样如此，因为有无数的工人、新居民等等，都不属于大议会。与我们相比，在威尼斯无资格的人更难以获得担任公职的资格，但这不是因为政制类型的差别，而是因为类型虽然相同，但他们有不同的制度。政制相同，但有不同的制度，这也完全说得过去。……因此，如果把我们的公民称为绅士，把这个称谓只用于有资格担任公职的人，你就会发现威尼斯的政府像我们的政府一样具有平民性，而我们政府的贵族特点一点也不亚于威尼斯。”（*DGF*, p. 103）

2　*D. e D.*, pp. 118—119：“虽然我昨天说过，好公民不需要统治，有安全就足以保障城邦的繁荣，但是与那些需要亲自照看国家的人相比，柏拉图倒是更容易谈论这样的基础；因为他们从天性上就想得到尊重和荣誉，与今天人民的嗜好相比，那时的人更狭隘。就像我刚才说过的，人民有一点儿本能的野心，使之产生高贵的想法，这较之于他们的野心彻底熄灭，对城邦更有好处。

“我们现在不需要讨论这事。但是人们显然有这种欲望，无论对它是褒是贬，而且它如此顽固，不能指望将其消除，因此在讨论如果建立一个可能的而不是完美的政府时，务必努力使不同等级的公民得到满足，但在这样做时又不至于危及自由。”（*DGF*, p. 115）

要引导得当，它不仅会导致统治精英的出现，而且会导致三五个非凡人物脱颖而出，不论何时，几乎事事皆有赖于他们的“德行”。[1]

正确引导这种“毁誉参半”（laudabile o dannabile）的野心有几种方式。首先，必须确保没有官职拥有太多权力，以至于不受其他权力的限制；基于这个原因，“正义旗手”要与“十人委员会”和元老院共享行政权威，元老院要与大议会共享立法权。这不仅能保证腐败的行政长官不构成危害，其实还能不断提醒他所拥有的以及他的现状都是与公众分享的东西，从而阻止他腐败。其次，必须有数量足够多的、地位不等的荣誉官职，并且要频繁更换，以确保没有人无望因其展示的功绩而得到提拔。在贝尔纳多的理想体制中，这些“官职等级”（gradi）是从入选终身制的元老院开始，然后升任元老可以就任的各种行政官职， 260
最后达到正义旗手这一最高官职。[2]但是第三，每一步都必须说清楚，官职是对公众认可的“德行”的奖励，绝不可归因于私人或派系的恩宠。[3]

贝尔纳多决心确保最后这一条，这使他提出了几项旨在开放这一体制的建议，在某些方面大大摆脱了威尼斯范式的束缚。当元老院选任不是由大议会授予的官职时，任职者要么来自该机构之外不同的下级

1　*D. e D.*, p. 112：“因为虽然城邦是自由的，但只要它们最初建立得很好，便可依靠少数人的建议和才能来维持。如果只看十年或十五年这样一个时间段，你就会发现，在这段时间内，议会的优势与活力以及最重大的行动，不过依靠三四个公民而已。”（*DGF*, p. 108）

2　*D. e D.*, pp. 119—120：“我们所谈到的这个官职肯定不会危害自由，因为他们虽然是终生任职的元老，但他们人数众多，而且他们的权威受到限制，可防止他们变成主子，但这个官职的地位又足以使胃口没有被野心所腐蚀的公民得到满足。因为假如他才能平平，他会满足于当个元老，假如他很杰出，他就会步步高升达到最高的荣誉地位：先是十人团的成员，然后是正义旗手咨政会（pratica）的成员，最后在有空缺时成为有资格担任正义旗手的人。”（*DGF*, p. 115）

3　*D. e D.*, p. 112：“……这种最高荣誉的获得是出于得到非凡地位的愿望，他们可以认为它的获得不是派系、腐败或暴力，而是靠杰出的表现，靠他们把全部能力和生命奉献给自己的城市；与其他人相比，他们的城市得益于他们更多，所以他们也应当比其他人得到更多的鼓励。”（*DGF*, p. 109）

行政长官，要么来自大议会仅仅为此目的选出的一百名与元老院坐在一起的委员。这样做的目的是防止元老院变成封闭的团体，因为这可提醒其成员，他们仍须考虑那些当初因为对他们看法好而把他们送入元老院的人；还可打破有可能在其内部形成的“派系”和“朋党”。[1]与选举相反，协商审议应当严格限于元老院的终身成员，但所有辩论都应在公开的全体会议中进行，“正义旗手”以主席身份确保言路通畅，尤其是那些不愿发言、没有经验和相对不知情的人。[2]圭恰迪尼是要平衡等
261 级原则与平等原则，前者要求最有经验者居首，后者则要求精英给尽量多的人以获得经验和发展“德行”的机会，以此加强自身的力量；他仍然没有意识到，如果同样的个人始终当头，派系和腐败就会产生。但是他说，作为辩论中睿智的评论者的名声，会比“正义旗手”两个月的任期给人带来更多的尊敬，即便他从未担任官职；如果这是得到公认的任职和晋升方式，歪门邪道就派不上用场了。[3]

圭恰迪尼对政治上的私人结盟和私人关系的厌恶，以及他对用广泛的公众参与对抗这种事情的信念，在他关于选举“正义旗手”模式的论述中有最清楚的表达。他在这里认为，威尼斯人犯下了一个错误：他们亟欲避免平民的无知和贵族的野心与争斗这两个极端，建立了间接选举和无记名投票的巧妙机制，旨在让这个过程最终产生出四十一个人来推选“总督”，他们的名字最初无法预见，因此不会发生密谋和游说。但所有这些都不是关键所在。那四十一个人要么是无名小卒，

1 *D. e D.*, p. 121：“我主张建立这个机构的理由有二。第一，我不想让任何人以为，只要当上元老，他就可以高枕无忧，因此不必再依靠元老院之外的人，也不需要再考虑民意——仿佛他不必再受制于人们的评判。……其次，由于元老总是同一些人，因此我不想让他们中的一部分人结为朋党，以确保自己总是能在投票中获胜并使别人受到排挤。……这个机构可以提供消除这两种危险的良方，因为有不断变化的更多团体的人参与，所以它能打破派系；另一方面，这个机构的成员不能被选入十人团，所以他们不会受野心驱使去扩大政府，而是会把票投给按他们的判断最称职的人；如果有一部分元老跟这个人过不去，他们也总是能扭转局面。”（*DGF*, pp. 117—118）

2 *D. e D.*, p. 122.

3 *D. e D.*, p. 123.

他们既无知又无经验；要么是实力派，有自己的利益、盟友和野心，在这种情况下他们的选择事先便出于私人考虑而决定了。实际发生的正是后一种情况；有见识的威尼斯政治观察者，一旦知道那四十一人的名字，通常就能够预见谁会是总督，因为他知道谁是他们的"依附者"（dependenzie）。诚然，即便如此，他们也能从五六个品质最优秀的公民中选出一人，但这不足以消除腐败。[1]

我们这里又回到了基本原则。每个城邦都有多数和少数、"平民"和"元老"，通往权力和影响力的常规是与一方或另一方结盟。圭恰迪尼在这里阐述了一种带有波利比阿色彩的主张；[2]维护平民反对元老，或维护元老反对平民，都可以有足够的正当性，但人性贪婪，我们会逐渐从维护自己的东西过渡到索要他人的东西。[3]每一种策略最终都会产生恶果，但从原则上说不难做出这样的安排，使有志于当官者必须是两派都能接受的人。让元老院开会并用抽签方式选出一个有四十名或 262
五十名候选人的团体。他们之中得票最多的三人——不管是否有人获得绝对多数——由大议会改日进行投票表决，如果一人获得绝对多数，就让他出任"正义旗手"；不然的话就再选出另外三位决赛者并重复这一过程，直到有人胜出。元老院的参与保证了最后的候选人是出类拔萃的人；平民的参与则保证了最终结果不受精英内部争斗的左右。两者都有助于确保尽可能公开和客观地辨别个人的功绩。[4]

圭恰迪尼显然不是对"威尼斯神话"亦步亦趋的人，但他让贝尔纳多用一段对这个一向得到公认的最佳政体的传统颂词，结束了他关于政制的讲解；他早就赞美过它——对"没有武装的城邦"做了限制——理由是它有长达数百年的稳定，[5]他甚至以更传统的观点补充说，它集

1　*D. e D.*, pp. 130—132.

2　*D. e D.*, pp. 132—135.

3　*D. e D.*, p. 133："人性是贪得无厌的，若是有人采取维护自身地位、避免受到压制的行动，即使达到了这一目标，他也不会善罢甘休，他会得寸进尺，进而压制别人，篡夺他们的社会地位。"（*DGF*, p. 129）

4　*D. e D.*, p. 135.

5　*D. e D.*, p. 106："在我看来，就没有武装的城市而言，威尼斯政体就像任何曾有过

合了一人、少数和多数统治的优点，又避免了它们的缺点。[1]然而这并不是他思考威尼斯这一主题时的真正框架。完全的波利比阿式理论会断定，君主制、贵族制和民主制，每个都有其独特的优点或“德行”，但每一个独立存在都有可能自我腐化；真正的混合政体可以利用每一种“德行”制约其他“德行”的退化，就像我们会看到的，在那个“神话”的完备版本中，通常还会说，威尼斯人通过机制上自我永续的设计实现了这种混合制政府。和公开录用具有“德行”的精英比起来，圭恰迪尼不认为这种设计有何价值；正是他对于这个关键术语的使用，使他的思想有别于图式化的波利比阿主义。他并不认为三种政体中的每一种都具有独特的“德行”，因为他在使用这个字眼时，是把它界定为精英或少数的一种品质。我们一再看到，多数在他的图式中不可或缺，他们如果不发挥某种形式的才智和判断力，就不能在其中行使职能，而且这种才智和判断力是他们自己的，而不是精英的。但是圭恰迪尼从来没有告诉我们它们是什么，或为何把它们定义为一种“德行”；他的多数的职能是为少数提供一种环境，在这里所考察的一段话中，他宣布平民政府的首要好处是“维护自由”，但他立刻又补充上了“法律的权威与每个人的安全”[2]——使天平倒向第一卷中提出的从私人或不参与的角度对自由的界定。一人（“总督”和“正义旗手”）不具备不同于少数的
263 “经验”、“审慎”和值得赞美的野心的自身“德行”；他仅仅是精英大厦的顶端而已。

圭恰迪尼没有把威尼斯理想化为各种形式的“德行”的合成，因为说到底他只承认一种“德行”，既然这是少数的属性，那么一人和多数的作用只能是辅助性的。马基雅维里甚至更加偏离了波利比阿—威

的共和国一样美妙。不仅经验证明了这一点；因为世人皆知，它确实繁荣昌盛、人民团结，为时已长达数百年，这表明不能把它归因于命运或巧合；许多其他因素也证明了这一点。”（*DGF*, pp. 102—103）

1 *D. e D.*, pp. 138—139.

2 *D. e D.*, p. 139：“大议会具有平民政府不可或缺的优点，即维持自由、法治和个人安全……”（*DGF*, p. 134）

尼斯范式，因为他把“德行”视为武装的多数的属性；圭恰迪尼对这种罗马史的解读方式持怀疑态度，但更重要的是，他怀着惋惜之情确信，佛罗伦萨的公民军是无法复兴的。但是，从历史事实和价值偏好两方面来看，他的“德行”观都是亚里士多德式的。因此问题在于阻止少数，特别是佛罗伦萨“显贵”的腐败和堕落。一人和多数为少数的“德行”——它与马基雅维里的“德行”相比审慎有余而活力不足——提供结构，使它一直自动地以公共福祉作为导向；但是，一人和多数并不是运用他们自身特有的“德行”，因此给我们展示的不是一个波利比阿式的结构，其中政体是不同形式“德行”的结合，它们通过相互制约以防退化来确保稳定。《对话录》不是一部研究混合制政府如何在一个退化属于正常现象的世界中保持稳定的论著，也不是一部研究“德行”如何阻止“命运”发威的论著。圭恰迪尼过于关注佛罗伦萨“显贵”的历史困境，这使他无法从事理论化的探讨；他知道，成功的“公民生活”之外的另一种选择，并不是某种周期性衰退的普遍形式，而是重建美第奇家族的统治，使它与贵族阶层形成一种不那么占优势的新关系。但是可以证明，从某种终极意义上，命运的至高无上性是他的十分独特的思想发展中的一极。

贝尔纳多最后说，追溯佛罗伦萨久远的历史记录，该城从未享有过良好的政体；这里要么是一人专制（如美第奇家族的统治），少数的傲慢无礼和自我毁灭的统治，多数的唯唯诺诺，要么是极其不合理的寡头和暴民统治的结合。“除非有运气（sorte）或仁慈上帝的恩赐（grazia），使我们实现这样的政府形式，否则我们就必须担心过去出现过的那些弊病。”[1]索代里尼问道，既然这总是会发生，那还有什么希

1　*D. e D.*, pp. 139—140：“你们的共和国会像罗马人的共和国一样。他们的共和国很出色，你们的共和国至少也会不差，无疑会达到我们的城市过去未曾见过的水平。我们要么臣服于一个人，譬如说在实行专制统治的美第奇家族时期，要么是少数人在城里掌权……那时少数压迫其他公民，奴役他们，施加的伤害和暴行数不胜数……或者，我们的城市受制于肆无忌惮的平民权力。……要么就是陷入疯狂状态，平民可以为所欲为，权力则掌握在少数手里……因此，除非有运气或仁慈上帝的恩赐，使我们能找到这样一种政体，否则我们必须担心过去出现过的那些弊病。”（*DGF*, pp. 143—144）

望，贝尔纳多的回答是对建立良好政府的方式做了冗长的论述。[1]它们的产生不是通过武力，就是通过信念。拥有绝对权力的君主有可能决
264 定放下这种权力，建立一个共和国。从理论上说这轻而易举，因为没人能抗拒他，突然从专制进入自由的人民会认为他们身处天堂，寄予他无限的信任；圭恰迪尼说，他们会看到命运影响不了他的决定，一切有赖于他的“德行”，从而使他成了超凡之人，这让人想起马基雅维里描述理想立法者时的语言。[2]然而，在现实世界中，行使绝对权力要么造成太多仇恨，使他不敢放下这种权力，要么（这更有可能）它已严重腐蚀他的人品，使他事实上不愿意这样做（这里提到了奥古斯都的例子）。[3]公民私人可能为了改革城邦而追求最高权力，就像利库尔戈斯那样，但对他同样可以这样说；武力和权力倾向于让自身永远存在。[4]还有信念
265 一途，这显然是指由公民做出建立好政府的集体决定；但他们为此必须具有足够的经验，既知道坏政府的恶，又明白纠正之道，他们必须遭受足够的不幸，从中获得教益，但又不至于将他们毁掉，或是使他们陷入暴力冲突和极端行动。假如1494年政制失败，这可能导致“封闭型国家”，但——圭恰迪尼这是在做事后诸葛亮——更可能的结果是出现

1 *D. e D.*, pp. 141—145.

2 *D. e D.*, pp. 141—142：“好政体的采用不是通过强迫，就是通过信念。如果恰好有个君主要放弃至上权力，建立共和国，这种情况就是强迫，因为是他在发号施令。如我所说，这是极容易做到的事，一方面是因为一切都取决于他，另一方面是因为人民过去一直生活在专制之下，从未想过自由，他们突然过上了自由共和国的生活方式，它是那么可爱，又没有动用武力，尽管它是根据命令推行的，而且程度有限，他们还是会认为自己像进了天堂一样，把得到的一切都作为收益，……给予极大的信任。……这项工作完全不能归因于命运，而是完全取决于他本人的功德。其成果也不会只在短期内对少数有利，而是能惠及世世代代无数的人。”（*DGF*, pp. 136—137）

3 *D. e D.*, p. 142.

4 *D. e D.*, pp. 142—143：“采用一种政体也可以有这样一种方式：某个爱国公民，看到乱世当前，又没有足够的信心通过征得同意加以整饬，便以武力攫取足够的权力去建立一个好政体，甚至不惜为此触犯别人，就像利库尔戈斯在斯巴达制定神圣法律时所做的那样。……但是，必须一直使用武力，直到政体站稳脚跟，而武力使用得越久，继续维持武力的危险就越大。你们知道那句谚语：事情越拖越糟糕。”（*DGF*, pp. 137—138）

一个权力更大的“正义旗手”。[1]如此一来，一切就要视其人品和地位而定了；圭恰迪尼的读者知道，继之而来的是皮耶罗·索代里尼的无效统治，但贝尔纳多说，仍有一线机会出现一个智勇双全的“正义旗手”，特别是要让他终身任职，建立一种真正威尼斯模式的政制。[2]

明确的结论是，1494年的佛罗伦萨仍然大大受着命运的支配，因此没有多大指望建立一个稳定的共和国。[3]至少在某种程度上似乎也存在一种暗示，这样的共和国是受命运统治之外的唯一出路；我们知道，圭恰迪尼相信，它对自己的公民行使的权力，是唯一既不残暴亦非不义的权力形式。但是，命运的领地并不是——理论上可能是，但未必一定是——一个完全充满偶然性和不测之事的领地。从1513年开始，圭恰迪尼一直在分析共和政府的失败事实上带来的那些结果——美第奇体制的复辟，“平民”由于被剥夺了大议会，他们的强烈敌意使美第奇家族更加猜忌，“显贵”也没有能力成为制衡他们的独立力量。他让贝尔纳多通过阐述这种可能性，总结了《对话录》的主题——罗马史和另 266
一些话题仍有待讨论；然后他提醒索代里尼、卡博尼和皮耶罗·圭恰迪尼，他们也许确实要致力于改革共和国，但他们不会成功。任何政治事业的成功，皆与“时间”（tempo）和“机缘”（occasione）有关，而时间谈不上有利。时间若是与人作对，就会产生这样的情形，唯一的策略是顺应因循与顺从，因为试图革新也许会导致更严重的恶果。[4]

1　*D. e D.*, p. 143：“于是我们只能依靠信念，虽然人们现在听不进去这样的话。可是我并不怀疑，随着事态的发展，用不了多久，就会有很多人承认大多数混乱的存在。一方面他们极想对此有所作为，另一方面又害怕权力变得过于封闭。在我看来这时命运难免会发挥一定作用。……也有可能发生这样的情况，混乱重创了城邦，但没有彻底毁灭它，这时关键要看负责改革的人能否出色完成他的任务，因为人们对公民领袖会采用封闭型统治的担心能够造成极大的困难。在这种情况下，终身或长期任职的正义旗手就是最好的方案，因为与长期任职的元老院相比，他给他们造成的阴影要小一些，还因为这是城市一直缺少良好制度的唯一原因。”（*DGF*, p. 138）

2　同上。

3　*D. e D.*, p. 144：“因此，最后我必须告诉你们，我对此深表怀疑，因为这个政府是否能得到改进，在我看来大大取决于命运的力量。”（*DGF*, p. 139）

4　*D. e D.*, p. 146：“同样的事情，如果时机未到，做起来即或不是不可能，也极为困这把我们从价值领域带回到历史领域，或者用我们所发现的解释圭恰迪尼最有效的术语，从“德行”的领域带回到审慎的领域。在理想的共和国中，审慎表现为“德行”的一种形式，即道德上自由而不受强迫的公民行为的一种形式。但它总是能带有这样一层含义，对于一个人无法不得到的东西应尽力善待之；从这个意义上说，它对于这样一个世界就是一种恰当的行为：共和实验已然失败，“显贵”发现自己没有与“平民”结盟，假如他们被平民接受为天然领袖，他们本可以向其展现“德行”，可是他们却是与美第奇家族在一起，其条件再不会是1494年之前的那种情况了。圭恰迪尼从未疏于强调，这一年的革命是一场“突变”、一场“革新”，此后一切都已改变，未来变得难以预料和控制。描述这种影响的修辞是命运；而我们一向称为审慎的品质，由此显著地表现为一种智慧和人格品质，贵族力求用它在“命运”的世界里管理自身和他人。

圭恰迪尼写作《对话录》时，似乎仍然值得设想一种“德行”和审慎能够一起发挥作用并得到充分发展的公民环境。直到1528年至1530年的《记事录》（*Ricordi*），“命运”和审慎之间赤裸裸对抗的世界才在他的著作中出现，因为只有到那时，他才真正面对“显贵”孤立于美第奇家族与“平民”之间的现实。这是最后的共和国和大围困（the Great Siege）的岁月，日益具有革命性的平民政府驱逐“显贵”（包括圭恰迪尼本人），蔑视美第奇家族，使其回来时只能做绝对君主。在大围困结
267 束时，圭恰迪尼做出的反应是帮助美第奇家族重新上台，亲自参与他们对战败的平民领袖的野蛮清洗；[1]但在围困期间，他利用被迫赋闲的日子写成一篇批评马基雅维里《论李维》的文章和一本格言集，我们从中可以清楚看到当时他眼中的那个世界。《记事录》最重要的（或许是占

难，时机一到，却会变得易如反掌。逆势而为的人非但不会成功，而且会遇到危险，将时机得当时易如反掌的事搞得一塌糊涂，这就是耐心堪称明智的原因。……除此之外，最好尽量接受现状，得过且过，切莫图变，这样你的处境尚不至于变得更糟。”（*DGF*, p. 141）洛多维科·阿拉曼尼的说法是：智者从不革新。

1 关于圭恰迪尼这一段生涯，参见Ridolfi, *Life*, chs. xviii—xx。

据压倒地位的）主题是，将才智以个人或政治行为的形式运用于世事异常困难。哪怕是读遍天下书，对所有的教诲和结论都心领神会——圭恰迪尼从未有片刻建议无需经过这些预备工作——仍存在把思想转化为行为的问题；[1]即便经验带来了天生的智慧所不能提供的知识，[2]即有关特殊事件的知识，那个问题仍然存在，它超出任何可以想象的系统知识，它是个判断时机、决定行动时刻的问题，要同时考虑到时机和行动。[3]显然，蠢人可能搞不清楚正在发生什么；圭恰迪尼知道，极聪明的人会对他看到的事件提前反应，[4]因此把它想象得比实际发生的情况更快、更彻底。[5]马基雅维里曾认为，行动好于因循，因为时间很有可 268

1 *Ricordi*, C 22（Spongano, p. 27, 见本书第135页注2）：“多少次人们说：如果我们做了或者没做这件事，那桩事情就会或者不会发生！要是有可能进行比较的话，那我们就会看到类似的观点是错误的。”

2 *Ricordi*, C 9, 10（Spongano, pp. 13—14）：“你们经常阅读并很好地考虑了这些记载，因为认识和理解它们要比遵守它们更容易得多：而这会使人很容易产生在记忆中鲜活的习惯。”

3 *Ricordi*, C 78—85；尤其是79（Spongano, p. 90）：“人们常说的那句话，如果没有正确理解，就会是句危险的格言：聪明人必须会享受时间的好处；因为，当你碰到你所考虑的那桩事情，谁丧失了时机，谁就回不到他原来的位置：而在许多事情上，迅速的解决和行动也是必要的；但当你处于困难的境地或者事情对于你而言很麻烦，那你就要放宽心，尽可能地等待时机，因为时间常常会让你豁然开朗，或者说让你自由。这样来运用这句格言的话，它总是有益的；但如果换种方式来理解，它也常常会是有害的。”

4 *Ricordi*, B 96（Spongano, p. 28）：“此世之事纷繁复杂且有赖于诸多偶然性，故而我们很难对未来作出判断；而且根据经验我们看到，聪明人的猜测几乎总是错的：不过，我并不欣赏那些人的见解，一旦未来不是很相近或者很确定，他们就因考虑到未来之坏处（尽管可能很大），而抛开了眼下好处的便利（尽管可能很小）；因为，你所惧怕的东西并不会常常发生，那你可就是为了某种空洞的惧怕，而抛弃了你所喜爱的东西。但这句格言是睿智的：事情一桩生一桩。”

5 *Ricordi*, C 71（Spongano, p. 82）：“如果你们看到一个城市正在衰落，一个政府被更迭，一个新政权或者类似的东西兴起——有时候人们先前几乎确切地看到——你们就知道自己并没有弄错。事物的运动出于其本性以及由于种种阻碍，会比人们的想象晚得多，而在这上头弄错的话，就会给你带来极其巨大的损害。你们要清楚，这是重要的一步，人们常在这儿摔跤。这一点也会在私人和特定的事情上起作用，但更多地是在公共和全体的事情上，因为它们范围更大，其运动更长久，而且也更受偶然性的影响。”参见C 34, 115,

能恶化人的处境，圭恰迪尼却能看到因循的强大理由，因为能够恶化人的处境的，莫过于一个人自身考虑不周全的行动。不过他们二人都很清楚，不能完全预知的事件的领域——圭恰迪尼称赞亚里士多德，因为他断言对于未来的偶然事件不可能有确定的真理[1]——是“命运”的领地。与这一问题有关的《记事录》，可以被解读为与《君主论》第二十五章和《论李维》中讨论在已开始腐败的社会中采取行动的章节相对应。

在《记事录》中的若干地方——反映着圭恰迪尼写于这个时期的《对话录》和《关于马基雅维里〈论李维〉的思考》中的某些段落——有对马基雅维里关于罗马史的言论的批评，即一个反复出现的幼稚观点，认为在十分不同的条件下可以效仿罗马的榜样。[2]有关这个问题出版过一部研究文献，对比了马基雅维里的所谓理想主义信念与圭恰迪尼的所谓更现实主义的看法，前者认定历史具有相似性并一再发生，后者则认为没有两种情境是一模一样的，人们必须悉心聆听，不可书生

269 用事。[3]不过这种对比很可能过于夸张了。两人都处在这样一个观念世界里，人们认为“命运”既是不可预料的，也是反复出现的；圭恰迪尼在《记事录》的两份定稿中都宣称，世间万物一再发生，尽管看起来不同并且很难辨识；[4]马基雅维里也很清楚，历史的教诲难以运用，此乃在

116, 162, 191; B 76, 103。

1 *Ricordi*, C 58（Spongano, p. 67）：“哲学家说得多好：De futuris contingentibus non est determinata veritas（对于未来的种种偶然，没有确定的真理）。可要多寻思寻思，你越是寻思，就越会觉得这话再正确不过。”

2 *Ricordi*, C 110（Spongano, p. 121）：“那样的人可错得太厉害了，他们把每句话都归于罗马人！就需要有一座城市各方面条件像他们的那样，然后照他们的榜样来统治：要说这事情在性质上的不成比例，就好比是让驴子到马道上去赛跑。”

3 参见Sir Herbert Butterfield, *The Statecraft of Machiavelli*（London: G. Bell and Sons, 1940, 1955）。

4 *Ricordi*, C 76（Spongano, p. 87）：“所有过去存在过以及现在存在的东西，在未来也还会存在；但事情的名目和表面会改变，你要是没有好眼睛，就认识不到，也就不能通过这观察来选取规则或者进行判断。”参见B 114（同上）：“……事情本身还会重现，但以不同的名目和色彩。”B 140（Spongano, p. 82）：“世事不会一成不变，而是始终会前进，会

时间中采取行动这整个问题的一部分。在此，除了侧重点和性情之外，他们几乎没有什么区别。两人的重要区别不是一个历史认识深度的问题，而在于这样一个事实，马基雅维里用“德行”一词表示塑造事件的行动的创造力，而圭恰迪尼则对这种力量没有多少信心，也没有用“德行”一词去描述它。两人都发现，“德行”通常是指建构有效的道德体系的行为；但马基雅维里在思想上迈出的最大胆的一步，是他用这一术语去描述在城邦之外的战争领域和公民世界崩溃后个人行为的表现，圭恰迪尼则仅仅把它用在公民环境中。《君主论》和《记事录》都是在讲述后公民世界中的个体；但马基雅维里的个人是一个统治者，他要用“德行”塑造事件，其“德行”有着勇猛无耻的含义，而圭恰迪尼的个人是一个贵族，他要运用审慎使自己适应事变。两人都认为，勇猛无耻和审慎适用于不同的情境，而这些情境是“命运”带给我们的，分辨出它们要求什么，对于个人来说难上加难。

比较两位作者关于公民和共和制度的思想，我们会发现，能够根据他们关于武装和战争的思想，对他们的“德行”观做进一步的区分。在《君主论》中，“德行”表现为有局限性但真实的创造性力量，然后马基雅维里又完成了《论李维》和《战争的技艺》，讨论的都是武装的平民共和国，其中公民“德行”的基础是军事“德行”，共和国可以运用武力去驯化它的环境。圭恰迪尼在写《记事录》之前已经完成了《对话录》，其中他思考并摒弃了罗马范式，认可“没有武装的城邦”，它的基本技能是借助于审慎适应环境。因此对于他来说，“德行”在公民环境 270
之外没有意义，而在这种环境中它等同于审慎；当共和国及其“德行”一起消失之后，审慎仍是后公民时代的个人的工具。[1]此外唯一尚存的

合理地按照其本性前行并结束；而且会比我们的意见拖延得更长久，因为我们是按照我们的生命（它很短暂）来评价它们的，而不是按照它们的时间（那是很长久的）；但它们的步子比我们的更慢，那是出于它的本性，尽管它们也在运动，却常常和我们的运动不一致：正因为如此，我们的判断就常常是错误的。”

1 *Ricordi*, C 51 （Spongano, p. 60）：“谁一心要在佛罗伦萨改变政权的，若非出于必要，或者是那些碰巧成为新政府首脑的人，都是不大审慎的，因为他把自己和他的一切都置于危险之中，如果事情不成的话；倘若事情成了，却又几乎在所图谋的政府中连个小位

选择——我们的基本模式告诉我们——是信仰，它寄托于表现为神恩显现的神意或先知预言：即萨伏那罗拉派仍将其置入佛罗伦萨之弥赛亚天命中的信仰。圭恰迪尼在《记事录》中插入一段对信念能移山的分析，视之为与环境的獠牙做纯粹非理性的对抗；假如它升华到足够的高度，便能发挥“德行”的作用，以遵循常理的观察者所无法预见的方式战胜和塑造偶然性。正是这种信念激励着佛罗伦萨人，使其抵抗教皇和皇帝联军逾七个月之久，而这种信念靠的是萨伏那罗拉的预言。[1]他还指出，这是一种疯狂的信念，因为它把自己完全托付给了“命运”。[2]

271 但是，圭恰迪尼的思想与马基雅维里的思想分道扬镳，是发生在两人评估武装的“德行”之作用及武装本身作为“德行”的原因之作用时：这是一个比通常所理解的更为接近西方政治思想终极关怀的问

置都得不到。玩一种所失比所得多得不成比例的游戏，这是多么荒谬的事！还有也许甚至是不那么重要的，就算政府更迭了，你却不得不始终处于苦恼中：你怕再来一场新的更迭。”

1 *Ricordi*, C I（Spongano, p. 3）：“那些灵性的人所说的事情，即有信仰的人会引导伟大的事物，而且正如福音书所说的，有信仰的人能够移山云云，那是因为信仰能够造就顽强。信仰无非就是坚定并且几乎确切地相信那些不合理性的东西，或者尽管它们合乎理性，但是比理性的劝说更坚决地去相信它们。因此，谁有了信仰，就会在他所信仰的东西上变得顽强，并且无畏并坚决地前进，藐视各种困难和危险，让自己去承担起一切艰难困苦：由此可知，尽管世事会遭受千万种偶然性的影响，但在时间的长河中许多时候，会对顽强坚持的人产生出意想不到的帮助，这种顽强是由信仰带来的，故而值得说：谁有信仰云云。佛罗伦萨人的顽强就是我们时代的伟大榜样，他们不顾世事的常理，面对与教皇和皇帝的战争，且无望获得外界的援助，部队在城墙上坚持了七个月，人们本来都不相信他们坚持得了七天，起初所有的人都断定他们会输，而他们却让这事情变成了如果他们赢了也没有任何人会觉得奇怪：正是这种顽强在很大程度上产生了不败的信念，如费拉拉的耶罗尼莫（Jeronimo da Ferrara）所预言的。”

2 *Ricordi*, C 136（Spongano, p. 148）：“有时候疯狂的人会比聪明人有更大的成就。那是因为聪明人若非必要，便会更依赖理性而非机运，而疯狂的人则多靠机运，少依赖理性：而由机运所左右的事情，有时结果会令人难以置信。佛罗伦萨的聪明人就会屈服于眼下的风暴，而疯狂的人则愿意对抗一切理性，于是，到现在为止，他们便完成了人们不相信我们这个城市能够做到的事情：而这就是格言所说的机运喜爱勇敢者（Audaces fortuna iuvat）。”

题。圭恰迪尼像马基雅维里一样很清楚政治中的非道德因素，但他只把“德行”作为公民人文主义的价值宝藏。马基雅维里也像圭恰迪尼一样很清楚这些价值，但他认为它们取决于人民用武装控制环境的能力，他把这种能力称为“德行”。圭恰迪尼——在评估佛罗伦萨的军力时也许更加现实主义——选择威尼斯作为“没有武装的城邦”的典型，能够阐发一个纯正地实现了那些价值的社会的形象；《对话录》第二卷就是对公民理想的表述，这是马基雅维里从未尝试过的。威尼斯的作用是充当公民人文主义的范式，在威尼斯的形象是波利比阿式的稳定这种神话的背后，它为古典政治价值转化为实际的或几乎是实际的政治安排提供了范式。多纳托·詹诺蒂（Donato Giannotti）的著作像圭恰迪尼本人的著作一样，向我们展示了这些作为概念工具发挥作用的范式；加斯帕罗·孔塔里尼的著作则向我们展示了这个神话作为象征符号的发展。

272

第九章

詹诺蒂和孔塔里尼：作为概念和作为神话的威尼斯

一

多纳托·詹诺蒂（1492—1573）即使为英语读者所知，也是以“威尼斯共和国最杰出的描述者”（哈灵顿在1656年语），[1]至于他其实是马基雅维里的思想传人和佛罗伦萨共和主义传统的最后一位大思想家，鲜有专门的描述。迄今仍没有细致研究他的思想的英文著作，[2]但在目前的分析中我们已走得足够远，可以发现他的名望的诡谲之处：这同一个人既是威尼斯的崇拜者，又是马基雅维里的崇拜者，表面看来真是咄咄怪事。我们愈是深入观察，就愈发奇怪，因为詹诺蒂正是运用他对威尼斯程序的熟知，建构了一种佛罗伦萨政体模式，它既有显著的平

1 在《大洋国》（*Oceana*）开场白的开头；见Toland, ed., p. 35（本书第28页注1）。

2 关于他的生平和生涯，见Roberto Ridolfi, *Opuscoli di Storia Letteraria e di Erudizione* （Florence:Libr. Bibliopolis, 1942）; Randolph Starns, *Donato Giannotti and his Epistolae* （Geneva: Libr. Droz, 1968）; 对其出版作品的描述见下注中Felix Gilbert的文章。R. von Albertini（见前引书）在第14—66 页研究了他的思想，Starns亦于“*Ante Machiavel*: Machiavelli and Giannotti”（Gilmore, ed., *Studies on Machiavelli*）进行了研究，还有一种近期的解释，试图把他与莎士比亚时代的思想联系起来，见C. C. Huffman, *Coriolanus in Context* （Lewisburg:Bucknell University Press, 1972）, pp. 17—20。

民性，又是建立在公民军的基础上；在马基雅维里和圭恰迪尼看来，这两个概念都与贵族制的“没有武装的城邦”相距甚远。如已经指出的那样，他对威尼斯的看法是工具性的，而非理想性的；他并没有把那个“极其安宁的共和国”（serenissima república）树为可资效仿的模式，而是把它作为可被用于佛罗伦萨“平民”政治这一极为困难的环境之中的观念和政制机制的来源。他能够这样做，乃是得益于以下事实：以威尼斯作为典型的亚里士多德—波利比阿式混合制政府模式，既可以偏 273
向贵族制，也可以偏向民主制，而不会失去其基本形式。虽然詹诺蒂明确承认，他既受益于亚里士多德和波利比阿，也受益于马基雅维里，然而以我们的观点来看，他对混合制政府理论即便没有产生直接影响，也做出了原创性的贡献；他提出了在共和主义思想这个分支中一再出现的几种普遍观点，是我们遇到的第一位这样做的作者。同时我们还会看到，他继承了一种思想趋势，它把马基雅维里思想重新纳入亚里士多德的共和主义传统，钝化甚至磨去其思想原创性的锋芒。他关于“革新”（innovazione）、“德行”（virtù）甚至是“公民军”（milizia）的思想，都不像他那位年长的朋友那样气势逼人或具有创造力。但是，我们越是贬低“邪恶的马基雅维里”的传说，就越难以看出马基雅维里的真实意图是如何融入欧洲传统的。不管怎样，随着后来西方共和主义的发展，他的形象变得越发正统和道德了。

詹诺蒂引用他的权威作家的习惯已经表明，无论是与马基雅维里还是圭恰迪尼相比，他都是一位更标准的学院派思想家；他的政治信念具有现实性，但他的思想并不像他们那样来源于痛苦的公民生活经历。年轻时他时常光顾奥里切拉伊花园，与马基雅维里相处融洽，当时后者正在撰写佛罗伦萨史。1520年到1525年期间，他在比萨大学任教（从他后来著作的基调看，他有一段时间极可能是在讲授政治理论）。从1525年到1527年，他有很多时间住在帕多瓦和威尼斯，正是在这期间，他撰写了《论威尼斯共和国》（*Libro della Repubblica de'*

Vineziani）的大部分内容，这是他身后最为世人称道的著作。[1]美第奇家族垮台后他回到了佛罗伦萨，他似乎把离开的这段时间视为流亡；在1528年到1530年的大围困期间，他担任了十人军事委员会秘书这一马基雅维里的旧职，并像他一样参与组织公民军。1530年他被逐出佛罗伦萨，长期流亡在外；他的第二部大作《论佛罗伦萨共和国》（*Delia Repubblica Fiorentina*），是一位流亡者对从未实现过的佛罗伦萨平民共和国的幻想；这部著作直到1721年才出版。虽然对威尼斯的研究著作在1540年就已出版并享有广泛的声誉，但我们并不认为詹诺蒂的思想深刻影响了他那个时代的人。尽管他不是马基雅维里和圭恰迪尼那样的天才人物，但他的著作也非常有智慧，我们从中看到，在真相大白于
274 天下的重大关头，能够用亚里士多德、人文主义、威尼斯人和马基雅维里的观念来做些什么。它们包含着某些有关时间政治的思想的新起点。

菲利克斯·吉尔伯特所收集的证据表明，詹诺蒂写作论威尼斯的著作，与1527年5月美第奇家族的垮台有关——当他撰写第一稿时，他和他的朋友正热切盼望着这事的发生[2]；尽管如此，若是将《威尼斯共和国论》视为詹诺蒂有意为其同代人所做的寻找事实的工作，大概也没有什么不当。自从1494年以来，人们便无休无止地谈论着威尼斯模式；存在着大量有关其作用的散乱信息。但是，根据威尼斯政府结构写成的唯一著作，即马尔坎托尼奥·萨贝利科的著作，在詹诺蒂看来太没有章法，不值一评。假如美第奇政府垮台，他游走于其中的"平民派"（popolare）俊杰必然重新努力建立一个将他们的领导权与自由相结合的政府，威尼斯便是这一方案的范式。因此詹诺蒂决心向他们讲明实情。他构思了一本分为三部分的著作，[3]其中第一卷概述一般的政府结

1 Felix Gilbert, "The Date of the Composition of Contarini's and Giannotti's Books on Venice", in *Studies in the Renaissance*, XIV（New York:The Renaissance Society of America, 1967）, pp. 172—184.

2 同上，pp. 178—179。

3 Donato Giannotti, *Opere*（3 vols., ed. G. Rosini, Pisa, 1819）, I, 9："因为在第一部分所讨论的是共和国的一般政府结构；第二部分具体讨论所有的官职；在第三部分则讨论该共和国的形式和构成，我们在第一部分提出我们的原则，不仅是因为普遍的事物自然

构（l'amministrazione universal），第二卷具体论述各种行政职位，第三卷讨论“共和国的形式和构成”——这个说法意味着理论分析。但当佛罗伦萨真的发生了革命时他只完成了第一部分，他回到佛罗伦萨，任职于尼科洛·卡博尼的温和政府和围困时期更加激进的政府，体验了（或许）比他在1526年到1527年期望的更大的对平民政府的义务，然后又遭流放。很久之后，在1538年，他开始筹划出版（但没有修订）他未完成的著作。[1]那时他应该已经完成了他关于佛罗伦萨平民政府蓝图的手稿；如是这样，那么探究一下他为何没有出版后者是很有意思的，但我们应当知道的是他为何没有完成前者。他的理论工作已经完成，研究的是不同的主题。

既然如此，我们就不要奢望实际上没有完成的《论威尼斯共和国》会有理论结构。我们只能看到第一部分，它有着与萨贝利科著作几乎一样的毛病；因为我们得知，他的著作的欠缺，是丝毫没有论述“该共和国的形式、构成和脾性”[2]——这正是詹诺蒂本人要留给他从未撰写的第三部分的主题。詹诺蒂说，第一部分要论述普遍主题，将特殊问题留到后面再讨论，因为普遍性更易于理解，然而这并不意味着要首先阐述建立共和国的基本原理，随后再讲它们的具体运用。为这种次序所做的辩护是，画家先勾勒轮廓，雕刻家先对大理石进行粗加工以便在实际形状出现之前看出石头的哪个部分能做头部。“普遍事物”是使自然事物适合其后来具有的形状或形式的一般性质，这就是为何在阐释威尼斯的政府结构之前先对其地理位置——当然，它本身便是一种不同寻常的现象——做一番描述的原因。[3]因而，从“普遍”（universale）走 275

地更容易理解，还因为，第二部分和第三部分都分别依赖于它。”

1 Gilbert, “Date and Composition”, pp. 180—182.

2 *Opere*, I, 20.

3 *Opere*, I, 34—35：“如果我们直接去观察，那么画家、雕刻家也是按照哲学家们的教诲来从事他们的艺术活动的；所以他们的作品也是从普遍事物开始的。画家在描绘一幅特定的画之前，先要勾勒一些线条，为的是把一个普遍的形象呈现出来；然后再进行更进一步的完善。雕刻家在雕他们的石像时也遵循同样的原则；以至于当他看某块粗加工的大理石时，更会说某一部分用于头，那边用于胳膊，那边用于腿：自然给了我们这样的限制，向“特殊”(particolare),并不是从原则走向应用,甚至不是先研究形式后研究实体;即便如此,学者形象比艺术家形象更不恰当,因为我们被告知:

> 每个共和国犹如一个自然机体(团体),或者不如说,它是一个先由自然产生后经人工雕琢的机体。自然造人,她意在造出一个普遍的整体,一个共同体。既然每个共和国犹如一个自然机体,它就必须有其成员;既然每个机体的成员之间都存在某种比例和关系,那么不懂得这种比例和关系是什么,就不懂得机体是怎么造出来的。这就是萨贝利科所欠缺的。[1]

276 然而——将这个论证稍做简化——如果是自然为共和国提供质料,技艺为它提供形式,那么政治和谐的原理就不是自然的产物,也不能用直觉来获知;只有明白了政治艺术家如何塑造他的质料,才能发现它们。萨贝利科仅仅描述威尼斯的各种行政职位,没有考虑它们之间构成国家之形式的关系。而这正是詹诺蒂花时间去做的事情;萨贝利科的不足应在第三部分得到改正。我们看不到他对威尼斯政府的理论分析,只能从我们能看到的文字和暗示中对它做出推论。比如,根据他打算在论佛罗伦萨政府的那一卷中阐发的各种信条,非常明显,萨贝利科确实应当受到指责,因为他未能说明各种行政职位如何相互联系和相互依存,而只有这样才能完全搞清楚共和国的“构成”(composizione)。[2]

《论威尼斯共和国》如果没有对个人在政治时间中的位置给予一定的思考,它便算不上一部人文主义著作。这本书采用对话体,主要发

不仅是在认识和理解上,甚至在制作中,也须采取普遍的原则!出于这一理由,我要从对威尼斯地理位置的描述开始,作为比其他事物更为普遍的东西。”

1 *Opere*, I, 21.

2 同上:“……没有宣布一样东西应该与另一样有联系,这东西对那东西应该有依赖性,这样共和国的构成才能完全弄清。”

言者是威尼斯学者特里方奈·加布里埃劳，或叫加布里埃莱，他在帕多瓦过着悠闲的退休生活时与罗马人庞培尼乌斯·阿提库斯进行对话。他对恭维表示感谢，进而提出一种对比。庞培尼乌斯·阿提库斯生活在自己的共和国深陷于腐败之中的时期，他无法挽大厦于将倾，又不愿与之同流合污，便遁入哲人的独处生活。但威尼斯并没有腐败，而是比以前更加完善，特里方奈的退休使他可以自由选择行动还是深思、出世。[1]先是以偏爱威尼斯的安宁的态度，将它与罗马的军事荣耀做了对比，进而又与意大利当前的惨状进行了对比。特里方奈说，他不知道当下是否可以与罗马皇帝们摧毁罗马自由的时代相比，[2]或者是与野蛮人占领意大利的时代相比；这也无关紧要，因为恺撒们是野蛮人入侵的肇因，而野蛮人又是目前灾难的肇因。[3]詹诺蒂的历史感显然有着因果论和线性的特点。但威尼斯却幸运地逃离历史，她能做到这一点，显然是通过成功地维护着内部的稳定和公民的"德行"（virtù）。我们观察这件事，要对如何通过协调或混合政治社会的不同要素而保持时间中的稳定，做出亚里士多德式或波利比阿式的解释。他的语言以很多方式暗示着这样 277

1　*Opere*, I, 16—17："……庞培尼乌斯认为他的共和国已经败坏到了极点，没有看到它自身有恢复健康的能力，便抽身退隐，不与它一同毁灭。因为一个共和国一旦败坏了，便如同为风暴所搅乱的大海，谁置身于此，便不能抽身退回其港湾。我没有因为这个理由而从公职中退隐，因为我的共和国并没有败坏，相反（如果我没有弄错），还比它在任何时候都完善……"

2　*Opere*, I, 17："不管罗马人掌握了多么广大的疆土——这是谁都知道的——并不能说我们的共和国就不如它幸福。因为一个共和国的幸福并不在于其疆土的广大，而在于其生活的普遍宁静与和平。在这方面，如果我说我们的共和国要高于罗马共和国，我不相信任何人可以来指责我。"

3　*Opere*, I, 15："……在各时代中，有两个时代我们应该记住：其一，是它（即意大利）的毁灭和罗马帝国的开始，当时罗马被恺撒的军队所压制；另一个是意大利所遭受之损害的顶峰，当时意大利被匈奴、哥特人、汪达尔人、伦巴底人所蹂躏所劫掠。如果我们观察一下此前不久所发生的时代，无论是在东方还是西方，很快就看到，那两个时代中的一个支配了如今生活中意大利的人们。但它们中更应该害怕的东西我却不能认清：因为我们可以说头一个时代产生第二个时代，而从第二个时代则产生了后来种种变化，使得世界成了这个面貌，我们如今都还能看到，留下来当时罗马人所具有……"

的信条，然而正如吉尔伯特所指出的，《论威尼斯共和国》一书中并没有出现过"混合制政府"一词以及波利比阿设想的机制。它们确实出现在《论佛罗伦萨共和国》一书中，但是我们不能确定地说，假如詹诺蒂确实写出了第三部分，他会从威尼斯行政职位的功能中推导出"构成"和"比例"遵循着什么原理。

就我们所掌握的证据而言，没有迹象表明他会把威尼斯描述为君主制、贵族制和民主制的波利比阿式平衡。他告诉我们，威尼斯共和国是由大议会（Consiglio Grande）、参议院（Consiglio de' Pregati）、监事会（Collegio）和总督（Doge）组成；其中的一、二、四显然对应于古典的多数、少数和一人，监事会是一个在任行政长官的执行机构，它能使"参议院"这一贵族机构更加有效。但与圭恰迪尼的著作相比，他远
278 远没有表明这四个部门是相互平衡或制约的。我们可以猜想詹诺蒂最终会提出某种这样的理论，但事实仍然是，他对威尼斯政制结构的研究是在双重语境下进行的，一是有关威尼斯如何成为一个封闭的贵族体制的历史解释，一是对威尼斯投票程序的细致研究，它们均与波利比阿式平衡机制没有明显的关联。

我们就会看到，当詹诺蒂落笔于佛罗伦萨政治时，他赞成一种"平民生活"（vivere popolare）；他希望把大议会的成员资格扩大到全体纳税人，而不仅仅是那些因门第而有资格担任官员的人。当他在1525年到1527年写作有关威尼斯的内容时，这种赞成发展到了什么程度，我们不是十分清楚，[1]但有证据表明他意识到了1297年法律所产生的问题，该法律把威尼斯大议会的成员资格限于彼时议员的后代。有意模仿威尼斯的佛罗伦萨1494年政制几乎是典型的平民政制，因为它的基础是向所有有资格的公民开放的大议会；只要不存在像威尼斯1297年法律那样的规定，这一幅景象的内容注定会产生紧张。詹诺蒂没有采用圭恰迪尼的观点，即佛罗伦萨像威尼斯一样具有贵族性，威尼斯则

1　但是可参见I, 42："……毫无疑问，那些人，当他们没有置身于公共事务时，不仅没有增加他们的高贵，而是丧失了它，变得比动物还坏，因为他们受到限制，不能有思想，而本来他们是可以得到提升的。"

像佛罗伦萨一样具有民主性；因为二者都有一个数量有限的公民团体，“贵族性”和“民主性”这些说法只有与这个公民团体中的权力分配联系起来才有意义。他指出，而且他在后来论述佛罗伦萨时会再次指出，威尼斯存在着穷人、中间阶层和精英，即“平民”（popolari）、“市民”（cittadini）和“富绅”（gentiluomini）。第一类人的职业过于卑贱、过于贫穷，这使他们没有资格成为公民；第二类人的出身和职业给了他们足够地位和财富，能够算作“祖国”的子孙；第三类是城邦和国家的真正主人。[1]当詹诺蒂作为支持平民统治的佛罗伦萨人而著述时，他希望给予第二类人以大议会的成员资格，即使不给予他们行政长官的任职资格；[2]但威尼斯的特点是，虽然存在大议会，但1297年法律把它永远 279
限制在最后一类地位最高的人。如果我们看看詹诺蒂对威尼斯政府的最终反思，我们就会再次知道他对这个封闭的议会促成威尼斯的稳定有何想法。值得注意的是，我们所看到的这一部分，首先对该共和国的形态做了粗略描述（dirozzato），[3]对话所采取的形式，是讨论威尼斯大议会的历史以及它过去采取的每一种形式的“一般原因”（cagione）和“机缘”（occasione）。[4]还值得注意的是，虽然对于撰述历史的人文主义者来说，政治革新的原因通常是从事改革的立法者洞察到塑造政体所应遵循的某种原则；但詹诺蒂不想过多地将这种洞察力赋予威尼斯人的祖先；这是一种谨慎，它表明威尼斯给这位政治思想家提出的问题不是那么简单。

他从威尼斯的政制史发现了两个关键时刻：一个关键时刻发生在建立大议会的1170年，另一个关键时刻发生在封闭成员资格的1297

1 *Opere*, I, 35—36：“……所谓民众，我指的是也可以被称作是平民的人。他们从事很可靠的职业，能够维持自己的生活，但在城市中没有任何地位。所谓市民，是指所有那些生来就是的，他们的父辈和祖先就在本城，并且从事更加体面的职业，获得某种荣耀，在城市中上升到每个地位，在一定意义上可以被称作是祖国的子嗣。所谓富绅，则是城市和整个国家政权（无论是海上还是陆地）的主人。”

2 见本书第326页注1，注2，第327页注1；关于1512年的圭恰迪尼，见第138页注1。

3 参见p. 50。

4 参见p. 77。

年。[1]两者都是公民团体在其日益受到限制的成员资格中，在实行比例平等的基础上被制度化的时刻。威尼斯人建立了一种公民贵族制，这种贵族制（我们现已知道，除了从贵族制的角度，很难定义它的公民精神）的特点是，其成员在公共服务中追求荣誉——詹诺蒂的用词是“盛名”（chiarezza）。个人以这种方式扬名，其家族保持着对其事迹的记忆。特里方奈解释说，这就是我们对1170年之前的威尼斯历史所知甚少的原因。没有大议会，就没有对“盛名”的制度化追求，也就不存在因祖先的“盛名”而形成的家族并促使其保存对过去事迹和世系连续性的记录。威尼斯的情况与先王统治下的罗马并非没有相似之处；二者产生制度化的历史记忆，都是因为公民贵族制的出现。就威尼斯而言也许还应补充说，在1170年以前，“富绅”一词的含义大概与其他城邦一样，仅指由于出身或其他原因而地位显赫的个人，而不具有随着大议会的发展而获得的那种严格的公民和政治含义。[2]

280 詹诺蒂在研究威尼斯时要克服若干问题。一是历史材料的普遍缺乏，现状是它们被更多地保留在私人档案而不是公开的历史记录中。另外一个是政制理论中相当重要的问题，马基雅维里的《论李维》已经使我们对它十分熟悉：威尼斯没有声称它有英雄的立法者，也没有保留有关重大政治危机的记忆，因此很难解释公民团体如何能够自我完善，尤其是詹诺蒂没有花太多时间思考这样一种可能：从一开始就存在着全部的完善机制。他的对话者在讨论1170年改革时所面对的问题是，威尼斯人在当时的世界上看不到有任何地方存在着大议会，他们怎么会想到把自身组织成这种机构呢？他们承认，能够进行政治发明的人少之

1 *Opere*, I, 42—43.

2 *Opere*, I, 61—62, 63—64：“但议会得到了改革，总督的权力与各行政官员以及议会相协调，而市民们也参与了各项事务，获得荣誉和名誉。在我们城市所发生的，和当初发生在罗马的事情是同样的……我相信，由此可知我们对那些富绅家族古老的情况并不太了解，哪怕是对于塞巴斯蒂亚诺·齐亚尼……以及……在我们所有的记载中，都找不到富绅一词，除了在第四十二任总督皮埃特罗·齐亚尼的生平中，此人是前述塞巴斯蒂亚诺的后代。

“……我不认为富绅一词当时的含义和现在是一样的……而是说……和如今其他城市中的含义一样，即任何因家族古老或因财富或因权威，而比其他人出众的人。”

又少，公民团体绝不会批准未经自身或他人经验验证的提议。创新几乎
总是模仿；甚至罗穆路斯也被说成是借鉴了希腊人，佛罗伦萨在1494年
模仿威尼斯大议会、在1502年模仿终身总督制之后，假如她再模仿一下
它们的配套机制，也许就能免于灾祸。因此，如果1170年的威尼斯人能
够不模仿其他人而设计出大议会这种形式，那不啻是一个奇迹（cosa
miracolosa），因为正是这种制度不仅保持了他们的自由，还把他们的伟
业提升到了举世无双的高度。但我们不必假设发生过这种奇迹。除了
匮乏的历史资料的少许提示外，有理由相信，在1170年之前就由总督们
维持着某种形式的议事会；因此，只要不认为大议会建立于那一年，那
些认为议事会极其古老的人就是对的。[1]在让人隐约想到马基雅维里
有关早期罗马史的观点的一段话中，詹诺蒂表示，1170年的改革者想剥 281
夺总督的某些权力，决定把它们转交给议会，但他们认识到将其交给少
数可能造成危险和紧张，于是决定交给全体公民（同时为他们自己特地
保留了某种程度的权威），并且设计了一个一年一选的大议会，使之真
正代表全体公民。[2]因此不需要呼唤神奇的立法者；威尼斯的历史是在
对以往经验的务实思考中推进的，它仅仅在1170年展现出一种政治睿
智，它超过了驱逐国王之后的罗马贵族，而不是撞上了各种要素重新奇

1　*Opere*, I, 66—68：“而最限制我的是产生了这一伟大事物，我们的祖先没有任何先例建立如此美好的制度，如此美好的分配城市中职责与荣誉的方式，亦即大议会。因为，毫无疑问，如果这样的议会曾经有过，那么它和世上其他地方的生活方式是不相似的，是新创的。而要引入没有先例的事物，总是具有极大的困难，大部分时候会作为不可能之事而被抛弃。这是因为在人类活动中人们不会赞同这些制度，不会因为它们的性质或者其他人的经验而认识到这些制度的益处；而过去和现在都很少有人能够发现并说服他人接受新事物。因此在制度创新中，人们是在模仿自己和他人的旧事物。……因此这可算是件奇迹，我们的先人在创立共和国时，没有先例地发现并引入一个如此美好、如此文明、如此有用的制度，像我们的大议会这样，它毫无疑问不仅维护了我们祖国的自由，还产生了更大的好处，扩展了领土和荣誉，你们看到这一点都实现了。因此，尽管很少有记载，但出于两个原因可以相信，甚至在塞巴斯蒂亚诺·齐亚尼的时候就有某种形式的议会……所以那些人就说这是最古老的议会，如果不是指用来分配公职的议会，那也许就没说错；但他们指的是另一种，无疑他们就错了。”

2　*Opere*, I, 72—74.

迹般组合在一起的大运。

从公民人文主义的视角看来，无论是威尼斯还是佛罗伦萨的大议会，都是“公民生活”中整个“自由权”（libertà）的基础，因为它把全体公民放在平等的地位上，共同为公职和“德行”（virtù）而展开竞争。因此它在威尼斯的表现就不能像我们看到的那样不给予解释。但威尼斯的大议会在1297年成了封闭的机构，成员资格变为世袭制，此后再没分封新的“富绅”，这是一个不同层面的现象。詹诺蒂写道，从官修史书中了解不到任何这方面的情况，因此不读贵族家族的私人记录就会对此几乎一无所知；即便从这些原始资料中也找不到该项法律的“一般原因”（cagione）或“机缘”（occasione）。从经验和历史可知，如此规模的变革，若没有出现某种重大的紧急情况，是不会发生的；但他搞不清
282 楚这种情况是什么，他还特别说道，他看不出1170年建立的大议会有何不完善之处，必须在1297年“改弦更张”。像他早已指出的那样，可能所有优秀的本地家族到那时都已被吸收进大议会，封闭的做法只是为了把外国商人排除在外，保持世系的纯正。但所有这些只是推测，无法确知。[1]看来詹诺蒂显然遇到了双重困难。对于大议会的封闭，他确实无法找出任何传统的或历史的解释；同样显然的是，他无法通过假定公民经验导致了某种政治原则的发现来解决这个问题，因为他想象不出它所示范的任何原则。他对封闭措施的态度不免模棱两可。他在初次谈到它时断定，威尼斯的“盛名”（chiarezza）在1297年以后超过了以往任何时候，已经定居在威尼斯的名门望族中很少有人因那次变革而被

1 *Opere*, I, 77：“……我说，我在我们旧时的记载中从来没有看到有什么原因要封闭议会；正如你们说的，似乎也不该相信一个如此新的制度没有任何重大的机缘就产生了。对此我们可以援引无限多的例证，不仅是那些越变越好的共和国，其中就有我们的共和国，如我所认为的，还有那些变坏了的。但我们共和国自身的变化，如果细加考虑，就会向你们提供可说是最确切的见证。然而我从来没有读到过，也没有听到过，有什么原因和机缘要封闭议会。我自己也不能设想，从那种议会形式中产生某种失序，可以作为其变化的原因；以至于我相信，那些导致这些变化的人……鉴于在我们的城市中聚集着许许多多的外国人，从事着贸易……但所有这些都是猜测；因为如我所说的，我没有任何确切的根据。”

排除在权力之外；但他在随后的论述中，虽然坚持认为它是一场有益的变革，却同时也承认有些人受到排斥并为此产生了怨恨，因此他也允许假设认为，这些人在受到排斥之后失去贵族地位，从历史记录中消失了。或许最后一句话也可以从他在另一场合写下的文字中找到，一般公认它涉及一项“特殊举措”（particolarità），其重要性比1297年的措施相差很多：

> 您应当明白，每个共和国都存在着许多给不出可能理由、更不用说真正理由的制度（costituzioni）。不仅那些政体形式发生变化的城邦是如此，那些长期受着同样的法律统治的城邦也是如此。因为尽管习俗被保存下来，但它们的一般性原因已经统统消失于古老的年代之中。[1]

有些政治现象可以因习惯而得到正名，却无法给出解释。对于1297 283
年大议会的封闭，如果我们既不知其缘由，也不知其一般原因或直接原因，那么该措施就很可能危险地最终变成这种政治现象之一。

因而，詹诺蒂的威尼斯似乎没有通过立法者的神性智慧或波利比阿式甚至亚里士多德式的诸原理的融合而逃离历史。如果我们现在问一句，在他的这初步描绘中所勾勒出的威尼斯政体的主要特征是什么，答案似乎可以从两条途径找到。首先是詹诺蒂的介绍性文字使我们准备要看到的东西：他描述了组成威尼斯金字塔的各种议事会和官员，这至少为有关它们如何结合在一起构成“该共和国的形式”的他并未下笔的解释铺平了道路。可以放心地假设，这种解释既会讨论各种行政职位的职能划分，也会讨论总督、大议会和参议院的选举方式；因为亚里士多德式政治学的特点是，公共官员所履行的职能与选举这些官员的职能并无不同，推选行政官员的“公民大会”（ekklesia）或“大议会”（consiglio）的成员资格本身也被视为一种行政职能。当詹诺蒂像主

1 *Opere*, I, 116.

恰迪尼几年前那样，用多少带有古典色彩的文字列举政府的主要权力时，就表现出了这一特点。“据说四件事构成每个共和国的核心力量（il nervo）：创设行政官职、决定是战是和、立法和审理诉讼。”[1]

要让行政长官之职或不同的权力形式相互依存，办法是让它们共享这四种权威；但在这种情况下，行政长官的选举本身也必须是一种行政职权并参与复杂的权威分配。在詹诺蒂和圭恰迪尼两人看来，佛罗伦萨和威尼斯都是“平民”（popolo）和“自由”（libertà）政府，这是因为两个城邦（佛罗伦萨至少是短暂的共和国期间）都有一个大议会，全部行政长官之职均由它来分配。至少对于受过亚里士多德和人文主义的学说训练的人来说，进一步的问题是，作为全体公民集会的大议会，
284 是否还应具有选举之外的其他职能。一方面，可以认为没有任何差别的公民具有一种才智，使他们能够采用另外的决策形式，尽管我们知道这殊为不易。另一方面，也可以否认他们有任何独立的才智，并假定任何具体的决定需要一个相应的精英团体或“少数”来做出，大议会的作用仅仅是确保这些现在可以被称为“行政官员”的精英团体的选举是在平等和客观公正的条件下进行。我们知道后者是圭恰迪尼的主张的突出特点；当詹诺蒂在几年后把佛罗伦萨政府描述为一个决定信奉平民至上的政府时，他必须做出判断，是掌管选举就足以保障这一点，还是大议会还要在某种程度上干预构成“共和国核心力量”的其他三种权力的行使。

但是，当他写下描述威尼斯的文字时，这些问题不需要他给予关注。威尼斯的公民团体人数有限，这使它不会有“显贵”和“平民”之分，他也能够忽略在佛罗伦萨背景下具有强烈精英主义意味的情况，即大议会除了选举的职能外，概不履行其他职能，至少不履行那些会令他的读者裹足不前的职能。在谈到新的立法提案由参议院来处理时，他若无其事地说，如果提出动议的行政长官认为它们需要大议会带来的“更大的声望”，那么这些法律也会交给大议

1 *Opere*, I, 51. 参见p. 86。

会批准。[1]他全神贯注于威尼斯大议会的选举机构，这使他能够详细论述[2]目前我们谈论甚少的"威尼斯神话"的主要部分，即提名、表决和无记名投票这类复杂而令人着迷的程序，它们是访问该共和国的人所喜闻乐见和津津乐道的事情。可以说，威尼斯人用一套物质设备使"德行"（virtù）机制化了，它们包括人们可以随意入座的长凳，但要按固定的次序站起来投票；还有随机抽取人名和号码的容器，但赞成票和反对票能被秘密放入其中。也就是说，他们以这样一种方式把运气和选择的因素结合在一起，给每个投票人提供一组明确的选项，使其不受制于任何压力或诱惑去投票取悦别人，而是表达他对候选人的理性选 285
择。如果把"德行"看作根据公共福祉做出决定，把"大议会厅"看作一个巨大的物质设备，旨在消除外来压力，确保乃至强化为公共福祉而做出的理性选择，那么在思考威尼斯政体时采用"德行的机制化"这个说法，尽管有错置时代之嫌，也没有什么不当之处。有关威尼斯人实现了波利比阿式完美平衡的信念，在促成"威尼斯神话"上发挥的力量，不亚于有关这种完美平衡的想象本身。

詹诺蒂对威尼斯投票程序的描述，是第一部由佛罗伦萨人为佛罗伦萨人撰写和出版的著作，但这些程序的性质肯定久已为佛罗伦萨人所知。[3]我们记得，圭恰迪尼并不相信它们的效用；私人的利益和关系不可能从选民的私下活动中消除，更好的做法是，让他们在公民同胞能够对他们的选择进行观察和回应的地方公开宣布自己的选择。在他看来，机械的秘密选择既太过寡头主义，又不够精英主义。圭恰迪尼的批评传达着一层重要的含义，即决策和"德行"归根到底存在于人们的互动网络之中；重要的不是为公共福祉做出选择时运用的理性，而是在选择行动中传播给其他人的对公共福祉的关切；詹姆斯·哈灵顿赞赏

1　*Opere*, I, 125—126："我们这里也会不仅在参议院而且在大议会通过法律；这方面，我相信提议的权力主要是在行政长官。我相信是这样做的，这样就会使那法律有更大的声望。"

2　*Opere*, I, 91—117.

3　Gilbert, "Venetian Constitution", pp. 463—500（见本书第107页注1）。

威尼斯的体制，但他也同意以下批评的有效性：人们从这些程序化的仪式化的步骤中没有学会彼此了解。[1]在秘密的无记名投票中，每个人从提供给他的选项中做出选择，就算他的选择能够做得十分理性，他也没有机会向他的同胞表明自己选择的理由。如果威尼斯的大议会除了以这种方式选择行政长官和官员之外不做任何事情，它就是代表着以下原则的极端发展：多数唯一的职能是在选择精英进行统治中确保平等和客观。詹诺蒂没有对这些问题发表评论，但从他后来的著作中可以
286 看到，威尼斯的程序强化了他心中的一种想法，政治活动仅仅是在其他人发现和提供的选项中静静地做出理性的选择。要全面理解他的政治思想，必须转向他把威尼斯人和另一些人的观念运用于为佛罗伦萨设计一个平民政府的那些著作。

二

我们有他写于佛罗伦萨最后一个共和国和大围困时期（1527—1530年）的两篇短文。其中第一篇是有关重建政府的“论文”（*discorso*），有着人们所熟知的形式，根据所附的一封日期稍晚的信，是詹诺蒂在正义旗手尼科洛·卡博尼倒台并被更激进的统治集团所取代的不久之前而作。假设这封《致卡博尼的信》[2]保持原样，没有依据后来的经验进行修订，那么詹诺蒂这时（1528年底）的思想就有着显著的亚里士多德特点，与圭恰迪尼的《对话录》难以区分；菲利克斯·吉尔伯特把它界定为自由派“显贵”的典型思想，即想在平民体制中维持精英统治。詹诺蒂一开始就断定，任何共和国的公民天性各异，共

1 见Epimonus de Garrula在《大洋国》中的讲话（*Works,* ed. Toland, 1771; p. 110）：“实际上，他们对熟识的人没有什么可说的，但愿议会里的人还长着嘴。一个议会，里边的人竟然一言不发，这真是咄咄怪事。……但在大洋国的议会里，没有舞会，也没人跳舞，只有庄严的讨论。人们可以知道并且被知晓，显示自己的才能，并加以改进。”

2 *Discorso al ... Gonfaloniere ... Niccolo Capponi sopra i modi di ordinare la Repubblica Fiorentina; Opere*, III, 27—48.

和国想要存活，就要满足所有人的抱负（一条亚里士多德原则）。有些人只渴望自由，他们占多数；有些人追求荣誉，它是对更大的精明审慎（prudenza）的褒奖，他们占少数；还有一些人追求所有人中的最高地位，它在一定时间内只能由一人享有。这种有关一人、少数和多数的传统划分的变种，是佛罗伦萨的陈腔老调，圭恰迪尼、马基雅维里和洛多维科·阿拉曼尼都曾用过；但它不是威尼斯事务的研究者必不可少的公式。那里的公民团体有极大的同质性，因此可以视为由平等的人构成；但是在严重分化的佛罗伦萨城，公民团体中的精英和非精英相互对抗（人们就是这样认为的），就更有必要区分不同的公民类型，设计一种由这种分类难免会提示的融合一人、少数和多数的混合制政府。虽然詹诺蒂没有直接用“混合政体”（governo misto）一词来描述威尼斯，但它的原则和方法一旦被用于佛罗伦萨，人们也会用这种眼光来看待威尼斯这个城市。

1527年美第奇家族一垮台，立刻就恢复了大议会，吉尔伯特认为， 287
詹诺蒂的《论文》是为限制大议会权力、支持俊杰“圈子”（cerchio）的诸多建议之一。[1]对此无须怀疑，然而我们应当看到，詹诺蒂对现行体制的批评，是针对它的过于狭窄和限制过严的特点。正义旗手对执政团影响太大；十人军事委员会（詹诺蒂是其秘书）在战与和的问题上权力过大，他们的决策程序混乱不堪，决策往往是由一两个人做出。所有这些都是“封闭的”（strettissimo）和“粗暴的”（violento）。就像圭恰迪尼的《对话录》一样，詹诺蒂主张，贵族只能在贵族平等的基础上行使领导权，而只有靠大议会为其提供保障的“自由”政府能够保证这种领导权的行使。他对公民的三分法需要一个由四层组成的政府金字塔，这完全遵循着他在威尼斯所看到的事情。要求自由的多数要由大议会来代表（这个概念原是意大利文）；追求“荣誉”的少数由当选后终身任职的元老院来代表。一人的角色显然要由“终身”制的（a vita）正义旗手扮演，但既然总是不止一个人追求这一最高荣耀，而它只能在一

1　Gilbert, “Venetian Constitution”, p. 498 和注释。

定时间内正式授予一个人，所以他应当得到一个与威尼斯的“监事会”（collegio）类似的“监事会”（council of procuratori）的辅助，它由全体行政长官中最有经验的人组成，他们分享其卓然超群的地位，在其职位出现空缺时名正言顺地竞逐该职。虽然是选举权归元老院，但“监事”和正义旗手都是终身任职，通过把一切选举权保留在大议会手中，使“自由”的本质得以维持。以这种方式可以使对精英资格的竞争保持开放性，人们会将自己的卓然超群的地位归功于公众而非私人的支持。詹诺蒂无疑假定，由去世而导致的人员变更能够充分满足年轻人任职的抱负。

在这幅画面中，大议会似乎仅限于单一的职能，即以公开和政治的方式让精英脱颖而出，以此来维护自由。但詹诺蒂又提出了进一步的原则，一切公共行动都可分为三步，他称为“创议”（consultazione）、“议决”（deliberazione）和“执行”。[1]如果我们把前两项与圭恰迪尼的“协商”（deliberazione）和“批准”加以对比，会带来一些明显的混乱；但就他们两人的情况而言，做出的区分都是提出备选行动方案与在这些备选方案中进行选择的区分。我们知道，圭恰迪尼已经采用过这种区分，而且很多人也有过这样的建议，虽然它们都与亚里士多德《政治学》中对不同政治活动模式做出的区分不一致。在文艺复
288 兴的背景下，它必然与那个时代观察到的不同政治理解模式的区分有关；詹诺蒂接着说，“创议”必须留给少数，因为只有少数具有“创新”（invenzione）能力，这些无需与他人磋商[2]（虽然他们会在自己内部进行磋商）。对于对威尼斯程序感兴趣的佛罗伦萨人来说，无记名投票机制所暗含的那种沉默不语的、程序化的理性选择的观念，很可能加深了创新有别于选择的感觉；但当詹诺蒂接下来把“议决”交给多数时，他对能够使多数对自身无法创议之事做出选择的智力或道德品质不置一词，这似乎是当时佛罗伦萨思想发展路径的特点。他们应当拥有这种

1 *Opere*, III, 32—33.

2 III, 32：“赫西俄德写道，所有那些参加咨议的都必须是优异之士，是第一流的，其中包括那些自身有创新能力的人，不需要与其他人磋商。”

职能的理由是，假如由少数来选择，或者“创议”和“议决”握于一手，权力的诱惑就会使其丧失理智；他们的选择就会受到个人野心的支配，结果是行使“创议”的将不是有资格的少数，而是人数更少的野心家。在此，我们再一次看到了分权学说的源头，应当注意的是，这些源头是多么深地植根于对腐败的恐惧，而民主理解模式的任何清晰理论所发挥的作用是多么微不足道。

“创议”留给少数，理性就有了保障；“议决”留给多数，自由就有了保障，拥有权威的人是通过共和国的“德行”（virtù）而拥有它，而不是通过专横和强迫。[1]执行可以留给少数，提出政策的人应当有责任加以落实，这并无不妥。但是，考察一下詹诺蒂有关这些问题的言论，我们就会有进一步的两项发现。其一，由“创议”、“议决”和“执行”组成的政治行为，被描述为主要发生在元老院中，而元老院是少数与“代表国家显贵”（rappresenta lo stato degli ottimati）的机构。在读到“议决”是由“多数，也即元老院”[2]来行使时，我们认识到在这种情况下少数是指“监事”（procuratori）或十人军事委员会，数量上的少数和多数之分，终究与质的区分（即通过大议会来追求自由的多数与通过元老院追求荣誉的少数之分）不符；这种区分是后者的内在属性。但我们接着会发现它的另一个理由。对行动的分析是仅限于有关是战是和的决定，对此，詹诺蒂就像圭恰迪尼一样，视之为国内自由得到保障的情况下政府最重要的单项职能（即使它不是比前者更重要）。这些问题不会越出元老院的范围。但是，当詹诺蒂把“监事”作为新立法的创议者加以讨论时，[3]他却明确说道，最终的“议决”必须在大议会中进行。他为此拟定的规定比他所描述的存在于威尼斯的规定更具体，其 289

1　III, 41：“咨议应该在少数人，即优异之士当中；议决则在多数人当中；由此自由便有保障，而那些拥有权威的人之拥有权威，是通过共和国的德性，而不是通过专横和强迫。”

2　同上：“……鉴于事情是由多数，亦即元老院来决定的……”

3　*Opere*, III, 30：“我想给这些人一项特殊的使命，即始终考虑城市的事务，首先是引入新法，纠正旧法，按照各时代的不同特性。”

原因很可能是，佛罗伦萨人对新的法律会轻易影响到政治权力的分配有着敏锐的意识——他认为这种事不会在威尼斯发生。但是立法权的重要性被排在了是战是和的决定权之后，詹诺蒂觉得后者关乎“审慎”（prudenza），而“审慎”是少数的特点，[1]这种感觉使他的思想向着贵族倾斜，甚至在他比撰写《致卡博尼的信》时更加公开地信奉平民政体之后，也是如此。

很可能是1528—1530年的大围困使詹诺蒂的思想出现了不可否认的变化。卡博尼倒台之后，他在佛罗伦萨一直待到最后，而且与圭恰迪尼不同，他对激进派领导人的感情似乎很矛盾，既谴责他们的鲁莽，又赞赏他们的勇气。对于他们的萨伏那罗拉式宗教狂，或他们主持该城政府的方式，他没有好感，但甚至在卡博尼下台之前，佛罗伦萨的防务便出现了一个政治问题，它也许搭建起了一道沟通詹诺蒂早期的亲威尼斯著作与晚期“平民派”著作的桥梁。此即公民军问题。马基雅维里和圭恰迪尼在对比威尼斯和罗马时有着一致的看法，前者是个贵族化的“没有武装的城邦”，后者则是个武装的、平民的、骚动不安的和扩张的国家；在《论威尼斯共和国》中，詹诺蒂让特里方奈对比了罗马的军事荣耀与威尼斯的和平稳定，赋予后者以明显的优势。但是，佛罗伦萨有公民军传统；有詹诺蒂所熟知的马基雅维里著作。在卡博尼倒台前
290 后，该共和国便着手组建公民军，一直保持到大围困时期，他们在这期间的伟大表现，成为詹诺蒂和其他流亡者在随后岁月中所珍视的传奇的一部分。作为十人军事委员会的秘书，他参与组织了这支军队，关于这个主题，我们有一篇被认为出自他手笔的“论文”，大概是写于1528年下半年。[2]关于这支得到恢复的公民军，当时的文献数量可观，它只是其中之一，应与那些文献放在一起阅读；但根据詹诺蒂本人的思想背景，它可以被看作一次转变。

1 *Opere*, HL 28：“显贵”（ottimati）是“那些大部分时候能够审慎的人，对这一审慎的奖赏似乎应该是作为其见证的荣誉”。

2 *Archivio Storico Italiano*（以下称为 *A.S.I.*），ser. 5, vol. 8（1891），G. R. Sanesi（ed.），“Un discorso sconosciuto di Donato Giannotti intorno alla milizia”，pp. 2—27。

詹诺蒂首先驳斥了反对创建公民军的各种主张，其中的主要观点是，武装有悖于佛罗伦萨人的天性，因为它长期被商业活动所塑造，要让他们适应军事操练太困难。[1]他的回答从第二天性诉诸于第一天性：对于该城邦来说，绝对有必要进行武装，因为这是所有生物自我防卫的天性，一个城邦绝对不可缺少为了使它这样做而赋予它的“德行”（virtù）。[2]有些人从来不开发他们的智力这一事实，并没有改变人天生就被赋予智力的事实；至于佛罗伦萨人已经变得习惯于从事其他活动这种主张，可以用这样的话来回答：既然习惯（assuefazione）是一股如此强大的力量，甚至能够逆天性而动，那么当它站在天性这一边时，它便能发挥更大的作用。[3]那么，重振公民军会使佛罗伦萨人恢复人皆具有的普遍天性让他们成为的样子，这足以反驳那些认为公民军不太适合公民生活的人。詹诺蒂的意思是，如果拿起武器是人之天性，而参与公民生活也是人之天性，那么二者之间就没有什么不一致之处，而且这不仅仅是一种形式上的一致：詹诺蒂继续争辩道，公民军是一种强大的、确实不可或缺的社会化和政治化手段。所有服役者平等地 291
服从公共权威，破坏和腐蚀公民生活的私人忠诚和交情在这里无立足之地，并被消灭殆尽，从这个意义上说，服军役使人平等。[4]武装的人

1 *A. S. I.* (1891), p. 14：“……与其说因为出于天性他们没有这一倾向，不如说是因为该城市长久以来生活与商业活动，便很难让他们适应这一如此不同及相反的活动。”

2 同上：“……我说，绝对必须武装城市：因为缺乏武装的生物是有违天性的，而且也有违与各城市政府相关的所有人的权威。说有违天性，是因为我们都看到，在每一个人身上都有自我防卫的天生欲望；而且，每一个没有能够赋予该力量的人，似乎都是不完善的，因为缺乏了自然赋予他用以自我保护的那种德行。”

3 同上，p. 16：“谁要是说适应其他的活动有碍其心性，那他就完全错了：因为，既然适应（习惯）作为一种如此巨大的力量，能够违背天性而运作，那么在它符合天性的事情——即从事武装上，就更容易做到了。”

4 同上，p. 17：“但是，指挥人们，让他们投入到保卫祖国、抵御外来的入侵和内部的更迭，并约束他们的放荡行为：这一切甚至对于那些指挥的人也都是必须的，考虑到服役使所有的人都平等，没有谁是个人拥有权威的，除了法律赋予他们的……因此不能忽视引入这样的规定：除了前面提到的事情以外，还剥夺那些妄图寻求超常名声的人的权威；因为，如果每个人都清楚自己该服从什么，就不会被迫去服从哪个个人。”

无差别地捍卫着同样的东西，所以他们会拥有同样的价值观；他们人人都被训练得接受同一个权威，所以他们人人都服从“公共利益”（res publica）；由于公共权威垄断着武力，所以不会存在一个公民私人服从另一个公民私人的事情，由此自由和权威同时得到了强化和保障。

但是，公民军把人造就成公民，如同罗穆路斯施加的军纪使罗马人不再是一帮偶然聚在一起的盗匪，这种观点包含着一种内在动力；[1] 我们武装的人越多，我们就需要造就更多的公民。詹诺蒂继续说，佛罗伦萨有三种居民：能够具备大议会成员资格的人，只能纳税的人和两者都做不到的人。他接下来陈述了把第二类人也像第一类人一样吸收进公民军的理由。“贵胄”（beneficiati，这是他在后来的著作中对第一类人的称呼）的人数太少；第二类人有着跟第一类人一样的物质和情感利益（祖国、财产和家庭），必须给他们同样的机会去捍卫这些利益。一旦你给一些人亲自保卫自己财产的权利，却不允许拥有同样财产的另一些人有这种权利，就会使他们连奴隶都不如；城邦会变成一个主仆组成的群体，后者会比附属于城邦和乡村的居民更低贱。[2]让他们没有武装会使城邦分裂，把他们武装起来则能让城邦团结。从这种观点出发，
292 詹诺蒂继续陈述了反对把涉嫌勾结美第奇家族的人排除在公民军之外的理由，他认为，给他们武器，能够让这些人同他们也属于其中一员的城邦重新团结在一起。在这一阶段他虽然没有明说，但武装跟拥有完全的公民权显然是不可分割的：一方面，允许一些人武装却不允许另一

1 *A. S. I* (1891), p. 20：“……罗穆路斯，他在他那卑下和习惯了每一种恶的团伙中颁布了军令：打那之后，所有的那些人都变好了；而他们过去作恶时的盛怒，转变成了行善的。”注意服役如何改变习惯，而德性又是逆转了的盛怒。

2 同上，p. 18：“有些人说，不该武装那些人，除非他们有在议会中行事的能力；说是怀疑如果把武器给了那些不是很庄重的人，而他们人数又众多，生怕他们会摧毁国家。持有这样观点的人，首先只想武装很少的人，而撇下了其他的人，他们很庄重，却没有武装，就必然会不满，结果就会成为共和国的敌人；因此那些能够被武装的少数人，他们的工作就差不多不外乎为了保卫国家而对付另一些人，那些没有武装的人……对于他们，如果剥夺了他们保卫其身家性命的权力，那他们就会比奴隶还糟；这样城市就会变成一边是主子，一边是奴隶；那会比臣民和乡民更糟糕。”

些人这样做，是对自由的不可容忍的剥夺；另一方面，在公民军中拿起武器的人，便具备了同样不可能被剥夺的道德上的公民资格。在写于几年后的《论佛罗伦萨共和国》中，他沿用类似的逻辑，主张大议会的成员资格应当给予全体纳税人，不管他们的祖先是否当过行政长官。

我们又回到了武装的国家必须是平民国家的观点。马基雅维里基于这些理由选择了罗马，反对威尼斯，而在詹诺蒂有关威尼斯的对话中，佛罗伦萨的对话者有一次问道，威尼斯有多少人能够拿起武器，又有多少"富绅"享有公民权。[1]回答透露了一个失衡的比例，即四万比三千，但并未就它对威尼斯政治稳定的意义或威尼斯对雇佣兵的依赖给予评论。大体上说，为威尼斯公民团体规模受到限制所做的辩护必须基于以下假设，不是"富绅"的人要么是侨居的外邦人，要么是职业过于低贱而根本算不上政治动物的平民；这两种说法都无法适用于佛罗伦萨的情况。詹诺蒂在佛罗伦萨现实的驱使下，其信奉武装的平民国家的理想，甚至比马基雅维里尤有过之，而且他以不同于马基雅维里《论李维》的方式把这理想具体运用于佛罗伦萨的条件。从《论佛罗伦萨共和国》中可知，他认为马基雅维里是有关公民军的军事和公民作用的权威，但应当看到，1528年论公民军的文章，明显属于亚里士多德而不是马基雅维里的话语。自我防卫是人之天性，以公民身份追求共同福祉也是人之天性。恢复他做前一件事的能力，有助于恢复他做后一件事的能力；这两者的恢复构成了亚里士多德意义上的"复型" 293
（riformazione），即使人回到其原初的天性。这就是为何在公民军中服役是把人改造成公民的手段的原因。

有关这个主题的思考，也不难采用另一个角度。在詹诺蒂组建公民军的提议中，有一条是在圣·乔万尼升天日举行隆重典礼，届时武装的公民由其长官集合起来望弥撒，在祭坛前宣誓效忠，聆听明确其职责的宗教意义和公民意义的演讲。[2]这种仪式确曾举行过，而且我们还

1　*Opere*, I, 45—46.

2　*A.S.I.*（1891）, pp. 26—27.

有几篇卡博尼之后政府中的人士向公民军发表演讲的原文。[1]这些演讲都表达了一种实质上是萨伏那罗拉式的观点，也就是说，人通过成为公民而得以“复型”这一亚里士多德式观念，被延伸到个人圣洁的层次，怀着高度的宗教虔诚把它宣称为“更新”。佛罗伦萨被上帝拣选去恢复“自由”，[2]向世人展示遵循基督教价值观的社会生活；其中有个人说，“在平民中生活不过就是过基督徒的生活”（vivere a popolo non è altro che vivere da cristiano）。[3]既然服役于公民军教人学会做公民，[4]它就是末日复兴（eschatological restoration）过程的一部分；它本身有着神圣和奇迹的性质，武器被不止一次称为“衣服”——“武器如圣衣，如不腐之衣”（sacratissima veste, incorruttibile veste dell' arme）。[5]武装的公民献身于公共福祉的观念当然是主调，他多次被告知为什么他这样做时不应惧怕死亡；但还有一段意味深长的话，它把士兵生活的
294 艰苦和磨炼与基督教安于贫困的理想相提并论，我们被告知，穷困是为人所知的一切技艺、职业和学问的源泉，惟有安贫乐道的人才会追求自由、建立共和国和推翻暴君。[6]穷困——在此我们看到了激进的方济

1 *A.S.I.*, vol. 15 (1851), “Documenti per servire alla storia della Milizia Italiana ... raccolti ... e preceduti da un discorso di Giuseppe Canestrini”, pp. 342—376（卢吉·阿拉曼尼和佩埃·菲利普·潘多尔菲尼的演说）；R. von Albertini, *op.cit.*, pp. 404—411（皮耶罗·维罗利的演说）。

2 *A.S.I.*(1851), p. 355 (Pandolfini)：“……这种自由非人力所为，多少年前它就被宣告了，而人们看到了它奇迹般地产生并赋予该城人民……”

3 同上，p. 356.

4 同上，p. 354：“他操练身体，让它能够服从劝导，让欲望服从理性；这样人就变得容易承受痛苦，用于藐视死亡。服从在每件事情上都是必须的，尤其是对于一个共和国。适合于一个好公民的没有别的，无非是能够指挥与服从。”

5 同上，p. 345 (Alamanni)：“……当时所有的人都披挂上一样的武装，给了军事训练一样的形式；如今在神圣恩典的照耀下，我们认为其源头就在此……” p. 347：“任何人，若是不想冒犯上帝、法律、自由以及他自己，就不能在穿上这至圣的武装时，还抱着其私人的期望，而不是去拯救其祖国和公民同胞。” Albertini, p. 409：“……为了你们自己的拯救和自由，你们就应该穿上这不腐的武装……”

6 同上，p. 344 (Alamanni)：“哦！我的佛罗伦萨民众，愿你能明白它是多么有价值，应该多么敬重贫穷，当你如今回到这一国家时！人们白白地付出了多少的思想、多少的

各派的传人——是促使公民为公共福祉牺牲私人满足的理想，战士、公民和基督徒在这里已然融为一体；但是就像在基督教思想中常见的情况一样，受到赞扬的是牺牲财产，而不是不拥有财产的决心。这种说法与亚里士多德学说并不矛盾，后者被再次介绍给我们，它把"中间阶层"（mediocri）作为城邦的中流砥柱，他们既不会穷得当不了公民，也不会富得总想只顾自己。[1]穷困是"中间阶层"的美德，而非"穷人"（poveri）的美德。

詹诺蒂的思想并没有沿着这条道路前行，也没有把亚里士多德式的公民生活引入圣人和末世幻想的极端领域，他只是在《论佛罗伦萨共和国》中不止一次地说，"与明智者意见相反"，[2]共和国和公民军得到恢复并取得了成功——圭恰迪尼得出了同样的观点，但他更接近于把信仰等同于发疯。但是，即使他没有像萨伏那罗拉那样，认为公民必须是一个由自身来实现基督教理想的人，他也没有像马基雅维里那样，认为基督教价值与公民价值终归不能并存。他的教诲是，军事生活和公民生活同样实现和"改造"人的真正天性，这就排除了任何像后者那 295
样的激进思想；而他不断使用威尼斯的模式则表明他与前者的分离。如果我们认为，尼科洛·卡博尼的倒台是激进的萨伏那罗拉派与圭恰迪尼一类自由派"显贵"最终决裂的时刻，那么它也是萨伏那罗拉和保兰多尼奥·索代里尼在1494年共同引入的末世论式和"威尼斯式的"共

劳累、多少的艰辛，它们都被弃置身后了！但看一看这一技艺、这一操练、这一如今或者永远都值得赞美的练习，你就会看到一切都出自贫穷，它是一切善事的创造者。"

1　*A. S. I*（1851），pp. 358—359（Pandolfini）："……既然适中和中道在每一件事情上都是最好的，那么显然适中的占有财富就是最好的［注意这里财富是可以占有的］；因为这样一些人最幸福地服从着理想：但如果以这样那样的方式超出了……他们就很难服从理性……这样城市就分成了奴隶和主子，而非自由的人……因此，城市中人们就应该尽可能地一样并且相似，由这些人构成的城市是治理得当的，而且他们在城市中也能得到维护；因为他们不想要别人的东西，他们的东西别人也不想要……由此可知，这社会就是最好的，是由中间阶层的人所维持的；而且，由许多中间阶层的人所构成，他们又拥有够用的东西，这样的城市便是治理得当的。"潘多尔菲尼的"演说"（discorso）是一份通篇带有革命性的亚里士多德主义的有趣文献。

2　Giannotti, *Opere*, II, 37, 46, 98, 141.

和国形象设计最终破灭的时刻。詹诺蒂作为一位与共和国站在一起直到最后一刻的自由派贵族，与萨伏那罗拉派毫无瓜葛，他在他们不在场的情况下，用威尼斯式的语言独自表达了1494年的理想。

把威尼斯范式与大议会具有至高无上的重要性这种观点调和起来，并非不可能；詹诺蒂思想中的重要张力不在这里。公民军的复兴使他坚信“平民派”政府的必要；宣称这种统治形式必须依靠军人公民的理论虽然可以用亚里士多德式的，甚至萨伏那罗拉式的语言来表达，但它在詹诺蒂这一类人的心目中，却不可能摆脱强烈的马基雅维里色彩，他们读过《战争的技艺》，也了解其作者。詹诺蒂和马基雅维里都是奥里切拉伊花园里的一员——圭恰迪尼肯定也与他们有某种关系；这个花园中的整个辩论传统形成了一对反题，即威尼斯与作为武装的平民共和国之典型的罗马。马基雅维里关于“革新”和“德行”的言论中潜藏着一种动态的观点，它难以与把公民生活视为实现一种静态人性的亚里士多德学说相调和；《论佛罗伦萨共和国》虽然在很多地方有马基雅维里的特点，但它明确宣称受惠于亚里士多德，“他就像泽被天下、学术之流皆从中溢出的一眼泉水，我从他那儿获得了我这篇短论的所有基本原理”[1]，这绝非恭维不实之辞。当我们为以下观念再补充上正开始出现在威尼斯模式中的变异因素，如波利比阿式平衡的观念、机制化美德的观念、政府基本权力的观念以及划分政治行为的成分的观念，想一想这些概念当时必须被运用于“平民派”政府理论，而后者不能被用来界定威尼斯，那么《论佛罗伦萨共和国》这部由一个永远脱离了政治行动的流亡者所作的一厢情愿的幻想曲，便依然是政治理论史上一项引人瞩目的案例研究。

这部著作用一种如今已为人熟知的语言告诉我们，它旨在为佛罗
296 伦萨设计一种即或不是永恒的，也是持久的政府形式。[2]无需构建有关城邦及其特点的一般理论，因为佛罗伦萨的素质（qualità）已经由其

1 *Opere*, II, 12.

2 *Opere*, II, 2：“……我仔细论证了佛罗伦萨该采取何种政体形式，使得它若无外来的极端力量的干预便不会改变。”

居民决定了。但政府形式之于城邦的性质，犹如灵魂之于身体，如果人的灵魂被置于野兽的体内，二者会相互腐化、相互摧毁，反之亦然——“腐化”（corruzione）一词的含义不同于专业用法。因此，必须考虑什么是最佳政府形式，但也必须考虑佛罗伦萨是否具有那些能使城邦采用这种形式的特点，如何能够赋予它这种形式，又不过分改变佛罗伦萨的风尚和习俗。圭恰迪尼选择了实际的具体情境，这使他采用医生治疗病人的比喻，詹诺蒂则采用了建筑师在原有地基上重建房屋的比喻；这种区别表明希望重返故国的流亡者的相对激进和不由自主的乐观主义。[1]

他接下来又写了一篇纯粹亚里士多德式和波利比阿式的理论文章，其中引用了后者著作的第五卷并提到了他的名字，[2]这在我们研究过的作者中尚属首次。原则上说有三种政府类型，采用哪一种，要根据“德行”存在于一人、少数还是多数来决定。他没有详细说明“德行”的含义，但这里的语境显示它有着标准的伦理含义，有趣的是还附带一项修正，“德行”集中在多数的情况见于“具有军事美德的城邦，它在那儿是属于多数的”。[3]

如果一人或少数的“德行”是统治者关心全体利益的能力，那么认 297
识到以下一点是很有价值的：詹诺蒂是否持有与马基雅维里一样的理

1　*Opere*, II, 9—10：“因此我们的主题便是这佛罗伦萨城，我们要引入一种适合于其素质的共和国的形式，因为并非每一种形式都适合于每一个城市，而只有那种能够使它长久持续的形式才适合。因此，正如身体从灵魂那里获得生命，城市也是从共和的形式中获得生命，如果它们之间不适合，自然就会相互败坏和受损，就好比一个人的灵魂和一个野兽的身体结合在一起，或者一个野兽的灵魂与一个人的身体相结合；因为一方会妨碍另一方，由此就会败坏……又好比审慎的建筑师，人们叫他们设计一座宫殿，建造在先前浇筑好的基础之上，这基础已经不能改变；他们要按照这些基础的性质来设计一座与它们相适应的宫殿；如果他们要修缮一座房子，不是要把它整个拆毁，而是要拆除那些损坏的部分；其他的部分则还能方便地使用。”

2　*Opere*, II, 17.

3　*Opere*, II, 13—14：“这三种政体便产生于此，因为在每一个城邦，或者是一个人最有德行，或者是少数人，或者是多数人有德行……但在多数人有德行的地方，就产生了那第三种政体即共和国，在那些具有军事德行的城邦中就有这种制度，它是属于多数的。”

由，认为如果它采取军事形式，这种能力便只能存在于多数之中。可是他没有澄清自己的话，而是继续解释说，这三种类型中的每一种只存在于理想中。除了统治集团是具有美德还是已经腐败之外，每一种形式并无好坏之分。因此可以说，首先，除非统治者能够避免植根于其天性的道德腐化，否则没什么能阻止每一种类型的退化；[1]其次，从道德上说，在必须假定人们已经腐败的现实世界，建立三种纯粹类型中的任何一个都是不可能的。[2]这里没有谈到“命运”，而且，尽管詹诺蒂承认受惠于波利比阿，但他既没有把循环观用作一种决定形式更替的规律，也没有采用每一种单纯的类型都因过分运用自身特有美德的力量而腐化的观点；不过我们很清楚，在历史属于人类堕落维度的基督教世界，所有这些观点都是很恰当的说辞。

这时出现了一种混合制政府（governo misto，或stato misto）理论，它明显有着更多亚里士多德的而不是波利比阿的色彩、更多基督教的
298 而不是希腊的形式，也就是说，它是提供给堕落的和不完全理性的人。每个城邦都有欲望各异的不同类型的公民。富豪和强人想发号施令，他们在数量上必然是少数，“一人”和“少数”之分的出现，仅仅是因为

1 *Opere*, II, 16：“……的确，在三种正常状态的政体当中，服从政府的都是自愿的；在三种败坏的政体中，他们的服从是被外力所迫的；因此我们可以说，好政体在这方面与败坏政体是有差异的……但是我觉得……这种差异并不是内在的，而不如说是偶然的，因为也可能是这样的，在僭主统治下的臣民也会自愿地服从，由于他们因僭主用施舍和其他东西而被败坏，僭主用这些东西使人们保持安静。因此，好政府与败坏政府间的差异，不外乎它们所达成和追随的目的所引起的东西，于是我们知道，好政府在没有某种困难的情况下，也就是说在没有内外更替的情况下，也可能会变坏。”

2 *Opere*, II, 18：“……这样的引入是不可能的，因为，既然人们比好人要坏，许多人考虑得更多的是私利而非公益，我确信，在我们的时代，找不到能够接受它们的臣民，因为那三种政体都以好人为前提：这样，就算有臣民自愿地服从某一种或者某几种政体，如果他们多少还是有德性的，那他们也绝不可能引导其他并非好人的人来服从，那些人出于其本性就是嫉妒、贪婪且充满野性的，而且始终都想要与他们的本性不符的东西。……出于这一点，既然好共和国不可能引入，而坏共和国又不适合，于是就必须寻找一种政府的方式与形式，既有可能也值得引入：这样的方式、这样的形式，以这样的途径，就能很方便地找到。”

某些层次的权威和显赫地位在一定时间内只能由一人享有。还有众多穷人，他们既不想发号施令，也不想让任何普遍性低于法律的权威对他们发号施令；此外还有“中间阶层”，他们也想享有“自由”，而其含义就是前面所界定的有欲求“荣誉”的足够机会——说白了，就是分享统治权。[1]而后者正是亚里士多德的公民定义的实现，即他既统治又被统治，如果仅仅基于这个理由，赋予他们“少数”这一角色就是错误的。在真正的亚里士多德传统中，“大人物”（grandi）明显带有许多“寡头”的特点，它的出现也稍晚，而就“中间阶层”来说，他们很可能数量巨大，能够把“占多数的穷人”这个范畴合并进来；詹诺蒂的量与质的范畴并不完全重合，也无需重合。这个阶段的重点在于研究人的欲望，而不是他们的美德。这些“欲望”也被称为“脾性”（umori）——一个有着不理性含义的术语；它们之所以不理性，是因为它们不能并存，没有任何办法能把一些人统治的欲望与另一些人不受任何人统治的欲望结合起来，除非使它们发生变化。从形式上说，似乎可以通过建立法治做到这一点，或是把全体公民都囊括进“中间阶层”的范畴，他们既统治又被统治；但不管詹诺蒂是基督徒、亚里士多德派还是马基雅维里派，重要之处在于他坚信“脾性”绝不能被彻底根除，因此混合政体永远不能实现完美的混合。[2]

1　*Opere*, II, 18—19：“……大人物们，由于他们比其他人高贵，比其他人富有，就不希望每个人由他自己所指挥，而是希望他们整个地被指挥，因此，这些大人物们就想要这样一种政府形式，在其中唯有他们掌握统治权；而在他们当中，还始终有某个人渴望成为首领，希望他一个人发号施令。穷人们不关心指挥的事，而是惧怕大人物们的蛮横，如果不是什么东西无差别地指挥着他们，亦即法律，那他们是不会去服从的；但他们只要能够维持自由就够了，如果他们只需服从法律，那他们就是自由的。中间阶层的人与穷人们有着同样的愿望，因为他们也渴望自由；但他们的财富更多一些，于是在自由之外，他们还渴望荣誉。因此我们可以说，在每一个城市，都会有人渴望自由，有人渴望荣誉，有人渴望显赫，不管是一个人还是一群人。”

2　*Opere*, II, 19—20：“因此，要想在城市建立政府，此处人们的脾性又是这样的，那就需要考虑以这样的方式来安排它，使得每一个阶层都能获得它渴望的东西；而这样所安排的共和国就可以说是最完善的，因为，在其中人们能够获得想要的东西，就没有理由要作乱，因此，类似的国家就几乎可以认为是永恒的。而其他类似阶层的愿望，则是不可

299 至少在最初，“混合政体”是对不理性的人的善意欺骗。实际上，采用一种“生活方式”是可能的，如果我们仔细观察，这是能够采用一种“生活方式”的唯一途径——它给予人们想得到的一部分东西，或是有条件地给予他们想得到的东西，但要让他们相信已经给了他们想得到的全部东西或已经无条件地给予了他们。[1]他们的欲望无法并存，是源于权力天性的无法并存；如果另一些人不受任何人统治，你就不可能统治所有人；因此，善意的欺骗就在于这样一个事实，前者获得了权威，后者获得了自由，其方式是每一方享有其欲望都要受制于另一方的意愿。

> 在我们所要追求的政体形式中，必须有一个人是君主，但他的君权不是仅仅依靠他本人；大人物发号施令，但他们的权威并不是源自他们本人；民众享有自由，但他们的自由中包含着某种依赖；最后，同样享有自由的“中间阶层”可以获取荣誉和官职（onori；该词的复数形式有“官职”这个第二层含义），但采用的方式并不能让他们随心所欲……[2]

不过，这种欺骗可以引导人们超越幻想。假如人作为理性的政治动物的属性就是在统治时关注公共福祉，假如这种政治上相互依赖的状态迫使人们这样进行统治，不管他们是否有这种意图，那么职能（詹诺蒂称为“管理权”［armninistrazione］）的这样分配就会使人变得理性；“脾性”就能变为“德行”。但是，促使他们由不理性变为理性的
300 力量，是把诸权力安排得相互依赖、相互制约的一种结构。一旦这些

能满足的，因为那将需要在城市中引入一种王制、一种少数人的政府或者一种多数人的政府，那是不可想象的，更不能付诸实施，除了在热那亚，此地连安德烈·多里亚大人都用他那巨大的荣耀来实现自由，使得这座城市看上去既是共和制的，又是僭主制的。”

1 *Opere*, II, 20：“人们可以哄骗欲望，即引入一种生活方式，使得每个阶层都能获得其所欲，尽管没有能够完全实现。”

2 同上。

权力得到理性地行使，它们就变成了个人的能力，个人运用它采取理性的政治行动，并规制其他人的行动（就像他们规制他的行动一样），使他们也能以同样的方式行动。这就是说，权力也变成了“德行”；这便是该词所传达的积极含义所具有的特点，它使詹诺蒂有时能用“力量”（forze）和“权力”（potestà）这一类词与它互换。混合政体再次成为人类智慧为使“德行”制度化而设计的装置：即为人们分配职能，它要求他们用这样一种方式行动，使他们恢复天性，再次成为他们“本来的样子”，而不是“变成的样子”。

这种装置取决于“中间阶层”的存在，他们是唯一既能统治又能被统治的人，因此能够用理性行为取代那些只能统治或只能服从的人的非理性行为。如果存在着完全由“中间阶层”组成的城邦，它就能够成为纯粹的民主政体——我们知道，“中间阶层”的“德行”有着军事性质。但是并不存在这样的城邦。[1]如果“中间阶层”比“大人物”和“穷人”加在一起更强大或是与他们势均力敌，或者他们能够维持这两种人之间的均势，那就有可能采用“混合政体”，假如该城邦不想经受因灵魂与身体不相匹配而出现的腐败，那么它确实必须采用这种政体。剩下的便是证明佛罗伦萨符合这些条件，詹诺蒂接下来也正是这样做的，采取的方式是讲述该城的历史；他的亚里士多德功底使他对历史因果关系有着更加精辟而自信的把握，使他进一步摆脱了“命运”的桎梏，这是单纯的波利比阿式循环论所做不到的。而且人们会发现，他的思想是下一个世纪詹姆斯·哈灵顿思想的惊人预演。

詹诺蒂认为，佛罗伦萨曾是个“大人物”和“穷人”的城邦，而在过去一百年里它日益变成了一个“中间阶层”的城邦。他声称，理解了这一点，就能理解1434—1494年的美第奇政府之前和之后的佛罗伦萨史。如果他用波利比阿著作第六卷的图式来分析这个主题，他也许会这样说：少数（“大人物”）的统治被多数（“穷人”）的统治所取代，后来又被僭主（科西莫）的统治所取代，如此这般周而复始；每一种都以纯粹

1　*Opere*, II, 24.

形式存在，它们因内部的自动退化而衰败，最终因不测的“命运”使某些事情凑在一起而崩溃。但是，这种图式对于1530年代的佛罗伦萨人来说，不论从历史还是哲学方面，都不能令他们满意；他们通过资料对过
301 去了解甚多，又因解释的方式而有太多的要求。詹诺蒂断定，在考虑每个事件时，必须评估它的一般原因（cagione）、机缘（occasione）和成因（principio）。在1512年佛罗伦萨共和国覆灭这个例子中，“一般原因”是一些野心勃勃的寡头对这种政府形式的不满，“机缘”是教皇尤利乌斯与法国国王的战争，“成因”则是西班牙军队对普拉多和佛罗伦萨的进攻。“一般原因”是事情的趋势，当“机缘”出现时就可以感受到它，而且它往往也是出现“机缘”的原因。[1]

就13世纪和14世纪的佛罗伦萨政治而言，应予关注的是在“大人物”国家和“平民”国家之间变来变去——詹诺蒂显然不认为这是一种循环——以及“一般原因”或“大势”（disposizione）是两派“力量”大致旗鼓相当。一派对“素质”的垄断，受到另一派的数量优势的回敬，哪一派都无法打败或消灭对手——詹诺蒂或许会同意马基雅维里更进一步的看法，哪一派都无法设计出被另一派所接受的政府体制；而任何一派的胜利都是“机缘”所致，而在未来的某个时候它通常又会对另一派有利。[2]在这种情况下，“一般原因”就是全部原因，各种“机

1 *Opere*, II, 37—38：“而且值得注意的是，在所有的事件中，需要考虑的是三点，原因、机缘以及成因。有许多人抓住了机缘而非原因，对原因没有考虑，正如有的人（我们认为）说，佛罗伦萨国家1512年覆灭的原因是尤利乌斯教皇和法国国王之间的争议，以及法国国王丧失了米兰；这并非原因，而是机缘，而原因则是某些野心勃勃的坏公民们心怀不满；之后的成因乃是西班牙人来袭，并恢复美第奇家族的统治。因此，原因不是别的，而是大势，当某些时候机缘来临，它就能被人感受到，而原因则常常是如此强大，故而它不是等待，而是催生了机缘。”

2 *Opere*, II, 39：“……当一方或者另一方掌权时，各派就必然会出现骚乱；而如果有人问什么是机缘，既然大人物不会永远胜过平民，平民也不会永远胜过大人物，这一方或者那一方都可能掌握政权；我是说这种事情的原因是，平民和大人物的力量是相等的，但一方不能把对方彻底打翻在地；而当一方胜过另一方时，机缘就出现了，一会是这一方，一会是那一方掌权，而当一方胜过另一方时，便不可能有谁是彻底安全的……”关于“平民”的量与“贵族”的“质”——（“高贵、财富与恩宠、尊严、教养和类似的东西……名誉、财

缘”如何显然无关紧要。比较一下马基雅维里在《君主论》中用过的“机缘”一词不无裨益，它在那里表示在“命运”的世界里特殊事件的极端不合理和不可预测。虽然马基雅维里对历史因果关系的认识远不 302
限于此，但仍然值得进行这种比较。詹诺蒂的“机缘”依然是不测的偶然因素，它转动着命运之轮，让权力体系倾覆，但这种政治不稳定性乃是外因所致，并非内在固有的。“大人物”与“穷人”，质与量，权威与自由，构成了不稳定的平衡，大多数人不管处境如何，都无所逃于这种平衡；但能够认识他们的天性为何导致不稳定，因此也能认识它如何被稳定所取代。因此，“命运”在他的体系中几乎不起作用，这个词也几乎用不上。他依赖的是亚里士多德式的因果论和亚里士多德式的社会力量理论。

在下一个世纪，哈灵顿沿着类似的路线，建构了一种英国史的解释，他赋予中世纪英格兰的国王和贵族的角色，非常类似于詹诺蒂的“大人物”和“穷人”；他们受制于一种不稳定的平衡，直到都铎王朝通过扶植有地平民瓦解了贵族的权力，而后来证明，这些人的出现对不再能统治他们的君主制的破坏力一点也不小。[1]詹诺蒂也为15世纪的美第奇家族安排了类似的角色，他们提拔穷人担任官职，剥夺贵族除展示“慷慨大度”（generosità）和“地位气派”（grandezza）的任何机会，除非有他们这个统治家族的点头；他们用这种方式压制一些人，提携另一些人，使其形成一个不断壮大的新“中间阶层”，正是这个阶级现在维持着权力平衡，使稳定的“混合政体”在佛罗伦萨成为可能。[2]自1530年以来，美第奇家族的统治依靠所提拔的少数“大人物”的支持，还有就是由于大围困时的极端做法而“被一般的和政治的生活所疏离”（aliénât[i] dal vivere universale e politico）的少数的支持，但他们的专制统治是自取灭亡；它剥夺了所有人他们所渴望的东西，增加了“中间阶层”的数量，而仅仅是这个阶级的存在就可确保他们实现自身的各

富、门客、恩宠，不管是在外邦还是在本地”）的对比，参见pp. 42—43。

1 见下文，边码第388—389页。

2 详见*Opere*, II, 45—48。

303 种目的。[1]像哈灵顿一样，詹诺蒂虽然是个蹩脚的先知，但在丰富理论词汇上却很成功；两人发展出的因果图式都错误地预言政治的稳定化和历史动荡的结束，但都扩大了能够从具体的社会角度，而不是从表示“命运”的、理性所不能认知的特殊事件的角度，讨论政治变迁过程的范围。人们禁不住会说，两人都提供了摆脱波利比阿式循环，进入有序政体交替领域的出路；但实际上，他们的因果词汇是如此之丰富，因此他们从未求助于波利比阿模式。亚里士多德的词汇不那么张扬，詹诺蒂用的就是它。

可用于城邦问题的政治分析工具，依然是《论佛罗伦萨共和国》第二卷的关键问题，该卷旨在批评1494—1502—1512年和1527—1530年的共和政制。詹诺蒂首先说，进行改革的立法者，如努马和利库尔戈斯，其任务要比在从未有过城邦的地方建立城邦者的任务更艰巨（我们应当记得，马基雅维里在《论李维》中便认为利库尔戈斯大体上属于这一类人，虽然他在《君主论》中没有这样表示）。后者只须知道什么是好，即可以相当有把握地获得他们所领导和塑造的尚未成形的质料的支持；而前者必须知道过去的政制错在哪里，现在就存在着类似的困难。其一，总是有些人习惯于之前的秩序，改变他们难免会有困难；这就是努马不得不佯装得到神助、利库尔戈斯不得不使用暴力的缘故[2]（这让我们想起《君主论》中武装的先知）。其二，政制上的缺陷属于“特殊事物”的范畴，理解它们除了经验之外，很难再有其他手段；第三，没有人能够摆脱人类的性情，总能看清他本人就带有的缺

---

1 *Opere*, II, 47—48：“然后发生了美第奇家族1530年的复辟，以及所有的人都知道的那些暴行，因为在他们所遭到的巨大抵抗中，有许多上层市民冒犯了他们，因此必然是他们的精神就疏离了普遍政治生活，似乎他们受到了不公正的待遇。这件事似乎说明了这一点：如果城市中都是上层人士，而缺乏中间阶层，正如我们在前面所讨论的，则在城市中引入市民生活就会有困难。但这种困难一点点在减少，随着目前所观察到的暴力的生活方式，所有的市民，不管是哪个阶层，似乎都受到了蹂躏，变得下流、缺乏荣誉，不要名声，也没有权威。这样，就必须使每个人捐弃自己私人的仇恨，一心一意，共同怀着和平和宁静生活的伟大愿望，并且期待恢复的时机。”

2 *Opere*, II, 52—53.

点。[1]萨伏那罗拉既是外邦人又是托钵修士，难以指望他能对佛罗伦萨制度的运作方式有多少了解；尽管如此，假如有足够时间，假如不是某些“大人物”的背叛使美第奇家族卷土重来，那么他所帮助建立的大议会就会逐渐对自身进行改革。[2]

因此极为重要的是，搞清楚我们能否发展出一种政治学，使过去政制的缺陷能够暴露出来并得到改正。詹诺蒂接着评论了两次共和政制，他认为，虽然大议会名义上是这种体制的基础，但实际上不同的行政官员——包括十人军事委员会，在某些方面也包括正义旗手——行使着十分不负责任的权力，这使有效的权威掌握在少数人手中。[3]这种伪装的寡头制不应与伪装的贵族制混为一谈；詹诺蒂与自由派“显贵”仍然有着牢固的联系，这使他强调这种事态让他们与政府如此疏远，他们的敌意在1502—1512年的终身正义旗手统治时期甚至愈发严重，他还强调，憎恨他们的背叛不应使人无视它的起因（是“一般原因”，而不是“机缘”）。[4]在这些章节中，他实际上重新总结和讨论了《致卡博尼书》中的观点，政制分析的两条思路再次出现。其一，各种行政官员的不负责任显然是源于没有实现权力划分：他们能够为所欲为，是因为他们既有“议决权”（deliberazione）也有“创议权” 304

1　*Opere*, II, 53：“还要加上对有待改进之缺陷的考虑，这是很不容易的，不仅是因为它们都与特殊事物有关，若非凭经验便很难知晓，还因为无人能够如此地免于人类性情的影响，竟能认清他自己的缺陷和不足……”

2　*Opere*, II, 54—55：“因此吉罗拉莫并不清楚这些特定的不足，这也不奇怪；因为他身为外邦人又是修士，并不能置身于公共事务管理；而那样，看到了它的运行方式之后，便能对它治理得当与否作出判断……”

3　*Opere*, II, 59：“因此在佛罗伦萨过去的两个政府中，行政长官产生的权力无疑是在多数人手中，因为整个城市都依赖大议会，所以从这方面看城市是自由的；而决定和平与战争的权力，则是在十人委员会手中，他们能够决定这两件事，因而也就能够决定这个国家政权；由此可知，是少数人而非多数人成为该城政权的主宰；一旦情况如此，就不能说它是真正彻底的自由。”

4　*Opere*, II, 81—82：“……这样被不满所驱使，他们将同意推翻那一政府，复辟美第奇家族的统治；虽说后者根本不值得赞美，而是应予责备和批评，然而，要想去除那种不满的原因，那种行动的方式却不是需要加以责备和纠正的……”

（consultazione）。几章之后詹诺蒂转而推荐威尼斯的投票程序，便是因为那些程序设计实现了决议权与创议权的划分。但是第二（不带有那么明确的威尼斯色彩），存在着这么一种想法，行政官员不对人负责，意味着权力不依靠他们自身之外的权威，而且也应当如此。相互依赖的结构作为“混合政体”的精髓，必须在某个阶段完全形成。但这时詹诺蒂表达了一个新观点，显示出他的观念趋于平民至上；他说，人所熟知的构成政府的四种“要素”（vigore，之前是“核心力量”［nervo］）——
305 选举行政官员、决定是战是和、审理诉讼和立法，必须由可以进入城邦“执政团”（signore）的人控制。若想让多数统治，他们就必须拥有这四种权力，否则这个城邦就不会有真正的自由。[1]问题显然在于把这四种权力安置于“混合政体”的什么地方，但此时詹诺蒂所要说明的仅仅是，如果决定是战是和的权力依然由不负责任的十人军事委员会控制，那么仅仅把选举行政官员的权力交给大议会是不够的——虽然就此而言可以给城邦冠之以自由之名。[2]它使对抗行政官员决策的起诉权实际上形同虚设；与此同时，就立法而言，虽然它名义上由大议会决定，但出于实际考虑它掌握在少数人手中。只有选举政府官员的权力是不够的，美第奇家族的做法就证明了这一点，他们总是控制着其他三种权力的人事任命权，对其他人的选举则完全撒手不管。三种而非四种权力的主人，就是所有权力的主人。[3]

1 首次出现这一思想是在*Opere*, II, 58—59：“值得注意的是，整个共和国的活力在于四件事；行政官员的产生、决定战争与和平、听取诉讼以及提请立法；这四件事是必须始终掌握在城市的主宰者手中。这样的事情，在那些由多数人掌权的城市，必然是由多数人所掌控的，否则，在有这样政体的城市中，就不会有自由。”

2 参见《致卡博尼书》，前文及本书第300页注1和第317页注3。

3 *Opere*, II, 59—60：“因此，就行政长官的产生而言，城市是到了自由的程度，但就其他三件事（决非不重要的）而言，它却不是自由的，而是臣服于少数人的专断权力。最后的三件事绝不会不如行政长官的产生那么重要，那是显而易见的，如果不是说更重要的话，因为，过去僭主制下的主人是不会关心行政长官的产生的，除了上述三方面的行政长官，他们认为谁要是那三方面的主人，那就是所有事情上的主人；而且毫无疑问，谁能够决定是战是和、决定立法、决定诉讼，那他就是每件事情的主人。”

詹诺蒂处在开拓新领域的关键点上，这将使他的思想超越三种要素的简单混合或单纯的“德行”制度化。但就目前而言，他已经完成了对进行改革的立法者所必须拥有的救治知识的分析，开始把它与这种人所要遵守的普遍原则结合在一起。我们在第三卷一开头便读到，立法者的目的是创立一个长治久安的国家；国家的灭亡要么是由于内部不和，要么是由于外部攻击；“优良的政体”（buon governo）可用来对付前一种危险，“优良的军队”可用来对付后一种危险——虽然它也可以被视为“优良的政体”的一部分并服务于前一目的。此时我们遇到了那个马基雅维里式的问题，即决定公民组织与军事组织谁应居先，此时 306
便出现了罗穆路斯的形象。利库尔戈斯是“政体”与“军队”并举，而过去的罗穆路斯则注重暴力，不管是投身于反抗他的邻国，还是投身于扩张他的人民的帝国。这种选择看起来也许有助于军事组织，即使不是完全与其一致；但詹诺蒂似乎主要想到的是“强掳萨宾妇女”，他评论道，此种行径只能是源于贪婪的控制欲，因为罗穆路斯既然有足够的人力建立城邦，那么毕竟还有其他方式为他们搞来女人。[1]稍后他又说，罗穆路斯注重军事组织先于注重建立公民组织；因此，詹诺蒂的分析结果使他与马基雅维里截然有别，后者认为由于罗马从一开始就是为扩张而组织起来的，所以她沿着军事路线，从而也是平民路线发展。这种一开始就对罗马模式的否定一直延续到后面的章节，有助于他重新引入威尼斯的概念；它部分地基于这样一种暗示，公民军有防御而不是进攻的职能。威尼斯谋求稳定更甚于谋求帝国，以至于它根本就没有公民军，但经历过大围困的詹诺蒂明白，公民军的职能就是防御。布鲁尼和马基雅维里认为罗马摧毁了世界其他地方的共和“德行”，结果也丧失了她自身的“德行”；但非进攻性的公民军也许仍然是为公民灌

1　*Opere*, II, 96—97：“因此罗穆路斯就想使用暴力，力图取胜，由此拓展治权，扩大其共和国。使他运用暴力的原因，无非就是对统治权的欲望，因为如果他不想扩展其统治权，那就没有必要使用暴力；因为他已经有了这么多的人，可以构成一个不那么野心勃勃、只想维持现状而不想扩大的城市；他还会有时间为他的人找到女人，也不会总找不到阿尔巴（Alba）的女人们。”

输“德行”的手段。人们在捍卫1527—1530年的共和国，而1512年共和国未作挣扎就覆灭了，主要原因是，后一个时期有公民军，前一个时期没有（马基雅维里的公民军是“城郊乡民”［contadini］的民兵，詹诺蒂意识到了这种理论上的差别）。佛罗伦萨的理想是像罗马那样武装起来并具有平民性，又像威尼斯那样安宁祥和；詹诺蒂断然放弃了马基雅维里那种不安分的主动精神。公民军的政治化作用不过是“优良的政体”机制的一部分，而且他赋予了后者巨大的优先性，因此与他在1528
307 年的看法相比，他在该卷其余部分大体上很少强调公民军使人具有德行方面的力量。[1]

既然他要为佛罗伦萨设计一种“混合政体”而不是纯粹的民主政体，因此我们必须既要了解公民军（我们被告知，军事美德是民主政体的特征）在“混合政体”中的作用，又要了解政府的四种权力在其中的作用，因为它们的归属决定着城邦中的哪些人是“执政团”，而我们尚不知道这个“执政团”在混合制政府中的位置何在。詹诺蒂接下来对混合制政府的概念进行了批判性分析。他说，这既可以指三部分人（一人、少数和多数；“大人物”、“中间阶层”和“平民”）彼此行使平等的权力，也可以指其中一方行使着比其他两方更大的“权力”（forze, potenza）；这两种情况都是为了产生一种平衡。仔细想一下就会发现，前者势必带有缺陷。其原因是，政治要素的混合物不同于自然因素的混合物，后者中的每个成分（semplice）失去了其特有的“德行”，混合体则获得了自身的“德行”。政治混合体是由人，即由“大人物”、“中间阶层”和“平民”组成的，各方在混合之后仍保持着混合之前的样子（大概除非是全都成为“中间阶层”，而在这种情况下我们根本不是在

1 *Opere*, II, 98—99：“但如果我们的想法是对的，那么极其重要的就是引入良好的共和国政体形式，因为在这之后就很容易引入良好的军事形式；但一旦军事形式引入了，也许就不那么容易引入良好的政治秩序；因为，很自然，军人比其他人更不容易商量。因此罗穆路斯先引入的是民政制度，然后才是军事制度；而他能够在很短的时间内引入每一样东西，因为作为绝对君主，没有谁与他对抗。……所以说，在佛罗伦萨，既然至为重要的是引入良好的政府而非良好的军队（因为该城市过去确实深受缺乏政府而非缺乏军队之苦，也由于军队和各时代的素质），我们就首先讨论那一方面……”

构建混合制政府）。各方都保持着其独特的性质，詹诺蒂现在把它称为“德行”，而不是“性情”或（他也许会这样说）“幻觉”（fantasia）；这些“德行”包含着欲望和追求它们的能量，我们仅仅是在政体构建中把它们加以制度化而已。因此，不可能“把国家调理得那么完美，使各方的‘德行’——姑且把它称为能量——都不那么突出”，而且，假如各方是平等的，那么它们之间的对抗和抵制也会势均力敌，共和国将充满纷争，从而导致它的毁灭。[1]詹诺蒂对“德行”这个概念的分析方式，使政治类比中的机械论模式取代了准有机体模式；圭恰迪尼那个把“面条” 308
揉成团的厨子消失不见了。

接下来他又谈到，波利比阿把罗马共和国视为混合制政府的模型乃是谬见。他宣称，驻罗马的使节在与执政官打交道时，认为自己置身于一个王国；与元老院打交道时，又认为置身于一个贵族制国家；与平民打交道时，又认为置身于一个民主国家。但这表明，各方的权力相互平等并且不能相互制约，既然如此，那就难怪这个共和国受着内部纷争的煎熬。假如它秩序良好，那么使节的感觉应是这样：与执政官打交道时，觉得他们依靠元老院和平民；与元老院打交道时，觉得他们依靠执政官和平民；与平民打交道时，觉得他们依靠执政官和元老院；各方的“德行”会受到其他“德行”的“调理”（temperata）。布鲁图斯及其同伙在驱逐国王时本应考虑到这些，而且可以认为，他们试图赋予元老院以优势地位；但是，假设波利比阿所说的事实正确无误，那么三种政府机构权力的平等就使罗马受着不稳定和纷争的侵扰，并且最终将她摧

1　*Opere*, II, 99—100：“……第一种模式，每一派的力量都与另一派相等，无疑是有缺陷的，不可以沿袭，因为不可能把一个国家锻造到如此完美的程度，甚至连德行（我们想说的是每一派的力量）都不显现；因此，在这样一种混合中，会出现一种与自然事物之混合相反的东西，在后者中，构成混合物的个别事物的德行不再出现在混合体中，但是一切都构成了一个整体；这一点不可能出现在共和国的锻造中；因为那样将需要把人们都捣烂碾碎，把大人物、平民和中间阶层变成一个与三者都完全不同的东西；这样的东西无疑是不可能的。因为，只要每一派都在混合体中显现其德行，就必然是，存在着均等的对立与抵抗，故而共和国便不乏内部的不和，总会导向其毁灭。”

毁了。[1]

对波利比阿的批驳，把詹诺蒂在罗马问题上对马基雅维里的批驳带上了一个新台阶。他已经含蓄地否定了马基雅维里的观点：武装的平民国家必须是一个为扩张而组织起来的国家；此时他又反驳了其以下观点：罗马的内部纷争是健康的标志，因为它导致了保民官制度（对此詹诺蒂很少谈及）。越是消除罗马的范式意义，他为了组织一个武装的平民国家而采用威尼斯的形式和概念的明显意图就越令人着迷。但关键在于他对“混合政体”这一概念的激烈改造，这尤其是因为它在很大程度上预示着17和18世纪的英美政制思想。他这时的观点是，你无法在平等而独立的力量之间建立起平衡，因为它们之间的压力和反压力
309 是相等的，不存在消除竞争的办法。但我们知道，政治权威的种类如此之多，而且能够用很多组合方式进行分配，使三种机构的相互依靠成为可能，而且从理论上说，创立一种三部分既平等又相互依靠的体制似乎也是可能的。詹诺蒂没有考察这种可能性；他假定，相互依靠需要不平等，因此一方必须拥有对其他两方的优势（la repubblica deve inclinare in una parte ［“共和国要侧重某一派”］）。主要的理由似乎是，必须使冲突制度化；权力之间总会竞争，假如所有部分在理论上是平等的，输家就会因为自己的失败而谴责赢家，置共同利益于不顾而从事两败俱伤的争斗，假如把输家的劣势设计到共和国的结构之中，它就会被视为合理合法。詹诺蒂强调，他的意思不是优势部分享有排斥其他部分的“治权”，而仅仅是指它不应像其他部分依赖它那样依赖它们。他尚需澄清，他关于政府的四种权力必须属于“执政团”或“主人”（padrone）的学说与所有这一切有何关联，以及这些条件是否确实适用于“共和国所应侧重的”部分。[2]

---

1 *Opere*, II, 101—103.

2 *Opere*, II, 103：“……共和国所侧重的那一派，会比另一派更有力量；故而能够压制对它的攻击；又因为那种力量是产生于共和国的政体中，虽然对立的一派认为自己受到了损害，也不能把它归于对方，而是共和国的政体形式。因为共和国是这样设计的，不会使它走向毁灭，而是必定会平静地生活着；因此，在这样的共和国中，就不会有任何颠覆。要注

下一步所要考虑的是，优势部分应当是“大人物”还是“平民”（也可以让少数和多数依靠一人，但他似乎认为这在当时行不通，虽然他认为这在前共和时代的罗马提供了稳定的政府）。詹诺蒂用相当长的篇幅陈述了支持平民的理由，这与马基雅维里非常相似，但我们并不需要考察他的全部论证。他又重复了对罗马制度的驳斥，但采用的方式是揭示一些意义重大的紧张关系。我们被告知，平民若是觉得自己受到特殊个人的压迫，他们会冲向他的房子，为了报复将它付之一炬——至少这是佛罗伦萨的做法，然而，如果他们觉得错误是公共权威分配不当所致，他们就会鼓动改革法律和制度，使其确保他们得到更大的正义、分享更大的权力；这就解释了为何在格拉古兄弟之前，罗 310
马各阶层之间的斗争相对来说是不流血的，并且使平民更多地参与行使权威。[1]这种观点显然大大受益于马基雅维里有关罗马纷争有其积极作用这一主张，但在其他方面詹诺蒂则会予以反驳。在别处我们还读到，假如在驱逐塔尔昆时让元老院依赖于平民而不是相反，平民本可免受伤害，元老院本可弱于平民，结果是罗马本会更安宁，从而逃脱那些最终将她毁灭的纷争；共和国本可永世不朽，她的帝国本可“极其稳定”（stabilissimo）。[2]在马基雅维里看来是个平民国家的罗马，对于詹诺蒂来说，就像对圭恰迪尼一样，它却是个不稳定的贵族国家

意的是，当我说共和国要侧重于某一派，我并不是说唯有这一派才应该有统治权，另一派被排除在政府之外，而是说这一派不那么有依赖性，而另一派则更有依赖性……因此结论是，一个共和国必然要侧重某一派，只要它希望长治久安，永远没有任何颠覆。”

1　*Opere*, II, 107—108：“……如果他们能够举证说自己受到了某个特定个人的损害，他们将会冲到他家里，用武器，用火来报复，就像在佛罗伦萨多少次所发生的。但如果这些原因是出于共和国的制度，没有一个特定的个人来承担，那么民众们就不会把怒火洒向某个个人，而是指望大人物，要求法律或者是行政官员来主持公道。这就是最大的原因，说明为什么在格拉古兄弟之前，罗马民众的骚乱都是针对元老院，而从来没有让公民们流血；因为民众们所遭受的损害不是来自公民个人，而是来自于共和国的制度，受损害者便不能哀叹公民个人，而要哀叹共和国的制度。由此可知，他们在破坏中，要求的不外乎某条法律或某个行政官员，借此来维护他们的权益，推翻少数人的权力，而他们则在共和国有更大的参与权。”

2　*Opere*, II, 114—115.

（optimacy）。他还说（这里分明是在影射马基雅维里），有人主张罗马若无内部纷争就不可能扩张，但这只有对像那样组织起来的罗马才能成立，而且可以认为，如果在平民基础上进行组织而又没有那些纷争，她本能更加有效地扩张。[1]但詹诺蒂已经指出过，帝国扩张并不是“武装的平民国家”的必然标志。这让人们觉得，他要摆脱马基雅维里的阴影是相当困难的，即使这仅仅是因为他意在确立与马基雅维里既相似又不相似的立场——没有罗马特性的“武装的平民国家”，没有贵族制或雇佣兵的威尼斯。

他更乐意为了“平民”的优势地位而阐发亚里士多德式和马基雅维里式的观点。大体而言，这种观点是，[2]少数想发号施令，这种欲望易于破坏公共利益，而多数想要维护的“自由”——即各方在法律之下享有自己生活的状态，则接近于公共利益本身。此外，少数统治而多数服从（即他们服从法律而不是服从少数），懂得如何服从法律的人学习如
311 何统治，要比统治的人学习如何使其意志服从法律来得容易。服从范围广大的各种法律，赋予了多数以某种审慎精神，它通常为少数所无，因为他们的欲望更加不知节制；实践经验和书本知识是表现为知情的审慎的来源，“平民”就像“大人物”一样能够得到它们；[3]既然前者的数量超过后者，“我们差不多可以说，他们合起来也更审慎”[4]。

詹诺蒂提出了一种民主的“审慎”（prudenzia）理论。它不再是那些在追求“荣誉”中投身于公共服务的人得到的酬劳，而是对这样一些人的奖赏，他们服从法律，集思广益，受到伤害而不是施加伤害，对伤害的反应是集体寻求公共补救，而不是像贵族那样寻求对特定的敌人进行报复。多数心系“自由”，这意味着他们比野心勃勃的少数更加讲政治，更愿意承认公共权威的正当性。最后的、也是最强烈的观点是，

---

1 *Opere*, pp. 115—116.

2 *Opere*, II, 104—116.

3 *Opere*, II, 110：“说到对它们的阅读，那么一个平民也可以像一个大人物一样去读；而实践，我没有看到一方比另一方更多……”

4 *Opere*, II, 111.

在有众多“平民”或“中间阶层”的城邦，让他们臣服于“大人物”的权威是“残暴的”（violenza）。[1]

第三卷的其余部分是对理想政制的剖析。我们知道，它应是一种“混合政体”，其细节多来自威尼斯，通过权力的组合，满足那些渴望“地位气派”、“荣誉”和“自由”的人的抱负。每个群体的权力都应相互依赖，但有一种权力——心系“自由”的群体的权力，亦即平民的权力——应当占有优势，至少占有以下意义上的优势：它不像其他两种权力依赖它那样依赖它们。但是也提到了四种权力或职能，它们是政府的“要素”或“核心力量”，它们属于无论什么样的个人或团体组成的“执政团”（signore）。在现代读者听起来，这种“执政团”很像是主权者，而主权者似乎不适合于构成“混合政体”的权力的平衡分配，甚至不适合于詹诺蒂所考虑的那种有所侧重的权力分配。于是我们就遇到了一个问题，或许詹诺蒂亦是如此，那就是如何能把这些概念彼此联系在一起。

詹诺蒂首先宣称，共和国应由三种主要成分组成，但是还应像威尼斯那样有第四种成分，它称为“监事会”（the Collegio），介于元老院和“正义旗手”（或君主）之间，用于满足那些追求“地位气派”者的抱负，其方式是尽可能密切地使他们与只能由一人行使的最高权威联系在一起。[2]这个监事会的成员是官员而不是顾问，也就是说，他们每个人 312
都被委以有关战争（十人军事委员会）、司法（“监事”［procuratori］）等具体职能；他们被假定为不但志向高远，而且才智过人，大概还包括经验，但肯定包括创造力、主动性和提供政策的能力。如果天平的这一端叠放着一人与少数、“地位气派”与“荣誉”，另一端就是大议会，它的

1　*Opere*, II, 116.

2　*Opere*, II, 117：“因此，因为大议会满足于追求自由；元老院满足于追求荣誉；君主满足于追求君主国。剩下的是寻求一种方式，来满足追求地位气派的人，又不能比掌握君主国的一个人更强。于是就需要一个联系元老院和君主的机构，它将由某些行政长官构成，他们与君主咨商，并且处理国家与城邦的重大事务……如果我们模仿威尼斯人的话，就可以把这个机构叫作监事会。”

职能是维护“自由”，代表着眼界不高的“平民”，它向全体公民开放，不管是“大人物”、“中间阶层”还是“平民”，也不管（还可以补充说）他们追求的是“地位气派”、“荣誉”还是“自由”。它实际上是按数量由得到一视同仁的公民组成。詹诺蒂接下来解释了为何在大议会中没有“低层百姓”（plebei）的一席之地，这是因为他们不是城邦的成员；他们职业低贱，而且是有家可回的外邦人（他想到的大概是来自周边乡村的农民）。但他用了一定的篇幅，坚持认为那些交税但没有资格担任官员的人必须是大议会的成员。[1]大概是1528—1530年的公民军经验使他相信，有必要把这些“非贵胄”当作公民对待，因此很有意思的是——这可能也是他的思想的重要转向——现在他所采用的观点强调它在城邦没武装起来时就有效，不亚于城邦武装起来之时。如果不允许“非贵胄”（他现在把他们称为“平民”）担任“官职”（onori，大议会的成员资格显然是一种“荣誉职务”，onore），他们就不会爱共和国，也不会自愿为它奉献或保卫它；他们会追随特殊的领袖；在城邦武装起来的时候这种危险会更加可怕。亚里士多德肯定会同时指责威尼斯和佛罗伦
313 萨没有动员这个阶层参与公民生活；[2]詹诺蒂也清楚地意识到，不光是大议会的成员资格，而且一切行政官职和“荣誉职位”，都应当向他们开放，尽管他承认这在现实中也许行不通。他说，没有人不对升迁和荣耀怀有野心，除非像法国人那样受到压制和贬抑，对城邦进行武装就

1 *Opere*, II, 118：“大议会由我们前面提到的三个群体组成，即大人物、中间阶层和平民；贫民用不着提及，也如我们前面所说的，因为他们都是从外面来到城市从事重体力活的，他们要回自己的家乡，而且每一次他们都会回去。我先前称作平民的那些人（就是那些能够纳税但没有能力成为行政官员的人），则是大议会成员中必要的部分，因为对于构成城市中最大多数而言他们几乎就是主要的成员，而且因为离了他们城市就不能生存，也不能维持其地位气派。”

2 *Opere*, II, 119—120：“……由此可知，平民们许多时候会更爱某个个人，超过爱共和国，会为了他拿起武器来对付祖国，期望从他那里获得财富和荣誉。……接下来，如果以如此多的学说和智慧论述过各共和国政府的亚里士多德来到威尼斯或者佛罗伦萨，看到有许许多多的人除了在城市有需要的时候，没有受到重视，那么他无疑会嘲笑这样一些状况，因为他在其《政治学》第七卷中是按照与之相适合的能力来分配各种职位的。”

是要让这条真理浮现出来。[1]在这个阶段，那个曾被称为“平民”、只想要“自由”的阶层，好像就要消失不见了，但是更确切地说，它成了一个开放的阶层：人人都可以属于这个类别，在某种程度上也确实属于这个类别，但这与存在着持续的“德行”竞争一点也不矛盾，统治精英从这种竞争中脱颖而出，所有公民也都参与其中。詹诺蒂与圭恰迪尼一样，都极力反对在政府高级官员任职资格上实行财富或出身的限制。

他现在明确宣称，大议会应是城邦的“执政团”，因此必须行使“共和国的最高职能，拥有国家的全部权力”[2]。我们不妨问一句，这种垄断如何能与相互依赖的结构中仅仅程度轻一些的依赖相容呢？我们记得，提到的职能或权力是，选举政府官员、决定是战是和、审理诉讼和批准并颁布新法。詹诺蒂能够阐述一种修改版的威尼斯程序，让大议会用来选举所有政府官员，从元老院到大议会，直到正义旗手。最后一职当选后终身任职，至于元老院，他经过思考后决定——与他在《致卡博尼书》中的观点相反——他们应当每年重选一次，但不限制连选连任；这可确保精英团体的稳定，虽然其中有些人可能丢掉职位。[3] 314
但是，

战与和的决定权必须归元老院……虽然不能把它交给大议会，但它要依赖后者，因为最终行使这种权力的元老院是由它选出来的。在首次提出发动新的战争时，也许呈送大议会去决定比较好，就像罗马人所做的那样，他们常常询问人民，与这个或那个君主或共和国开战

1 *Opere*, II, 120—121：“如果有人说这些平民没有野心……那么这种对职位少有关心，并不是天生的，而是出于偶然性，因为没有人会可怜到不想追求上升。但因为这些平民一直被大人物的傲慢所压制，他们才变得没有野心，如今在佛罗伦萨依然是这样，他们一直受到贵族的欺压，变得卑贱之极。这些人当中灵魂的卑贱不是天生的，故而不应该被剥夺获得职位的资格，而往往城市被武装起来之后，他们就会像别人一样去追求荣誉……”

2 *Opere*, II, 122：“……他们行使共和国的最高职能，掌握国家的全部权力。”

3 *Opere*, II, 129—130.

> 是不是他们的意愿或命令；但是，此后的所有决定（accidenti）必须交给元老院定夺。[1]

与此类似，审理诉讼的权力必须交给一个专门的官员机构，他模仿威尼斯人，把它称为“最高法院”（Quarantie）。詹诺蒂随后说，这项权力按理说应归国家或城邦的执政团“所有”（proprietà），但它常常发现亲自行使这种权力会耗费大量时间（人们会猜想，时间问题也是詹诺蒂不把战争“决定权”交给大议会的原因），因此，相当于“执政团”的威尼斯大议会设立了最高法院，法国国王则将他的司法权委派给四个“高等法院”（parlement）。[2]因此可以认为，选举权保证司法权像军事权力一样“依赖于”大议会。麻烦在于詹诺蒂早先曾强烈主张，一个城邦从选举政府官员的角度看也许是自由的——即它的大议会是至高无上的，但从政府官员行使权力的方式上看它又是不自由的，正是这
315 一点，使1494年和1527年的共和国在关系到军事与司法事务时，成了残暴的和不自由的政府。把立法的最终批准权留给大议会（詹诺蒂的方案也要继续这样做）是不够的，因为他不认为立法是调整军事和司法职能的手段。

詹诺蒂的理论中似乎存在的缺陷是可以改正的，可以指出在他看来，过去的官员不负责任不仅是由于他们不受大议会的控制，而且是由于同一些人在提出、决定和执行政策。[3]仅此一点就足以使他们成为追求私利的封闭式朋党，他现在再次提出了早先的提议，把“创议”

1 *Opere*, II, 123.

2 *Opere*, II, 157：“……值得注意的是，这种听讼的活动似乎是专属于那国家和城市的主宰的：但因为作主宰的人，或者不愿意，或者不能够费心从事这种活动，因此我们看到，这种职能被归于另一个有别于其他机构的司法机构。在这一方面，因为法兰西的国王不愿意从事这样的事务，再说也很困难，就组织了四个高等法院，由它们来听取和裁断整个王国的诉讼。在威尼斯，大议会（它是整个共和国的主宰）不能起这种作用，因为这会让它自身整年限于这种事情（涉及私人事务而言，这是不可能的），所以就组织了三个四十人高等法院（tre quarantine）……”

3 见他对于1502年、1512年和1527年所作安排的批评，pp. 140—141。

（consultazione）和“议决”（deliberazione）分开，以此使人们在职能上相互负责。为了实现这一点，他详细阐述了元老院与监事会所辖各委员会的关系，而且他能够（就像在《致卡博尼书》中那样）用“少数”一词指代行使“创议”职能的机构，如十人军事委员会，用“多数”一词指代对它们的提议做出决定的元老院。[1]但是，只要军事和司法事务不归大议会管，“多数”一词就不具有通常的含义，只要选举政府官员被视为四种权力之一，而不是一种高于且独立于其他三种权力的决定性因素，这个大议会就不能算作行使所有四种权力的“执政团”；不过，这是我们所看到的对“执政团”的唯一界定。当然可以认为（这似乎也是很有道理）假如大议会选举元老院、监事会和正义旗手，那么除了处在它直接权威控制之下的权力，它还间接控制着四种权力中的另外两种，因此它远不像一人与少数依赖它那样依赖它们。但贯穿始终的问题是较少的“依赖”的概念与“执政团”概念的关系，两者远不能说已经得到协调，更不能说已经取得一致。如果把詹诺蒂的“执政团”及其四种权力的理论作为建立主权理论的最初尝试，便可以补充说，在混合制政府的背景下谈论主权产生的语言混乱——反之亦然——将给美国革命及后来的政治话语造成困扰。

詹诺蒂的思想独立、强大且具原创性，但他缺乏我们从马基雅维里身上看到那种出人预料的天才创造力；由于这个原因，可以认为他的思想比较具体地体现着人文主义政治思想的倾向和局限性。他的主要 316
创举在于，他认识到混合制政府中的“德行”（virtù）是一种权力，然后他尝试对政府的四种职能进行界定，它们的归属对“执政团”起着决定作用。但他未能将这些职能集中起来，于是不得不把它们分散开；究其原因，人文主义政治思想极为关切作为一种人格属性的公民美德的理想，其最后的诉求总是从建立制度化的权威转向建立能够自由施展美德、避免腐败的环境，它被称为“自由”。我们分析《论佛罗伦萨共和国》，也应像分析《论李维》一样，要落脚于它对腐败理论的独特贡献：

1　一般讨论见pp. 139—147，具体讨论见pp. 144—145。

詹诺蒂谴责在1529—1530年萨伏那罗拉派政府治下圣马可教友涉足政治的方式，野心勃勃的政客则企图明目张胆地与他们结盟，作为加强其在公民中的权威的手段。他说，这种腐败之甚，不输于罗马对选民的公开贿赂——可以说，这是不管为此目的而存在的其他事情，只想用金币换权威；更糟糕的是，贿赂至少还被视为一种恶，可是你要抨击伪善，却会被视为耶稣基督的敌人。[1]人文主义政治思想擅长于这种分析，把对权力的思考置于它的从属地位；自由、美德和腐败，而非权威的归属，才是它的首要关怀。

恐怕连马基雅维里也不例外。在我们完成对佛罗伦萨政治理论这一最后阶段的研究时，留下的最生动印象是共和主义的连续性，它基本上是亚里士多德式的，在马基雅维里的朋友们（他们相互为敌）看来，他也没有大大背离这一传统。我们确实能从他的思想中发现某些领域极端偏离了中世纪受目的论决定的人性观，但同样也存在着某些时刻，即便他没有正式地用以下观念进行推理，似乎也是利用了这些观念：人之形式是成为公民，他们的天性在朝着这个方向恢复形式时或许会
317 腐败，但这个方向不可逆转；君主无法使他们成为别的样子。但意味深长的是，他思想中具有革命性的方面——人表现得最主动、最不具自然性的方面——并未受到其友人注意。圭恰迪尼的公民观仍是一种“德行”观，他的现实主义中装填着亚里士多德式的语言和假设；而在詹诺蒂那里，则明确表达了人性即公民性的原则，它明显是亚里士多德式的原则，而且只差几步就变成了萨伏那罗拉式的原则。正是在亚里士多德主义和公民人文主义的渠道中，流淌着共和主义传统的水流，而作为哈灵顿和亚当斯这类理论家都征引过的历史人物，马基雅维里在这条

1 *Opere*, II, 194—199；尤见p. 196：“支撑着那些以宗教为职业的人的这种生活方式——与圣马可的修士们勾勾搭搭，还继续着他们虚假的祷告和圣餐——无疑是我们城市中最坏的事情；因为它与罗马的贿赂有着同样的后果。但这些事情更加坏，因为就算在什么地方贿赂以某种方式被纠正了，如此形成的生活却很难加以疗治；因为，谁要是提出禁止这些生活方式，倒显得是要阻止人们做好事，就会遭到人们的厌恶，被看作是基督信仰的敌人。”

渠道中如鱼得水。就佛罗伦萨人所属的这一传统而言，他们对自由与腐败所保持的那份基本上是道德主义的关切，不仅没有阻碍，反而支持着这一传统；它继续把政治描述为建立能够使人自由施展积极美德的条件。

詹诺蒂也使我们看到，亚里士多德式政治学作为一种分析性和解释性的体系，在吸收作为其基本观念之变种而提出来的理论上有着很强的能力。波利比阿的循环论、马基雅维里的公民军学说、威尼斯的模式（而非神话）皆被提到并做了评估，但最终都是为其所用而不是一味因循；它们被用于一种基本上是亚里士多德的方法，用来划分城邦的构成要素，揭示它们的互动如何导致政体的稳定、动荡或变迁。约翰·亚当斯仍然信奉的那种古典共和主义，基本上是文艺复兴时期对亚里士多德《政治学》中提出的政治科学的重述，而且它对分析十七、十八世纪社会现象有着高超的能力。但是对詹诺蒂来说，它的重要性主要在于它能够对城邦的特殊事件和特殊性格提供因果解释；毕竟，在展示威尼斯程序及其基本原则可以用于为佛罗伦萨那十分不同的环境设计一种风格迥异的政府上，《论佛罗伦萨共和国》是一项取得了部分成功的尝试；而且我们看到，他运用亚里士多德的因果关系范畴和政治成分范畴，能够构建有关也许已步入歧途的佛罗伦萨环境的历史解释和预言，但又能驱散围绕着特殊事件的大量神秘感。在解释佛罗伦萨如何成为她现在这个样子或对她的将来能有什么期待时，无论是与萨伏那罗拉还是与马基雅维里相比，他都不太依靠习惯、天意或“命运”这些概念；他没有像前者或其1529—1530年的狂热支持者那样期待着奇迹——他很清楚他们的信仰能做什么和不能做什么；他也没有后者那样的感觉：在“命运”面前从事创举难上加难，其成功需要近乎奇迹般的品质。无疑，这与他的选择有很大关系，他选择了理性的威尼斯而不是活力十足的罗马作为他的组织原则的来源。[1]他的理论表述得

1　但可参见*Opere*, II, 255—256：“最后，我要说，我们城市的这样一种共和国形式，是不大会遭受任何内在颠覆的：而借助上文所说的方式组织起来的军队，它也能抵御外来的入侵，而且如果命运给该城及其军队以一次胜利，那我们的城市就能获得高及云天的荣

十分清晰，他对其在实践中的可行性也比较自信。

圭恰迪尼假如读过《论佛罗伦萨共和国》，恐怕他会尖刻地说，它的作者根本不必将其理论付诸实践；读过詹诺蒂有关1530年代早期的政府不可能维持下去这一声明的人，肯定会悲哀地想，这个聪明人还有四十多年的人生去见证自己的错误（圭恰迪尼自己也对同一个政府做出了错误判断）。但在本项研究中，我们关心的不是观念的预见力，而是它们扩大一种文明的范式词汇的能力；在这个意义上，不成功的先知预言可以重新得到利用。詹诺蒂认为亚里士多德式的政治分析既复杂又言之成理，足以使他产生自信，认为自己理解了事物在时间中发生的某种方式，因此他既未像萨伏那罗拉那样把思想聚焦于末日启示的期待，也未像马基雅维里那样聚焦于“革新”和“机缘”。时间没有处于突出的位置。就我们现在看来，这本著作的结尾（就像《君主论》和《关于佛罗伦萨政府的对话》一样）几乎是常规性的论述实现问题的一节[1]。像马基雅维里和圭恰迪尼一样，詹诺蒂思考了共和国得以牢固建立的时机和建立者的人格品质问题；但他的思想针对的是佛罗伦萨的现实，而他作为专制时代的流亡者从事写作这一事实，使他就佛罗伦萨现实能够说的话不多，他自己也承认这一点。只有一位解放者（就像热那亚的安德烈·多里亚）能成为佛罗伦萨的立法者，而对于解放者，我们只能说他也许来，也许不来。有些人——大概包括马基雅维里——已经很好地阐述了阴谋诡计理论，解放者能从中学到所有推翻政府的“机缘”的知识；我们的任务是研究建立政府的理论，因为与其让命运
319 女神埋怨我们在解放者到来时不知所措，还不如我们抱怨她从未给我们派来一位解放者。[2]在这篇专题论文的结语中，詹诺蒂接受了流亡理

耀和名声；所以，如果佛罗伦萨变得像另一个罗马，人们往来频繁，人口众多，城池坚固，治域极广，那也丝毫不会令人惊奇。”在这一点上，詹诺蒂和萨伏那罗拉同马基雅维里的思想模式都更为接近。

1 Book III, ch. 8（最后一章）；pp. 258—269。

2 *Opere*, II, 269：“就必须机警地去抓住机缘，因为这机缘乃是在人类事务中把握平衡者，而所有那些在这样的事情上不运用最大审慎者，都注定要毁灭。但在这方面没有什么可说的，因为它属于密谋，而这个话题别人已经极其缜密地论述过。

论家的角色，再次表示他对时间和“命运”持现实主义态度。他对行动之难并非天真无知，他也不认为只有以奇迹般的方式才能克服（被指责为持前一种立场的马基雅维里更接近于后一种）。他承认“命运”至上，但他不过是指总有我们控制不了的事情。

如果这大体上就是詹诺蒂偏爱威尼斯而非罗马，没有采用马基雅维里那种充满活力的“德行”概念的原因，那么这也是他为何没有把威尼斯描述为奇迹或神话的原因。在他看来，时间问题不是一个仅用威尼斯式的奇迹就可以解决的问题。他接受这样的观点：立法（以及他本人对佛罗伦萨的规划）的目的在于建立能够持久的政制，他也深深折服于威尼斯在达到近乎永久稳定上的成功。但“威尼斯神话”的成分中包含着两种信念，一是只有奇迹般的智慧能够带来这种稳定，二是威尼斯通过多数的技艺和发明才能实现了这个奇迹；詹诺蒂并没有采用前一立场，因此他既没有把波利比阿式平衡，也没有把威尼斯神奇的选举机制描述为一种解决长治久安问题的奇迹般的方案。他只能把威尼斯的成就视为许多原因的产物，这完全是因为他要把威尼斯范式运用于在佛罗伦萨那种迥然不同的环境中取得同样成功的问题，而他的多取自亚里士多德的词汇为他提供了众多区分条件和原因的方式，这使他无法把该问题视为末日启示问题，或把它的解决方案视为奇迹或简单的方案。为长治久安而立法的问题，能够以复杂的解决方案加以解决，而这些方案可以假以时日来建立。在詹诺蒂的两部主要著作中，他对威尼斯历史的解释，既与马基雅维里对罗马历史的解释相对立，同样也是对复杂历史进程的解释。 320

然而我们已经看到，共和主义理论实质上是一种亚里士多德式的政治学，它十分强调时间问题，从而做了有选择的简化。有可能离开这种强调，进入一个概念世界，它有十分丰富的词汇，因而增加了行动的潜力，淡化了时间问题。但同样也有可能进入相反的方向，走向只有神

“最后我要说的是，通过这些方式，一个市民可以为城市带来很大的好处；而尽管命运的恶意有时会压制那些运用了以下方式的人，但也不必绝望……为的是，宁可使我们的城市哀叹命运没有提供任何机遇，胜过命运抱怨我们城市没有能够认识并且把握它。”

恩、利库尔戈斯般的英雄行动或实现奇迹的平衡才能为这一问题提供解决方案的立场。文艺复兴时期受到时间和命运的困扰，这使“威尼斯神话”会持续存在，因为威尼斯是前面提到的那种解决方案的范式；假如在关于这个“神话”的文献中，詹诺蒂的非神话解释算是标准著作之一，那么研究一下当时读者之多毫不逊色的加斯帕罗·孔塔里尼的著作，也是有价值的，其中的神话因素更为突出。

三

孔塔里尼是个威尼斯贵族和教士，著有《论威尼斯共和国及其官职制度》(*De Magistratibus et República Venetorum*)，写作时间不明，[1]大体上是在16世纪二三十年代，迟至1543年才出版，随后便成为一部享誉欧洲的著作并多次重印。虽然其声望超过詹诺蒂的《论威尼斯共和国》一书，但就其对威尼斯政府官职及其历史的研究而言，该书的紧凑性和专业性要差得多；但它是一部完整的著作，詹诺蒂的专著则是未竟稿，而且孔塔里尼用一定篇幅陈述了他与威尼斯主题相关的政体哲学。他的著作对许多国家的影响有据可查，因此引用伊丽莎白时代的英译本也有一定价值，它由刘易斯·莱夫克努翻译，出版于1599年。

孔塔里尼的语言从一开始就是赞美诗式的。他说，无论在自然条件还是政治上，威尼斯的出现都不是“由不朽诸神之手所创，而皆由人的技艺、勤奋与发明所创”[2]。但是他的关键论点是，威尼斯是人类技
321 艺，尤其是人类美德的作品。他沿着由佛罗伦萨人所开创，但已为威尼

1　可能是1522—1525年。见Gilbert, “Date of the Composition”，在前述引文中（见本书第286页注1）。

2　*The Commonwealth and Government of Venice*. Cardinall Gasper Contareno著，由Lewes Lewkenor从意大利文译为英文（London, 1599），p. 2。拉丁文（Contarini, *De Magistratibus et Republica Venetorum*, Paris, 1543, p. 1）是：“... deorum immortalium potius quam hominum opus atque inuentù fuisse ...”

斯著作家所惯用的思路，论述了美德既可表现为公民形式，也可以表现为军事形式，但后者虽然光荣而必要，却必须只能为前者而存在。他沿袭亚里士多德和基督教的思想主流，坚持认为战争的目的必须是和平，但作为一位在公民人文主义传统中著书立说的意大利人，他也必须解释威尼斯的"德行"中为何包含着使用雇佣军，而公民一直不进行自我武装。莱夫克努以介绍的方式提供了自己的评注，对他而言，这种矛盾——在他看来不比在佛罗伦萨人看来小——是威尼斯的政治程序从理性和道德上控制公民生活全部领域的全部神奇方式的一部分。

> 此外，与经验常识更相悖逆的是，那些手无寸铁、身着袍服的人，居然能愉快胜任向众多强悍且好战的军队发号施令并订立法律……并长期掠夺公民为已所用，而且妄图享有意大利最强大的君主和贵族所享有的待遇；其中包括源源不断的荣耀和不可估量的权力，它们的主要分享者是大约三千名富绅，但在他们中间看不到任何人觊觎更大的荣誉称号……[1]

孔塔里尼并没有像他的译者走得那么远，不过他在后面确实解释说，威尼斯的公民政制是在与"坚实的土地"（terra firma），因而也是与军事生活分隔的环境中成长起来的（就像大多数著作家对这问题的论述一样，他不认为海上强权会给公民组织带来什么麻烦），因此当该城最终成为陆地强权时，他认为最好不要让公民行使军事指挥权，这是由于担心

> 他们经常前往大陆，因而就脱离了公民生活，这无疑会形成一派人，他们不同于其他平和的公民并与之疏远，辖地和领地很快就会在城内滋生内战和纷争。……因此，为了使我们的政体摆脱这种野心勃勃的事业之危险或因由，我们的祖先保持了一种更好的方式来保卫他

1　Lewkenor, sig. A3.

们在陆地上的领地，即用外国雇佣兵，而不是本土公民，从他们所保
322 留的领地的贡品和收入中拿出一部分支付军饷和津贴……[1]

但是他并不认为，军事美德和公民美德必然不能兼容并存，或让前者服从于后者是威尼斯的决策机制所致。那是美德的功劳，而且是被孔塔里尼描述为内在于威尼斯全体贵族的美德的功劳。在他承认受佛罗伦萨思想启发很大的一段话中，他把这一断言建立在人所熟知的观点上：威尼斯从未有过立法者；立法者与德行不如他本人的人在一起，其任务十分艰巨；有关城邦的早期历史几乎没有什么历史证据存世。詹诺蒂对早期威尼斯人以其未得到神助的才智创造的稳定秩序，曾困惑于如何解释，而对于孔塔里尼来说，这一奥秘应当自豪地给予肯定，而不是进行解释。

> 在雅典、拉希代孟和罗马，不同时期都有各种杰出的有德之士为祖国竭忠尽智，但他们为数甚少，受到民众压制，因此不能做出同样的贡献。可是我们的祖先却万众一心，齐心协力，建立、荣耀和壮大了他们的祖国，丝毫未曾计较自身的私人荣誉或财产，正是从他们手中，我们继承了一个如此繁荣的共和国。任何人都可以轻易想象到……在这方面，虽然我们的祖先在国内外取得了很多光荣成就，为祖国做出了卓越非凡的功绩，但在威尼斯却见不到或几乎见不到关于他们的纪念物。在许许多多的伟大战役之后，没有建立国家墓地，没有留下军事雕像，没有船艏，没有军旗，也没有俘获的敌军军旗……[2]
>
> 我们祖先这种超常的精神美德，设计和建立了这样一个共和国，
> 323 自人类有记忆以来，不论何人把它与那些最为高贵的古代共和国做一比较，几乎无法找到能够与之匹敌者。我斗胆断定，在根据内心愿望而设计和建立共和国的那些大哲的论述中，找不到任何建立和设计得如

1 Lewkenor, p. 130. Contarini, pp. 100—101.

2 Lewkenor, p. 6. Contarini, pp. 5—6.

此优良的国家……[1]

在佛罗伦萨的理论家看来，显然是野心和对“荣誉”与“盛名”的追求驱动着公民贵族，而政府中的问题显然是防止这种欲望腐蚀自身。詹诺蒂曾考虑到既有必要造成它得到了满足的表象，又要使这种满足依靠他人的合作——这是使“混合政体”维持在次优状态的必然因素之一；它适合一个不完美的世界。但是，假如孔塔里尼赋予威尼斯人的美德的全部含义，是指他们一心为公、不计其余，那么威尼斯的“混合政体”就不是一项对抗腐败的发明，而是表明不存在腐败的现象。他接下来阐述自己的政体哲学时，谈到了反对单纯的一人、少数或多数统治的常见理由，但其根据不太接近波利比阿，而是更接近基督教的亚里士多德式政治学的主流。就像动物要由人来统治一样，人也应当由高于人的力量来统治。上帝不直接统治共和国，但人身上有神的因素，即“纯粹而从不动摇的心智”；这与詹诺蒂的“德行”观相距甚远。既然人身上也有“低劣而野蛮的力量”，那么把政府交给任何人、任何团体或团体的组合都不能确保心智的统治，而是要“在其他方式都行不通时，接受某种神性的指导，人类通过创立法律似乎已经达到了这一点，即对人类集体的统治权赋予纯粹的理智与理性……”[2]

假如法律能够取得纯粹理性的地位——“上帝是宇宙万物中的纯粹理性，就像古老的法律是公民团体中的纯粹理性一样”[3]这一观点被冠以伪亚里士多德的权威——那就必是法治而不是人治；个人与团体参与统治时必须遵守这一点。但这种论证有循环论之虞：法律确保理性的统治而不是特殊欲望的统治，但法律是由人创立和保持的，只有 324

1 Lewkenor, p. 7. Contarini, p. 6.

2 Lewkenor, p. 11. Contarini, pp. 8—9.

3 Lewkenor, p. 12. Contarini, pp. 9—10：“哲学家中最伟大的亚里士多德，在他献给马其顿的亚历山大大帝的治世书中认为，除了治理良好的城邦的古老法律之外，没有任何东西可以与神相比：因此这位大哲人的看法是，神是宇宙万物中的纯粹理性，就像古老的法律是公民团体中的纯粹理性一样。”

当人在理性的指引下追求公共福祉，而不是在欲望的指引下追求私人目的，它才能够得到普遍实行。如此一来，法律要维持自身就必须约束人的行为，而人又是维持法律的主体；在“人类集体”（assemblings of men）中，在城邦中，也就是说，在人们经常碰面执行和制定法律、处理公务的地方，“法律”一词的主要含义应当是指管理聚会、制定决策的一套规章制度。这种法律必须能够引导人们的精力只为公共福祉服务，即只沿着纯粹理性的道路行进。“威尼斯神话”便包含着以下断言：威尼斯拥有一套决策规则，能够确保每一项决定完全合乎理性以及每一个决策者具有完全的美德。威尼斯人并不是天生就比其他人有更多的美德，但他们拥有的制度使他们能够做到这一点。

正如我们所知，一个总是受纯粹理智的统治而无须受到外在的控制或帮助的人，不是人而是天使。如同霍布斯的利维坦是一个“人造的人”（artificial man）、一个“有朽的神”（mortal god）一样，可以说，孔塔里尼的威尼斯也是一个人造的天使：不具有完全的理性的人作为一个制度框架中的成员在其中行使职能，而这个制度框架具有完全的理性。莱夫克努似乎已有此感：

> 看看他们的大议会，由至少三千名富绅组成，国家的最高权力和强盛完全维系于他们，尽管人数众多，但事事秩序井然，充满神圣的祥和气氛，全无喧嚣与混乱，简直就像天使而不是人间的大会。
>
> 325 ……他们执行刑法毫不留情；他们鼓励美德不遗余力；尤其是他们对官职和荣誉的分配，以秘密、奇特而复杂的方式进行，使一切怀有野心的阴险做法完全泡汤，除了分给大会全体认可的最具智慧、美德与正直的人之外，绝不会分给其他人。
>
> ……还有其他种种不可思议的神奇设想，它们不同凡响，独一无二，任何国家都不可与之相提并论；它们的奇特性不可言传，有着世所罕见的神奇特点，这一点一经证实，可使最奇特的不可能之事似乎也

并非全然难以置信……[1]

对伊丽莎白时代的头脑来说，威尼斯能表现出一副政治科幻小说的面貌：一套使人保持德行的奇妙装置，而其他国家则把它交给了个人理性或神恩。孔塔里尼毕竟是个教士，他没有在运用神秘和奇迹的语言上走得太远，但他赋予了他的威尼斯人以罕见的美德，他们借助于它，演化出了能够维持美德的政治程序。不可避免的是，他所采用的理论语言也迫使他把美德描述为维持一人、少数与多数的平衡的品质；这是人们所归属的几个范畴，因此若要维持一个非人治的政府，就必须超越于这些范畴之上。但在他的理想政制中实行的是法治，在一人、少数与多数中分配权威只是使三者都服从法律和理性的手段：

> 但是民众本身不易统治，除非他们以某种形式结合在一起；因为除非他们处于某种整体中受到约束，否则就不存在民众；因此，假如民众没有变成一个运用理性能力的整体，公民社会（它存在于某种整体之中）就会解体……[2]

这种语言显示出，更为古老的哲学传统可以指出并规定更为简单的混合制政府规则。稍后我们确实读到，威尼斯把君主、贵族和平民的权威形式结合在了一起，“这使它们的形式得到了同样的制衡，犹如重量相当一样……”[3]，但这不是一个像区分权力类型那样区分政治职能并把它们赋予一人、少数和多数以形成一种平衡的问题。就像我们所看到，这里提出的问题是，解释一种权力如何才能够说是“平衡”了另一种权力；詹诺蒂断定，这个问题用那些术语无法解决，必须重新加以论述（一项他完成得不是很成功的任务），但孔塔里尼在一处地方所批驳的正是詹诺蒂对它加以重述的语言，尽管他在写作期间显然对这位佛 326

1 Lewkenor, sig. A 2V—3.

2 Lewkenor, p. 13. Contarini, p. 11.

3 Lewkenor, p. 15. Contarini, p. 13.

罗伦萨人的著作一无所知。[1]

> 发生一党一派压倒其他党派的传染病，对于共和国来说危险和危害莫此为甚：因为在正义的天平发生倾斜的地方，公民中不可能存在友善的交往和稳定的一致：在共和国的众多官职集于一人之身的地方总会发生这种事情。如果构成混合体的一个因素压倒其他因素，混合体就会被瓦解：譬如音乐，当一根弦持续发出的音强于它应当发出的音，就会调不成调。同理，你若是想让你的共和国完美而持久，就不要让一派强于另一派，而是让它们全都（尽可能地）享有同等份额的公共权威。[2]

结合詹诺蒂来阅读，这好像是简单退回到了波利比阿式平衡的理论；但情况远不止如此。这段话的背景是，有一项条款禁止一个家族在任意一个时期有三名以上成员在元老院中任职，因此，所谓不可以压倒对方的“党派”，不仅是传统的波利比阿意义上的三派，而是还可能包括公民所归属的任何集体。不妨重新回想一下，波利比阿理论是对亚里士多德式政治学范式的简化，而亚里士多德很清楚，一人、少数和多数是既用起来方便又必要的范畴。持久的政制必须使所有社会团体满
327 意；一人、少数、多数的分析，不过是为确定它是否做到这一点而采用的一件顺手的工具。

但是，孔塔里尼是个自觉的政治哲学家，这要远甚于詹诺蒂；那位佛罗伦萨人从权力的角度阐发“德行”，而这位威尼斯人则主要保留了它的理性含义。统治是以共同福祉作为目的而运用智慧的行为，因此“同等份额的公共权威”就意味着“运用同等份额的公共智慧”。但是在一个政治体中，要是能够设想的每一个部分或范畴都行使适合于它的智慧类型，它就是一个具有完美理性，也将完美分享公共智慧的政治体。并非没有重要意义的是，自那个“神话”发端以来，对威尼斯的混

1 Gilbert, “Date of the Composition”, pp. 172—174, 182.

2 Lewkenor, p. 67. Contarini, p. 53.

合制政府的理想化就一向不是近似于波利比阿的第六卷，而是近似于柏拉图的《法律篇》。[1]“人造的天使”是理性的，因此有着奇迹般的稳定、完美和永恒，相对摆脱了笼罩在波利比阿的罗马和马基雅维里的佛罗伦萨头上的矛盾阴影和最终厄运。至于詹诺蒂，他知道自己城市的历史是不稳定的历史，先是提出关于威尼斯历史的问题而又不做回答，[2]然后又觉得有必要发明一种分析不稳定性、提供稳定性的方式，这使他脱离了他的三位导师——亚里士多德、波利比阿和马基雅维里；孔塔里尼则无需采取这些步骤。他也没有学萨伏那罗拉，把自己共和国描绘成在末世时刻扮演着救世主的角色。

但是，我们必须避免把威尼斯的共和主义思想不当回事，认为它不过是对柏拉图式自我意象的思考。在有关这个主题的一项最权威的研究中，威廉·J.鲍斯玛证明了威尼斯的思想并没有在孔塔里尼那儿止步不前，而是在此后八十年里又有发展，先有帕鲁塔，后有萨尔皮，形成了一种有关历史的特殊性和道德自治的意识，它基于一系列对威尼斯独特个性的断言，反对反宗教改革的教廷的普遍主义主张。[3]就像佛罗伦萨的情况一样，这种共和主义史观既带来光明，也带来阴影；萨尔皮的《特伦托公会议史》（*History of the Council of Trent*）与圭恰迪尼的 328
著作一样，是一本丢掉幻想、记录人类弱点与缺陷的著作。[4]我们必须记住，超越时间的神话和没有终点的历史是对同一个问题的两种反应，这个问题便是：共和国要在特殊性、时间和变迁的情境中努力保持自足的美德和稳定。它可以通过自我构建超越时间的理性去逃离历史；也可以通过把所有可辨认出的，但又交织在一起的不稳定因素组成一个大的综合去驯化历史；或者承认这个问题或许无法解决，历史陷阱会永

1　Gilbert, “Venetian Constitution”, pp. 468—470.

2　见本书第294页注1，第295页注1。

3　William J. Bouwsma, *Venice and the Defense of Republican Liberty:Renaissance Values in the Age of the Counter Reformation*（Berkeley and Los Angeles:University of California Press, 1968）.

4　Bouwsma, ch. X.

远张着大口。孔塔里尼接近于第一种而不是第二种立场；马基雅维里、圭恰迪尼和萨尔皮接近于第三种而不是第二种立场。詹诺蒂的重要意义在于他对第二种，即追求稳定的科学做出了原创性贡献。

的确，他是作为这样一位思想家出现在本书中的：他在一定程度上试图拔掉马基雅维里的毒牙，把罗马和威尼斯加以调和，他要超越这两种模式，把武装的平民共和国描述为致力于发展自身的美德，而不是从事征服和扩张——这样似乎就能使它摆脱"通吃狼"的世界末日。部分地是由于他不像马基雅维里那样关心战争，而更关心政制平衡理论，所以他能把混合制政府的学问推进到为其他佛罗伦萨分析家所不及的地步。但是，一方面，这意味着命运的角色在他的思想中受到了丰富的解释手段的限制；另一方面，他未能发展出一种基于立法权的主权理论则意味着他没有摆脱这样一个世界，孔塔里尼式神话与马基雅维里式或圭恰迪尼式现实主义是其中仅有的选项，这是因为一个无法给自己立法的共和国只能局限于努力保持"原型"。它重新成了一种实现普遍的善的政治形式，这意味着政治活动仅仅在于保持形式。如果连马基雅维里和圭恰迪尼这样卓越的人也未能成功地把政治活动设想为一种创造性活动，而只是揭示了维持共和的秩序实际上是何等困难甚至不可能，那么我们便不得不认为，16世纪的公民现实主义甚至在它达到顶点时，也只是亚里士多德式思想的一种消极能力。它对历史变迁的性质、甚至对其不可逆转性的认识，是通过重新吸收亚里士多德式的思想范畴而得出的，而它对"命运"的关切，因这些范畴能够提供控制命运的新概念手段而发生了逆转。可以认为，这些局限性一定程度上因其
329 顽固而持久的道德主义而影响到了马基雅维里式的思想。

亚里士多德式的共和主义只关注公民，而对佛罗伦萨和威尼斯的理论家来说，只要他们也只关注公民及其摆脱腐败的可能性，便没有必要将它抛弃；其实，他们从它的传统中发现大有可能去扩大他们讨论公民问题的词汇。但对于马基雅维里和圭恰迪尼那样顽强的头脑来说，事实仍然是，亚里士多德式的和人文主义的传统的弱点在于，它没有足够的手段去讨论积极行使权力（与保守地行使权力相反）。我们早先考

虑过这样的可能性：某种政治机构可以获得应付特殊且不断变化的问题的十分发达的能力，使该社会应付这些问题的制度手段也不断变化并且有能力改变它们自身。显然，这种机构就是现代意义上的政府，它进行现代意义上的立法，这样一个政治社会是拥有历史变迁与适应维度的现代行政国家。但是，仅仅关注公民如何通过参与使私人利益服从公共利益的决策以发展其人的能力，这样的一个政治理论体系，不太可能培养出对作为积极的或创造性活动的政府的关注，或发展出一套对它进行研究的词汇。在十六世纪的条件下，它倾向于把政治简化为个人在其中肯定其道德自治的结构，将立法简化为建立或恢复这一结构的纯粹形式化的活动，从而使任何革新变得几乎不可能，除非是在时间中具有破坏性的革新。我们也已看到，把政治界定为由个人通过公共行为来实现价值或美德这样一种政治观，每当它对把政治看作共同行使不同类型的权力给予鼓励时，它就会令人失望。詹诺蒂朝着这个方向迈出了第一步，却无法迈出第二步；在行使权力的不同机构之间保持平衡的波利比阿式概念，似乎在很大程度上做到了严格的自我设限。可以说，所有这些都揭示出亚里士多德式理论的缺陷，但还有一种可能（虽然可以争议），在一个面对面的城邦中，权力必然极为分散并带有人格特点，使有关行使权力的若干种专业方式的理论很难发展起来。下一步要研究的，是由几种行使不同权力的制度化机构所组成的社会中的人文主义和马基雅维里式思想，这个社会便是都铎时代的英格兰，它有国王，有法律，有议会，还有教会。但我们会发现，这些机构中的每一个都在产生和传播着它自身的意识形态、它自身的界定政治社会及政治个 330
体的模式；其结果是，只有在许多非常特殊的意义上，才能牵强地把这个英格兰王国界定为一个政治化的个人在其中追求“公民生活”的公民共同体和共和国。我们必须研究一下，英国人是怎样开始用马基雅维里的术语来设计他们自身和他们社会的形象；但我们会发现，这一过程包含着同时从积极和消极的角度重新表述政治史，它把政府界定为采取行动反抗其现代性的现代政府。它被输出到大西洋西岸，对美国价值观的复杂性做出了极大贡献。

第三部分

革命之前大西洋的价值和历史

第十章 333

英格兰的马基雅维里主义问题：内战之前的公民意识模式

一

前面各章探讨了可以称为“马基雅维里主义”的思想模式，构成这种模式的，是在1494—1530年期间佛罗伦萨困境的压力之下对公民人文主义的观念和价值的表述。受习惯、信仰和命运这些范式支配的观念世界，因共和主义决心追求形式无常的普遍价值而陷入紧张，而这种紧张又被1494年以后经验世界发生的事情所强化，当时佛罗伦萨共和国无法维持自身以对抗美第奇的反动，意大利各共和国也无法维持它们之间的关系体系以反抗法国和西班牙的入侵者。从这些复杂的紧张状态中，我们注意到两个重要结果：一是马基雅维里对“德行”（virtù）概念的修正，即在给“新君主”的建议中对它作的最具争议的表述，以及它在武装对自由至关重要的理论中最持久的教训；二是对亚里士多德和波利比阿混合制政府理论的研究的复兴和加强，在这种研究中威尼斯被描述为范式和神话，由于它能够成为罗马的反题，因此有助于使人们的注意力从马基雅维里的军事平民主义移开。以习惯、信仰和命运这三个概念为基础的习俗、神启和“循环”的概念仍在发挥作用，并且我们只看到一种可见的趋势（这对共和主义理论极为重要），即用腐败概念取代命运概念：可以说，这是把次要原因引入本来被视为纯粹偶然现象的手段。在这个方面，对历史的自我理解得到了强化，但中世纪的那三个概念依然如故。

接下来，我们要研究“马基雅维里主义”思想在英格兰，以及在后来的殖民地和革命时期的美洲发挥的作用；至少就英格兰来说，我们面对的最大难题是，在那里的文化中并没有出现对“积极生活”和“公民
334 生活”相对简单的选择以及共和主义对历史自我形象的改造，我们发现这是为说明它们所引起的高度复杂的概念重组而必须加以确定的。共和主义的和马基雅维里的观念必须适应受君主制、法学和神学观念支配的环境，但这不意味着要把英格兰定义为城邦，或是把英格兰人定义为公民。我们的第一个问题是，它们是如何在那儿安身的，但我们若不首先考察它们要与之竞争的意识模式，便无法完成这项任务。我们要考察这些早期的政治语言是否遇到一些问题，使人们可以方便地或必须部分地求助于共和主义词汇。

乍一看似乎可以认为，公民行动的意识形态与领土广大的君主政体（territorial monarchy）的制度或信念是格格不入的。用瓦尔特·乌尔曼的话来说，[1]权威“自上而下论”没有给国王统治下的个人留下多少职责，他只能服从等级制度中高于他的人，并把服从的义务传递给低于他的人；由社团理性而来的权威“自下而上论”，其主要作用是从理论上把人民组织成一个团体，它有足够的理智承认自己有一个首脑，自下而上的理智能够与自上而下的权威衔接在一起。福特斯库所承认的被统治的“政治体”（politice）所需要的“混合体”[2]远不是亚里士多德的城邦，而是一种理性的合作关系，能够识别合理的法律；是一种经验关

1 Walter Ullmann, *Principles of Government and Politics in the Middle Ages*（见本书第31页注1）；*History of Political Thought in the Middle Ages*（Harmondsworth: Penguin Books, 1965）；*The Individual and Society in the Middle Ages*（Baltimore: The Johns Hopkins University Press, 1966）。对其严厉的批评见Francis Oakley, “Celestial Hierarchies Revisited: Walter Ullmann’s Vision of Medieval Politics”, *Past and Present* 60（1973）, pp. 3—48。

2 *De Laudibus Legum Anglie*, ch. XIII.

系，能够产生一套得到共同记忆、使之成为其第二天性的习俗，但它不是行动的合作关系，也不是引导美德的同伴关系，人们依照其多样化的个性而理智地参与其中。福特斯库从未能够认识到，马基雅维里和圭恰迪尼所诊断出的那种困境，是政治生活本质的一部分，他也没有设计出圭恰迪尼和詹诺蒂用来解决这个困境的机制；对他而言，威尼斯是一个法律实体，其卓越之处正如英格兰一样，在于它的城市法律的古老及合理性。[1]确实，这个“混合团体”易于受到方法论个人主义的侵蚀：它是一个以君主作为首脑的实体，但它又是由有着自己头脑的个人组成的——正如《利维坦》的首页插图所示；把臣民的理智与君主的理 335
智联系在一起的问题很容易造成紧张。但是，仅仅靠理性和经验绝无可能提供把个人称为公民的理由；只有复活古代的政治“德性”和“政治动物”（zōon politikon，他有着统治、行动和做出决断的天性）的观念，才能做到这一点；只有在人们参与公民大会、做出决定的共同体环境中的“积极生活”这种意识形态，能够说明这种复活如何发生。在领土广大并行使司法管辖权的君主政体中，个人采取积极行动，首先是作为权利——对土地、对影响其土地使用权的司法的权利——的拥有者。“自下而上的”权威主要是作为一种习俗、司法和各项自由的结构而存在，它体现并维护那些权利，它与自上而下的权威结构衔接在一起，而后者的存在是为了保持它的连续性并使之得到强化。在“法律之代言”（jurisdictio）和“一人掌舵”（gubernaculum）的世界里，个人拥有各项权利和财产——即与他正当地联系在一起的“物权”（proprietas），并服从源于上帝因而绝非仅仅反映其权利的权威；关键的争论是，并且仍然是，如何把两种观念图式（自上而下的权力和自下而上的权力、“说出法律”和“掌舵”、权利和义务）整合到一起。不过可以十分肯定地说，从权利和义务、财产和责任的角度来定义个人，仍不足以使他成为积极的公民或政治动物。

故也难怪，学者们有时不仅要提出公民人文主义的价值和概念

1　见本书边码第14—16页。

在英格兰这个领土广大、拥有管辖权的君主政体中如何能够立足的问题，[1]而且要提出一个更大的问题：在什么时候、什么条件下，以什么方式，英格兰人能够发展出一种公民意识，一种自己是公共领域的政治行动者的意识。其中有一本著作值得一提，即唐纳德·汉森的《从王国到共和国》[2]，它令人信服地断定，“法律之代言”和“一人掌舵”从来没有被整合到一起，也很难联系在一起；中世纪和都铎时代的英格兰人是生活在难以克服的二元化概念图式中，作者把它称为“双重统治权”（double majesty）；这种二元状态的崩溃，汉森认为直到1642—1646年内战期间才发生，是“公民意识成长”的必要和（几乎可以这样认为）
336 充分的条件。就算这种概括是正确的，其论证看起来也多少有些过于武断，但它的好处是提出了一种历史学家迟迟不愿意承认的挑战。他所定义的英格兰公民意识的成长，确实带来一个问题；这是一个著述仍然不够充分的困难的主题；但是有证据表明，它沿着某些路线发展，并提醒我们在讨论另一个问题，即英格兰人如何学会了在把自己看作亚里士多德、马基雅维里或威尼斯意义上的在共和国中行动的古典公民时，应当谨慎前行。

有一个强有力且令人信服的论证，将圣徒的出现置于公民之前。沃尔泽在《圣徒的革命》[3]中说，加尔文教或古典清教的个人是最早的革命者，是现代欧洲最早的严重异化的人，他充满孤独感——在上帝面前的孤独——他与别人结合在一起的基础是他们对不属于世俗社会的价值负有共同的责任，并且他有一项使这些价值成为改造世界之基础的行动计划。沃尔泽称赞（虽然他并不同意）克里斯托弗·希尔的旧式马克思主义，[4]后者把清教教义的异化和积极进取精神，说成是那些来

1 参见Denys Hay 的文章，载 A. Molho and J. Tedeschi（eds.）, *Renaissance: Studies in Honour of Hans Baron*（De Kalb: Northern Illinois University Press, 1971）。

2 该书完整的标题见本书第28页注3。

3 Walzer, *Revolution of the Saints*（见第49页注3）。

4 Christopher Hill, *Puritanism and Revolution*（London: Seeker and Warburg, 1958）; *Society and Puritanism in Pre—Revolutionary England*（New York: Schocken Books, 1964）.

自破裂的封建社会形态、处于中间阶层、从事工业的人们的意识形态。沃尔泽的圣徒是教士、绅士和小贵族，他们的异化的社会根源不是封建阶级向资产阶级的转化。但是，假如17世纪英格兰流产的革命不是由中间阶层从事工业的人所为，那么它们也不是由沃尔泽所说的典型的清教牧师所为——其实，他尤其缺少对发动革命的宗派的分析。[1]流产的革命是由一支军队所为——这本身就是一种独特的现象；他们怀着千禧年的愿望，但只是部分接受它，他们的领袖是受过法律教育的小乡绅，这些人的意识形态中有深刻的裂痕，几乎达到了相当于人格分裂的地步。从他们的思想来看，他们一半是激进的圣徒，一半是保守的改良派，衷心信奉传统秩序，他们将其视为一切世俗价值，甚至是那些要改造这种秩序的价值的来源。他们的革命失败了，这与其说是因为他们人数不足（革命是少数人的事业），不如说是因为他们顽固而又可悲地相信，他们激进的千禧年主义改革必须得到英格兰古代自由的认可和批 337
准。甚至可以认为，他们的千禧年信仰是他们无法完全摆脱世俗世界的部分表现。沃尔泽所分析的纯粹加尔文教有过分的苦行和严厉疏离的特点，因此不需要对末日启示的承诺怀有幻想；但是千禧年信仰作为清教思想的一个特点，要比他所承认的更加突出。

需要为沃尔泽的画面补充上一些因素，它们表现为时间的因素。首先，需要研究圣徒的积极进取精神的末世论维度——他在其中采取行动的神圣当下，他期待着得到肯定的神圣未来；这会使我们对加尔文严厉拒绝（大概是奥古斯丁式地拒绝）对这个问题的一切思考，以及各教派稳定增长的千禧年信仰和与此相伴随的稳定增长的反律法主义[2]，进行全面的考察。但是，孤立地研究这个维度是不够的，因为我们会发现，在英格兰——显然比其他任何新教社会更突出——末日启示是民族的，是一种把该民族设想为在神圣时间中存在和行动的模式。因此英格兰的圣徒可以认为，他之得到拣选和他的民族身份有着内在的一

1　Walzer, pp. viii, 115, n3.

2　反律法主义（antinomianism）：基督教中相信福音可使教徒不必服从律法和世俗的道德与法律，只通过信仰和神的恩典即可得救的教派。——译注

致性：他是圣徒，因为他是“上帝的英格兰人”。然而“英格兰”仍然是一个顽固的民族和世俗的概念——并不存在清教徒所说的“罗格莱斯”[1]，亚瑟王传奇故事中那个神秘莫测的不列颠；因此，必须把英格兰的末日启示、“得到拣选的民族”的信条，部分地视为在一个复杂的特殊时间框架中认识公共领域的手段，它同时是一个世俗的和信仰的领域，在其中采取行动的个人同时是圣徒和英格兰人。从这个角度来看，它就变成了一种公民意识的模式，是我们打算探究的那些出现在英格兰历史中的模式之一。既然在个人对他的“得到拣选的民族”的制度之崇敬与他的选民身份要求他对其采取激进行动之间会产生对抗（克伦威尔时期的全部历史都证明了这一点），因此千禧年信仰对“现世”做出的明显让步就有着重要意义。既然它部分地是一种民族意识模式，它便能采取保守的或激进的形式；既然它可以造成激进行动和保守行动之间的困境，因此就会出现创新的问题，其形式与马基雅维里利用“德行”一词所思考的大不相同，虽然并非完全不相关。因此，可以把这种末日启示模式作为干扰“圣徒革命”之纯洁性的世俗意识的模式之一、作为预示着公民精神之古典概念将要出场的公民意识的模式之一加以研究。

338 于是，问题就成了探讨还有哪些模式可供宗教改革之后时代的英格兰人利用，以使他们能够认识他们在其中行动的公共领域和适合于这个领域的行动模式。既然有理由设想，克伦威尔派清教的困境是不同行动模式之间的困境，而其中之一是激进圣徒的行动模式，我们可以进一步设想，不同的模式（不论它们是什么样子）是与上述后一种模式一起成长的，并且在一定程度上同它有着内在的联系。追溯这个成长的过程，我们就会摆脱汉森的显然过于简单的说明——虽然它具有一定的真实性：英格兰人因为“双重统治权”的存在而无法产生公民意识，他们是由于“双重统治权”的崩溃才突然产生了这种意识。按这种多多少少有着马克思主义悠久血统的过于简单的说明，强烈的个人宗

1 罗格莱斯（Logres）是传说中亚瑟王统治的王国，疆域大体相当于现在的英格兰。——译注

教意识一夜之间就被世俗化，变成了资产阶级的理性主义，因为它不过就是一种突然出现的阶级的意识形态——虽然有不少证据显示，确实发生了意识的快速世俗化，而且需要给予解释。《圣徒的革命》中有一段很有意思的话，沃尔泽在这里步H.G.科尼斯伯格的后尘，认为革命意识的发展是就“现代国家”对意识的普遍影响做出的回应；[1]但他在很大程度上遵循着浪漫主义传统，把这个“国家”描述为一种起着校正作用的、中立的和理性化的力量，它所引发的适当反应就是个人异化的加剧。沃尔泽和汉森虽然思路大不相同，但似乎都受到“传统社会”是“现代化”死气沉沉的、前政治的对立面这种观点的影响；[2]然而，不论多么细心地加工这一概念，它都易于把我们的思考引入歧途。我们已用不少篇幅考察了“老西方人”（Old Western men）能够利用很多意识及其表述的模式，而不仅仅是传统模式；本书的写作大体上遵循的“人文主义”范式也可表明，个人在强化其与“现世”和世俗文化有关的意识时采用的模式也有着类似的多样化。

在近年来的历史拟制中，有一份令人难忘的文献指出，英格兰的人文主义把人文主义者的形象塑造成其君主的顾问，由此发展出了它自己的公民意识。这种人文主义者，就像福特斯库的法律人那样，拥有君 339
主所不具备的知识和技能，他由此为共同体贡献着自己的美德和个人参与统治的能力，从而向着亚里士多德的公民形象迈出了一步。在《能言善辩的公民和英格兰的文艺复兴》[3]一书中，亚瑟·B.弗格森通过托马斯·莫尔、托马斯·斯塔基和托马斯·史密斯这些人，追溯了君主顾问的自我形象的成长过程：他对自己所扮演的角色、自己为担任这种角色而必备的智力和政治能力、自己在其中行动的公共领域的理解的成

1 Walzer, pp. 1—2, 16. 他引用的科尼斯伯格的文章见 Koenigsberger, “The Organisation of Revolutionary Parties in France and the Netherlands during the Sixteenth Century,” *Journal of Modern History* 27（1955），335—351。

2 Walzer, pp. 1—4, 13—16, 19; Hanson, pp. viii—ix, 2, 7, 9, 11, 18, 336—344, 349—354.

3 Arthur B. Ferguson, *The Articulate Citizen and the English Renaissance*（Durham, N.C.: Duke University Press, 1965）.

长过程；这个领域被视为统治者和臣民的合作团体，他们在这里的相互关系，可以从承担着提供和接受建议的责任这一角度加以定义。随着弗格森的叙述的发展，他在某些方面更多地强调合作关系而不是等级制；我们对君主所要依靠的顾问的能力有了更多的了解，他们的关系逐渐变得不再仅仅是“好”臣民恳求“好”统治者的良心；弗格森和他的关键人物开始能够使用“公共”和“公民”这些字眼了。但是，这个臣僚团体并没有变成一个没有首领意义上的共和国，“共同福祉”（common weal）或“公共事务”（res publica）[1]仍然是一个以君主为首的“实体”，一个由各守其位的人提供建议的等级体系。（沃尔泽曾指出，特殊美德多样化的形象，在中世纪的等级制中比在相信预定论的加尔文教徒的神秘个人主义中得到了更好的保留。）[2]同样，弗格森还探索了人文主义者对英格兰出现的世俗观念的控制能力的增长，就像其他地方时常发生的情况一样，并且更加能够把该王国理解为一个在时间中经历着变化的实体；[3]不过需要指出的极重要的一点，是他认为哪些力量限制着这种增长。16世纪中叶的社会理想主义者认为，政府——咨询了该王国议会中的智慧的君主智慧——能够立法，而立法能够带来比实际存在的状况更合乎正义、更能导致繁荣的对共同福祉的分配；这些“讨论共同福祉”的人文主义者，致力于理解在社会中发挥作用的经济力量。然而，这种努力同它所带来的意识形态动力一起，却为了维护该王国的等级制、维持不可动摇的秩序框架这一中世纪的静态理想而退
340 缩了；只有一种秩序，在它之外只有混乱。

这里的要点是，弗格森对英格兰人文主义中的“公民”因素的探讨，把我们引向议会和立法的概念。我们不妨放宽视野，观察一下公民人文主义的不同版本，即可看到“公民”、既统治又被统治的“政治动物”有各种不同的地方形象。在法国的法律人文主义和宗教战争时期

1 这两个词也都有“共和国”的意思。——译注

2 Walzer, ch. V, “The Attack upon the Traditional Political World”, pp. 148—198.

3 Ferguson, ch. XIII, “The Commonweal and the Sense of Change: Some Implications”, pp. 363—400.

的政治思想中，他主要是披着既统治又被统治的下级官员（无论是“地方领主”［seigneur］还是“官吏”［officier］）的伪装出现；我们提出的问题（博丹给出了完全否定的回答）则是，这种官员组成的社会能否形成一个参政的城邦或共同体。但是英格兰在宫廷中拥有普通法和议会，这是一种国民参与协商的更紧密的组织，我们看到的不是行使其下级的或衍生性的“治权”的官员，而是更加多面性，因此也更具公民色彩的顾问形象：他可以是乡绅，代表一个郡或自治市在议会中向君主建言，根据一纸授权令状处理影响该区域的一切事务，作为整个政治团体的代表供职于“王国的平民咨政院”（commune consilium regni）。16世纪有大量绅士担任自治市的代表，他们也大量进入学校、大学和法律协会，在这些机构中接受教育，以备为君主效力，给他提建议，为争取地方官职和影响力展开竞争，而他们在其中从事这种活动的政府和司法结构，既属于君主，同时也属于他们。他们所接受的教育，从十分宽泛的意义上说，可以称为人文主义教育；在寻找具有政治积极性的人文主义在英格兰的变种，以及英格兰人可以利用的、源于人文主义的公民意识模式时，我们可以从这个世纪中期的理想主义者转向已经浮现出来的议会绅士的意识形态。

这个世纪中叶的人文主义大概接受了为共同福祉而立法的议会观，但是到了该世纪末，平民院的绅士们日益认为，议会的职能是维护自由，而自由是植根于超出记忆的习俗结构之中，从这个结构中可以找出一切重要的司法和政府建制，甚至包括议会本身。对于这种“古代宪法”的意识形态，可以借助于纯粹的结构解释加以说明：英格兰的一切法律都是普通法，普通法就是习俗，而习俗是建立在超出记忆的假设上；财产、社会结构和政府的存在，都受到法律的约束，所以它们也被 341
设想为是超出记忆的。[1]但是，假如我们认为它是一种意识形态，是作为社会动物试图找到理解自身的新方式而产生的，那么我们就可以把它描述为一种特别适合于绅士阶层的公民意识模式——他们要在议

1　Pocock, *The Ancient Constitution and the Feudal Law*, chs. II and III.

会中、在诉讼中、在运用普通法的地方治理中肯定自身。当时对“公民”（civic）一词的使用并非漫不经心。对于满怀激情地宣称英格兰的法律和自由有着古老历史的说法，如果把它描述为不过是在惰性地接受“传统社会”，那就大错而特错了。这与其说是（借用列文森的区分[1]）重传统的观点——这是保守主义的主张——不如说是死守传统的观点。保守主义是一种行动模式。把自己的王国称为一个习俗结构、把自己视为从习俗中产生的动物的英格兰人，认为财产所有人、诉讼当事人、法官、顾问和君主，都是在从事着一种持续不变的活动，一种维护、完善和传递习惯与习俗的活动，正是这种活动使英格兰人和英格兰成为现在这个样子。对古老习俗的崇拜，是法律人文主义在英格兰的特殊招牌，詹姆士时代伟大的崇古派在破坏这种崇拜的同时也肯定它，是一种十分特殊的人文主义者；无论与共和主义和佛罗伦萨意义上的公民人文主义相距多远，这肯定是一种中世纪之后的公民意识。它从传统主义角度定义了一个公共领域和其中的一种行动模式。

我们知道，习俗作为第二天性的来源，是解释一个民族及其法律如何获得独特性和自发性的最佳手段；只要一读到人民必须由适合其天性的法律来统治，那么这首先指的就是这个民族的第二天性和习惯法。主张独特性，就是主张自主性，如果断定英格兰的法律和政治中不存在不是习俗和本土的因素，这也就是在主张英格兰人拥有一种历史的、超出记忆的主权在统治着他们；他们不是，也绝不可能是他们自我塑造之外的产物。比亨利王断定英格兰是个“得到举世公认的帝国”这
342 一说法更有效[2]，它表达了普世教会也具有民族世俗独立性的主张。在

1　这一对概念在列文森的全书中一再出现（见前揭书，ch. VIII, n. 54），它们表明要对以下两者进行区分，一是仅仅传递传统，二是对传统或传递行为进行理论辩护。（笔者对这个问题的阐述参见Pocock, *Politics, Language and Time*, pp. 233—272。）《儒家中国及其近代命运》中的观点导致列文森强调，当一种传统需要从传统主义的角度进行理论解释时，它就会死亡。他对中国和18世纪后期英国的比较（这里他没有遵循上述观点）可参见他的*Liang Ch'i-ch'ao and the Mind of Modern China*（2d ed., 1967），pp. 151—152。

2　Preamble to the *Act in Restraint of Appeals*（1533）. R. Koebner, *Empire*（Cambridge University Press, 1961），pp. 53—55, 另见下页的注2。

16世纪后期的法国思想中，亦可看到主张法国教会具有自主管辖权的高卢主义同那些伟大学者和崇古派之间的亲和性，他们利用极其复杂的法国法律和制度史，论证它“自成一类”（sui generis），是它自我塑造的产物。[1]概念上虽然不那么深奥，对“古代宪法”的崇拜就像既有的法律一样，为英格兰教会发挥着同样的作用。

但是，在肯定英格兰在宗教事务上的历史自主性（在法国没有这种情况，在其他任何新教国家似乎也没有达到同等规模）时采用的方式，是构建一种民族启示录，它最初是玛丽时代的流亡者的产物，又在约翰·福克斯的《事迹与纪念》（*Acts and Monuments*）中得到典型的表达。并非不可能的是，英格兰这种重述神圣历史的观念来源，是亨利国王关于英格兰是个“帝国”的主张。就算亨利八世的臣仆只不过是想肯定其管辖地位，但帝国肯定与罗马有着密切的历史关系；诞生于约克、在“不列颠”的特洛伊和亚瑟王传奇中扮演着某种角色的君士坦丁形象，是随叫随到的。[2]但是，扮演着第一个基督徒皇帝、教皇和公会议的创建者和破坏者、“馈赠”[3]的作者或伪作者这一角色的君士坦丁，也能在最高层次上编造有关教会和帝国分离的论点。他可以表现为“与使徒相当”，建立教会以扩张帝国的权威，也可以表现为伟大的叛教者，用不正当地放弃那种权威的方式建立一个伪教会；关于这些问题的观点五花八门，令人迷惑。但是其中任何一种观点——根据相互对立的法律体系对教会做出的解释迟早会如此——必须把“基督的肉身”（the Body of Christ），或好战的教会，说成是发生在历史之中，因而也必须

1 Donald R. Kelley, *Foundations of Modern Historical Scholarship*, 特别是chs. VI, IX, and X。

2 F. J. Levy, *Tudor Historical Thought*（San Marino: The Huntington Library, 1967）, p. 83; 他引用了R. Koebner的文章：“‘The Imperial Crown of this Realm’: Henry VIII, Constantine the Great and Polydore Vergil”, *Bulletin of the Institute of Historical Research* 26（1953）, 29—52。

3 指“君士坦丁的馈赠”（Donation of Constantine），一份出现于8世纪的文件，称君士坦丁允许教皇治理罗马帝国的世俗事务，曾被长期用于为教皇权力正名。15世纪被证明是伪作。——译注

提供一个神圣历史的图式以便使其出现于其中。我们回到了这样一个时刻，世俗君主和反奥古斯丁的异端可以携起手来，他们都想否认尘世的教会拥有任何源于不变的天国秩序，并被有着超越时间的"永恒的当
343 下"之视野的上帝所授予的权威；他们都想把人类的得救与人类的历史统一起来，以便否定教皇拥有这种权威，并且解释他主张有这种权威为何是错误的。但是，假如人类历史和人类得救是同一个过程，那么历史上持续存在的不义——例如否认这种统一性的做法——就肯定是由对抗得救的力量造成的；而且这几乎已经变成了一种教义：教皇无异于反基督分子，无异于末世论戏剧的众多版本中描绘的那种基督再世的骗人形象。[1]教皇的错误不在于他关于弥赛亚就要降临的主张，而在于他断定基督存在于整个时间之中，在于圣餐的本质和教会的制度。反教皇的虔诚君主掌握着纯粹世俗的权威，主宰着基督尚未返回的时间，并且知道他会重新降临。与罗马教廷所维护的虚假的永恒相比，"现世"（saeculum）更真实地符合基督徒的信仰。新的激进圣徒人人意识到自己在上帝面前极其孤独以及每个信徒与上帝都有着极其独特的关系，就算他们不认为世俗君主行使着类似于基督的权威（有些人或许会这样认为），他们仍然把他视为一个见证人，视为有关基督再世之真理的见证人的保护者：他是法官，至少是一个新以色列的先知的保护者。

但是，英格兰启示录的发展，也来自于英格兰要对它自身在神圣历史剧中的表演承担责任的环境。从某种意义上说，帝国神话和启示录神话不过是设计这种新意识模式的工具。在对福克斯的具有原创性的现代研究中，哈勒指出——他与沃尔泽的立场大不相同——玛丽时代流亡者的领袖并不是叛乱者，"而是一个被废除的等级和知识阶层中的上层成员，他们怀有一种以正当手段重新获得正当权力的愿望"。[2]使他们确信自己的民族得到拣选的来自天国的讯息——玛丽之死和伊

1 William M. Lamont, *Godly Rule*; Christopher Hill, *Antichrist in Seventeenth-Century England*（London: Oxford University Press, 1971）.

2 Haller, *Foxe's Book of Martyrs*（见本书第49页注3）, p. 85。

丽莎白的出现——可以确保他们正当地回国，使他们不必再诉诸于诛杀暴君和叛乱；此事若拖延太久，他们能够朝着真正革命的异端的方向走多远，我们不得而知。关键在于此事并没有拖延，他们视为反基督分子之对手和真理之见证人的“帝国”仍然是“英格兰”——一个世俗法律、世俗正当性和世俗历史的混合体。这个混合体处于末日启示的 344
时刻，被赋予末日启示的角色；我们看到了世俗生活使末日启示成为必需这一观点的另一例证；但是，在它与我们所看到的上一次发生的这种事情之间，却有着重要的不同。对于萨伏那罗拉来说，对佛罗伦萨的末日启示角色的肯定，同时包含着对该城市的世俗历史的肯定和否定；正是佛罗伦萨人的“第二天性”使他们适合于启动教会的革新，但“第二天性”也会在这种革新中被消灭。对于都铎时代英格兰的法学家和王朝拥护者来说，革新（假如他们想到过这个字眼的话）首先是指恢复对他们自身的正当管辖权（甚至圣徒的头脑也有着严重的法学倾向）。但是管辖权——尤其是对于那些习惯于从先例和习俗角度思考法律的人——必须深深植根于过去，而这个过去必须不断得到肯定。因此，认为英格兰占据着一个在末日启示中得到拣选的时刻的观点，便导致了认为英格兰在整个教会史中被赋予一个特殊角色——这大体上同维护自主管辖权相一致。大主教帕克，以及约翰·福克斯，都在努力发现这种历史的细节，亚里马太的约瑟夫、君士坦丁、约翰王、维克利夫和伊丽莎白，都在其中起着重要作用；[1]英格兰在神圣历史中具有独特性的观点，在弥尔顿那句被广为引用但十分缺少“约翰牛”[2]风格的话中达到了顶点：上帝现身，“按他一贯的做法，首先是现身给英格兰人”。[3]

因此，英格兰的末日启示是面向过去的，至少最初倾向于后千禧

1 Haller, pp. 63—70, 108—109, 137—138, 149—172; Levy, pp. 87—97, 101—105, 114—123.

2 John Bull，是18世纪英国作家约翰·阿布什诺特笔下的形象，后来成为英国的代名词。——编注

3 Milton, *Areopagitica; Works,* IV（New York: Columbia University Press, 1931）, p. 340.

年主义的主张，即被魔鬼捆绑的一千年已成过去，与反基督分子的决战就在眼前；而不是倾向于前千禧年主义的主张，即宣告万物更新已经临近的基督和圣徒的千年统治。前者更有可能肯定现有制度的正当性，后者则宣布它们马上就会被超越：萨伏那罗拉曾使这两种态度极为接近，但在这里它们看起来相距甚远。它们之间的不同是选择和侧重点的不同；后千禧年主义者可能仍然期盼着基督在尘世的统治就要到来，但经常以他的决定让人觉得他没有这种期盼；但是，现在我们要再回过头来研究作为一种公民意识模式的末日启示。“得到拣选的民族”（the Elect Nation）——被认为处于神圣历史的一个时刻并拥有一
345 种前景的英格兰，是一个行动的舞台；由它的结构所定，个人（作为“上帝的英格兰人”而不是单纯的圣徒）在其中扮演着一个角色。但是，他的行动模式能够并且确实是以不止一种方式来定义的。他是“信神的君主”的臣民，这个君主大概还是君士坦丁的继承人，他统治着“得到拣选的民族”，保护他们对抗反基督分子的入侵；这个臣民的行动是以他的服从为界限；福克斯令人信服地表明，对于他笔下的清教徒说来，劳德派主教们的罪过在于他们贬低君主的权威，而不在于他们使之成为绝对权力。[1]但是，英格兰的独特性和它免受反基督思想侵染的纯洁性，也可以从它作为一个习俗的共同体的古老历史来认识；上帝的英格兰人的活动是普通法传人的活动，他从祖先那儿继承了财产、自由和习俗，并在永不停歇地使之完善的环境中把它们传给后代。对于1628年的人来说，重新肯定《大宪章》，与同国内外反基督分子的斗争几乎是一回事。[2]但是归根到底，上帝的英格兰人的活动终归要被视为清教圣徒的活动；“得到拣选的民族”与选民共同体的联系清晰可见。假如重点是放在前者，个人的责任就是服从君主、延续习俗、维持王国；假如放在后者，选民便可以做天职要求他做的事，政治行动的舞台可以完全由

1 William M. Lamont, *Marginal Prynne, 1600—1669*（London: Routledge and Kegan Paul, 1963）, pp. 15—21.

2 参见罗斯反驳曼瓦林的演讲，载Cobbett, *Parliamentary History of England*, II（1807）, 377—379。

他们与上帝、与他们在这种行动中相互之间的关系构成。很容易理解，上帝的英格兰人，也许要在作为英格兰人而行动、作为传统的政治动物而行动和作为圣徒而行动之间做出选择。但是这样的观察是否能看到问题的根本，并不那么确定。

可以说，英格兰的末日启示——在新教现象中似乎不存在类似的事情——是由于英格兰新教徒强烈参与其王国的世俗制度而发展起来的；他同时是伊拉斯图派和千禧年派，把自己的选民身份视同于他在一个历史性民族中的成员身份，他将神圣历史加以改写，使之与他的选民身份相协调。不久前的一部研究约翰·福克斯与约翰·克诺克斯之间十分密切的关系的著作认为，后者相对而言几乎没有历史上的苏格兰民族意识，在1637年以前苏格兰加尔文教派的末日启示思想中，也没有类似于“得到拣选的民族”那样的对苏格兰历史的系统解释。[1]假如是一种世俗信念迫使清教圣徒走向末日启示论，那么我们就必须把他 346
看作并不像沃尔泽所说的那样疏离于社会秩序及其治理；我们必须重新评价沃尔泽没有研究的清教徒思想中的反律法主义的作用。导致反律法主义出现的典型情况是，信徒们感到上帝或圣灵的权威直接统治着他，它高于并废除了他过去认为发出他得救所必需之命令的律法的权威；在极端情况下，他可能象征性地破坏旧律法，以表明他已经超越了它。就摩西律法而言，基督徒是反律法主义者，就圣子时代和圣彼得继承者的权威而言，他是约阿西姆派的唯灵论者。对于现有的权威形式来说，前千禧年信仰几乎都是反律法主义的。但是，若把反律法主义当作一种宗教社会学现象，我们认为它是那些严重疏远教会和世俗长官权威的独立教派具有的特点；在再洗礼派（anabaptists）、门诺派（Menonites）和另一些激进改革的教派中，存在着有关这种现象的大量证据。在清教的克伦威尔时期，当然也有各式各样反律法主义的激进教派，但是一般而言，他们的特点在于，同他们的瑞士、日耳曼和荷兰的信友相比，他们有着更大程度的政治化，有着更大的意愿在政治、法

1　Arthur H. Williamson, “Antichrist’s Career in Scotland: The Imagery of Evil and the Search for a National Past”，未出版的博士论文，Washington University, 1973。

律和财产分配这些领域提出世俗改革的方案；历史学家的问题就是搞清楚，这是否仅仅反映着在加尔文教与千禧年信仰、世俗官员的改革与激进改革之间的不同对于较具自我意识并受到统治的英格兰社会的影响。

这有可能只是程度上的不同；同样的疏离感、同样的有关腐化堕落的信念和改变信仰的经验，导致了加尔文教派中的人格自律精神的胜利，导致了宗派人格中的反律法精神的胜利；沃尔泽故意略去对教派的分析，也许是在暗示：做出更多的简单推断并不足以解释反律法主义现象。正如我们已经说过的，如果同意这一点，那么英格兰的圣徒并不是激进地疏远世俗秩序，相反，他积极地参与其中，他的末日启示信仰是这种参与的手段和产物，加尔文教和千禧年信仰之间的不同不再仅仅是同一个疏远过程中的两个阶段。关键时刻是，最初相信因为他参与到其制度之中而使他的“民族”得到拣选的“上帝的英格兰人”，此时开
347 始相信这些制度的全部或一部分不值得被拣选的民族为之付出操劳。拉蒙特认为，这个时刻就是——在1641年或1643年经常可以看到这种情况——信徒放弃福克斯的末日启示，转而赞成托马斯·布莱特曼的末日启示的时刻，后者宣布，英格兰教会不过就是《启示录》第三章中的老底嘉教会（Laodicea），而费拉德尔菲亚教会（Philadelphia）已经存在于某处或是就要来临。[1]这显然是反律法主义的时刻；但是，选民现在所拒绝的律法（既然被拒绝的教会是“按照律法建立的”教会）有着世俗的性质并拥有人所共知的历史，现在必须对它进行重新评估和审判。教会、君主制和议会本身一个接着一个进入了这个极特殊的场景，每一次都使英格兰历史中新的一部分被否定和改写；当更加反律法的“上帝的英格兰人”运用其政治能力设计新制度以取代它们时，老派的英格兰人则闷闷不乐地求助于古代制度，即使它没得到拣选。威廉·普莱恩——仍按拉蒙特的分析——露面了，他毕生信奉“得到拣选的民族”，临终前喜欢上了古代宪法；他在最后的生涯中研究伦敦塔的档案，希望从中找到议会的起源，同时把自己比作“在耶和华殿里得了律

1 Lamont, *Marginal Prynne*, pp. 59—64; *Godly Rule*, pp. 49—52.

法书”的大祭司希勒。[1]可是伦敦塔里并没有圣约，只有习惯和先例。

不管是激进还是保守，上帝的英格兰人可以在无意之中将他们的思想世俗化，无论他们是肯定还是抵制我们现在可以视为反律法主义的革命冲动，这是完全信奉英格兰制度的自相矛盾的结果，这种信奉使千禧年派觉得受到了召唤，要对那些制度加以改造，即使这样做会使他们成为理性的功利主义者；保守派则会放弃他们为了肯定自身的意义而接受的末日启示。古代宪法和“得到拣选的民族”之间有着复杂的辩证关系，所涉及的主题不止这两个。但是——以事先展望内战和克伦威尔时代作为代价——我们现在已经建构起了公民意识模式的概貌，在探讨马基雅维里式的人文主义在英格兰的起源时可以把它铭记在心。如果说曾经有过一个时刻（有人把它定位于都铎世纪的督政萨默塞特统治时期[2]）“共和派”人文主义者想利用议会的立法权建立社会 348
正义的统治，许多势力却密谋将它绞杀。纯粹是出于害怕混乱，迫使人们顽固地把英格兰看作一个等级制国家；绅士们决心保留他们对土地和地方官职的既有控制权，他们纷纷加入议会、学校和新的意识扩张之中，这种决心使他们的意识形态将议会当作宫廷，将政治活动当作对习俗遗产的维护。新教徒的核心成员从流亡中归来，也带回一种意识形态，它既要影响信奉制度的英格兰人，也要影响有着严重疏离感的圣徒，他们试图通过议会中的行动来落实他们激进的教会改革方案，为它开启了要求甚至可以对抗王权的政治创议权的历史。最终也绝无可能迫使他们放弃利用议会去贯彻清教徒的要求，他们的努力既破坏了王权和议会的团结，也在坚信制度有着古老历史的绅士和法律人与活跃分子和有组织的圣徒之间，建立起一种奇怪的合作关系，它既使清教徒的思想发生分裂，又为它注入了动力，既导致了下个世纪的革命，也导致了那场革命的失败。

1　Pocock, *Ancient Constitution*, p. 159, 全面的讨论见pp. 155—162; Lamont, *Marginal Prynne*, pp. 175—192。（译按：这段话中的引语见《旧约·列王下》22.8。）

2　W. K. Jordan, *Edward VI: the Young King* （Cambridge, Mass.: Belknap Press, 1968）, pp. 416—426, 432—438; Ferguson, *The Articulate Citizen*, pp. 271—273.

“上帝的英格兰人”是个复杂的动物。如果说有圣徒的革命，那么也有君主顾问的革命。但是，议会绅士从地方教区委员会、信众和普通法中所学到的，是一种把议会组织成各种委员会的技术，它既能对抗宫廷，又能发明新的先例和有关古已有之的新主张。这与古典意义上的公民相去甚远。意识和行动的新模式数量不少，但在当时尚没有办法把政治共同体设想为这些相互作用的模式的综合，而我们已经知道，这是城邦理论的本质。从某种重要的意义上说，伊丽莎白之后的英格兰确实仍然缺少充分发展的公民意识，它仍处在双重统治权教义的笼罩之下。1614年以前，甚至1649年以前的论战文献表明，有极为精致的关于王权和权威的理论，有极为精致的关于特权和习俗的理论，还有对它们的宗教般的崇敬，却没有把它们合并在一起的手段。但是，如果说这反映着公民意识的缺乏，倒不如说这种意识过剩，现有制度和观念图式无法容纳它们。在1640年代和1650年代出人意料的崩溃过程中，既有激进的也有保守的努力，重申作为公民的英格兰人生活在一起的条件；
349 正是在这种努力中，古典共和主义理论发挥了它的作用。

二

于是，习俗和神恩——本书所用基础模式三个成分中的两个——便被用来解释都铎时代后期具有高度自主性的英格兰，并为它提供了它自身在时间中的特殊的并具有连续性的形象。我们现在要探讨这样一种环境，它使利用这个模式中有关特殊性的第三种语言，即以命运和美德的概念作为基础的语言，变得十分重要。在佛罗伦萨，只是当共和主义意识达到一定强度时，它们才变成了关键性的概念。伊丽莎白时代的英格兰人很熟悉这些概念，勤勉研究有着共和主义形式的人文主义政治理论的人也不在少数——莎士比亚的《科利奥兰纳斯》只能演给这样一些观众看，他们对平衡权力的共和国乃阻止公民美德腐化所必需这种观点很感兴趣；[1]但是他们自己并不是共和派。因此，在他们的历史和戏剧作品中有大量讨论“命运”的文献，把秩序作为压倒性的主题；“命运之轮”（the Wheel）的形象被用来警告个人，要提防有可能使他不守本分的过度野心。[2]这与古典时代的公民观并非完全不兼容；在一定的限制之下可以说，“少数”和“多数”是必须安守本分、践行他们各自美德的等级，就此而言共和国和等级制是一回事。然而，在自上而下的链条中各就其位的成分，与相互制衡的成分是大不相同的。后一种秩序是动态的；平衡是由各成分之间的反制力、由对抗的活动维持的，这些成分必须相互之间形成一种关系，同时又要维持它们各自的固有性质（或美德）。我们知道，多纳托·詹诺蒂探讨过各种活动的平衡开始导致矛盾的时刻之含义。按波爱修斯的最后分析，参与公民活动的生活的代价是，它易于受到命运的伤害；共和国，即每个人因他的活动而得到定义的共同体，是一个以其政治形式对抗这种伤害的共同体。国家和民族，就像个人一样，可以因为野心作祟把它们缚于命运之轮而兴衰，但是只有共和国要求个人用自己的美德去对抗命运，这是他的政治 350
存在的前提。美德是共和国的原则。

由此可以推断，只要把政治社会设想为积极行动的人的共同体，即有望看到有关美德与命运的两极对立的迹象，以及（鉴于佛罗伦萨文学在整个欧洲的传播）真正理解并分享马基雅维里的主要关切问题的迹象。但是我们还曾指出，在宗教改革之后的英格兰，这种意识必须同另一些意识——等级制、习俗的共同体、得到拣选的民族结构——进行竞争，后者把个人定义为公共行动者，同时又把他的活动限定在与马基雅维里所说的其生存要依靠自身美德的人相比较低的水平上。只要存在这些意识模式，就难以把英格兰人想象为马基雅维里式的公民，或把英格兰想象为马基雅维里的罗马；只要个人是在稳定的道

1　见Huffman，前揭书（本书第284页注2）。

2　Levy, *Tudor Historical Thought*, pp. 212—225. 在贵族及其依附者中十分流行的“命运”观念与宫廷派的观念很不同，但与后者中流行的传统形象并没有根本的不同，参见M. E., *James, Past and Present* 48（1970），71—78；60（1973），52。

德权威框架内行动，对马基雅维里的意识就只能局限于——并且会歪曲——其思想中具有破坏性和道德颠覆性的一面。对这种歪曲可以通过以下假设做出进一步的解释：只有充分理解和探究他的共和主义，才能充分理解他的道德颠覆性。对这位《君主论》的邪恶作者感到震怒的基督教君主的臣民，是不太可能以正确眼光看待事物的。[1]

如果我们假定，真正的马基雅维里主义是要寻求这样一个政治社会，它高度自觉地意识到，它的“生存”（vita）就在于“积极”创立它自己的道德观，那么英格兰最早的马基雅维里主义者是廷臣这一点便意味深长。宗教改革以后的英格兰仍是一个君主制的社会，君主周围的小社会是一种人们开始强烈意识到自己是积极的统治者的环境。从理想的角度说，宫廷对自身的看法是柏拉图式的，它实行等级制，就像行星在规定的轨道上围绕着太阳旋转；甚至当事情变得十分明显，格林威治和白厅并不是美丽而无害的乌尔比诺，而是骚动、残忍，虐待成性的权力场，老眼光仍会使命运之轮保持着悠久的中世纪意义上的廷臣生活的形象。他的垮台不过是因为他想高升。但是，这类文学也透露出一种（奥古斯丁和波爱修斯虽不接受，但能够理解的）认识：廷臣是身不由己的人。他有自己的“德性”、自己的“天性”（ingenium），它使他采取
351 行动，既追求效劳又追求权力，而这使他面对“命运”。越是认识到这一点，宫廷就越会成为一个有自身道德法则的世界，廷臣由其性质所定，不但必须面对那种生活不安全，还要面对它的道德困境。这种意识在后来的查理一世时代的表现，见于温特沃兹决定接受爱尔兰总督一职时，爱德华·斯坦霍普爵爷写给他的伟大信件。[2]但是，虽然伊丽莎白和詹姆士一世的宫廷中出现了很多值得铭记的语言，表达对其又恨又爱的感情，但并不存在达到了马基雅维里或韩非子那种政治观水平的廷臣生活指南或手册。作为一个政治共同体的宫廷对人来说并不十分自

1 对英格兰的反马基雅维里主义最出色的研究见Felix Raab, *The English Face of Machiavelli*（London: Routledge and Kegan Paul, 1968）。

2 Perez Zagorin, “Sir Edward Stanhope’s Advice to Thomas Wentworth ...” *The Historical Journal* 7, no. 2（1964）, 298—320.

然；参与其中的人格及其表现都是贫乏的；只有共和国能够提供全面的道德挑战。

也许可以认为，宫廷的政治化意识的某些因素已经转移给了“乡村派”；不满的贵族和绅士在议会和郡县中强化了他们的共同体意识，英格兰被想象为一个共和国，各个等级与君主之间有着动态的关系，它易于受到命运的破坏，并且能够从近似于马基雅维里主义的角度加以描述。但是，我们这里的语言必须仍然是尝试性的。以来自上帝并且规定各等级安守本分的权威这种中世纪形象作为核心的传统表达模式，依然十分强大。因此只能设想，共和主义观念必须缓慢而渐进地与一种主流对抗；而且，当我们面对——我们也确实面对——一些明确的马基雅维里式的零散思想时，又有进一步的难题，它们可能经过了所谓塔西佗主义的表达模式的过滤，而后者与马基雅维里主义有着含糊不清的关系。[1]塔西佗主义的观点接受君主的权威，将其视为自然的（或至少是既定的）而不是具有创新精神的，这使它能够接受对马基雅维里的一般谴责，即后者对权威的怀疑态度达到了无神论的程度；但它重视廷臣、元老和其他贵族同既妒忌又多疑的君主的关系，因此能够用马基雅维里的方式描绘出一个骚动而又危险的政治世界，后者无论如何都是一般权威结构的组成部分。塔西佗式的君主确实多疑，因为他自然而正当地统治着的人充其量也就是真实的（或堕落的）世界能够允许其存在的人；但是他也许无法阻止他的怀疑倾向走极端，使他的权力的自然而正当的功能受到扭曲——不言而喻，多疑乃是专制者的特点。培 352
根笔下的亨利七世是一个大体上能够成功约束自己的猜疑的君主的画像，但是我们不止一次被告知，这个国王的贵族虽然对他不感到恐惧，但他们与他的合作并未超过必要的限度。[2]

1　Levy, pp. 237—251; Peter Burke, “Tacitism”, in T. A. Dorey（ed.）, *Tacitus*（New York: Basic Books, 1969）.

2　Bacon, “History of the Reign of King Henry VII”, *Works*（eds. Spedding, Ellis, and Heath, London, 1890）, V, 242; “Of Empire”, V, 422. Levy, pp. 252—268. 评价了塔西佗风格的历史写作在培根和约翰·哈瓦德爵士作品中的典型表现。另见他为他所编辑的*The Reign*

如果把这种塔西佗式的、马基雅维里式的或有着其他来源的语言用于描述国王同他的英格兰王国中各等级之间的关系，那么在描述这个王国的稳定问题时，就不能仅仅采用都铎时代的作家用来讲述兰开斯特和约克战事的观点。在伊丽莎白之后的廷臣中有些最强大的（也是不幸的）理论家，从他们的作品中可以看到——听从了上述告诫——这种事情已经开始发生的迹象。福尔科·格莱韦尔的长诗《论君主制》（*Treatise of Monarchy*），从表面上看完全赞成权力自上而下论，国王的权威是绝对的，不应受到人们的反抗，贵族制和民主制作为另一种主权模式，与君主制相比无任何优点可言。但它的存在仅仅是为了对付尘世的不完美，而这种不完美是变化、革新或堕落的结果。“在史前”有个黄金时代，那时秩序自行维持，不需要刀剑或权杖的统治，但是

> 某种怪异的历史潮流
> 已吞没了那样的社会关系，
> 这景象显示它只属于往夕的日子。[1]

“历史时间”（The tymes of story）始于人们需要由主权者来统治，必须用对他的敬畏来维持他们的秩序。他不仅是实施人们不再自愿服从的永恒法律的法官，而且是运用操纵性的治国术的统治者，以他的臣民不完全理解的方式，将治国术施用于混乱、恐惧和追求权力的他们。作为技艺，这是一种秘术，由于被施用者不再完全是理性的；由
353 于国王也是人，也分担着普遍的堕落，因此这种技艺对他来说可能也是秘术。在堕落的尘世，甚至神授权威也具有“实践”（praxis）而非纯粹规范的性质。使国王拥有绝对权力的，是道德不完美的事实，因此必然的结论似乎是，绝对权力本身在道德上也是不完美的。通过国王，上帝

---

of King Henry VII（Indianapolis: Bobbs-Merrill, 1972）写的导言。

1 G. A. Wilkes (ed.), *Fulke Greville, Lord Brooke: The Remains, Being Poems of Monarchy and Religion*（London: Oxford University Press, 1965）, pp. 34（第1节第1行），39（第18节第3—5行）。

吩咐事情只能如此；但即使国王可能也不清楚为何如此。国王作为上帝的代理人执行他的裁决，与征服者作为上帝派来的惩罚者实施惩罚，这两者之间差别很大，但并非不可弥合；在这一背景下，许多作家和布道者都谈到上帝在以色列人拥有国王时对他们发出的警告的含糊性。格莱韦尔在谈到这一古典主题时解释说，"强大的暴君"只要愿意，可以采用几乎与明君一样的统治方式[1]。亚里士多德谈过这个题目，马基雅维里也曾令人不安地利用过它。但是，使暴君的统治具有美德的，不是讲道德的智慧和理性，而仅仅是世俗的精明审慎，他并不完全理解他本人的美德的原因。我们又回到了马基雅维里笔下那个"半人半马的怪物"（centaur）的世界，这里有个令人不安的建议，一切国王最初都是半人半马的怪物——至少其天性的一半是"强大的暴君"。

国王的权威和他的智慧之间有一种关系：权威是绝对的，因为智慧是不完美的，既然在智慧的不完美方面国王跟任何人一样，所以上帝对全体堕落的人行使的权威虽然被置于作为国王的个人身上，并且它必须是绝对的，但只能审慎而理性地行使。于是就可以说，由于国王的智慧同他的臣民一样不完美，他应当参考他们的法律和习俗，在定期或不定期的议会中听取他们的意见。但是，上帝之下的权威只归他一人，因此绝不能强迫他听取法律或议会的意见，他这样做只能是因为精明审慎要求如此。但是，这也不过是说，他的自上而下的权威，由其不完美的智慧所定，要与他的臣民的不完美的智慧汇合在一起，以期双方可以集思广益；如果经验与理性有着相同的性质，那就可以说，首脑和成员形成了一个相当理性的"混合体"（corpus misticum）——如果理性也能够分等级的话。但是詹姆士一世的头脑却把重点从咨询臣属转向了治国术。在国王和人民双方的不完美智慧相遇时，如果认为人民是有贪欲的、可怕的和混乱的，那么国王不仅要对他们行使雷霆般的权力， 354
不仅要以他的精明审慎去利用他们的经验，而且要对他们施以操纵的秘术。[2]为此，他必须拥有不为他们所知的技艺；他大概还要理解他们

1 Wilkes, pp. 78—82（第171—191行）。

2 这大概就是当时对以下道德问题十分着迷的原因：君主在多大程度上可以对

自己并不了解的他们的天性；但是可以认为，他的权威受到智慧的不完美性（在这一点上他本人亦不是例外）的影响，因此他的治国术所需要的技艺甚至对他而言也是秘术，由此可以设想，在与各个等级的臣民相遇时，他既可以是操纵者，也可以是被操纵者，首脑和成员展开竞争，相互实施着治国术。但是，都铎时代对自上而下的权威的热情却为此设置了最有效的障碍，认为对这种事情只能给予否定。然而我们还是能够看到，当发展到必须承认各等级都在施展着各自积极而有效的治国术，少数和多数都利用“治国秘术”（arcana imperii）时，将“混合体”重新道德化的唯一手段，是把它改造成一个共和国，其正确的含义是不同的美德和智慧之间的合作。这个共和国可以被视为对智慧的不完美性和时间的失序做出的反应，甚至比君王自上而下的权力更有效；或是可以被视为“史前”黄金时代的恢复。然而对于詹姆士一世的臣民来说，对这个王国进行观念领域的——更不用说现实的——重建固然很好，却是不可想象的。

因此，把公民思想，甚至马基雅维里的思想与君主制的主导范式结合在一起是有可能的。当君主自上而下的权威与各个等级的公民能力相遇时，可以认为它们分别贡献着各自的经验或活力——随着议会两院日益学会了采用创议权，后者也变得日益明显。上院代表贵族，下院代表平民，而且不缺少将它们称为少数和多数的古典语言；因此，没有多大必要去确定英格兰政府最初是在什么时机下，被说成用古代最杰出哲学家所证明的方式把君主制同贵族制和民主制结合在了一起。[1]
355 只要权威基本上仍属于国王，他与贵族和平民协商的需要就仍然只是出于精明审慎，而散发着亚里士多德和波利比阿的混合制政府气息的

一个不道德的臣民隐瞒自己，但实际上又不是在欺骗他。参见George L. Mosse, *The Holy Pretence: A Study in Christianity and Reason of State from William Perkins to John Winthrop*（Oxford: Basil Blackwell, 1957），此书认为清教徒和马基雅维里的思想路线是交汇在一起的。

1 Corinne Comstock Weston, *English Constitutional Theory and the House of Lords*（London: Routledge and Kegan Paul, 1965），pp. 9—23.

语言，从技术上说是不适当的。但是，并非不为人知，并且我们也会看到的情况是，当君主制的范式崩溃、国王被迫同意他是与别人分享权威时，可以把英格兰政体描述为国王、贵族和平民之间的平衡关系的术语已然存在。

然而这里的要点是，平衡或混合制政府的规范理论与都铎时代自上而下的权威观是不相容的，共和主义理论的成分最好是用于没有完全得到正当化的局势。当国王受到最少的法律甚至是“秘术”的指导、上层和下层等级的独立意志最活跃、最不受正当权威的主导时，君主最有可能表现出马基雅维里的风格。因此，詹姆士一世时代的人对治国术的研究中，最有可能依靠共和主义传统中那些赋予国王、贵族和平民以明确特点——利益、性情和特殊性——的因素，并思考他们会有怎样的冲突或如何加以协调。对次要原因的关切（这往往表现为研究詹姆士一世时代的历史拟制的特点）就是以这种方式出现的，并且是马基雅维里式的和怀疑论的，而不是乐观的和科学的。

最近，研究沃尔特·雷利爵士著作的权威人士，要把《国家要义》（*The Maxims of State*）从雷利所写的著作清单中删除——就像早先删除《内阁议事会》（*Cabinet Council*）一样——同时却又同意它可能是从他的文稿中找到的，是“他的文献的一部分”；[1]没有理由认为《国家要义》与《内阁议事会》相同，虽然后者在当时的人、大概还有少数廷臣看来就是由他所写。[2]但是，如果雷利知道《国家要义》一书，那么他所知道的就是这样一本著作，它列举了古典政体类型，无论好的还是坏的，纯粹的还是混合制的，并对它做了丰富，把君主制进一步划分为等级制的和选举制的，绝对的和混合的，世袭的和通过征服获得的，而且思考了维持每一种类型的手段，将其分为以伦理为中心的“规则”和不以它为中心的“诡辩”。《国家要义》以不赞成的态度提到了马基雅维里，但当时的任何读者都会把它视为“马基雅维里主义的”著作，也 356

1 Pierre Lefranc, *Sir Walter Ralegh Ecrivain*（Paris: Armand Colin, 1968）, pp. 67—70.

2 Lefranc, p. 64.

就是说，它是一部讨论“国家的理由”（ragione di stato）的著作，用智慧去维护正当或不正当的统治形式。令人难忘的是，该书有不少内容讨论的是分别适合于君主制、贵族制和平民国家的分配武装的方式；[1]因为我们知道，这应被看作遵循佛罗伦萨传统撰写的著作的一个特点，武装的分配方式是使贵族制或民主制、自由或腐败何者得势的最重要的“次要原因”；雷利早先对这个题目的理论研究表明，对它在《议会特权》（*Preogative of Parliaments*，世所公认出自他的手笔的著作中，最大胆、最具原创性的一部）中的突出地位做出解释是有价值的。这是一篇枢密顾问和太平绅士——两人都供职于下议院——之间的对话，它首先分析了斯图亚特历朝国王与他们的议会之间的失序关系，我们对它感兴趣，是因为这两个人的社会分析具有“马基雅维里主义的”特点。[2]全书弥漫着嘲讽和神秘的性质，枢密顾问变得越来越飞扬跋扈和腐化堕落；书中认为是审慎，而不是责任意义上的正义感，使国王要顾及他的议会的愿望，目的在于使其依附于他，同时又要使他自己保持完全的行动自由。但是，对于雷利同意王室的权威具有正当性，没有任何必要假定他有嘲讽之意。他仅仅是表示，由其性质所定，对于行使这种权威的方式，只能以嘲讽的态度看待，也就是说，它只能是治国术。国王的统治要运用技艺，也就是说，他所统治的世界不是一个完全可知的世界，因而也是一个易变的、易于受到次要原因危害的世界。正是在这个背景之下，我们从雷利那儿获悉，国王在与他的议会打交道时的部分问题是，过去由大贵族拥有的私人军队已经衰落。维持军队和士兵现在成了公共权威的事，要由公共资金来支付。[3]

我们在这里无疑看到，英格兰人直接意识到了他们的社会和政治生活中正在发生的变化。人人都知道约克和兰开斯特的战事，参战的军队追随的是权贵和势力强大的臣民。由于不存在主导性的文学范式可

1 Oldys and Birch（eds.）, *The Works of Sir Walter Ralegh, Kt.*（Oxford: at the University Press, 1829）, VIII, 1—36.

2 同上, 157—221.

3 同上, pp. 163, 183—185.

以用来解释有关家臣和“伪封建制度”（bastard feudalism）的知识，我们只能接受文献证据，它们表明确实存在着一种传播这些相当晚近的现象之记忆的口头传统。直到17世纪晚期，在演讲和小册子里仍可以找到证据，它们提到“蓝外衣”和“制服和徽章”的方式表明，听众很清楚 357
这些侍从家仆的标志（绅士们穿戴这些东西以表明他们是大领主的依附者），并且在想到这种事时并不愉快。[1]但是，雷利跟其他人一样，明确采用了权贵已失去其过去的军力的说法，以便提出一种一般性的假说，即国王、贵族和平民之间的社会和政治关系已经发生了变化；《议会特权》中的这段话构成了一种日益增长的历史意识的一部分，即英格兰有一个封建的过去，而佛罗伦萨的传统，即武装的分配方式反映着政治能力的配置方式，则提供了一种适当的范式背景，使人们日益意识到这个过去对于解释英格兰政治变迁的重要意义。雷利很了解自己的马基雅维里，而弗朗西斯·培根——他对马基雅维里的了解程度也值得大书特书——在其《亨利七世传》（*History of Henry VII*）和《文集》（*Essays*）中不仅提到自耕农摆脱了对其领主的军事依附，而且在着重讨论帝国、扩张和国家的伟大时，谈到了步兵乃军队之中坚的观点。[2]他遵循把坚毅勇敢的英格兰自耕农与悲惨的法国农民加以比较的传统（它由福特斯库做了最权威的陈述），认为使前者成为战士的因素，也使得不经他们同意就难以对他们进行征税和统治；[3]但是，只要在马基雅维里的语境中表述这种传统，那么它似乎肯定赞成这种语境。

可见，詹姆士一世时代的思想是有马基雅维里主义成分的：即对

1　参见Andrew Marvell, *An Account of the Growth of Popery and Arbitrary Government in England ...*（London, 1677），pp. 74—81：“他们都很清楚这一点，”（指下议院的派系成员）“自己归属于哪个贵族，因为他们过去都穿戴着特别的外衣和徽章。”另参见下面的Henry Neville, p. 418。

2　Bacon, “History of the Reign of King Henry VII”, *Works*, VI 93—95; “Of the True Greatness of Kingdoms and Estates”, V, 446—447. N. Orsini, *Bacone e Machia velli*（Genoa, 1936），此书仍然是一本研究这种关系的重要著作。

3　Fortescue, ed. Plummer, *The Governance of England*（London: Oxford University Press, 1926），pp. 137—142.

英格兰政体做出“马基雅维里主义的”说明，把它描述为由军队、治国术和道德暧昧性结合在一起的一人、少数和多数。从这种说明不必走得太远，即可建议在共和政体更高的（即或仍非不含糊的）道德水平上对它进行重建。但是，只有君主制的崩溃和内战才能使人们实际迈出这一步。只要自上而下的权威接受自下而上的习俗，国王尊重其臣民特权的
358 义务就仍然是出于审慎；这不是在他和他们之间划分和分享权威的结果。约翰·皮姆这位未来的革命领袖在1628年谴责曼沃林说，他对权威自上而下观的表述太过分，以至于意味着君主对每个人的利益都享有权利，他采用的语言便很有意思地显示着这一点。他说：

> 所谓政体，就是让国家的每个部分和每个成员致力于共同利益；各部分把自己的力量和才能奉献于整体，他们各自的身份和地位也可以从整体得到力量和保护。这种相互的关系和交往受到破坏，整个框架就会随之崩溃，和谐与相互支持将不复存在，一部分人要维持旧政体，另一部分人则要建立新政体，他们便可悲地相互倾轧。诸如此类的整个国家和民族的灾难遍见于史册。诚然，时间必然导致某些改变，而每一种变化都是向解体迈出的一步；只有持久而一致的事情才是永恒的。研究过这个问题的最杰出的作家说，能够长治久安的国家，常常会根据他们最初的制度和习俗来改革和修正自身，他们以这种方式修复缺陷，以抵制时间的正常而自然的负作用。[1]

皮姆的语言把等级制与共和国融合在了一起。一方面，“伟大的存在之链”能够因为任何一环的脱节或不守本分而陷入混乱，另一方面，这个存在之链是一个“整体”，参与其中的成分远不是遵循着一种静态的秩序，因此能够用“相互的关系与交往……和谐与相互支持”来描述它；秩序对时间的自然侵蚀作用的抵抗，存在于马基雅维里的“原则的恢复”（ridurre ai principii）之中。然而仍不太清楚的是，这是否不仅仅

1　转引自J. P. Kenyon（ed.）, *The Stuart Constitution, 1603—1688*（Cambridge University Press, 1966）, p. 17。

是指等级制的重建。这种语言近乎于暗示：国王是组成整体的各部分之一；在这种情况下就必须搞清楚，国王和其他各个部分对“相互……交往”起着何种作用，使其能够在共同的统治中形成合作关系。但是，皮姆似乎没有迈出从混合君主制走向混合政体的关键一步。等级制的语言阻止他这样做，“原则的更新”能够表现为维持古代习俗和“上下有别”。他接着说：

> 在撒克逊人的政府中，那些法律的足迹一目了然；它们的活力与力量使之比诺曼征服更加长久，因此最初因获胜而抱着希望的征服者，也要受到它们的约束和限制。他通过妥协而得到对王权的保障和占有，据此他要遵守这个王国的这些以及另一些古代法律和自由，他后来又用加冕仪式上的誓言对其加以肯定。他的上述责任也传给了他的继承人。诚然，这种责任常常受到破坏，又常常由国王的宪章、由议会加以肯定，但是作为这些宪章和法案之基础的臣民的请愿，一向是对权利的请愿，他们所要求的，是他们古老而正当的自由权，而不是任何新的权利。[1]

这就是“古代宪法”的神话，它出现在皮姆提到的1628年《权利请愿》大论战的高潮。但是，假如臣民的各项自由权的根源是习俗、与生俱来的权利、财产权和继承权——有着古老历史的制度，那么它们便不可能是来自任何国王和人民分享权威。皮姆很成功地辩解说国王并没有创设自由权，意思是那并非由他批准或同意，而这也正是使皮姆有别于温特沃兹的地方，后者在六个月后论证说，自上而下的权威和自下而上的自由，只是由级别和习俗把它们统一在一起的。

> 君主要做他们的人民的宽宏大度的养父；要珍视他们温和的自由、他们清晰的权利；君主政府的各个部门，要庇护和容纳舒适与安

1　Kenyon, p. 17.

> 宁和谐的生活，使其永远处在他们权杖的保护之下。另一方面，臣民当以提防警戒的眼光，盯住国王的特权。国王的权威如同基石，使秩序和政府的拱梁牢不可破，让每一部分同整体保持恰当的关系，基石一动摇，整个框架也会彻底解体。……这实际上也就是自上而下的慈爱与保护同自下而上的效忠的相互融通，它应当贯穿于……国王和他的人民的关系之中。他们的可靠臣仆要同等地监督双方：使双方相濡以沫，事事协商；要勤勉地维持每一方，既不使之减损，亦不使之坐大；
> 360 要循故道，守旧制，摒弃他们之间早先的一切纷争。因为只要有人对国王和人民的权利发出质疑，他就再也没有可能把问题收回，使之回归于他所发现的祥和与秩序。[1]

纷争并没有被摒弃，问题也没有被收回；但是，只有当这种争论变得不可收拾时，从共和主义或马基雅维里的角度对英格兰政治秩序的重新表述才会变成不仅仅是雷利那种私人疏远感的表达。一旦同意权威和自由的合作关系已告破裂，便可同意政府是一种波利比阿式混合政体中的与人分享的权力，进一步的观念探索之路亦随之洞开。不过，表示同意的人是很不情愿的，他们仍对君主制和普通法的词汇念念不忘；甚至在决裂之后，把船驶入共和主义理论那一片命运肆虐的海面的人，仍是受着以神学为基础的概念、受着决疑论和末日启示的引导，这大大妨碍和改变了马基雅维里式的思想范畴的发展。我们就会看到，英格兰的马基雅维里主义——就像马基雅维里本人的思想遭遇一样——是出现在千禧年革命失败之时，但我们也会看到一种出人意料的续篇。

1 Kenyon, pp. 18—19.

第十一章

361

共和政体的英格兰化（一）
混合政体、圣徒和公民

一

1642年6月21日，离内战正式爆发还有两个月的时间，查理一世的两个臣僚，法尔克兰德子爵和约翰·科勒佩波爵士，起草了一份文件，并劝说国王予以颁布。在这份文件中，国王——而不是议会——宣布，英格兰实行的是混合制政府，而不是唯我独尊的君主政体。《陛下对两院十九条提议的答复》，正如科琳娜·C.韦斯顿正确强调的，[1]是英国政治思想中一份至关重要的文献，此外也是打开马基雅维里分析之门的钥匙之一。撮其要者，它宣布英格兰政府属于三个等级，国王、领主和平民，这个体系的健康和生存取决于维持三者之间的平衡。这种严重背离自上而下的权力观的做法，从宪政上说是不对的，而且是保王党辩词中一个致命的策略性错误。然而它很快就被人们普遍接受，并且被用于不同的目的，为我们提供了一个范式创新的明确事例——我们必须相信，这是许多人出于许多原因在寻找的一种新表述。

1　见本书第370页注1。关于谁是此文件的作者的讨论（pp. 26—27）沿袭了克拉伦登的观点，强调科勒佩波而不是法尔克兰德的作用。不过可以说，法尔克兰德是个知识分子（也是并不赞成这份文件的克拉伦登的朋友），科勒佩波则不是。

关键的事实是，1642年6月使内战迫在眉睫的危机，不能再被视为源于权威和习俗之间、或君权和特权之间的冲突，而是来自一系列更具破坏性的分歧，它关系到现在被理解为英格兰政府神经中枢的事情——国王和议会共同享有的权威。强行通过违背国王意愿的立法的
362 平民院，现在几乎是在主张，它有权不经他同意就发布政令；议员们要求，应当把对郡县民兵的控制权交到他们手里，他们至少应当对国王选定的顾问有否决权。面对这些要求，《对十九条提议的答复》的起草者背离了君主制传统，背离了他们的同僚，更是远远脱离了国王本人，他们愿意承认，问题不在于将自上而下的权威改为自下而上的权威，而在于分享明确的权力，他们要把英格兰政府描述为权力分享的体制。他们怀着这种愿望写道：

> 人世间有三种政体：绝对君主制、贵族制和民主制，它们都有自身特殊的利弊。你们祖先的经验和智慧把它们混合在一起，赋予本王国（尽人类的精明审慎所能及）所有三种政体的优点，避免了任何一种政体的弊端，让三个等级之间长久保持平衡。它们在各自的渠道中流淌（使两边的草地葱翠肥沃），不会因为这一边漫到另一边而引起洪水泛滥。绝对君主制的弊端是暴政，贵族制的弊端是宗派和分裂，民主制的弊端是骚乱、暴力和放荡。君主制的好处是将民族统一在一个首脑之下以抵抗外敌来犯和内乱；贵族制的好处是让国家最优秀的人能够为公共福祉集思广益；民主制的好处则是自由，勇气以及自由带来的勤奋。[1]

这是让国王——他的对手会兴高采烈地这样认为，他的朋友则会沮丧地这样认为[2]——把自己描述成自己王国的一部分，是三个必须保持平衡，因而必须相互适当平等的等级之一。但是，这种语言的含义

1 现代版见Kenyon, *The Stuart Constitution*, pp. 21—23。参比 Weston, Appendix I, pp. 263—265。

2 对《对十九条提议的答复》的早期反应的研究见Weston, pp. 27—50。

远不止此。英格兰政府不再是直接体现着由神或理性所规定的权威;它是人类智慧的设计,将各有自身特殊的优势和弊病的三种政体——能够存在的只有这三种——融合在一起(我们必须记住,与现在相比,在17世纪的话语中,“方便”与“不便”远不是很有节制的说法)。这种融合是一种平衡,是每一方都发挥其特殊优势,同时让另一方来约束其特殊弊病的合作关系。总之,英格兰政府虽然继续表现出君主制的 363
因素,但它被描述成一个古典共和国;我们窥见了马基雅维里的命运形象。三种因素构成一条河流,这是古代的时间象征:它在河道中流淌时,带来繁盛富足;天道和神恩降临的说法仍被利用;可是一旦我们听到必须用平衡来阻止“洪水泛滥”,河流就成了命运之流,君主和共和国必须借助于美德,筑起对抗它的堤坝。

我们很快就会看到,《对十九条提议的答复》的起草人所采取的立场,是利用贵族院对抗平民院;但他们所宣布的引起更持久响应的观点却是,英格兰的政府是三种成分之间的平衡,能够用来建构政府的只有这三种成分;在这种平衡之外只有混乱。我们现在已经十分了解共和主义理论,因此知道这种平衡必须是不同的优点之间和不同的权力之间的平衡。三种成分的优点以及相对应的弊病,已经说得很清楚了;那么不同的权力呢?在上述引文之后,《对十九条提议的答复》接着说:

> 本王国的法律是由国王、贵族院和平民院共同制定的,他们都享有自由的投票权和特权。根据这些法律,统治权被委托给国王;宣战与讲和的权力,册封贵族、为国家选任官员和幕僚的权力……以及诸如此类的权力也都被交给国王。这种受控制的君主制拥有维护权威的权力,而没有权威,也就无法维护法律的效力,无法维护臣民的自由和财产,这种权力旨在使他得到大人物的敬重,使他们同他联系在一起,以杜绝分裂和宗派之弊;得到人民的敬畏,以杜绝骚乱、暴力和放荡。再者,君主不可用这种高高在上的终身权力伤害别人,因为他是为了他们的福祉才拥有这种权力。……平民院(自由的杰出维护者,但绝不应分享统治权或选任统治者)仅被授权就征收钱财(这无论平

> 时还是战时都是必需之物）发出动议。……贵族院则被授予司法权，是君主和人民之间杰出的屏障和堤坝，协助双方对抗来自任何一方的
> 344 侵害，用正义的裁决维护法律，而法律应成为三种成分中每一方的规则……[1]

如我们所知，亚里士多德理论一再提出的问题是，把特殊的政治职能与有着各自美德的成分联系在一起；就英格兰政府来说，这个问题尤其难办。在“国王在议会中”（king-in-parliament）这种三合一的制度中的立法权，无法从分配给三种成分的权力中进一步区分出来；而且我们现在注意到，在刚才引用的段落中，说明每一种成分如何制约其他成分不走极端，要比厘清贵族院和平民院行使什么权力更容易一些。然而，当《答复》的起草人宣布贵族院“被授予司法权”时，虽然也许意在指出他们在检举控告案中的角色，但也说出了一种持久的信念，即贵族院特别适合于仲裁、适合于作为最高宪法法院或马基雅维里所说的“自由卫士”采取行动（他们不可能是詹诺蒂所说的“执政团”）。回顾地看，这与后来将“混合制政府”等同于“权力分立”的理论只有一步之遥，后者授予贵族司法职能，同时对行政、司法和立法的权力做出区分，采用的方式清楚地暴露出英格兰的议会君主制给亚里士多德的分析带来的麻烦。

国王、贵族和平民共同构成一种有着神奇的均衡并且十分得体的权力分配格局——对于这种学说，在整个18世纪有着无休止的赞美；但《对十九条提议的答复》的意图却是警告而非庆贺。它不想提供一种可以得到普遍接受的新宪法理论，而是要告诫英格兰人，在他们和无政府状态之间，只隔着三个等级的平衡。这份文件接着以缺少一致性的语言警告说，对议会要控制国王选任顾问这种要求的任何让步，都会

> 在当选人中间，在推选他们的两院和选出这些推选人的人民中

---

1 Kenyon, pp. 21—22.

> 间，导致永无止息的帮派与不和（它对公共幸福的破坏就像战争一样），因为这种新的权力无疑会使并非生来就享有它的人陶醉于其中，不但在相互平等的他们中间造成分裂，而且会使他们蔑视变成了与他们平起平坐的我们，又对我们的人民变得傲慢和不义，使其在他们面前低三下四，遭受更多的苦难，受到不久前还在等级上与之相近的 365
> 人加害，而只能指望任命他们的人来加以纠正，并且担心那些人出于善意和策略而倾向于维护他们所造成的局面，因为任何重大的变化都是极为不便的，并且几乎肯定导致更大的变化，而这又会带来更多的不便。[1]

马基雅维里式的语调清晰可闻，足以提醒我们这里有着比服从与等级本分受到破坏后的无政府状态更多的含义。我们听到的下一段话也与此相似：

> 最后，平民……决定自行其是，把平等和独立称为自由，吞噬掉那个吞噬别人的等级，毁灭一切权利和财产，废除名门望族与其他人之间的一切差异，让这个出类拔萃的政府陷入暗无天日的一片混乱之中，使我们许多有着悠久谱系的高贵祖先，变得与谋反的匪徒无异。[2]

谁令谁恐惧一目了然；然而，这可不只是在用莎士比亚式的离奇故事吓唬人。国王的臣民受到警告，他们不但要恪守正确的服从，而且在他们与这种可怖状态之间别无选择，只能维持人们已经形成的平衡。冒犯等级制，就是冒犯神所安排的宇宙秩序，“冥冥之中的力量”会“采取措施”，做出可怕的审判和恢复秩序；[3]危害平衡的后果是无法想象的混乱，只能接受命运的统治和巨轮的蹂躏。混合政体的理论被引入英格兰的政治话语，是为了使波利比阿和马基雅维里的共和主义教义本土

1　Kenyon, p. 22.

2　Kenyon, p. 23.

3　Macbeth, IV, 3, 278—279.

化。按这种教义，全体人民的美德可以化解无人能够免除的弊端，但历史地看，这种美德是脆弱的，稍微偏离平衡就会倾覆。平衡之外的选择或对立面是命运，也可能是腐败；但是这种对立在佛罗伦萨和英格兰的作用有着重要的区别。佛罗伦萨人选择共和政体，是因为他们的天性适合于这样做，他们发现命运是他们的敌人，美德和平衡是他们唯一的自卫手段。而英格兰人从天性上说是赞成君主制和习俗的动物，采用平衡与共和政体的语言，仅仅是因为他们的传统宪法受到了失序的威胁，失序所采取的形式——有关分享权力的论战——使这种语言成了恰当的反应。结果是，过去的套话仍然显而易见；秩序和等级的语言仍占据
366 着突出的主导地位，失序的表现形式是命运这一想法在发挥着作用，但被部分隐藏在那种语言之中。我们下面就会看到，所有这一切又进一步掩盖了共和主义语言本来有可能导致的“命运”和“德行”之间赤裸裸的对抗。

如果公民的共和国在他身边垮掉，他的人格的完整性就失去了社会提供的力量，因为他处在一个不断变化的特殊因素构成的世界里，只有神恩的降临可以赋予他力量；这如果没有发生，那么他所能求助的，也许就只有令他很不舒服的马基雅维里的“德行”或是圭恰迪尼的审慎了。随着英格兰的古代宪法在他身边垮掉，它的脆弱性鲜明地表现在它的准共和国形态上。但是，他们与可能同样得不到神恩光顾的加尔文教派和阿米尼教派大不相同，他们的反应仍然需要习俗、等级以及以上帝为中心的君主制世界来赋予他们力量。很难指望会出现纯粹马基雅维里式的反应。内战时期的思想在很大程度上是决疑论的；它提出的问题是，当个人所服从的各种正当权威陷入冲突时，他的责任是什么。古典共和主义是设想这个问题的一种方式，但并不是解答它的唯一方式。

在《论君主制》（*Treatise of Monarchy*, 1643年）一书中，性情温和的菲利普·亨顿部分地从《对十九条提议的答复》中找到了他的思路，他接受英格兰实行混合制政府这一前提，并且提到并没有立法者参与它的建立这一问题——威尼斯的事例给佛罗伦萨提出的问题——因而

暗示能够在多大程度上把它视为一个共和国。他说，人们在野蛮粗俗的时代竟能取得如此精妙的平衡，这真是令人称奇。[1]但是，当他转向因为内战中平衡被打破而引起的责任和忠诚问题时，他发现并没有现成的答案。如果宪法是正当权威在其中进行分配的三种权力合作的成果，那么当它们之间发生冲突时，就不可能有任何宪法能让三者中的任何一方保持忠诚；假如任何一方拥有这种权威，那么（亨顿将这个问题一直追溯到詹诺蒂那里）它就是处在平衡之外，这使平衡根本不可能 367
存在。[2]很多辩论者从这一前提得出了菲尔默爵士（还有更早的博丹）曾经得出的结论：混合制政府就是无政府状态，混合制政府其实是一种奇谈怪论。[3]亨顿作为一个相信决疑术的理论家而不是辩论家，采取了另一种同样重要的路径。混合制政府在英格兰是正当的，可是它已经崩溃了。因此个人不再有任何实在法意义上的正当权威能够告诉他如何行动或选择哪一方；但是他要服从一种道德和实践的律令，他必须采取行动，做出选择。他现在必须对事实运用自己的判断力，对纷争运用自己的良知，并据此采取行动。[4]其结果显然是，他把自己交到上帝手

1　Hunton, *A Treatise of Monarchy*（London, 1643）, p. 44:“只是到了那时，人类的智慧才发明了它，不管是一举完成，还是循序渐进地获得，我认为这都是举世无双的真正正确的政策，既关照君主的至上权力，又为人民提供自由，一方可以无忧无虑，但又不会侵害另一方。我们那些野蛮粗俗时代的祖先能够取得如此精确的组合，真是令我诧异。”

2　Hunton, p. 69:“要求某个等级可以对在他们中间出现的根本分歧的最终决定权提出挑战，等于要求他们中间有一个等级处于绝对的位置。我觉得我在前面第一部分已经很好地证明，对于在立法机构的三个等级中间出现的争执，混合制政府中没有最终的、合法的裁决者：因为在这种极端的分歧中，如果断定人民必须服从国王的裁决，反对议会的裁决，那就毁了混合制，使之成绝对权力的体制；如果断定人民必须遵守两院的裁决，反对国王的裁决，那就毁了君主制，使之变成贵族制或民主制，这要看把最终裁决权交给其中哪一个。我认为千真万确的是，在混合制政府中，不能把权力交给一个直接毁灭，或其必然结果是毁灭其他等级自由的等级。”另参见pp. 28—29。

3　Sir Robert Filmer, *The Anarchy of a Limited or Mixed Monarchy*（1648）, in Laslett（ed.）, *Patriarcha and Other Political Writings of Sir Robert Filmer*（Oxford: Basil Blackwell, 1949）.

4　Hunton, p. 73:“若是问这种事情该如何决定？人民在这种争执中该何去何从？我的回答是，如果不做决定是可以容忍的，那就不必做出决定，同时合法决定的原则便发生分

里，几乎可以说是在请求他做出裁决。

因此，亨顿让学者们[1]想起了四十年后洛克在《政府论》中所说的“诉诸天意”；但是两者有所不同。首先，亨顿把正当性陷入混乱的世界中的良知作为前提，小心地运用决疑法，能够使破碎的正当性部分
368 地得到恢复。假如良知要评估政局及其最近的历史，它必须运用政治和道德上的审慎，以确定发生了什么、可能发生什么以及现在应当如何行动；这要以客观的道德和法律标准作为前提，因此良知在一个方面不同于马基雅维里的“德行”，就像它在另一个方面不同于洛克一样。但是第二，上天并没有事先批准任何特定形式的权威，以此告知人们它的意志，[2]因此，在内战中坚持良知的个人，可以诉诸“最高裁判权”（jus gladii）或“征服权”（jus conquestus），诉诸战斗决出的结果所反映的上天裁决——无论他是否亲自操刀上阵（亨顿接着提出了调和的手段）[3]。当时有大量文献都谈到这种诉求，亨顿虽没有采用，但我们还是有必要在这里一提。如果上天的裁决与他的看法相反，他可以说自己错了；但是假如他的良知仍使他相信自己做出了正确选择，他可以认为天意的裁决深奥难解。征服的剑可以自行其是，不但主张自己取得的胜利拥有神授权威，而且拥有先知和启示录的权威。[4]

洛克的诉诸天意也就是诉诸刀剑，但它是寄存在人民那里，而不是寄存在一些个人的良知那里。亨顿显然不认为人民结合成了一个整

裂，由此每一方中止了另一方的权力。如果这样做具有毁灭性，因此必须决定，必须让事情有个明确的结果，那么每个人就要运用其最好的理性和判断力，帮助支持公共利益、反对破坏性力量的一方。他要支持法律和政府，发誓自己要行事公正，要支持它、赞成它，与它站在一起。”

1 A. H. Maclean, “George Lawson and John Locke”, *Cambridge Historical Journal* 9, no. 1（1947）, 69—77, 以及“The Origins of the Political Opinions of JohnLocke”，未出版的博士论文，Cambridge University, 1947。

2 Hunton, p. 4.

3 Hunton, pp. 77—79.

4 关于这个问题，参见John M. Wallace, *Destiny His Choice: The Loyalism of Andrew Marvell*（Cambridge University Press, 1968）, pp. 22—28。

体，除非是作为共和国或混合制政府中的等级，而后者现在已经崩坍，每个人只能依靠自己了。[1]我们看到，共和国并不是圣约，通过使人民与上帝合一而把他们团结在一起；也不是社会契约，通过理性的、与宗教律法无关的过程使他们结为社会；它是一个人为的结构，将不完美的因素融合在一起达到均衡状态，在亨顿看来，它还是一种保守的和提供正当性的装置。良知是在它之后出现的；但是，假如人民事先已经结合在一起，那么诉诸上天就是必然的。亨利·帕克——第一次内战期间最强大的议会辩论家，[2]利用《对十九条提议的答复》为他提供的一切机会，证明国王的权威起着协调作用，而不是至高无上的，但是在谈到内 369
战中个人忠诚的归属问题时，他认为人民是不可分割地存在于议会之中。帕克说，有一种"国家的理由"，必须把它同马基雅维里的思想彻底区分开（他似乎认为，马基雅维里是打着这个旗号宣扬一种学说）。它不过就是任何人类群体成为政治团体或国家的自然而又合理的愿望；这就是国家的"理由"，因为人的理性行动也就是政治行动；既然议会代表人民，他们就只能在这个机构中表达自己。[3]因此，内战期间的个人无须问自己的良知或求助于上天的裁决。他只须问自己的理性，它会让他与议会结合在一起。

这种亚里士多德式的平民主义，显然会彻底摧毁混合制政府，用民主的主权体制取而代之。但是，就像内战时期的其他作家一样，[4]问题在于帕克想到的是一个正式的还是紧急状态下的主权体制。他也许认为，混合制政府充分反映着事物的正常状态，而"国家的理由"不过就是规范失败、国家需要重建时发挥作用的那些因素，它这时要求个人对它的忠诚。"国家的理由"从这个意义上说，远远不同于利库尔戈斯

1　Hunton, p. 73 和上文第383页注4。

2　关于此人的情况，参见W. K. Jordon, *Men of Substance: A Study of the Thought of Two English Revolutionaries, Henry Parker and Henry Robinson*（Chicago University Press, 1942）。

3　Parker, *Observations upon Some of His Majesties Late Answers and Expresses*（1642）, pp. 15—16, 22—24, 34. 他对马基雅维里的谴责见pp. 2, 10, 19, 20。

4　例如Prynne；参见Lamont, *Marginal Prynne*, 85—118。

的智慧或马基雅维里的"秩序恢复者"（ordinatore）；帕克不是古典共和派；但有意思的是也许存在着这样一种可能性：就像亨顿一样，他接受混合政制，是为了说明当这种政制崩溃时，个人孤独无助，必须靠自己的力量来重新安排他的生活。在亨顿的理论中，这种力量是良知，而在帕克那儿则是天生的政治理性；但是，从"国家的理由"到"人民的福祉就是最高法律"（salus populi suprema lex）[1]只有一步之遥，而这个说法很容易表现出先于道德的含义。可以说，在道德规范能够存在之前，必须先有"公共事务"、"人民"或"国家"；因此理性的第一要求就是这些名称之一所代表的东西，而它的制度不可能用只有它能够提供的规范来建立。这种思想当然存在于马基雅维里有关立法者要遵守非道德的命令的一切言论背后。但我们这里是走在一条不同的道路上。受
370 到内战的打击、要重建忠诚的个人，并不是立法者，他的目标是让自己服从权威，而不是建立和统治一个城邦；但是他可以想象自己被迫回到了前政治和前道德的状态，要依靠自己来重新秩序。作为"最高法律"（suprema lex）的"福祉"（salus）的来源不是"人民"，而是自我。他可以做出一项笛卡尔式的发现，他作为行动者的第一动机是肯定自己，使自己生存下去；或是做出一项基督教和加尔文教的发现，他是为了一个不是由他，而是由他一无所知的力量所决定的目的而生，因此他的首要责任是为了那个目的而保全自己。他现在可以把自己置于一种先于社会、圣约或启示的"自然"状态，寻找建立一种可以理解的权威制度的手段，只以保全自我的原始欲望和责任作为起点。假如他沿着这条道路走下去，他就不可能是一个建立共和国的利库尔戈斯，而更像是建立和服从一个人为的利维坦的自然人。

霍布斯并不是英格兰的马基雅维里，他是内战期间政治思想的激进派大师；当英格兰的个人失去一切保护和正当性，退回到前政治的被遗弃的极端状态时，他很容易在自然状态中肯定自身，而不是处在命运

1 Parker, *Observations*, pp. 3—4: "……超越于政治之上、……为所有人类的法律立法的最高法律，是'人民的福祉'（Salus Populi）。……大自然的宪章以它的最高法律赋予所有国家的全体臣民以安全……"

的支配之下。这从某种意义上反映着他的依靠自身的能力,反映着剥夺他用于自我肯定的一切手段有多难;但是,霍布斯的人和马基雅维里的人之间的重要区别在于,自然状态是非历史的,从逻辑上说是无时间的,而旋转的命运之轮的每一时刻都是时间中的一个接续点。“循环”(anakuklosis)是完全世俗的、受时间约束的,从不与自然状态交汇;这其实就是把它视为一个无神论观念的首要原因。但是对自然状态的诉求——虽然它能以令当时的人感到近乎无神论的语言来描述,却是一种脱离时间,然后再回到政治和历史之中的做法。霍布斯只有诉诸于启示录中的上帝,才能说明每一时刻、甚至连自然的时刻都处在历史之中。[1]但是从帕克到《利维坦》所形成的复杂的思想资源,提供了另一些原因,可以说明为何因混合政制的崩溃而陷入孤立的个人,不需要从马基雅维里的角度来看待自己。

混合政制通过美德和权力的均衡状态为稳定提供保障——这一 371
说法使国王的臣民有可能接受共和主义传统。平衡的敌人是命运,而命运的敌人是美德;在这种情况下可以预期,对其他各方的美德给予尊重的美德,有助于形成均衡状态。但是,混合政制的范式,虽然把权威的崩溃定义为个人孤立和被遗弃的时刻,但并不强迫个人从命运和美德的角度来认识这个时刻。首先,存在着很多可供选择的语言。亨顿那良知和诉诸天意的时刻,能够向着华莱士探讨的方向发展,[2]沿着这个方向,审慎服从神意就能够达到深刻的信仰自由的高度;帕克那国家理由和“人民福祉”的时刻,可以沿着昆廷·斯金纳所探讨的方向发展,它使审慎和神意让位于霍布斯的激进自然主义。[3]还有一些人,如

---

1 *Leviathan*, Books HI and IV, 参见Pocock, “Time, History and Eschatology in the Thought of Thomas Hobbes”, in *Politics, Language and Time*, pp. 148—201。

2 见本书第384页注4。

3 Skinner, “Hobbes's *Leviathan*” *Historical Journal* 7, no. 2(1964), 321—332; “History and Ideology in the English Revolution”, 同前, 8, no. 2(1965), 151—178; “The Ideological Context of Hobbes's Political Thought”, 同前, 9, no. 3(1966), 286—317, 此文的修订版收入Cranston and Peters(eds.), *Hobbes and Rousseau*(New York: Doubleday Anchor Book, 1972), pp. 102—142;“Conquest and Consent: Thomas Hobbes

威廉·普莱恩，在讨论这个问题时把“古代宪法”与“得到拣选的民族”相对立，根本没有采用准共和主义的语言。其次，认为内战导致决疑术和忠诚问题的个人，很可能不会以足够强大的方式直接面对命运，以此来肯定自己的美德；美德终归是一种行动的理想，而不仅仅是正当性的理想。要想理解古典公民理想在“王权中断”（Interregnum）时期的思想中发挥的作用，我们还要做更多的研究，还要看一看那些更少启示色彩和更注重行动的话语；但是，这个时期难以消除的保守主义，仍会继续为我们提供一些信息。

二

布鲁克的领主罗伯特在1643年鼓励他的军官以“国王在议会中”的名义拿起武器反抗国王，他提到了“罗马人中伟大的共和派西塞罗”。[1]像“国民”和“爱国者”这些字眼，现在再次被用来指那些有以
372 下想法的人，他们认为国王、议会和人民构成一个混合政体，对于其中的任何一方，都可以用整体的名义进行抵抗和限制。但是这种语言虽然有着明显的古典含义，它的发展却受到我们所研究的另一些思想模式的阻碍；对霍布斯的意见显然要给予很大的保留，他认为大学里讲授的和来自希腊及拉丁历史中的共和主义原则，助长了人们倾向于打内战的思想。[2]我们下面还会考察在1640年代伟大的激进运动中的流行语。这里的关键性言论，当然是那些军官和士兵的宣言中的言论。在这些由社会出身各不相同的人组成的团体中间，有一个共同之处：他们被动员加入军事社团，它刚刚打赢了一场史无前例的内战；他们宣布，在世俗

---

and the Engagement Controversy", in G. E. Aylmer (ed.), *The Interregnum: the Quest for Settlement, 1646—1660* (London: Macmillan, 1973), pp. 79—98。

1 Robert E. L. Striver II, *Robert Greville, Lord Brooke* (Cambridge, Mass.: Harvard University Press, 1958), p. 68.

2 Hobbes, *Behemoth* (ed. Tonnies, London, 1889; repr. London, Frank Cass, 1969), pp. 3, 23, 43.

和宗教事务上他们都是自主自立的。他们说自己“不是雇佣军,不是为国家的专制权力服务的”,而是“被召来捍卫我们自身的和人民的正当权利与自由”。

> 基于对那些目的的判断和良知,我们拿起武器,为使它们得以继续存在,我们决心遵照……这些原则——它是您的[议会]经常告诉我们的,也是我们关于自身基本权利和自由的常识告诉我们的——宣布那些得到承诺的共同目标并为之声辩,反对任何特殊的党派和利益。[1]

这些人宣布了一项常识:他们拿起的武器使他们投身于共同的目标。他们这是在宣布一种过去在英格兰从未听说过的政治意识。这种做法是一种革命性的行动,故也难怪,这些文件在表达他们的宣言时,既采用又超越了英格兰人所能利用的一切政治语言。例如有对古代自由权的诉求,但又将它激进化,认为这些自由权不像“古代宪法”的教义所说的那样已被继承下来,而是在很久以前但并非超出记忆的时代就丧失了,现在必须予以恢复。[2]有对“人民的福祉乃最高法律”的诉求,但是我们引用一份文件,就会更深入地看到这种激进思想的特点,它十分不同于帕克的精神;其意图不在于对某种不可取消的正当性原则的保守主义诉求,而是要宣布人民的自主性,他们自主地面对上帝采取 373
行动。

> 上帝赋予人类一种禀赋,并不是为了藏而不用和不加改进;在世人眼中最平庸的仆人,就像天底下最伟大的君主和统帅一样,也要事

1　*A Representation of the Army*（14 June 1647）; Woodhouse, *Puritanism and Liberty*（London: E. J. Dent, 1950）, pp. 403—404.

2　如果仍然像时常有人所做的那样忽视这种差别,就会把古代宪法和“诺曼人的辔轭”混为一谈。关于后者,见Christopher Hill, *Puritanism and Revolution*, pp. 50—122。另参见*The Ancient Constitution and the Feudal Law*, pp. 125—127。

> 奉上帝，也会被上帝接受。他们都具有天赐的禀赋，并且都要加以运用。……大人您[指费尔法克斯]或整个议会和王国，也许不让我们这样做，或……命令我们保持沉默或忍耐，可是不论他们还是大人您，都不能剥夺我们对上帝或对我们自己的天性的责任。……假如阁下听信谗言，认为我们是一切形式和秩序的破坏者，并因此而监视我们，那么我们想提醒阁下，我们的公开宣言和文件中所申明的自然法和民族法可以对此做出回答，证明我们现在的做法是正当的。因为一切形式不过是影子，都要服从于目的。人民的安全高于一切形式和习俗；对人民安全的权衡能够为达到这一目的的一切形式，或形式之改变正名；任何形式若不维持或完善这同一目的，就是不合法的。[1]

在这里，“人民的安全”不是前道德的社会化原则（像“一人为全民而死是合宜的”所表达的意思）。通过“一切形式不过是影子”这样的话，对“自然法和民族法”的诉求变成了启示录式的“更新”（rinnovazione）语言。人不仅要保全为某种目的而创造的自我，重点转向了目的本身，转向了必须用来追求这个目的的“禀赋”。这段话的许多读者会把“人民的安全”解释成不仅要在物质上维持由追求目的的动物组成的共同体，而且要继续追求一个特殊民族为之得到拣选的目的。“一切形式都不过是影子”属于启示录式的语言，它表示尘世间的一切事情都要在目的面前让步；它是潜在的反律法主义，因为它很可能意味着形式已经耗竭；但它仍然是亚里士多德主义的，因为它要让托马斯主义者萨伏那罗拉也能够理解。人们达到其最后目的——或恢复他们的
374 “原型”（prima forma，虽然对于新模范军中的激进圣徒们来说，它还不足以成为一个反律法主义的概念[2]）的背景是启示录的背景；亚里士多德的目的论中的“目的”仍然是与先知时代的末世论“目的”结合在

1 引自一封致费尔法克斯的信，签署人是十一名“鼓动者”，见*The Case of the Army Truly Stated*（Oxford, 1647）；另参见Woodhouse, p. 437n。

2 彻底的反律法主义者可能认为，得救的人的地位甚至高于堕落之前的亚当，而不仅仅是后者的恢复。参见本书第8页注1所引Rosenmeier的文章。

一起的。

采用本章前一节所使用的分析模式，可以认为，激进的圣徒要对与亨顿和帕克一样的处境做出反应。当失去一切传统的正当结构时，亨顿诉诸良知和天意；帕克则沿着前霍布斯的自然主义方向前行；对于马基雅维里主义者而言，从理论上说有可能诉诸“德行”与“命运”的对抗。但我们的模式建议，除了命运、自然和神意裁决的时刻之外，还可以看到——这几乎是神意的延伸——启示录中的神恩的时刻；此时军队中的激进主义将采用可以应付这个极其特殊的时刻的有限语言对它做出反应。不过，相当清楚的是，这种解释是不恰当的。军人的启示录信念（就像马基雅维里的新君主的“德行”一样）有助于造成一种更加需要这种信念的局面，并作为独立的变量发挥作用。这为我们提供了一个事例：不仅有人要让失去正当性的混乱局面走上正轨，而且有一种新的公民意识找到了表达工具。清教圣徒得到特殊召唤的感觉，使士兵们产生了他们每个人内心都有无法消除的人格（“禀赋”或“天性”）的感觉。这可以表现为每个人与上帝有着无可替代的关系，对上帝承担着义务或责任，也可以表现为每个人都被赋予平等的权利和权力，使他能够履行这种义务。瓦尔泽的分析依然成立；而且即使我们补充说，那召唤作为一种神恩，只能被认为是针对时间中的个人，而从这个角度所理解的时间，必须被认为有着启示录或先知预言的性质，他的分析也仍然成立。但是，如果根据前一章所提供的线索，我们再补充说，英格兰的圣徒——在与他疏远他所继承的法律和各项自由权相对立的极端处境中——所得到的召唤并没有使他摆脱它们，而是使他获得了改造它们的自由，那么这一分析中的许多要点就会变得清晰起来。我们现在可以理解，他为何觉得自己受到了召唤，要使那些自由权恢复原形，同时坚持认为，这个原形中包含着一个既是自然的也是得到神启的民族的 375
自由。我们可以看到，个人对于自身具有一种十分自由的天赋能力的信念，强化了他批判他所继承的法律和自由权形式并以此为基础参与激进行动的能力；“人民的同意”是古代宪法说的反律法主义。最后我们还可以看到，虽然尚未处于英格兰思想中的马基雅维里时刻，但这情况与萨伏那罗拉时刻具有一定的可比性，在公民意识、得到神启的信念和由继承而来的第二天性之间，有着复杂的关系。而且先知是武装的先知；他们只能相信自己。

因此可以认为，1647年的激进派是处在一个自由战胜必然性的时刻——不论它是指真正的千禧年似乎就要降临，还是指几乎相当于人类能力被神圣化的某种精神解放就会出现。思考忠诚问题的决疑术来到了一个超越时间的时刻，此时能够而且也必须建立权威，而思考自由的光照派则来到一个得到神启的时刻，他们的刀剑和灵魂此时能够改造法律，重建自由。但是在普特南，他们与统帅的辩论达到了顶点，[1]后者要告诉他们，他们仍然处在并未中断的必然性结构之中，没有完全摆脱这种必然性，甚至圣徒的条件也与这种处境不可分（这使马基雅维里的先知必须拿起武器）。伊莱顿[2]在克伦威尔的支持下坚持认为，肯定存在某些义务，内心的信仰亦不能使人与之决裂；肯定存在某些实在法，“自然法”亦不足以与它对抗。他宣布，他这样说的主要理由是：自然法可以规定每个人都应当拥有自己的东西，但不能规定什么东西属于每一个人。[3]财产这种特殊事物（哈灵顿把它称为“命运的恩惠”）的分配，必须由人类而不是普遍原则来决定。

> 神的律法没有给我财产，自然法也做不到这一点，财产权是人类的制度。我拥有财产，我就会享用这些财产。制度决定着财产权。[4]

要想让人类社会存在，个人——伊莱顿宣布——就必须受它的约束；法律和财产要想具有任何可靠性，就必须赋予个人以社会权利和人格；不然的话，他会是什么情况？但是，使人们成为他们现在这个样子

1　这场辩论的完整文本见Woodhouse的著作。

2　伊莱顿（Henry Ireton, 1611—1651），英国内战时期的议会首领和军队司令，克伦威尔的女婿。——译注

3　Woodhouse, pp. 54, 58, 60, 63.

4　Woodhouse, p. 69.

的社会制度本身，肯定是人类创造的；因此，个人只能生来就存在于并 376
非由他所创立的人类法律结构之中并服从这种结构。既然这是在英格兰，财产和习俗便为它是如何建立的这个问题提供了答案。人人生活和行动于其中的普通法体系是一种制度，它根据超出记忆的习俗，规定了拥有、继承和转让土地的方式；伊莱顿允许其参与公共活动的唯一的个人，是继承了最起码的自有地产——或获得了遗赠这种地产的手段的个人。即使如有些人所说，[1]平均派确实要把没有财产、寄居于别人家的仆人排除在选举权之外，这也没有消除伊莱顿和兰伯罗[2]之间的分歧。伊莱顿认为，土地必须是自有地产，或至少与法律规定的自有地产相当；[3]它必须能够被理解为普通法——它本身就是超出记忆的时代所留下来的习俗遗产——所规定的遗产，因为没有其他办法将个人置于一个他能够服从并予以捍卫的法律和财产体系之中。[4]在肯特郡名不见经传的罗伯特·菲尔默爵士，也在想方设法用父权制理论否定天赋自由，[5]但伊莱顿的观点在当时能够得到更普遍的理解。

应当强调的是，强迫个人接受的必然性，从一种重要的意义上说，是形式的而不是特指的：是尊重一般法律和财产体系的义务，而不是尊重现行的特定体系的义务。伊莱顿能够构想和设计一种很有远见和极聪明的改革计划，[6]对人具有约束力的社会结构本身，正如我们所知，也是由人创造的。但是他坚持认为，只有可继承的自有地产，“永久的利益”，能够使人进入祖传的义务制度，从而使他具有公民资格。他这种

1　参见C. B. Macpherson, *The Political Theory of Possessive Individualism*（Oxford: The Clarendon Press, 1962）, pp. 107—159。

2　兰伯罗（Rainborough, 1610—1648）：英国内战时期军队将领，在普特尼辩论中支持平均派。——译注

3　Woodhouse, pp. 57—58.

4　Woodhouse, pp. 66—67.

5　参见拉斯莱特的导言，版本见本书第383页注3。

6　参见*Heads of the Proposals*; Kenyon, pp. 302—308, 完整的文本见John Rushworth, *Historical Collections of Private Passages of State*（London, 1659—1701）, VIII 731—736。

观点是一条强有力的证据，表明他终归还是要把个人维系于习俗、维系于人所制定的法律，但这个制定者是无法指认的。对于他为何在一年半后拒绝英格兰政治家难得的几次采取革命行动的机会之一，他在普
377 特南的观点可以提供一种意识形态解释。清理议会，而不是予以解散并根据新的选举权举行选举，这等于是同意军队——在高级军官领导下采取政治行动时——总是需要传统政体中的成分给予它正当性，它要清理下议院的目的，无非是让下议院为它的行动正名。[1]这种态度相当合乎逻辑地来自于伊莱顿的论证方式，他认为社会结构、法律和各种制度，是人们表达政治意志的前提。

由于1648—1649年的革命有着不彻底的特点，因此对它的辩护所采取的方式是为脱离故道正名，而历次革命都觉得没有必要为此而道歉。例如，“残余议会”（Rump Parliament）在处死国王之后发布的宣言中的主要观点是，君主制不能——不仅是在最近的危机中，而且是在它的整个历史中——为英格兰提供政治稳定；[2]由于还要为取消上议院正名，因此它很容易变成这样的辩解：《对十九条提议的答复》中的混合政体，并没有达到设计平衡的政府时所要达到的目的，所以必须用更好的制度来取代它。但是，军队的激进主义中仍有着对等级制的或封闭的贵族的强烈反感，并且一直延续到平均派衰落之后。“残余议会”的宣言中的辩护基调预示了1649年及以后几年重要的理论之争的基调：即所谓的“义务”（Engagement）之争，[3]它向我们显示出独立思想一旦失去激进信念之后必然在方向上表现出多样性。所谓的“义务”，不过

1 Kenyon, p. 294; David Underdown, *Pride's Purge*（Oxford University Press, 1977）.

2 *A Declaration of the Parliament of England, Expressing the Grounds of their Late Proceedings, and of Settling the Present Government in the way of a Free State*（London, 22 March 1648/9）, pp. 6, 14, 17; 对上议院的讨论见p. 20。另参见*The True Portraiture of the Kings of England ...*（London, 1650）。

3 关于这个问题，参见U. Wallace（本书第384页注4）和Skinner（本书第387页注3），另参见Wallace, “The Engagement Controversy, 1649—1652: an annotated list of pamphlets”, *Bulletin of the New York Public Library*, 68（1964）, 384—405。

就是服从现在建立的政府的责任，由此引起的复杂而又重要的辩论所涉及的问题，是同意服从“事实上的”（de facto）而不是“合法的”（de jure）政府——拥有实际权力而不是正当权威的政府。总之，再次出现了用决疑术寻找权威的做法，这证明英格兰的保守主义在灾难性条件下有着强大的持续能力，使如此平淡的题目也能产生极为重要的思想。对这场论战中的混乱战略进行分析，能让我们走向霍布斯，但也能为我们提供一 378
些使马基雅维里式的共和主义解决方案得以复兴的条件。

无论从1649年的理论还是实际情况来看，“事实上的”统治就是刀剑的统治。就参与这场辩论的人而言，他们所要应付的问题是，确定人类法律的统治已经垮台、让位于人类权力的统治的确切条件，并由此确定权力可以为它本身提供辩护的方式。最简单、最明显的战略是直接诉诸神意：上帝神秘莫测的意志让这些事发生，他的造物不能抵抗他的手段。但是，不仅这种论点易于受到一些反击，而且对于当时多种多样的善思的头脑来说，它可以朝着很多具有诱惑力的方向发展。例如，从神意论转向先知论就只有一步之遥；克伦威尔一再宣称，如果他没有听到神在召唤他，他就没办法工作，他身边就有一批人，热衷于解释他和他们在就要应验的先知预言中或在就要出现的末日时刻或千禧年中所承担的角色。但是值得指出的是——这是前面讨论过的圣徒们思想分歧的典型表现：当克伦威尔的权力在1653年后达到顶点时，他否认自己是末世论剧本中的一个特殊演员，他一再坚持说，他的权力不过是一个治安总长的权力；因此在拉蒙特看来，这标志着从信神的统治（福克斯意义上的）明确转向“不信神的统治”。[1]护国公本人也愿意暗示性地承认，他的权威是“事实上的”统治，而不是“先知预言的合法”（de jure prophetico）统治；然而大卫王的传说，以及它所预示的有待得到更新的类型，却有可能纠缠着他；[2]不过，他的态度确实在很大程度上

1　Lamont, *Godly Rule*, ch. 6, pp. 136—162.

2　J. A. Mazzeo, “Cromwell as Davidic King”, *Renaissance and Seventeenth-Century Studies*（New York: Columbia University Press, 1964）, pp. 183—208; Wallace, *Destiny His Choice*, ch. 3, pp. 106—144。这一讨论也解释了马韦尔的克伦威尔派诗歌。

解释了，统治着英格兰的是期待着基督的圣徒这种教义，当时为何仍然只是少数人的说法。

严格地说，诉诸“事实”的论证绝无可能完全采用末日启示的视角而又能保留自身。末日启示论如果决意宣称，一切人类的权威已被推翻、真正的“基督的统治”（regnum Christi）就要来临，或很快就会变成这样，它就会更倾向于反律法主义；只有假设事情并非如此，旧政府的垮台和新政府的建立是出现在具有连续性的人类时间之中，“义务”
379 问题才值得辩论。诉诸神意是对付时间的第一步战略；但是，假如事件没有启示录的意义，它也就不具有唯一性，不过是一次又一次出现的革命之一，阿沙姆的《政府的混乱与革命》（*Confusion and Revolution of Government*）是一个关键性的标题，也是这场辩论的一份重要文献。[1]假如政府一次次倒台，权威又如何恢复？或者，用另一种人们熟悉的语言，在这种困境中个人的服从具有什么性质？约翰·M.华莱士对安德烈·马韦尔的丰富思想做过出色的深入研究，他证明，神意观这时远没有枯竭；运用丰富而复杂的诗学天才，可以发展出一种个人在事件中的意义意识，他的“义务”（pietas）就是因事件的含糊性而产生的。但是在接受对马韦尔的这种解释时，仍有必要指出，从他以及另一些人的低层次思考中所产生的语言，是要表达一种有关权威断裂的激进观念。如果这种断裂是人类事务的常规，那么每个政府都可以追溯到不是用正义而是用刀剑建立的时刻；它的源头事实上无正义可言，这种说法——出自于安东尼·阿沙姆和马沙蒙特·尼德汉姆等人——肯定是马基雅维里式的。“这就是我们如此痛苦地陷入其中的循环”，阿沙姆说，[2]这十分明确地暗示着波利比阿的“循环”，虽然他没有进一步建议把立法者或共和国作为摆脱他的著作中那种到处可见的痛苦的方式；神意与自然的结合继续主导着他的思想。与此类似，马韦尔——虽

1 关于阿沙姆，见Wallace, *Destiny His Choice*, pp. 30—38, 45—48, 54—58。

2 *Confusions and Revolutions*（2d ed., 1649）, pp. 73—74. 另参见Nedham, *The Case of the Commonwealth of England Stated*（1650）, ed. Knachel（Charlottesville: University of Virginia Press, 1969）。

然华莱士的分析表明，这只是他的观点的一个方面——为他的《贺拉斯体颂歌》（*Horatian Ode*）引入了同样明确无误的克伦威尔形象，把后者描述成马基雅维里式的君主—立法者，他类似于罗穆路斯，必须采用残忍的非法手段；在《克伦威尔政府一周年颂》中，他又把奥利弗描绘成同时拥有先知权威的大卫式重建者和古典立法者，能够用创造性的行动一举超越时间的不稳定性。[1]不妨回想一下，大卫不同于罗穆路 380
斯，他在受膏之前同扫罗的关系，以及在此之后与洗鲁雅的关系都是暧昧的；在某些问题上，马基雅维里和先知的观点相距不远。

但是，刀剑的时刻可以由君主、立法者或先知（这些人物都曾现身于马基雅维里的画廊中）占据，也可以由完全不同的另一种人占据；我们在讨论亨利·帕克时已经对此有所了解。根据《万民法》，征服者有可能出现在这个时刻，手执刀剑证明上天的裁决站在他那一边，因此不管他的行动多么残暴，多么违法，都不可与他对抗。这种征服者不是诺曼人威廉，而更像是圣经中的宁录，[2]即权力没有得到上帝授意的原始暴君。[3]但是，在尼德汉姆等作家看来，“征服权”（jus conquestus）可以被视为由军队共同拥有，那些武装的英格兰人用征服证明，他们在这种情况下既拥有天然的也拥有合乎神意的统治权。这时把征服者等同于圣徒当然就只有一步之遥了；但同时它也可以朝另一个方面发展，走向“人民的福祉”、国家的理由和自然状态。我们对此已做过研究，斯金纳在一系列文章中也认为，这是与最初的“事实”之争中的神意观战略的关键性决裂，[4]之所以关键，是因为它提供了一个背景，使霍布斯完

1　Mazzeo，“在马韦尔的《贺拉斯体颂歌》（*Horatian Ode*）中，克伦威尔就像马基雅维里式的君主”，“克伦威尔就像大卫王”，前揭书；Wallace, *Destiny His Choice*, chs. 2—3; Felix Raab, *The English Face of Machiavelli*, pp. 144—146; Pocock, “The Onely Politician”（见本书第348页注1）, pp. 284—285。

2　宁录（Nimrod）：西亚神话和圣经中的人物。据说他擅长狩猎，性极残忍，《旧约·创世记》（10:8）称他为“世上英雄之首”。——译注

3　关于不同类型的征服者，参见Wallace, *Destiny His Choice*, pp. 22—28, 98—102, 132—134。

4　见本书第387页注3。

成、发表并在某种认识层面上属意于《利维坦》(1651年)。在革命年代的英格兰出版的一切著作中，这部著作最激进地描述了人类个体存在于一种近乎完全失去正当性的时刻，要在被遗弃的状态下以人为的方式重建权威；从结构上说，它完全不同于马基雅维里的观点，而且使后者在英格兰的作用居于次要地位。

但是也可以说，"事实上的"权力说增加了一些马基雅维里主义因素的重要性。可以说，君主、立法者和循环是始自于刀剑的时刻，但是共和国在肯定自身时，并不是仅仅把它作为一个"事实上的"稳定装置——虽然从理论上可以这样说。在这个漫长的故事中，还有一项更有意思的发现，即古典共和国是作为一种行动的理想出现在英格兰的思381 想中，此时，事实上的"刀剑时刻"与军队的激进主义联系在了一起，而后者只实现了一半的革命造成了这种形式的观念和政治问题。

普特南的一个反平均派的发言人(纳赞尼尔·里奇上校，他后来成为保守的第五王朝派[1]，但也是护国公政权的仇敌)抨击给予穷人投票权的建议，不仅是基于他们会用自己的权力消灭一切财产这一常见的理由，而且他还有更现实的论证，即这会让穷人必然依附的少数大人物的势力过度膨胀。他指出，这就是罗马共和国末期发生的事情，把国王拉下马，再换上一个皇帝，这没有任何好处。[2]里奇的演讲的重要性在于，它反映出至少在一个军官的头脑中有着源于古典时代的共和国的自由与平民军队的结合，我们知道这正是佛罗伦萨思想的一个标准议题，虽然他对这种前景其实持消极而不是积极态度。但我们现在知道，这并非处在军队为他们干预政事进行辩解的话语资源之外：他们宣称自

1 fifth-monarchist，英国内战时期于1649年出现的激进教派，认为《圣经》中但以理梦见的四只巨兽(《但以理书》7)代表古代的四个帝国(亚述、波斯、希腊和罗马)，《启示录》(20:3)中预言的千禧年则是耶稣将要统治的"第五王朝"。——译注

2 Woodhouse, p. 64："我记得罗马元老院里发生过许多计谋和巨变，对此我们已有所闻。在国家实行这种选举权的分配之前，从未出现过混乱(但它后来确实发生了)。人民的声音成了交易的对象，而且是由穷人；于是那个最富的人出现了，他变成了军队中很有权势的人，他们决定让他成为终身独裁者。就算我们想极力避免国王的君权，我们(各位要当心啊)也不要召一个皇帝来把我们从暴君手中解救出来。"

己"不是雇佣军"，而是自由的公民战士团体，这种主张，如果用充分的马基雅维里式语言提出，将把英格兰变成一个平民共和国。这不是塞克斯比和兰伯罗的语言，但在镇压了平均派之后，确实有可能看到有一个时间和地点，这种意识形态由一位能够拥有广大读者的作家做了大力传播。

这位作家不是别人，正是马沙蒙特·尼德汉姆，[1]一位时评家，卖弄内战和残留议会时期主流观念的行家里手，但显然缺少真诚或一贯性。他一度因为在活动中持保王派的立场而锒铛入狱，又 382
靠要笔杆子——他写下《为英格兰共和国辩护》（*The Case of the Commonwealth of England Stated*）并于1650年发表——出了牢房。此书大讲服从"事实上的"权力，其中包含着一些马基雅维里的成分，但在主张服从征服者的刀剑时，他的论证大量利用了霍布斯在写作《利维坦》之前的著作。残余议会的政权给他的奖励是，让他担任一份名为《政治快讯》（*Mercurius Politicus*）的政府新周报的主编，他在这个职位上干了多年；1650年夏，他开始在这份杂志上发表一些重要文章，最初是从《为英格兰共和国辩护》中摘编的内容，这个资源用尽之后，他又开始为它写社论，但当时没有结集出版。他从事这项工作一直到1652年的中期，这段时间发生了丹巴和沃塞斯特战役，当时军中的激进情绪似乎依然高涨——尽管平均派受到镇压。他那些文章始终有着激进主义和民主主义的突出特点。一个长老会牧师声称拥有"神法"（jure divino）权威，这一主张被谴责为反基督分子所为；[2]要把苏格兰下议院从他们族长的权力下解放出来；[3]尤其是，那些社论也是英格兰人对

1　对尼德汉姆的重新评价见Pocock, "James Harrington and the Good Old Cause: A Study of the Ideological Context of His Writings", *Journal of British Studies* 10, no. 1（1970），36—39。另见J. Frank, *The Beginnings of the English Newspaper*（Cambridge, Mass.: Harvard University Press, 1961） and Knachel （ed.）, The *Case of the Commonwealth*, introduction。

2　*Mercurius Politicus*, 99（22—29 April 1652），1553—1556; 114 （5—12 Aug. 1652），1785—1789.

3　同上，65（28 Aug.—4 Sept. 1651），1033—1034; 73 （23—30 Oct. 1651），1161。

古典的和马基雅维里式的共和主义民主的第一次持续阐述。所谓的民主政府，只能以人民拥有武装[1]和由人民选出的代表和行政长官的快速轮替[2]（尼德汉姆把它称为“革命”，哈灵顿则称为“轮换”）作为基础。他一再表现出对等级制贵族和元老院的强烈不信任，后者若不定期解散，就会变得和前者几乎一样。[3]对罗马共和国的政治是从尚武的平民的角度做了描述；雅典（在这个时期很少见）被认为要优于斯巴达；[4]威尼斯（通常是混合政府的最佳典范）则成了“稳定的贵族政体”的原
383 型。[5]他告诉我们，共和国中的任何权力模式，若不包含平衡和官职的快速轮换制，那就是君主制，不论掌权的是一人还是多人。[6]

在平均派之后写作并嘲笑这些人的尼德汉姆，借用了表达英格兰民主观念的新方式；这种方式过去有着漫长而复杂的历史。与我们的论述目的相关的是，他描述了一种“公共的和人民的生活”（vivere civile e popolare），其基础是古典的武装公民理想和马基雅维里的尚武的武装平民的理想。他这样做，是因为他主张这种形式的恰当范式可以用来表达军队仍能够使自身变成一场革命运动，从他的令人不太敢恭维的时评家身份的另一面来说，他阐述了（仍然是以十分民主的形式）“事实上的”权威的学说，这对于军队必不可少，因为它无法完全公开自己的革命要求。在那些从《为英格兰共和国辩护》中抄来的社论中，军队和人民被描述为行使着可以从《万民法》找到的“征服权”

1 *Mercurius Politicus*, 103（20—27 May 1652）, 1609—1613.

2 同上, 74 （30 Oct.—6 Nov.1 651）, 1173—1175; 78 （27 Nov.—4 Dec. 1651）, 1237; 79—11 （Dec. 1651）, 1255—1256; 91 （26 Feb.—4 March 1652）, 1442 （“revolution”）。

3 同上, 70 （2—9 Oct, 1651）, 1100—1101; 72 （16—23 Oct. 1651）, 1142—1143; 73 （23—30 Oct. 1651）, 1158; 84 （8—15 Jan. 1652）, 1334, 1337; 86 （22—29 Jan. 1652）, 1365—1368; 89 （12—19 Feb. 1652）, 1409—1413。

4 同上, 71 （9—16 Oct. 1651）, 1126; 73（23—30 Oct. 1651）, 1158—1184（8—15Jan. 1652）, 1335; 88 （5—12 Feb. 1652）, 1394; 91 （26 Feb.—4 March 1651）, 1445。

5 同上, 70 （2—9 Oct. 1651）, 1100; 73（23—30 Oct. 1651）, 1158; 84 （8—15 Jan. 1652）, 1338。

6 同上, 72 （16—23 Oct. 1651）, 1143; 1187 （29 Jan.—5 Feb. 1652）, 1385; 1192 （4—11 March 1652）, 1457—1462; 100（29 April—6 May 1652）, 1569—1573。尤其是最后一篇。

（jus conquestus）；[1]但是尼德汉姆关于“事实上的”权力的论证的倾向，会使他赞成服从任何行使着有效权威的权力。当这个权力是克伦威尔的护国公政权，而他在《政治快讯》中为其服务的军队反对这个政权时，尼德汉姆就会发现自己处境尴尬，英格兰的马基雅维里主义历史就会有一个新的起点。

三

当詹姆斯·哈灵顿的《大洋国》在1656年夏天或秋天出版时，从我们所了解的环境看，当时的背景似乎是，军队中一些小团体对护国公政权自1654年以来的发展方式日益感到不满。[2]一些隐秘的关系使哈灵顿与前军官和另一些人结合在一起，这些人厌恶不能代表军队感情的军 384
事领袖掌权，因为他们没有表示过要建立自1647年以来就有人呼吁过的定期选举的议会，并已把军队置于作为行政权力首脑的护国公控制之下。在1656年，到处流传着关于已经形成的护国公政府显贵们的意图的谣言，在1657年春天，就像《谦卑的请愿和建议》（*Humble Petition and Advice*）[3]一样，它构成了使克伦威尔垮台的反革命行动的关键一步，因为它建议将护国公一职改为世袭君主制，以任命的方式建立“另一个议会”，以维持本应存在于宪政中的“一人”与一院制“议会”之间

1　*Mercurius Politicus*, 17 （26 Sept.—3 Oct. 1650）, 277—278; 18 （3—10 Oct. 1650）, 293—296; 19 （10—17 Oct. 1650）, 309—312; 20 （17—24 Oct. 1650）, 325—326; 21 （24—31 Oct. 1650）, 341—343; 22 （31 Oct.—7 Nov. 1650）, 357—359; 23 （7—14 Nov. 1650）, 373—374; 24 （14—21 Nov. 1650）, 389—390 （论英格兰国王）; 25 （21—28 Nov. 1650）, 407—408; 26 （28 Nov.—5 Dec. 1650）, 423—425 （论宁录和以色列先王）; 27 （5—12 Dec. 1650）, 439—440; 28—30 （12 Dec.—2 Jan. 1651）, 对服从刀剑的必要性的一般论述; 31 （2—9 Jan. 1651）, 503—504, 论起源于服从的政治体; 35 （30 Jan.— 6 Feb. 1651）, 567—568, 论征服的人民失去自由的危险; 75 （6—13 Nov. 1651）, 1189—1191; 93 （11—18 March 1652）, 1457—1460; 98 （15—22 April 1652）, 1540。

2　详情见Pocock, “James Harrington and the Good Old Cause”，在前述引文中。

3　这份文献见Kenyon, *The Stuart Constitution*, pp. 350—357。

的平衡，这显然是回到了十四五年以前《对十九条提议的答复》中所说的政体，其实在《请愿和建议》中就能看到“三个等级”这样的字眼。[1]对建立封闭的贵族制和恢复历史宪法的激烈反对，现在变成了依然存活的共和主义的动力，它所宣扬的口号是“美好的老事业”[2]，而且可以猜想，去年夏天的反对派文献已经预示着《请愿和建议》中所包含的内容。总之，以下事情的发生并非偶然，而且肯定是一种失策：尼德汉姆在1656年6月把1650—1652年《政治快讯》中的社论结集成书，以《自由国家的优点》(*Excellency of a Free State*)为题出版，对其中向君主和贵族发泄的怒气几乎未做删改——有证据表明他后来对此事以及它使他与《大洋国》联系在一起感到懊悔；[3]而亨利·凡纳爵士大约在同时也抛出了他的《救治时弊》(*Healing Question*)，这是这些著作中唯一受到当局审查的一部，它将军队描述为从事正义征服的“上帝子民”，建议恢复它应有的职能，即行使圣徒在英格兰的统治权。[4]

但是，《大洋国》是超越当时语境的著作之一。该书的历史意义在于，它标志着突破范式的时刻，是按照公民人文主义和马基雅维里的共和主义观念对英格兰政治理论和历史的重要修正。做出这种修正的

385 直接原因是，他要为英格兰的军事共和国辩护，把它说成“武装平民”(popolo armato)的统治。但是，我们对英格兰人所能利用的表达政治意识的模式所做的漫长考察足以向我们表明，“公民生活”的语言面对另一些选择的严酷竞争，必须经过艰苦斗争才能使自己立足；我们不指望哈灵顿在英格兰扮演马基雅维里的角色，编出一部美德与命运相互冲突的戏剧，或是担当起控诉其同胞的角色，将一柄利剑插入英格兰的道德意识，让它因创痛而发出哀号。这种杰出地位是留给霍布斯的。

1 Kenyon, p. 353 (clause 7).

2 “美好的老事业”(the Good Old Cause)是1660年代原克伦威尔模范军中的一些成员对他们在内战期间追求的政治目标的称呼，后来经常被英国有激进倾向的共和派作为口号提出。——译注

3 Pocock, “James Harrington and the Good Old Cause”, pp. 38—39.

4 Margaret Judson, *The Political Thought of Sir Henry Vane the Younger* (Philadelphia: University of Pennsylvania Press, 1969).

哈灵顿的意图似乎是,[1]首先,他要证明传统的“古代”或“平衡”宪法的基础一向就不可靠,而且现在已被清除,以此驳斥任何回到这种宪法的做法;第二,他处于一个我们可以称为“后萨伏那罗拉”的时刻,他要证明这种对古代惯例和习俗的超越,是一个世俗过程而不是具有末日启示意义的过程(我们不应忘记,这两种情况可以同时存在),它并没有使圣徒的统治成为必要。出于第一种意图,他编造了一种刀剑的公共历史,[2]其基础是马基雅维里关于拥有武装乃权力分配和发扬公民美德之关键要素的理论;出于第二个意图,他提出了一种公民理论,它与前面的一组论证结合在一起,说明英格兰人是公民,英格兰的共和国要比自封的圣徒的寡头政体更接近上帝。就前一个方面而言,他从理论上消除了伊莱顿对财产之必要性的信念与兰伯罗确信自由的机会之间的分歧,并找到了把英格兰的有地自由民视为从帕纳萨斯山来到人间的古典公民的手段;[3]就后一个方面而言,他在清教徒千禧年意识的演进过程中一个重要而又奇怪的时刻与霍布斯一脉相承。但是从长远的历史意义看,他是处于多少有些不同的场景,这将在以下几章加以解释。

哈灵顿的著作被称为“对封建制度的马基雅维里式思考”。[4]在1642年以前的那一代英格兰学者中间可以看到,他们对贵族身份(baronage)、骑士劳役和一般的依附性军事土地使用权的性质有了更多的理解,认为英格兰历史就是由此而分为不同的时期,这些制度同撒克逊人或诺曼人一起进入这个王国,在此后难以确切说明的日子里逐渐失去了对法律和社会的主宰。对真正的封建制度中的骑士和仆臣的历史认识,易于同对后来的权贵们以其家臣作为基础的军事权力的记忆(我们从马基雅维里语境中的培根和雷利那儿已经看到过它 386

1　应向读者说明,笔者正在为剑桥大学出版社编一本哈灵顿的政治著作。另参见*The Ancient Constitution*, ch. VI, 124—147。

2　*Oceana*,“Second Part of the Preliminaries”,这里用的版本是Toland(ed.),*The Oceana and Other Works of James*. Harrington(1771);参见pp. 57—72。

3　Traiano Boccalini, *Ragguagli da Parnasso*(Venice, 1612—1613),这是一份得到哈灵顿青睐的文献。

4　Pocock, *Ancient Constitution*, p. 147.

的表现）混在一起；这种微观景象使哈灵顿能够认为，建立在“封地”（feudum）上的权力分配，是同撒克逊人一起进入英格兰的，它仅仅是作为亨利七世所制定的立法的结果而被保留下来。[1]说贵族掌握的军事权力的衰落导致了政治权力的重大变化，或它使国王要直接面对他的平民，这并不是什么新观点。哈灵顿的关键性创新之处——这使他成为英格兰公民人文主义思想的真正先驱——是他把这些认识纳入了欧洲和英格兰的政治权力的一般历史之中，其基础是马基雅维里那个拥有武装对于政治人格必不可少的理论。佛罗伦萨人曾强调说，如果一个人拿起武器不是为了自己，而是为了别人，他就不可能是公民，因为如果他是生活在共和国里，武器的使用（这种行动对肯定权力和美德都至关重要）就必须由他做主；他们是从武装个体的兴衰这一角度来看待罗马从共和国向帝国的转化。哈灵顿对英格兰的法学崇古主义的了解，使他能够在这个问题上补充上另一种因素——如他所说，被马基雅维里十分狭隘地放弃了的因素：[2]一旦把拿起武器视为封建土地保有权的职能，它就只能建立在财产占有的基础上。关键的区分是仆臣采地（vassalage）和自有地产（freehold）的区分；它决定着一个人的刀剑是属于领主还是属于他自己和国家；自主财产的功能变成了为自由的公共行动和公民美德而拿起武器，从而也是人格的表达。由此，人格的政治化在英格兰政治思想中获得了充分的表达；“上帝的英格兰人”现在是“政治动物”，因为他拥有刀剑和自有地产。

假如政治人格的基础是财产，无论是动产还是不动产（这种可能性很小），那么它就是维系于比亚里士多德所说的“家政”（oikos）更具体的物质因素，哈灵顿表现出一种倾向，他要淡化马基雅维里所强调的一点，即严重的道德腐败，公民人格的实际解体，是政府衰败的主
387 因。他认为，政府的“腐败”与其说是因为公民不再展现适合于它的美德，不如说是因为政治权威的分配不再与对它起着决定作用的财产分

1 Toland, pp. 60—65.

2 Toland, p. 39.

配适当地联系在一起。[1]如果发生这种情况，就会看到平等的人试图像领主和仆臣那样行动，或领主和仆臣试图像平等的人那样行动；在这两种情况下，政治权力的行使将不再有客观的自由的分配为之正名，而必然导致暴力和专制，或是（这其实是一回事）变得衰弱并失败，注定要被与实际的土地分配联系在一起的权威分配所取代。古典理论中的政体六分法——君主制、贵族制和民主制，它们又分别有关心共同利益的正义和只顾自身利益的不义之分——现在可以被改造成这样一种图式，其中每一个政体可以与土地的实际分配联系在一起或不与它联系在一起。但是哈灵顿又做了进一步的区分，有土耳其式的君主制，一人拥有全部土地，别人能否从他那儿得到土地全看他是否高兴；还有哥特式或“封建”的君主制，少数人控制着国王，多数人又控制着少数。他认为，这后一种不是真正的君主制，因为它在设计上有问题，其平衡是不稳定的。哥特式制度中封建势力的叛乱、土耳其式制度（晚期罗马帝国也属于这种类型）中的宫廷卫队——苏丹的近卫队或罗马皇帝的禁卫军的叛乱，都使得这种君主制即使有着纯正的形式，也从未成为稳定的政体。[2]

哈灵顿把财产称为“命运的恩惠”（the goods of fortune），[3]他没有关于调整财产分配的社会法律的具体想法。但他确实认为，可以通过人类的立法对财产进行再分配或禁止这种再分配；[4]英格兰的观念背景使他不必过分求助于“命运”的概念，因此他需要将每一种政体说成是必然退化为功能紊乱的形态，不然的话他的六分法便难免陷入波利比阿式的“循环”。但是他确实认为，只有拥有地产者的民主制——也就是说，只有“民众”（demo）或拥有地产的自由民的多数相对平等

1　Toland, p. 68.

2　Toland, pp. 37, 50, 65—67, 129—30, 248—252.

3　Toland, pp. 36—37.

4　J.R.Pole深入研究过（我以为他有点过于重视了）这个问题，见他的*Political Representation in England and the Origin of the American Republic*（London: Macmillan, 1966）。

388 地拥有土地的社会——具备以多样化的平衡方式分配政治权威，从而形成一种自我稳定的“混合政体”所必需的人类资源（马基雅维里也许会把它称为“质料”［materia］）；他认为，这样的国家从理论上可以证明是不朽的。[1]他还描述了西方世界的政治权威史，它确实遵循着一种循环模式：摩西和利库尔戈斯，梭伦和罗穆路斯，都是农业时代的立法者，他们建立了由有地自由民武士组成的国家，但是他们的成果却被罗马的征服和“罗马大地产主”（latifundia）的壮大所破坏。在格拉古兄弟阻止这种现象无果之后，罗马皇帝和他们豢养的军队建立了一种不稳定的君主制，由皇帝和元老们分享土地和军事权力；哥特人在这个动荡的体系中作为雇佣军被召来，他们接过整个帝国，建立了君主制和贵族制失衡的封建制度。“哥特式的平衡”，或“现代的精明”（modern prudence），哈灵顿说，虽然传统上一向被赞美为政治杰作——暗示《对十九条提议的答复》中的思想——但它在任何地方都不过是国王和贵族之间的“扭打”，造成这种不稳定的原因是，每一方既无法适应另一方的权力，又摆脱不了它。[2]在“大洋国”（被他高度理想化的英格兰）中，这种“现代的精明”从盎格鲁—撒克逊人的入侵一直延续到都铎王朝的出现。可是，亨利七世——他的形象很大程度上归因于培根——所扮演的角色非常类似于詹诺蒂为美第奇家族安排的角色；他把军事佃户（哈灵顿将他们与家臣混为一谈）从他们的领主的权威中解放出来，使后者将来再也无力伤害他们；军事佃户由此开始上升为拥有土地的、君权不能控制的人民（詹诺蒂所说的“中间阶层”）。[3]正是由于这种人的持续存在，使查理一世明白了自己的无能；在受到平民权力的挑战时，他发现贵族没有权威为他的权力提供支持，只好想用军

1 Toland, pp. 178—180. 参见Z. S. Fink, *The Classical Republicans: An Essay in the Recovery of a Pattern of Thought in Seventeenth-Century England*（Evanston: Northwestern University, 1945）; Charles Blitzer, *An Immortal Commonwealth: The Political Thought of James Harrington*（New Haven: Yale University Press, 1960）。

2 Toland, pp. 63, 129.

3 Toland, pp. 64—65, 364—366. 提到培根的地方（他的*History of Henry VII* 和 *Essays*）见pp. 32 , 64。关于詹诺蒂，见本书第286页注3。

队进行统治；但是，除了根本不想为他打仗的有地自由民之外，并没有其他兵源，所以他失败了，他的君主制也垮台了。[1]由有产者组成的武装“平民”现在占领了地盘，可以重复摩西和利库尔戈斯的工作。一个循 389
环完成了，出现了建立不朽国家的机会。哈灵顿大大超过了伊莱顿，他将政治跟财产的历史联系在一起，但它是由一系列循环性的转型，而不仅仅是由传统的遗产组成的。

此外，他也从理论上完成了对古代宪法观的破坏，这种观点认为古代宪法是一个适合人民性情的习惯和习俗的结构，或是一人、少数和多数的完美平衡。假如他没有像平均派那样表示古代宪法的根源是诺曼人的篡权，他还是把它描述为不稳定的政体循环中的一个阶段，从未给英格兰带来也绝不可能带来和平或秩序。他的思想可以被视为是从前些年决疑论者有关“事实上的”权力的争论发展而来，所以他愿意认为，旧制度的破裂已经把在国王和议会之间做出选择的权利留给个人的良知，并且认为没有人能够因为做出这种选择而被公正地惩罚；[2]遵循着阿沙姆或尼德汉姆的传统的读者，也许会担心一切政府的起源都是刀剑，他为他们提供了一种有关刀剑的公民理论和公共史，由此得出的结论远比《利维坦》更为乐观和积极。他的“武装的平民”（popolo armato）不是尼德汉姆所设想的行使“征服权”的一群宁录，也不是凡纳所设想的以神秘方式得到拣选的一帮圣徒：这里的刀剑既不属于利维坦，也不属于基甸[3]，而是共和国的人民建立其公民美德制度的基础。

1　Toland, p. 65：“……至于孤零零处于这个夹缝中的贵族院，如今陷在国王和平民之间，它表示克拉苏已死，其颈部已被斩断。但是失去贵族的君主，除军队之外别无庇护之地。由此可见，是解散这个政府引起了战争，而不是战争导致了这个政府的解散。

“关于国王利用他的军队取得的成功，不必做更多的解释，只需说明军队像他的贵族一样无效。但是，没有贵族或军队（这是一向得到证明的）就没有君主制。因此从这片废墟中除了出现一个平民政府，或是由获胜的军队建立的新君主制，难道还会出现别的事情？”

2　Toland, p. 69.

3　基甸是打败米甸人，为其部落带来和平的古犹太英雄；他以上帝为犹太人的王，因此自己拒绝称王。事见《旧约·士师记》6、7。——译注哈灵顿的图式中所描述的政治个体，仍然是佛罗伦萨的所有那些公民人文主义图式所预设的（不管多么存疑）公民美德的支持者，但是我们已经看到，哈灵顿较少强调他所说的人格的道德基础，而是更重
390 视其物质基础。《大洋国》中有关腐败带来道德堕落的言论，并不比16世纪或18世纪的人更多。哈灵顿的“人民”所担心的最糟糕的事情是失去政府，[1]而他所说的政府不是指有强制力的主权者，而是指引导人们有机会践行美德的“秩序”（ordini）。他像马基雅维里一样，认为拿起武器是个人作为负责任的道德存在肯定其社会权力和政治参与的基本手段，而拥有非依附性的土地保有权，则是拿起武器的物质基础。哈灵顿似乎没有考虑到这种土地保有权也会产生仆臣身份之外的社会依附关系；他对武装之重要性的强调，也许使他把一切不带劳役义务的土地保有权归为一类。但是，尽管像普特南的伊莱顿和兰伯罗一样，他没有探讨存在于真正的自有地产和农奴之间的广大中间地带，他却吸收了他们观点中的一些要素。像伊莱顿一样，他认为可继承的世袭地产是关心和参与国事的前提。他说，仆从不是国家的成分，他们带来的任何危险都是外部的，[2]就像来自外敌的威胁一样。但是像兰伯罗一样，他似乎认为经济上自立的公民也包括挣工资的人，只要他们住在自己的村子里，但不应是住在别人家里的仆人。[3]关于哈灵顿对经济的态度有很多争议，有人试图证明：他认为土地从根本上说是一种可交易的商品，可以通过买卖获利，这会使他的公民成为变化不定的企业家阶层。[4]但是也有很好的理由认为，他的经济学是希腊式的，是以“家政”（oikos）与“城邦”的关系为基础。获得土地是为了把它传给后代：[5]使家庭或“家政”建立在可靠的继承权上，让儿子能够自由地拿起武器，或是在

1　Toland, p. 469（*A System of Politics*, IV, 18, 19, 22）.

2　Toland, pp. 77, 138：“国家产生骚乱不是由于外因就是由于内因。外因是外敌、臣民或仆从。”

3　Toland, p. 147, 他在这里认为，这种人对利用自己的投票权去增加财产不感兴趣。

4　C. B. Macpherson, *The Political Theory of Possessive Individualism*, ch. 6, 特别是pp. 82—88。

5　Toland, p. 480（*System of Politics*, x, 4—5）.

有关国事的集会中参加无记名投票。就像亚里士多德一样，拥有土地的目的不是利润，而是闲暇：是投身于公共领域或公民大会、表现美德的机会。我们又回到了对公民精神的赞美，据此，政治特别适合于“绅士的禀赋”。[1]但是贫穷的有地自由民并没有被剥夺值得赞美的“多数” 391
角色。

哈灵顿知道，财产可以以不动产或动产的形式存在，他特别声明，他关于财产和权力关系的一般法则，对前者和后者同样适用。[2]但是，尽管他很熟悉荷兰，据说还曾在那里的英格兰军团中服过役，但他从未描述过一个以货物或货币财产为基础的军事和政治结构；如果他做这种描述的话，远不是古典时代那种武装人民的荷兰人会给他的观点带来麻烦。荷兰和热那亚——应当注意，不是威尼斯——在他看来属于完全的商业社会的类型，它们仅仅出现在讨论“贸易平衡是否会侵蚀土地平衡”的背景中。他这里评价的是高利贷对土地财产的影响。荷兰和日内瓦是逐利的社会，显然不需要禁止高利贷的立法；古代以色列和斯巴达的政制是建立在土地分配上，其农田数量有限，因此必须严格限制高利贷的作用，以防不动产的分配陷入债务关系。[3]出于同样的原因，现代犹太人应当在能够使他们恢复农民条件的土地上重新肯定自身。[4]但是大洋国有足够的土地，使它的商人能够从事逐利的活动（但显然不再允许犹太人）；高利贷不会破坏土地制度，因此应当予以鼓励，而且这能给它带来财富。[5]寻找资产阶级起源的学者愉快地发现，哈灵顿在为利润投机行为辩护，但这并没有掩盖一个事实：他认为货币投机与土地继承权有着消极而非积极的关系。财产的目的是稳定和闲暇：它把个人碇泊于权力和美德的结构之中，使他能够自由地实践这种活动。反对市场利润作为公民人格的基础，是因为它的多变：“轻飘飘

1　Toland, p. 53.

2　Toland, pp. 38, 228.

3　Toland, pp. 228—229.

4　Toland, pp. 33—34.

5　Toland, p. 229；另见pp. 100—101。

地来，又轻飘飘地走了”，哈灵顿说。[1]一个人有多少，也会失去多少，转瞬之间他就会判若两人。孔夫子说，君子不器；公民人格不是商品。

随着大洋国的贸易扩张，这个共和国也许必须进行领土扩张。这大概是哈灵顿对马基雅维里产生共鸣的一个原因，后者认为武装的人
392 民共和国必须是“扩张的国家”；[2]但有些重要的不同。两人都认为，人民的共和国必须把武器交到人民手里，武器是为了打仗用的，不是为了仪式或装点门面。但是，马基雅维里（就像他之前的布鲁尼一样，受到有关罗马征服伊特鲁里亚自由城市的思想的影响）认为，波利比阿式的共和国毗邻其他共和国和王国，因此必然与这些平等的国家发生战争；在他看来，罗马有着食人族的宿命，它必然毁灭其他民族的美德，并最终毁灭自身的美德。然而，关于英格兰，哈灵顿写道：“海洋赋予威尼斯以成长的法律，大洋国则赋予海洋以法律。”[3]两者都是岛国，海洋使其免于受到家门口的敌人的不断威胁；但是威尼斯的空间只能容纳商人、工匠和海员，由于缺少独立的公民而无法建立帝国和民主，英格兰则既是岛国又有农业领土，能够养活武装的人民，他们在国内是民主派，在国外则是征服者。此外，缺少毗邻的“坚实土地”（terra-firma），意味着没有其自由和美德可能受到破坏的相邻的共和国，大洋国在扩张时也就不必担心自身的腐败；但是哈灵顿没有清楚说明这在现实世界中意味着什么。马韦尔曾宣布，克伦威尔是共和国公共武力的持有者，将是“一切不自由的国家的救星”，他怀着这种真诚的感情，把英格兰共和国想象成一个领袖，要把相邻的欧洲从哥特人的（很可能还有教皇的）辔轭中解放出来；[4]但是还有另一种着眼于海洋而不是大陆的观点，它把渴望土地、从事征服的自由人，视为在因为战乱瘟疫而使古代居民大量消失的爱尔兰从事殖民活动者，“每个公民迟早都会得到自己的农

1 Toland, p. 227.

2 Toland, pp. 178—185.

3 Toland, p. 34.

4 Toland, pp. 185—188.

庄”。[1](爱尔兰的清教徒军队,是因为反对克伦威尔而被流放到那儿的,哈灵顿的一些朋友和崇拜者与他们有交往。)有一段话声称,“再多一些种植园,国家会拥有更多”。[2]鉴于他的思想后来在十三个殖民地享有的重要性,人们不禁会说,哈灵顿想象着空旷的爱尔兰也会被搬到大西洋对岸;然而他也提到了“印度群岛的殖民地”[3]——很可能是指美洲的定居点——在不久的将来肯定会独立。如果说对于大洋国的不腐败的扩张会发生在何处,哈灵顿语焉不详,但他就像他之前的詹诺蒂一样明确,他要从马基雅维里在《论李维》开头列出的两种选择中取其菁华。393 大洋国要在不受限制的扩张方面成为罗马,在永恒的稳定、自由和美德方面成为威尼斯。为此目的,他让自己的立法者在一次超长的演说[4]中背诵了《论李维》第一卷第六章中完整的一段话,其中首次把罗马和威尼斯作为对立面,他认为马基雅维里是错误的,因为后者认为武装人民付出的代价是贵族和平民纷争不已(当领地的财富成为争夺的对象时,这种纷争对共和国极为有害)。跟那些亲威尼斯的马基雅维里批评者一样,他认为罗马公民的冲突不是平民骚乱的结果,而是罗马贵族以世袭方式垄断官职的结果,这与武装的人民没有因果关系。威尼斯解决这个问题的方式是,使贵族成为一个由多数选举产生并在他们中轮换的团体;马基雅维里则错误地假设,解除人民的武装是它内部和平的原因。[5]大洋国是从打破哥特人的平衡及其世袭贵族制的消失中产生的,它有着岛国的条件,有拥有土地和武装的人民;她只能采用那个“最安定的共和国”的轮换贵族制,她能将威尼斯和罗马集于一身,不必担心英格兰会出现恺撒。

对大洋国的“秩序”有冗长的记述,还有乌托邦式的细节。它的目标是建立一个全体公民参与的图式,其基础是定期召开的地方社区或

1 Toland, p. 103.
2 Toland, p. 100.
3 Toland, p. 41.
4 Toland, pp. 132—144.
5 Toland, pp. 139—140.

“部族”（tribes，这个名称同样反映着希腊—罗马或希伯来的影响）大会，它在很多方面类似于英格兰传统的郡县大会：至少在召集并训练郡县民兵和选举全国议会代表上是如此。实际上，全体公民是以骑兵和步兵的“黄金队列”方式举行威尼斯式的无记名投票，选出大洋国的平民院和元老院的成员；哈灵顿有意识地对“民兵”（milizia）和“治安队”（polizia）的一致性做了生动描述。[1]但是，当选的人并不是本来意义上的代表，而是轮到他们参与和服务的公民，他们通过抽签和推举进入特意设计成威尼斯式的复杂结构。哈灵顿并非不知道“威尼斯神话”，它使美德成为机制，让人们进入使其行为既理性又无私利的过程，无论这是否出于他们本意——这是他最后和最系统的政治著作中
394 出现的孔塔里尼所说的柏拉图式基调；[2]不过，他的主要意图是通过公民参与展示人的美德。要实行包括代表的职务在内的官职的定期轮换（尼德汉姆把它称为“革命”），不是为了保证人民的选择至高无上，而是为了保证实现个人的参与；他要定期担任官职，不可把公共职能委托或转让给别人。轮换制在哈灵顿那儿相当于马基雅维里的（他认为这也是威尼斯的）“原则的恢复”（ridurre ai principii），即在行动中并通过行动而使美德不断更新。在他的乌托邦的专业行话中，他喜欢采用极夸张的语言——“银河”、“第一推动力”（primum mobile）和“天体”，它们分别表示光的自我永存、热情和生命。他对哈维的血液循环发现所作引用亦是如此。

轮换制也是他解决贵族问题的手段。在他的体系中被赋予“少数”之功能的元老院成员（应当指出，立法者的工作一旦完成，“一人”就不起多少作用了）要定期选举，定期让三分之一退休。对他们特点的说明不是着眼于他们作为一个社会群体的素质，而是着眼于他们所履行的政治职能，根据古典时代和文艺复兴的传统，这种职能严格限于提出法律和政策，由人民或公民大会从中做出选择。用他的说法，“辩论”和

1 见Hermes de Caduceo的演说；Toland, pp. 92—94.

2 *A System of Politics*, IV（Toland, pp. 468—470），IX（pp. 478—479）.

“结果”要绝对分开，[1]这是哈灵顿使美德发挥效用，以及区分和分配决策过程中的不同成分的方法，它能使人们必须公允地采取行动。但是，他让少数定期出入于多数的团体，是要证明不必有一个贵族阶层履行少数的职能。当然，某种社会差异还是有必要存在的；整个亚里士多德式的技术是基于把政治职能跟社会特点联系在一起。元老院要由人民从一个骑士等级的成员中选出，对后者有每年一百镑收入的财产资格限制；[2]但是更重要的似乎是，他有着坚定信念，相信多数在观察少数时能够了解他们的才华。他说，二十个人中间会有六个人能力卓越，其余十四人要听从他们的领导；没有必要建立复杂的机制以保证他们得到选拔，最重要的防范措施是确保“辩论”和“结果”的分离，让六人和十四人能够正确地各司其职。[3]显然，在哈灵顿的头脑中，这两组人 395
在才能上的差异对应着财产、出身和地位的差异；六人是绅士，他们比其余十四人有更多的财产、闲暇、经验和传统。[4]但是关键在于让十四个人自愿承认这些素质，没有世袭制，也没有过分的财产资格去限制他们的选择。我们这里第一次遇到了英格兰共和主义理论中的服从概念——用现代学者喜欢的说法——虽然它在英格兰社会思想中想必不是第一次出现；我们从亚里士多德、马基雅维里和圭恰迪尼那儿已经很熟悉这一概念，圭恰迪尼曾用它来仔细区分“开放型政制”和“封闭型政制”中的贵族。[5]从哈灵顿到约翰·亚当斯，它在大西洋思想[6]中的作用是用来论证：贵族制与民主制的关系——这是任何混合政府理论的关键所在——在一个有比较自由、多变和能够畅所欲言社会里才会有最佳的形式；贵族制虽然发挥着人格和财产的功能，是一种自然的而

1　Toland, pp. 43—45, 48, 50—51, 71, 214—215, 416, 418—419. 圭恰迪尼的观点见本书边码第255—256, 260页，詹诺蒂的这种区分见边码第287—289, 304页。

2　Toland, p. 78.

3　Toland, pp. 44—45, 236—238.

4　Toland, pp. 53, 125, 127.

5　见本书边码第130—135, 227, 248, 253页。

6　参见Gordon S. Wood, *The Creation of the American Republic*（Chapel Hill: University of North Carolina Press, 1969），另见本书第15章。

非制度化的现象，但当它不是封闭的而是得到了多数承认时，才能发挥最好的作用。在尼德汉姆或哈灵顿看来，很难建立不会引起冲突或腐败的封闭式贵族制，而且没有必要做这种尝试。

但是，哈灵顿的著作和凡纳、弥尔顿或第五王朝派的著作同时出现，意味着他必须考虑另一种贵族制的可能性，它比世袭制更强大：即圣徒统治的贵族制。他们是有着神性体验的精英，由其性质所定，他们的资格不能由多数人做出判断。为了充分理解这个问题的深度，必须考虑他已成功地把英格兰置于一个不是传统时代，而是古典时代的背景之下。英格兰的历史现在成了共和主义美德的兴起、衰落和再生过程的一部分，这甚至比早期的布鲁尼之后人们所认为的佛罗伦萨史更加确定；眼前这个时刻，是英格兰有机会以自莉薇娅的罗马时代以来从未存在过的形式重建武装自由民的国家的时刻。本书一再重申的主题是，重建共和国、重建使人成为其应是的社会的时刻，若不补充上末日启示
396 的时刻或神恩在历史中降临的时刻的观念，就是难以想象的；哈灵顿亦不例外。我们被告知，大洋国“就像萨伦的玫瑰和谷地的百合”；立法者在她建立之初一直吟唱着幻想曲“所罗门之歌”，[1]任何正统的基督徒都会与作为基督嫁娘的教会形象结合在一起；我们在另一个地方还听到，这个共和国是圣子统治，就像摩西的王国是圣父统治一样。[2]然而，这也是圣徒统治出现的时刻，它以自己的方式向上帝面前公民的平等发起了挑战。

“得到拣选的民族”，即全体信徒属于同一个教会这种特殊的英格兰式肯定，自它出现以来，就以一种将平信徒自治（laicism）和启示录语言融合在一起的奇妙而特殊的方式，肯定了世俗权威的至上地位。假如教皇在时间中代表着在永恒的当下采取行动的上帝之存在这种主张是虚假的，那么这个世俗共同体就能够担当期待着基督回到时间中来的信仰共同体的角色。世俗权威高于任何以信仰为基础向它的至上

---

1 Toland, p. 188.

2 Toland, p. 187：“上帝之国是圣父的国，上帝之国也是圣子的国，人民将愿意看到他统治的日子。”参见p. 195：“我若不把终点变成起点，就无法肯定有一种循环。”

地位发起的挑战，于是就变成了批驳反基督分子的标准，罗马天主教神父，阿米尼乌斯教派的主教以及苏格兰长老会的长老，都先后扮演过这种反基督分子的角色。在1650年代的独立派看来，罗马教廷仍是最典型的敌人，奉行神法的长老会教派位居第二，当哈灵顿所说的立法者（他部分地是克伦威尔的化身）接近于达到他努力的目标时，他被后人纪念主要是因为他战胜了外敌（这显然是指苏格兰人）入侵。[1]但是，圣徒的统治，声称拥有别人不可企及的精神权威、选民身份或智慧，却对基本上属于同一等级的世俗共同体的精神角色构成了威胁——因此威廉·普莱恩宣布，贵格会教徒是披着伪装的耶稣会信徒或圣方济各会信徒。[2]在《利维坦》第四卷和第五卷，霍布斯提出要筑起一座堡垒以对抗所有这些威胁。他以自己高度个性化的方式，用激进的新教教义证明：尘世间没有任何机构能够在基督升天和返回之间行使源于他的权威，或是在因扫罗而结束的摩西神权统治与基督返回时所实行的神权统治之间，行使直接源于上帝的权威。在这个期间占据着舞台的天然的 397
和人为的世俗权威，行使着宣讲和解释有关上帝返回的预言的不可分割的权力；但是，行使这种权力的代价是，只能不断重复那种预言，除掉利维坦的一切伪精神性敌人，但把利维坦置于一个启示录的时间图式之中，并说明有一天他的权威将不复存在，因为神权统治已经同复活的基督一起回归。[3]

霍布斯和哈灵顿——主张绝对主权的理论家和主张参与式美德的共和国的理论家，大概就像任何两个意识形态鼓吹者一样，肯定会发生争执；其实，哈灵顿有不少资源可用来抨击霍布斯的权力理论，抨击他对希腊—罗马遗产的憎恨和他用私人的自愿服从代替公共的积极美德的做法。[4]但他们有一种更深刻的共同意识，而且在这一点上有着共同的敌人。哈灵顿就像霍布斯一样，亟想证明最早的长老会长老和执事

1　Toland, p. 199. 不过没有直接指名道姓地提到反基督分子。

2　Lamont, *Marginal Prynne*, p. 141及注释。

3　*Politics, Language and Time*, pp. 148—201.

4　Toland, pp. 35—37, 38—39, 42—43, 45—46, 49—50, 53, 54, 65, 71, 241.

不是在神权传统中得到委任的，而是在公民大会中选出来的。[1]就像大多数独立派一样（无论他们倾向于平信徒自治还是教会自治），他要证明这一点，以便对抗所有的教皇派、圣公会派和长老会教徒。关于这个问题有大量的文献可以供他利用；使他更接近于霍布斯的，是两人都想证明选举长老会长老和执事的是一个世俗机构，以及至少在哈灵顿看来，原始的“信徒会众”（ecclesiae）是雅典的“公民大会”（ekklesia）一词意义上的公民集会。[2]他要证明，选举教士是世俗的选择，是由世俗主权者做出的选择；尽管哈灵顿和霍布斯的主权理论有深刻差别，但自足的城邦或国家，如霍布斯所强调的，对自身事务行使主权，就像任何服从于利维坦的王国一样。敌人是相同的。哈灵顿在原始授权问题上对国教徒亨利·哈蒙德做了极冗长的反驳，是针对后者著作中的一个
398 段落逐页逐条予以反驳，因为哈蒙德在这段话中抨击了霍布斯。[3]

霍布斯认为，利维坦的王国是处在由摩西的神权政治所实行的上帝直接统治和由复活的基督实行的上帝统治之间的当前这一段间隔期。他因此强调这两种神权统治的一致性及其君主制特点：上帝通过基督行使的权威，基督又通过从摩西到撒母耳这些副手行使。但是哈灵顿坚持认为，摩西的国是真正的古典共和国，选举宗教官员的权威是各个等级的人民的权威，就像他们选举国家官员一样。[4]当他这样说

---

1 *Prerogative of Popular Government*, Book II（Toland, pp. 304—354）; *Art of Laivgiving*, ch. VI（Toland, pp. 398—400）; *Leviathan,* Book III, ch. 42（ed. Oakeshott, Oxford: Basil Blackwell, n.d.）, pp. 322—383.

2 Toland, pp. 48（“the church or assembly of the people”）, 316—317, 以及 *Prerogative of Popular Government*, II, 多处。

3 Toland, pp. 335—354. Henry Hammond, A Letter of Resolution to Six Quaeres, of Present Use in the Church of England（1653），此书收入*Works of Henry Hammond*（London, 4 vols., dated between 1671 and 1684; 卷一标明的出版日期是MDCLXXIV）。第五个“问题”是关于委任制的，并通过抨击《利维坦》第42章（*Leviathan*, vol. 1, pp. 512—529）进行了回答。哈灵顿断定哈蒙德的抨击是失败的，并且提到了霍布斯的名字。

4 Toland, pp. 46—48, 75, 99, 147, 166—167（*Oceana*）; 234—241, 272—274, 283—284, 320—333, 357（*Prerogative of Popular Government*）; 363, 372—398（*Art of Lawgiving*）.

时,他并没有感到必须与霍布斯站在一起。最主要的目的是驳倒认为教士有着独立的精神权威来源的一切主张。共和国能够像君主制一样有效地肯定世俗主权。诉诸神权——否定教权独立的另一种方式——可以通过重申以下内容来保留,哈灵顿也确实这样重申:共和国,即全体公民平等的政体,是在上帝之下人人有着平等的自由的政体。因此,共和国也是神权政体;它是以基督为王的王国。[1]萨伏那罗拉很久以前就这样说过,凡纳和第五王朝派仍在这样说;但在哈灵顿看来,他们的主张是错误的,因为他们是要主张自己拥有权威,把自己当作精英或选民,却否认其他公民是这种人。[2]他们要求建立共和国是为了自己,从而也就否定了共和国,否定了基督之国。他们的角色与反基督分子相去不远。

但是,甚至在西奈山,共和国也不是简单的启示问题。哈灵顿认为,公民社会所发展和形成的秩序,是人的理性能够理解的,上帝不会反对合乎理性的自然秩序。[3]马基雅维里将摩西和异教的立法者并列, 399
难免有讥讽之嫌,哈灵顿则数次引用一份文献,其中说摩西接受他的岳父、米甸人叶忒罗——一个不信神的异邦人——建立世俗制度的建议。[4]他可能是说,这是先知和立法者、神的预言和自然理性在和谐地工作。但是还有进一步的含义,共和国表现出千禧年的因素,这在霍布斯的著作中是找不到的。假如神权统治过去是通过直接代表上帝的摩西亲自来实行,将来则是通过复活的基督亲自来实行,那么仅仅作为上帝的自然的和人为的代表的利维坦,就不能实行神权统治,而是只能期待它的回归。但是,假如作为共和国的以色列使自身也成为神权统治的

1 Toland, p. 187(见前文), p. 194:"……但国家若是君主国;国王就是她的上帝,基于同样的理由,他的命令就是她的至高无上的权力。"这是Toland编辑后的文字,原文(经哈灵顿修订)是"在上帝就是国王的地方"。

2 Toland, pp. 469 (*A System of Politics*, IV, 23), 574 (*A Discourse upon this Saying ...*), 580—584 (*A Parallel of the Spirit of the People with the Spirit of Mr. Rogers*).

3 Toland, pp. 214—215, 248, 272—273, 300, 342 ("无论上帝还是基督,都没有根据人类的审慎原则之外的原则制定过任何政策"), 347, 371—372, 401。

4 参见Toland, pp. 48, 74("我的执政官大人把以色列国的议事会当作摩西的议事会,把其他国家当作叶忒罗的国家。")另参见相关各处。

国家，那么大洋国，作为以色列和罗马之“复活”的共和国，从某种意义上就可以理解为基督之国的回归。因此才有了基督嫁娘的形象，以及大洋国被赋予的另一些启示录意义。利维坦只能期待时间终结时的基督之国；大洋国则可以成为这个已经到来的王国，将千禧年跟来世结合在一起。在一个有朽的神和一个不朽的国家之间是有差别的。

但是，在大洋国这座祥和安宁的大厦中，只有寥寥无几的类型和影子具有千禧年的含义。我们更有可能感觉到，哈灵顿和霍布斯，就像普莱恩和马韦尔一样，最终还是让精神体验从属于政治体验，将他们思想中无法避免的先知因素自相矛盾地用于这个目的。除了极罕见的情况，霍布斯一向故意否认直接的宗教体验的可能性，他要让宗教生活既服从利维坦，又承认上帝的权力和耶稣的救世使命。哈灵顿则沿着人文主义路线，取消了圣徒（同时为“信仰会众”保留了救赎的功能[1]）并且只留下公民的美德实践作为“基督统治”的唯一必要条件。[2]他的
400 教士应当仅仅是学问家，他们解释上帝的话，因为他们通晓说这些话时使用的古语；[3]圣灵降临说（Pentecost）几乎消失了。但是，由于能够利用一种暗示千禧年或基督回归就要发生的末世论语言，哈灵顿——无论对霍布斯而言是否如此——避免把他的共和国说成存在于严格的世俗时间之中。他没有像马基雅维里那样，用“德行”（virtù）和腐败这类字眼去描述一个既不是因习俗也不是因神恩而得到稳定的世界中的公民。当哈灵顿的思想被用于一个不再以千禧年为取向的社会时，这种眼光才会重现。

---

1 Toland, p. 55.

2 Toland, p. 489:“基督徒或圣徒的身体不可能有其他形式，只能是像以色列人或异教徒一样的身体，同样，基督徒或圣徒的政体或公民政府也不可能有其他形式，只能是以色列人或异教徒的政体或公民政府。” p. 490:“人们所能要求、或上帝所能赐予的最高的世俗幸福，就是一个平等而秩序井然的国家。在这个以色列人的国家是上帝的统治；在这个基督徒的国家（出于同样的理由）是基督的统治，虽然这个基督的国家中确实并非人人都是基督徒，就像以色列人的国家并非人人都是以色列人一样。”

3 Toland, pp. 82, 166—169, 421, 476.

第十二章 401

共和政体的英格兰化（二）宫廷派、乡村派和常备军

一

在前面两章，我们考察了在斯图亚特和清教徒的英格兰的语言和思想中，用于理解政治的公民模式和马基雅维里模式的出现和形成。当时形成的观念世界十分不同于佛罗伦萨的观念世界，我们必须大费周折才能理解为何必须把英格兰设想为一个古典共和国；但是仍可以把它描述为一个受着某些范式支配的世界，它们与那些用来建构本书写作指导模型的范式一样。特殊事件的世界是难以理解的，被视为人类非理性的结果，是不稳定的世俗领域，政治的任务就是要控制这种不稳定（假如不是政治原罪造成了这种不稳定的话）。习俗、神恩和命运的范式，提供了可以引导人类理智穿越历史生存的危险之路的语言。当内战折磨着一向被视为代表着永恒秩序的君主制时，我们看到一个思想家团体（霍布斯在某种意义上也是其中一员），他们打算分离出一个处在时间之外的“自然时刻”，以此重建作为一种严格的自然现象的权威；但是，尼德汉姆的另类言论，以及霍布斯和哈灵顿之间令人困惑的关系，都向我们表明，诉诸自然和权威与诉诸命运、“循环”和共和国密切共存，而后者又是与进一步诉诸神恩、神启和末日启示密切共

存。因此可以认为，直到清教徒的激进欲望消耗殆尽为止，英格兰的政治思想一直面对“现世”认识论的挑战，英格兰是个古典共和国的观点则被建构为应对这种挑战的手段，我们所熟悉的语言既带来这种挑战，也提供了它的解决方案。

但是，在17世纪晚期和18世纪，西方的政治和社会思想已经从后中世纪时代过渡到了现代早期的时代。对历史的自我理解能力大增，是这种转变的特点；倘若我们研究过的那种有着严重局限性的对世俗现
402 象的认识没有改变，这一特点是不会出现的。这个时期的认识论变化的原因很多，也很复杂，但是我们就会发现，共和人文主义的语言在这一过程中发挥着重要作用，并且因此而与导致其产生的认识论形成了一种矛盾的关系。文艺复兴时期的公民人文主义者面对几乎无法解决的难题，他们既要把共和国建成一个普遍的价值共同体，又要使它成为一个特殊世界中的现象；因此他们的理论把共和国描述为动员一切理性和一切价值、维持美德大体稳定的手段。这仍是后文艺复兴时期和启蒙运动时期人们的基本问题；但是，在从布鲁尼到马基雅维里再到哈灵顿的思想传统中，有关混合政体、军队的理论，最后是有关财产的理论，提供了（至少对于那些能够忽略马基雅维里那根本性的悲观主义的人来说）一套获得稳定的规范，它把全部美德降低为具体的、可控制的条目。我们将要看到的现象是，这些理论成了衡量历史变化的标准。就此而言，它们只是以丰富技术词汇而增强了历史理解的能力，但是同时它们也使思想家对变化做出消极的评价，将其视为脱离制约着它的规范的运动，因为它们也在定义稳定、理性和美德。如此一来，古人将变化等同于堕落和衰变的做法得到了更强大的坚持；这种情况下的新观点是，变化现在不再被视为纯粹的混乱，而是被视为可以理解的社会和物质过程。美德的对立面不再是“命运”，而是变成了腐败，西方人历史理解能力的增长的表现形式，是更加敏锐地日益意识到价值和历史、美德和历史、人格和历史之间的潜在冲突；不理解这种对立，就不能理解18世纪的进步理论的发展。这是人从自己的公民身份中获得完美这一古典形象做出的最后贡献。一种浪漫主义的人格理论是必然的

回应。

应当把这些思想运动视为主要发生在英格兰和美洲的背景之中，可以提出的初步问题是，在17世纪中期的革命动荡之后，习俗、神恩和命运的语言发生了哪些一般性的变化。首先应当指出，从神恩和启示的角度描述英格兰政治的习惯，在1660年之后经历了相当明显的衰落。 403
“信神的统治”（Godly Rule）这类词汇也许受到失望情绪的侵蚀，现在似乎成了复兴的国教要在下一个世纪予以消除的“狂热”精神的一部分。末日启示的因素当然也是需要予以消除的这个时代的思想不可分割的一部分；它仍然存在于布道、文学和公共思想的某些领域，[1]但是作为一种公认的政治语言，它早已风光不再，而且再也没有完全得到恢复。福克斯的《事迹与纪念》作为殉教史和凶残故事的来源继续流传着，但已不再属于英格兰思想的基本框架。不过，恩内斯特·图弗森表示，[2]末日启示继续以某些方式发挥着它所特有的、尽管是自相矛盾的世俗化功能。革命的千禧年派日益把千禧年想象成这样一个时期，届时人类精神的理性能力将被神圣化并得到揭示，得以自由地行使统治权；随着理性的宗教稳定地压倒先知宗教的“狂热”，启示录模式仍然能够生存，并对遵循着信仰自由传统的国教徒仍有吸引力，他们把它作为描述一种未来的乌托邦的手段，届时人将从上帝那儿学到他肯定会告诉他们的全部教诲。在这种英格兰的思想场景中有一个悖论的标志：像托兰这一类共和派，在很多方面都是清教徒的后裔，却是以自然神论者和先知信仰传统的敌人这种面貌出现的；而启示录思想模式则是由被公认为“狂热”的敌人的教义自由派（latitudinarians）传播的。但是，作为千禧年的共和国对于我们的论题一直十分重要，它提醒我们

1　参见William M. Lamont, “Richard Baxter, the Apocalypse and the Mad Major”, *Past and Present* 55（1972）, pp. 68—90；M. C. Jacob and W. A. Lockwood, “Political Millenarianism and Burnet's *Sacred Theory*”, *Science Studies* 2（1972）, pp. 265—279。

2　Tuveson, *Millennium and Utopia: A Study in the Background of the Idea of Progress*（Berkeley and Los Angeles: University of California Press, 1949）; *The Redeemer Nation: the Idea of America's Millennial Role*（University of Chicago Press, 1968）.

从后清教时代的共和主义中寻找启示录的基调，它有着重要含义的另外一面是，在对“狂热”的反感一向不太强烈的美洲殖民地，图弗森发现人们能够谈论“相信启示录的辉格主义”（apocalyptic Whiggism），并且在当时仍能听到弥赛亚主义的声音。但是，千禧年期待可以用来充当描述理性乐观主义和理性解释图式的框架是一回事，它不具备提供这种图式的能力却要充当代理则完全是另一回事。它的事业还没有完成，但它现在已离开了注意的中心。

404 另一方面，习俗的语言在君主制复辟之后依然存活着，并且得到了复兴。哈灵顿著作的意识形态背景是，为阻止恢复上院和回到三个等级的统治（即《对十九条提案的答复》中的表述，它把古典理论中一人、少数和多数的平衡，等同于国王、领主和平民的传统结构）而做的努力失败了。始于1658年的复辟过程的每一步（恢复传统的选举权，恢复世袭制贵族，最后是恢复历史上的君主制本身），都是在越来越不能掩人耳目的“混合政体”的伪装下恢复古代宪政，它的正当性和权威性来自于超出记忆的习俗的连续性。在整个护国公时代捍卫普通法的大法官马修·哈勒爵士（死于1675年）的著作，是与福特斯库、柯克和埃德蒙·柏克联系在一起的习俗哲学——习惯、基于事实的推断[1]和世袭权利——最出色的表达。[2]诚然，哈勒去世没几年，古代宪法说就受到了以罗伯特·布莱迪为首的一伙托利党学者令人难忘的毁灭性抨击，他采用英格兰历史的封建解释，认为宪法既不是超出记忆的，也不是习俗形成的，而是把它的存在归因于王权的行动和社会变迁。[3]但是，如果认为人们打算放弃历史上的宪法的古代基础，那就过于简单了。科琳

1 不过卢卡斯指出，柏克改变了这个概念的规范含义，见Lucas, “On Edmund Burke's Doctrine of Prescription: or, an Appeal from the New to the Old Lawyers” , *The Historical Journal II*, no. 1 （1968）, pp. 35—63。

2 *The Ancient Constitution*, pp. 170—181; *Politics, Language and Time*, pp. 216—222, 262—264.

3 *The Ancient Constitution*, pp. 182—228.

娜·韦斯顿认为，[1]“排斥派”[2]之所以断定平民院有古老的历史（这招致布莱迪及其友人的驳斥），意在为两院要求共同的立法权威——这是1642年的《国王的答复》似乎已经答应了它们的，而托利党作家则要否定这种要求，把创议权留给国王。假如这种解释能够接受，那就可以说，他们的主要意图并不是将王权的权威置于习俗的权威之上，而是否认能把宪法归结为任何正式的权力分配。他们认为，只能从历代国王和议会根据当时的需要所采取的行动和复杂过程中寻找宪法的真正特 405
点。这种观点并非完全不像哈勒的习俗哲学，根据这种哲学，每一时刻都是独特的，是连续不断地产生的事件的一部分；唯一的、或许也是关键的差别是，历史学家要辨认并再现每一特殊时刻，而法律人只想推测它的存在及其与另一些时刻的连续性。不过，只要存在着普遍法的法律人，肯定就会有习惯、传统和超出记忆的古代这种语言的兴盛；在整个18世纪都是如此，同时也存在着其他许多不同的思想模式，柏克本人再次操起这种语言，并不是发思古之幽情。[3]

我们这个模型中的第三种语言，也就是我们要进一步研究其历史的语言，但是我们应当提醒自己，它的基础不再是把命运的观念放在首位。加尔文教派的宿命论、不同来源的有关次要原因的语言的成长，以及强调形式和“目的”（telos）的亚里士多德式思想的衰落，都严重侵蚀着将外部环境视为一种偶然的、非理性的和破坏性力量的认识。还可以认为（通常也确实是这么认为的），正在变化的社会条件也发挥着影响；或许可以进行一项历史语义学的研究，以揭示一个男人或女人的“命运”如何具有了遗产、获得物或嫁妆的突出的货币含义。[4]总之，

1　见Croinne Weston, “Legal Sovereignty in the Brady Controversy,” in *The Historical Journal* 15, no. 3（1972）, pp. 409—432。

2　1679—1681年英国发生过一场阻止查理二世之弟詹姆士继承王位的运动。辉格党担心信天主教的詹姆士会带来绝对专制，在议会中三次表决通过排斥其继承权的《排斥法案》（Bill of Exclusion），但都因查理关闭议会而失败。参与这一活动的人被称为“排斥派”。——译注

3　*Politics, Language and Time*, pp. 227—231.

4　更古老的说法在习惯中保留了下来，例如“幸运的军人”，指雇佣军；再如“幸运的

我们就要进入这样一个时期，像“美德”（virtue）、“德性”（virtus）和“德行”（virtù）这些术语具有其罗马和文艺复兴含义上的重大意义，但它们的对立面不再是变幻莫测的“命运”，而是历史中的腐败。对这种情况的一般原因我们已经有所了解。能够让美德生存的国家所必需的物质和道德条件，已经在一系列日益被接受的范式中得到确立；现在的问题似乎是立法的和政治的问题——能够建立这种条件吗？即使建立起来能够把它们维持下去吗？——以及从物质和道德，而不是意志论或神授魅力的角度认可对它们的回答。人们更关心的不是君主的“德行”，而是立法者、元老院议员或公民的美德。但是，为了理解这些问题所采取的确切形式，必须首先理解马基雅维里和哈灵顿的共和主义为
406 何是一种适合于复辟时期英格兰议会君主制的表述。

二

发生这种事情的时刻，可以方便地确定在1675年，事实上也不可能早于这一年。这也是哈勒去世、有关议会起源的辩论再次爆发的一年。对英格兰政治做出所谓的新哈灵顿派解释[1]的最早的知名作家，是一本题为《一个有品质的人致乡村友人书》[2]的小册子的作者（他有可能就是约翰·洛克，或者肯定是一个像他一样跟沙夫茨伯里伯爵关系密切的人[3]）以及在上议院发言的沙夫茨伯里本人。[4]还有一些多少具有沙夫茨伯里派倾向的小册子，可能也跟这些人有关，一个更为独立的

绅士”（假如真有人这样说过的话），指海盗。有意思的是，女人的“美德”有着特殊的性别歧视含义，是指她的“命运”。

1 *Politics, Language and Time*, p. 115. 这篇文章最初发表于1966年。关于1675年“布莱迪之争”的起源，见*The Ancient Constitution*, ch. 7。

2 见*State Tracts...: in the Reign of Charles II...*（London, 1693），pp. 41—56，及*Parliamentary History of England*, IV, xxxviii—lxvii。

3 对这个问题的讨论见K. H. D. Haley, *The First Earl of Shaftesbury*（Oxford: The Clarendon Press, 1968），pp. 390—393。

4 见*State Tracts ... in the Reign of Charles II...*, pp. 57—61。

人物安德烈·马韦尔，在1677年发表了《论亲教皇的专制政府的成长》（*Account of the Growth of Popery and Arbitrary Governmnet*），也属于同一思想流派。最后，在1680年围绕“排斥法案”的辩论如火如荼之际，亨利·内韦尔，哈灵顿本人的旧友，严格说来根本不是排斥派，[1]发表了《仿柏拉图》（*Plato Redivivus*），这是一篇政治对话，可以被视为试图以适合复辟时期现实的方式重申哈灵顿学说的巅峰之作。

有三件事对理解这种新哈灵顿主义的初次出现至为关键。首先是沙夫茨伯里与国王的首相丹比之间的争执，因为后者想利用庇护权、职位和年金，在下议院培植一个“乡村派”。第二是他把这种所谓的邪恶势力与职业军队或“常备军”的发展联系在了一起。第三，他的观点不但是在上议院（他是那儿的议员）发表的，而且就像他之后的内韦尔的情况一样，这种观点同上议院的持续存在这个事实有着密切的关系。从这些事的顺序来看，丹比的政策通常被认为标志着王权想要重新掌握管理议会的技艺，在这方面前两届斯图亚特王室，以及护国公奥利弗，做得显然都不成功；对于我们来说重要的是，由沙夫茨伯里所推动的反击，以新的形式重申了“宫廷派”和“乡村派”的传统对立，其基础 407
是运用了公民的和共和主义的“腐败”观，它的表现形式在很大程度上来自哈灵顿，同时也对提出我们所熟知的“权力分立”说有着决定性的意义。自此以后，受到抨击的“宫廷派”不再是国王那些享有特权的廷臣或仆从，而更多地是指那些试图利用庇护权让议会服从行政当局政策的“权臣”（ministers）——在辉格党的意识形态中，这通常是一个骂名。仇视这些做法的反对派政客试图通过把庇护权称为“腐败”，使之变成非法行为。他们所谓的“腐败”，不仅是指它越过王室恩宠的界线，变成了收受贿赂，而且是指我们在圭恰迪尼那儿最先看到的那种含义：用私人权威取代公共权威，用依附取代独立。这些乡村派意识形态的先驱认为，庇护权使本应像自己所代表的人那样具有独立性的人民代表，依附于他们受其庇护的宫廷和大臣；依附要比单纯的贿赂更恶

1 《柏拉图的复活》主张限制天主教徒继承人的权力，而不是把他排斥在王权之外。

劣，因为它更持久——如果议员因为投票支持宫廷而得到红包是件坏事，那么他从宫廷得到一笔年金或官职要比这坏十倍，因为这会使他的长远利益屈从于宫廷。乡村派的政治纲领因此一再提出两项从未得到满足的要求：将有官职的人或“官员”赶出下议院，在较短的期限内定期举行议会选举——即使无法保证一年一选，也要三年一选，理由是，让议员经常回到选区参选，是不使他们依附于宫廷的最可靠的办法。

认识到一点是很重要的：这种要求（从中能够听到1647—1648年和“美好的老事业”的回声）被自觉地视为马基雅维里的“原则的恢复”（ridurre ai principii），而狂热分子几乎认为它就是萨伏那罗拉的“更新”（rinnovazione）；它所要保障的，也就是哈灵顿的轮换机制所要落实的原则，即独立、自由和美德的永久更新。人民是自由而独立的，他们的代表也应当如此；因此，选举的时刻——我们不妨回想一下哈灵顿笔下的赫墨斯·德·卡杜西奥（Hermes de Caduceo）[1]——也是展现自由、天性和政治纯真的时刻，基本的政府原则在这一刻得到肯定；而
408 马基雅维里或许会同意，这种肯定不能过于经常地发生。但是，如果说人民和代表的自由取决于他们的独立性，那么在那些读过哈灵顿的人和不需要读他的人看来，自由和独立便取决于财产。各郡县和自治城镇的乡绅及有地自由民，在这些方面有资格自视为古典意义上的“人民”（populus），即一个具有美德的共同体，并认为他们的美德是来自他们的自有地产。然而正是在这个问题上，“腐败”成了实际的威胁；官职和年金也是财产，或至少是生活的依靠，它使领受人依附于赠送者；马韦尔将这种依附者比作伪封建制度中的蓝领家臣；腐败的议会代表所依靠的庇护者，也许不仅是那些呼风唤雨的“特殊人物”所组成的强大帮派——佛罗伦萨人所说的“派别”（setta）或“朋党”（intellegenza），而且还有为王室办事的大臣，他们构成了政府中一个新的非法部门（“权臣”）或老部门（“宫廷派”或“行政官员”），他们变得日益腐败，并且越出其正当职权腐蚀其他人。“平衡政府”和“权力分立”的语言有

1 见本书第412页注1。

了新的含义——超出了《对十九条提议的答复》中的主张或哈灵顿要把“结果”与“辩论”分开的亲威尼斯立场，因为它把“腐败”列为美德和自由的头号敌人，而这种腐败是源自于立法机构的成员对行政官员所控制的资源的经济依附。就这种危险而论，对行政和立法权力的分配或“划分”的任何形式上的弱点，从根本上说都是次要的。关键词是“腐败”，它成了英格兰宪法理论吸收公民共和主义范畴及用语的下一个阶段的特点。

马韦尔能够清楚地看到，正在运作的腐败机构不是一个，而是两个。谴责权臣腐败的反对派政客也许只是想取代他们，然后拿起他们的工具继续干活；在《论亲教皇的专制政府的成长》中，他沿着我们所熟知的“纳米尔[1]学派”的路线，为议会勾勒了一幅早期画像：宫廷利益、反对派系、独立的“后排议员”或“乡村议员”。[2]但是，与刘易斯·纳米尔爵士不同，他对腐败的作用大加渲染，认为大臣、派系领袖及其各自的追随者，在这方面是半斤八两，无分轩轾；因此，只有乡村议员代表 409
着美德，而他们对美德的捍卫即使不消极，也是缺少主动性的；要想避免腐败，只能依靠那些除了自己的地产之外对其他收入来源不感兴趣，也不想占有或追求行政权力的人。此外，一切权力都是腐败的；政府本身，以及被视为实际行使或追求权力的场所的议会，只能被形容成一个败坏财产、独立和美德的机构。在乡村派一贯不信任宫廷派和财产统治的英格兰，久已形成的反对权力本身的意识形态，因为采用了公民词汇而大为加强。所有乡村派一再遇到的问题是，他们无法接受官职，除非他们否定自己公开宣称的价值——这就是约翰逊博士曾以他的隽永妙语评论过的问题：“爱国主义”（自17世纪以来就包含着“乡村”和“国家”两层含义）是恶棍无赖最后的避难所。只要同意（在沙夫茨伯里和马韦尔对丹比的谴责中都包含着这种同意）行政权力必须在议会中赢

1　纳米尔（Lewis B. Namier, 1888—1960）：波兰裔英国史学家，以采用经验主义和社会学方法研究18世纪英国史著称。——译注

2　1677 ed., pp. 74—81. Grosart（ed.），*Complete Works of Andrew Marvell*（Fuller Worthies Library, 1875），IV, pp. 322—332. 派系和仆从的类比见Grosart, p. 331。

得多数，而且为此必须利用庇护权，这个问题就难免出现。公民人文主义跟立法主权及“国王在议会中”的事实终究是不相容的；但是，就当时而言，后者为它的行动，也为对它的批评提供了一套比其他任何词汇更加灵活、更具启发性的词汇。

在哈灵顿那儿，不论宫廷派、腐败或官职，都不是政治分析的要素；他的视野中有着太多的乐观主义和千禧年色彩；然而意味深长的是，演说者直接采用其著作中的观点的唯一的议会辩论，是理查·克伦威尔[1]议会中的共和派团体为避免承认《请愿和建议》所要建立的“另一个议会”（Other House）而做的漫长斗争，我们前面说过，这份文件标志着回到了《对十九条提议的答复》中所说的三个等级和古代宪法；但是，哈灵顿派所发动的反对“另一个议会”的战役，却主要是基于这样一种假设：既然不可能恢复历史上的贵族制，那么一个不实行轮换制的或“常设的”上院，就只能主要由将军和另一些军事显贵组成；只是由于复辟派的集体反击——与哈灵顿派的设想相反——才导致了让作为古代宪法捍卫者的“老贵族”回来的要求。抨击军官是封闭的（尽管不是等级制的）贵族，很大程度上是基于这样一个假设：让他们进入
410 上院，等于在宪法中加强军队和加重养活军队的税收；他们，大概还有他们的继承人，将终生端坐于议会，他们会投票赞成征收养活他们的税金。[2]可见，1659年的辩论，是早期针对官员和腐败的抱怨的具体事例——军人上议员既依附于国家，又是让议会依附于国家的工具；在后来的岁月中这种怨言时有所闻。到1675年时，“常备军”已经成了英格兰政治辩论中的流行话语之一，沙夫茨伯里派的作家经常把它同腐败相提并论，也经常把它与民兵的理想相对照。

> 常设议会和常备军就像孪生兄弟，它们下半身连在一起，只在肚脐以上是分开的。它们一起出生，为了活命谁也离不开谁。[3]

1 英国内战领袖克伦威尔的长子，曾在其父死后短暂执政。——译注

2 “James Harrington and the Good Old Cause”，见本书第399页注1。

3 *Two Seasonable Discourses*, in *State Tracts... in the Reign of Charles III...*, p.68.

> 对于古老而又真实的国家力量，即合法的民兵和常备军，同样可以这样说。民兵别无选择，必须维护英格兰的自由，不然它会自取灭亡；而常备军只会维护特权，因为它的悠闲生活和生活所需都要依靠这种特权。[1]

1642年由于国王和议会在控制郡县民兵上的争执而爆发了内战，而且直到对军队进行改组之前，英格兰当时拥有的唯一武装力量的不同成分之间一直在打仗。军队内部一些反对克伦威尔的护国公体制的人，是新模范军中的理想主义者，他们依然相信自己是武装的人民，厌恶处在国家首脑的直接控制之下。在1660年复辟君权（这件事的发生，就有一支宁肯解散自身也不想靠无偿的税金养活的军队起了部分作用）时，有一项毫不含糊的宣言，要把民兵的控制权交给国王；不过对这一原则还有一条必要的制约，即虽然没有明说但同样毫不含糊的一项主张，国王只能号令郡县的民兵——作为天然领袖的乡绅所领导的武装的有地自由民。有些受哈灵顿影响的小册子手稿，承认君主从逻辑上说需要一支更直接依附于他的民兵；[2]少数忠勇之士对废除封建土地保有权感到惋惜也正是出于这个原因——封建领主可以成为这样一 411
个英格兰的化身：它的每一个有产者的土地都使其直接负有劳役和服从的义务。[3]因此，复辟时期的看法是，国王应当发号施令，但只应对乡村、对武装的有产者发号施令；王权获得更多军事力量的任何企图，必然触及十分敏感的神经。“卫队是势利的，所以是危险的，”下议院一个激进的骑士发言人如是说。[4]

哈灵顿是知道“常备军”一词的，他用它来指政治上不可取的事

1　*A Letter from a Parliament Man to his Friend*，同上，p. 70.

2　参见大英博物馆，Lansdowne MSS. 805, fols. 75—82。

3　这种观点（没有直接采用哈灵顿派的形式）最著名的拥护者是法比安·菲利普斯，参见*The Ancient Constitution*, pp. 215—217。

4　Colonel Strangways, 29 April 1675; *Parliamentary History*, IV, 696. 另参见同上，pp. 461, 467, 604—608。

情：一支随时可供国王调遣的军队，就像古代暴君用来建立非法权力的卫队一样，可是他很快又同意，大洋国的“执政官大人”（Lord Archon）作为立法者和“国父”（pater patriae），具备无法败坏的超人美德。[1]哈灵顿还从更准确的军事意义上使用这个术语，把它作为“行进中的军队”（marching army）的反义词，后者指奔赴战场对抗真正的敌人或当前危险的军队。[2]因此，常备军不是战场上的军队，而是类似于1689年《权利法案》中所规定的服从议会的“太平时期的常备军”。但是在大洋国的制度中，“常备军”和“行进中的军队”都是由公民组成的，只有当他们不正当地服从唯一的行政长官时，才会带来政治上的危险。可是，这个术语的含义在1675年发生了重要而深刻的变化。它开始用来指职业军官和长期服役的士兵组成的军队，它受国家调遣，由国家维持，最重要的是，它由国家出钱养活。这种军队不同于意大利作家所说的“雇佣军”，因为它不是可供统治者雇用的自由结合而成的团体，也不同于马基雅维里的“臣民”（sudditi）和“依附者”（creati），或哈灵顿所说的卫队和仆臣，因为他们与任何君主或大领主都没有人身依附关系。他们是（或可以是）为合法的公共权威服役的英格兰人，但是以全职身份践行着马基雅维里所说的“技艺”，他们为此取得固定报酬，它不是来自于私人的钱袋，而是来自于由公共权威征收、由公共官员分配的资金。这是一种新的现象；三十年战争期间的雇佣军更像是意大利
412 人所说的“雇佣军”，甚至他们作为国家军队的萌芽，很快便耗尽了政府维持他们的能力，让他们的君主陷入破产；为了寻找食物和钱财，他们所到之处，乡村备受蹂躏，与农民的小战事此起彼伏。从根本上说，新的变化是财政体系得到了加强，使国家能够永久维持这支军队；这种能力新在何处，可由一个事实来说明：哈灵顿在二十年前曾断然宣称，这种事不可能发生。他说，绝对不能靠征税维持一支军队，因为这会遇到纳税人的激烈抵抗；[3]“金库是养活不起一支军队的，非要养活

1 Toland，前揭书，pp. 200, 203—204。

2 Toland, pp. 77, 101, 114, 190, 207.

3 Toland, p. 67.

的话，它很快就会不再是金库了。”[1]就算他承认——不确定他是否承认——荷兰和热那亚可能是例外，他仍用这样的话来为自己开脱：“还有金库的这种国家十不居一”；[2]而且大有理由怀疑，就连这些伟大的共同体都能否永远应付一支陆军的成本。哈灵顿整个理论的关键是，军人归根到底只能通过让他们定居于土地来维持，问题在于用什么方式做到这一点，是建立亚洲式的奴隶—君主政体、封建贵族制，还是共和国的公民体制。[3]他否定了这样的想法：商业社会能够维持一支常设的（不同于征召的）职业军队，或君主制能够借助于军事官僚来统治这样一个社会。

但是，到了1670年代末时，这种可能性却变得十分明显了。英格兰王室维持的卫队和军团虽不能与后来的情况相比，但它们开始变得像是一种永久化的建制。[4]宫廷官僚供养和装备它们，在各种各样的（而且是令人生疑的）金钱来源中，有些开列的资金是通过说服议会拨付的。在那些相信或表示相信像丹比之类的大臣用庇护权腐蚀两院的人看来，这带来了双重危险：使军官和文官数量增加的资金，同时也增加了有可能坐进议会的官员的数量，他们投票支持拨款和征税，以养活他们这些行政权力的依附者，由于这是一个恶性的自我膨胀过程，因此会使议会本身变得更加腐败和具有压迫性。这是在以更严厉的新语调重 413
复1659年的抱怨：与“另一个议会”中抱成团的军事贵族不同，现在是要把一种对军人和文官的依附关系强加给下院；与不断寻求维持自身行政能力的新模范军（它其实从来就不是上述新的含义所指的“常备军”）不同，复辟后的王权正在表现出它具有行政能力，通过操纵和破坏传统的宪法关系，建立自己的军事力量。

沙夫茨伯里在1675年10月的演讲中说：

1　Toland, p. 227.

2　Toland, p. 230.

3　Toland, p. 65.

4　对其性质最近的研究见J. R. Western, *Monarchy and Revolution: the English State in the 1680s*（London: Routledge and Kegan Paul, 1972）。

> 国王利用他的上议院主持和管理着司法，在一切大事上咨询他的议会两院，这就是我所拥有的、我生来就受其统治并服从的政府。倘若在将来的年代（上帝不允许这种事发生），国王用一支军队进行统治，不顾他的议会，那么它就不是我的政府了，我没有义务服从它，我生来就不在它的统治之下。[1]

这种暗含威胁的语言援用了《对十九条提议的答复》中所说的三个等级的平衡；但是对正当性的威胁不仅来自军事独裁，沙夫茨伯里大概期待着他的听众（他的贵族同僚）回想起通缉"下议院五人帮"（Five Members）的查理一世或驱逐"残余议会"的克伦威尔；但是根本性的危险是腐败而不是暴力。"用一支军队进行统治"的国王不是克伦威尔，而是一个欧洲大陆式的强权人物，他不依靠三个等级为他提供常备军，[2]沙夫茨伯里演讲的措辞背景明白显示，英格兰议会的腐败就会造成这种情况。职业军官既是这种腐败的原因，也是它的后果；他以如此恶劣的方式行事的能力，来自于这样一个事实：他要成为职业军官的决心使他终生依附于雇用他的国家。不管哈灵顿对当时军事组织的趋势的理解多么有限，他认为"哥特式君主制"在法国得以继续生存的主要原因，是贵族（noblesses）现在变得终生依附于国王，是那些期待着在他的军队中为他效劳的军人，是他的宫廷和行政班子中的那些法袍贵族。[3]英格兰的有地自由民不会变成仆从式的贵族，但他们有可能因为过分追求官职而腐败。这让我们想到洛多维科·阿拉曼尼关于
414 这个过程的言论，但是现在英格兰可能面对的噩梦是，议会这个有地自由民的各项自由权的传统捍卫者，会变成败坏和改变他们天性的工具。这就是有着明显哈灵顿形式的英格兰民兵神话得以流行的背景。有个小册子作者宣布，民兵绝不会反对自由，除非它想自取灭亡；他这里想

1 *State Tracts...in the Reign of Charles II*, p. 60.

2 *Politics, Language and Time*, pp. 121—123.

3 Toland, pp. 252—256.

到的是拥有武装的人民的财产和独立。对哈灵顿来说，这一向就是共和国不可缺少的前提条件；对于1675年的人来说，它是国王、贵族和平民的混合制政府能够享有自由、美德和稳定的保证，其作用是阻止传统的平衡宪法赋予其形式的“质料”——广大的有财产的个体——的腐败。新的腐败形式已然构成威胁，但是民兵，就像人们已经开始要求的定期选举议会一样，能被视为使美德恢复活力的手段。凡是让政府面对广大有财产的个人的事情，都可以被说成是“原则的恢复”（ridurre ai principii）。

前面提到的对1675年哈灵顿思想的复兴至关重要的第三种情况是，它发生在上议院连续开会的背景下——从沙夫茨伯里的演说来看，也是发生在下议院本身的物质背景下。我们应当还记得，哈灵顿认为贵族已经不再是封建贵族，现在只能把英格兰作为共和国来统治，发挥着少数作用的不再是多数所依附的人，也不是拥有行使权力的等级制权利、把其他人排除在这种权利之外的阶层；而是以才能和职责作为特点的贵族，他们在快速的轮换制中由其公民同胞推选出来，只行使辩论——它与结果有严格的区分——或提议采取行动的权力，或是对提案做出选择。这种精心做出的关于“自然贵族”（这是后来的称呼）的特殊定义，长久保持着权威性。如我们所知，理查·克伦威尔的议会曾就建立一个封闭的——尽管不是等级制的——克伦威尔派贵族（姑且不提凡纳和弥尔顿等人同时提出的有关贵族圣徒的建议）展开辩论，但引起了支持旧贵族制度的舆论的反击。哈灵顿本人仍然坚信，既然上议院不再能恢复为封建贵族制，在现行的财产分配中就没有他们的位置了；实际上，他们在1660年以后的时期是否还发挥着与他们的宪法职责 415
相对应的社会权力，是不清楚的。但是在我们现在所谈论的这个时期，是等级制而不是封建制的贵族，被作为新哈灵顿派所认为的宪法机构之一部分加以自相矛盾的捍卫。沙夫茨伯里在1675年10月向他的上议院同行宣布：

各位大人，维护你们的权利不但是你们的利益，也是国民的

> 利益；下议院和英格兰的乡绅可以随便怎么想，但从来就没有不靠贵族或军队进行统治的君主。你们若是不要贵族，就得要军队，不然君主制无法得到长久维持或避免让自身堕落成“民主共和国”（Democraticall republique）。你们的上院议员的身份和人民有着共同的事业、共同的敌人。各位大人，难道你们会赞成国王吗？这是极坏的做法，等于放弃你们将来为他效力时得到尊重的能力。[1]

这无疑是哈灵顿式的语言，它直接引用了《大洋国》的一段话，[2]其中解释说，是封建贵族的没落导致了内战——国王不再能依靠贵族使人民服从，不得不试图建立一个军事政府，因为“失去贵族的君主制，除了军队以外，天底下便再也没有他的庇护所了”。但它所表达的感情却是错乱的。它没有把领主说成是人民的封建上级，他们处在人民和军事统治之间，这符合人们的利益。军事政府的危险不是贵族制崩溃的结果——就像哈灵顿所认为的那样，而是贵族、人民、甚至还有国王的敌人策划的阴谋；这些敌人要破坏传统的混合制宪政，明目张胆地推动新的腐败和新的常备军。在同一时期的《一个有品质的人致乡村友人书》中，我们也能看到类似的想法：

> 官廷派若是极力破坏和贬低贵族院，肯定会在议事机构中铸成大错，甚至比这还糟，如果没有人想有个军人政府的话。上议院的权力和常备军就像两只吊桶，一头翘起来，一头就会落下去，我请诸位想一想我们的全部历史，或与我们相邻的北方君主国的历史，是不是贵族
> 416 退一步，常备军、军人和专制政府就会进一尺，是不是只要贵族保持权力和强大，他们就不会容许任何这种事情露出端倪。[3]

在这里，从历史向规范的重心转移是很明显的。在哈灵顿看来，

1 *State Tracts... in the Reign of Charles II...*, p. 59.

2 Toland, p. 65.

3 *State Tracts... in the Reign of Charles II...*, p. 55.

关键在于，一旦贵族失去他们的封建权力，人们就获得了自由，这时国王只能靠武力来统治他们——而在这件事上他很可能因为缺少士兵而失败。可是在1675年的人看来，贵族固然是常备军统治的历史前辈，但他们也是对抗这种统治的唯一保障；既然在所有"相邻的北方君主国"，这种统治是建立在他们的权力的败落上，那就更需要在英格兰保留贵族。但是，贵族的强大和人民的自由，并不像哈灵顿所认为的那样，是相互对立的；它们是不可分割的，就像《对十九条提议的答复》所说，上议院是混合制宪法不可缺少的一部分——哈灵顿否认存在过这种宪法，把它谴责为不稳定的哥特式制度和"现代的精明"（modern prudence）。这里所使用的"北方"一词，是"哥特"的同义词——这些日耳曼入侵者或"哥特人"被认为是来自于北方的斯堪的纳维亚这个"人间实验场"（officina gentium），而"哥特式"政府被说成是一种过去普遍存在但现在只留存于英格兰的统治模式，是"军人和专制政府"的对立面，只有在贵族未放弃对抗常备军时才能存在。上议院、定期召开的议会和民兵被放在一起，混合制的古代宪法（哈灵顿从未思考过它的敌人）则与受到庇护权和军人职业化腐蚀的议会放在一起，而民兵（在哈灵顿看来它是一股新的革命性力量）被当作古代的和哥特人的，并且是与等级制贵族相容的——哈灵顿完全否认过去能够存在这些事情。

可见，所谓新哈灵顿派的解释，完全颠倒了哈灵顿本人对英格兰政府的解释中的历史顺序，这是将他的规范——要把公民身份与武装、把武装与土地联系在一起——与《对十九条提议的答复》和古代宪法做了调和。把哈灵顿所说的自由置于哥特人和英格兰的过去，而不是形成于它衰败之时。这种时间顺序的颠倒是两件事情的必然结果：一是决定接受一个王权和旧贵族制度既存在又具有正当性的世界，二是日益相信宫廷恢复庇护制和雇用军队的权力对乡村派在议会中的独立 417
性构成了重大威胁。在哈灵顿的词汇中，腐败并不是关键词；[1]他主要

1　Toland, p. 68.

关心的是摆脱封建形式的依附关系。但是，在英格兰以他作为主要倡导者的共和主义和马基雅维里主义的语言，却是阐述一种腐败理论的恰当工具，而且我们就会看到，沙夫茨伯里和1670年代的乡村派思想家为何认为这种语言很有吸引力。哈灵顿的一个比他更加长寿的至交，[1]现在就要重申他的理论，意在为从旧的封建主义转向现代腐败提供一个背景。

亨利·内韦尔跟《大洋国》的作者关系十分密切，这足以使托马斯·霍布斯怀疑他参与了此书的撰写；[2]他是1659年共和派后备军的活跃分子。他在理查·克伦威尔的议会辩论中听过不少发言，并且反对把旧贵族说成是古代宪法中的自由成分的观点，但是在二十年以后，他却把这种理论用于自己的目的。他在《仿柏拉图》这篇出版于1680年的政治对话中，同意当前英格兰的麻烦要归因于古代宪法的衰落，[3]因此它不可能是王权中断时期发生的无政府状态中的混乱打斗。然而他又认为，古代宪法是建立在贵族的封建优势之上，它的衰落是使平民摆脱了贵族控制的财产平衡发生变化所导致的结果。但是，如果封建时期是有宪法自由的时期，而不是无政府状态和绝对君主制交替出现的时期，那就必须对整个这段时期非贵族的臣民的地位有所说明。菲尔默死后出版的著作否认下议院在古代就存在，而在1680年，辉格党作家佩蒂特和
418 阿特伍德则怒气冲冲地肯定它自古就有，但受到以布莱迪为首的封建研究的行家里手的驳斥。[4]从哈灵顿派或新哈灵顿派的视角看问题的内韦尔，在这个问题上态度暧昧。一方面，他写道（十分符合他在1659

1 哈灵顿在相当长一段时间失去工作能力后，于1677年去世。内韦尔一直活到1694年。后者的生平见Caroline Robbins为其*Two English Republican Tracts*（Cambridge University Press, 1969）写的导言，pp. 5—20。该书收入了《柏拉图的复活》全文；关于他在1659年辩论中发挥的作用，参见笔者本人的“James Harrington and the Good Old Cause”。

2 John Aubrey, *Brief Lives*, ed. Oliver Lawson Dick（London: Seeker and Warburg），p. 124.

3 Robbins, *Republican Tracts*, pp. 76, 81—82, 132—135, 144—150.

4 *Ancient Constitution*, pp. 187—195.

年的风格):

> 在我们祖先的时代,下议院的大多数人认为,维护某个伟大的领主,穿上他的蓝制服,是一件很荣耀的事情:当他们为他们的领主排成队列,等待着他从自己的住所前往上院,让他从他们的队列中间穿过,然后他们前往议会的所谓下院(这是个很正确的说法)就坐,难道你会认为,这个议会能够通过任何不是由上议院指定的法案吗?[1]

可是我们在几页之前看到:

> 我必须承认,我曾倾向于相信,在那个时代[指亨利三世统治时期]之前,我们的自耕农或平民并不正式参加议会,实际上是通过他们所依附的贵族作为代表进入议会;但是,最近由中殿律师会馆的佩蒂特先生和格莱律师会馆的阿特伍德先生发表的大作,已经使我完全相信事情并非如此,我以个人的名誉担保,我提到的这两位都是绅士。[2]

内韦尔必须坚持下议院自古代就存在,这既是因为托利党为证明一切自由权利都是国王所赐而否认这一点,也是因为他要坚持新哈灵顿派的立场,即贵族团体的优势地位一向是古代自由政体的一部分,对这种政体必须加以完善和维护。可是他与哈灵顿的密切关系,决定着他现在只能扮演一个自相矛盾的角色。这个1656年的革命派坚持认为,在下议院摆脱上议院和国王之前是没有自由可言的,他其实更接近于托利党布莱迪,后者根据同样的理由认为,在国王给予下议院自由之前,后者没有自由可言。内韦尔想把哈灵顿所说的自由说成是古代的,如果他能像阿特伍德和阿尔格农·悉德尼那样考察封建社会中仆臣身份的因素,认为“大人”(baro)一词同等适用于全体自由民、贵族和非贵族,

1　*Republican Tracts*, p. 134.

2　同上, p. 120。

那么他也许会做出更好的论证。[1]不过，他的含糊其词，也使他在试图
419 论证贵族团体的没落是古代宪法衰落的一部分时，有了更强大的理由。当国王只能跟贵族们打交道时，他们让平民顺从于国王，但是随着他们的权力的衰落，国王所面对的便是日益独立的有地平民，而他又没有影响后者的手段，因此上议院也就无法发挥混合政府理论要求于他们的“中间力量”的作用了。[2]内韦尔无意恢复他们这种角色；他提议成立一些委员会，国王和议会在这些委员会中共同行使行政权力。但是从他的论述中可以清楚地看出，被剥夺了封建权力但保留着召开议会的世袭权利的贵族，可以继续作为一个如今没有任何东西能把他们与之区分开的有地阶层的名誉领袖——就像詹诺蒂也许会说的那样，现在他们全都成了“中间阶层”。然而他的基本主张是，贵族团体的衰落使王室的行政权和君权要直接面对它无法控制的议会下院；在用他打算提出的宪法方案重新分配权力之前，王权和下议院注定会处在不稳定的关系。在由此产生的困境中，狡猾但无能的大臣和廷臣会用乖巧的建议欺骗国王，如果这些建议得到落实，就会腐蚀人民；但是，比沙夫茨伯里和马韦尔更乐观的内韦尔认为，这种伎俩很有可能失败。[3]具体说来，他的哈灵顿派思想和他对新模范军的记忆都使他认为，从英格兰的平民中不可能招募到能使王权得到加强的常备军。[4]但是，就算内韦尔本人没有十分完备的腐败理论，他却提供了一个可以把这种理论置于其中的历史背景。现在可以认为，腐败是国王因贵族对人民的权力衰落而必然采用的手段。尽管不尽相符，旧贵族制度的历史可以比作未受到腐蚀的古代宪法的神话；假如在武装和土地保有权方面享有独立性的自由民民兵可以成为那个神话的一部分，那么军事官僚这种新现象便很适

1 阿特伍德详细讨论过这个问题，见Atwood, *Jus Anglorum ab Antiquo*（1681）and *The Lord Holies his Remains*（1682）。Sidney, *Discourses on Government*（3d ed., London, 1751）, p. 387.

2 *Republican Tracts*, pp. 135, 145—148.

3 同上, pp. 178—182, 198—200.

4 同上, p. 180.

合成为它的起着腐蚀作用的对立面。

以我们提到的新哈灵顿主义的形式对哈灵顿学说的正式重申已经完成。它有两个基本特点，一是接受不再由旧封建贵族组成的上议院，不再谴责它是封闭的贵族，而是可以把它设想为差不多是王权和平民 420
之间天然的中间力量，[1]二是将哈灵顿认为存在于现在的武装有产者国家归诸过去。在内韦尔——他将这一学说付诸行动的经历始于1659年——这个哈灵顿的朋友和明确的后学看来，要想使哈灵顿这一学说的本质在恢复的古代宪法中得以延续，对它重新进行表述似乎是必要的；沙夫茨伯里圈子里的人以及马韦尔和内韦尔现在都认为，庇护权、官员和常备军是对政治秩序的主要威胁，似乎十分有必要把历史上的议会制度等同于古典理论中的（以及历史上的）民兵。然而，颠倒哈灵顿的时序的结果是暂时的。政治规范现在被归因于过去和历史运动，哈灵顿把这种运动视为一种"更新"，重复着它的共同的衰败模式。新哈灵顿派的动机是谴责腐败；他们付出的代价是不得不把一切变化都视为腐败（我们当还记得，他们不让自己求助于千禧年观念）。进一步说，现在面临腐败和退化的是古代宪法，因此对它必须从平衡的角度加以思考（自1642年以来通常都是这样做的）。但是，由于受到严重破坏的不再是贵族和平民的关系，因此最好把受到破坏的平衡视为权力而不是等级之间的平衡；有侵害立法机构之虞的是行政权力，庇护权问题导致了持续一个多世纪的有关宪法权力分立和相互依赖的辩论。然而，要想把行政权力定性为腐败，就必须把它视为不仅是对立法的活动领域的侵犯。必须把这种侵害视为有可能不但使立法机构的个人成员，而且使整个机构依附于行政权力，而这种依附关系必须被称为腐败，因为它是存在于本应保持独立的地方。引入腐败的古典概念，使重新阐述一种英格兰的宪法理论在相当大程度上成为必需，而在《国王对十九条提议的答复》之前，这种理论是鲜为人知的。由此形成的一种意识形态迅速得到普遍接受，这表明了因沙夫茨伯里抨击丹比而带来的问题对于英格

1　同上，pp. 192—194。

兰政治社会的重要性。

421 托利党一方没有出现对《仿柏拉图》的重要回应，[1]这个事实表明了在查理二世一朝最后几年的意识形态混乱，在1675年，新哈灵顿派的抨击才刚刚开始，一本研究封建制度的著作的出版便点燃了导致布莱迪之争的一系列事件。1679年菲尔默遗作的再版造成了三个结果：一是洛克开始撰写《政府论》，泰瑞尔开始撰写《父权制不是君主制》，[2]还有一些人开始撰写赞成得到同意的权力、反对父权制观点的著作；二是佩蒂特和阿特伍德始于1675年的反封建辩论继续进行，但现在的意图是反驳菲尔默否认下议院在古代便已有之的著作，还有布莱迪及其盟友的反击；三是阿尔格农·悉德尼显然独自撰写了《论政府》一书，这是他于1683年被处决的原因之一。《仿柏拉图》基本上是1675年新哈灵顿派论战的继续，它介入佩蒂特和布莱迪的论战，是因为内韦尔决定接受前者有关下议院的观点，托利党作家只是在那一刻才注意到该书。布莱迪及其朋友是老保王党而不是新托利党，他们所关心的是捍卫君主特权和世袭制的延续，而不是庇护权和常备军，他们对内韦尔把封建制度的衰落与庇护权的兴起联系在一起的观点没有做出回应。但下一代人却做出了回应，而且采取的形式是直率地宣布：既然封建制度已经衰落，庇护权其实是必然的，但腐败不是必然的。[3]得出这种历史观，可能是因为援引哈灵顿去反驳新哈灵顿派，但更一般地说，这取决于接受布莱迪关于封建历史的观点。在正在发生变化的革命政治的模式中，这种观点可以用来服务于辉格党的利益，而辉格党的主教们在1698年正从事着斯皮尔曼和布莱迪的事业。[4]

---

1 W. W., *Antidotum Britannicum*, 和Thomas Goddard, *Plato's Demon*, 发表于1682年，两者都没有多大重要性。

2 关于洛克和泰瑞尔这一时期的著作的复杂故事，见拉斯莱特为他编辑的《政府论》写的导言：Peter Laslett, ed., *Locke's Two Treatises*（Cambridge University Press, 1960 and 1963）, ch. III。

3 参见本书边码481—482页和 494—495页。

4 后来的伦敦主教埃德蒙·吉布森在1698年完成了斯皮尔曼著作的编辑工作（*Ancient Constitution*, p. 243）。另参见G. V. Bennett, *White Kennet, 1660—1128: Bishop*

直到1688年，辉格党仍然是个近乎于乱党的反对派，乡村派站在新哈灵顿主义立场上对宫廷派的驳斥，必须跟批驳菲尔默这一更迫切的要求并存，这种批驳是为了对抗旧的君主特权和不反抗派的最后攻势，并最终为1688年的革命正名。一般说来，这不是从半共和派或新哈灵顿派的立场上从事的最佳活动，不过记住一点是很重要的，即悉德尼的《论政府》是一种来自过去的声音，它让人想起1650年代的“美好的老事业”，甚至想起更早一代人的塔西佗主义。 422
该书谴责绝对君主制腐蚀臣民，将美德等同于混合制政府结构，并把后者严格定义为实际上是一个贵族共和国。[1]《论政府》因其作者的殉难而在下个世纪被教条化，但它直到1698年这个关键年份才出版，令人不解的是，此时与15年前相比，它看起来反倒不那么脱节于时代。对庇护权和腐败的批驳是对现代政府的抨击，反对君主特权和父权制则是为了埋葬过去；但是前者需要古典共和主义语言，而后者却要求助于洛克。在1680年代合成的辉格党意识形态，在革命后的十年里已经解体；[2]在具有破坏性的经济变化时期，新哈灵顿主义的观点成了做出激进反击的工具。

---

of Peterborough（London: S.P.C.K., 1957）。

1　*Discourses*, II, 第11—30节; III, 第 1—10节。

2　Caroline Robbins, *The Eighteenth—Century Commonioealthman: Studies in the Transmission, Development and Circumstance of English Liberal Thought from the Restoration of Charles II until the War with the Thirteen Colonies*（Cambridge, Mass.: Harvard University Press, 1959），特别是第2、3章。对小册子暴露出的辉格党的团结所受的破坏，见*A Collection of State Tracts Published on Occasion of the Late Revolution in 1688 and during the Reign of King William III*（London, 1706）第二卷宣传页。

423

第十三章

新马基雅维里主义的政治经济学：王道盛世时期有关土地、贸易和信用的辩论

一

1688年革命之后的半个世纪，是直到最近仍然研究甚少的一个时期，但也是英国政治思想史上十分重要的时期——尤其是因为严格地说，它见证了这种政治思想在1707年从“英格兰”向“不列颠”的转变。[1]从这个时期开始时的英格兰人约翰·洛克，到它结束时苏格兰人大卫·休谟开始著书立说，这期间英语文化中没有出现可以列为巨擘的政治理论家或哲学家。然而，这个时期在某些方面的变化和发展，甚至比内战和无王时期[2]更为剧烈和意义重大。尤其能够证明的一点是，这是一个政治思想充分自觉地认识到政治和政治人格的经济和社会基础发生变化的时代，它使“政治动物”具有了现代性格，即他成了从根本上影响其天性的物质和历史变化过程的参与性观察者；还可以证明，这些认识上的变化的发生，是由于在政治经济学理论中发展出了一种新马

1 指1707年英格兰和苏格兰的合并，此后“不列颠”不再仅仅是个地理名称，也成为合并后的国家名称。——译注

2 英国内战期间于1649年废除君主制，1660年查理二世重登王位，中间这段时期史称“无王时期”。——译注

基雅维里主义的和哈灵顿主义的风格，这是对英格兰作为不列颠——一个重要的商业、军事和帝国强权——而出现做出的反应。观察到的过程，以及这种观察所导致的语言变化，从物质和世俗意义上说，比在激进清教徒的时代所能看到的任何事情更具革命性；从各种现象中可以发现，马基雅维里主义的思想是作为对现代性的批判而出现的。

在研究思想史上的这一发展时，无论是为1688年革命本身所做的辩护，还是洛克的政治著作，我们都不会为其安排关键性的角色。罢黜詹姆士二世一事，由其性质所定，充其量只能导致对政治权威之前提条件的重新评估（在马基雅维里的传统中，这一向就是这个充满偶然性的世界的特点），以及对传统和习俗与同意之间的关系的强调；[1]詹姆士——在英国的政治解释史中，他大概是最无争议的形象——甚至 424
也算不上那些腐败的典型人物之一，比如沙夫茨伯里笔下的丹比，或博林布鲁克笔下的沃波尔，英格兰的新马基雅维里主义神话就是用他们编造出来的。至于洛克，可以说，现在不是把他纳入综合分析的适当时机。对他的历史作用进行重新评估，是由拉斯莱特肇其端、又由邓恩[2]接续，其革命性效果之一就是有关他的神话已经破灭；并不是说他算不上一个伟大的和权威的思想家，而是说，因为习惯于以反历史的态度把他的伟大和权威视为当然，使他受到了粗暴的歪曲。他不是古典的或马基雅维里式的共和派，所以他没有为我们所要研究的传统的形成做出

1　这一结论来自一项对*State Tracts ... on occasion of the Late Revolution*（见本书第441页注2）1（1705）的整体性质的全面研究。还有一篇对詹姆士二世倒台的新哈灵顿主义分析：*Some Remarks upon Government, and Particularly upon the Establishment of the English Monarchy, Relating to this Present Juncture*, signed N. T.（pp. 149—162）；此文有着自觉的超道德的“马基雅维里主义”基调。

2　John Dunn, *The Political Thought of John Locke: An Historical Account of the Argument of the Two Treatises of Government*（Cambridge University Press, 1969）, and “The Politics of Locke in England and America in the Eighteenth Century”, in John W. Yolton（ed.）, *John Locke: Problems and Perspectives*（Cambridge University Press, 1969）, pp. 45—80.

直接贡献；或许可以在这一传统的对手中为他安排一个位置，[1]并就这一位置的重要性展开辩论。但是，降低洛克的重要性，就目前而言有着策略上的必要。必须先建立一个没有他的历史背景，然后才适合把他再放入这一背景。

接受威廉三世当国王，意味着请他过来的人没有充分预见到或不想要的事情：英格兰——或英格兰的军队和金钱——卷入了一系列重大的大陆战争。这关系到要几乎不间断地扩大常备军，而在1670年代公众的想象中，这种做法的罪恶作用在詹姆士二世和迫害胡格诺教徒的日子里丝毫未减；此外，当1688—1697年的九年战争（在美国的历史拟制的记录中，是“威廉国王的战争”）结束时，人们还认识到两个重大后果。这场与荷兰人结盟进行的战争在海上的失利，使有些事实变得更加清楚：对荷战争的年代正在结束。英格兰现在成了一个贸易国家——苏格兰不顾一切想成为的国家；而根据那个时代的假设，商业是侵略
425 性的活动，是经商的社会把可能已被别人获得的东西据为己有的活动，是可能适合也可能不适合运用战争手段的目标。这种认识的另一方面是，所谓国家的繁荣这种现象，是一个可以进行理性研究的领域，存在着一种被称为“政治算术”的技艺，一种通过计算每个人投入或撤出国家股份的数量，评价他为政治利益做出的贡献的量化手段。[2]人所共知的“贸易”（Trade）这件事，以极快的速度进入政治学语言，成为演说家、小册子作家或理论家不敢忽视的事情，而在战时则成了与对外关系和国力密切相关的事情。

但是，英格兰卷入重大战事的第二个后果，是从更长远的角度来认识的。从始于1690年代、被称为“财政革命”[3]的现象中，找到了将国

1　参见Isaac F. Kramnick, *Bolingbroke and His Circle: The Politics of Nostalgia in the Age of Walpole*（Cambridge, Mass.: Harvard University Press, 1968）, pp. 61—63。

2　这种技艺的创始人据说是威廉·佩蒂爵士。见E. Strauss, *Sir William Petty: Portrait of a Genius*（London: The Bodley Head, 1954）, and William Letwin, *The Origins of Scientific Economics*（New York: Doubleday Anchor Books, 1965）。

3　P. G. M. Dickson, *The Financial Revolution in England: A Study in the Development of Public Credit, 1688—1756*（London: Macmillan, 1967）; Dennis Rubini, “Politics and

家繁荣直接同政权稳定联系在一起、扩张政府活动和——最重要的事情——发动战争的手段。新的财政制度（其中最重要的是英格兰银行和国债）从本质上说是这样一套装置：它鼓励大大小小的投资者把资本借给国家，投资于国家未来的政治稳定，并以投资行为本身强化这种稳定，同时从投资回报中获得可靠的收入。国家借助于投入的资本，能够维持规模更大、时间更长久的军队和官僚——也附带着增加了政治庇护权的资源；而且，只要它的事业蒸蒸日上，就能吸引进一步的投资，发动更大更长久的战争。“雇佣军”（condiottiere，短期的军事承包人）的时代结束了，他们的位置被作为官僚国家臂膀的军事管理人所取代。但是，随着投资总量的增加，还产生了两个后果。第一，国家觉得有能力接受更多的信用，从事超出现有资本总量支付能力的更大的活动，它用未来税收的可靠性和未来的投资为偿付借款提供保障；国债应运而生，并被留给了后代。应当指出，这并没有使战争费用免于用迅速增长 426
的土地税来支付，与以往年代不同，这种税得到了有效的征收。国家如此强大，获得的正当性如此可靠，因此容不下早期斯图亚特时代的不纳税行为。第二，投资总量意味着，股票、票证或账单使它们的拥有者从公债中获得了一部分支付能力，从而使它们成了可交易的财产，其价值随着公众对于国家、军事和财政事务的信任的起伏而涨落。公债持有人和股票经纪人、牛与熊，一个个粉墨登场，使他们结合成一个团体的象征，被他们引入英格兰政治语言的概念，不是“贸易”，而是“信用”。

作为王道盛世（the deep peace of Augustans）时期政治思想之主流模式的政治经济学，它的迅速发展的风格，是围绕着土地、贸易和信用之间的复杂关系而形成的，政论家们皆打算承认它们不仅是公共财富的来源，而且是政治稳定和美德的来源。后一点得到了极大重视，因此我们必须承认，政治经济学历史的开篇，也是公民人文主义历史的续篇；王道盛世时期的辩论所获得的哈灵顿主义和马基雅维里主义

---

the Battle for the Banks, 1688—1697”, *English Historical Review 85*（1970）, pp. 693—714.

特点是来自这样一种环境：新财政的批判者指责它是庇护权和好战精神、腐败和常备军沆瀣一气的继续，这是1675年论战的特点，而且已经成了政治辩论的特产，这使新秩序的捍卫者必须接受它的许多前提和假设。沿着这些方向展开的辩论，在王道盛世的五十年里出现过一系列高潮：首先是大约发生在1698—1702年的“常备军之争”或“笔墨大战”（paper war），[1]在这场论战中，约翰·托兰、约翰·特兰夏、沃尔特·莫伊勒、安德鲁·弗莱彻和查尔斯·达文南特等人为乡村派写作，丹尼尔·笛福和斯威夫特则为宫廷派写作。第二次是安妮女王的“最后四年”，支持托利党的斯威夫特同辉格党人艾迪生和笛福（他有些战线上的改变）对抗。[2]第三次发生于南海危机[3]的风暴期，以报界的约翰·特
427 兰夏和托马斯·格登为首，他们主办着《卡托通信》（*Cato's Letters*）和《独立辉格党》（*The Independent Whigs*）。最后一次是从1726年到1734年，博林布鲁克试图用《手艺人》（*Craftsman*）杂志的宣传战打垮沃波尔，并且得到了当年多数大作家的支持，他的对立面则是《伦敦杂志》（*London Journal*）和赫维爵士。[4]在所有这些论战中，论证的主线有着惊人的一致性，因此，从1698年的笛福到35年以后的沃波尔派作家，可以看到一种“宫廷派”的经济学、政治学和史学理论的轮廓，它的建立是为了应付后来闻名于世的“乡村派”意识形态的挑战。到这个时期结束时，此一过程已清晰可辨，使孟德斯鸠和休谟能够在这个世

1 参见Robbins, *The Eighteenth-Century Commonivealthman*, pp. 103—105; Frank H. Ellis为Swift, *A Discourse of the Contests and Dissensions between the Nobles and the Commons in Athens and Rome*（Oxford: The Clarendon Press, 1967）所写的导言; W. T. Laprade, *Public Opinion and Politics in Eighteenth-Century England to the Fall of Walpole*（New York： Macmillan,1936）。

2 Michael Foot, *The Pen and the Sword*（London: Macgibbon and Kee, 1957）; Richard I. Cook, *Jonathan Swift as a Tory Pamphleteer*（Seattle and London: University of Washington Press, 1967）; James O. Richards, *Party Propaganda under Queen Anne: the General Elections of 1702—1713*（Athens: University of Georgia Press, 1972）.

3 “南海危机”指1719年英国民众对南海公司股票的疯狂投机，最终导致数万人破产，是近代经济史上最著名的金融危机之一。——译注

4 Kramnick, 前揭书。

纪中叶写下有关这些论战的伟大总结；意识形态舞台再未发生重大变化，一直到法国大革命的年代。

威廉三世一朝最后几年发生的“笔墨大战”，也以“常备军之争”[1]闻名，因为它主要涉及乡村派在1697年的和约之后，立刻就要裁减国王在英格兰和外国的军力。不过，它也同至少有三种含义的腐败问题有关，其中既有古代含义，也有很新的含义。人们发现，有些廷臣，包括外国人和妇女，得到了不同寻常的大量爱尔兰土地；存在着要把官员赶出下议院的强烈欲望；最新鲜的事情是，开始出现对议会和社会的谴责，说它们受到公债持有人、股票经纪人和靠公债份额（无论是怎样获得的）过日子的吃息者的“腐蚀”，这种谴责后来变成一种很普遍的现象。对民兵的赞扬和对行政权力带来的腐败的抱怨——我们对此已十分熟悉——相互呼应，发展出了对战争和商业与美德的关系的新分析，演化成了有关英格兰和欧洲历史进程的一场新论战，它有着根本的暧昧性，暴露出这个新时代的以及有关这个新时代的新马基雅维里主义的特点。对它进行研究的最佳起点，就是探讨安德烈·弗莱彻、查尔斯·达文南特和丹尼尔·笛福的著作。

弗莱彻[2]是苏格兰人，也是一长串思想敏锐的“北方布立吞人”[3]中的第一批人之一，他们在某些方面比英格兰人自己更好地理解英格兰 428
的论战语言。弗莱彻于1685年与蒙莫茨一起逃亡，但是在因一匹马而引起的著名争执中他向唐顿开枪，然后匆忙离开了萨默塞特。这件事可能给人留下他有粗野古风的印象，不过这具有误导性。此人是个很有头脑的爱国宣传家，颇得同代人帕特里克·亨利和理查德·李的赏识。在《论政府与民兵的关系》（*Discourse of Government with Relation to*

1　Lois F. Schwoerer, “The Literature of the Standing Army Controversy”, *Huntington Library Quarterly* 28, no. 3（1964—1965）, 187—212; Dennis Rubini, *Court and Country*, 1688—1702（London: Rupert Hart-Davis, 1967）.

2　Robbins, *Eighteenth-Century Commonwealthman*, pp. 9—10, 180—184. 弗莱彻的 *Political Works* 出版于1732年，此后不断再版。另见Lord Buchan, *Essays on the Lives and Writings of Fletcher of Saltoun and the Poet Thomson*（London, 1792）。

3　指苏格兰人，“布立吞”（Briton）是不列颠的古称。——译注

Militias）中，他提出的新哈灵顿主义历史观比任何人走得都远，并且意味深长地暴露出它的潜在暧昧性。

他认为，从公元400年到1500年，哥特人的政府模式为欧洲提供了自由的保障，因为它将剑保留在拥有土地的臣民手中。贵族控制着国王，仆臣又控制着贵族，

> 做到这一点之后，就不再需要保留任何常备军了，人人都靠自己的土地过日子；需要军队保卫国土时，国王把贵族召到他的旗下，而他们来时都带着自己的仆臣。一千一百年来，欧洲的军队就是这样组成的。这种政制把剑交到臣民手中，由于仆臣更直接地依附于贵族而不是国王，这实际上保障了那些政府之下的自由。贵族不能利用他们的权力去破坏有限的君权，除非他们想破坏自己尊贵的地位；国王也不能侵害他们的特权，因为这种企图要想获得支持，他能够依靠的力量只有他自己领地上的仆臣。
>
> 除了把剑交到臣民手中之外，我并不十分看重对君权的其他限制，也不认为对人民的自由还有其他如此根本的保证……
>
> 我不否认，这些处在大贵族中间的有限君主政体有一些缺陷。我知道，几乎没有哪个政府摆脱了这种缺陷。然而，毕竟存在着使这些政府保持稳定的平衡，存在着对抗王权侵害的有效规定。[1]

弗莱彻以这种对佃户依附于领主的典型辉格党式的掩饰方式，再
429 次取消了哈灵顿对“古代的精明”和“古代宪法”的严格区分，并且将武装自由民的平衡国家置于“现代的精明”的时代，而哈灵顿曾把这种有着国王、贵族和平民机构的国家斥为一种无法管理的失衡状态。封建土地保有权成了平衡的工具，因为它保障着国王和贵族之间的均衡；它成了自由和平等的工具，因为它使平民—仆臣成为那种平衡的贡献者。与哈灵顿笔下的仆臣——他的土地和剑属于他的主子——不同，弗莱

1 *A Discourse of Government with Relation to Militias*（Edinburgh, 1698）, pp. 7—9.

彻似乎认为，他的仆臣——他毕竟是个苏格兰人——倔强地依靠自己那块土地，这有助于把剑保留在它所应当归属的人，即土地所有人的手中。1215年或任何其他年代的贵族，能够证明他们是在捍卫古老的平衡、“德行”和自由的原则，甚至就像捍卫自己的封建特权一样。

可是，这种状态已经消失，而且无法恢复了。“大约在1500年”，“在大多数欧洲国家……政府发生了变化”。古老的宪法荡然无存，只剩下“古老的名称和外表”，因此“人们的一切名分都成了词语和名称的骗术”。[1]哈灵顿也把封建土地保有权的结束定位于同一时间，但他把这视为解放的过程，它是由自觉的行动启动的，尽管它的始作俑者亨利七世并不理解自己释放出的力量。使仆臣摆脱军役的，从根本上说是法律行动，虽然当领主们去宫廷里过铺张的生活，人们被释放出来的“勤劳”用于由亨利八世卖给他们的教堂土地时，随之产生了更广泛的社会后果。在弗莱彻看来，这个过程是无意中发生的，[2]它有着十分广泛的社会来源，它的结果有着深刻的暧昧性。

> 我要从它们的源头、原因和时机以及许多出人预料的变故的复杂性做出推断；这些事件大体上同时发生，并且带来了巨变。乍一看好像很奇怪，择其荦荦大端，我会列出学术的复兴、印刷术、指南针和火药的发明；这是些非常了不起的事情，除了最后一项，假如它们对政府的长远影响能用适当的办法加以预防，也能让世人受益无穷。这种不期 430
> 而至的、有着不同性质的结果，促成了一切类型的非凡发明。[3]

我们看到，创新保留着它的危险而又无法预测的特点。但是，跟马基雅维里关心失去习俗框架这种情况对人们的影响不同，弗莱彻关注

1　*Discourse*, p. 5.

2　*Discourse*, p. 6：“值得一说的是，这种变化虽然对他们的自由至关重要，但它并不是由天性不良的人们的智巧引起的；它的结果也没有被人理解，假如他们知道的话，是会全力去阻止它的。”

3　*Discourse*, pp. 9—10.

的因果关系是在人类社会复杂网络中的行动的长远效果。在他提到的创新中，学术的复兴和印刷术的发明使过去“哥特时代”的欧洲人得以享用丰富多彩的文化，指南针的发明打开了世界贸易。火药的意义仍然有待观察。

> 借助于这种手段，除了古老的奢侈品，又多了亚洲和美洲的奢侈品；所有年龄的人、所有国家同时让欧洲陷入享乐的深渊，服装、家庭装饰和家具方面不断变化的时尚，使这种享乐变得更加昂贵。
>
> 这些东西使生活方式发生了彻底改变，一切政府都要依靠它们。确实，知识在迅猛增长，对一切事物都表现出巨大的好奇与雅兴，人们脱离了节俭尚武的生活方式，想象自己在所有事情上都是获益者。我必须承认，这种生活方式混杂着野蛮和无知，虽然这并非不可避免。然而，他们并没有同时考虑到与奢侈的生活方式难分难解的无以言说的罪恶。[1]

我们很快就会知道，奢侈的危险并不在于它造成品味的女性化和时尚的易变，流风所被，它也导致了选择，从而导致了专业化。哥特武士除了耕种与征战、肯定他的自由而外，没有多少事情好做。文艺复兴时期的风雅之士可以追求知识或奢侈，享乐或时尚，从而失去自卫的兴趣。假如他是个陷入债务的领主，他会用免除仆臣的劳役来抵消租金；假如他是平民，他会满足于做个佃农而不是仆臣。国王们这时也发现，臣民愿意向他们交税，用这些税金雇来雇佣军保护他们；火药的发明使战争变成漫长而靡费的攻城战，从一开始就强化了这一过程。一旦军队靠税金养活，税金又是由军队征收，几乎整个欧洲的自由也就走到了
431 尽头。[2]但是，用职业军人进行统治，完全是由于臣民能够做出选择、能够有自我武装以外的选择才发生的。对于他不喜欢的事，他可以花钱让别人来做；他为购买这种豁免权而让渡出去的东西，只有在迈出的

1 *Discourse*, pp. 12—13.

2 *Discourse*, pp. 13—15.

步子无法逆转时，他才会发现。因此，“奢侈”就是教养、闲暇和选择的简称。这些好事都有其固有的弊病。弗莱彻顶多能够建议，野蛮和无知并非无法与武士的自由分离，这大概是说，原始的自由人仍然是可教之子；但是，“靡费的生活方式”，使他出售自由的手段以换取教养的资源，却是与腐败分不开的。

弗莱彻对新哈灵顿主义观点的阐述，使他面对困扰着18世纪社会思想的许多问题中的最大难题：自由与美德同教养看起来互不相容，它引起人类满足之多样性的问题，比商业有过之而无不及。自由人必须欲求自由超过一切，欲求他为之献身的公共利益超过一切。一旦他能用自己的自由去交换别的商品，即使这别的商品是知识本身，也同样是腐败行为。人文主义者强调武装和土地是个人的公民和道德独立性的前提，他把上述事情说成是不可逆转的历史过程，从而更加强化了这种困境。美德，作为一种具有范式意义的社会形式，被置于过去的时代。但是，自由的时代也是野蛮和迷信的时代，“哥特人”这个含义极其模糊的词，便可以用来表达这两层意思。至于商业，可以说，它是教养本身的积极形式：假如存在着人们可以从中做出选择的多种满足，假如他排列出优先选项，为了当前的满足而推迟未来的满足，那么他就已经踏上了进行交换的道路。对于亚里士多德的公民来说有一种道德，即共同决定优先选项；但是假如用一种商品去交换另一种等值商品的生意人也有一种道德，那么这种道德显然与公民的美德——西方人所知道的唯一的世俗美德——无关，后者仍然要求个人具有独立性，他让渡这种独立性而不腐败是不可能的。不应当错误地以为，弗莱彻天真地想要恢复自给自足的农耕战士的农业世界。他用了很多笔墨谈到一个无可否认的迫切问题，即把一定程度的商业繁荣引入悲观失望的苏格兰社会；[1]但是他的自由史，他的“论政府与民兵的关系”，向我们展示了1700年前后的一种思想状况，它急迫需要一种资产阶级意识形态，一种 432
市场人的公民道德，却显然遍寻而不得。所以他接下来——就像托兰在

1　参见第一和第二篇《论苏格兰事务》的文章，收在他的*Political Works*。

《民兵改革》(*The Militia Reformed*)[1]中所做的一样，描述了一个对全体有地自由民进行军事训练的方案，这本质上是一种公民美德的教育手段。[2]人们不再是哥特世界中的贵族和仆臣，他们有选择，有生意，也有腐败的机会。为了使职业军队(它会使腐败变得不可逆转)失去必要性，他们必须组成民兵；但是这种为国家效力的严酷方式，将通过武装行动教会他们厉行节俭，放弃私人满足(甚至可以看到与1528—1530年的佛罗伦萨赞扬穷人的民兵训导词一样的句子[3])，总之，教会他们社会秩序本身不再能够保障的美德。组建这样一支民兵既是立法行动，也是教育行动，是“原则的恢复”，“优良的立法，优良的教养，才有优良的军队”(buone leggi, buona educazione, buone arme)。然而，教育开始踏上了一条被理解为对抗社会发展过程之手段的漫漫长路。

但是，这种新哈灵顿主义的英格兰史观尤其容易受到攻击。书桌上摆着布莱迪或哈灵顿本人的著作，一个批评家会说，哥特人的时代是那样一种平民屈从于领主的时代，根本就不存在平衡或自由。笛福在答复弗莱彻和特兰夏时，[4]就反驳前者说：

> 当其时，隶农和仆臣的劳役开始受到人民的憎恨，太平日子和经商使他们变得富有，而贵族又权力太大，结果时常出现骚乱、内战和械斗，有时甚至把无关的国王也拖入纷争：一个贵族会侵害别人，在这种侵害中最弱者受苦最多，穷人的血成了替所有人付出的代价；人民

---

1 *State Tracts*, 11, 594—614.

2 *Discourse*, pp. 50—62.

3 *Discourse*, p. 54. 这些训导词是民兵成员自己分发的，教会人士被排除在外。参见p. 52：“他们的饮料是白水，有时掺一点白兰地，有时掺一点醋。”

4 *An Argument Shewing that a Standing Army, with Consent of Parliament, Is Not Inconsistent with a Free Government*(1698)；收入J. T. Boulton (ed.), *Daniel Defoe* (New York: Schocken Books, 1965)。它是对以下文献的答复：*John Trenchard and Walter Moyle, An Argument Shewing that a Standing Army Is Inconsistent with a Free Government, and Absolutely Destructive to the Constitution of the English Monarchy* (1697)。

> 争取到了他们自己的特权，并强迫国王和贵族接受一种均衡状态，我们把它称为议会：由此产生了我们听闻甚多的恰当的平衡。我不必领着 433
> 我的读者进入那个时代和环境，但这种恰当的平衡正是我们现在立足的基础……我恳请大家来评判，这种平衡是否在所有方面都是一种比古老的哥特式政府模式更加高贵的政体。[1]
>
> 然而，这也就是说，贵族因度日奢侈而变穷，平民则变富，他们用仆臣身份交换租约、租金和地租以及诸如此类的利益。他们这样做，于是有了为自己效力的资格，于是推翻了成规，下议院由此产生：我希望英格兰有理由珍视这种变化。有脑子的人不要去想哥特制度犹在的波兰人所享有的自由，他们就会感到满足了。[2]

自由和平衡的政府是现代的，不是古代的，是建立在平民摆脱封建控制的基础上的，其年代大约就是哈灵顿所确定的时间。笛福在他两年后的讽刺诗《真正土生土长的英国人》(*The True-born Englishman*)中提出了同样的观点，采用的语言也许就是五十年前平均派的语言：

> 伟大的入侵者诺曼人让我们知道，
> 后来的征服者可以做些什么……
> 他给他的军团以永久的属地，
> 让他们都成了本国的有地自由民……
> 于是恶棍成了富人，他把他们称作领主，
> 用一些新的名称取悦于他们暴发户式的傲慢，
> “最终税册”便成了他的专制记录。
>
> 古老的血统从此上路，
> 我们可怜的贵族也由此崛兴：

1　Boulton, pp. 44—45.

2　Boulton, p. 45.

他们起源于一些法兰克军队，
而后者是跟着诺曼杂种一起到来……

按现代人所说，征服可以
给土地占有者带来名衔，
可是最强大的刀剑应为公器，
它若把法兰西人变成英国人，那就是罪过了。[1]

但是，在李尔本或哈灵顿看来，这种给过去拆台的做法，是从千禧年意义上恢复撒克逊式自由或古代的精明的前奏。笛福的期待既不
434 是复旧派的，也不是启示录式的；他是现代人，他舞文弄墨是为了维护“辉格党小帮派”（Junto Whigs）、英格兰银行和常备军。他否认自由或美德有着古老的历史，就像他的后学否认宪法有任何可供恢复的原则一样；他所打出的平衡旗号，只是在两百年以前才发现的，并且其发现既不是靠理性，也不是靠启示。“太平日子和经商使他们变得富有”；对于笛福就像对于弗莱彻一样（但两人的价值符号是相反的），是商业原则终结了哥特人的政体。笛福喜欢对生意人说话，但是，如果像他那样为获得听众和写作动机而仅仅祈灵于经商的资产阶级的幻影，那就太过天真了。他在1698年的小册子里说：

我要把这些言论讲给诚实而善良的英格兰有地自由民，他们都有一块“坚实的土地”（Terra firma），所以很在意维护自由；还有热爱自己的自由更甚于自己生命的人，他们不会为金钱而出卖灵魂；这些人最有理由害怕常备军，因为他担心财产不保；他最关心船只的安全，因为船仓里堆满了货物。[2]

---

1 *The True-Born Englishman: A Satyr*（1701）, pp. 195—196, 205—206, 209—215, 229—232（Boulton, pp. 59—60）.

2 Boulton, pp. 37—38.

这也许是伊莱顿在普特尼[1]的语言，或是斯威夫特和博林布鲁克于1711年或1731年赞美“土地利益”的语言。我们最赞同于笛福的是，他清楚地认识到，一旦对土地的评价不再根据军役，那就必须允许从贸易和货币流通的角度，根据“租约、租金和地租以及诸如此类的利益”来评价它；让土地成为租金的来源，同让它变成可交易的商品是不一样的。他认为，用税金取代军役，下议院就能通过行使其对于供应的权力，在平衡的宪政中发挥它的适当作用。在《真正土生土长的英格兰人》中，他以两行诗文（提到了威廉一世，并且不怀好意地把威廉三世比作他）对新哈灵顿派迷信民兵的态度发动了毁灭性的打击：

> 他的军队解散不了议会；
> 他搞不到钱，只好用土地支付。[2]

他在1698年的全部辩论都是为了证明，只要议会支配着它的开支来源，职业军队就不难控制。但是，这尚不足以应付乡村派的反驳：常备军的存在腐蚀议会，削弱其拒绝供应的能力；或者，金钱的力量为行政权力提供了过去的时代不曾知道的腐败工具。笛福同意，战争和政府的性质已经发生变化：

> 英格兰如今处在复杂的环境中，在作战方式、我们的邻国和我们 435
> 自身的状况这些方面，它已经不同于过去的英格兰；有理由认为，民兵已经不适应现在的战争，而且大概我还能证明，也无法把它改造得适应这种战争了。[3]

1 指“普特尼辩论”。1647年英国内战期间“新模范军”和“平均派”之间有过一场是否制定一部宪法的著名辩论，因发生在普特尼市的贞女圣玛丽亚教堂，史称“普特尼辩论”（The Putney Debates）。——译注

2 第203—204行（Boulton, p. 60）。

3 Boulton, p. 38.

他所否认的是，有任何必要像弗莱彻和托兰把民兵视为一种教育手段那样，恢复前商业时代的民兵或前商业时代的道德。但是，尚无迹象表明他的现代主义已经转向任何新的道德观——它只是转向了更大程度的自由而已。只要事情依然如此，平民的解放可能就会导致一个在道德上不如它之前的哥特人世界那样稳定的世界。笛福对哥特世界的封建血腥和无序或许语多不敬，但是可以用亚里士多德式的自足自立的伦理为它辩护。假如他培养不出另一种伦理，向商业礼仪的转变也许能导致对一种新的马基雅维里式的“德行”的追求，但是它也会携带着马基雅维里的全部范畴，使某些人认为“德行”还没等形成，肯定就已被无可救药地败坏了。

在这一点上适合提到洛克的名字。在大约出版于——假如不是写于——这场论战九年之前的《政府论》中，他认为通过简单地占有和耕种无主土地而形成的社会，不可能超出父权制家族群体的性质，在这种家族群体中不需要制度化的政府来实施自然法。[1]是货币的发明改变了这种状态。人们的“嗜好和同意”赋予了黄金白银以虚幻的价值；它们比对人有真实价值的消费品更加耐久，能够被储存，用来确定货物和土地的交换价值，用作获得超过一个人满足其自然需求范围之物（可以合理地补充说，包括对他人的权力）的工具。[2]因此，货币是部分虚幻、部分恒久的东西，是比单纯父权制社会规模更大的社会的前提条件，这种社会需要的是：家族和部落的天然统治者之间的交换关系，政府能处理的问题要比亚伯拉罕和罗得的关系问题更复杂，还有日益深奥的财产权观念，这是个人能够在社会中生存的原因。
436 从洛克著作中存在着这些论证，可以得出意味深长的结论，而且是严重对立的结论。[3]如果我们认为他说的是后父权时代的政府只是作为货币交换的发展结果

1 *Second Treatise*, #36—38; Laslett, ed.(Cambridge), pp. 334—338.

2 #46—50; Laslett, pp. 342—344. “Fancy and agreement”, p. 342; 另参见#37, pp. 335—336。

3 Macpherson, *The Political Theory of Possessive Individualism*, ch. v; Dunn, *Political Thought of John Locke*, chs. 15—20.

而存在，这会让人情不自禁地得出结论说：他还会认为，在以货币作为基础的社会里，政府所做的事情不过就是管理货币交换，个人参与这种政府仅仅是为了维护他的财产的交换价值。[1]还可以进一步说：洛克有意谴责参与式的公民美德属于游牧时代和父权制的过去，而亚里士多德、马基雅维里、哈灵顿和弗莱彻却都把一种日益被视为属于农业社会的财产观念建立在这种美德之上，洛克还认为，生活在一个以交换为基础的社会中的受到政府统治的个人，他的美德是私人的美德，它存在于得到政府保障的关系之中，而不是存在于作为公民创造性行为的参政之中。

由于前面提到的原因，这里不打算谈洛克的意图问题，也不想借机思考王道盛世时期的读者如何看待他的著作。但是我们有理由相信，公民的或参政的理想，是用一种主要存在于过去的农业社会的财产模式来表达的；它采用一种社会人格理论，认为美德是公民的美德，建立在不能交易的物质基础上，不然的话美德本身也必然随之消失；这种理论看到了一种看起来非常像是腐败的现代性，但它不知道有一种能够容易地适应新社会的公民或道德人格。我们现在要对弗莱彻与笛福的对立进行分析，同时记住这样的可能性："自由主义"或"资产阶级"（既然它们是很走红的说法）转向了私人化，并且同意商业社会中的个人与他的"公共事务"或"共和国"的关系不可能是单纯的公民或美德的关系。

二

我们已经看到，不论是弗莱彻还是笛福，都没有从土地和贸易的简单对立的角度来看问题——这提醒我们，不要以为王道盛世的政治看上去就像是绅士和商人之间的对立。但是他们以相互对立的方式，指出了利用从一项原则转向另一项原则的转变去建构一种具有充分正 437

1　从马克思、施特劳斯和沃格林的学派中都可以看到这种解释。

当性的历史所面对的困难。这个历史问题的出现需要进行马基雅维里式的分析，而王道盛世早期最具野心的新马基雅维里主义思想家，便是政治经济学家查尔斯·达文南特。[1]他的写作跨越了1695年到1710年这一时期，他先是同意有必要打那场九年战争（它当时正处于最后阶段），继而又怒气冲冲、往往是很成问题地参与到“笔墨大战”和乡村派为减少战争规模、庇护权和财政所做的努力之中，[2]然后他又同意，英格兰参加西班牙王位继承战争不可避免。如同当时的大多数作家一样——也像他们作为其继承者的文艺复兴时期的人文主义学者一样，达文南特因一些经不住推敲的理由而改变立场和盟友，不过从他的思想中还是能够找到一个思想框架，一种比他的行动更具连贯性的假设和问题的语言，政治分野的双方在相当程度上都分享着这种语言。达文南特比弗莱彻、托兰或（这时的）特兰夏更担心战争将导致财政腐败的问题；他的思想对于我们的重要意义是，他超越贸易问题，看到了信用问题，他是在战争提供的背景下做到这一点的。

在1695年，以及在1701年，他的思想的起点是，法国国王有可能追求的普遍君主制所带来的威胁。[3]他在抨击这种威胁时采取的方式，让人想起佛罗伦萨共和派反对米兰帝国派的观点，或斯巴达神话与罗马神话的对抗。普遍君主制是对公民自由和宗教自由的威胁，因为它将一切权威集中于一处；他还驳斥了西班牙史学家佩德罗·梅西亚，因为后者认为查理五世的帝国促进了贸易。[4]达文南特说，无孔不入的统治者将一切美德置于自己的控制之下，从而使其遭到毁灭；同样，他们
438 将全部商业集中于自己的政府中心，从而用战争、专制和人口凋敝毁灭

1 据我所知，对其生平的唯一研究是D. Weddell, “Charles Davenant（1656—1714）—a Biographical Sketch”, *Economic History Review*, ser. 2, vol. 11（1958—1959）, pp. 279—288。另参见D.N.B.。

2 参见Ellis, 前揭书, n. 6。

3 Sir Charles Whitworth, ed., *The Political and Commercial Works of ...Charles Davenant...*（London, 1771）, vol. 1: “An Essay upon Ways and Means”（写于1695年）, pp. 4—10; vol. IV, “An Essay upon Universal Monarchy”（1701）, pp. 1—42。

4 *Political and Commercial Works*, IV, 29—37.

了它。[1]最好是有若干个宗教、自由、权力和贸易中心；人世间有限的储备，不论是美德还是商业，不应集中在一个地方，而是应当分散，这样它的拥有者才能相互滋养。[2]各国都是经商的社会，存在好多贸易国家，要好过只有一个世俗政府的大商业中心。

但是，在这些独立的国家和它们邻国之间，只要有贸易，就会有战争；大多数国家宁愿进攻而不愿防守。[3]我们越是探究达文南特关于这两者关系的思想，就越会觉得它含义暧昧。在他的多数著作，尤其是1697—1702年战争期间的著作中，他似乎认为战争对商业国家有致命的影响；可是他所采用的"战争"一词的确切含义，却是"陆军进行的战争，只能靠举债来维持"。甚至也承认这是通过一种如今已不可逆转的过程而发生的：

> 战火一息，对立的双方就不必再相互仇恨，人们也不必再吵嘴了，但是对于当初出钱的一方，必须把钱先还给人家……
>
> 因为，与我们祖先的时代相比，战争已经大为改观。在以往的快速征战中，战场上的勇气决定一切，可是如今战争的技艺却简化成了金钱。如今，君主能够搞到钱为他的军队提供吃穿和军饷，而不是拥有最强悍的军队，才是成功和征服最可靠的保证。[4]

马基雅维里曾用了不少笔墨反驳这种主张，达文南特却看不到这样做的理由。原因不在于他对打仗的理论有兴趣，而在于他相信——而以不友好的眼光从远处观察威尼斯的马基雅维里，是不会这样认为的——打仗的是商业社会，它们要用金钱来维持军队。他关于陆军的言论都在强调它的致命后果，理由是它增加公共财政负担。他用令人想起哈灵顿的语气说，荷兰人在这方面的承受力要强于英格兰人；那是

1　*Works*, IV, 33—34, 40—41.

2　*Works*, I, 348—349; IV, 36—39.

3　*Works*, IV, 4—5.

4　*Works*, I, 15—16.

个完全的商业社会，被海洋和他们的敌人夹在中间，能够长久容忍相互
439 负债，靠过节俭的生活来承受这种债务。[1]英格兰人则是兼营贸易和农业，举债维持军队主要由土地乡绅来承担；[2]如果债务主要集中在有权向议会派出代表的人身上，这会导致最恶劣的腐败；[3]商人为了维持赚钱的生意而需要举债时，他发现公债决定着货币的价格，这使他面对投机家的活动和公众信心的波动。[4]人民中的一部分欠另一部分的债，从原则上说是件坏事，而在英格兰是以最糟糕的方式处理此事。公债制度导致一个职业债权人阶层的成长，他们既有权力也有兴趣使以下条件最大化：产生公债，在和平时期维持常备军，把伦敦从一个商业中心变成有单一利益的整个王国，让全国对它负债，[5]使土地乡绅陷入依附状态，以至于议会很快就变得失去意义和无权无势。结果就是帮派之争，但信用的管理者知道如何加以操纵以达到他们的目的；帮派对公众的信心（包括公众做生意的愿望）伤害越大，它就越会让政府依赖他们进一步借钱并腐蚀更多议员的欲望，因此他们用自己所掌握的全部手段助长帮派之争。在《一个现代辉格党人的肖像》（*The True Picture of a Modern Whig*）一书中，达文南特为这类人物画了一幅令人毛骨悚然的讽刺画，而且故意不为他们毁灭宪法的权力划定界限。当对话结束时，共谋者正在讨论终止税务法庭和关闭议会的计划；[6]关键是他们没有理论上的理由不这样做，因为在掌握全部财富和社会权力方面他们干得得心应手。一切事情都变得取决于公共信用，而公债也变成了一种动产形式。拥有并管理着它的人，也会拥有并管理着一切——而且看起来其中也开始包括社会认识和人们的心理。他早先就写道：

1 *Works*, I, 67, 142, 253—255（页码有误），390—391。

2 *Works*, I, 61, 77, 269, 276; II, pp. 296—297.

3 *Works*, I, 79.

4 *Works*, I, 155—156, 268—269; III, p. 329.

5 *Works*, IV, 217—218.

6 *Works*, IV, 127—180, 183—266. 这一对话分为两部分。

在那些只存在于人们心里的事情中，最虚幻最微妙的东西莫过于信用了。对它绝不可以强迫，它维系于意见，它取决于我们的愿望和恐惧这类感情；它往往不期而至，又时常毫无缘由地离开，一旦失去，很难再全部恢复。 440

它非常类似于、在很多情况下十分接近于因治国智慧或疆场上的勇猛而获得的名声和威望。能干的政治家，伟大的首领，可以因事故、失误或运气不佳而蒙羞，失宠于时见和舆论，但假以时日，只要有光彩夺目的才华，有真正优点的储备，这一切仍可失而复得。同样，信用可能一时黯然失色，经受一些困苦，但只要有安全良好的基础，它也能在一定程度上得到恢复。[1]

达文南特已经进入了知识社会学，他在为我们讨论投资社会的认识论。在金钱和战争加速了社会的运转，人们必须把他们对公共物品的评价转化为投资和投机行动，政治行为是以有关未来的意见而不是对过去的回忆作为基础的时代，信用，或意见，便成了经验的古老功能所采取的适当形式。在写于1697年和平到来后的一段文字中，他描述了以仁爱而又理性的方式发挥着作用的信用；出现让人们能够相互检验以及检验他们共同事务的条件，其实他们在很大程度上就是这样做的，于是

人们的内心会变得平静安详；互信会让他们产生互助的愿望。他们将会发现，商业民族不靠现货来维持自身和做生意；在把人们联系和凝聚在一起方面，相互之间的信托和信任就像服从、爱心、友情和交谈一样必要。当经验告诉每一个人他若是只靠自己会多么弱小，他就会有愿望帮助别人，并且寻求邻居的帮助，这注定使信用再一次浮现。[2]

1 *Works*, I, 151（“Discourses on the Public Revenues”, 1698）.

2 *Works*, I, 152.

投资与交换的公民道德于此生焉，这实际上是把商业伦理等同于基督教伦理。正是当人们认识到他们的幸福取决于相互扶持时，信用变成了信任，变成了相互的信托和信心；他们认识到各人不能独自立足，他们你中有我，他们——用20世纪形容金融大恐慌的话来说——除了恐惧本身之外不需要恐惧什么。可以说，他们离开了霍布斯的自然状态，进入了洛克的状态。但是，具有美德的独立的人，因拥有不动产
441 而具有可靠的自尊的人，其目标却是"只靠自己"，并从这种独立性中获得成为公民的力量。在达文南特著书立说之后的一百年里，孟德斯鸠和另一些社会理论家断定：斯巴达人、罗马人或哥特人的美德，是以质朴而独立的个人拥有土地作为基础，有着不合人性的粗鄙；只是由于商业和技艺的扩散，人们才实现了社会化，具有了信托、友谊和表达基督徒爱心的能力。马基雅维里提出的公民美德与基督教美德的对立事实上又重新出现，它所采取的形式，是从以不动产为基础的道德观向以动产为基础的道德观的所谓历史进步。

然而，达文南特这种新道德观的认识论基础是极脆弱的，而且他从未实现完全的转变。信用"维系于意见"，"取决于我们的愿望和恐惧这类感情"，这是因为它的认识对象并不是完全真实的。我们所宣布并塑造着我们的行动的，某种程度上只是我们有关人与物的意见，因为这种理论是以这样一个社会为前提：黄金和纸币成为我们表达感情并使之变成行动的象征性媒介，因此它们本身同时也获得了一种虚拟的价值。我们进行交流的语言本身被具象化为欲望的对象，它所传达的知识和信息因此受到败坏，其合理性也随之减少。举债制度和公众股票将口惠而实不至的东西变成了可交易的商品，于是操纵其价值的人——如汤姆·达伯，《一个现代辉格党人的肖像》中的政治掮客和股票经纪人——得以控制"交谈"并使其失去真实性。

达文南特能够设想一种牢固地建立在同情和意见上的信用，他有自己的药方去对付让达伯发迹的环境。只要一有可能，英格兰必须放弃靠公债获得资金的陆军所从事的战争；那些债务本身必须清偿，结束用后代的税收做抵押的做法；不能再让掮客和投机商通过庇护权、推

动帮派活动和其他腐败方式去打乱古代宪政的平衡；[1]要把人们的相互信任和国家重新建立在"真正优点的储备"的"基础"上，并通过理解真正的贸易原则而使之得到加强。如果可以设想达文南特是根据共和主义和马基雅维里的假设进行思考，那么指出一点是很有意义的，即作为一个商业国家的英格兰，显然更像威尼斯而不是罗马；必须避免 442
从事在"坚实的土地"（terra firma）上的战争和使用雇佣军。如果把他对常备军的抨击同特兰夏、托兰和弗莱彻对民兵的赞美联系在一起，那就可以说，民兵的功能不在于对外战争和征服，它的存在是为了维持公民的美德而不是帝国的优势；要维护刀剑（以及同它相关的一切）必须掌握在臣民手中的原则。但是可以说，有一种战争适合于作为一个商业国家的英格兰，它的寡头制不像威尼斯那样严重，因此它必须——就像马基雅维里指出的——寻求扩张并培养一种与此相应的"德行"。"海洋赋予威尼斯的成长以法律，而大洋国的成长赋予海洋以法律。"哈灵顿没有具体说明他想到的是哪一类扩张：可能是海外的农业种植园，而新哈灵顿主义传统中的达文南特等人，现在谈论的是罗马的殖民活动及其是否适合于英格兰、爱尔兰和美洲。[2]但是，至少自1621年以来，下议院中的乡村派团体就不断施压，要求在海上同西班牙和法国开战，同时又反对陆地战争，而这会让乡村支付太多的土地税。达文南特多次暗示过另一些乡村派和托利党小册子作家后来提出的观点：战争应当在海上进行，因为它会损害法国和西班牙的贸易，从而促进英格兰的贸易，而海员不会像常备军的军官和士兵那样威胁到宪政，[3]因为它不需要国债及其导致的腐败。麻烦在于海军效力于国家，而贸易会落入与银行、宫廷和信用制度结成同盟的大股份公司手中，但是，热衷于干涉贸

1　"Discourse upon Grants and Resumptions"（1699）, in *Works*, III, 1—298, 这是达文南特讨论这个主题的主要文章，参见Ellis, pp. 16—27。

2　*Works*, II, 1—76（"On the Plantation Trade"）; Moyle, *Essay on the Roman Government*, in Robbins, *Two Republican Tracts*. 参见她的导言，pp. 26— 27, 和"The Excellent Use of Colonies", *William and Mary Quarterly*, 3d ser., vol. 23, no. 4（1966）, pp. 620—626。

3　*Works*, I, 408.

易和海上“劫掠战”（guerre de course）是乡村派的态度，并且有着马基雅维里主义的含义。

无论达文南特是否认为贸易和海军是一种扩张“德行”（virtù），他对贸易本身的态度，就像马基雅维里对“德行”的态度一样，从根本上说有着道德上的暧昧性，而且原因十分相似。贸易是赋予土地以价值所必需的；它就像个人美德对维持国家必不可少一样：

> 所有国家都拥有使它们的耕作、劳动、技艺和制造活动得以进行
> 443 的储备。非常潮湿的国家，如果变得十分干燥，政体就会患上热病和结核，最终死去（这是疾病和死神使然，就像人体一样）。人体若是得不到营养就无法生存，无法从随时造成的消耗中恢复过来，同样，国家如果得不到来自海外的补给使之恢复元气，它也无法长久生存；而这样做的最佳方式，就是借助于得到良好掌控的扩张的贸易。[1]

但是稍后他又写道：

> 从本质上说，贸易无疑是有害的事；它带来的财富使人穷奢极欲；它导致欺诈和贪婪，毁灭美德和淳朴的风尚；它使人民堕落，为腐败铺路，这最终总是在外国或本国导致奴役。利库尔戈斯以人类所能建立的最完美的统治模式，确实在他的国家消灭了贸易。但是，考虑到另一些国家的姿态和立场，贸易对我们而言就变成了一种必要的恶。除非有这样一支海军——它的存在并不自然，只是因为有扩张的贸易——不然我们会不断受到攻击和入侵。但是，如果不能让贸易服从于国家安全，那就丝毫不应当鼓励它，就像斯巴达一样：除非能够对它善加管理，使我们增加船舶和海军的数量，不然它绝对不会使我们更安全。[2]

---

1 *Works*, II, 75（“On the Plantation Trade”, 1698）.

2 *Works*, II, 275（“Essay upon the Probable Methods of Making a People Gainers in the Balance of Trade”, 1699）.

大约在同一时期，在一篇题为《对外贸易有益于英格兰》的文章中，达文南特讲述了这种现象的历史：

> 尽管我们仰慕祖先的生活方式，但我们很难再过那样的生活了。我们邻国的势力，无论海上的还是陆地的，已经变得十分强大，大概我们总有一天要调动一支庞大的舰队奋起自卫，而仅靠我们国家的自然产品和收入，是不足以维持这支舰队的。
>
> 因此，我们只能求助于人为的帮助，它可以通过工业和管理良好的贸易而得到。如果我们能够设法做到，绝不发动对外战争，我们便可以满足于较少的对外贸易，它不仅能带来必须支付给人们的金钱，而且能养活那些必须保护我们的人。
>
> 人类一向是靠劳动，靠大地的物产维持生计，直到他们的腐败带来了欺诈、贪婪和暴力；但是，当强者开始侵凌弱者，强者又要靠权谋 444
> 来维持时，他们就会筑起城池，训练人员，建立领地；当众人挤在这片狭小的空间之中，他们的必需品就无法就近得到满足了。于是他们不得不寻求远处的帮助，由此产生了我们所说的贸易，它最初只是商品的交换……［下面一段谈货币的起源］。
>
> 诚然，在大帝国的形成中，贸易似乎没有得到很大重视。它们是以武力起家，也靠武力来维持；它们获得的财富是来自被征服民族的土地。战争及其法则是它们思考的主要目标，因为它们知道财富总是随强权而至，铁器可以给它们带来异邦的黄金白银。
>
> 贸易最初是由四邻环绕之中的小国所采纳、培育并形成常规的，邻国的实力要比它们更强大。所以我们看到，最初的商人是腓尼基人、雅典人、西西里人和罗德岛人，贸易提供的帮助确实支持着这些国家长久对抗十分强悍的敌人。[1]

1　*Works*, I, 348—349（"Discourses on the Public Revenues..." II, 1, 1698）.

达文南特接着解释了大帝国如何吞并贸易国，从而使天下财富汇聚到了一处——即马基雅维里所说的“德行”（virtù）的无限储备。但是，如今它又成了分散状态，虽然再次受到普遍君主国的威胁。显然，贸易就像“德行”一样，是一股创新的力量，是自然秩序（不是我们从中继承了由传统所塑造的人格的第二天性，而是在原始时代每个人靠自己的劳动养活自己的自然经济）的破坏者。它的起源与暴力的起源之间，是一种鸡与蛋的关系；或者不如说，即使交换和贸易发生在掠夺和欺诈之后，它们也都是来自于奢侈——即获得超过所需之物的欲望。贸易和腐败的关系极为复杂：贸易引起战争，战争导致举债（这最终会对贸易产生致命的影响）；奢侈既导致掠夺或战争，也导致交换或贸易，而后者会带来金钱——一种虚拟的交换媒介的使用；当使用金币扩大为使用信用票据时，金钱又会导致债务，从而产生腐败。由此看来，商业似乎很难与冲突分开；它是有限的和地方性的国家之间的一种权力关系，
445 是它们的特殊性的原因和结果。在产生小的共和国时，它也带来自由和繁荣，同时又带来导致它们衰落的原因。

但是，马基雅维里的“德行”既被用来定义共和国内部和外部的权力，也被用来定义共和国内部的美德，而贸易——国家之外的一种权力形态——却只为它的内部生存做出物质而非道德的贡献。天生的美德可以从原始经济的角度得到充分表述。提供大量剩余的维持生存所必需的东西，用于交换另一些必需的商品，这也许是一种交换的美德；然而这里的贸易是从奢侈（所欲超过所需，所欲并非所需）的角度来定义的。它带来权力，在你争我夺的世界里国家没有它就会灭亡；它也带来腐败，但它不能为自身带来能够抵制腐败的美德。达文南特一再向我们保证，有一种美德，立法者和统治者可以作为对抗腐败的手段加以鼓励，但这种美德是节俭，[1]是对奢侈的否定——决意放弃超过所需的东西，按照自然经济的标准生活，哪怕身边有奇技淫巧之物。商人应当俭

1　参见*Works*, I, 389—392。注意p. 390有圭恰迪尼式的语言：“可是有时也存在痼疾，根除它们是不可能的；在这种情况下别无他法，只能用自然而平和的疗法对疾病进行控制。”

朴；但他不可以太俭朴，因为他是商人。商业民族应当节俭，如果他们想既发动战争而又不变得腐化的话；但是，指望他们达到完全没有战争和贸易时所能达到的俭朴程度，已经太迟了，因此他们免于腐败的前景是很有限的。

人所共知，节俭是所谓新教伦理的一部分。借助于它，商人得以避免受到贪婪和挥霍的双重谴责，但丁认为这两种做法来自对命运的善意缺少信心。他过分地否定自我，将自己的剩余重新投资于流通的普通货物，为他自己和别人带来新的利益。王道盛世时期的政治经济学是这样一个时刻的标志：商人——金融家更严重——面对挑战，他们得证明自己能够展现和有土地的人一样的公民美德。后者只关心改进他用于继承的遗产，投身于把他的私人利益与公共利益联系在一起的公民行动并不是太难想象；把这种角色派给一个通过不停地交换虚幻的票据来增加自己财富的人，可就难多了。节俭可以彰显商人的公民德行；假设货物的流通有利于公众，他便可以用自己的节俭和再投资来表明他 446
愿意让私人的满足服从于公共福祉，他会因此得到更大的奖赏。王道盛世时期的辩论者就算没有发明“新教伦理”，或许也已经发现了它；不论它是否已在人们心中扎根，他们也许是在公共辩论中最先需要它的人。然而，达文南特的处理方式使它成了一种完全缺少自身特有的物质基础的道德观。商人被要求俭朴，做到像早期的耕作者（对后者无需有这种要求）一样；他被要求在他的人为的自我位置上模仿自然人。他被要求这样做，以便限制他本人的活动的消极后果。要求他拥有的美德不是他自己创造的，是因环境所需才赋予他个人的。

三

达文南特这种马基雅维里式的经济学分析，使我们能够建构一种威廉三世、安妮和乔治一世统治时期的宫廷派和乡村派、辉格党和托利党作家对待土地、贸易和信用的态度图式。这些人显然都属于公民人文主义者的序列，因为他们都关心美德，认为它既是社会和个人生活的物质基础，也是它的道德基础，他们利用马基雅维里和哈灵顿，提出了能够用来讨论这种美德的范畴，而且他们在英国的政治辩论中迅速发展出一种新古典主义风格。就像意大利15世纪的人文主义者一样，他们的政治忠诚并非始终如一。斯威夫特、达文南特和笛福——不必提到更多的人——在他们一生的不同时期有不同的同道；同样，与他们的前辈类似，要想对这些立场的变化做出最好的解释，不能去评价信念和一贯性、贪婪和野心的问题，而是要认识到他们采用了非常含糊不清的措辞，其中充满了各种选择、冲突和混乱，他们对此有清醒的意识，并在一定程度上深陷其中。对安妮一朝在“土地”利益和“金钱”利益之间的大辩论的剖析表明，并不存在纯正的教义或简单的对立，不为双方作者所共同接受并用于不同目的的假设也少之又少。

首先，虽然乡村派和托利党的作家，从弗莱彻到博林布鲁克，都赞扬土地是独立的乡绅美德的基础，哈莱—圣约翰的托利党能够高调自称他们是土地利益的党派，可是宫廷派或辉格党，无论是笛福还是艾
447 迪生，却做梦也没有否认过土地从根本上说就是土地派所说的东西。他们的确能够认为，没有货币和贸易，土地是没有价值的，甚至在使其主人具有独立性上也是如此，有一种辩论路线认为，没有财富只有土地的社会——哥特人的英格兰、当代波兰或苏格兰高地——既缺少自由（佃农要臣服于他们的领主），也没有教养。在当时的社会批判中，这些谴责也能用于闭门不出的乡下老爷和他的高教会政治（High Church politics），却忽略了当时既有辉格党也有托利党的风格可供不满的乡村派利用：艾迪生就曾指出，《旁观者》中的罗杰·德·考芙莱大人[1]如何能够退化成《有地自由民》中的“猎狐者”；[2]他又如何变成了菲尔丁笔下的韦斯顿老爷的直系祖先。可是，在《汤姆·琼斯》中，却小心地维

1 “考芙莱大人”（Sir Roger de Coverley）是《旁观者》杂志中的虚构人物，旧式乡绅的典型代表。——译注

2 Edward A. Bloom and Lillian D. Bloom, *Joseph Addison's Sociable Animal: in the Market Place, on the Hustings, in the Pulpit*（Providence: Brown University Press, 1971），相关各处。

持着韦斯顿、猎狐笨伯、奥尔沃西与高贵的独立性之间的平衡；乡村绅士的形象仍然具有两面性，这使麦考利同意韦斯顿就像一个阶级的画像。[1]王道盛世时期的人看不到有多大必要这样做，虽然他们无疑能够遇到众多的韦斯顿。

即使农业社会的独立与美德的价值在这个时期的社会意识中依然未变，但是我们知道，土地依靠贸易——姑不论信用——的观点已被弗莱彻和达文南特所接受，笛福更是予以坚持；就算我们把斯威夫特同笛福和艾迪生对立起来，也同样可以这样说。新哈灵顿派同意，贸易和金银来到这个世界，不可逆转地改变了土地的社会性质。正如我们所知，他们对这种变化引起了多么严重的腐败，以及能在多大程度上遏制腐败，仅仅有着含糊不清的感觉。然而，腐败采取了信用的形式，而且伴随着股票经纪人、派系和常备军这三个恶魔；当斯威夫特和后来的博林布鲁克断定"土地"利益和"金钱"利益严重对立时，他们在始终如一地谴责辉格党战争和辉格党财政的同时，也谴责它们导致了对贸易的忽视和破坏，他们几乎始终如一地把"金钱"利益界定为包括金融家但不包括商人。[2]贸易，就像土地一样，有着恒久不变的价值，直到必 448
须肯定或否定贸易带来金钱而金钱又带来信用；[3]辉格党显然出于策略

1 Macaulay, *History of England*, ch. III.

2 斯威夫特对"金钱"利益最连贯的分析见*The History of the Four Last Years of the Queen*（ed. Herbert Davis, with an introduction by Harold Williams; Oxford: Basil Blackwell, 1964），pp. 68—78。注意下面这些句子："那些因贸易的危险和困难而让钱死在手里的人"（p. 68），"君主的财富来自地租和土地的改良，也来自贸易和制造业"（p. 69），"接受抵押权的人手中冒出来的新地产和资产"（p. 70），"对贸易和国民的真实利益极其有害"（p. 71）。另参见*The Examiner*, 1710—1711（ed. Davis, Oxford: Basil Blackwell, 1957），pp. 5—7, 62—63, 124—125, 134—135, 162—167; *The Conduct of the Allies*（in Political Tracts, 1711—1714, ed. Davis, 1964），pp. 9—10, 16, 18—19, 41, 53—59。

3 对这个主题的再清晰不过的表述见Davenant, *Works*, I, 160："现在，如果土地产出的价值下降，这自然肯定会引起英格兰的地租和土地价格以同样比例下跌。信用的巨大数量，以及在王国流通的巨量货币，在把土地及其产物的价格维持在一个高水平上起着主要作用，假如和平时期使这种价格（大概会是这样）降低，土地和地租将很难恢复它们以前的价值，直到货币开始流通，直到信用重新活跃。"

上的原因，嘲笑托利党是贸易的敌人，并把既有美德又仁慈的商人（就像《旁观者》中的安德烈·弗瑞波特大人一样）描写成他们事业的表率，认为贸易以同样仁慈的方式带来了信用，所有这一切都是他们大力标举的事情。但是，贸易虽然受到达文南特一类人物的理论批判，却没有在论战中受到攻击。王道盛世时期的辩论，并没有把农业利益与企业家利益、庄园与市场对立起来，也不能说是因为强烈意识到它们之间正在出现分裂而发生。

至于信用，从这个最关键的事情中，同样可以看到一部分共同的暧昧态度。不论哪个党派的作者，都不想为股票买卖和对公债市场价值的投机性操纵辩护；它被普遍视为罪恶。在安妮一朝，党派鼓动家在这个问题上的唯一分歧是，斯威夫特就像他之前的达文南特一样，抨击职业放贷人（这是他的“金钱利益”一词的真正含义），说他们不断想通过战争扩大公债规模，增加公债对他们的价值，[1]而笛福则反唇相讥，指责高教会派和暗中拥戴詹姆士的人密谋通过造谣惑众和暴民闹事降低公债价值，他们这样做有自己的目的，其中既有迷信的成分，也有投机的成分。[2]简言之，托利党抨击牛市，辉格党抨击熊市。关键分歧不在
449 于是否进行股票交易，而在于信用票据是不是一种必要的恶；这里也很难看到直接的对立。笛福颇费周章地论证说，就像没有贸易则土地不能致富一样，没有货币，贸易也不能致富；没有信用，金钱也不能致富；没有纸币，黄金也不能致富；[3]他不怀疑这些彼此一致的事例，但是当他的对手们以不断痛斥股票交易做出回击时，他也不能否认股票交易就是腐败。[4]他们站在自己的立场上，宣布公债的募集来自于土地收

---

1 见本书第469页注2列出的文献。

2 Defoe, *Review*（为 Facsimile Text Society 出版的23卷影印本; New York: Columbia University Press, 1928）, vol. VII, no. 26, pp. 97—99; no. 45, p. 175; no. 47, pp. 181—184; no. 48, pp. 186—187; no. 49, pp. 189—191; no. 50, pp. 195—196; no. 51, pp. 197—199; 都在影印本第17卷; 另见相关各处。斯威夫特对辉格党的抨击见*Examiner*, no. 35（前引版本, p. 125）。

3 见*Review*（影印本）, 17—22, 相关各处。

4 *Review*（facsimile book 19）, vol. VOX no. 55, p. 222（对牛市的抨击）; no. 56,

人，[1]或公债对贸易有破坏作用，同时他们显然也同意，土地、贸易和信用是相互依存的；一般而言，可以说乡村派和托利党直接抨击的对象通常是国债而不是英格兰银行。约翰·托兰在1699—1700年重新编辑再版了哈灵顿的著作（考虑到哈灵顿派与新哈灵顿派的历史观之间的差别，这本身就是一种暧昧的行动），他在后来的岁月中宣布，他这样做是在为乡村派领袖罗伯特·哈莱效力；[2]可是这个版本却是题献给伦敦城的市长大人、行政司法长官、副市长和下议院的，并且明确宣布英格兰银行完美地体现着哈灵顿的政府理论。[3]无疑可以做出肤浅的解释，说托兰要把他的政治赌注同时押在两边。[4]但是就他这种做法而言，实际情况却是，甚至在1700年，英格兰银行与乡村派之间也并不存在简单的对立关系。从每一个角度的分析都表明，甚至在派系冲突最激烈的岁月，土地和贸易之间，甚至土地和信用之间，也不存在简单的对立，我们不宜从粗略划分利益集团的政治角度考虑问题，而要着眼于那些政客、政论家及其追随者，他们是在一个有着共同的认识与符号的世界中活动，他们要利用一个共同的价值体系来解释这个世界，以便为他们取得竞争优势。另外，显而易见的是，他们对新的政治和经济生活的共同经验的认识，使他们强烈意识到物质和道德世界正在发生的变化，他们评 450
价这些变化的手段导致了深刻的道德困惑。

对王道盛世时期的新马基雅维里主义可以描述如下。英格兰人最初是利用亚里士多德和公民人文主义的范畴，把自己想象成公民个

---

pp. 225—227; no. 59, pp. 237—240; no. 60, pp. 241—244（熊市）; no. 68, pp. 273（页码有误）—275。

1　Swift, *Conduct of the Allies*, in *Political Tracts*, 1711—1714, p. 56.

2　见Pierre Des Maizeaux, *A Collection of Several Pieces of Mr. John Toland*（London, 1726），11, 227；不过这个说法是在1710年致Harley的一封信中提出的。

3　Toland, 前揭书, pp. ii—iii, 另见献词。

4　“笔墨大战”中的一些作者甚至使他们的对手感到困惑，不知他们到底站在哪一边。Ellis, 前揭书, p. 38, n. 1。在Davenant's *True Picture of a Modern Whig*中，Toland是以“格斯佩尔斯孔先生（Mr. Gospelscorn）”的面貌出现，他是恶人汤姆·达伯（此人又部分地是笛福的画像）的同伙；Davenant, *Works*, IV, 240—242。

体，这至少要求一种相当于亚里士多德的“家政”（oikos）的物质基础，以保持他的独立、闲暇和美德。这种基础的性质，先由马基雅维里从武装的角度，后由哈灵顿从财产的角度，为他做了描述；17世纪社会结构的现实已经将有地自由民的形象确立为一种范式，它的基础是不动产或地产，这种财产是可继承的，而不是可交易的，并且受到普通法古老条款的保护，由此产生了在相关的民兵制度和议会选区中的成员资格，公民美德因此得到保障。大约在1675年前后出现的议会庇护权、职业军队以及为自身利益维护这两种制度的食利者，给整座大厦，包括据说包含在古代宪法中的地产和权力之间的平衡，带来了腐败的威胁；这种腐败与新的社会类型一起扩散，而这些新的社会类型的经济资产（假如不能算是财产的话）——年金、官职、信用和公债——必然使他们依附于行政权力，因而是缺少美德的。然而，在九年战争及随后的日子里，所有这一切都被看作是无可避免地建立在以下事实上：英格兰现在是一个造成战争的强权，需要长期服役的士兵和长期债务；从事对外战争以这样或那样的方式与从事大规模的对外贸易联系在一起。

但是，贸易问题——哈灵顿认为它在美德的政治中是完全次要的——在王道盛世时期关键性的思想发展中，是最后才被认识到的新型腐败的原因。这种困境的一种表现是，人们看到不动产世界的认识基础受到了威胁。不妨回想一下，洛克把货币定义为自然经济过渡到政治经济的关键因素，认为“嗜好和同意”是最初为了交换目的而赋予金银以价值的原因。因此，一旦同意（在新哈灵顿主义的历史观中，政治篱笆两边的人都同意）现在是用土地支付的地租来评价土地，而过去一向是用佃农的劳役来评价土地，那就必然也会认为，决定着一个人成
451 为公民的不动产本身，是由融合在一起的虚幻物，即幻觉和惯例来决定的；因此他注定要住在一个其认识论基础比柏拉图的洞穴更不稳定的世界里。但是，就像洛克将脆弱的同意维系于可继承的土地的稳定现实一样，他为了对抗贵金属的虚幻性而指出了它们的耐久性：它们能被埋进地里而不朽烂。在大多数乡绅读者看来也许仍然正确的是，人格的最佳基础依然是土地；它通过继承权代代相传，包括挂在墙上随时可

以取用的武器。具有实在价值的货物可以通过交换不断倒手，因此有反对意见认为，不能把动产作为公民人格的基础；怎么来的，还会怎么去。但是，不动产和动产的区别，尚不在于动产的不真实。货币，作为价值的符号，也不是完全真实的；但是它能比它所象征的东西更耐久，这使它仍然可以作为人类生存一个有价值的媒介。洛克（他在1696年参与过英格兰的重新铸币，[1]并且是英格兰银行的第一批股东之一）在1691年就主张，有货币财产的人为得到预期的利润而把它借给国家，这并没有违反财产权是建立人类文明的条件这一原则。[2]

不清楚洛克是不是要抨击新哈灵顿派的社会批评家，也几乎没有迹象显示他们觉得有必要抨击他。但是，在光荣革命后的十年中，动产对不动产的颠覆，已经进入了一个人们认为现实受到虚假幻觉威胁的阶段。在我们已经研究过的达文南特的一段话中，他承认如今最终决定着国家繁荣的是信用，它只存在于“人们心中”，再没有“比这更虚幻、更微妙的东西了”，它“依靠意见，取决于我们的感情”，它“不期而至，又毫无缘由地离开”。[3]他是在暗示一条公认的真理：在依靠公共财政的经济中，一切事情——包括土地本身的价值——都取决于能够获得的资本的利率。他这是在说，这又取决于人们的相互信任，从长远看它取决于他们对道德和物质现实的认识，从短期看却受着意见和感情的左右，这使它特别易于受到腐败的纸券（它就是由信用衍生出来的）投机商的操纵。导致纸券产生的力量和它所发挥的功能虽然与黄金相同，但它的物理性质并不耐久，因此极易受到主观因素的影响。这 452
里的危险是：一切人，尘世间的一切事物，现在都会变成纸上的东西，这甚至比全都变成黄金打造的东西更糟。

1　1660年代以前英国使用的是手工制造的边缘光滑的硬币，常有人从硬币边缘刮取少量贵金属。英格兰铸币厂于1662年改用机械铸造带有锯齿状边缘的硬币，但允许旧币继续流通，刮取行为也愈演愈烈，到1695年时，很多旧币只及原来重量的一半。政府于1696年决定停用旧币，收回重新铸造。洛克曾就如何补贴旧币持有者的办法提出建议。——译注

2　Kramnick（见本书第444页注1），pp. 42, 61—63。

3　见本书第461页注1。

对于新经济学的观察家来说，信用把有关人类事务的意见、欲望和幻觉都符号化了，并且赋予它实现的能力；至于对土地的认识（直到它也被投机行为完全侵蚀之前），仍然是把不动产与人类的关系视为真实而自然的表现。令人诧异的是，把信用人格化，使之成为一个反复无常的女性形象，这是辉格党而不是托利党作家，具体地说是笛福和艾迪生的发明，当时他们正受到斯威夫特的抨击，后者在《评论家》上对土地之外的所有财产形式发动攻击，认为它们“仅仅是过眼烟云或想象之物”。[1]人格化的信用见于笛福早在1706年写的《评论》（*Review*）中，笔调有点儿轻佻：

> 货币有个小妹，一个贸易上十分有用和尽职的仆人，在她大姐不在的情况下，只要有她的同意，能够断定是她的盟友，这位小妹便是个好帮手；她经常补货币的一时之缺，而且就像货币本身一样，能够完全满足一切贸易的目的；只有一个附带条件，她的大姐要不停地及时安抚她，与她待在一起，让她保持好心情；只要有一丁点儿失望，她就会愁眉不展，心生倦意，一脸不高兴，她会一走了之，好久不见人影。在我们的语言中，她的芳名是“信用”，在有些国家叫“信誉”，在另一些国家，我就说不上名堂来了。
>
> 这是个害羞的小姑娘，不可思议地腼腆怕事，但却是个极为必要、有用和勤奋的生灵；她有些很特殊的品质，举止十分微妙，好人的世界在知晓她的芳名之前，都得不到她的眷顾。还有一些人整日毫无目的地向她求爱，却绝不会让她看上眼。
>
> 一旦得罪了她，想让她再成为我们的朋友，那就成了天底下最难的事；然而她会向最没有机会得到她的人示爱，她会站在他们门前，任凭他们鄙视、虐待、嘲笑和拒绝，就像乞丐一样缠着他们不放。不过，这些人还是得当心，一定要做到绝对不需要她，不然的话他们就离不
> 453 开她了，她会狠狠报复他们，而且绝不会跟他们商量，除非对她苦苦哀

1 *Examiner*, no. 34, 前引版本, p. 119。这段话是为《资格法案》所作的辩护，该法案旨在把地产所有者以外的人全部排除出下议院。

求并受到失去若干年繁荣的严重处罚。

想来真是咄咄怪事，这是个多么固执的女士；她的全部行为是多么任性！你若向她求爱，你就会失去她，或是必须用不合理的价钱才能买到她；你把她搞到手了，她又会老是对你生醋意，存猜疑；你若是在自己的合同里没给她一个名分，她会拂袖而去，而且在你有生之年大概绝不会再回来。就算她能回心转意，也得付出长期的哀求和大量的麻烦。[1]

研究文艺复兴时期人文主义的人，会毫不迟疑地认出这段话的措辞。笛福在描述“信用”时，完全借助了马基雅维里描述“命运”和“机缘”时的那种套话，而且我们也可以回想一下一百年前的乔万尼·卡瓦尔坎蒂因佛罗伦萨在政治操纵上的胜利而相信的威力无边的“幻想女神”（Fantasia）。[2]就像所有这些女神一样，“信用”也象征着世俗事务的不稳定性，它是由于特殊的人类意志、嗜好和欲望的相互作用而产生的。因此，看到他写于1706年的一段话，也就不足怪了，“信用”在这里被描述成既恶毒又难以理解：

有一种力量，直到让人陷入债务之前，是不会让他们歇息的，在他们走出债务之前，也是不会让他们歇息的；它此时不信任任何人，彼时又信任每一个人；它直到他们付不出一个子都信任他们，在他们能偿付一切时却让他们陷入破产。天底下没有哪个国家像我们这样，在贸易上表现得如此疯狂。

债务人作弄债权人，债权人则让债务人挨饿或杀害他们；在无所不在的商业过程中，同情心从人性中消失了；英格兰人在别的事情上都慷慨大度，温和慈爱，有不同寻常的同情心，可是对待他们的债务人，

1　Defoe, *Review*（影印本 6）, vol. III, no. 5, pp. 17—18；另参见pp. 19—20, and no. 6, pp. 21—24; no. 7, pp. 25—27。

2　见本书第104页注1。

> 却简直就像大傻瓜、疯子和暴君一般。[1]
>
> 各国会因为战争而致富吗？为何英国因海盗而失去大量船只，其国力却在增长？这难道不是个谜？为何贸易比战争更神秘？为何船只遭劫，东印度公司的股票却在涨价？资金告罄，矿业投机却让年金上升？他们的矿山没了矿脉，却能从股票中找到？别为这些莫名其妙的事情伤脑筋了，此等怪事不是天天都在我们中间发生吗？
>
> 454 如果有人想为这些事找答案，他们可以从一声尖叫中发现——幻想的力量是多么强大！
>
> 贸易是个谜，绝难得到完全的揭示或理解；它有自己的时机和周期，在隐蔽的原因作用下，它会发生巨大的灾变、歇斯底里的混乱和不可名状的情绪——有时它在普遍的时尚这种邪恶精神的作用下，简直像是一笔完全不合常理的横财；今天它遵循着事物的常规，服从着因果关系；明天又遭到人类的嗜好和狂乱的奇思异想所发明出来的怪诞玩艺儿施暴，然后再来个一百八十度大转弯，变化无迹可循，既有悖于自然，亦无法解释——贸易中的神经错乱无处不在，无人能对它做出合理的解释。[2]

在辉格党和贸易的鼓吹者笛福看来，这种肆无忌惮的幻想能力，似乎是让早期资本主义进入人类事务的主动力，然而它并不纯粹是围绕着静止的轴心做不规则旋转的命运之轮。笛福很清楚，它是人类事务中一股巨大的新生力量的一部分，它创造着新的战争和繁荣方式，给欧洲带来新的权力平衡；它是这个星球的新征服者。就此而言，信用更像“德行”而不是“命运”，它是创新性的征服力量，在马基雅维里看来最具活力的时刻创造着以“命运女神”作为其象征的无序，然后这种无序又受到某些手段的支配，它们是如此不合理和不道德，只能被视为它们要克服的无政府状态的一部分。可以说，自马基雅维里本人的时代以来，我们还从未看到像达文南特和笛福这样的语言，能够那么容易让

1 *Review*（影印本 7），vol. III, no. 92, pp. 365。

2 *Review*（影印本 8），vol. III, no. 126, pp. 502—503。

人想到马基雅维里的最根本的思想方式。

假如马基雅维里提供了一种在笛福看来适合于描述火山爆发一般不可思议的社会革新的语言，那么他同时也经由哈灵顿（并且以能够得到当时人们承认的形式）提供了能够对信用的腐败作用予以谴责的语言和标准。笛福在1710年——他于次年就会遇到斯威夫特的《评论家》（*Examiner*）发射的火炮——必须找到某种方式，能把“信用”描述为起着稳定作用的、合乎美德与理性的力量；她在这里是诚实和审慎的女儿，虽然轻浮善变一如过去，却能辨认达文南特所说的“真正优点的储备”。在她的性格中有极其腼腆的一面；她一见到萨切维雷尔[1]的暴民就会陷入昏厥，辉格党人的恐慌会把她置于死地。[2]只有公共和平得到恢复，公众的神经不再紧绷，她才能死而复生，笛福要极力表明她是 455
个公共人物，她只有在人们相互信任并信任王国时才能生存。这种信任——信用轻浮易变的反应之本质所在——只能由公众来表达。

> “信用”的病专属于议会，恰如人称“罪恶”的病专属于主权者一样，除了它们自己以外，谁也医不好——王室的技巧中不包括医治这种病的灵丹妙药；女王和议会联合起来或许能治好它，单打独斗则办不到。
>
> “信用”可不是眼光短浅的政客，以至于不明白这一点——事情明摆在那儿：议会是我们公债的基础。一方面，议会的荣誉和正义保护着公众，另一方面，坚定地遵循信守过去的契约、弥补议会可靠性之不足这些伟大的原则，这便是维护“信用”的伟大手段。……“信用”不靠君主个人，也不靠某位大臣或是这样那样的管理；它靠的是公共行政的普遍荣誉，尤其是议会的正义，它要维护所有那些将财产投资于公共信用的人的利益——在这件事上也不可在意党派的

1 萨切维雷尔（Henry Sacheverell, 1672—1724）：英国18世纪初著名政论家，曾因发表抨击辉格党的演讲被控以诽谤罪，引起伦敦等地一系列民众骚乱。——译注

2 *Review*（影印本 17），vol. VII, no. 55, pp. 213—215; no. 57, pp. 221—223; no. 58, pp. 225—228; no. 59, 229—231。

任何干预——因为，假如这个党派因为另一党派行使着管理权，就对出现在他们面前的大臣的缺失不管不问，议会的信用就会变得一钱不值……

“信用”是个那么谨慎和腼腆的女士，她是不会跟平庸之辈待在一起的。你若钟情于这位处女，你的举止就要符合荣誉和正义的美好原则，你就要维护一切神圣的基础，并将日常制度建立于其上。你必须回答一切请求，尊重契约的庄严与价值，尊重正义和信誉。千万不可以尊重一党一派——做不到这一点，“信用”也不会光临。哪怕是女王，哪怕是议会，甚至整个民族，也请不动她。[1]

艾迪生在《旁观者》第三期上也拾起了这个话题。“信用”端坐在金库里，坐在古代宪法和“革命和解”（Revolution Settlement）的徽记之下，身边堆放着金块和钱袋。

456 她的一切举止看起来确实极为腼腆。这要么是因为她性格柔弱，要么是因为她心绪不宁，就像后来有个对她不怀善意的人告诉我的，她脸色多变，一听到风吹草动就害怕。而且我后来还发现，她比我遇到过的任何人，甚至跟她一样是女性的人，都更为纤弱。由于这种时时发作的痨病，只要有人瞧她一眼，她那最红润的面颊就会消失，最健康的身体就会变成骷髅。她的复元往往也像病倒一样突然，转瞬之间就能从病病恹恹的状态变得活蹦乱跳。[2]

罗马教会、专制制度和共和主义的幽灵一出现在“信用”面前，她就完蛋了；钱袋子变得空空如也，黄金变成了废纸和烂账；但是，只要自由、中庸和新教传统的精灵一露面，一切又会恢复如常。

信用现在被解释成了有着完整的道德和社会含义的美德。她健康

1 *Review*（影印本 18），vol. VII, no. 116, p. 463。

2 *The Spectator*, ed. Smith（London: J. M. Dent and Sons, Everyman Library, 1961），p. 11.

的前提是整个社会的健康及其带来的一切道德活动的实践。她被赋予一种认识能力，足以了解这些条件是否得到了满足。向她展示真正的优点和真实的货物，她也会给你货真价实的回报。信用创造的财富被说成是真金白银，艾迪生以其特有的风格，不把皇家交易所说成买卖股票和公债的地方，而说成可靠的商人以货币为媒介交易真实货物的处所。[1]这种意识形态极力要把股票经纪人纳入商人队伍：把让社会理论家惧怕的食息者纳入他们不惧怕的企业家。美德现在变成了社会、道德和商业现实的反映，要尽一切可能消除有可能颠覆财产与人格的幻想和虚拟因素。

但是，美德的恢复受制于唯一一项严格的限制，与本书的认识论结构唯一有关的限制。幻想——1706年的喧嚣言论中所描述的具有颠覆性、创造性和破坏性的力量——在1710—1711年期间辉格党文献中仅仅是被意见所取代；用洛克的话说，重点从“嗜好”转向了“同意”。前者是任性的和自我中心的，而后者当然具有社会性，因此也更合理， 457
更具美德。但是，合理性只是意见和经验的合理性；关于为信用提供真实具体的数据，以便让她做出判断，从而使她变成信任的说辞，并不能消除使她徘徊于希望和恐惧之间的多变性格。意见，按通常的说法，是这两种情绪的奴隶；对信用而言，不但形成意见的材料至少具有部分的幻想性质，甚至从具体现实中发现的材料，亦把幻想——意见是用它来塑造的——形容成一个变动不居、带有一些霍布斯性质的世界的特点，在这个世界里，一切东西都是赢利或亏损的潜在原因，是希望和恐惧的对象。

霍布斯断定，遵守圣约——确切说来，是确立圣约必须得到遵守的自然法——是克服因人的恐惧和幻想而产生的不安全状态的不二法门，但他没说清楚有恐惧有幻想的人如何才能发现这种法律。笛福和艾迪生是生活在一个投机社会里，在这里，履行了一项商业誓约，也就是立刻开始另一项誓约的时刻（就像马基雅维里的“创新”一样），所

1　*Spectator*, no. 69, 前引版本, pp. 212—215。注意新哈灵顿主义的结语。

以他们更需要说明誓约如何能赶上幻想的步伐，但也更难以做到这一点；在他们的世界里，理性其实是欲望的奴隶。

而且，“信用”不仅是这个世界的观察者和思考者；她还帮助塑造它。她的希望和恐惧对每一种刺激都反应过度，使她产生希望和恐惧的事物，会相应地获得或失去价值和真实性；商业和投资的世界总有一定程度的虚幻性和不合理性，这是无可避免的。即使是拥有美德的社会的全部资源，信用也能以史无前例的规模支配它们。但是，除了带来幻觉、意见和欲望以外，她不能为创造有美德的社会做出任何贡献。美德必须包含着对事物真实面貌的认识；信用的力量有着无可救药的主观性，需要动用社会的全部权威，才能阻止她放肆地将世界淹没于幻想的洪流。也许，她是蒲伯笔下伟大的无政府主义信徒中的一员。

在这一点上，对社会思想的现代历史拟制方面的传统智慧，鼓励我们接受劳动价值学说的论点。假如洛克在这种理论上的实验是要为王道盛世时期的辩论做出贡献，或者是假如人们把它理解成这样，那么它也许确实是一个马克思所说的物化的强大工具。如果人们是用劳动创造他们进行交换的货物的价值，那么商品和商业世界的真实性就
458 得到了保证；可以说，三代人之后的亚当·斯密，便是从事着这种证明的冒险事业。但是，在对18世纪劳动理论的历史有更多的了解以前，我们找不到证据宣布洛克是以上述方式被人们利用。笛福和艾迪生似乎没有提到赋予这个投机和交换的世界以价值的劳动，从而使它成为一个物化的世界，“劳动者”（homo faber）并没有代替“政治人”（homo politicus）。相反，他们诉诸公共美德的观念来为这个商业世界正名，却发现自己要面对其美德并不依靠交换能力的公民的范式。

从这个起点上，王道盛世时期的思想家可以沿着两个方向前进。他们可以宣布，政府的基础一向就是美德，它的两个前提是，个人有能力统治和认识自身，还要有他清楚地了解的社会结构，使他足以在其中实行自治。它的适当的物质基础是土地：有足够的稳定性的不动产，将一代又一代人在属于自然秩序或以它为基础的社会关系中联系在一起。这种政体倾向于成为一个独立财产所有人的国家（有君主），它有

平衡而古老的宪法，并被超出记忆的习俗所强化，后者使各个成分既保持独立，又各守其位；它在自卫时表现出爱国主义，但又避免战争和成为帝国。然而，新哈灵顿派的暧昧立场表明，采取这一取向的人不再能够从价值的不间断的连续性角度来讲述历史。变化已经出现；他们回望过去，试图维护美德，对抗以商业帝国、[1]常备军和信用作为其象征的创新力量。其中常备军意味着专业化和人的能力的让渡；信用则意味着幻觉、虚构和社会疯狂，意味着能让人们变成政治“愚人”的虚假意识的危险。两者都意味着腐败，有这种信念的人，跟人文主义者完全一样，倾向于把腐败视为不可逆转的现象。因此他们对变化持否定态度，不过，他们尽管批判变化，但也承认它。他们的思想是马基雅维里式的，因为他们承认社会已经摆脱了自然秩序，他们已经把自然秩序的定义抛在脑后，他们肯定有一些基本的美德、“秩序”和“原则”，可以通过道德立法使之得到恢复。当他们标举节俭的生活、民兵或平衡宪法中各部分的独立性作为理想，要通过立法或教育的楷模让爱国议会或爱 459
国君主回到这种理想时，他们表明自己接受了社会的道德成分和物质成分之间、价值和历史之间的断裂。[2]他们承认社会变化已经不能再为美德提供保障，但又主张美德可以独立于社会条件而得到重新肯定，甚至能够改变社会条件。

另一种选择是，同意认为政府所要做的事就是管理欲望。假如货币和信用确实把社会框架分解成了多变的、被人欲求的物和供人幻想的虚拟物，那么欲望、意见和幻想就确实成了人类行为的动力和人类认识的来源。然而从我们已经了解的情况看，甚至对于思想坚定的笛福来说，这也是一块难嚼的肉；他急于证明（尤其在受到斯威夫特的挑战时）意见和欲望可以建立在经验而不是幻想的基础上，成为认识社会的真实利益和人的真实社会性的手段。但是如我们所知，这并没有消

1　关于艾迪生承认商业导致战争，但必须为它正名，参见一项很有意义的研究：Bloom and Bloom, *Joseph Addison's Sociable Animal*, pp. 67—83（ch. 4, “The War of Economic Right”）。

2　Kramnick, pp. 166—169，参照博林布鲁克的观点讨论了这个问题。

除信用歇斯底里的多变性格，王权、议会和公众必须调动一切社会稳定的资源，以安抚社会现在被赋予的过敏的神经系统，控制人类的希望和恐惧的冲动。况且，一个如此变动不居的人类世界，是不太可能维持制度化的价值秩序的，因为这种秩序存在于无法恢复的过去；虽然存在着永恒的道德，但它存在于社会自身的美德之中，而不是存在于使美德得到保障的立法结构之中。

因此，宫廷派辉格党的历史观并没有直接获得正当性。它与新哈灵顿派的历史观一样，从过去发现了一个农耕战士的社会，但否认它能够得到恢复，否认它体现着当前能够重新加以肯定的原则。就像我们在下一节看到的，与此相应的政治观也否认存在着一种正式的平衡宪法，它的原则构成了统治的基础。为使这一观点能够成立，必须有一种可以从古典时代看到的历史和一个从古典时代看到的社会，而在一个信用和预期变化无常的世界，这些是不能指望的，因为这个世界只有意见和欲望。宫廷派辉格党的政府统治着一个变动的社会，并且拥有至高无上的管理权，尽管它没有作为其权威来源的公认原则。它存在于变化和流
460 动的历史之中，只能以实用主义的方式，按一时之要求，通过掌控人类的欲望，做必须做的事情。人仍然具有社会性——除了被贪婪和幻想搞得疯癫的时候之外，他们有真实的美德，有同情和诚实的真实感情，能够在一个现实的道德世界里保证政府大厦安然无恙。但问题总是实用主义的：信用是否与信心和谐一致？人们相互之间的意见、希望和恐惧，是否起着稳定社会并促进繁荣的作用？政府的职责——圭恰迪尼的笔下那个波纳多的声音从远处向我们保证——就是采取行动使其发生，而不是不断重新立法以建立一种能够培养唯一需要的美德的正式框架。假如没有这个框架，那么作为“政治动物”的个人就永远不能重新肯定他自己的公民身份，或更新它的原则。他的职责是过他的社会生活，实践它的美德，为人们相互提供信用和信心做出贡献。[1]但是，他的

1 Addison’s *The Freeholder*（1715—1716）要求个人限制自己参与统治的强度和范围。参见nos. 5, 16, 24, 25, 29, 48, 特别是nos. 51（可将它的现代主义与霍布斯论阅读古代政治学的政治后果做一比较），52—55。

世界首先是一个传统的和主观的世界，只有经验能告诉他，他对现实的意见多大程度上建立在真实的基础上。我们大概来到了定义“私有化”的时刻，现代历史学家热衷于从商业社会的哲学中找到它。

对王道盛世时期社会意识的这一分析表明，它在许多方面有着马基雅维里主义的特点，如果以解释洛克作为分析的基础，是认识不到这一点的。我们看到，17世纪晚期的思想者们在探究马基雅维里和哈灵顿的范式，以便建构一个自由的、没有腐败的社会形象，他们利用类似于马基雅维里的“德行”和“命运”的术语，表达一种对于创新、丧失正当性和对于社会迅速远离那种理想的意识。我们还看到，由于意识到政府、战争和财政之间日益增长的关系，因此必须有一种古典腐败理论的新版本；重商主义的战争使人们重新对国家与国家、与帝国的关系发生兴趣。我们看到，通过食利者、官员和公债投机家这些形象，而不是通过商人或市场上的生意人的形象，资本主义实施了它的第一次打击，并参与到英语世界政治理论史的第一次重大论战之中。我们发现，“资产阶级意识形态”，作为“政治人”的资本家的范式，由于无处不在的亚里士多德式的和公民人文主义的价值，而使它的发展受到极大阻碍， 461
后者实际上把食利者和企业家定义为腐败因素；如果资本主义思想的最终结果是个体的私人化，那么这也许是因为它找不到适当的办法把他打扮成公民。被旧式的马克思主义描述为带有历史必然性的“资产阶级意识形态”，似乎要为生存而战，而且可能从未完全获胜。

最后，被王道盛世时期的人视为社会存在之物质基础的不动产和动产之间的冲突，也引起了社会认识模式之间的冲突——或更恰当地说，一种困境；所有相关各方都毫不含糊地从意见和欲望、幻觉和虚假意识的角度讲述通过货币和信用去认识社会。18世纪的哲学家对理性与欲望的关系的深切关注，似乎与土地利益和金钱利益之间的冲突有关。但是也许值得强调，马克思主义的正式或非正式的分析从未得出过这种结论。一个马克思主义者很有可能宣布，不动产和动产之间的冲突是哲学家为何关心理性和欲望的唯一且充分的解释，但是这里却看不到做出这种宣布的必要。通过“去神秘化”的过程，把社会认识与财产关系联系在一起，是正统马克思主义的做法，然而这也是不必要的；达文南特和笛福对他们想要表达的意思知道得一清二楚。我们与其从事马克思主义的分析，还不如研究从马克思那儿看到的那种思想的历史起源。王道盛世时期的政论家和批评家是有史以来最早作出如下表现的一批知识分子：他们对正在他们社会中发生的社会和经济变迁，表达着一种完全世俗的意识；而且特别谈到了这些变迁影响着他们的价值和他们认识社会现实的方式。他们主要是利用马基雅维里的范式来表述这种意识的。

第十四章 462

18世纪的论战：美德、欲望和商业

一

我们已经揭示的论战——在美德和欲望之间、土地和商业之间、共和国和帝国之间、价值和历史之间的论战，是18世纪的大部分社会思想的基础。下面两章要描述它在美国革命以及美国价值的形成中发挥的作用，从欧洲思想发展这一更广阔背景来讲述故事的这一部分内容，使杰斐逊和汉密尔顿能够显出与卢梭和马克思有一种可以广泛觉察的关系。可以证明，美国革命和美国宪法两者，从某种意义上说是公民复兴运动的最后一幕，公民人文主义的传统观念——亚里士多德和马基雅维里有关“政治动物”（zōon politikon）的思想的混合——提供了一个重要线索，可以用来消除个人的自我意识与社会、财产和历史意识之间的现代紧张关系这一难题。美国的建国者占据了一个“马基雅维里时刻”——一场在社会与人格、美德与腐败的关系中发生的危机；但他们同时也处在一个或是把那个问题丢在一旁、或是承认它无法解决的历史时刻，而这取决于持什么观点。我们这一章的任务是，尽可能全面地理解为何有关共和主义美德及其在社会时间中的地位的复杂思想遗产进入了18世纪，它既坚硬又脆弱，很少发生变化，但又遇到十分强烈的挑战。

我们所追溯的这个故事是，首先，雅典人的主张，即人是“政治动物”、有着公民的天性这一观点，在与基督教的一种即使不具有直接挑战性也是矛盾的关系中复活了，因为后者主张人是“信仰者”（homo religosus），生来就应住在一个超验的永恒团体中，它以先知预言中的政治名称“上帝之国”（civitas Dei）而闻名于世；第二，随后发生的论战多少是因新教徒的主张而发生，他们宣布所有信徒都是教士，社会而不是教会才是真正的“信徒会众”。清教越来越彻底地否认宗教组织有
463 别于社会，这种观点也被理性的自然神论所继承。因此，日益有必要肯定公民自由与信仰自由是一回事，美德（公民意义上的）与得救是一回事。用来提出这些主张的概念，可以是福音书的或千禧年主义的概念；在另一个极端，它们可以是后基督教的和乌托邦的概念。但是在这两种情况下，它们都反映着人格的世俗化，它日益参与到一种社会计划之中，这种计划是历史的，不论它是不是救世主义的。有关基督教的超验意义的意识并未死亡，因此不应忘记，上述肯定说法带有矛盾性和颠覆性：孟德斯鸠能够重申马基雅维里的自白，即公民美德是自足的和世俗的，它不同于基督教的会众精神或建立在基督教价值上的社会道德。[1]但是，随着公民变得越来越不像圣徒，他的公民人格也需要一种“德行”，它不太像是他灵魂的赎罪能力，而更像亚里士多德的具有伟大灵魂的人的自主，或——在我们研究的这个时期——卢梭所说的“自爱”（amour de soi-même）。这种道德所要求的基础，精神因素较少而社会甚至物质因素较多。

我们已经知道这种基础是如何提供的，先是由公民武装，然后是由财产，其中可继承的不动产，即土地这种自然财产，[2]具有范式的意义。既然财产的功能在于维持真实的人格独立、自由和美德，那么只要有可能，它必然表现为这样一种现实（我们甚至禁不住把它称为地

---

1 参见《论法的精神》的“作者说明”，引文见下文第517页注1。

2 从技术角度说，财产总是人为的东西（参见前引伊莱顿著作中的话，p. 375），但土地财产的产生，却被认为是来自人们及其家庭能够在大地上自由地、因此是“自然地”迁徙之时。也可以认为，早于土地而产生的牛羊群是更加“自然的”财产。

产）：它能够跨越数代人并在真实的自然秩序中使生者接续死者。[1]因此，继承权就成为比以往任何时候更适合一个存在于时间中的社会的经济传递方式。土地和继承权仍是美德的基础，美德则是自我认识其真实性的基础；有一种对可怕的腐败的生存恐惧因素，在18世纪的社会价值中表现得十分突出。一看到维护人格的财产受到威胁，立刻就会有人阐述这种财产的理想——洛克便表达着这种对哈灵顿来说毫无意义的含糊感觉。出现了被视为有着内在依附性的财产形式：领薪官职，对 464
私人或政治庇护权的依靠，对公债的依靠。在共和主义的词典中，这些现象的适当名称是腐败——用私人依附取代公共权力；是个体的完整性和自我认识受到的威胁（腐败总是意味着这种事情），并且因为似乎依靠幻觉和虚假意识的财产形式的出现而得到强化。一旦财产被视为有着象征性价值，可以用硬币或信用来表示，人格基础本身也会表现出带有想象的性质，或至少是共识的性质：甚至在一个人自己看来，他只能靠同胞赋予他的变化不定的价值才能生存。对他的这种评价就算带有稳定性和公共性，却不是出于理性的思考，因此不能被视为政治决定或有美德的行为。腐败形成的威胁是深刻的；我们下面就来思考一下，对此为何没有令人放心或满足的解决方案，以及由此造成了什么结果。

我们所观察到的那些正在出现的伦理和政治对策，是建立在把幻想或想象加以弱化的一组概念上：欲望、意见和利益。如果能把信用经济令人信服地描述为是以真实货物的交换和真实价值的认识为基础，那就能够使它摆脱虚假意识的威胁，从公共利益和个人美德的角度来认识它。在学者所谓的节俭、自制和不断投资这类“新教伦理”中，商业社会能够养成它自己的一种古典美德，即把共同福祉（在这种情况下是指贸易流通）置于个人获利之上。但是，节俭的伦理在很大程度上必须在自利的伦理之后居于次要地位。有地产的人，古典“家政”（oikos）中的主人的继承人，可以得到闲暇和自主，既能思考对他人有利的事

1 见我对柏克《论法国革命》中的语言的讨论，见*Politics, Language and Time*, pp. 210—212，我认为，把财产和权利视为遗产的社会与家庭最为相似，因此也是最自然的社会。

情，也能思考对自己有利的事情，而从事交换的个人只能看到特殊的价值——他所拥有的商品的价值，他要与之交换的商品的价值。他的活动不会强迫他去仔细考虑，甚至不允许他去仔细考虑他的行动会影响的普遍福祉，因此他始终缺少古典意义上的合理性。结果是，他并不是自己的自觉的主人，说到底只能认为他是受着非理性力量——支配着信用世界而不是贸易世界的力量——的驱动。技术手段确实存在（艾迪生是这方面的文学高手），至少能把他的动机提升至符合合理性和道德的较低水平：意见、审慎、信任、同情甚至仁爱。但是在所有这一切背后依然存在一个古老的问题，即说明当作为社会成员的个人缺少充分
465 的理性和美德时，社会如何依然能够理性而有益地运行。

为了解决这个问题，当然就要把社会描绘成一种经济机制，通过这种机制，商品交换和劳动分工能够将普遍的自私转化为普遍的收益。在艾迪生、曼德维尔和孟德斯鸠那儿，我们看到对妇女形象的不同描述，[1]她们完全出于自私而怪诞的理由，想得到一件新的睡袍（女性作为嗜好多变的消费者，是在王道盛世时期社会批评言论的性别歧视中反复出现的形象），这立刻就能让生意人和手艺人忙活起来，这种做法对社会的益处与她的无聊动机完全不成比例。孟德斯鸠提供的理由是，“自私是尘世间最强大的君主”。[2]但是，有着重要意义的是，所有这一切要么被认为不得要领，要么被承认是一种必要的恶：社会道德正在逐渐脱离个人道德，脱离自我对其完整性和真实性的信心。曼德维尔的主要著作出版于1714年和1732年之间，他宣布“私恶”就是“公益”，他当时博得的名声类似于马基雅维里和霍布斯当年的名声。他认为，社会行为的主要动力并非自爱——其基础是一个人对自我的认识（即卢梭所说的“自爱”，amour de soi-meme），而是他所说的“自我喜欢”和卢梭所说的“自尊”（amour-propre），其基础是一个人

---

1 Addison, *Spectator*, no. 69（见Bloom and Bloom, pp. 38—39）; Mandeville, *Fable of the Bees*, Remark G（ed. Harth, Harmondsworth: Penguin Books, 1970, p. 120）; *Montesquieu, Lettres Persanes*, cvi。

2 *Oeuvres Completes*（Paris: Gallimard, 1949）, p. 288.

在自己和他人眼中所形成的形象。[1]他以此为基础，创立了一种以习俗（他指的是风尚而不是习惯，是幻觉而不是经验）和荣誉（他指的不是封建时代豪迈的荣辱精神，而是以他人为取向的互为主体的关系，这使笛福把“名誉”作为“信用”的同义词）观念作为基础的复杂的社会心理学。他所说的根本意思是，经济和礼仪的真实世界是建立在一个由私人的自我维持着的、有着无数幻觉的世界上。他深深扰乱了他那个时代人们的心思，这并非因为他告诉他们，你们贪婪而自私，而是因为他告诉他们，你们不实在，而且为了让社会继续存在下去，你们必须 466
一直这样。虚假意识的幽灵出现了，而且比马基雅维里的“现实政治”（realpolitik）更为可怕。

在公民人文主义的精神气氛中，个人知道自己是理性的和有美德的，具有我们今天所说的“自爱”，因为他知道自己是公民，知道如何在“混合政体”或共和国的“生活方式”中扮演自己的角色并做出决定。任何共和国都有时空上的局限性和不稳定性，因此这总是一种不可靠的、有危险的自我肯定方式，即便不需要特殊的恩宠，也需要一种具有英雄气概的美德。伟大的佛罗伦萨理论家已经揭示过这种困境的含义。在清教徒的英格兰和王道盛世时期的不列颠，出现了一种把自有地产和不动产作为人格、自主和国家的基础的理论；但是新的财产形式和政治经济学的出现向它提出的挑战，却以新的形式重申了个体性与时间中的不稳定性的问题——换言之，即价值和历史的问题。不动产和人格自主的世界现在看来似乎属于历史上的过去；政府、商业和战争的新动力来到这样一个世界，它确实超越了旧的世界，但把个人赶入一个幻想、欲望和“自尊”（amour-propre）的王国。他能解释这个王国，意思是

1　参见*An Enquiry into the Origin of Honour and the Usefulness of Christianity in War*, ed. and intro. M. M. Goldsmith（London: Frank Cass, 1971）, pp. xiii, xxiii。卢梭的区分见《论不平等的起源》（*Discours sur l'inegalite*, Vaughan, ed.）, *The Political Writings of Jean-Jacques Rousseau*（Oxford: Basil Blackwell, 1962）, 1, 217。有意思的是，马基雅维里很清楚“德性”（virtus）一词的演变史以及它在武士文化中的起源。见他为*Enquiry*写的《前言》（pp. iii—vii）。

说，他能找出使它产生的那些导致变化的力量；他能识别并追求他的欲望和幻想提供给他的目标。但是他不能通过确定自己是其中一个真实而理性的存在，而对自身做出解释。于是，历史的世界和价值的世界相互挤压，人们开始感到后来所谓的人与他自身的历史的疏离；但是，身为公民和有财产的个人，并不把自己视为仅仅是历史力量的产物，而是继承了一种伦理观念，它清楚而又坚定地把他描绘成一个具有古典美德的公民，一个古典共和国的居民，但要求他付出的代价是，他必须顾及使政府、商业和战争的世界变得腐败的一切变化，这种腐败从本质上说与把罗马从共和国变为帝国的腐败是一样的。于是便有了这个时代的紧张和神经质的新古典主义。生活在价值世界的个人的主导范式是公民范式；参与历史现实的个人的主导范式却是经济人和互为主体的人的范式，要把这两个范式结合在一起，确实是太难了。

于是我们看到，从亚里士多德经由马基雅维里到哈灵顿发展起来的整个自由社会学，可以被不列颠人（以及法国的亲英派）的思想所利用，其表现形式是“乡村派”或“老辉格党”的意识形态，它十分详细地
467 表达着公民自由的价值，以及使这种价值兴衰的道德和政治条件，并对这些价值在其中发展并日益受到腐败威胁的欧洲和英国的历史做出解释；由它的假设所决定，它必须抨击那些它认为具有腐败作用的、它所认定的“现代”世界的趋势。可以看到，与它对抗的是“宫廷派”的意识形态，后者缺少道德规范，因而没有那么雄辩的辞藻，其早期代表是笛福一类人的著作，它们准确指出了导致历史变化的力量，并解释了政府为何必须在它的新基础上运作，但是无论对于礼仪还是人格，它都没有提供完备的道德体系。它对历史变化抱着实用主义的接受态度；它否认政府是建立在一些能够恢复的原则上；它的道德和哲学理论认为，人类的动机和感知的主动力是骄傲和欲望，幻觉和自利，对此它倾向于用曼德维尔和霍布斯的语言加以描述。价值和历史、美德和欲望、财产和信用、自爱和自尊的哲学虽然很难相互调和，但18世纪不列颠的政治状况，以及宫廷派与乡村派的相互依存，还是要求做出这样一些努力，两种观点若是不向对方做出一定让步，也无法为自己辩护。可是，在美洲

殖民地——目前的研究强烈暗示——将美德视为永远受到腐败威胁的意识形态，却很少因为意识到可以与历史的力量共存并包容它们而变得温和。这种环境促成了在美国革命这场伟大的内战中大西洋世界的分裂，它为公民人文主义思想家提供了独一无二的机会，能够将自由社会学运用于实际创建国家这个意义上的立法。但是，由于变革和现代性的力量多少先于政府规范而跨过大西洋，强迫人们承认它，这就进一步使古典主义的立法要面对它的危机，表现出它的困境。

二

最初刊登在1720年至1724年《伦敦杂志》上的《卡托通信》，是由约翰·特兰夏——他是“笔墨大战”的老兵——及其门徒托马斯·格登所写。它与出自同样的作者和同一时间、更加反教权的《独立辉格党人》一起，是在当时美洲殖民地的人们中间传播最广的政治读物。[1]卡 468
托主要是想为因南海公司的失败而暴露出的全国性腐败状态加以诊断并对症下药——应当指出，这种状态很像是孟德斯鸠在《波斯人信札》（1721）中谈到的因约翰·劳的密西西比计划的失败而使法国突然陷入的状态。[2]但是在英国，在卡托看来必须捡起的话题，是已进行了二十多年的论战中的老问题。一个常备军的老对手若是谴责起了“金钱利益”玩弄的大计谋，这既非偶然，也不令人奇怪，因为两者从根本上说是一回事。卡托——以特兰夏为主，虽然格登的贡献也不小——对腐败和作为其对立面的共和国，提出了一种明确的马基雅维里主义

1　Robbins, *The Eighteenth-Century Commonwealthman*, pp. 115—125; Clinton Rossiter, *Seedtime of the Republic: the Origin of the American Tradition of Political Liberty*（New York: Harcourt Brace, 1953）, pp. 141, 492; Bernard Bailyn, *The Ideological Origins of the American Revolution*（Cambridge, Mass.: The Belknap Press, 1967）, pp. 35—37; *The Origins of American Politics*（New York: Vintage Books, 1970）, pp. 40—44; David L. Jacobson, *The English Libertarian Heritage*（Indianapolis: Bobbs Merrill, 1965）, introduction（这份文献完全是由摘录自卡托的言论构成）。

2　*Lettres Persanes*, XXIV, XCVIII, CXXXII, CXXXVIII, CXLII, CXLVI.

和新哈灵顿主义的批判；他特别宣布，英格兰（或不列颠）是一个共和国，它的特别幸运之处在于有一个国王作为它的首席长官。[1]这个共和国立刻便表现出马基雅维里主义的特点：它必须无情报复那些对它施虐的人（南海公司的董事），[2]没有平等的财产分配和由此带来的平等的权力分配，它的自由也长不了。[3]马基雅维里曾讨论过这种“平等”（equalità）的必要性，但是跟他一样，卡托所想到的财产平等，不是指能够确保任何个人或团体不会变得太富有而使别人依附于他们的“农业社会的法律或类似的东西”。[4]“或类似的东西”这话表明，我们已经不再是生活在一个纯粹的农耕国家，令人担心的不是仆臣身份，而是负债及其带来的依附所导致的腐败。挪用公款是对公众的最大犯罪；[5]有地自由民绝不应当让“把地产投资于公司的人”在议会里代表他们；[6]垄
469 断性的贸易公司，比如为东印度群岛和南海而开办的公司，它们带来的不平等使土地所有人债务缠身，导致贸易的衰落并腐蚀着政府。[7]西皮里乌斯·麦利乌斯试图通过垄断硬币的供应使人民陷入依附状态，他是英雄的罗马的头号内敌，[8]而对于哈灵顿来说，这不过是个在讨论贸易给自由带来的次要危险时一笔带过的主题。[9]卡托完全接受这个社会中的事实，即使它是一种危险。需要有农业法之外的制度来保障平等，这种平等是指人人享有平等的自由，平等地服从于公共权威——即他

1 *Cato's Letters: or, Essays on Liberty, Civil and Religious, and Other Important Subjects*; 3d ed., London, 1723, II, 28.

2 *Cato's Letters*, I, 6—7, 和相关各处。

3 *Cato's Letters*, I, II.

4 *Cato's Letters*, II, 16, 71—74, 85—90.

5 *Cato's Letters*, I, 134—135.

6 *Cato's Letters*, III, 24.

7 *Cato's Letters*, III, 199—213.

8 *Cato's Letters*, I, 69—70.

9 Toland, *Works*, p. 28：“至于对人身或金钱的支配权，它会时不时唤出某个麦利乌斯或曼利乌斯，这种权力即使没有给国家提供某种独裁权力，也是很危险的，虽然它很罕见或从来不能成功：因为对于产生帝国的财产来说，它需要某种基础或立足点，而这只能是土地，不然它就会像空中楼阁一样。”

们拥有美德的机会平等，因为假如没有这种平等，他们就不会有美德。

但是，这个意义上的平等，似乎排除任何与农业法的作用完全相当的制度。除了垄断性公司和公债的沉重负担不可取之外，卡托并没有告诉我们应当采取何种措施才能保障一个贸易社会的平等。假如“平等”仅仅是指平等地效力于“公共事务”，那么为了使其得到保障就不需要（或不能）做得更多，只要重新肯定公共权威即可——即马基雅维里的“原则的恢复”（ridurre ai principii），它并没有比这更多的具体内容。但是（从另一个角度来看这个问题），既然在公共权威受到不平等状况妨碍的地方就有腐败，而有腐败的地方就没有美德，那么重新肯定“公共事务”便很容易等同于重新肯定美德。因此，卡托对平等的呼吁，形成了可以弥补它在提出具体计划方面所缺少的东西的道德热忱；虽然他在大多数时候仅仅呼吁人民及其代表和官员的正直和独立品格，但这种呼吁不必仅限于单纯的道德内容。在许多理论家看来，腐败之恶劣，关键还在于它破坏宪法的平衡，在于金钱利益的壮大败坏了行政权、议会和有产者之间的关系；呼吁美德和重建“公共事务”，可以是一项恢复宪法关系、使之具有据说它们一向就有的正确的平衡形式的计划。

然而，卡托首先不是一个宪法理论家，既然他不是这种人，那么美德的概念便是指一种有关个人道德的政治学。随着我们继续探讨这一 470
个问题，就会发现它一再同意贸易社会有它自己的心理，这使追求和维持美德变得复杂。卡托的观点并不以农业乌托邦为前提，虽然格登在一篇讣告中告诉我们，特兰夏“虽然小心地维护自己的地产，但他一点也不想增加它”；[1]读者丝毫不会怀疑，仅以土地作为基础的社会，会导致波兰或苏格兰高地那种野蛮状态和仆臣身份，要想克服哥特人社会中的阴暗面，必须以贸易去补充家政。[2]其实，

> 国家诞生之初，粗陋的品德、粗野的残忍、粗俗的自由欲望，都是

1 *Cato's Letters*, I, lvii.

2 *Cato's Letters*, II, 305.

它名声远播的主要品质。除了这些军事品质，艺术和科学、政治知识和技艺，对于创立威震海外的伟大国家，对于维护国内的平等和幸福安宁，也必不可少；最后，在达到这些目标之后，随之而来的还有礼仪、精深的知识、道德和经验哲学、学问的其他分支以及缪斯的全部技艺。[1]

但是，必须促成从粗陋的品德向礼仪转变，而且要靠商业的帮助；卡托向我们保证，有公民自由的地方不仅能使海外贸易蒸蒸日上，而且不会给它带来危险。海员不会像常备军那样威胁到国家。美德和自由保护着商业，商业又为自由和礼仪提供了保证。[2]但是，需要一项复杂的计划才能将美德与商业结合在一起；当我们再次看到为了使幻想的贸易变成富足和井然有序的现实贸易而在智识上付出了可观努力，我们就发现了其中的原因。

最为确凿无疑的事情是，贸易是不能强迫的；她是个既害羞又轻佻的女士，只有用谄媚和诱惑才能赢得她的芳心，一见到暴力和强权，她就会逃之夭夭；她不受国家、宗派或气候的束缚，而是周游全球，只有受到最好最热情的款待，她才会停下脚步。她的体质十分微妙纤弱，在专制的气氛中无法呼吸；专横和玩弄十分不合她的天性，
471 一有刀剑触身，她就会一命呜呼。但是，你若是彬彬有礼，热心招待她，她就是个知恩图报的好心女士，她能让沙漠变良田，村庄变城市，农舍变宫殿，乞丐变王侯；她能让懦夫成为英雄，笨伯成为哲人；她会把褴褛的衣衫变成富丽的锦缎，把平凡无奇的羊毛变成国王的华美装饰，如果她继续玩她的变形术，还能把它们变成武装的雄师和骄横的舰队。[3]

1 *Cato's Letters*, III, 27—28.

2 *Cato's Letters*, II, 272—277.

3 *Cato's Letters*, II, 267.

然而，这是塞壬的岛。与这个女妖结下姻缘，意味着我们只能生活在巫术和变形的世界里。付出的代价是我们同意接受幻觉和欲望的支配。卡托用不少篇幅解释说，人们是受欲望而不是原则的支配；[1]我们所希望和恐惧的大多数对象都是一些虚无飘渺的东西；[2]人们受到言辞的欺骗和误导；[3]股票经纪人不过是一帮坏蛋，他们用虚假货物和虚假荣誉的幻象来操纵和腐蚀人们。[4]这也并非仅仅因为人性有其脆弱的一面；好人跟坏人一样，必须通过了解他们的欲望来加以统治。[5]《卡托通信》的语言越来越像霍布斯：

> 当我们说，只要有了某样东西，我们就会安心，我们的意思或应当表达的意思仅仅是，我们会比现在更安心。可是我们在这件事上也经常出错。新的收获导致新的需求，想象中的需求就像真实的需求一样强烈。欲望只会与生命一起终结，只有死神能让嗜好安息。[6]

但是，公民美德的理想并没有被放弃。虽然我们被告知，服务于公共福祉本身就是一种欲望，欲望为公时是好欲望，否则就是坏欲望，但他还是模棱两可地宣布：

> 其实，几乎任何欲望都不值得赞美，唯有当它专一为公并以此作为目标时除外。野心、贪婪和报复如果以普遍福祉为目标，便都是美德。我知道，人想把自己的欲望同自己的利益分开是难乎其难的，也是很罕见的；但确实有这样的人。布鲁图斯、卡托、利古路斯、迪翁、提摩勒昂和埃帕米农达就是这样的人，还有许多古代的希腊人和罗马 472

1 *Cato's Letters*, II, 77—84.

2 *Cato's Letters*, II, 51.

3 *Cato's Letters*, I, 82—83.

4 *Cato's Letters*, II, 192—201.

5 *Cato's Letters*, I, 124—127; II, 50—52.

6 *Cato's Letters*, II, 51.

> 人；而且我希望英格兰也仍然有一些这样的人。人在追求公益时，也会考虑自己和自己的好处，但只要他更多地考虑公众，或是让自己的利益服从于公众，那就可以公正地把他们尊称为有美德的好人。[1]

这是一种马基雅维里的“德行”，也就是说，公共道德并非总是与个人道德相一致，但它是一种真正的古典美德。欲望表现为追求私人利益和特殊利益，我们从亚里士多德的政治学和伦理学传统中很熟悉这一点。美德是追求公共利益的欲望，追求它的欲望也许较少，但它们同样可以转化为这种欲望。腐败是这种转化的失败，或是这种失败的后果。因此，“公共事务”在一定程度上就是在休谟的政治理论中出现的那些政府：一种装置或机制，它要求人们采取长远眼光而不是短视的眼光，使他们的私人利益与普遍利益相一致，在欲望的基础上建起理性和美德的大厦；但是在休谟看来更加清楚的一点是，它也是一种把人从洞穴里带到阳光下，从幻觉的王国带到现实的王国的装置。古代政治中的英雄豪杰，不仅是社会化机制的产物，而且他们的美德是积极而真实的，可以被用作给其他人的美德提供保障的手段。除了英雄人物的道德示范作用外，还提到了另一种阻止腐败的手段，它有着令人吃惊的古典和人文主义的特点。有作为“自由卫士”的人民；虽然他们的公共经验有限，这使他们易于被言辞和子虚乌有的事情所骗，但他们不为自己追求权力，这意味着他们对于为了腐蚀别人而制造的幻觉不感兴趣。所以他们是可以信任的，假以时日，他们就不会再受人欺骗了。[2]在自由社会里，受骗的危险终归是较小的，甚至他们的幻觉可能也是为了公共利益，因为

> 正如马基雅维里所言，当人民不满并对统治者有偏见时，他们对任何事和任何人都会感到害怕。[3]

1 *Cato's Letters*, II, 48—49.

2 *Cato's Letters*, I, 153—156, 177—183.

3 *Cato's Letters*, I, 180—181. 这种思想确实是马基雅维里的，虽然不清楚它的出处。

甚至从某种意义上说，不平等与平等的关系，就像“命运”与“德行”的关系一样，尤其清晰地反映出共和国不可缺少的“平等”，严格 473
地说是一种“平等规则”（isonomia）。人们从天性上是平等的，也就是说，人人生来被赋予同样的能力；但是命运不公正和任意地分配这个世界上带有偶然性的优势，使有些人拥有比另一些人更多的优势。这就导致了竞争、妒忌和贪婪，而这些事情并非对社会没用。它们也造成了一个统治阶级的存在，其权威约束着竞争走向极端的倾向。较幸运和较不幸的人似乎还起着相互制衡的作用，迫使双方的欲望转而服务于共同福祉；任性的命运不断向我提出挑战，要我证实自己的美德，让我记住至少它不是命运的馈赠：

> 我们不能比别人更多地为这个世界带来天生的优势，但我们能够在这个世界上获得比一般所能获得的更多美德。成为伟人不是人人能做到的。但成为好人却是人人力所能及的：在这方面人人都达到与别人一样的水平，最低贱者也能达到最高贵者的水平，因此人们在道德和天性上可以是平等的。[1]

这些因素，以及其他一些类似的因素，起着维持自由社会中的美德的作用。不言自明，古典共和国，以及它的权力分配和官职轮换制度，是自由社会的典范。英格兰的古代宪法在大多数方面也类似于这种共和国——包括官职的轮换，[2]两位作者似乎认为它是指定期召开议会（虽然没有谈到特兰夏其实支持1717年的《七年法案》[3]）。但是论证在下一个阶段却出现了重要变化。[4]他们断定，在当前的条件下，英格兰除

---

1 *Cato's Letters*, II, 90；见 pp. 85—90，这是一段很长的论说。

2 *Cato's Letters*, II, 234—240.

3 《七年法案》（Septennial Act）：1716年通过的法案，把议会的一届任期从三年改为七年。——译注

4 *Cato's Letters*, III, 159—165.

了有限君主制外，没有能力采用其他政体，因为财产分配的状况是存在着强大的贵族和吃俸禄的僧侣，这两种人都为了财富和影响力而依附于王室的庇护，而这又使另一些人依附于他们。因此，对于纯正的共和国（甚至是以君主为首脑的共和国）的生存来讲，财产平等并不是必要的，君主和贵族的关系表现为不安定的相互依赖，这是哈灵顿所说的封建时代的或“哥特式”君主制的特点。通常被认定为腐败的因素（廷臣、官员和垄断性贸易公司）的作用是维护当前的体系，但是卡托坚持认为，

474 如果这就是英格兰当前的真实状况（而我认为这是无可争议的），那么我们就不需要再做什么，或者，其实我们所能够做的事情，不过是完善我们的宪法，只要善加管理，它就能十分出色地促进普遍自由；再就是保障财产的占有，尽力使它满足另一些私人美德的目的，使它的性质中产生这一目的的能力发挥到极限。[1]

“你是斯巴达——不如说威尼斯——的传人，努力与它看齐吧”（Spartam nactus es）；毕竟，英格兰人似乎没有继承完美的财产平等，使他们能够在共和国中实践与私人美德相对立的公共美德，而只能最好地利用他们所拥有的东西。有限君主制不是有着完美平衡的国家，它仅仅是造成自由的力量和引起腐败的力量之间的平衡，是财产和依附之间、行政权力和议会之间的平衡，它的优点足以保障自由和私人美德，阻止腐败和幻觉变得一发而不可收拾。特兰夏是讲现实的作家，我们清楚地听到1714—1719年的声音；在“乡村派”运动中加入了托利党的“老辉格党”，在托利党的高教会派极端观点的推动下，接过了宫廷派辉格党的政权，[2]它通过了七年法案，现在又渡过了南海危机，正在

1 *Cato's Letters*, III, 162—163.

2 关于共和派文人决定接受《七年法案》，见Robbins, pp. 109—110。

走向完善沃波尔的政府。对新哈灵顿派系的作家来说，这意味着接受庇护权和财政的统治，而他们从来无法认为它一点也不腐败，它也绝无可能恢复任何原则的纯洁性。接受事实，意味着接受欲望和利益至高无上。

特兰夏和格登对腐败和虚幻的世界的指控，还有不应忽略的另一面。他们从对投机社会[1]——人们在这个社会里疯狂追求空中楼阁的美妙黄金——的虚假意识的描述，转向对另一些形式的虚假荣誉和虚假意识的描述，它是过度的权力而不是过度的自由的产物：这是绝对君权的世界，在这个世界里，个人及其价值不仅受制于独裁者的权力，甚至在他自己眼里，也仅仅是因为他和他的谄媚者的定义而存在；[2]这是个迷信和信仰操纵（priestcraft）的世界，它不过是霍布斯在《利维坦》第4卷中所描述的“神话王国”，这里的人保持着服从，因为他们只能生活在不真实的东西所组成的梦境中。[3]我们前面说过的“利维坦”和 475
“大洋国”之间不光彩的结盟，仍在这些新哈灵顿派中发挥着作用。君主的权威和公民的美德都在驱赶着幻想，按真实的面貌去描述人和事物；但是在霍布斯看来能引起叛乱的虚假意识，在共和主义传统中带来的却是腐败。靠幻想过日子的人受到那些通过幻想进行统治的人的操纵。独裁者、教士和股票经纪人是共同的敌人，我们所追溯的论证结构显示，股票经纪人在促成这种理论上发挥着酵素的作用，在大体上跟《卡托通信》——它产生于密西西比投资失败之时——写于同一时期的《波斯人信札》中，劳就像个北方的巫师，兜售袋子里的空气，让人们相信那就是黄金。[4]他能够干这种勾当，是因为有个国王给他撑腰，这个国王的廷臣生活在一个仅仅由信誉意义上的荣誉所营造的精神世界里，并且强迫别人也生活在其中。它部分地被独裁者的命令，部分地

1　*Cato's Letters*, I, 16—17, 25—27.

2　*Cato's Letters*, I, 88—90.

3　*Cato's Letters*, II, 105—112.

4　*Lettres Persanes*, CXLII.

被廷臣的相互欺骗所左右。[1]廷臣被等同于教士、僧侣和冒牌哲学家;《波斯人信札》中遥控着乌斯比克后宫悲剧的那些分析家们,[2]强烈暗示着还应当进一步把廷臣等同于太监,把腐败的公民等同于被抛弃的女人,所以孟德斯鸠才把对幻觉和腐败的分析置于古典"家政"的性别偏见基础上。如果是这样的话,他似乎是放弃了从婚姻本身寻找"德性"(virtus)的努力(曼德维尔曾注意到,这个有着阳性词根的词是源于"vir"[男人]);在这部著作中,唯一带有田园风格的关系,分别是以兄妹乱伦和一妻多夫的淫乱行为作为基础,[3]我们可以认为,孟德斯鸠对异族通婚已经彻底绝望。也许如此吧,看来美德与虚假意识的对立能够支持广泛的社会学分析。

大概有着更为直接的重要意义的是,卡托和孟德斯鸠都把这种分析运用于轰轰烈烈的反教权运动。有美德的男人能够引导对他自己的崇拜,这是发生在公民而不是私人的背景下;而主张对这种活动享有垄断权的教士,就像军人、法律人和股票经纪人一样,看起来是通过投身于人人应当平等践行的美德去腐蚀世人,而且——至少像股票经纪人一样——他只有把不真实的东西摆在他为了进行腐蚀而对其行骗的
476 人们的思想之前,才能做到这一点。[4]特兰夏和格登同内维尔的《仿柏拉图》(*Plato Redivivus*)共同持有这种观点,而且我们也记得,哈灵顿的共和主义和独立派的传统一起,把教士降低为公职人员。这里值得指出的是,在18世纪早期,新哈灵顿派的共和主义和自然神论有着高度的相关性。当然也不应忘记斯威夫特和他的《英格兰人的教会情感》(*Sentiments of a Church of England Man*);但是共和主义的世系除

1 *Lettres Persanes*, LXXXVII—XC.

2 Marshall Berman, *The Politics of Authenticity* (New York: Atheneum, 1970), and Orest Ranum, "Personality and Politics in the Persian Letters", *Political Science Quarterly* 84, no. 4 (1969), pp. 606—627.

3 "The Story of Apheridon and Astarte",见Letter LXVII。Anais和Ibrahim故事见Letter CXLI。

4 Volume IV of Cato's Letters, 及*The Independent Whig*的增刊对这个问题有大量讨论。

了卡托本人以外，还包括托兰、博林布鲁克和法国的亨利·德·鲍兰韦耶，后者是反基督教文人地下活动的一员，他的《论贵族》（*Essai sur la Noblesse*）和《关于议会的通信》（*Lettres sur les parlements*）想赋予法国贵族以自主的美德，其基础不是自有地产，而是"血统"（sang）和"佩剑"（epee）。[1]弗朗科·芬杜里认为，典型的共和主义，尤其是它的英格兰变种，对早期启蒙运动做出了比人们所承认的更大贡献；[2]在这方面有意思的是，共和主义就像自然神论一样，对拥有独立的或"神法"（jure divino）的权威的教士发动了英格兰清教的十字军讨伐。

在清教和自然神论的一致性中，当然也有十分重要的裂痕。我们知道，哈灵顿的思想遵循着——大概是十分刻板地——一种更古老的传统，它要求共和国将自身置于一个末日启示的时刻；他在这样做时也是在遵循着清教为其提供了大量例证的另一种传统。末日启示是建立在先知预言上，而且霍布斯也属于先知预言的研究者；但是，自然神论，以及整个启蒙运动，是以断然拒绝先知预言、启示录和整个希伯来的思想模式为基础的。在我们所研究的问题上，维持自然神论和清教的一致性是有可能的，为此可以强调内在于末日启示中的自我世俗化趋势，以及后清教时代的遗产中苏西尼[3]倾向压倒千禧年倾向——托兰帮助弥尔顿和哈灵顿与18世纪的思想联系在了一起——还有图弗森所探讨的从千禧年向乌托邦的转变。但是，我们越是成功地把英格兰的共和 477
主义自然神论与它的清教遗产联系在一起，就越应强调英格兰在某些

1　Renée Simon, *Henry de Boulainviller; historien, politique, philosophe, astrologue, 1658—1722*（Paris: Boivin, 1941）and *Un revolte du XVIII siecle, Henry de Boulainviller*（Carches: Editions du nouvel humanisme, 1948）; Ira O. Wade, *The Clandestine Organization and Diffusion of Philosophie Ideas in France from 1700 to 1750*（Princeton University Press, 1938）.

2　Franco Venturi, *Utopia and Reform in the Enlightenment*（Cambridge University Press, 1971）.

3　苏西尼（Laelius Socinius，1525—1562）：意大利神学家，主张以理性方式研究神学，否定三位一体和基督神性等基督教核心教义，对后来英国的教义自由派和自然神论者有重要影响。——译注

方面已经太现代了，因此它不需要一场启蒙运动，它已经与现代性本身发生了争吵。《卡托通信》和《波斯人信札》同样谴责贵族、信仰操纵和腐败的投机行为；但是在绝对君权和特伦托式天主教仍是现实的土地上，它们不可能像在英格兰那样，成为对抗腐败的修辞。法国的启蒙哲人（philosophes）正在努力让世俗历史摆脱圣书的权威，而王道盛世时期的后千禧年主义社会批评家，却要评估历史变化对已经完全世俗化的人文主义社会人格理论的影响。不仅是中世纪和文艺复兴有关“旧世界”（senectus mundi）的理论的持续存在——它们远没有死亡——使王道盛世时期的人精心构想出一种依然是循环论的有关各国腐败的观点，[1]他们还有一种完全社会的和世俗的公民人格理论，它所采用的标准表明了数百年来的社会变化一直在动摇着这种人格的基础。在他们的辉格党好战精神背后有着卢梭的源头，这更接近于浪漫派而不是作为他们的读者的法国哲人（philosophes）。出现在1698年前后的“老辉格党”，可以说是最早的左派知识分子，他们谴责自己党的官方领导背叛了它自身的全部世俗原则；在1730年代追随着博林布鲁克的诗人和讽刺作家——无论我们把他们称为独立辉格党还是托利党——把罗伯特·沃波尔爵士树为一个有着双重象征意义的形象，在他们看来他是个腐败的怪兽，在我们看来他却是第一位现代政治家，他使现代文人相信，他的政策和人格正在动摇人类社会的道德结构。[2]他们的语言是人文主义的，他们的敌人是现代性，他们的姿态中既有16世纪的因素，也有20世纪的因素。依然亢奋的启蒙运动还要再走一段路，才能超越这种二元性。

三

我们现在已经看到，英国和大西洋与“马基雅维里时刻”相当的

1　例见*Cato's Letters*, I, 121。

2　见Kramnick, *Bolingbroke and His Circle*，以及笔者对该书的评论，见*Journal of Modern History* 42, no. 2（1970），251—254。

时刻，在经济学和心理学方面有一些不见于其佛罗伦萨源头的积极的复杂因素。对它的宪政成分的表述中最能引起共鸣的，是亨利·圣约 478
翰·博林布鲁克子爵第一次和第二次流亡期间（两次都是出于他的自愿选择）的著作。他在这个时期决心发动一场反对沃波尔当局的媒体和小册子战役，使用的语言与1698—1702年和1711—1714年的语言一脉相承。[1]乡村派的纲领——定期召开议会，赶走官员，为下议院的议员规定土地财产的资格限制——起源于1675年对丹比内阁的抨击，并且作为反对大规模战争及其对政府和财产的影响的战役而继续。随着托利党在1714年的垮台，随后的历届辉格党政府，虽然不反对撤出欧洲的大规模战事的决定，却开始形成了一种政治风格，即世人熟知的“寡头制的成长”。[2]其特点是一个强大而稳定的行政权，它为议会中信仰新教的君权提供保障，并坚定地削弱政治竞争。其手段包括选举和延长议会任期的七年法案（代替三年），以及一个庇护权起着突出作用——如果不是过于重要的作用的话——的政治管理体系。它进一步维护着为支持战争而出现的银行和公债的财政结构，而其反对者则把这种结构谴责为腐败，从它作为政府永久建制的一部分而继续存在中，窥测到他们最黑暗的预言的应验——南海泡沫的歇斯底里一点也没有减少他们的担心。因此，从常备军到股票经纪人这一类乡村派的套话，在半个世纪的变化之后依然有效，虽然沃波尔政府是个坚定追求和平的政府，可是博林布鲁克和普尔特奈在他们的杂志《手艺人》（它有蒲伯、斯威夫特、盖伊、阿布泽若和菲尔丁这些作家的火力支援）中，仍能用批判威廉和安妮朝代那些好战的当权小帮派的语言来抨击它，把它说成后者的历史继承人和继续。

每一种乡村派意识形态的功能，都是动员乡村绅士及其在议会中的独立代表对抗当时的行政当局，用于这一目的的美德的措辞，一向

1　Kramnick的著作是对这些争论最出色的研究；H. T. Dickinson, *Bolingbroke*（London: Constable, 1970），此书十分全面地把它们与博林布鲁克的一生联系在了一起。

2　这个说法当然是来自J. H. Plumb, *The Growth of Political Stability in England, 1660—1730*（London: Macmillan, 1967）。

有着同样多的宪政和道德色彩。当然，这个特点使它留在古典主流之中。我们知道，亚里士多德的混合政体是一切公民人文主义的最终范
479 式，它意味着政治职能和权力的分配，同时也意味着多种美德的合作，“virtus”和“virtù”这些表示美德的词汇，都被用来既表达权力的观念，也传达道德品质的观念。博林布鲁克就像乡村派传统中的一切意识形态宣传家一样，试图利用这种含糊性去解决他的基本问题：接受1688年光荣革命的宪政意义，同时严厉拒绝与它不可分割地一起发生的“财政革命”的腐败后果；他在这样做时采用的方式，使其又回到了《国王对十九条提案的答复》中的暧昧含义。这份文献虽然权威性地表述了英格兰拥有平衡宪法的学说，但它未免没有说清楚国王、贵族和平民——代表古典时代的一人、少数和多数——是否在立法过程中构成一种合作关系和平衡状态，一种在更广泛的统治过程中不同职责和权力之间的合作关系，或不同的社会美德在“混合政体”或“公共事务”中的合作关系。正如我们所知，只有当立法的概念有着极大的重要性时，才真正有必要对这些可能的含义进行区分。

自从沙夫茨伯里率先抨击王权及其臣仆腐蚀下议院以来，一向就能够利用这些措辞去抨击“行政”（或“内阁”）试图让“立法”（或“代表”）陷入依附或顺从的地位，因而破坏了“平衡”，它有着1642年那样的严重的潜在后果；但是，基本的含糊性依然如故。君权和议会之间一有冲突，平衡的语言就会从职责的意义上得到利用，违反的一方被谴责为篡夺了它不应有的管辖权。但是，一有庇护权和腐败问题——这成了日益普遍的现象——的发生，行政权受到的抨击却较少针对它超越了自己宪法权力，而是更多针对它使组成立法机构的个人对王权及其控制的财政资源产生无耻的个人依附。虽然这是从职责的语言转向美德的语言，而且意义重大，但人们对两者并不进行区分，甚至倾向于把它们合并在一起。甚至“金钱利益”——从宏大的历史主义角度描述为“新的财产形式”——的兴起，也被认为是增加了“王权的势力”，因为它使依附于王权的人数大为增加。然而，顺理成章的推论是，宪政平衡受到的威胁和行政权力的增长，会使我们谈到的社会和道德受到的威

胁变得更为可怕。就像过去一样，破坏平衡就是腐蚀美德。

博林布鲁克最打动人心的一项有关现代历史的假设是，君权的危 480
险实际上已被腐败的危险所取代[1]——从根本上说这是新哈灵顿派的观点；但是他继续把职责和道德的语言混在一起，这种做法可能影响到了孟德斯鸠，并通过他影响到了美国的立国之父。这就是"权力分立"的著名问题。[2]博林布鲁克有时使用的术语似乎暗示着，国王、贵族和平民履行各自的职能，可以把它划分为行政、司法和立法，宪法的平衡取决于任何两种权力制约另一种权力的能力，至关重要的是，阻止任何一种权力建立起对另外两种权力的永恒优势，因此必须不惜一切代价维护三种权力中每一种的"独立"。尽管把这种分析应用于不列颠政体有很多困难，但也许是被博林布鲁克说服，孟德斯鸠用行政、司法和立法的三分法代替了适用于少数和多数的职能——圭恰迪尼的"协商"与"批准"，哈灵顿的"辩论"与"结果"——的二分法[3]，而喜爱威尼斯传统的理论家一向坚持认为，必须维持这两者的分离，以便形成严格意义上的"权力分立"。博林布鲁克当即就受到他的报界对手（一些无名之辈，其能力被大大低估）的抨击，说他在推销一种空想的宪政理论，他也赶紧承认了不列颠政体不能被划分为三种泾渭分明的权力。他承认，国王、贵族和平民参与共同的政治活动，这种活动既可以称为立法，也可以称为统治；他坚持说，他所说的"独立"不是指严格的职责分立，而是指消除三方之中的一方对其他任何一方施加的"任何直接或

1　这大体上是*A Dissertation Upon Parties*（1733—1735）的观点。

2　W. B. Gwyn, *The Meaning of the Separation of Powers: an analysis of the doctrine from its origin to the adoption of the United States* Constitution （New Orleans: Tulane Studies in Political Science, 1965）, and M.J.C. Vile, *Constitutionalism and the Separation of Powers* （Oxford: The Clarendon Press, 1967），这两本研究此一概念的著作完全是反历史的。

3　Robert Shackleton, "Montesquieu, Bolingbroke and the Separation of Powers", *French Studies* 3 （1949）, 25—38, and *Montesquieu: a Critical Biography* （Oxford: The Clarendon Press, 1961）.

间接的影响”。[1]除非再次进行循环论证——过去常有人这样做，现在依然如此——不然只能把博林布鲁克的意思解释为，他不是指一种管
481 辖权侵犯另一种管辖权，而是指当“间接影响”使一个统治机构的成员依附于另一个统治机构时，就会出现腐败；这不是职能语言，而是道德语言。有大量证据表明，当时的人就是这样理解他的。

但是，含糊性不可能被轻易消除。博林布鲁克的批评者认为，三种独立权力的统治是荒谬的，但他们并没有简单地回到16世纪和17世纪有关主权和混合政体的争论，虽然他们回应着一种至少早在斯威夫特的《论贵族与平民》（*Discourse of the Noble and the Common*）中就能看到的辩论路线，认为每一个政府都必须有一种最终的、绝对的和不可控制的权力，但它可以由一个复杂的协作机构来行使（例如“国王在议会中”）。他们其实是要回到《对十九条提案的答复》或《谦卑的请愿和建议》中的立场。根据这种立场，可以从议会与君主制混合在一起的结构中找到平衡政府的原则，而正是针对这种立场，哈灵顿主张必须有一个真正的共和国。应当指出的是，孟德斯鸠，就他的权力分立学说而言，当他宣称哈灵顿眼前就有一个包含着其所需要的每一样东西的政府、却要建立一个想象的政府时，他实际上接受了他们的立场。[2]但是，除此之外，博林布鲁克的批评者也肯定了一些在《仿柏拉图》中至少有所暗示，而《卡托通信》更直接地予以承认的观点：在国王、贵族和平民必须一起工作的议会君主制中，没有一定程度的庇护权或“间接影响”，它是不可能生存的。新哈灵顿派重新讲述的英格兰史，可以被用来形成这样一种观点：在封建社会，主臣关系和土地保有权共同保障着自由人要对其上司的权威负责，但是财产一旦不再是服从的因素，就必须用某种东西来代替已经消失的“依附关系”（lien de dependance）。特兰夏或许希望，真正的财产平等终有一天会让混合君主制变得没有

1 Dickinson, pp. 202—204, 305—306.

2 Montesquieu, *Esprit des Lois,* XI, 6：“尽管拜占庭的海岸就在他眼前，他还是建起一个卡尔西敦。”

必要，但是1740年代的一些著作[1]关心的却是让已经取代了封建土地保有权的势力结构永久化。这是同意议会主权之必要性的公认含义。

想到当年多纳托·詹诺蒂曾试图让政府的三种成分之一对其他两种成分“较少依附”（poca dependenza），说不定他很有兴趣参与这种辩论；甚至博林布鲁克也有一两次坦白承认，对权力的服从就像权力平衡一样，是维持一个不完美的世界的政府所必需的。[2]但是在18世纪的条件下，甚至比当年的佛罗伦萨更难以证明，依附和势力除了腐败以外还能意味着什么。在生活中期待着从公共行动中得到奖赏的人，是一个有欲望而非有美德的动物，因此他缺少抵制进一步堕落的品质。所以当博林布鲁克要从政治中完全消灭庇护权时，他的基础是很不可靠的，所以他必须为重新肯定美德寻找更多的办法。于是他接受了乡村派纲领中的主张：要更频繁地选举议会而不是七年一次，要禁止禄虫官员和常备军。还有一点也很清楚，他强调政府三种成分各自的独立性，其动机之一是希望肯定以尽可能规范的方式形成的古典平衡，从而赋予宪法以可以“恢复”的“原则”——这是文艺复兴时期重新肯定美德的最重要的手段。甚至在这一点上，他的后期著作也态度暧昧，[3]但是在《手 482

1 *A Letter from a Bystander to a Member of Parliament*（1741）; Earl of Egmont, *Faction Detected by the Evidence of Facts*（1743）; Bishop Samuel Squire, *An Enquiry into the Foundation of the English Constitution*（1745）, and *A Historical Essay upon the Balance of Civil Power in England*（1748）.

2 *Letters on the Spirit of Patriotism, on the Idea of a Patriot King, and on the State of Parties at the Accession of George the First*（London, 1749）, p. 45：“因而，维持服从、实施良好统治所必需的权力，也必须保留给王权，尽管有时会被滥用；人类的制度不可能臻于完美，人类的智慧充其量只能做到以较少的罪恶获得同样的或更大的善。”这种马基雅维里式的语言似乎是针对特权阶层，而不是像迪金森所说的那样针对影响力（Dickinson, p. 345）。另参见*Letters*, p. 93：“任何政府中必须有一个绝对的、不受限制和控制的权力，无论它存在于何处。”但是这种权力是立法权，是由国王、贵族和平民共同行使。

3 *Letters*, p. 77（*On the Idea of a Patriot King*）：“我无意通过详细探索国王们的制度的起源介绍有关他们的责任的观点。在我们少数国家所继承下来的已遭到破坏的传统中，这方面应当了解的知识是十分清楚的，因此不必花费时间追溯它们的起源。但是那些无法从传统中找到它的人，可以从自己的思想中发现更好、更值得获知的东西：我的意思是，这艺人》时期，他把历史现实中的原则作为首要教义，严重依靠对“哥特人”社会的理想化，以便从古代宪法中找到一种平衡结构。但是在这个问题上他的批评者——《伦敦杂志》的库克和阿奈尔以及写下《古代自由和现代自由的表述与比较》（*Ancient and Modern Liberty Stated and Compared*）的赫维爵士——对他形成了严重的压力，他们遵循布莱迪和笛福的传统，证明在贵族及其仆臣的龌龊世界里，根本就没有古代自
483 由，因此也没有可以恢复的原则。[1]博林布鲁克行事张扬傲慢，终其一生在打一场失败的战斗；但这并没有减少一件事情的真实性：沃波尔时期的作家是在赞美一个生气勃勃的历史世界，它没有原则也没有美德，人们受着利益和欲望的统治，这就是使他们成为他们的实际样子的原因。

美德和利益的分离也解释了博林布鲁克——一般说来也是那个时代——为何没有能力创立令人满意的政党理论。现代人可以容忍让竞争性的压力集团履行服务于政治体系整体利益的功能。但是对于王道盛世时期仍然满脑子是亚里士多德的人来说，致力于私人利益的团体对共同利益到底有何意义，是非常不清楚的，如果它没有意义，那么它不过是个帮派，驱使它的成员日益走极端的贪婪和疯狂使他们丧失美德或共同利益的意识，只有个人而不是集团才能拥有这种意识。马基雅维里笔下的罗马这一类社会，等级之间的关系没有理顺，由党争体现贵族或平民的美德或“原则”是有好处的；国家本身受到威胁时，会出来一个（用西塞罗的语言来说）好人党维护它，出来一个坏人的帮派反对它。[2]博林布鲁克认为，辉格党和托利党这些称呼已经过时，如今只有

种制度无论从何时开始，根据理性的原则，它应当建立在人类的普遍权利和利益上。”

1 Kramnick, pp. 127—137.

2 关于18世纪的政党观，现在有大量文献。可参见以下著作：Harvey C. Mansfield, Jr., *Statesmanship and Party Government*（Chicago University Press, 1965）；Kurt Kluxen, *Das Problem der Politischen Opposition: Entwicklung und Wesen der englischen Zweiparteienpolitik im 18 Jahrhundert*（Freiburg and Munich, 1956）；Richard C. Hofstadter, *The Idea of a Party System: The Rise of Legitimate Opposition in the United States, 1780—1840*（Berkeley and Los Angeles: California University Press, 1969）；J.A.W. Gunn, *Factions No*

乡村派，或称美德党，在对抗宫廷派，或称腐败的派系；但是从本质上说这与托兰等人在1714年的观点并无不同，他们——在谴责政党是腐败统治的工具的岁月之后——承认仍然有坚守1688年原则的辉格党，也有在做这件上让人信不过的托利党，因此以《七年法案》为基础的强大行政权是必要的。[1]对于大多数人来说，只有当政党体现着原则，因此能够践行美德时，它才是可以容忍的；代表不同的特殊利益的两个政党，只会使腐败和狂热的统治永久化。 484

博林布鲁克曾经说，股票交易与贸易的关系，犹如党争与自由的关系[2]（可以想见，波利比阿的评语是：很难把任何“美德”中好的方面和坏的方面分开）。这句格言揭示了美德理想的支配力和局限性；它仍然是公共生活和人格的特点，是自我以这样或那样的形式献身于普遍利益的精神，这是只有高度自立的人才能做到的事情。政治要想不退化为腐败，它就必须转化为伦理；古典修辞要求如此，这无关乎博林布鲁克或无论什么人采用它时表现出的真诚。因此，对于亚里士多德、波利比阿、马基雅维里和哈灵顿的“美德的学问”或公民伦理社会学，必须从强大的范式和普遍性的角度重新为18世纪的整个西方进行阐述。从这个角度来看，孟德斯鸠是这种学问最伟大的实践家，而这个时期也是马基雅维里作为公民道德大师声望最高、其道德暧昧性被遮掩最多的时期。然而为此付出的代价是，无法超越这种风格之局限性的所有政治学著述，最后不仅会进行道德规劝，而且要提出建议说，作为一种人格品质的美德，是有可能治愈腐败的唯一力量。马基雅维里就曾采取过这种路线，他承认，在腐败的社会里，个人美德要面对十分困难的任务，仅仅作为凡人的行动者几乎肯定会被它打败；只有英雄豪杰，神一

More: Attitudes to Party in Government and Opposition in Eighteenth-century England（London: Frank Cass, 1972）。

1 可比较Toland的*The Art of Governing by Parties*（1701）和他的*The State-Anatomy of Great Britain*（1714）。两种立场并非不可调和：按前一种立场，有政党不是好事；按后一种立场，坏人结党，好人也得联合起来对付他们。

2 *Remarks on the History of England,* Letter XIV（2d ed., London, 1747, p. 169）.

般的人物，或真正有天意相助的人，才有可能成功。博林布鲁克后来的著作，尤其是写于他想搞垮沃波尔但无果而终之后的著作，完全是向社会领袖、最终是向爱国君主发出的告诫，要他们展现英雄的美德，挽救这个腐败的世界。约翰·布朗[1]是马基雅维里、卡托、博林布鲁克和孟德斯鸠的门徒，他极聪明，但却可悲地反复无常，他在1757—1765年这段时间写了不少东西，在其最著名的著作中，他得出一个出人意料的结论，国家的衰颓只能用“某个伟大的大臣”的道德楷模加以救治。[2]博
485 林布鲁克曾受人指责，说他从哈灵顿的经验唯物主义倒退到了马基雅维里的道德理想主义；[3]但是，首先说来，献身于普遍公共福祉的公民德行迟早会被认为是独立于偶然的和特殊的社会原因；其次，再无可能像哈灵顿那样相信，农业法可以永远做到对美德的物质基础的平等分配。土地再无可能摆脱对贸易的依附，贸易再无可能摆脱对信用的依附；人们没见过对于一个投机社会来说相当于农业法的东西，而且大概连想象这种东西也不可能。因此人们必须做到比自己的环境更优秀。孟德斯鸠所著《论法的精神》是发现使这成为可能的环境的一次自相矛盾的辉煌努力。

博林布鲁克不得不把他的智慧和修辞的努力，都押在美德的概念上，对于由此导致的结果，近年来对其思想进行解释的大多数人都没有给予尽可能充分的考虑。他们看到他与洛克不同（这是相当明显的），他认为社会中存在着自然权威和秩序，一个有美德的国王或贵族阶层可以对弱者行使父亲般的权威，伟大的存在之链构成了自然神论宇宙的统一结构，于是他们得出结论说，他终归是倾心于一个自然等级社会中土地乡绅的领袖，他对过去的——例如伊丽莎白时代或詹姆士

1 关于他的生平见D.N.B.。他以自杀方式辞世，虽然身为教士的他曾撰文谴责这种行为是一种罪过。

2 John Brown, *Essay on the Manners and Principles of the Times*（London, 1757），这是该书最后一句话；他心里想到的人可能是老皮特。

3 Kramnick, pp. 166—169; Dickinson, pp. 256—265.

一世时代的——社会和哲学世界患有怀旧病。[1]可是我们曾一再看到，美德理想是政治理想，以“积极生活”（vita activa）作为基础并以平等作为其原则之一的城邦，绝不可以最终退化为等级制。它确实有精英，他们以智慧和经验、闲暇和财产为特点，他们的美德是领导，因此也是统治。他们对不是精英的公民行使的权威，可以称为自然的和父亲般的权威，就像罗马元老院被称为“义父”（patres conscripti）一样，但是圭恰迪尼这位佛罗伦萨共和派理论家中最具贵族精神的人却清楚表示，少数需要多数把他们从腐败中救出，多数接受少数作为他们的自然领袖时，并没有停止展示其批判性的判断力或积极的公民精神。领导和服从都是积极的美德；从更抽象、更形式化的意义上说，美德就是这两种公民活动方式的关系；博林布鲁克的怀旧病，如果他有这种病的话，也 486
许是怀念安妮统治时期那个乡村派政治的开放而骚动不安的世界——与乔治二世时代四平八稳的寡头政治相比。我们在分析美国革命期间的服从和平等问题时，还会回到这个题目上来，他在那儿被视为马基雅维里第二，他作为道德和政治哲学家的权威，超过了他的思想的暧昧性。

四

18世纪的“马基雅维里时刻”，就像16世纪一样，把公民美德与腐败相对立，并从人欲横流的角度看待腐败，这些欲望造成依附和丧失人格独立，是在迅速而非理性的变化中形成的。但是，对于16世纪的思想而言，在快速变化的世俗时间中很难使各种欲望相互调和的象征符号是“命运”（fortuna），这个概念从根本上反映着古典认识论的不恰当，而18世纪的认识论则能从更加确定的、物质的和动态的角度定义腐败和非理性的现象，虽然在这些方面仍然缺少伦理内容，也就是说，它们所产生的具体的历史，从本质上说仍然是脱离美德的运动。所谓的乡

1　Kramnick, pp. 76—83, 88—110, 261—265; Dickinson, pp. 22—24, 22—72, 119, 206—209, 300—302.“怀旧病”一词见于Kramnick著作的副标题。

村派意识形态，是以不动产和公民生活精神作为前提，自我能认识并爱自身，是因为它与“祖国”、“共和国”，或被组织为一个政体的共同利益联系在一起，但它总是受到因私人欲望和虚假意识而产生的腐败的威胁。为了拯救人格，它提倡一种美德的理想，有时这种理想会达到一种不现实的斯多葛式道德自主的高度，它以维护财产独立为基础，而后者在投机的经济中很难维持；为了拯救政体，它把不列颠的宪法说成是既相互独立又相互协调的权力因素之间的古典平衡，维持这种平衡就是维护美德，但是归根到底只有肯定个人美德才能维持这种平衡。它的伦理学可以归结为一种完全自立的人格理想，因而它发现，很容易理解仅靠人的力量是不可逆转腐败的；它的经济学倾向于把人格建立在一种财产的基础上，这种财产只存在于前商业社会的历史，因而它倾向于认为历史是脱离价值的运动，只有英雄的行动，而不是社会的行动，才能使之发生逆转。但是，虽然它日益容易受到悲观哀怨情绪的感染，它却拥有公民人文主义丰富、复杂而又明确的词汇，可以用来阐述美德的科学和社会学。因此它的范式倾向于主导着话语。

487 另一方面，所谓的宫廷派意识形态既不那么显眼，也缺少权威的阐述者。不过我们还是可以把它概括为建立在这样的基础上：它接受信用作为衡量经济价值的标准，接受幻觉、欲望和利益的心理学作为人类行为的主动力。它强调的不是美德，而是自我对自我满足和自尊的追求，它开始探讨这样一种理论：如何能对多样化的欲望和自利行为进行操纵和协调，或它们如何能够神奇地或自发地相互协调，从而促进不再与个人的内在道德生活联系在一起的共同福祉。它不认为美德具有政治范式的意义，所以它也不认为政府是建立在需要不断加以肯定的美德原则上；它乐于同意，人们是喜欢分帮拉派的利益动物，但它并不认为对这些特点若不加以约束，会对美德和政府有致命影响，而是建议以中央的强大行政权力来管束它们，这个行政权力不必受平等原则的规制，可以诉诸人们的欲望和利益而不会受到伤害。它认为个人道德是私人而非公共的，属于人们相互打交道的正直品格，不必表现为公民道德或类似于政治家美德的行动，就算它能有益于维护政治中的道德气氛，也只能为之做出间接贡献。

因此，它的伦理词汇是薄弱的，它由于缺少将人类美德表述为“政治动物”的美德的理论而受到限制。这个弱点使它退缩于18世纪道德理论的边缘——或许有时是它的先锋队。但是，它并没有把一种原理体系或财产观追溯到可以恢复的过去，这使它能够自由地适应那些使信用、专业化和帝国的新世界变得可以理解的社会变化。但是与此同时，对于这些变化，它继续从历史脱离了乡村派所描述的世界及其价值的运动这个角度加以说明，这个新世界的伦理学必须用曼德维尔那样的强硬语言来宣布。乡村派主要是从马基雅维里那儿获得了它的共和主义性格，但宫廷派有更多马基雅维里的特点，它能够接受强烈的变化可以独立于价值而产生。美德和“德行”的二元论在这里露面了，我们当会记得，在马基雅维里看来，主要是战争造成了这种歧义，而战争作为商业的一种表现，部分地迫使王道盛世时期的人承认了这个新世界的性质。在艾迪生而不是特兰夏笔下的卡托的语言中，宫廷派意识形态能够展示如何赢得成功，而这成功为何应当由乡村派享有。或者如亚历山 488
大·汉密尔顿——很有意思的是，他采用了斯威夫特可能用过的党派术语——所说：“卡托是他那个时代的托利党，恺撒则是他那个时代的辉格党……前者与共和国一起死亡，后者则摧毁了共和国。”[1]但是，假如宫廷派意识形态能够主张自己享有理解权力的垄断权，它便只好让自己的对手独享美德理论了；比马基雅维里尤有过之的是，缺少美德，就要当“幻觉”和虚假意识的牺牲品。公民美德与充满活力的“德行”之间的距离由此而变得更大，通向权力之路就是通向腐败和自我毁灭之路这一谴责也变得更加咄咄逼人。

但是，在不列颠，博林布鲁克的意识形态战役在其发动者的生前是一场失败的战役。乡村绅士并没有陷入难以自拔的债务；权力和庇护权的垄断者并没有成为沃波尔的继承人；这个世纪中叶的战争主要是在海外进行，没有引起类似于让格多芬和马尔伯罗垮台的对战争财政

1　见本书边码第529页。

的反叛；大体上似乎十分清楚，宫廷派和乡村派是共生的，而不是对立的，因此可以为这样的观点说不少话：英国宪法是议会君主制，而不是分立的权力之间的平衡。在这种环境中存在着空间，使政治理论家能够重新审视王权和议会的关系；历史学家能够重新审视土地利益和商业利益的关系；哲学家能够重新审视理性和欲望的关系，所有这些重新审视，都可以在1750年左右研究不列颠政治的最强大的思想家的著作中找到，孟德斯鸠的《论法的精神》尽管研究的是权力分立，但从英国的角度看，可以认为它比《波斯人信札》更具辉格党特点。该书第19卷第27章就是从我们所讨论的角度对一个自由民族——显然是指不列颠——的研究。

孟德斯鸠告诉我们，这种分析要以“风俗习惯”（moeurs and manieres）与法律的关系为基础，而不是以“它的政体原理”（les principles de sa constitution）为基础，[1]这意味着，维持立法权和行政权的“清晰”划分的重要性在于，人们的欲望是自由的，仇恨、妒忌和野心也同样自由地表露于这种或那种权力之中。[2]既然行政权掌握着一切官职的赠予权，因此它一向是希望而不是恐惧的对象；丢掉官职的人
489 想重新掌权，官场中的人虽然可能害怕丢掉官职，但他们知道就算丢了官职，也可以用原来的方式再把它弄到手。就此而言，马基雅维里式的革新的问题——受到它冒犯的人将比为它而高兴的人做出更加积极主动的反应——便在这个范围内得到了解决；行政权类似于“自然君主”（principe naturale），他的地位被他的臣民的天性所强化，而不是注定要与自己的臣民作对的“新君主”（principe nuovo）。但无可怀疑的是，欲望，而不是马基雅维里所说的习俗，是这种政体的主动力；[3]“奇思

1 *Esprit des Lois*（Paris, Gamier, ed. Truc, n.d.）, I, 335.

2 同上：“在这种情况下可以看到两种权力：立法权和行政权，而每个公民都有自己的意志，并自由地坚持自己的独立性。大多数人对这两种权力各有偏爱，许多人通常没有足够的公正性和判断力，一视同仁地看待这两种权力。”

3 同上：“所有的欲望都是自由的，仇恨、羡慕、嫉妒、对发财致富和出人头地的热衷，都可以充分表露出来。”

怪想”和“幻觉”常常使人们在这个社会中划分出的两个相互妒忌的党派（局内人和局外人）之间变来变去；在构成这个社会的独立的个人之间没有多少忠诚和原则可言，君主也常常受人驱使去羞辱他的朋友，提拔他的敌人。[1]但是，由于欲望是自由的，因此“自爱”（amour propre）（这是卢梭的说法，孟德斯鸠并没有用过它）不会变得腐败。恐惧，以及对恐惧的非理性惧怕，现在有了新的表现。行政权对庇护权的垄断使人们总是害怕自己不知道的事，反对王权的领袖会加剧这种恐惧而不是公开承认自己的动机。[2]然而情感是健康的；孟德斯鸠走的是中间路线，他不像卡托那样，引用马基雅维里的话断定，不相信政府的人民也不知道他们的恐惧有边界；也不像柏克那样，说美洲人“从每一缕腐臭的微风里，嗅知暴政的来临”。[3]因为他们害怕不真实的东西威胁到他们的自由，所以他们在真实的威胁出现之前就对它保持着警觉[4]—— 490
等着让经验来告诉他们那是真实的威胁，等于拖延到为时已晚的地步；选举产生的立法机构要比人民更冷静，并且得到他们的信任，[5]能够减轻他们对不真实威胁的恐惧和预防真实危险的发生。值得指出的是，这

1 *Esprit*, pp. 335—336：“每个人都是独立的，因此他易于受反复无常的念头和幻想的驱使，经常改换门庭，抛开一派，离开所有的朋友，去投奔原本是他的敌人的另一派。在这样的国家里，人们常常忘记友谊和仇恨的规律。

“君王也像普通人一样；他常常违反审慎的正常戒律，信任最厌恶他的人，使最尽力服侍他的人失宠。其他君主出于选择而做的事，他则是不得已而为之。”这很可能是在暗示英国威廉三世的统治。

2 p. 336：“人害怕失去他所感到但又是他几乎认识不到并且被掩盖起来的幸福。由于这种害怕，往往一切事物都被夸大了。人们会对自己的境遇感到不安，甚至在最安全的时候也认为处在危险之中。

“那些不承认自己有谋求个人私利动机的人，是最积极反对行政权力的人，这就增加了人民的恐惧感。民众更加认为自己处在危险之中。”

3 与美洲和解的演说，见*Works,* II, 125。

4 *Esprit*, 同前引文：“当激起的恐怖没有一定目标时，就只会导致空洞的喧嚣和谩骂而已。不过它有一个好的作用，就是使政府松弛的发条又重新上紧，并引起每个公民的注意。但是，如果这种恐怖是由于破坏基本的法律而产生，它便是低沉的、有害的、残酷的，并将带来灾难。”

5 同上：“立法机构为人民所信赖，又比人民更有远见……”

种角色只有少数人能够扮演。

这个住在岛国上的民族，更愿意从事商业而不是征服；但是它的贸易和殖民冒险有着强烈的竞争性和侵略性，它会从事超出其力量，甚至违反其利益的事业，[1]为此要通过借钱动员起巨大而虚幻的力量。可是，由于它是向自己借钱，因此它的“信用”很可靠；虽然它所创造的财富和权力是虚幻的，它对自身和它的自由政府的“信心”（confiance）却能把虚幻变为现实。[2]对于卡托所描述的南海狂热，或孟德斯鸠本人对法律的描述，不必再做更多的补充。他现在告诉我们，在自由社会里，权力是多元的和分散的，欲望本身是自由的，不仅可以自由地改变它的对象，实际上还按照它的幻觉改造着世界。然而，这是发生在对外的“德行”（virtù）的领域、发生在边界和海岸以外的商业和权力的领域。在公民美德的领域，幻觉和真实可以共存并相互加强，但是到了某个时候，审慎和智慧要严格区分自由受到的真实的和不真实的威胁。然而，在自由的条件下——这正是法律所缺少的——欲望和幻觉可以帮助达到这一目的；它们燃起的火光，能让政治家洞悉世事，我们并不是在柏
491 拉图的洞穴中。孟德斯鸠不像斯威夫特、卡托和博林布鲁克，他不认为需要一种不以商业为基础的智慧去阻止投机的狂热腐蚀社会。他所要说的是，一个自由而幸运的社会能够容纳大量虚假意识而不会受到严重伤害，可以利用它进行扩张。他所说的那些朝秦暮楚的人，那些求官者，那些投机家和充满进取精神的商人，都让人想起马基雅维里笔下为罗马的自由和伟大做出贡献的贵族与平民。

在孟德斯鸠的思想中——与他对不列颠政治的研究大体上同时存在——也许能够看到一种对商业和欲望有益于自由和公民美德的历

1 p. 337：“这个活跃的民族易受感情的驱使而不易受理智的支配，理智一向不会对他们的思想产生多大影响。统治这个国家的人不难使他的人民去做违反他们真正利益的事。”

2 同上：“这个民族有可靠的信誉，因为它向自己借，它为自己还。它有可能做超过自己实际能力所能负担的事，并且用巨大数额的想象财富去对付敌人。政府的信誉和性质可能使这些想象的财富变成真实的财富。”

史概括。他断定，美德是共和国的原则，但他这里指的是“政治的美德”（vertu politique），它与“道德的美德”或“基督教的美德”并不是一回事，它指的是平等服从共和国的法律，为共和国的福祉做出贡献。[1]孟德斯鸠比他的英国前辈更清楚地知道，这个意义上的美德未必与私人价值或个人道德相一致；他在前面谈到斯巴达、雅典和罗马时说得很清楚，共和国可以用不人道的严酷方式去强化这种美德。[2]就像马基雅维里一样，他知道基督教精神提出了一些要求，而公民精神是拒绝为其让路的，后者可以在近乎野蛮的时期十分兴盛，那时也没有必要授予不属于城邦的人以人权。但是他清楚地表明，由于古代城邦的精神本质上是军人精神，商业甚至农业受到轻蔑，所以柏拉图和亚里士多德才 492
会相信，人格能够且必须用音乐来彻底重新塑造。[3]也就是说，生产和交换货物的人逐渐意识到某些价值，它们不仅仅是城邦法律的价值；他们进入相互交往的关系，而这不完全是平等地遵守法律的关系。假如他们在城墙外面做生意，他们所进入的关系、所培养出的人类价值准则，共和国对这些只拥有偶尔的权威。一方面，风尚变柔和了，艺术和优雅风格得以发展，利库尔戈斯式或德拉科式的严酷纪律得以缓和；但是另一方面，也正是在这一点上，柏拉图认为必须禁止城邦以外的商业，将人格的社会化完全交由受到城邦卫士控制的音乐和另一些教育

1　*Esprit,* p. 4（《作者说明》）：“我所谓的美德，在共和国的范畴里就是指对祖国的热爱，换言之，就是热爱平等。这既不是道德意义上的美德，也不是基督教教义上的所谓美德，而是指政治美德；正是这种美德成为推动共和政体的原动力，如同荣誉是驱动君主政体的原动力一样。因此，我将热爱祖国和热爱平等并称为政治美德。我有些新观点，亟须赋予它们新的词汇，或者给予旧词汇以新的词义……”

“最后需要指出，第三章第五节谈到的所谓‘好人’，并不是嫉妒意义上的好人；这种‘好人’具有我所谈及的政治美德。他热爱国家的法律；他的行为也源于对国家法律的热爱。在这个版本里，我就以上几点做了清晰的说明，并且确定了它们的含义；另外，大部分提及‘美德’的地方，我都指的是政治美德。”

2　参见，Book IV, ch. 6: Book V, ch. 19：“更令人惊愕不已的是，一个挖去自己小鸟眼珠的小孩被法官判处了极刑。请注意，问题已不在于对犯罪的惩处，而是在建基于风俗上的共和国中根据风俗做出的审判。”

3　Book IV, ch. 8.

方式来完成。商业是一切社会价值的来源，只有一种价值除外——我们觉得，只有在存在文明契约的世界，在“天下”（oikumene）而不是城邦中，基督教本身才有可能出现；但是这个价值，即“政治美德”是把人造就成“政治动物”，从而把他造就成人；这两种价值之间有严重分歧。使人有教养的商业导致奢侈，从而使他们腐败；[1]不存在限制奢侈滋生的经济法则，保持美德只能靠共和国的纪律，它运用包括音乐和武器在内的手段教育人们节俭——而这其实能推动商业的成长。

马基雅维里认为，公民美德终归是与基督教不相容的，他用武装的概念来表述公民对共和国的献身精神，表述一个对待非公民过于严酷以至于不承认有普遍人性的世界。孟德斯鸠为此补充上了商业的概念，并重申了弗莱彻和达文南特暗示过的结论：商业和教养与德行和自由不相容。
493 商业带来更活泼的愉悦、更细腻的感觉、更普遍的价值，这些都是原始的斯巴达人、罗马人或哥特人的公民战士不能比的。然而，由于它提供了比狭小的城邦更普遍的原则，提供了另一种秩序，因此说到底它与“政治美德”意义上的品德是不能两立的。虽然可以用法律、教育和风尚去约束奢侈的滋长，但同样真实的是，奢侈腐蚀着法律、教育和风尚。把商业看作一种媒介，可以认为它有益于社会融洽，甚至于自由和美德，就像它有可能在欲望和理性之间建立起积极的关系一样；但是根本的不相容性依然存在。商业取代了命运；共和国无法永远控制它自身的历史，或抵抗它自身的腐败；特殊与普遍仍然在交战。

在这个问题上，可以再次把这种历史观称为“循环”（anakuklosis），在这种“循环”中，共和国通过自身的“德行”变成帝国，然后被随之而来的奢侈所腐化和毁灭。但是，对于对自身的文化有着高度自信的18

1 Book XX, ch. I（Garnier, ed., II, 8）：“贸易可以治愈破坏性的偏见，这几乎是一条普遍规律：哪里有典雅的风俗，哪里就有贸易；哪里有贸易，哪里就会有典雅的风俗。

“毫不奇怪，我们的风俗不再像以前那样残暴无情了。贸易交往使人们能够了解其他国家的风俗。人们对各自的风俗进行比较。各种风俗习惯的相互渗透使人们获益匪浅。

“可以说，贸易法规可以使风俗更加典雅完美，正如这些法规也可以败坏淳朴的民风民俗。柏拉图曾经指责过贸易败坏淳朴的风俗，而我们所见到的是贸易使野蛮的风俗变得文雅敦厚。”

世纪来说，中期前景似乎有着极大的重要性，它比基督教思想中的“现世”或历史的当下得到更大的强化，腐败的时刻则比基督教启示录中的苦难更遥远；在各种进步理论中甚至包含着一种乌托邦的可能，即文化将变得能够自给自足。但是，只要公民美德的精神继续存在，就不可能消除有关自我毁灭的启示录的威胁；人格与社会的关系似乎十分脆弱，这使得腐败所预示的灾难有可能迅速而不可抵抗地到来。这种前景甚至在大卫·休谟的思想中也能找到。

将以下两者过分紧密地联系在一起（虽然它们肯定存在着某种联系）也许失于审慎：一方面是作为哲学家的休谟对理性和欲望的关系的关切，另一方面是作为英格兰历史学家的他对土地和商业的关系以及行政权与立法权的关系的兴趣。[1]但是就他作为史学家的才华而言，他很像是一个极有说服力的宫廷派历史学家。他追随着布莱迪、笛福以及为沃波尔辩护的人，拒绝相信古代宪法，用哈灵顿（他对此人持有保留的赞赏态度）的观点对抗新哈灵顿派的观点。英格兰一向就存在着由拥有土地的战士、贵族及其仆臣组成的哥特式统治，但其中一直存在着权威和狂暴的自由之间的紧张关系；从这种统治中找不到无论是先例 494
还是平衡的正当性原则。除非有商业和学术的普及，否则使人民摆脱仆臣地位是不可能的；可是这也带来了君权与人民的对抗，前者第一次暴露出其专断性和绝对性，而在后者对自由的要求中，燃烧着休谟从清教中看到的迷信、狂热和虚伪。因此，商业的成长、欲望的释放同对自由的追求是相互关联的，后者从根本上说不是理性的要求，而是嗜好的要求，因此休谟的名言也不难理解：权威和自由总是在政治中对抗，绝无可能完全化解。哥特式政府以不寻常的残酷性表现着这种对抗；1688年的成就是取得了较为稳定的综合。[2]然而应当强调的是，休谟仍然认

1　对这种关系的提醒参见Duncan Forbes, “Politics and History in David Hume”（这是一篇对Giarrizzo *Hume politico e storico*一书的评论），*The Historical Journal* 6, no. 2（1963），280—294。

2　最近对休谟历史思想最出色的研究是Giuseppe Giarrizzo，同前引书（Turin: Einaudi, 1962）和Duncan Forbes为Pelican Classics edition of *The History of Great Britain,*

为不列颠的宪法是绝对君主制和平民共和制的折中，最终极有可能走向一个或另一个极端。[1]

他明确表示，商业和学术的一个非同小可的作用，是使中世纪基督教的迷信变成了清教徒的狂热。它们使人享用更多的东西，获得更多的观念，表达更多的价值，从而扩展了他们的思想。这样一来，人心中的嗜好和欲望活动的增加，推动了理性能力的成长，这种能力包括——一旦清除掉清教的迷狂——理性的自由和理性的宗教（假如有这种东西的话）。[2]欲望可以为理性提供信息，帮助它调整权威和自由的关系，但是，前两者之间不可能有最终的和谐，后两者之间也不可能有这种关系。故也难怪，休谟对18世纪的宪法持“宫廷派”观点，也就是说，他同意必须有一个权力的最终处所，行政权必须拥有影响立法权的
495 手段。[3]庇护权并没有让他惊慌，因为他认为，千百年来人一直受着欲望的统治，而不是通过欲望进行统治，政府是个过滤器，它诱导人们将对自身利益的短期观点改变为对利益普遍一致——从这个意义上说，也是公共福祉——的长远理解。从理想的角度说，完美的国家应当包括一人、少数和多数这些古典类别。但是在现实中，甚至在想象中，必须有办法使所有它们三者的利益取得一致，这就涉及到掌管着庇护权的权威的存在，它在一定程度上总是会与自由的力量发生冲突。[4]

休谟同意庇护权和影响在统治中的必要性，就像他同意在当前历史时期商业是一种通过培养人的嗜好拓展其心智的解放力量一样。在这一点上，回想一下格罗·达蒂和另一些15世纪的意大利作家，是饶有

Volume One, containing the Reigns of James I and Charles I（初版于1754; Harmondsworth: Penguin Books, 1970）所写的导言。

1 *Essays Moral, Political and Literary of David Hume*（World's Classics edition, London: Grant Richards, 1903）, no. 7: "Whether the British Government inclines more to Absolute Monarchy or to a Republic"（pp. 48—53）.

2 *Essays,* Part II, no. 1（"Of Commerce"） and 2（"Of Refinement in the Arts"）.

3 *Essays,* Part I, no. 6, "Of the Independency of Parliament".

4 *Essays,* Part I, no. 3, "That Politics May be Reduced to a Science"; Part II, no. 16, "Idea of a Perfect Commonwealth".

趣味的：他们认为佛罗伦萨人适合于积极的公民精神，因为他们是商人，他们周游各地，进行研究和比较，脑子里充满了各种知识，要多于通过单纯遵守习俗所继承的知识。[1]我们知道，在马基雅维里和圭恰迪尼的笔下，公民精神必须在一定程度上对抗这种最初的资产阶级热情；公民被要求使特殊利益严格服从公共利益，这样才能变成一个避免经商的斯巴达人，一个军人、公民和农民，除此之外什么都不是。18世纪对美德和商业的问题极为关注，从宫廷派一方来说，它总是把企业家纳入有美德的公民范畴。休谟愿意接受理性和欲望、权威和自由的二元格局，以及它们之间创造性的紧张关系，因此他在研究英格兰史时，也接受——走在了19世纪柯勒律治等人的前头——拥有不动产者和拥有动产者之间类似的二元格局，前者通过特权和习俗继承了自由，后者则通过增加知识和扩大能力来肯定自由；这一时期开始出现了对抗保守因素的进步因素。[2]

很快便出现了热衷于进步的人——休谟已经可靠地认出他们。这些人认为，贸易和旅游在全世界的扩张，终有一天会让人掌握全部资 496
讯，使他能从中得出理解自身和周围环境的一切结论。令人大为吃惊的是，这种建立在嗜好和欲望上的知识中必然包含着狂热、幻想和虚假意识的因素，而且难以想象能把它们从心智活动中最终清除出去。休谟肯定不抱这种幻想；他丝毫没有乌托邦精神，但是他拥有比大多数人更出色的怀疑能力，这使他认为，就算我们必须生活在一个幻影世界里，我们也能够认识到它们是幻影，并且建立起准则，使我们知道在多大程度上、在什么样的限制下，能够成功地把它们转化为真正的知识。因此——这也是结论——休谟没有不适当地担心金属通货向纸币信用的扩张；其实，他还不怀好意地建议说，利库尔戈斯在斯巴达用监狱而不是纸币去限制金银的流通，是件很可惜的事。他同意，只要有适当的管理，信用经济中的人就会更加相互信任对方的偿付能力而不是金钱的市场价值——这很像孟德斯鸠所说的与“信心”融为一体的“信

1　参见本书边码第 91页。

2　Forbes，同前书，pp. 38—39；Giarrizzo，同前书，chs. II and III。

用”。他同意纸币能够成为耐久的价值——就算不是真正的价值——的流通中介。[1]

但是达到一定限度，信用和信心就会失效，看看休谟深入思考它们的消失时所使用的语言是令人吃惊的。决定性的因素是公债负担。一旦所有财产和产业都陷入债务，并且达到举债的极限（1镑中有19先令的债务），而国家的债务是用它未来无限期的税收作担保，公众的信心就维持不下去了。股票经纪人的统治阶级就会出现，他们带来的恐怖就像博林布鲁克和达文南特所描述的，他们除了公共债权之外一无所有，但又拥有一切，因为一切东西的价值现在都取决于它的债务关系。军役和议会代表将变成可供租借的职务，人们将没有任何手段对抗自己的幻觉或被人欺骗，因为一切事物的价值和意义都被毁灭了。国家因破产而“自然死亡”，或因外敌入侵而“暴死”，将是唯一可能的结果；这
497 是——休谟宣布，并且直到1776年去世前一直相信——实际存在的事态最可想见的结果：“要么国家必须毁灭公债，要么被公债所毁灭。”[2]

休谟的天性使他与历史上的任何哲学家相比，是个很少诉苦的人，但是他也会因为我们今天所熟悉的环境——即商业社会中没有能够最终约束腐败的力量，而发出哀怨之声。就像《国王对十九条提议的答复》一样，他认为社会平衡有着内在的脆弱性；他就像马基雅维里一样——很少幻想，大概比马基雅维里还少，因为他更不相信政府是以个人美德为基础——承认只有立法改革能抵抗瓦解美德的力量，一旦超过某种界限，堕落将迅速变得无法逆转。用孟德斯鸠的语言来说，假

1 *Essays,* Part II, no. 3 （“Of Money”）, 4 （“Of Interest”）, 5（“Of the Balance of Trade”）. 提到利库尔戈斯的地方见p. 326（World’s Classics edition）。较新的版本是*Hume’s Economic Writings* by Eugene Rotwein（Madison: University of Wisconsin Press, 1970）。

2 *Essays,* Part II, no. 9: “Of Public Credit” （pp. 355—361）. 前面提到的文字见p. 366。另见p. 371：“看来事情就是这样，它们并不遥远，理性能够再清楚不过地在事情萌发之时预见一切。” 关于休谟生前最后几年的心态，见Giarrizzo，同前书，p. 110, 和John B. Stewart, *The Moral and Political Philosophy of David Hume* （New York: Columbia University Press, 1963）。

如美德是共和国的原则，那么这种共和主义观点的内在含义就是，美德必须维护美德的必要条件，它必须傲然自立，这大概就是它对后清教时代的思想有着明显吸引力的原因。休谟对社会的哲学、心理学和经济学分析，尽管像他那个时代（或其他大多数人）所提供的分析一样细致而复杂，这并没有使他把"美德"具化为维系着其他所有事物的稳定的实体。他对于塑造着通常被称为"美德"的综合体的社会因素的多样性有着独特的广泛理解，但是他认为，这些因素是在某些有可能自我毁灭的条件下发挥着作用；一旦发生这种情况，既有的"腐败"话语就会变得十分恰当。

但是，在这一限制之下，使休谟成为18世纪伟大史学家的原因之一是，他认为商业和欲望既是建立政治社会的动力，又是一股积极而活跃的历史动力，他并非没有能力对当前和未来持乐观的观点，而未来最终的腐败可以在极长的时间内受到扼制。伟大的苏格兰社会哲学家学派，以复杂的方式作为他的直系继承人，继续着美德与商业之间的对话，而且在这样做时大大受益于他的教诲。[1]尽管人们时常提到，休谟相信人 498
性在任何时候、任何地方都是一样的，但是他关于理性依靠欲望，而欲望又依靠经验的观点，与人们日益相信的意见——商业扩大了人类的经验、知识和价值的范围——结合在一起，能够用来建立一种人的形象，据此，人们通过数百年来经济生活的发展，创造和改造着他们的"第二天性"——自亚里士多德以来，它就是以习惯和仁爱，或经验和欲望作为基础。如果可以确定地说，苏格兰学派的领袖很熟悉维柯的教导，即人们通过语言和诗化的想象创造他们的历史，那就不难理解能够在商业和幻想之间建立怎样的联系。既然土地和商业作为保守和成长的原则是相互对立的，因此从土地走向商业的历史运动，在理论社会学家或"猜测史学家"的思想中便被扩展成了一种社会发展图式，先是猎人，然后是牧人，继之以商人，在这个序列中最后露面的是制造商。在每一个相继发生的阶段，人们提供和分配生活必需品的方式为经验提供了

1　Gladys Bryson, *Man and Society: The Scottish Enquiry of the Eighteenth Century* (Princeton University Press, 1945)，该书仍然是研究苏格兰学派最好的著作。

用来培养欲望、想象和理性的原料，在每一个阶段，人类的人格都被视为建立在适合于那个文化阶段的格式上。一种有关“劳动者”（homo fabar）的理论——有关劳动作为价值创造者的理论，现在能够被亚当·斯密采用。人这时便可以被描述为一个有教养的动物，而教养则被描述为经济的产物；随着货物被生产出来，生产和分配它们的技术在每一个阶段都变得更复杂，人类的文化、想象和人格也相应地变得更加复杂。这时便出现了一种追溯和解释教养与商业成长过程的历史科学；人日益成为历史动物，并被置于此后的过程的中心位置。

但是，教养与自由之间的矛盾并没有因此而被完全克服。苏格兰和法国的猜测史学家继续采用美德和腐败的语言——也就是说，采用公民人文主义的语言，而自1698年以来，它在英格兰一直是表达价值与历史之争的手段；他们这种做法的结果，不亚于从马基雅维里那儿看到的悲观主义。到了亚当·斯密时代，他们逐渐把劳动的分工和专业化，
499 以及由此导致的更加频繁的交换，看成是推动社会从它经济史的每一个阶段走向下一个阶段的动力；而且它并非偶然地与下面这种情况有关，作为盎格鲁人的苏格兰对商业在社会和历史中的作用的全部探索，是以抗议职业军队的增长作为起点的，而它所抗议的这种现象，一向被古典公民传统视为社会职能专业化的灾难性事例。公民若是允许花钱雇别人来为自己打仗，他便失去了其“德性”（virtus，从这个概念的全部含义来说）中的一个关键因素；教士、律师和食利者与军人被归为一类，作为这样一种个人的典型范例，他们的专业化使他们成为别人的仆人，而这些人又反过来成为他们的仆人。简言之，专业化是腐败的主因；只有作为业余参与者的有财产、有独立性的公民，愿意履行城邦的基本职责，才能够说他实践着美德，或生活在一个正义得到正确分配的城邦里。没有他不愿意亲自拥有的“技艺”（arte）。但是，假如技艺是通过专业化过程形成的，那么教养本身就与“政治动物”的精神发生了矛盾。如果进一步认为——显然也能够这样认为——只有专业化、商业和教养使人能够享有充分的自由，能够服务于他本人和别人的利益，那么城邦就是由毁灭它们的力量建立的。一旦把土地和商业置于历史

过程之中，公民就会发现自己存在于一种历史矛盾之中。

亚当·弗格森的《文明社会史论》（*Essay on the History of Civil Society*），大概是苏格兰人研究这个问题的最具马基雅维里风格的著作。[1]他没有采用他的同代人所偏爱的生产方式相继发生说，而是采用了历史从野蛮到文明，从以原始美德为特点的武士社会向商业、优雅和人道状态演变的观点。他强调指出，原始人的群体不断与邻人发生冲突，从这种战争和争斗的状态中产生了强烈的团结愿望，它使个人社会化，并且强化了他的自我。[2]这种进攻性的和严守纪律的感情，显然就是马基雅维里的“德行”——也是阿拉伯社会学家伊伯恩·卡尔丹所说的“集体意识”（asabiyah）——它是一般意义上的美德的来源，能够使 500
原始武士成为爱国的公民。但是，随着战争使社会更具凝聚力，从而也更能变得优雅精致，公民之间的关系也会变成专业化、交流和商业的关系，在弗格森（就像弗莱彻一样）看来，职业军队的发展标志着人们追求从物质、思想和道德上享受文明所带来的满足，把保护自己的事留给为此目的花钱雇来的人。[3]这是一个转折点，自此以后便有了这样一个问题：文明带来的一些偶然的、次要的，但在很多价值标尺中又是更高的利益，是否会腐蚀人们，使他们失去原初的社会美德。原始的“集体意识”（asabiyah）或“德行”能够主要从非道德的角度加以描述——现在则被描述为一种确切无疑的感情——但又是道德人格和道德关系的

1　此书有一个由Duncan Forbes撰写《导言》的版本（Edinburgh University Press, 1966）。另见David Kettler, *The Social and Political Thought of Adam Ferguson* (Columbus: Ohio State University Press, 1965）。

2　Forbes, ed., p. 18：“正是在这里［指社会］，人可以忘掉自己的弱点、对安全的担心和他的基本生计；他会根据能让他发现自己力量的欲望采取行动。正是在这里，他发现自己的箭比雄鹰飞得更快，自己的武器比雄狮的利爪或野猪的牙齿更锋利。”p. 59：“斯巴达人为了践行自己的美德，就离不开雅典人，就像火镰离不开燧石一样。”全面的讨论见pp. 59—61。

3　Forbes, ed., p. 230：“在某些事例中，技艺和专业会改善他们的实践，有利于达到他们的目的。通过划分制衣和制革工艺，我们的鞋子和衣服得到了更好的供应。但是，把培养公民和政治家的技艺加以划分，却会使人的性格发生分裂，会破坏那些我们希望改进的技艺。”全面的讨论见pp. 229—232，另参见Kettler, pp. 88—91, 100—101及相关各处。

来源。

所有亚里士多德主义的理论家，都以这样或那样的方式被这个普遍利益与特殊个人相对立的问题所困扰。但是在弗格森之前，几乎没有人以如此动人而又淳朴的方式表述过它，他采用的马基雅维里式语言表明，他这种做法是把共和国置于时间之中的人文主义实验的结果。一向就存在的问题是，需要就特殊或私人利益与普遍或公共利益何时有矛盾、在何种情况下能够认为前者有益于后者做出决定。由于公民美德的观念将全部赌注押在人格和共和国的直接关系上，“公民生活”倾向于否定而不是肯定次要利益，人们一向更偏爱压抑嗜好的斯巴达，而不是使嗜好得到升华的雅典；只是到了19世纪自由主义的英国，当教养终于取代财产而成为公共精英的资格的特点时，伯里克利的《葬礼演说》才被载入自由主义文明的神圣经典。一旦把共和国置于时间之中，它的历史就易于成为美德被美德自身所腐化的历史；在18世纪，雅典被
501 视为一个商业帝国，并最终成为一个带女人气的帝国的典型，[1]这个世纪以一种特别苦恼的方式面对着上述问题。商业范式将历史运动描述为走向商品无限增加的运动，并把物质、文化和道德文明的进步全部归于它名下。但是，只要它没有与“政治动物”相当的概念，没有独立的、在道德和政治上进行选择的个人的概念，进步就只能表现为丧失人类人格的变化。这种腐败是自生的；作为生产和增加商品之动力的社会，内在地对立于作为人格之道德基础的社会。商业的历史再一次暴露出，共和国并没有解决它在特殊的、由偶然事物组成的时间中作为一种普遍价值存在的问题。

或可认为，弗格森在表达这个难题时，对“德行”（virtù，与人格的社会基础融为一体的首要价值）和“美德”（virtue，指对源自社会进步的每一种价值的实践）做了区分。孟德斯鸠也做过类似的事情，他曾说，僧侣的“德行”（vertu）就是他用它来压制一切人类嗜好，完全献

1 认为伯里克利跟恺撒和沃波尔属于一类人物的典型说法，见*Cato's Letters*, II, 73—74。

身于自己的团体；[1]这位哲学家并不认为僧侣团体对社会有任何价值。弗格森则把这种技巧运用于文明和人格本身；由苏格兰社会科学的术语所定，这样做的结果是，公民——即仅由其美德加以定义的社会动物，被坚定地赶回了人们通常所说的野蛮状态，他不承认集体意识以外的任何价值，而这个集体使其他美德成为不可能。弗格森写下过一些不同寻常的文字，对早期城邦国家中希腊人的特点做了描述，尽可能把他们比作荷马笔下的武士，又把武士等同于拉斐托[2]笔下的美洲印第安人和——有十分清楚的暗示——弗格森本人的苏格兰高地的部落人。[3]如果公民除了“德行”（virtù）之外放弃一切美德，他肯定会日益退化成部落人，他的“德行”会退化成生态学家所说的“领地的律令”（territorial imperative）。

他别无选择，因为他的前提——因缺少商业精神而迫使这位哲学家接受的前提是，文明的进步就是次要价值的增多，追求这些价值必然导致劳动分工和人格的专业化。个人只要追求任何一种或一组文明价 502
值，他就会变得日益依靠那些通过与他订立契约而履行他力所不及的专业职能的人，日益减少对直接与未分化的社会形态联系在一起的人格的依靠；如果只有在这里能够找到个性的基础，那么他越是日益变得优雅细腻，他就越会相应地放弃自我中的一项重要成分。人格甚至因其丰富而变得贫困。我们处在一个古典的腐败观被融入现代异化观、早期马克思主义的人文主义来源清晰可见的时刻。那些采用有关人类进步经济各阶段的更先进图式的苏格兰学派理论家，也提出了同样的问题。确实，在亚当·斯密看来，劳动分工和商品及服务交换的原理，有史以来一直在发挥着作用；它不仅使人类的需要得到更多满足，而且

---

1 *Esprit,* Book V, ch. 2（ed. Truc, I, 46）. 孟德斯鸠实际上并没有说僧侣的奉献精神是“美德”，但他暗示那种精神是公民中的“美德”。

2 拉斐托（Joseph-françois Lafitau, 1681—1746），法国传教士，所著《美洲蛮族的风俗》（1724）在当时流传甚广。——译注

3 Forbes, ed., pp. 193—202. 关于弗格森作为苏格兰高地人的背景，见该书《导言》，pp. xxxviii—ix。

导致人类新的能力、需求和志向的发展，人格也日益变得更加多样和丰富；这就是斯密加以发挥的观点，在人能够具有公民能力之前，必须有商业的混合。但是我们还被告知，某种最佳时刻已经到来并已成为过去。那些辛苦挣扎度日的人——马克思的无产阶级和20世纪装配线上的工人的前辈——不仅被剥夺了闲暇，无法享用如今在社会中流通的商品，而且他们的这种实际能力也完全萎缩了；就算专业化能导致历史上的人类人格的全面多样化，它对他们也有相反的、单一化的作用。[1]约翰·米拉，斯密的得意门生和直接继承人，写下过研究英格兰政治社会发展的四卷本历史著作，他点出了同样的问题，揭示出整个这种观点的公民人文主义来源。美德和腐败是米拉用来构建其著作的范畴，他不断提出一个问题：随着社会发展到人既有自由也有美德的能力，他们
503 是否会日益面对腐败的危险；[2]这并非仅仅是说人只要有美德，他们除了腐败以外便无所畏惧；而且还有一种更深刻、更有警世作用的含义，即产生美德的同样的历史力量，也会使人疏于人格的培养，这不是因为奢侈的诱惑，而是因为道德认同上的混乱和偏离，我们现在说到“腐败”一词时，指的就是这个意思。“成之者，亦为毁之者”（*Questa ci esalta, questa ci disface*），有美德的或有益于社会健康的人格在被塑造出来的同时，也在被毁损。

1　别针制造者出现在*Wealth of Nations*, Book I, ch. V。参见*Lectures on Justice, Police, Revenue and Arms*（*Adam Smith's Moral and Political Philosophy*, ed. Schneider, New York: Hafner, 1948, pp. 320—321）：“商业的另一个坏作用是，它损害人的勇气，倾向于消灭尚武精神。在所有商业国家，劳动分工是不受限制的，每个人的心思都用在特殊事物上……人们变得心胸狭窄，无法得到提升。教育受到轻视，或至少是受到忽略，英雄精神几乎完全绝迹。纠正这些弊端，是一个值得给予严肃关注的问题。”

2　John Millar, *An Historical View of the English Government, from the Settlement of the Saxons in Britain, to the Revolution in 1688: to which are Subjoined Some Dissertations Connected with the History of the Government from the Revolution to the Present Time ... In four Volumes*（4th ed., London, 1818）.尤其见vols, III and IV；最后一卷是由附录的文章构成。W. C. Lehmann, *John Millar of Glasgow*（Cambridge University Press, 1960），该书是米拉著作的选编，并附有一篇评论性的《导言》。另参见Duncan Forbes, “Scientific Whiggism: Adam Smith and John Millar”, *Cambridge Journal* 7（1954），643—670。

在苏格兰学派中，我们可以看到马基雅维里时刻如何变成一个辩证过程中的时刻。它提出一种历史理论，揭示美德如何因社会本身的发展而兴衰，马基雅维里所采用的怪物形象在时间中的延续表明，就算人从天性上说是“政治动物”，他也绝不能完全成为他自己；以下两者是有某种关联的：一是马基雅维里相信共和国绝不会获得完全的稳定和完美的德行，一是立基于商业的政治理论日益把社会描述为走向两极化，一极是因进步而变富的人，另一极是因进步而变穷的人，并且这种理论在为政府辩护时，把它说成是一个专业化的和存在着阶级斗争的世界中的必要的恶。这个时刻是辩证的，也就是说，虽然可以设想一个塑造和破坏美德的力量处于平衡状态的最佳时刻，但这种理论的历史结构只能保证暂时获得这样一个位置。弗格森在分析公民时，把他追溯到部落人，因为弗格森十分清楚，只能从公民是从部落人的世界中逐渐浮现出来这样一个角度去解释公民。矛盾是根本性的，不存在可供人们返回的黄金时代。不可理喻的“命运”向积极的和进步的商业的转化，并没有改变美德与命运相互对立的这个时刻的性质。

但是，既言辩证，就有两面性，由进步和断裂构成的辩证就更是如
此。显然有可能对苏格兰学派进行这样一番研究，把几乎全部重心放 504
在他们思想中进步的方面，即他们要揭示商业和专业化如何塑造着社会与教养；或是放在保守的方面，即他们要揭示如何缓和社会进步与人格的异化，或是使其处于一种不会让任何一方感到难以忍受的平衡状态。苏格兰思想一般来说不是乌托邦，也就是说，它不认为进步力量最终会战胜衰败的力量——它对人格和社会问题没有提供最终答案；然而它也没有对历史矛盾怀有悲剧意识的鲜明特点。考虑到雅典同斯巴达或罗马的对立，把那个伟大岁月的爱丁堡雅喻为“现代雅典”，也许是在暗中嘲讽它？但是如果我们断定，苏格兰哲学设想了一种进步与腐败可以长期并存的未来，那就很有必要搞清楚，这个未来的时间维度是偶然的和世俗的（也就是说，除了相互冲突的各种社会力量之外，不存在其他东西，也没有这种冲突所期待的最终解决方案），还是末日启示的（也就是说，最终将看到严重的腐败和人类社会的崩塌，但在有利的

环境帮助下，人类的努力可以几乎无限期推迟这种事的发生）。但是在这两种情况下，让·雅克·卢梭——休谟预计他会造访苏格兰，此事从心理学的角度说绝对不能发生——出现在他的东道主中间，就像个控告同党的人，以多疑的态度宣布，人格与社会之间的紧张确实有着成为启示的可能性，启示已经降临到他本人身上，只要正确理解即可明白，它自人类社会本身出现之前就一直存在。

卢梭是18世纪的马基雅维里，也就是说，他以夸张而令人反感的方式，指出了一种其他人努力与之共存的矛盾。[1]如果苏格兰学派相信，美德与教养之间的矛盾可以由社会中对合理的成功怀着良好愿望的人加以掌控，那么他的角色则是坚持认为这种矛盾在人格存在的时刻是不能容忍的，而且在社会历史的每时每刻一向是不能容忍的。社会由其性质所定，使人成为人，也在这同一个过程中使他重新陷入迷乱和异化，无论过去、现在还是未来，都不存在一个这种双重作用不在生效的时刻。全部社会事业，由其性质所定，既是必要的，也是徒劳的。这种说法造成的影响，在许多方面类似于马基雅维里所宣布的公民价值与
505 基督教价值的分离。而且就像马基雅维里的情况一样，需要过一段时间才能看清楚那种使卢梭成为人文主义序列中一个重要的经典理论家的强大思想力量。他如此全面地揭示了人格异化的问题，因此可以认为，在人格通过自身来表述这种历史矛盾并努力使之重新统一的时候，再也不缺少一种理想主义话语模式——这一思想脉络在马克思那儿又重新与苏格兰理论家对劳动分工之社会作用的分析结合在了一起。不过，此处不是讲这个故事的地方。本书研究的是公民人格的理想及其表述的后果，因此只能结束于它在前现代时期发生于美洲殖民地的最后一次伟大绽放，以及它对美国的人格及历史意识的影响。

1 Judith N. Shklar, *Men and Citizens: A Study of Rousseau's Social Theory* (Cambridge University Press, 1969)，该书是迄今为止对他的思想属于公民人文主义传统的最出色阐述。

第十五章 506

美德的美国化：腐败、宪法和边疆

一

1960年代出版的一批重要学术著作，使我们对美国革命年代的思想的认识大为改观。[1]首先，它们揭示了导致革命的精神过程，其中包括对英国反对派思想的语言和观点重新进行激进的表述；其次，如我们所知，它们由此接续了本书所研究的亚里士多德和马基雅维里的传统；第三，独立战争的经验和随后的立宪工作，使修改这一古典传统并在某些方面脱离这一传统成为必然。在旧有的历史学派看来，美国革命是站在理性主义或自然主义的立场上与旧世界及其历史的决裂，而现在看来，它既同英国和文艺复兴的文化史，也同一种思想传统有着复杂

1 除了Caroline Robbins 和Bernard Bailyn（见本书第441页注2和第491页注1）之外，另见Richard M. Gummere, *The American Colonial Mind and the Classical Tradition: Essays, in Comparative Culture*（Cambridge, Mass.: Harvard University Press, 1963）; H. Trevor Colbourn, *The Lamp of Experience: Whig History and the Beginnings of the American Revolution* （Chapel Hill: University of North Carolina Press, 1965）; J. R. Pole, *Political Representation in England and the Origins of the American Republic*（New York: St. Martin's Press, 1966）, 以及Gordon S. Wood和Gerald Stourzh的著作，下文有大量引述。我早先就这个问题写的一篇文章是 "Virtue and Commerce in the Eighteenth Century", *Journal of Interdisciplinary History* 3, no. 1（1972）, 119—134。

的关系，这个传统从一开始就让政治人面对自己的历史，并在美国革命时期被用来表述一种与现代性发生争执的早期形式。现在有可能探索美国意识的历史，寻找共和主义观点的问题在那儿有何种表现。

首先，已成定论的是，18世纪的殖民地已经形成了一种政治文化，
507 它具有新哈灵顿派公民人文主义的所有特点。英语世界的文明确实呈现为由这种文化分布于大西洋两岸的各种变体（英格兰、苏格兰、英属爱尔兰、新英格兰、宾夕法尼亚和弗吉尼亚等等）组成的一幅图画。辉格党教义和新哈灵顿派，弥尔顿、哈灵顿和悉德尼，特兰夏、格登和博林布鲁克，以及属于这一传统的希腊、罗马和文艺复兴的大师们，甚至还有孟德斯鸠，构成了这种文化的权威文献；我们对它的价值和观念已经越来越熟悉——一种公民和爱国理想，在这种理想中，人格是以财产为基础，它在公民身份中达到完美，但永远受到腐败的威胁；政府被自相矛盾地描述为腐败的主因，而造成腐败的工具是庇护权、派系、常备军（与民兵的理想相对立）、体制化的教会（与清教徒和自然神论的美洲宗教模式相对立）以及金钱利益的崛起——虽然这最后一个概念多少有些不当，因为殖民地定居点普遍愿意使用纸币。一种新古典主义政治学既提供了精英精神和力争出人头地者的话语，也解释了建国之父和他们那一代人文化和思想独特的同质性。并非所有美国人都受到这种传统的熏陶，可是也不存在能够熏陶他们的其他传统（看起来几乎就是这样）。

因此，拜林等人认为，18世纪反对派的意识形态同时起着限制和强迫走向革命的作用。它所包含的马基雅维里主义的前提能够自动激活。威胁着公民人格基础的腐败，除非用个人美德，否则是难以治愈的；因此若不及时采取行动，它肯定会很快变得无法逆转。当西敏寺的大臣们——在措辞上已经习惯于把这些大臣说成大多数罪恶的来源——开始采取侵害殖民地自由的措施，在谴责这帮大臣时所采用的适当语言，也就是当年谴责辉格党小帮派和沃波尔的语言；布特的敌人和韦尔克斯的朋友在采用那种语言反对乔治三世的大臣时更是如此。但是，一旦美洲人开始谈论腐败，局势便迅速失去思想控制。如果大西

洋的另一边想搞腐败，那么想搞腐败的政府和（这是顺理成章的事）社
会本身肯定已经无可救药地腐败了。因此，每个美洲人的美德和人格的
完整，都受到来自一个源头的腐败的威胁，美洲人现在与这源头格格不
入，而他们过去认为自己是能够可靠地依赖它的。语言听上去开始变得 508
多疑，每当人们在精神逻辑的强迫下，断定恶毒的势力正在阴谋反对他们人格的内在堡垒时，就能听到这种声音；那些看起来一个比一个更加明目张胆的破坏行动，只有用恶毒的阴谋才能解释。[1]美德一旦受到威胁，它只能反求诸己，除了“更新”和“原则的恢复”之外，美洲人没有其他良药可用。要回到不列颠政府的基本原则，或者——一旦发现它包含着自身腐败的种子——回到共和国自身的宪法；要努力重建能够使美德既自由又安全的混合政体。于是美洲人开始重复尼德汉姆和哈灵顿的思想试验，但这一回是要让它得到落实，他们否弃了议会君主制，赞成一种源于英格兰的“积极生活”观；至此（很快就会被超越）革命便是由范式决定的，是库恩的“常规科学”中的试验。

但是，虽然美德和腐败就其本身而言构成了一个封闭的、带有强迫性的图式，但只有在不知有其他图式时，它们才会发挥作用。在不列颠，如我们所知，存在着“宫廷派”意识形态，它虽然不像“乡村派”意识形态那样清晰而显眼，但它既能对博林布鲁克的痛斥做出有效回击，又能被休谟及其继承人发展为一种复杂而含糊的历史哲学。它的基础不是美德和商业的简单对立，而是意识到两者就像土地和通货、权威和自由一样，是相互依赖的。我们已经知道，早在1698年，“乡村派”意识形态的创立者就承认了这个事实，虽然得出的结论有所不同。再者，在不列颠，宫廷派和乡村派本身也是共生共存的，乡村绅士从来不具有他们喜欢冒充具有的那种独立性。[2]公债、军队和掌握庇护权的行政权是

1　关于阴谋理论的发展，见Bailyn, *Ideological Origins,* pp. 85—93, 95—102, 119—143; *American Politics*, pp. 11—14, 35—38, 136—149; Gordon S. Wood, *Creation of the American Republic*, pp. 16, 22—23, 30—36, 40—43。

2　Paul Lucas, “A Note on the Comparative Study of the Structure of Politics in Mid—Eighteenth—Century Britain and its American Colonies”, *William and Mary Quarterly,* 3d

生活中的现实，就像使人具备美德的财产部分地来自于贸易和起落不定的信用一样；无可否认，这些东西有腐化作用，但同样难以否认，平等只能存在于商业世界，价值只能存在于行进中的历史。乡绅的政治独
509 立性在于他们影响这些过程、缓解和限制各种腐蚀他们独立性的因素的能力；最终发生大灾难的可能性被它无限拖延的可能性抵消。议会君主制的学说对这种政治认识做出了回应，它宣布行政权和代议制是有办法共存的，同时又承认为此一定程度的庇护权是必要的，这就像休谟的教诲，权威与自由，自私与利他，欲望与理性，都有类似的既紧张又共存的关系。英格兰和苏格兰的理论家无法摆脱某种最终腐败的观点，但他们大多数都摆脱了骑在灾难可能发生于任何时候的命运之轮上。

如果殖民地对现实的认识要脆弱得多，部分原因也许是，他们建立了一个乡村派，却没有一个宫廷派。他们没有直接面对现代政府，把它作为一种他们必须也能够找到办法与之共存的力量。他们是由这个遥远的政府建立的，却又同它没有直接的共生关系。他们表面的独立性越大，就越感到他们的美德是自己的；但是他们并没直接参与其中的政府越积极，他们就会越强烈地感到自己的独立和美德受到他们只能称为腐败的力量的威胁；此外，正如马基雅维里和卡托教导他们的，一旦他们对政府失去信任，他们就会事事提防。确实，“每一股腐臭的微风”都会引起对暴政的担心。拜林和伍德提出的解释完全取代了博尔斯丁和哈茨的解释，他们似乎认为，在美洲没有什么意识形态，因为意识形态只能因旧世界的社会紧张而产生，而这种紧张并没有被移植到美洲。[1]在今天的我们看来，现代的高效政府已经把对现代性本身的恐惧移植到了美国，其中腐败对美德的威胁便是它在当时意识形态中的

ser., 28 (1971), 301—309.

1 Daniel Boorstin, *The Genius of American Politics* (University of Chicago Press, 1953) and *The Americans: the Colonial Experience* (New York: Random House, 1958); Louis B. Hartz, *The Liberal Tradition in America: An Interpretation of American Political Thought since the Revolution* (New York: Harcourt, Brace, 1955).

反映。

美洲因为种植业而建立，但又是用征服加以保障的。不列颠政府采取的那些启动了古典革命进程的步骤，是发生于七年战争后的重组过程。此后不列颠在美洲和印度一路凯旋，她的商业、海军和殖民力量大为扩展，世人公认她拥有一个规模巨大的帝国。按照古典语言的全 510
部惯例，这是一个让人们警惕罗马命运的恰当时刻，它用征服建立了帝国，它的财富腐蚀着公民，只能由一个皇帝来分配，因而它从共和国变成了专制国。但是，在英国虽然能听到这种警告，但它主要是针对印度和西印度的那些英国暴发户的活动，他们的动产有可能膨胀成新的“金钱利益”，通过收买自治市去收买议会。[1]对北美内地流域的征服，很少引起这样的担忧，反而被喻为既有利可图又无腐败作用的海上战争，乡村派政客长久以来一直认为它优于欧洲的陆地战争。查塔姆在议会中认为，最需要捍卫的事情就是站在汉诺威家族和普鲁士一边。可是对于美洲人来说，过去能使他们不受外国和土著敌人侵扰的帝国征服活动，现在却让他们面对自己的政府带来的腐败的威胁，这是一件很令人困惑的事情。在这种情况下，共和国和恺撒的语言就是既恰当又有用的；[2]但是，美洲人，甚至在他们自己的眼里，不也是一个扩张为帝国而根本不是共和国的殖民体系吗？

然而，有必要指出，“帝国”一词在马基雅维里时代有着不止一种含义。一方面，罗马因征服而腐败，从这个意义上也是因帝国而腐败；这是——并且仍然是使共和国有别于“帝国”的通常含义，这意味着“君主”的统治，而他也是继承了君权的“皇帝”（imperatore）。另一方面，罗马人民行使“治权”（imperium），意思是行使对其他人民的权力，他们建立的这种权力，类似于马基雅维里的“扩张的国家”，运用的是马基雅维里的“德行”（virtù）。成功运用这种“德行”最终必然导致它的腐败吗？马基雅维里大体上认为肯定如此，新哈灵顿派也把共

1 这种言论的最高潮，可以在有关福克斯1783年印度法案和弹劾沃伦·哈斯廷斯的辩论中看到。

2 Wood, pp. 34—36.

和国的衰败与商业帝国联系在一起，后者在他们那个时代导致金钱利益和职业军队的增长。但是，王道盛世时期的部分悖论就在于，人们认为这种军事和财政腐败是通过参与欧洲的陆地战争而滋长的，而海上和殖民地的战争则是乡村派的不会腐败的“德性”的一部分。哈灵顿的“大洋国”“赋予海洋以法律”，从事海外垦殖使她成为一个不会受到腐败威胁的“扩张的国家”；眺望阿帕拉契亚山脉以远的美洲人，能够
511 （在经过深思熟虑的少许种族灭绝的帮助下）持同样的观点。即使帝国终将腐败，也有一种历史上的“循环”，它使热爱自由的武士——希腊人、罗马人和哥特人——用他们的美德赢得了帝国，而且使它生存了很久。在马基雅维里关于“德行”的耗竭与恢复的理论中暗示的这种情况，逐渐被等同于中世纪的“治权转移”（translatio imperii）学说，并被用来解释建国早期的美国人谈论他们在俄亥俄和密西西比谷地的“帝国”时所说的自由。他们若想接受建国和建国前的环境把他们自身塑造成的那种状况，与美德相容的帝国对他们来说就是一种十分必要的观念。

美洲版的“治权转移”早在1725年就有表现，此即伯克利的著名诗篇《艺术和学问在美洲的前景随想》的最后一节：

> 帝国踏上了西去的征程；
> 前四幕已过，第五幕将是
> 今日大戏的终结；
> 最后登场的是时代最高贵的子孙。

恩内斯特·图弗森有一本颇具启发性的研究美国千禧年观点的著作，他否认这几行诗是千禧年主义的，因为没有充足的证据表明，大戏的第五幕具有真正的千禧年特点；他从这几行诗中只看到了晚期文艺复兴的艺术兴衰观，它跟《但以理书》的语言有着姻缘关系。[1]但

1 Ernest Lee Tuveson, *Redeemer Nation: The Idea of America's Millennial Role* (Chicago University Press, 1968), pp. 92—94.

是，“学问的转移”（translatio studii）就像“治权的转移”一样，取决于“德性”的转移（正如伯克利本人所表明的），而且我们已经习惯于认为，美德需要——假如它不想让自身去取代——神恩在历史中行动的启示录背景；图弗森本人也表示，真正的千禧年，即基督对圣徒的统治，已在很大程度上被等同于未来的乌托邦，[1]人类的能力在这个乌托邦中将必然逐渐臻于完美。很难怀疑伯克利的“第五幕”有时会被人用来指“第五王朝”（Fifth Monarchy），更不用说图弗森已经通过旁征博引，证明了存在着一种美洲的启示录，据此，“治权的转移”——确保世界史向西部前进并在美洲达到顶点——成了一种模式，它为那个帝制的共和国（imperial republic）指派了一个图弗森所谓的千禧年—乌托邦角色。 512

以伊丽莎白时代的新教徒作为先驱的民族启示录，有一个美洲变种，它在那儿生存下来，没有经历过此种思想模式在王政复辟后的英格兰的普遍衰退。新英格兰与上帝的原始圣约很容易在对抗反基督分子的斗争中派上用场，那些顽固谴责圣约的后代、称其背离了圣约的哀怨布道辞，也丝毫没有减少这种作用。一个立了圣约的或得到神拣选的民族有可能多次变节，反抗对手的记录有可能是它变节和堕落的记录。但是我们也看到，在后期的清教徒或自然神论者的思想中，没有教士、宗教仅仅是由公民大会行使的一种公共职能的国家，是多么容易变成一种由全体信徒组成的教士体制和预言千禧年的圣徒的统治；千禧年越是变成乌托邦，圣徒统治越是表现为人类能力的完美，就越易于把共和国等同于人们总是倾向于类比的“第五王朝”；人类能力的完美，若被视为由神意所定的进步，而不是启示录中预言的神恩的突然出现，那它就是一种世俗的历史现象，可以出现在“向西部前进”的封闭循环中。因此，美洲的启示录—乌托邦的角色，通常被视为对宗教自由的维护——辉格党的宽容精神融入了神圣国家——和哥特人的自由与美德结构的一部分，在腐败已经毁灭了旧世界的这种结构之后，它仍在“向

1 *Millennium and Utopia*；见第49页注2。

西部前进”、走向那场“大戏”结局的过程中存活着。

但是，这等于把腐败视为由两个半球的反基督分子所为，尤其是等同于在新世界这片立过圣约的土地上总是存在着叛教行为的威胁。因此图弗森理所当然要探寻他所谓的“相信启示录的辉格主义”的存在，他甚至在约翰·亚当斯那本根本没有千禧年色彩的著作《论教会法和封建法》（*Dissertation on the Canon and Feudal Laws*）的语言中也听到了它的回声。[1]山上的城邦被等同于平衡的政府，在这里既没有制度化的僧侣，也没有其他腐败势力破坏人民的美德与自由，威胁着自由的腐败，就像反基督分子的作为和威胁着美德的叛教行为一样严重。既然神圣历史中神恩的作用与神意所定的世俗启蒙的进步结合在了一起，于是反基督分子也就被等同于那些历史上的力量——罗马教权、
513 封建余孽和现代的腐败，其作用是推迟或逆转这种进步。任意征税，常备军和制度化的教会，仍然能够表现为邪恶势力的产物，在世界史中的“转移”和“循环”的作用下，它们纠缠着并破坏了罗马人和哥特人的美德，现在则破坏着不列颠的美德。搞清楚帝国是败坏还是维护美洲人的德行这一问题，有着末世论的和世界性的重要意义：而后一种结果很难与“第五王朝”和千禧年区分开。耶利米悲歌（jeremiad）——所有语言模式中最具美国特色的东西——与古典共和主义理论的语言融合在了一起，使人们几乎可以把它说成一种启示录式的马基雅维里主义。这也使人们更倾向于认为，腐败威胁着美洲的时刻，是一个既独特又具普遍意义的危机时刻。

二

但是，革命言辞中虽然有明显的启示录因素，但它并不占主导地位。那一代美洲人认为，自己是有武装的自由人，展现着爱国美德，而不是立了圣约的圣徒。这里之所以强调启示录仍是可用的资源，是出于分

1 *Redeemer Nation*, pp. 20—25; Wood, pp. 116—118.

析和诊断的原因；它的存在，以及它能够继续与老辉格党的公民人文主义和谐并存，说明了美洲人的思想和言论在多大程度上仍然属于我们所研究的文艺复兴传统，在这种传统中，公民为了使自身登上舞台，经常需要启示录的而不是圣徒的背景。但是，近年来从这种传统的连续性角度研究革命的人——拜林、波尔和伍德——都坚持认为，在制定宪法以及联邦党与共和党辩论的时期，公民传统经历了一次转型危机，而且再也没有恢复原样；伍德还特别谈到“古典政治学的终结”。[1]达到一个如此辩证的顶点，对于承受着过大压力的一位这样著作的作者来说，确实能令他心满意足。对伍德的著作需要细心研究；但也要表明有某些保留。

在导致独立的危机之前进行写作的美洲有见识的研究者都认为，殖民地政治的浮躁可以用缺少与上议院相对应的机构来解释。[2]他们 514
这种看法有两种不十分协调的含义。首先，他们暗示这样一种学说，在英国宪法中，贵族起着古典理论中少数的作用，他们有更多的闲暇和经验——可以根据他们的等级身份为这些品质提供了保障来捍卫这种身份；他们发挥着保守和中庸的作用，又可以称为“中间权力”（pouvoir intermediaire）的功能，即1642年的语言中所说的国王与平民之间、一人与多数人之间、行政权和立法权之间的“屏障和堤岸”。自从1675年以来，人们一向认为，离开贵族，平民会变得桀骜难驯，只能通过暴力或腐蚀加以管束。沙夫茨伯里和博林布鲁克的乡村派传统丝毫也不敌视贵族，它认为等级身份是有产者独立性的强化剂，是对抗宫廷派操纵的卫士。1719年《贵族法案》（Peerage Bill）的失败，是因为人们觉得用立法加强上院独立性的任何企图都注定失败。

1　Bailyn, *Ideological Origins,* ch. V, “Transformation”; *Political Pamphlets of the American Revolution,* I （Cambridge, Mass.: The Belknap Press, 1965）, pp. 3—202 （“The Transforming Radicalism of the American Revolution”）; Pole, *Political Representation,* pp. 531—532 （“the decline of virtue”）; Wood, ch. XV, #5, pp. 606—618 （“The End of Classical Politics”）.

2　Wood, pp. 210—212.

但是，第二，殖民地政治的分析家们知道，在一个新社会很难建立古老的贵族制度，在殖民地定居者的条件下，似乎也不可能产生领主式的贵族（虽然哈德逊河流域可以为此提供一个争议的基础）。洛克和朋恩等人为卡罗莱纳、新泽西和宾夕法尼亚设计的哈灵顿主义宪法，都以流产告终。[1]既然在殖民地条件下无法创建一个独立的贵族阶层，那么主张强化下议院，无异于主张一种依附性的寡头统治，它由总督任命，并按自己的意愿掌握着政权，就像1657—1659年克伦威尔的“另一个议会”一样。马基雅维里和哈灵顿的共和主义传统确实宣布，殖民地和领地应当通过依附于控制权的不可靠的寡头进行统治。[2]就像意大利的“领地”（dominio）一样，它们没有完全归属于城市或其司法管辖范围，但是，一旦殖民地认为自己是一个国家或正当的独立社会——因采用古典语言而有力促成的一个至关重要的观点转变——这种寡头政治就会表现出其固有的腐败，而且由于它实际上无法与总督的议事会相区分，因此也有违权力分立的原则。

515 因此，殖民地的政治状况断然切断了与等级制贵族的关系，认为它只会造成腐败而不会有利于美德，尽管这不合逻辑。自克伦威尔共和时代的激进运动以后在英国从未听到过这种说法。在美洲人决心弃绝不列颠宪法结构的时代（大体上始于潘恩的《常识》），这种结构中存在的等级制贵族有助于他们做出选择（他们也许是从《卡托通信》中学到的），抛弃他们认为建立在腐败基础上的议会君主制的混合政体。否弃议会君主制，对于他们仍然具有英格兰特色的思想来说，也就是转向哈灵顿的传统，把它描述为英格兰政治史的共和主义顶峰；但是，在哈灵顿那儿，就像在其他共和主义经典著作中一样，等级制的、封闭的或人为的贵族之外的选择，就是自然贵族——因天生的优秀才干，但也因

1 Francis Newton Thorpe, ed., *The Federal and State Constitutions, Colonial Charters, and Other Organic Laws of the States and Territories Now or Heretofore Forming the United States of America* （Washington: Government Printing Office, 1909）, vol. V, 收录了所有这些宪法的全文。

2 哈灵顿的观点见Toland, *Works*, pp. 40—41。

物质上的优势，如财产、闲暇和学问，而产生的精英人物，他们具备古典理论的"少数"所要求的思想品质。人们假设，这种人的出现是由天性来保障的，反对人为建立的贵族的观点认为，真正的精英会自然而然得到多数人的承认。民主能够用自己的检验方式发现贵族，没有必要事先通过立法去规定选择的方式；为了使政体民主化，通常要求助于一种服从理论。

在大多数美洲殖民地，有一种显贵精英（patrician elite）——其实是因其明显的财产和教养而出类拔萃——随时可以扮演自然贵族的角色。具体说来，殖民地弗吉尼亚的文学，对假设存在于理所当然的社会领袖与恭敬的（但并非没有批评的）自耕农之间的关系，就有一些很有意思的理想化描述。[1]它们再一次表明服从并不是等级制的特点，而是共和制的特点。理想化的弗吉尼亚的多数，即数量不多的白人有产者，政治上并不主动，但是他们并非不活跃；他们做出自己的判断，行使着自己的权力。所谓的等级制因素，仅仅是指他们不想扮演少数的角色；但他们有自己的美德，就像少数有他们自己的美德一样；还有一种更高的美德，它使少数和多数尊重彼此的美德。少数不是高高在上，他们服从多数的判断，即使认为后者的表现很幼稚。所以在某一点上，服从和 516
美德变得十分接近于一致。

因此，在捍卫他们的美德、对抗腐败的议会君主制时，美洲人决心建立各共和国的邦联；这时，他们的革命就成了萨伏那罗拉或马基雅维里很容易理解的那种含义上的"更新"。[2]但是，伍德详细列举了来自革命者自己的语言和经验的大量材料，认为这种自觉开展的古典事业恰恰是在我们所评估的问题上失败了。当出现了洛克式的"解散政府"（有

---

1 Charles S. Sydnor, *Gentlemen Freeholders: Political Practice in Washington's Virginia* （Chapel Hill: University of North Carolina Press, 1952），再版时书名改为 *American Revolutionaries in the Making* （New York: Free Press, 1965）；Pole, *Political Representation,* pp. 148—165。

2 Hannah Arendt, *On Revolution* （London: Faber and Faber, 1963），该书对这个问题的讨论很值得一读。

些地区就是这样说的，而且搬出了洛克的大名）时，人民并没有分化为可以自然区分出的少数和多数，履行着互补的作用和实践着互补的美德。在马萨诸塞、宾夕法尼亚等地，有过精心推动的宪政试验：旨在按亚里士多德的财产标准找出自然贵族，这是马萨诸塞的做法；或是用自我举荐的方式，宾夕法尼亚的一院制立法机构就尝试过这种办法。这些实验都没有成功，独立战争结束后不久，革命就遇到了信心危机，因为人们认识到，从亚里士多德到孟德斯鸠的每一种共和主义理论所设想的自然分化的人民，根本就没有出现。[1]这不仅意味着，领导过独立斗争或在这场斗争中幸存下来的显贵精英，现在觉得他们作为自然贵族具有意识形态正当性的角色受到了威胁，而且意味着美德的概念本身也受到了威胁。

除非人民在素质上有所不同，并且根据素质加以定义的每一类人都有他们的职能和与之相适应的美德，不然他们便无法组成一个其政治实践要求每个公民践行尊重其同胞美德的有美德的政体；能够把他们团结在一起的任何政治结构，都不与个人独特的道德人格建立直接的关系，因此就会通过让它服从于权力而使之腐败。马基雅维里和孟德斯鸠断定，只有平等——希腊“平等法”（isonomia）意义上的平等——能让美德的实践成为可能，他们这时还表达着另一层意思，平等的人必须实践美德，不然就会腐化。当新哈灵顿派把贵族与仆臣关
517 系的衰落同腐败的兴起联系在一起时，他们还对哈灵顿的教义——平等的人只能以自由的方式进行统治，不然就要用暴力进行统治——补充上这样一条认识：对平等的人也可以用操纵和虚假意识进行统治。要想避免腐败，平等中必须包含美德；仍然有着大量基督教思想成分的18世纪的公民人文主义者，为了使这一点得到保障，试图采用一人、少数和多数的古典分类，使人民成为一个三合一的整体，其中既存在着相互关系，也因此存在着美德。但是这种正统学说现在好像失效了。“质料”（materia）似乎过于单一和单调，因此无法赋予它形式，“政治

1 Wood，相关各处，特别是pp. 391—425。

动物”的范式也就处境危险。在1780年代初期美国的文献中有一种沮丧的音调。

伍德透过这个时期丰富而复杂的言论——所有能说会道的美洲人似乎都在用自由社会学的词汇发言——探索民主政治新范式的出现，它是由联邦主义理论大师设计的，旨在克服自然贵族的失败引起的危机，虽然他们是想取代还是想恢复自然贵族这一点并不总是十分清楚。关键的修正是针对人民这一概念。人民不再被分为素质不同和职能不同的群体，而是把他们留在一种单一的环境中，这使得认为他们有何特点变得无关紧要。政府的不同部门——基本上仍然是权力分立理论中的立法、司法和行政——不是由有着相应能力的团体直接行使，而是间接地由这样一些个人行使：他们获得的权威资格，是来自于他们代表人民而行动。一切权力都被委托给代表，一切行使权力的方式都是代表人民的方式。假如人民是一个无区分的群体，具备无限多样化的能力，那么他们也拥有无限的能力对各种权力模式做出区分，并以相应的各种代表方式去落实它们。他们与佛罗伦萨的“质料”已经相距十分遥远。

在统治中行使权力，与委派代表行使权力的权力是有区别的；既可以认为统治完全是人民的统治，也可以认为人民已经完全退出统治，把统治的行动留给各种各样的代表，他们所处的位置使他们可以从经验中学习统治的技艺，从而形成过去的自然贵族或专业化少数的特点。坚持“普遍意志”（volonté générale）绝不应参与具体决策的卢梭，也许会赞成这种区分选民和亲自进行统治的人民的做法。他也许会加入联邦党人，认为马基雅维里的“恢复原则”（ridurre）可以由这样的条款来保障：修宪权永远属于人民，而行使这种权力总是有着潜在的迫切性。[1]至少在这里，人民本身表现出相当直接的意义上的主动性。卢梭不会赞成——而且不是我们这里所研究的共和主义传统的一部分——的事情是，对代表和被代表在统治中的关系的普遍干预；这里可以肯定 518

1 Wood, pp. 613—614.

地说，联邦主义思想的性质是中世纪而不是古典时代的，是君主制的而不是共和制的——甚至可以说，是霍布斯式的，而不是洛克式的。

英国的议会君主制是由国王命令各郡和自治市选举代表而建立起来的，他和他的议事会有充分的权力享有对该王国的统治，但那些代表的权力却随着时间的流逝而大增。然而，按照国王的命令，他们被授予充分权力去办理国王交给他们的事务，这清楚地表明，从某种意义上说他们仅仅被允许分享该王国的真正代表的职能。国王本人代表整个王国，就像头脑代表身体一样。一旦代表制成了创设和确立一个主权者的手段，选择——或承认——代表的行动从逻辑上说就几乎变成了参与的反面；它几乎成了这样的做法：宣布某人的行动具有极高的权威性，以至于可认为那就相当于自己的行动。霍布斯以令人赞赏的清晰方式做出了这种解释，指出由代表组成的权力至上的议会在这方面与一个至高无上的、具有代表性的个人没有什么不同；选择代表是一种让步，是把一个人自己的绝对权力和自己的“人格”（persona）——即使不是他的个性的话——让渡给别人；共和派的人文主义对通过公民行动肯定道德人格有着根本的关切，有理由提出这样的问题：代议制的观念是否排斥美德的观念。我怎么有可能让别人在我的位置上，戴着我的面具替我表现美德呢？在霍布斯的道德学说的核心其实存在着这样一种说明，只有当我能够拥有别人的行动如同我自己的行动，我才能够成为拥有公民道德的人；[1]但是天性就是公民的“政治动物”必须直接亲自
519 行动。卢梭是古典传统中一个语焉不详的大师，但他坚持认为，仅仅选择代表是谈不上有美德的，因此受他们自己选择的全权代表统治的人民是不自由的。[2]

英格兰政治中的乡村派传统——部分源于哈灵顿的共和主义，按这种学说轮换制可使人民不是经由代表，而是作为个人轮流参与统治——在强调短期议会的重要性时，为把英格兰重新定义为一个共和

1　霍布斯对代表制的讨论见*Leviathan,* chs. 16 and 17。

2　Rousseau, *The Social Contract,* ch. 15; C. E. Vaughan, ed., *The Political Writings of Jean-Jacques Rousseau*（New York: John Wiley and Sons, 1962）, II, 95—98.

国做出了重要贡献。它的含义是，有财产的和独立的人民，理所当然地就是有美德的人民，而他们的代表却要始终面对权力和腐败的诱惑；因此，代表必须定期变成被代表，在必要时要通过选择新的代表使美德得到恢复（“原则的恢复”）。美德是行动的原则，选举新的议会时，人民是在行动中展示美德，履行的不仅仅是霍布斯式的角色。但是，现在已经很难确定，是否选举者是国家中的一个等级（古典意义上的“多数”），而被选举者是另一个等级（古典意义上的“少数”），他们的关系肯定不会受腐败的影响；或者，是否被选举者从根本上说仅仅是仆人、管家或臣仆，因此必须假定他们的美德从本质上说是容易腐败的。假如是后者，那就只能把他们当作听从命令和召唤的代表。可是麻烦在于，这样他们和选民的关系，也就不再是平等公民之间有美德的关系了。在美洲危机期间，柏克向布里斯托尔的选民宣扬这样一种观点：他们的议员被他们选举出来，是为整个王国的利益而行动，必须扮演他们不能亲自扮演的角色。他因此感谢他们让他就共同利益运用自己的判断力，即使这与他们的利益有冲突。[1]如果他们在他任期结束时不想再选他，他们也将是同样得当地运用他们的判断力，但是他们不应用命令和召回方式去干涉他的判断力。这是古典意义上的少数与多数的关系，是亚里士多德意义上的有美德的关系。人人都有自己的判断力，有他自己的检验方式，并且尊重别人的方式。

在革命时期的美洲，存在着赞成以下观点的强大潮流：当选的议员是很容易腐败的代表，他们必须接受命令和召回。但是，麦迪逊似乎倾向于柏克的立场，他把他们描述为扮演着少数的角色，只要有可能， 520
他们这类人应当由显贵精英的成员组成。[2]然而关键问题仍是卢梭提出的问题。既然在选举过程中不会出现自然贵族，也难以指望它出现，那么仅靠选举议员的行动，仅靠议员和选民的关系，就足以保障美德吗？在有些联邦党人看来，答案是不言自明的。如果没有自然贵族，人民就不可能有美德；如果没有出现自然贵族，最可能的解释是人民已经腐

1 Burke, *Works,* II, 95—97.

2 Wood, p. 505.

败；因此统治活动也就成了圭恰迪尼所说的事情，即引导没有美德的人民，或帮助人民引导他们自己走上一条在这种情况下尽可能令人满意的道路。这种观点当然不会阻止那些持此观点的人把自己视为有美德的自然贵族的成员，视为实至名归的“卡托”。如我们所知，麦迪逊的立场更为复杂；但是伍德表明，联邦党人的言论既让人觉得美德有待恢复，又让人觉得它已经死亡，是故只能代之以新的范式。[1]因此困难在于，而且一向在于，如何找到古典意义上的美德的代用品。这里有必要提到卢梭对代表制的批判。美德存在于特殊的个人对共同利益的关切，它带有偶然性，因为它取决于他与另一些用不同眼光关切同样利益的特殊的个人的联合。对少数和多数、自然贵族制和自然民主制的区分，是这种素质不同的个人的联合体的典型特点。没有某种有关个人素质和道德差异的理论，就难以理解如何能够建立有美德的公民关系。选出一个人替我行动，宣布我与他有着人为的同一性，这与承认一个与我一起行动、与我形成一个自然社团的人，并不是一回事。这就是为何难以把代表和被代表的关系视为具有古典美德的关系的原因。不论联邦党人还是他们的批评者都没有把卢梭当作分析工具，[2]然而不难看出，在他们对代表制理论的改造与他们不愿放弃有美德的共和国范式之间，是存在着紧张的。

他们力求协调两者（做得十分成功，几乎导致了一场范式革命），
521 为此提出了一种多重代表制（multiple representation）的理论。不同于中世纪或霍布斯把作为单纯实体的代表和被代表视为具有自然的或人为的一致性那种观点，他们宣布存在着行使权力的多种方式，其中每一种方式（准古典理论中的行政、司法和立法是明显的例子）都是人民选出代表的独立方式。那些被视为个人的人民代表，形成了诸多职能不同的团体，就此而言，他们仍可以被视为自然贵族；他们所履行的职能

1 Wood, pp. 474—475, 507—518, 543—547, 562—564.

2 Paul M. Sperlin, *Rousseau in America, 1760—1809* (University of Alabama Press, 1969)，该书指出，《社会契约论》阅读和引用的人都不是很多。诺阿·韦伯斯特（关于此人，见本书边码第526页和 533—535页）是个有意思的例外。

的多样性保证了在他们之间和他们内部存在着一个制约和平衡体系，因此可以说，这样他们不会获得太大的权力而让其他人陷入依附状态，从而自己变得腐败或使人民腐败。[1]由此可见，从亚里士多德到孟德斯鸠的古典传统的措辞，仍适用于这个新政体所呈现出的现象的广泛领域。但是在它的背后却有一种全新的认识（这也解释了一种普遍的信念，即代表制的观念是古代创立政治理论以来唯一伟大的发现），它使伍德说出了“古典政治学的终结”。人民仍然被认为并没有腐败，但是从一种重要的意义上说，他们不必用行动来肯定自己的美德，而且也不能这样谈论他们。他们没有分化为有不同的素质和职能的团体——每个团体以自己的方式行使着公民权，在它们之间存在着有美德的关系；既然他们没有以划分职能的各种方式积极参政，因此严格地说，他们根本没有直接参与统治。他们直接参与选举代表，联邦结构的多重性使这可以被视为一种连续性的和永久的职能；他们也有制宪权和修宪权，直接参与制定和修改宪法，有些言辞表明，这被视为不间断的活动。[2]甚至马基雅维里这位最能干的共和主义理论家，也认为“原则的恢复”和“恢复原状”不过就是每隔几年来一次示范性的清洗；甚至卢梭也仅仅设想过临时性的（即使是频繁召开的）拥有主权的人民大会，因为在大会期间宪法必然被中止。假如联邦主义理论在这一点上也超越了传统，那就必须理解为何会是这样。

美德衰落的逻辑结果是利益的兴起。[3]如果人们不再具有能够使 522
他们认识到共同利益的条件，那么每个人所能认识到的便只有他的特殊利益；有一种依然存在的十分古老的假设是，只有对共同利益的认识

1 参见Wood, pp. 446—453。

2 Wood, pp. 532—536, 599—600, 613—614.

3 在这一点上存在大量语义学上的混乱。在古典理论中，每个重要机构“代表”社会中的一个“等级”，如一人、少数和多数，那么这时就可以说这些“等级”是“利益”；仍然遵循着古典传统发言的激进民主派可以认为，在民众大会上，个人而不是相对属于精英的利益，才应当“被代表”。但是在真正的利益集团理论（它也许是激进个人主义的产物）中，个人只需认识他自己的利益以及它们让他所属的团体，而不需要实践超出这些利益的“美德”。

才是真正理性的认识，就此而言，对个人利益的认识原本是次要的嗜好和欲望，是对得失的理性算计，它顶多可以扩展为认识到个人利益与别人的利益具有相互依赖性。没有美德的人是他的欲望和幻觉的产物，当欲望与美德有矛盾时，其腐败的潜在可能性是很大的；但是我们已经看到，在18世纪的理论中，幻觉和商业能够表现为爆炸性的转型力量，它有着马基雅维里的“德行”的动力，或许也有它的局限性，而且超过了后者的改造人性的能力。利益既是限制的力量，同时也是扩张的力量。随着联邦主义思想的形成，人民逐渐不再被视为拥有古典意义上的美德，故也难怪，在麦迪逊和另一些人的著作中——《联邦党人》第十篇堪称其中的“范文”（locus classicus）——日益承认派系追求他们集体的特殊利益在人类事务中的重要性和正当性，[1]而在过去的乡村派和共和主义理论中，这一向被说成是欲望用来腐蚀美德的最可怕的工具之一。利益和派系是美德退化的人民检验和从事他们的政治活动的方式；但是在麦迪逊的思想中很快就得出了两个结论。其一，在联邦结构中建立权力的制约、平衡和分立，如我们所知，可以确保利益不会带来腐败，因此在赞扬不再以美德为基础的大厦时，仍可以采用有关平衡和稳定的全部措辞，而它不再有这种基础的事实也很容易被掩盖和
523 忘记。[2]第二，有些段落醒目地指出，这种结构具有包容和协调相互冲突的利益的无限能力。[3]不存在无法被代表、在权力分配中得不到一席之地的利益——在联邦主义传统中的历史学家看来，只有最特殊的制度，才是这项原则的一个例外；如果人民的成长和变化带来新的利益，那么联邦共和国也能够成长和变化以适合它们。

从这种“古典政治学的终结”中，伍德窥见到共和主义部分地向着自由主义的转变[4]——也就是说，从个人作为积极的公民根据自己的标准参与“公共事务”（res publica）的古典理论，向另一种理论的转变

1 Pole, pp. 374—375; Wood, pp. 501—506, 576.

2 Wood, pp. 535—547, 559— 560.

3 Wood, pp. 605—610, 他所依靠的主要文献是《联邦党人文集》第51篇。

4 Wood, pp. 562, 606—615.

（或许尚未完成）：根据这种理论，个人主要是意识到自己的利益，他参与统治是为了通过施压实现这种利益，他对政府作为中间人调和冲突——这便是全部共同利益之所在——的活动只有间接的贡献。从这个意义上说，代议制民主包含着个人和“人民”双方的退却，他们都不再直接参与统治，其表现就是“美德的衰落”；但是它并不包含政治的沉寂或紧张程度的降低。与它同时发生的还有党派活动的巨大扩张以及对高度敏感的选民的诉求。伍德还从麦迪逊思想进一步窥测到一种强大的浪漫主义思想因素。“人民”是没有分化的，因此它不受制于特殊素质的定义和分布状况。它是一股不为人知的巨大力量，能发展出无法预测的新的需求、能力和权力。所有这一切都能够在联邦制结构中得到容纳和协调，因此古典理论的平衡和稳定的语言仍然适用；但是也可以说，这个结构有着无限的扩张能力，因为没有必要事先坚持认为，寻求代表的新社会因素是那些过去被认为其美德相互和谐的成分。他们并没有被理性地理解为共同利益的构成因素，而是被理解为认识到的利益和对欲望的追求。然而，联邦结构能够容纳新的欲望，并通过容纳它们而成长。因此，如果人民永远享有修宪权，这是因为他们及其共和国永远在茁壮成长。有代表的利益所组成的共和国是一个扩张的国家。在美德上有所失，但运用“德行”（virtù）又有更多斩获。自由主义结构不是驯顺或寂静无为的结构。就像它之前的罗马原型一样，它既是稳定的，又是扩张的。

伍德的“古典政治的终结”，从根本上说预见到了密切联系在一起的服从范式和美德范式被人放弃的现象。由于在古典意义上的“更 524
新”时刻美洲人中间没有出现自然贵族，因此他们必须放弃人民有着素质上的差异的理论，无论这种素质是指古典意义上的美德，还是指直接同人格联系在一起的参政方式。在联邦主义思想的核心，出现了某种类似于卢梭困境的东西——一切统治权皆属于人民，但人民从来不直接统治。一旦付出这种代价，大力重申伴随着1787—1789年的保守主义革命出现的范式，就显示出了它的巨大优点。它能够克服一种得到普遍承认的局限性，即共和国为了避免腐败，只能局限于很小的规模；新的联邦既可以是共和国，也可以是帝国，既可以守在原来的领土上，又能够通过简单地扩展联邦原则而进一步扩张，大大超过使罗马得以扩大其霸权的半军事化的殖民地和领地。它允许在追求特殊目的时生长出新的结社方式，即现代意义上的政党，钱伯斯认为，[1]它们不是建立在服从上，它们所动员的能量能够达到古代共和国做梦也想不到的规模。因此不必奇怪，伍德和钱伯斯都倾向于把服从说成是古典共和国的原则，这种共和国本身是一种封闭而稳定的社会等级制中的一个类别；[2]不过，不太审慎地鼓吹这种观点的人会受到批评，说他们混淆了自然贵族和等级制中的贵族。

但是，我们对美德有着积极性质这一共和主义原则的马基雅维里式后果的研究，已经带领我们穿过这样一种意识的领域，它认为服从不是消极的，共和国不是等级制国家。我们已经日益习惯于认为，在比例得当的平等公民的世界里，美德是积极的，共和国通过运用其"德行"可以扩张到这个世界的范围之外。在波利比阿和马基雅维里的传统中，共和国不是简单地有着天然的局限性，对维持小规模的告诫务必不可以误读。它面对的困境是（这是它因自身的局限性而天生就有的），它既无法避免扩张，也无法避免因扩张而产生的腐败。美利坚共和国从一开始就要为这个古老的问题提供一种新的解决方案；这个方案的内容在某些方面十分新颖，但在另一些方面是老调重弹。我们也日益熟悉了不
525 列颠思想中存在着另一种选择，或称"宫廷派"意识形态，它强调人受着利益和欲望的支配；派系和政党并非没有正当性，而是必要的；必须通过主权进行统治，这种主权说到底是不受限制的，但能够分解为自身相互平衡的不同权力，它们在统治人们时部分地运用直接的权威，部分地通过诉诸于欲望，部分地通过把欲望转化为对共同利益的认识。现在应当清楚的是，这种意识形态的重要因素也出现在联邦主义的理论

1 William N. Chambers, *Political Parties in a New Nation: the American Experience, 1776—1809* (New York: Oxford University Press, 1963).

2 参见Wood, p. 606; Chambers, pp. 122—124; Pole, pp. 528—531。伍德尤其把作为一种理想的共和国描述为本质上是等级制的，同时本质上也是不稳定的，见pp. 478—479。

中，它恰好发生在后者脱离美德、转向利益之时。

然而也有一些重要而又明显的差别。宫廷派的观点把主权置于议会君主制之中，它通过划分行政权和立法权来维持自我平衡，但又通过行政权对立法权施加的影响而保持为一个整体。联邦主义的观点则把主权置于被代表的人民中间，并且严格维持权力分立，这是共和主义的而不仅仅是乡村派的做法。我们在这里再一次看到，共和主义的全部修辞完全适合联邦主义的目的，美德被放弃的程度既可以对发言人也可以对听众掩盖起来。宫廷派的观点诉诸于一种历史观，这种历史只有实用主义的调整，没有基本原则；而联邦党人则能够宣称也确实宣称要在一个超历史的立法时刻——一个“机缘”（occasione）时刻创立共和国，包括平衡甚至美德在内的自然原则由此得到重新肯定。他们的大胆而又开阔的视野是面向未来的，其中不存在马基雅维里那种自己属于已陷入混乱的“现世”（saeculum）的成员的感觉。最后，如我们所知，宫廷派的观点源于战争和信用财政与土地财产的所谓稳定性之间的冲突，这导致一种十分强烈的认识：信用和商业形成了扩张原则，即马基雅维里的“德行”和“命运”的混合，它使人们注定顺从他们的欲望，使政府必须承认和利用腐败。革命时期的美洲没有形成自然贵族，无论能否归因于新的商业和技艺因素与更古老的显贵精英之间的竞争，但几乎没有什么证据表明，1780年代的思想是对“金钱利益”的入侵做出的回应，而这种入侵在90年以前曾使英格兰的思想大为改观。美洲没有宫廷派——此后也从来没有；美德与商业的对立不是绝对的，这使人们再一次有理由相信，联邦主义的创立者并没有充分意识到他们的思想在多大程度上放弃了美德的范式。下面我将要证明，伍德的“古 526
典政治学的终结”是一个复杂织体中一条主线的终结，但并非整张网都消失了。

三

约翰·亚当斯的《捍卫合众国宪法》（*Defence of the Constitutions*

of the United States）在为联邦共和国辩护时，把它说成是古典意义上的自然贵族制和民主制的混合。伍德说明了它是如何作为一种历史编造而被否弃的：部分原因是它被误解为替贵族原则的辩护，部分原因则是它被一些更敏锐的头脑（如卡罗莱纳的约翰·泰勒）诊断为是根据共和国自身已经放弃的原则为共和国辩护。[1]对于遵循古典共和主义的不变传统写出的大概是最后一部重要著作来说，这真是一种令人啼笑皆非的——考虑到亚当斯的性格，也是恰当的——命运。伍德还谈到1780年中期和后期的至少两个联邦党人，1785年的诺亚·韦伯斯特和1787年的威廉·范斯·穆莱，他们（就像汉密尔顿和泰勒一样）都特别宣布个人的美德已经不再是自由政府的必要基础。至少穆莱曾模仿孟德斯鸠写下过一段话——并且有过之而无不及，他宣布，规定私人利益要服从公共利益，是发生在粗野的前商业社会的现象，如今已不必再遵守，因为人们已经知晓了共和国自由的真正秘密。[2]现在自由能够脱离美德，也不会因富裕而腐败；但是不管穆莱是要宣布一种保守教义还是革命教义，没有某种语言上的变化，他是不可能把它说出来的。

但是，虽然伍德、波尔等人做了丰富而细致的分析，揭示联邦主义理论中暗含着对美德的放弃，可是我们并没有看到那一代人已明确表示放弃了德行。在前面几节我们找到了某些原因，它们表明权力平衡与分立的语言可以被用来维持共和主义传统的活力，现在则可以进一步认为，有关美德和腐败的词汇始终存在于美国的思想之中，它不是主根被切断之后正在缓慢死亡的残留物，而是同美洲经验中使之保持活力
527 的因素联系在一起的现实，并且与它在宪法的理论和用语这个重要领域被部分放弃后的结果有着紧张关系。即使美洲人不得不放弃按照人

1 Wood, ch. XIV, "The Relevance and Irrelevance of John Adams", pp. 567—592. 对亚当斯等最后一批伟大的古典理论家的其他一些研究，见 Zoltan Haraszti, *John Adams and the Prophets of Progress*（Cambridge, Mass.: Harvard University Press, 1952）；John R. Howe, Jr., *The Changing Political Thought of John Adams*（Princeton University Press, 1966）。

2 Wood, pp. 610—611; 关于泰勒见pp. 591—592。

格的多样性将它与政体直接联系在一起的宪政人文主义理论，他们并没有因此而放弃对一种政治社会形态的追求，在这个社会里个人可以是自由的，而且能从他与社会的关系中认识自己。他们坚持认为，美国人是自然人，美国是建立在自然原则上，这就足以使以上所说得到证明，而对自然的追求和它所带来的失望，则很容易用美德和腐败的语言来表达，因为它是公民精神的语言；西方思想的主要主张一向就是，人天性就是公民——“天生就是政治动物”（kata phusin zōon politikon）。可是，美国的社会思想长久采用一种所谓洛克式的政府范式，认为政府来自人的天生具有社会性的状态，并且是这种状态的继续；人们一向严肃认为，除了洛克的范式以外，没有别的范式能够在美洲社会的独特条件下取得成功。[1]我们在本书中已经讨论过另一种传统，可以把它归入亚里士多德和马基雅维里的观点所组成的序列，前者认为人具有公民的天性，后者则认为在城邦只能生存于其中的世俗时间的世界里，人的这种天性只能部分地和矛盾地实现。美德只能在时间中发展，但又总是在时间中受到腐败的威胁。以时间与变化等同于商业时所采取的特殊形式，这种传统又在18世纪广泛的思想领域发挥着作用，并为美国革命提供强大的动力。但是在现代学者中间，“洛克式的”范式太强大了，以至于伍德对创制联邦宪法时脱离古典人文主义的变化所做的证明，会被解释成“古典政治学的终结”和“洛克式的”范型完全得到采纳。因此，在结束我们对这一马基雅维里传统的研究时，有必要讨论一下相关的证据，它说明了有关美德和腐败的正反两种观点在塑造美国的思想中一直发挥着重要作用。

“辛辛那提骑士团”（the Order of the Cincinnati）的插曲与这里的问题相关。一些革命军队的前军官们为自己组织了一个社团，并以那个罗马英雄的名字为它命名；这位英雄曾从他的农庄被召回担任执政官，后来又怀着感激之情返回农庄。但是有人怀疑这个社团被设计成了 528
一个等级制的贵族团体，在读到这件事时，我们对它发生于其中的思想

1　Hartz, *The Liberal Tradition in America*；见第534页注1。

氛围不会有多少疑问。与此相似，宪法第二修正案的起草，显然是为了打消人们对联邦政府会维持一支职业军队的疑虑，肯定民兵与民众自由之间的关系；其语言则是直接来自马基雅维里，他在当时的美国仍然是一个强大的正式发言人。这个新生的共和国害怕被职业军队所腐蚀，甚至当它——就像一个世纪前的英格兰一样——除了建立这样一支军队以外别无选择时也是如此。这种背景下所采用的语言，在美国第一次重大的党派冲突期间的论战和评论中得到了充分展现。

最近的两项研究[1]强调，从腐败威胁着共和国的所有传统来看，亚历山大·汉密尔顿在他的共和派和杰斐逊派对手眼中，在多大程度上是个预兆不祥的人物。他要创立一家美国银行和一个持有公债的债权人阶层，维护共和国政府的生存及其行政权力在国会的影响直接关系到他们的利益；《卡托通信》、博林布鲁克或詹姆斯·布尔的《论政治》（这些读物在美洲广泛传播）的所有读者，肯定会认为他追随着辉格党小帮派、沃波尔和乔治三世的传统，而这种传统使人们相信不列颠的腐败已经病入膏肓。如果汉密尔顿认为，政府要由一个能在立法机构中贯彻自己路线的强大行政长官来掌控，那么在他看来能够推动这件事的方式似乎就是回到议会君主制的老路上去——人人都同意，这种制度没有对议会的影响力是不行的；而麦迪逊的联邦主义则把它作为腐败的和不自然的东西而予以摒弃。这就是人们一再谴责1790年代的联邦党人要恢复英国宪政时所要表达的意思，而有关汉密尔顿的公债持有人会伺机成为等级制贵族的呼声，则是美国人回到“美好的老事业”的标志。最后，路人皆知，汉密尔顿有着建立一支永久性的共和国军队的愿望，对于他本人想成为这支军队的首领也有普遍猜疑，这些都使
529 他的批评者更加相信：一个强大的行政长官的统治，他拥有对议会的影响力，并得到金钱利益的支持，将必然导致常备军的统治，那是腐败的独裁统治。

1 Gerald Stourzh, *Alexander Hamilton and the Idea of Republican Government* (Stanford University Press, 1970); Lance G. Banning (博士论文), “The Quarrel with Federalism; a study in the origins and character of Republican thought”, Washington University, 1972。

可见，联邦主义和共和主义之争，在很大程度上是百年以前宫廷派和乡村派之争的回放。杰斐逊派说着乡村派的语言，而且他们知道自己说着这种语言；至于汉密尔顿是否自觉地重复着笛福或沃波尔派的观点，我们不得而知；这种语言在不列颠就不太发达，况且也不适合美国的语境。但是，斯托尔兹根据共和派的人文主义背景对汉密尔顿思想的探究，使人不会怀疑，在崇尚美德的古代和商业化的现代之间的新马基雅维里式对立的背景中，他认为自己是个“现代辉格党”。我们引用过他的话：“卡托是托利党，恺撒则是他那个时代的辉格党……前者与共和国一起死亡，后者则毁了共和国。”[1]语气中显然透着成功高于得失，“德行”（virtù）高于美德（virtue）的偏好；正是这种语言，使杰斐逊相信汉密尔顿崇拜恺撒并且想效仿他。可是当汉密尔顿后来相信阿隆·布尔威胁到他本人的角色时，却谴责布尔是“小恺撒”，[2]是喀提林——在共和主义的魔鬼簿中，这是一个比恺撒更阴暗的形象。汉密尔顿眼中的布尔，也就是杰斐逊眼中的汉密尔顿，甚至那句有关卡托和恺撒的话，也是在警告人们提防布尔的野心时写下的；值得指出的是，使布尔成为喀提林而不是恺撒的原因，在于他的野心缺少“对荣誉的爱”[3]——即古典意义上的“德行”。由此可见，汉密尔顿对恺撒的感情充满了马基雅维里式的道德含糊性；可是对于马基雅维里本人来说，恺撒一向是个彻头彻尾的恶棍，而根本就不是英雄。“托利党”和“辉格党”这些名称的惯用含义，为我们提供了搞清楚汉密尔顿的意思的线索。那不是当时的含义，而是王道盛世时期的含义。恺撒皇帝（imperator）只有在安妮统治时期的背景下才能成为“辉格党”，当时的辉格党是好战的党，是马尔伯罗和金钱利益的党。恺撒对卡托的胜利，是商业对美德的胜利、帝国对共和国的胜利。正是这种历史角色使恺撒变成了含义暧昧的“德行”的原型。

---

1 Stourzh, p. 99 and n. 85; p. 239.

2 Stourzh, p. 98.

3 Stourzh, pp. 98—102.

斯托尔兹还表示，[1]汉密尔顿认为美国注定要成为一个商业和军事帝国，一个确实适合于恺撒形象的国家，但是他的角色如果不应由布尔这样的煽动家来扮演，那就必须由“现代辉格党”的政府结构来
530 扮演。整个论证是建立在商业优于节俭、帝国优于美德的基础上；可以说，汉密尔顿为孟德斯鸠的三原则补充上了第四条原则，如果美德是共和国的原则，利益是帝国的原则，那么如果共和国也会成为帝国，就必须有非古典的联邦主义。一个西印度公司的人变成了纽约人，他认为美国是一个制造业和商业的经济体，在大西洋上从事贸易，与其他贸易社会展开竞争。他认为自己是与研究专业化的伟大理论家站在一起，他遵循着萨尔顿的弗莱彻的传统，肯定社会已经日益变得商业化，日益能够花钱供养军人和水手来保护和扩展他们的贸易。正是这种专业化过程，而不是霍布森—莱宁的投资理论，使贸易竞争变成了强权、帝国和生存的竞争；一旦军事力量参与到贸易扩张之中，那么也必须为军事力量而战。商业和专业化是动力十足的“德行”的原因。政府必须成为保护和扩张对外强权的动力；在公民之间的内部关系上，自由和正义是正确而必要的目的，但它也不能再以假设公民具备个人美德作为基础，

> 因为随着财富的增多并被集中到少数人手里；随着奢侈之风在社会中蔓延，美德将在很大程度上被视为仅仅是财富的附属物，放弃共和主义的标准是大势所趋。这是人性的真实倾向。……这是我们的国家和其他国家所面临的共同不幸。[2]

不列颠的议会君主制和美国的代议民主制，都是适合于商业发展时期的政府模式，这即使不是确实已经腐败的时期，也是后美德的时期。麦迪逊在与汉密尔顿共事时，协助创建了联邦代议制结构的图景，它可以不断扩张，但绝对不会腐败。麦迪逊在宪法得到批准之后没几年就跟汉密尔顿闹翻，他这样做的一个原因也许是，汉密尔顿的观点明

1 Chs. IV and V, 相关各处。

2 Stourzh, p. 71；全面的讨论见pp. 70—75。

确预设了严重的腐败，而且蛮横地公开承认它的存在是由政府造成的，这超出了麦迪逊认为能够接受的限度。关键的分歧来自于汉密尔顿的 521
财政建议，它让人难以忍受地觉得是要回到沃波尔和乔治三世的对手所谴责的那种议会君主制；但是，汉密尔顿对帝国和军事力量的强调，或许也是麦迪逊反对他的一个附带原因。[1]在汉密尔顿的思想中，从美德向商业的过渡，并不是向自由主义的自满自足、向不同利益相互平衡的世界的平静撤退。他所选择的是疆土和扩张，而不是自由贸易，他明确否定贸易国家的利益是和平与互补这种观点。可能有战事发生，必须有强大的政府；另一方面，他怀疑麦迪逊的利益平衡论过分忽略了一个各州组成的联邦中教派冲突的危险。[2]于此可见，汉密尔顿的帝国是对麦迪逊的联邦主义的挑战，它建立在同样的前提上——从美德向利益的转变——但得出了更严厉的马基雅维里主义的结论。共和国能够脱离它的美德基础，而又不变成一个彻头彻尾的帝国吗？美国能够同时既是共和国又是帝国吗？汉密尔顿没有从否定的角度回答这些问题，但是他建议做出肯定的回答时所采用的强烈语气，是难以令人接受的。因此它被指责为腐败。[3]

当然不应当认为，1790年代的联邦党人是由有恺撒主义之嫌的汉密尔顿们组成；它的领袖们很可能自视为卡托，而不是恺撒，是恪守自然贵族之不屈不挠美德的人。约翰·亚当斯的共和主义是古风依旧的古典理论，但他确实是联邦主义者；卡罗莱纳的约翰·泰勒曾严辞批驳亚当斯的《捍卫合众国宪法》是过时的皇历，但他也是共和派，并写过反驳汉密尔顿的檄文，其中的每一页都游荡着斯威夫特和博林布鲁克的幽灵。[4]也不应当认为共和派信奉的是麦迪逊合成的后古典自由主义。他们中间有些人是踏着亨利·帕特里克这类反联邦党人的足迹，后者严格的美德意识使他们批评宪法本身，认为它对私利和帝国做出了太

1 Banning，同前书。

2 Stourzh, pp. 158—162.

3 Banning, chs. IV—VI.

4 Banning, pp. 299—311.

多的让步；[1]但是，依然还是有一些反联邦党人，他们对美德的关切使他们站在卡托式的联邦主义立场上。从共和到联邦再到帝国的意识形态光谱，很像是王道盛世时期从土地到贸易再到信用的英格兰光谱；不存在固定的分界线，所有立场上的人共同分享着同样的矛盾和困惑。信奉美德、信奉马基雅维里时刻，就会产生这种结果；它使人意识到自
532 己是半人半马的怪物。

对于许多人来说——早期美国的环境使很多人可以做出这种选择——出路在于承认自己就是半人半马的怪物，一心充当职业政治中的幕僚和掮客。[2]但是，考虑到美国的价值是在公认不太有利的条件下追求美德的人们的价值，从这一前提条件来看，图弗森的意见是很有意思的，他认为联邦党比共和党更有可能接受千禧年启示的前景，它可以使人设想美国的美德将会大获全胜。[3]我们看到，美德有时需要千禧年，它能够使美德得到神恩的肯定。但从外表上看共和党应当是赞成美德（virtue）的党，联邦党则是赞成"德行"（virtù）的党。不过，如果我们假设联邦党中既有相信自己是最后的自然贵族的人，又有相信"人性的真正倾向"是走向奢侈和帝国的人，我们就会把他们定义为认为美德面临着极大的危险和压力的党，从而也不必奇怪——因为他们毕竟是美国的政党——在他们中间既有千禧年主义者，也有马基雅维里主义者。下面我们将会看到，杰斐逊派自有其证明美德持久不衰的办法。

在刚才引用的汉密尔顿那句话里，他肯定"人性的真实倾向"是"放弃共和主义的标准"，自然要把这话同托马斯·杰斐逊的一些甚至更惊人、得到更全面讨论的作品放在一起。研究美国农业制度的人，曾多次探讨下面这段话的意义和根本的含糊性：

1 Stourzh, pp. 128—129; Wood, p. 526.

2 Chambers，同前书，该书研究了这一发展。另参见David Hackett Fischer, *The Revolution of American Conservatism: The Federalist Party in the Age of Jeffersonian Democracy*（New York: Harper and Row, 1965）。

3 Tuveson, *Redeemer Nation,* p. 120.

> 如果上帝有选民的话，在大地上劳作的人就是上帝的选民，他在
> 他们胸中注入了实实在在的真正德行。他让圣火在那儿不断燃烧，否
> 则它就会在地球上熄灭。广大的种植者道德腐败这种现象，在任何时
> 代和任何民族都不曾有过先例。它是这样一些人的标志：他们不仰望
> 天国，也不像农夫那样为了生计而照看自己的土地和田产，而是依靠乖
> 戾和性情多变的买主。依附导致奴颜婢膝和见利忘义，扼杀美德的胚
> 芽，为野心计谋准备顺手的工具。这是技艺的自然进步的结果，它有时
> 也许会被偶然的环境所延迟，但是一般说来，任何国家公民中的其他 533
> 阶层的总数与农夫的总数之比，也就是它的不健康成分与健康成分之
> 比，这是用来测定其腐败程度的一个相当不错的标准。……大城市的
> 流民对支撑着纯洁政府的基础的作用，就像脓疮之于强壮的人体的作
> 用一样。维护共和国活力的，是人民的风尚和精神。这些人的堕落就
> 像溃疡一样，很快就会吞噬其宪法的灵魂。[1]

"技艺的自然进步的结果……有时……会被偶然的环境所延迟"。杰斐逊将自己，也将美国，放在了一个卢梭时刻；人们在这个过程中既不能避免文明，也无法避免腐败；但是他的语言进一步暴露出这个过程是政治的，是一个马基雅维里时刻。他甚至窥见到商业和"命运"密不可分；"乖戾和性情多变"这种说法，几乎可以分毫不爽地代之以"命运和幻觉"。但是，在18世纪的论战中，"风尚"，或习俗和传统，通常的延缓命运之轮的作用，现在则变成了有着进步和腐败的作用。我们在这里还了解到造成腐败的因素会以何种形式出现。商业社会中那些依附的、奴颜婢膝和见利忘义的人，是"计谋顺手的工具"，而搞计谋的人不但有布尔这类古典煽动家，而且有汉密尔顿这种军事和财政帝国的建筑师。杰斐逊这段话写于1785年，但是它预示着未来十年的言论。他当时就像古典共和派一样信奉美德的理想，但是他认为美德的

1　Jefferson, *Notes on the State of Virginia,* "Query XX"；引用并详细讨论这段话的著作见Leo Marx, *The Machine in the Garden: Technology and the Pastoral Ideal in America*（New York: Oxford University Press, 1964, repr. 1970）, pp. 124—125 and 116—144。

前提条件是农耕而不是自然；他不是卡托，不认为自然贵族与自然的民主的关系是至关重要的——姑不论他作为弗吉尼亚大学的创办人时这种思想会出现在他的头脑之中；他倒是更像提比略·格拉古，认为维护一个自耕农的国家是保持美德的不二法门。同时我们还看到，他怀疑农业美德是否能永远保持下去。然而不论是他的信念还是他的怀疑，都使他脱离了古典政治传统，或脱离了麦迪逊式联邦主义的新自由主义。

看一看诺亚·韦伯斯特，可以找到这种困境的一条线索。伍德曾经
534 以他为例，说明共和国已经不再直接以个人美德作为基础。他写道：

> 伟大的孟德斯鸠的学说也许是错误的，除非用“世袭的财产或土地”这句话来取代他整部《论法的精神》中的“美德”。
>
> 除非人性有变，美德、爱国主义，或对国家的爱，绝不是、今后也绝不可能是政府的牢固而永恒的原则。但是在农业国家，可以使对世袭土地的普遍占有成为永恒；商业导致的不平等变来变去，因此难以威胁到政府。财产平等与必要的让渡权一起，不断毁灭着强大家族的联合，是共和国的灵魂所在。[1]

韦伯斯特直接转向哈灵顿主义立场，认为维护美德和平等必须有一定的物质基础，而自有地产是比商业更稳定的基础，但是以农业为主的社会能够容纳商业而又不会遭受美德的严重损失。即便他确实承认宪法是以美德之外的东西为基础，并且在他看来这是对美国制度中的非农业因素的让步——其实是对商业的让步，但美国仍然能够是一个农业而非商业的社会。可是，这会使人把重点从宪法本身转移到其他方面。现在要安顿美德的制度，但不是把它安顿在古典学说认为有立法智慧发挥作用的政治“秩序”（ordini）中，而是安顿在保障自有地产永久平等的农业法中——或者如我们所知，安顿在不受法律调整的社会

1 转引自Stourzh, p. 230, n. 104。

力量和人类活力之中。我们接近于看到这样一种理论，它认为边疆而非宪法才是“共和国的灵魂”，除非能够把后者作为解决商业和美德之间的激烈对抗的完美方案，恢复其中心地位。

亨利·纳什·史密斯[1]挑选出“永业地产的帝国”（fee-simple empire）[2]这个说法，作为19世纪盛行于西部的地缘政治和千禧年语言的象征。结合韦伯斯特在1787年的言论，这个说法可以向我们解释，为 535
何一个纯粹农业的共和国必须是一个扩张的国家。革命的一代立志维护美德，要让他们的共和国避免腐败，但并没有使它完全脱离利益和党派（这被认为是商业所导致的腐败的标志）的世界。正像韦伯斯特所记得的那样，哈灵顿曾经断定商业只要没有压倒土地，就不会导致腐败；可是自他那个时代以来，商业已逐渐被认作是既推动进步又助长腐败的动力来源。想使美德与商业相互协调的共和国，同样也要在追求土地方面具有动力和扩张性。“大洋国的成长”能够“赋予海洋以法律”，摆脱威尼斯和罗马的命运，只要海洋能够通向可供人定居的空闲土地即可。可是在美国，跨越大洋之事已经完成，土地正在等着简单的人口扩张去占据。丹尼尔·布恩[3]不需要充当利库尔戈斯或罗穆路斯进行立法，而后来摩门教徒受到憎恨的部分原因，很可能是他们的先知非要成为立法者。土地的供给无可限量，可以由自己说了算的武装自耕农去占领，这也意味着美德的无限供给，甚至能够认为不需要什么农业法；安全阀门处于开启状态，导致依附和腐败的一切压力很可能不治自愈。

在这种情况下，美德也许能自立于不败之地，作为柏拉图式“造物主”（demiurge）的立法者所展示的智慧是多余的。对人民的力量的浪漫描述，类似于伍德在麦迪逊的自由主义中看到的浪漫主义，在边疆

1　Virgin Land: *The American West as Symbol and Myth*（New York: Vintage Books, n.d., repr. of 1950 ed., Cambridge, Mass.: Harvard University Press）, ch. XII.

2　永业地产（fee-simple）指个人享有无条件占有、使用、继承和转让等各项权益的土地财产。——译注

3　丹尼尔·布恩（Daniel Boone, 1734—1820）：美国建国初期著名的边疆开拓者，民间传说中的英雄人物。下面提到的科罗克特（Davy Crockett, 1786—1836）和杰克逊（Andrew Jackson, 1767—1845）是美国推动开拓边疆事业的著名政治家。——译注

修辞中露面了；但是，按照马基雅维里提供的范式，这个意义上的美德必须像人民的“德行”一样充满活力。要用美德的动力去应对和容纳商业的动力，它必须分享后者的欲望和幻觉的性质。但是，边疆传奇中那些原始的、有点儿好笑的英雄，从政治上说不足以体现共和主义美德——作为国会议员的大卫·科罗克特，难以想象他是生活在现实之中；这种神话的化身是安德鲁·杰克逊。[1]边疆武士变成了爱国的政治家、成立美国银行的第二次尝试的成功反对者，传奇故事中的杰克逊大可以要求把他视为最后的马基雅维里式的罗马人，把以他作为象征的好战的、扩张的农业民主视为能使共和主义“美德”成为永恒的第四罗马，就像莫斯科的第三罗马使神圣帝国成为永恒一样。

据记载，杰斐逊对考虑不周的1812年战争有如下评论：

536 我们的敌人其实是为了安抚魔鬼撒旦，才把我们的祖先逐出天堂，使我们从一个爱好和平的农业民族变成了好战的和制造业的民族。[2]

可是，那场无聊的冲突得到正式解决之后，却突然被捧成了神话，拜新奥尔良战役之赐，它从腐败的进步战争变成了展示美德与古风的战争。在那场战役中，边疆的来福枪手、传奇般的“肯塔基猎人”担当起质朴的公民战士的角色，据称他们战胜了庞大职业军队的老手。约翰·威廉·瓦德在研究此后二十年里形成的杰克逊神话时，向我们清楚说明了它在多大程度上是建立在早期罗马英雄——所有课本和爱国演说中的常见人物——的故事和有美德的民兵与腐败的常备军之间的传统对比上。当克劳塞维茨编造出一种有关战争的伟大的理想化理论，把它说成是民主的官僚国家的手段时，美国却提出了自己的观点，是公民的、保留着古风的、马基雅维里式战争观，同时也是浪漫的战争观。

---

1 John William Ward, *Andrew Jackson: Symbol for an Age* （New York: Oxford University Press, 1955）；另参见Marx，同前书，pp. 219—220。

2 转引自Marx, p. 144。

瓦德又进一步说明，包含在那个神话中的原始主义的和活力四射的因素——民主的反智主义——有着多么重要的意义。据说，肯塔基战士焕发出神秘的力量，使他们在新奥尔良的对手惊慌失措，因为这些人只有技能、经验和对物质力量——即克伦威尔也许会称为仅仅是“肉体理性”（carnal reason）的东西的依赖；而且人们极力坚持说，这种精神就是爱国主义精神，而爱国主义就是圣灵。瓦德正确强调说，这种浪漫主义是平均主义精神的一部分；把自然的人民力量与训练、经验和理智等量齐观的力量，肯定是一种与理性相对立的精神力量。但是，同时肯定存在着类似于马基雅维里所说的“平民”的充满活力和尚武的“德行”（virtù）。那种体现在杰克逊本人身上的激励着来福枪手的精神，多次被称为“美德”；但是，当杰克逊不断受到赞美，说他是个不在乎国际法规定而取得了胜利的将军、立法并做出决断而不在乎宪法细节的总统时，我们显然是在跟一个具有严格的马基雅维里意义上的“德行”的领袖打交道。“杰克逊制定法律，”一个崇拜者说，“亚当斯引用它。”他这是在评论一个英雄人物的著名咆哮：“去他妈的格劳秀斯！去他妈的普芬道夫！去他妈的瓦特尔！这只是我跟杰姆·门罗两人的事。”[1]或者是这种说法：“约翰·马歇尔已做出了自己的决定，就让 537
他去干吧。”

马基雅维里也许确实很有见识；但他可能还会指出，这种刚愎自用的作风对于创建共和国的立法者或单打独斗的君主是恰当的，但是对于维持公共权威的长官来说却会导致极严重的腐败。既然古典历史仍然是每个人的政治教科书，因此可以说，杰克逊的对手有理由担心他会从军事冒险家变成暴君，甚至会觉得他的美德想必是货真价实，足以抵挡他的超人品质受到的那些能让人飘飘然的赞美。既然他没有变成曼利乌斯·卡皮托利努斯，那他必定是个福利乌斯·卡米鲁斯。但是从马基雅维里的角度来看，如果一个共和国既不新也没有衰落，而是处在正常运转的第二代，那么它是否会产生这么一个近乎无政府式的英雄并

1　Ward, p. 63.

从中受益，真是一件反常的事。瓦德有过不少正确论说的一种当代解释是，建立在自然原则上的宪法释放人的自然能量；杰克逊是自然之子，因此一片蛮荒的共和国没有什么好怕他的。[1]然而，瓦德得出的结论却很正统：美国的神话是洛克式原始主义的神话——自然对历史的反叛，或者说，对旧世界的传统、习惯和唯智主义的反叛。这种观点过去和现在都很常见。不过我们要提出的问题是，这种返回自然的做法，撇开美德的复杂性和含糊性，是否能够得到正确的理解。

杰克逊的美国也是托克维尔所观察的美国。当农耕战士的进攻性"德行"在边疆茁壮成长之际，远在东部的民众对自然贵族的反叛显然也达到了顶点，我们已经学会了把这称为"美德的衰落"和"古典政治学的终结"。我们可以问一句，这两者之间是否有任何关联？托克维尔描述了马基雅维里或孟德斯鸠意义上的平等——希腊式的"平等规则"，或平等地服从"公共事务"，这一向是美德理想的一部分——向"地位平等"（égalité des conditions）的转化，他认为这标志着现代意义上的民主在取代古典共和国价值上取得的胜利。他完全超越了共和主义的担忧，即害怕杰克逊会变成一个曼利乌斯或恺撒，他指出，后美德的社会所面临的真正的暴政危险，是多数意见的独裁。当人们已经分化并用相互服从对方美德的行动来表现他们的美德时，个人是通过
538 其同胞对他那些得到公认的素质表现出的尊重来认识自己；可是，一旦人们变得千人一面，或被认为他们应当如此，他发现自我的唯一手段便只能是听从其他每个人关于他应当如何和事实上如何的看法。这导致了意见的专制，因为现在只有混乱的一般意见来定义自我或作为它的判断标准。麦迪逊曾担心个人可能对自身意义完全失去感觉；[2]托克维尔能够看到，汤姆·潘恩在逃脱了英国法的叛国罪和法国的恐怖统治之后，却陷入他的美国同胞的非难之中。

这种对"地位平等"的批评基本上是亚里士多德主义的：《政治学》指出，把人们当作一模一样的人去对待他们，就无法从他们不一样

1 Ward, pp. 30—45.

2 Wood, p. 612.

的那些方面去考虑他们；还可以进一步指出，如果一个社会中人人都服从其他每一个人，因为他依靠别人作为判断自己的生存的手段，那么这个社会就是严重腐败的——从公认的意义上说——虽然它采取了一种特殊的方式。对杰克逊式的意志和自然活力的崇拜，可以成为这个社会的一部分，因为浪漫主义意义上的“德行”（virtù）是破坏自然贵族的美德的手段；但是这个托克维尔的世界的一个特点是，它很容易制造和传播人们的虚假形象，因为这里的人们只靠彼此之间的形象活着。这里可以恰当地认为，杰克逊和另一些边疆英雄的神话，部分地是由并不隐蔽的编造形象者故意制造出来的；杰克逊是个垦荒者和边疆人，他在新奥尔良获胜靠的是大炮，而不是来福枪的火力。假如他在1828年成功地把自己装扮成英雄，把亚当斯说成是知识分子，他的形象在1840年却遇到了东施效颦者：辉格党成功地编造出了他们自己的英雄哈里森[1]，而后者表现其不堪一击的性格的方式是，他在就职典礼上得了感冒，没过一个月就死掉了。这真是历史的严重讽刺，虽然他的崇拜者也许认为安德鲁·杰克逊尚未受到嘲笑；这再次带来一个问题，自然时刻是不是摆脱美德与腐败相互冲突（美国自立国以来就感到它根深蒂固）的手段。

不妨再对引自杰斐逊的《弗吉尼亚评论》（*Notes on Virginia*）的一段文字做一评注。商业——技艺的进步——败坏务农者的美德；但是韦伯斯特补充说，而且杰斐逊也表示同意，农耕社会能够容纳商业， 539
扩张的农耕社会能够容纳扩张的商业。美国是世界的花园；它的无主土地有着无限的储备，通过扩张去占据这些土地，也就等于美德的无限扩张。在杰克逊和韦伯斯特之后的一百年里，随处可见的史密斯《处女地》（*Virgin Land*）中的用语，也就是手拿武器、热爱自由的农夫的用语，还可以补充说，是伯克利的“向西部前进”的用语，它有助于解释那首诗中所接受的美国思想中的原型。由此可见，为边疆的扩张所做

1　哈里森（William Harrison, 1773—1841）：美国政治家，早年以侵占大量印第安人土地而闻名。他于1841年当选总统，31天后死于急性脑炎，是美国历史上任期最短的总统。——译注

的辩护是马基雅维里式的，在杰克逊神话中似乎存在着马基雅维里的“德行”，它能够扩展美德而又不使它腐败——这是只有在永业地产制（fee-simple）的帝国才有可能存在的过程。毒蛇已经潜入伊甸园——再次使“德行”成为必需；也就是说，在共和国出现以前，商业就已经成为美国景观的一部分。但是，在扩张土地不会被扩张商业所败坏这一前提下，后者能够为农耕“德行”的扩张补充上充沛的活力和进步的性质，能够被视为有益于农民帝国的形象，它既是进步的，又是田园的。波利比阿和马基雅维里在他们更血腥的时刻所实现的“美德”和“德行”的结合，在杰斐逊—杰克逊的传统中从更高的社会复杂性，因而也是更乐观的层次上得以再造。宪法所导致的美德被放弃的现象，得到了边疆“德行”有过之而无不及的补偿。

自耕农的措辞——美国是一个新的哥特人帝国——总是为蒸汽机的措辞留有空间；不妨回想一下当时不列颠的托马斯·皮科克所讽刺的“思想竞赛”和“聪明的蒸汽社会”。既然边疆和工业、土地和商业都是扩张性的力量，那就可以从欲望和动力的角度去描述它们：战士自由民的爱国“德行”有利于前者，汲汲于利益的追求有利于后者。只要还有扩张相伴，投身于自然就可以同时被说成是田园的和创业的。因此，美国人所追求的，不是在田园风光中沉思自然，而是他自身作为人的天性，它是公民的，尚武的，商业的，总之一句话，是积极的。即使他这时搬出洛克的范式，那也是“积极生活”的复杂历史决定让他这样做的时刻。[1]

进一步说，荒野是需要塑造成型的；他作为自由民、战士和公民的天性，只有在他完成这种塑造之后才能实现。边疆人的愿望是要变成
540 理想的自由民，虽然在这一点上有可能出现浪漫主义的紧张。我们从杰
斐逊那儿看到一个通告，即只有在文明进步到达一个卢梭时刻时，美德才有可能；这意思在无数的材料（既有图片也有文字）中被进一步阐发，它们把农耕和公民的理想描述为处于蛮荒状态与大都市的腐败这

1 Marx，同前书，相关各处，此书对这个题目有十分出色的阐述。

两极之间的"中间景观"。[1]因此，城市的形象总是带有部分田园色彩，虽然也有明显较少的部分带有沉思色彩。进一步的推论是，既然不断变动的边疆在任何时刻都是野蛮与美德的中间地带，所以就总是存在这样一个问题：那些在"德行"（virtù）的驱使下穿越这个地带的人，宁要不定型的而不要定型的，宁要潜能而不要现实，因此他们的天性总是得不到完成，甚至有可能堕落。费尼莫尔·库柏就讲述过上了年纪的"皮袜子"[2]陷入这种困境，他徘徊于猎人和农民之间、自然美德和明确的法律之间；[3]当柏克想象阿帕拉契亚山脉以西的定居者退化成游牧骑兵，劫掠边疆的农庄时，他脑子里想到的肯定就是这种事情。[4]此外，早在克雷夫科尔的《通信录》（*Letters*）[5]中，也提供了一个将边疆的占地者视为卑贱野蛮人的场合，他是可鄙的堕落者，而不是天生的野蛮人；贫穷的白人是在18世纪社会学的观念背景下开始谋生的。

但是，这些问题看起来只是从理想角度提供了为何不应当停止边疆扩张的原因。只要在新的土地定居仍有可能，农耕美德与商业的合作关系就能得到维持，并且能使美国的"新人"重新进入伊甸园这种幻觉长久存在下去。民族启示录能够在这种原始的乐观主义层面上得到肯定。但是仍然存在着伯克利预见到的问题：世界史的封闭性或循环性的问题。美国必须是"治权转移"的第五次亦即最后一次运动，因为"向西部前进"的过程一旦完成，那么仅从农业的角度便难以想象它会重新开始。对农耕美德的追求是对一种静态的乌托邦的追求，只能被想象为"更新"，即那些能够找到用来复兴美德的土地之人对美德的恢复。在这方面，马基雅维里有着先知一般的（但不是基督教的）正确

1　对"中间景观"的讨论见Marx, pp. 121—122 及相关各处。

2　美国作家詹姆斯·费尼莫尔·库柏（James Fenimore Cooper, 1789—1851）写有讲述西部拓荒者的系列小说《皮袜子故事集》，"皮袜子"（Leather Stockings）是主人公纳提·邦波的绰号，后用来泛指美国早期粗犷豪放的拓荒者。——译注

3　Smith, *Virgin Land*, pp. 64—76.

4　Burke, *Works,* II, 131—132; Smith, pp. 201—208.

5　Hector St. John de Crevecoeur, *Letters from an American Farmer,* Everyman's Library edition（London: J. M. Dent, 1912—1962）, pp. 46—47, 51—55.

性：任何时候世界上能够存在的美德数量是有限的，在它用尽之后和
541 复兴之前，灾难必将来临——一种斯多葛式的灾难，而不是基督教式的世界末日。如果共和党如图弗森所说，其千禧年思想少于联邦党，这也许是因为他们像杰斐逊一样，希望在一个永业地产制的帝国中，美德几乎能够永远得到更新；但是，走出这个不断扩张的乌托邦，就只能看到马基雅维里式而不是基督教式的末日了。这种乌托邦肯定会终结。在杰斐逊著作中的某些地方，他同意土地的储备迟早会被用尽，美德的扩张将赶不上商业的进步。[1]当那个时刻到来，腐败的过程就会重新出现，人们将在市场经济中变得相互依附，在大城市中依附于政府。毒蛇会再次让亚当和夏娃堕落，汉密尔顿和布尔所代表的黑暗势力，或托克维尔描述的更为微妙的过程，将失去农业扩张的制约。风尚一旦腐化，即使有宪法也没用。即使在美国，共和国也要面对它自身的极限，以及它的美德在空间和时间上的极限。

可见，在美国的思想中，即便是最具乌托邦特点的内容，也有历史悲观主义的一面，它来自于美德同商业的对立，能让整个美国历史陷入一种马基雅维里时刻或卢梭时刻。[2]这是因为杰斐逊的农夫归根结底只是处在进步与腐败的辩证过程中的一个时刻，这使杰斐逊别无选择，只能把他们称为神的“选民”或“得到神的特殊眷顾”。说到底，他们没有受到自然的保护，他们拥有美德的时刻只能靠神恩或神意来延长和维持。杰斐逊能够诉诸天意，却不能诉诸千禧年预言；他的自然神论和农耕主义都使他只能如此。因为正如我们一再看到的，公民美德虽然偶尔需要一种启示录来肯定自身，但它同样有一种强烈的倾向，要用它自身的时刻去取代期待着就要降临的千禧年。因此，看一看图弗森就千禧年主义与联邦党人的关系所做的概括，是很有意思的。一方面，这种结合是可以实现的，因为联邦党人考虑到美德与卡托式的简朴风尚一起衰落，认为人们受着更大的诱惑，世俗生活更没有保障，因此比杰斐逊所认为的更加需要神恩；但是另一方面，图弗森还意味深长地

1 Smith, pp. 241—244.

2 参见笔者的*Politics, Language and Time,* pp. 100—105。

强调了联邦党人提摩太·德怀特在其千禧年诗作中给予“商业的突出地位。[1]商业是充沛的动力，是“德行”，它能够使自然不会永远停留在农 542
业乌托邦的状态，并且使人必须求助于神恩的帮助；但是，由于向西部扩张的过程中美德与商业的合作关系，它也可以成为奔向神恩将会提供并将在一场风暴中使之完成的千禧年的手段。甚至有这样一种思想气氛，认为它能够突破对西部土地储备的依赖，克服它的局限性，超越美德的封闭循环，达到真正美国的千禧年境界。

亨利·纳什·史密斯所揭示的美国神话文学的常数之一，便是这类预言的一再出现：永业地产制的帝国不仅能让农业自耕农的美德永久存在，而且能带来突破欧洲大陆局限性的商业，并且能够通过打开亚洲市场，使最古老的人类社会获得解放。[2]托马斯·哈特·本顿在圣路易斯的听众面前，用手指着正西方宣布，“还有东方呢，还有印度呢”。[3]通过商业去启蒙日本和中国，是此后一直不断出现的预言。关于美国的全球角色的预言，是在永业地产制将美德和商业结合在一起的语境中做出的；有人坚持认为，这种全球角色将确保上述结合永世长存，甚至在抵达太平洋彼岸之后也是如此。然而，亚洲（惠特曼的“古老而虔诚的亚洲”）的解放是美国乃“从事拯救的民族”这一幻想的一部分；其原因一望可知，它将突破伯克利认为美国走不出去的封闭循环，把他的“转化事业”（transltio）最后的第五次行动转变为真正千禧年式的“第五王朝”。洛克——他在无意之中便为自己赢得了做出新预言的先知的地位——曾写道，“全世界最初都像美洲一样”；[4]假如全世界最后也都像美洲一样，这个被拣选的民族的使命就大功告成了。运用唯一可能的手段——让全人类永远加入其中这一手段——将使美德和商业、自由

1　Tuveson, *Redeemer Nation,* pp. 103—112.

2　Smith, Book I, “Passage to India”, pp. 16—53.

3　William N. Chambers, *Old Bullion Benton: Senator from the New West*（Boston: Little, Brown and Company, 1956）, p. 353. 严格地说，本顿是在想象一尊面朝西方的哥伦布塑像，但是我们也可以感到他确实面朝西方。历史的讽刺是，在圣路易一个地方竖有他的一尊塑像，而这座城市的衰败已经使造访那里的人十分稀少。另参见Smith, pp. 23—35。

4　Locke, *Two Treatises of Government,* II, 49.

和文化、共和国和历史的合作永世长存；它将使千禧年和乌托邦融为一体，这便是圣经中的先知预言在现代早期的世俗化的结果。

543 有一些文化中的启示录，将自身想象成体现着某种人类历史统一图式中的最后阶段，它们就要通过完成这种图式最后的话语而实现乌托邦，美国的启示录从根本上说并不比它们这种启示录更荒谬。但是，美国的历史运动是空间运动，而不是言辞的运动；它的启示录是早期现代的，而不是历史主义的；它想象一种超越历史的运动形式，然后以更新的面貌重新返回其中。因此，美国的思想中有着本书所研究的弥赛亚和循环论的思想模式。亚洲的解放若是没有发生，美德与商业的合作关系就会失败，历史的循环将再次成为封闭的循环。得到拣选的民族将因为缺少进一步扩张的舞台而被封闭在时间之中，追求商业的力量将再次腐败；18世纪的汉密尔顿所向往的，并被20世纪的艾森豪威尔称为“军事—工业综合体”的帝国政体，或是杰斐逊所担心、托克维尔所分析过的普遍依附的状态，将降临到他们头上。当得到拣选的民族没有完成使命时，他们注定要成为叛教者，美国历史上一再出现的哀怨之声将再次响起，它将呼吁内部的清理和“山上城邦”的再生，因为部分退却和共同更新的政治是担当千禧年领袖之外的一个稳定选择。可以再次听到“走出来吧，我的人民”，但它会换成乔治·麦基尔万的“回家吧，美国”这种形式；然而同时也能听到各种新马基雅维里主义的声音，它们建议把审慎和勇猛无耻恰当地结合在一起，在一个美德有限的世界里表演一番。1898年的反帝国主义分子开始提到罗马的命运，而且自那时以来就一直有人这样做。

20世纪的知识人出于很多理由不相信元史学，这些理由几乎都不错，可是美国文化中却有充足的元史学思维方式，这使改编末世论剧本的能力成为它的一个很有用的解释工具。根据这里提供的图式，我们可以明白，为何无论在杰斐逊主义的观点开始出现时，还是它进一步成型之后，必须把亚历山大·汉密尔顿作为假先知，甚至是作为反基督分子予以拒绝；他盯着东方而不是西方，[1]认为美国是个商业帝国而不是农业共和国，宣称腐败是不可避免的，循环是封闭的，在订立圣约或避免腐败的实验开始之前，终点已经到来。我们能够进一步看到，为何弗 544
里德里克·杰克逊·特纳在1890年宣布边疆已达到尽头时，会采用一种美国式的以赛亚语调；先知预言图式中的一个阶段，在美德与腐败的斗争中命运之轮的一场革命，正是走向终点。此外也不难理解，现在有一种对那个时代以来的美国历史的解释，认为1890年之后在内部革新和海洋帝国之间的选择，导致了用"门户开放"的贸易去解放亚洲；[2]美国在20世纪中叶被亚洲明确地拒之门外，被认为导致了一场自我认识的深刻危机，在这场危机中人们（再一次）觉得恢复纯真与美德的希望永远破灭了，国民怨声四起，而且听起来特别苦闷。当美国人责骂自己时，就像1898年以来那些插曲一样，可以听到马基雅维里的语调，说他们在实行"自由人民的暴政"，将一个美德的帝国强加给那些没有充分理解其内部的公民精神的人。[3]然而重要的是，哀怨之声有时采取与宪法本身发生争执的形式，近来则成了一种与"洛克共识"的争论，一种实用主义的调整政策，一种经验主义行为研究的政治科学，所有这一切都被视为——无论多么夸张——自共和国创建以来这座大厦的基础，并且助长了被耶利米悲歌谴责为腐败的状态。政治实践与它必须回应的价值

1　他说过，加拿大在"我们左边"，佛罗里达在"我们右边"（Stourzh, p. 195）。另参见Felix Gilbert, *To the Farewell Address: Ideas of Early American Foreign Policy*（Princeton University Press, 1961, 1970）。

2　参见Max Silberschmidt, *The United States and Europe: Rivals and Partners*（New York: Harcourt Brace Jovanovich, 1972）。是否值得指出，西方对华政策的"门户开放"让人想起东部自由女神像基座上的话？

3　参见William Graham Sumner in 1896："我们的制度不适合于统治领地。那儿没有它的位置。领地将变成腐败的根源，这又会反作用于我们的政体。假如我们承认这个岛［指古巴］是一个州或若干个州的组合，那么我们必须让它有助于我们统治自己。"转引自Lloyd C. Gardner（ed.）, *A Different Frontier: Selected Readings in the Foundations of American Economic Expansion*（Chicago: Quadrangle Books, 1966）, p. 87。另参见Robert L. Beisner, *Twelve Against Empire: the Anti-Imperialists, 1898—1900*（New York: McGraw Hill, 1968）。

之间的紧张有时变得极为严重，使得美国人在以通常作为其特点的麦迪逊风格实践和思考政治时，变得闷闷不乐。实践的语言不是古典意义
545 上的共和主义语言，但是神话和元史学的语言却使在18世纪人们第一次感到的困境一再出现；经常被说成是与洛克争执的现象，其实是与麦迪逊解决这种困境的方案的争执。美国的政治科学家最近认为，他们经历了一场“后行为主义革命”，[1]可是这场运动的很多语言被认为是耶利米悲歌的语言；意识形态领域的后耶利米悲歌时代的革命在某些方面会更加激烈。它将标志着马基雅维里时刻的结束——也就是说，有着独特的美国形式的与历史争执的结束。但是继这种前景之后会有何种事情发生，仍是难以想象的——目前的种种迹象预示着不同类型的保守主义的混乱状态——它的终点似乎尚未到来。

四

美国文化一向以神话的流行著称于世，其中许多神话源于摆脱历史，然后使之再生的企图。研究这些神话生长的学者的传统智慧是，清教徒的圣约在洛克式的契约中得到了再生，于是洛克本人被捧为守护美国价值的圣人，与历史的争执则被视为不断努力逃入蛮荒状态、重建自然社会的洛克式实验。[2]这里所提出的解释则更看重马基雅维里而不是洛克；本书认为，共和国——一个来自文艺复兴时期人文主义的概念——才是基督教圣约的真正继承人，对腐败的恐惧才是耶利米悲歌的真正继承人。本书认为，创建独立的美国是发生在一个马基雅维里时刻，甚至是一个卢梭时刻，从这样一个视角，对于这场实验的脆弱

1　David C. Easton, “The New Revolution in Political Science”（此文是作者当选美国政治科学学会主席的就职演说），*American Political Science Review* 73, no. 4（1969），1051—1061。另参见Graham and Carey（eds.），*The Post-Behavioral Era: Perspectives on Political Science*（New York: David McKay, 1972）。

2　David W. Noble, *Historians Against History: The Frontier Thesis and the National Covenant in American Historical Writing since 1830*（Minneapolis: University of Minnesota Press, 1965）.

性和处在时间中的共和国之条件的含糊性，能够比采用洛克主义视角得到更生动的评估。

这一解释认为，共和国的创立不能视为简单地返回自然（尽管有克雷夫科尔[1]这个反例），而应视为形成了一个在美德和腐败的辩证关系方面含糊而自相矛盾的时刻，这是18世纪的大多数深刻思想家很熟 546
悉的事情。诚然，要从历史逃入自然，革命年代和建国早期的许多美国人都有这种想法——不可原谅的是，这样的历史学家至今依然不绝如缕；也就是说，要逃离旧世界，逃离封建的、教权统治的过去（亚当斯所说的“教会法和封建法”）的负担。然而对腐败的分析表明，这不仅是要逃离古代，逃离过去，而且是要逃离现代，逃离未来；不仅是要逃离封建的和教权统治的欧洲，而且要逃离商业化的、辉格党统治的不列颠——18世纪中叶最具进攻性的现代国家。美国人所要进入的自然，不是纯粹清教的、洛克式的或淳朴的蛮荒状态，而是能够使“政治动物”完成其天性的“积极生活”，但是自马基雅维里以来，这种天性日益难以与世俗时间中的生存相互协调。在马基雅维里时刻的新哈灵顿主义版本中，只消看一眼迷信、仆臣身份和纸券投机，就能对它们发出谴责，因此有关腐败的新旧观点可以重合在一起；美利坚共和国可以被看作在一个新世界进行的“更新”，因此自然可以把它的摆脱腐败视为一举摆脱过去的姿态——这助长了一种幻觉，认为它在走向一种自然，这个自然是非历史的，因为它的未来是不成问题的。然而这却导致了对历史的严重歪曲，使继承这一传统的美国历史学家抱残守缺，甚至今天仍把不列颠等同于欧洲，把辉格党的帝国等同于欧洲的“旧制度”。[2]美德与商业的辩证关系是跟现代性发生的争执，它在——至少直到卢梭出现以前——北大西洋的英语文化所采用的人文主义和新哈灵顿主

1　克雷夫科尔（St. Jean de Crevecoeur, 1735—1813），法国作家。年轻时前往美国，曾长期定居于俄勒冈州务农，后担任法国驻纽约领事。所著《一个美国农民的来信》和《18世纪美国农民素描》讲述美国乡村的自然淳朴生活，是当时读者众多的作家。——译注

2　Hartz，同前书，可惜散见于各处，以及 R. R. Palmer, *The Age of the Democratic Revolution*, vol. I （Princeton University Press, 1959），chs. 2, 3, 6, 10。

义的词汇中得到最充分表述；美国的自我意识正是源自那些词汇和那些文化的矛盾性，并从中学会了它自己的用语。

可以认为，使大西洋英语地区在1774年之后陷入分裂的内战和革命，是王道盛世时期的辩论的继续，但它更加宏大、更加不可调和；后者与英格兰和苏格兰的财政革命相伴而生，并在1714年后导致了大不列颠的议会寡头政治。害怕受到腐败的侵蚀，促使美国人要在共和政体中复兴美德，拒绝了世所公认会使某种程度的腐败不可避免的议会君主
547 制；美德与腐败的对抗构成了这个马基雅维里时刻。另一方面，不列颠则信奉以辉格党传统中的激进反对派作为标志的事业。在诺斯、罗金汉姆和谢尔本内阁的统治下，政治阶层丝毫不怀疑议会君主制是应当保留的政体；问题在于，为了保留它，是与殖民地开战，还是最好随它们去。[1]在1780—1781年的危机中，乡村派的怒吼虽然声势逼人，[2]但它并没有真正威胁到宫廷派关于不列颠政体性质的观点。与受到新哈灵顿主义观念主导的美国人不同，不列颠人在宫廷派意识形态的熏陶下，承认自己并不想遵守美德的誓言，因此也不打算来一次革命性的“更新”，也不认为失去一个帝国意味着不可逆转的衰败，他们没用几年功夫，就能进入另一个参与欧洲战争、军队职业化和金融业膨胀的漫长时期。就算小皮特与汉密尔顿有相似之处，不列颠也没有杰斐逊。民主化的来临，是通过把“国王在议会”中的体制加以扩展，使其容纳新的顾问和代表类型完成的。

因此，美洲独立之后，当时已被分割开的大西洋两种主要文化中的政治语言很快便各奔东西了。诚然，克里斯托弗·维韦尔、理查·普赖斯和约翰·卡特莱特采用的腐败与革命的语言，与当时美国人的语言并

1 后一种观点最尖刻的表达见Josiah Tucker, *Four Tracts on Political and Commercial Subjects*（1774），*A Letter to Edmund Burke, Esq.*（1775），*The True Interest of Britain*（1776），*A Treatise Concerning Civil Government*（1781）。

2 H. Butterfield, *George III, Lord North and the People, 1779—1780*（London: G. Bell, 1949）.

无多大差别，[1]大概直到宪章派时期，"腐败沉疴"一直是激进改革派抨击的目标。但是杰里米·边沁的《政府片论》（正如它对布莱克斯通的抨击所示，它对宫廷派和乡村派的语言一概激烈否定）就像《独立宣言》一样，是写于《国富论》问世和休谟去世的年代；在1780年，柏克已经认识到，18世纪有关风尚和习俗的思想，能够用17世纪有关相沿成习的古代和"古代宪法"的语言重新加以表述，能够用它来抨击马基雅维里关于"原则的恢复"的观点，就像能够用它来抨击后来的"人权"语言 548
一样。[2]看重传统的保守主义和激进的功利主义——其前辈更像是宫廷派而不是保王党——都可以用来消除王权的势力；但是它们都尽可能远离美国人要使之永世长存的共和主义美德理想。

因此，可以写一部在美国革命后的半个世纪中不列颠的思想如何与美国的思想、与王道盛世时期的新古典主义分道扬镳的历史。这部历史的一个带有讽刺意味的特点是，维多利亚时代的议会立法，在很大程度上成功消除了腐败以及所有人，也包括当时的美国人对它的挥之不去的想象。在这一点上，不列颠人坚持采用议会主权的范式而不是共和制的平衡范式，其代价则是大西洋和英—爱联合体的分裂，他们能够为此得到奖赏，他们也觉得应该得到这种奖赏。美国人要用共和主义信念去复兴美德，仍对腐败的威胁念念不忘——必须补充一句，这有着日益充分的理由。他们的政治戏剧以既粗糙又微妙的方式，继续相信波利比阿、圭恰迪尼、马基雅维里和孟德斯鸠做出的判断，即腐败是共和国特别易于患上的病：一种仅靠美德治不好的病。在1973年的情景剧中，有个见钱忘义的阿格纽以一种方式表明了这一点；有个对权力的现实与道德之间的关系有着更复杂、更冷静的误解的艾尔里希曼，则

1 Ian R. Christie, *Wilkes, Wyvill and Reform: The Parliamentary Movement in British Politics, 1760—1785* （New York: St. Martin's Press, 1962）and *Myth and Reality in Late Eighteenth-Century British Politics* （Berkeley: University of California Press, 1970）; F. D. Cartwright, *The Life and Correspondence of Major Cartwright* （London, 1826）.

2 参见笔者的*Politics, Language and Time,* ch. 6, "Burke and the Ancient Constitution: A Problem in the History of Ideas"。

以另一种方式表明了这一点。[1]

可见，美国人所继承的语言和观念系统使得见利忘义的官员、政府中军事—工业综合体的成长以及没有主心骨的、单向度的个人，都可以被视为与古典理论分析腐败所使用的语言，与公民人文主义在谴责恺撒和洛伦佐·德·美第奇、马尔伯罗、沃波尔和汉密尔顿时所使用的语言一脉相承。这种语言在很多方面仍然十分适合于它的用途；对麦迪逊式的政治微调方式在现代的过度膨胀，能够令人赞赏地根据圭恰迪尼的腐败范式予以抨击；但是历史学家指出，它同时也有助于使美国文化中对现代早期的价值和假设的显著维持态度永久化。法国革命者对古代斯巴达和罗马的崇拜，让人想到美德会通过恐怖实行暴政，[2] 德
549 国的唯心主义从理性观念的角度把价值与历史之争说成是历史自身矛盾的产物，[3] 不列颠人提出了一种行政改革的意识形态，主张——针对全面获胜的柏克式反抗——把历史简化为科学，[4] 而美洲大陆的共和国及其成长的独一无二的条件，则把王道盛世时期美德与商业之间的紧张、清教中的选民与叛教之间的紧张、马基雅维里的美德与扩张之间的紧张以及人文主义者积极的公民生活与它只能存在于其中的世俗时间之间的紧张永久化了；于是就有了对历史的弥赛亚式的怨恨态度；因而也造成了一种奇怪的现象：大多数后现代和后工业社会继续尊崇前现代和反工业的价值、符号和宪政形态，并因为意识到实践与道德之间的紧张而痛苦。

黑格尔对当时的美国的评论是，虽然它是个生机勃勃的政治文

---

1 阿格纽（Spiro Agnew, 1918—1996）：尼克松任美国总统时的副总统，因逃税丑闻辞职并被判入狱。艾尔里希曼（John Ehrlichman, 1925—1999）是美国总统尼克松的高级顾问，因卷入“水门事件”下台。——译注

2 Harold T. Parker, *The Cult of Antiquity and the French Revolutionaries: A Study in the Development of the Revolutionary Spirit* （Chicago University Press, 1937）.

3 George Armstrong Kelly, *Idealism, Politics and History: Sources of Hegelian Thought* （Cambridge University Press, 1969）.

4 Crane Brinton, *English Political Thought in the Nineteenth Century*（New York: Harper and Row, 1962）.

化，但它仍然缺少能够使他称之为“国家”的任何东西。然而，他诉诸一种特纳式的解释，认为边疆这个安全阀门解释了没有阶级冲突的原因，并且做出预言说，当那片土地被人占领完了之后，城市化、常备军和阶级冲突就会开始出现，真正的“国家”就会成为必然，他所理解的历史辩证法就会开始发挥作用。[1]这一预言很容易变成马克思主义的关键因素；然而人所共知的是，它至今尚未完成。经典马克思主义所说的阶级冲突在美国的发展，甚至比在其他发达工业社会更加缓慢，如果承认赫伯特·马尔库塞是由美国背景造就出来的最重要的马克思主义理论家，那么他的马克思主义也是后工业的、浪漫的和悲观主义的。正如我们所知，情况并不是志得意满的洛克式自由主义导致美国思想过于狭隘地表述自我与历史之争；而是这种争执一向而且继续是用前现代和前工业的形式来表达的，从来没有采用严格的黑格尔或马克思的历史冲突辩证法的信念。最近有人证明，圣路易斯的黑格尔主义者是宣传一种意识扩张的城市边疆的浪漫主义意识形态宣传家，是图弗森和史 550
密斯所描述的地缘弥赛亚信仰的继承人；[2]继承他们的那些更加学院派的黑格尔主义哲学家，根本就不是意识形态宣传家。美国的元史学仍然是一种空间上的逃离和返回的话语，从来就不是一种辩证过程的话语。

借用汉娜·阿伦特的语言来说，[3]本书讲述的是西方现代早期复兴古代“政治人”（homo politicus，亦即亚里士多德的“政治动物”）理想这个故事的一部分。这个政治人通过政治行动来肯定自身的存在和美德，与他最近的血亲是“修辞学家”（homo rhetor），他的对立面则是基督教信仰中的“有信的人”（homo credens）。我们将这场争论追

1　G. W. F. Hegel, *Lectures on the Philosophy of History,* tr. J. Sibree （New York: Colonial Press, 1900）, pp. 85—87.

2　William H. Goetzmann, ed., *The American Hegelians: An Intellectual Episode in the History of Western America*（New York: Alfred A. Knopf, 1973）.

3　Hannah Arendt, *The Human Condition* （New York: Viking, 1958），另参见Peter Fuss, “Hannah Arendt's Conception of Political Community”, *Idealistic Studies* 3, no. 3 （1973）, 252—265。

溯到现代历史主义社会学的源头，研究了18世纪“政治人”和“生意人”（homo mercator）之间的复杂争论，我们看到后者是“债权人”（homo creditor）的一个旁支——至少从社会认识的历史来看——而不是它的先辈。后面这个形象的特点在于他不符合“政治人”所确立的标准，并因此在很大程度上名声不佳，18世纪建立一种资产阶级意识形态的努力，在与公民意识形态已经享有的权威进行竞争方面不太成功；甚至在美国，自由主义的工作伦理在历史上看也是罪过缠身的，因为它没有能力为自己确立一种能使它避免腐败的美德；从丹尼尔·布恩降低到威利·罗曼[1]，是一个稳定而无间断的过程。然而真是奇怪得很，阿伦特的画廊中的一个人物，却从美国工作伦理的历史中失踪了：欧洲理想主义和社会主义传统中的“劳动者”（homo faber），他是沟通资产阶级和无产阶级神话的桥梁。至今仍不清楚的是，如何能够把这个人物的出现与欧洲有关美德和商业的论战联系在一起；但是，由于美国的工业劳动是征服蛮荒状态，而不是要改造古代农业景观，这片大陆上的“劳动者”是在征服空间，而不是在改造历史，因此与欧洲相比，美国的劳动力一向不愿自视为真正的无产阶级。所以，信奉历史决定论的社会主义一向是知识分子移民带到美国的舶来品（甚至乔·希尔[2]留下的遗言也
551 是他“生为艺术家，也将作为艺术家而死”），并且在许多方面仍然屈从于向西部前进的弥赛亚平民运动。

公民美德与世俗时间之争，一向是西方的人类历史意识的主要来源之一；但是这种争论的不断进行——主要是因为它源于对人格的道德稳定性的关切——同时也使一种前现代的历史观永久化了，它把历史视为脱离那些维持稳定规范的运动，因此只要没有千禧年或乌托邦，历史从本质上就具有非创造性和自我衰减的性质。当我们谈到历史主义时，既是指使人格及其统一性进入历史运动的努力，也是指将历史描述

1 威利·罗曼是美国剧作家亚瑟·米勒的名剧《推销员之死》（1949）中的主人公。该剧讲述一个做着美国梦的平庸小人物的悲剧故事。

2 乔·希尔（Joe Hill, 1879—1915）：美国工运人物，写过不少广为传唱的劳工歌曲，在一桩有争议的谋杀案中被判死刑。——译注

为产生新规范和新价值的努力。历史主义的基本力量就在于（或过去在于，因为宇航员和生态学家要再一次结束循环了）这种有关历史具有世俗的创造力、有不间断地使人类生活发生质变的能力的意识；但是，美国思想的困境——从另一方面说也是社会主义思想的本质——是它不断与这个过程发生道德争执。这种困境的一面是具备美德的人格这一公民理想，它不因专业化而腐败，它献身于具有多样性的社会整体，这种理想构成了马克思主义的同样的人格理想，它期待着从专业化的异化作用中获得救赎。[1]然而它的另一面却是，社会主义和革命的冲动经常以失败告终，原因（至少是原因之一）是它要"强迫人自由"，要让他们进入历史或进入政治和历史的行动，这超出了他们的能力所能够允许的范围。保守主义是对积极行动精神的否定，它否认"积极生活"的领域与社会生活的领域是重合的。在这一点上，我们对美德和商业之争的研究能够对账目平衡表中保守主义的一方有所贡献，也许可以不带偏见地认为，它能够最终导致在时间中一个深刻的反革命时刻所完成的历史。

总之，美德的理想带有很大的强迫性，它对个人提出的要求是，在他的道德存在受到威胁时参与到"公共事务"之中，在看到共和政体在时间中的生存日益陷入危难时参与到历史之中。我们发现了在18世纪的一些思想领域，部分退出公民生活去经商表现为对美德及其压制性要求的反叛；共和政体对个人提出了太多的简朴和自立、参与和美德的要求，商业和技艺给生活带来的多样化，为他提供了一个伯里克利的而不 552
是利库尔戈斯的世界，一个值得用一点腐败的代价去换取的选择。现在有些人觉得有所枯竭的"自由主义"，在当时看来并不是这样。然而我们也已知道，有人视为多样化的，另一些人却认为是专业化，社会主义传统继续纠缠在这种形式的贫富对立之中。

再把时间向前追溯得更远一些，政治至上——有着正义与战争、美德与"德行"的古老而又暧昧的含义的美德理想——显然以基督教

1　*Politics, Language and Time*, p. 103.

异端的形式在现代早期的思想中重新出现。在王道盛世时期有关“上帝之国”的思想所塑造的世界里，它肯定人性是政治的，能够在有限的历史行动框架中臻于完美；由此得到复兴的“现世”的两难处境，仍然作为在历史中行动的两难处境与我们同在。对于基督徒来说，只有在“世俗之城”能够是“上帝之城”这个渎神的假设之下，政治至上才是可能的。对希腊人来说更简单，每一种人类美德都有其极端表现，公民或政治的美德亦不例外。存在着拒绝道德绝对性的自由，甚至城邦的和历史的道德亦是如此，若将自由奉为绝对，那么它也是如此。

跋

553

自1975年本书问世至今，已经快三十年了，读者仍多到足以有理由出一个新的版本，因此显然不需要再写一篇新的导言。1975年的文本也许依然可以为自己辩护，当试图用新世纪的眼光去改写它时，只会引起迷惑。然而，既然2003年的读者又有机会阅读它并形成自己的看法，我在这里就某些事情——它被读者接受的程度、它引起的争论，以及作者撰写此书三十年后它对作者本人的意义——做些说明，也许不失为具有一定意义和价值的做法。（本书是在新西兰坎特伯雷大学动笔，完成于圣·路易的华盛顿大学，1974年我转入约翰·霍普金斯大学后出版。）

我在《导言》中提到，《马基雅维里时刻》这个书名是友人昆廷·斯金纳提议的，那是在他担任剑桥大学政治科学教授或钦定历史学教授之前，也是在他参与本书后来所经历的历史和哲学争论之前。就像斯金纳1978年出版的两卷本《近代政治思想的基础》[1]一样，《马基雅维里时刻》被视为“剑桥学派”有关这个题目的历史写作方法的示范。这方面已经出现了大量的方法和理论文献[2]，对此我不想再作补充，这里只 554

1 Quentin Skinner, *The Foundations of Modern Political Thought*: Vol. I, *The Renaissance*; Vol. II, *The Age of Reformation*, Cambridge University Press, 1978. 本文脚注中出现的1975年以后出版的著作未在本书参考文献中列出，后者与1975年的版本无异。参考文献中列出的著作亦未在本文的脚注中出现。

2 对该“学派”最详细的批评，见James Tully and Quentin Skinner (eds.), *Meaning and Context: Quentin Skinner and His Critics* （Princeton University Press, 1988）。本文完成后，斯金纳又出版了三卷本论文集*Visions of Politics* （Cambridge University Press, 2002）。1987年以后我没有写过详细讨论方法问题的文章；参见“Introduction: State of the Art”, in J. G. A Pocock, *Virtue Commerce and History* （Cambridge University Press, 1985），

想说明，人们普遍认为该“学派”倡导让文本返回它最初的写作语境，但《马基雅维里时刻》却是要探索文本的命运，探索它们在从一种语境到另一种语境——从16世纪到18世纪，从佛罗伦萨到英格兰、苏格兰和革命时代的北美——的旅程中传递的话语。有人也许认为这是“观念史”研究，然而我觉得，这个术语及其含义均不足以表达我长期从事并仍在从事的工作；本书所记录的历史，既是历时性的，也是共时性的历史。

因此，斯金纳当初所提议的“时刻”（moment）一词有着多重含义，尽管它们未必符合他当时的想法。如我在《初版前言》中所说，它既可以指马基雅维里的出现及其对政治思考的冲击这样一个历史“时刻”，也可以指他的著作所指出的两个理想“时刻”之一：或是指“共和政体”的形成或奠基成为可能的时刻，或是指这种政体的形成被认为带有不确定性并在它所属的历史中引发危机的时刻。我认为这两个时刻不可分割，所以才出现了“马基雅维里时刻”，在这个时刻，共和政体深陷于由它所引起或是它必须面对的历史紧张或矛盾之中。然后我揭示了许多（虽然不是全部）近代早期的政治思想都是这个“时刻”的经验和表达。

因此，本书描述了一种复杂的、有时是充满矛盾的历史，它不但讲述相互对立的信仰体系之间的争辩和互动，而且讲述这些信仰体系内部的困惑和反思。本书是以复杂而散漫的风格写成，这使它不太好读；我只能为此辩护说，讲这个故事并不是想让它清晰易懂，澄清的任务更多地在于揭示它的复杂性，而不是把它简单化。然而，本书引发的许多——我不说全部——争论，似乎并非仅仅源于这种复杂性，而且源于批评者实际上不肯接受它的基本前提：早期近代史存在着“共和主

---

pp. 1—36; “The concept of language and the *Métier d' Historien*: Some Considerations on Practice”, in Anthony Pagden（ed.）, *The Languages of Political Theory in Early Modern Europe*（Cambridge University Press, 1987）, pp. 1940; and “Texts as Events: Reflections on the History of Political Thought”, in Kevin Sharpe and Steven N. Zwicker（eds.）, *Politics of Discourse: The Literature and History of Seventeenth Century England*（Berkley: University of California Press, 1987）, pp. 21—34。

义”价值，它跟另一些时常与它对立或不易与它共存的价值有着持续的争论。一些历史学家和政治哲学家，还有许多“自由主义”或“美国”价值的阐释者都觉得，我对公民精神的“共和主义”解释走过头了，他们力图淡化它的存在。因此，我这本书受到的很多批评都是想解释清楚我用什么方法把“共和主义”讲述得比它当初更重要，然后再找出他们自己的方法去说明“共和主义”不像我所说的那样重要。有些批评肯定是含糊其辞、不得要领的；我对有批评精神的读者当然求之不得，但或应提醒一句，莫以为批评没有高下之分，还请搞清楚我究竟说了些什么。 555

对《马基雅维里时刻》一书的许多有价值的讨论——我得强调一点，上述责难不适用于其中许多讨论——集中谈到了本书与汉斯·巴隆（Hans Baron）的《早期意大利文艺复兴的危机》（*The Crisis of the Early Italian Renaissance*）的联系（以及后来同伯纳德·拜林的《美国革命的意识形态起源》[*The Ideological Origins of the American Revolution*]的联系）。我从巴隆那里受益匪浅，但并不赞同他提出的所有观点。具体说来，我没有必要接受他的如下主张：在1400—1402年佛罗伦萨人文主义者与吉安加莱佐·维斯孔蒂的战争危机中，他们突然之间认识到了自由与积极的公民精神的一致性；尽管我现在无法提供实物，但我记得，在与已故的巴隆教授仅有的一次通信中，他对我不赞同他的批评式编年史学（critical chronology）——他想以此证明人文主义著述反映着当时的这一变化——表示失望。在我看来，只肯定以下一点就够了：积极公民的观念是由佛罗伦萨人提出，这种观念可以说是以亚里士多德所表述的“政治动物”的理想作为基础，后来又被等同于拥有武装的公民。在这一点上我能够与巴隆携手前行，而在说明罗马、佛罗伦萨、英格兰、欧洲以及一般的公民社会的历史必须根据武装的积极公民的兴衰进行重写时，我与巴隆便分道扬镳了。

马基雅维里认定——这是为何有“马基雅维里式时刻”这个说法的原因——只有武装公民才是真正的自由人，但并不认为他必然是个好人。罗马史记录了这种公民如何用他们的自由建立起主宰别人的帝国，但是却被这个帝国所腐蚀，使他们先是失去自由，继而失去帝国。莱奥纳多·布鲁尼和一百年后的马基雅维里都在思考罗马历史能否走上另一条道路，但马基雅维里断定不可能有其他选择，或许也不应该有其他选择。自由就是自由，即便它与帝国不可分离。正是在这里，《马基雅维里时刻》与以赛亚·伯林爵士的著作相遇，两者密切相关，尽管我对他的历史叙事并不总是感到满意。伯林在一系列重要文章（有些是我写
556 作本书时读到的，有些则是在写完之后才读到）中指出：首先，马基雅维里表明了政治生活要面对各种不同的价值体系，它们之间不可能有最终的和解；其次，只要断定它们最终无法调和，政治哲学的解释就必须继续存在；第三，存在着两种自由观：一为积极自由，它导致每个人的自决权，并且他要面对同样行使自决权的其他人；一为消极自由，它仅仅导致在社会活动的实践中不受妨碍，在这些活动中，跟其他个体的相处形式多种多样，可以通过法律、政府和教化加以管理。[1]正是在这第三点上，出现了“共和主义”自由观与“自由主义”自由观、“古代”自由观与“现代”自由观之间的分歧；我把《马基雅维里时刻》一书视为对它们之间的紧张关系的研究，这种紧张关系的历史仍在继续，并没有终结。

对于巴隆的主张以及我根据这些主张提出的观点，斯金纳几年后在《近代政治思想的基础》一书中，提出了最重要和最有价值的批评。[2]按照他对巴隆和我本人的解读，我们都认为佛罗伦萨人的积极公民观是自从古罗马文献以来共和主义价值的第一次表达，这种价值在当时经历着一场复兴。巴隆确实直接将它与中世纪的神圣帝国观相对照，在他看来，后者曾在数百年里一直没有对手。然而，斯金纳却揭示了存在

1 Isaiah Berlin, “The Originality of Machiavelli”, in Myron P. Gilmore（ed.）, *Studies on Machiavelli*（Florence: Olschki, 1972）, pp. 147—206; “Does Political Theory Still Exist?” in Peter Laslett and W. G. Runciman（eds.）, *Philosophy, Politics and Society, Second Series*（Oxford: Blackwell, 1962）, pp. 1—33; “Two Concepts of Liberty”, in Berlin, *Four Essays on Liberty*（London: Oxford University Press, 1969）. 以上各文作为伯林遗作收入Henry Hardy and Roger Hausheer（eds.）. *Isaiah Berlin: The Proper Study of Mankind: An Anthology of Essays*（New York: Farrar, Straus and Giroux, 1998），该书补充了更多的文献信息。

2 Vol. 1, The *Renaissance*, pp. xiv, 27—28, 42—48, 一般讨论见ch. 4 , p.156。

着一套有关公民美德、共和主义公民精神和优良政府的说辞，它至少在12世纪中叶就已出现。史学家弗赖辛的奥托在1154年前后就指出过它所规定的政体，认为有必要把这一政体向他那些阿尔卑斯山以北的读者进行解说。这种公民观无论在《早期意大利文艺复兴的危机》还是在《马基雅维里时刻》中均未论及，但斯金纳把奥托的文本置于构成“近代政治思想基础”的地位。[1]针对我在本书中的观点，斯金纳强调指出， 557
表达这种公民话语的语言与其说是亚里士多德式的，不如说是西塞罗式的，这一区分具有真正重要的理论意义。我曾从亚里士多德《政治学》——该书至少从13世纪起就广为人知——中特意选出一些段落，其中把公民界定为政治的产物，因为他们既统治又被统治，实行着统治与自己同等的人这一最高的统治形式，你服从他们的决定，一如他们服从你的决定，因为你和他们在做出决定时有平等的发言权。至此读者可知，我从这种亲密的平等中看到了所有关于公民美德的想象的基础，从这种公民美德的丧失（无论它是直接的还是间接的）中看到了逐渐广为人知的腐败的根源。从《政治学》文本中能够解析出，也确实被人解析出许多信息，但这不是我的关心所在，我拒绝一些批评者的意见：我在提到亚里士多德时，总是迫使自己把他的学说或中世纪对它的理解当作一个整体加以系统化的阐述。政治文本在历史上未必是以这种方式发挥作用的。

斯金纳用西塞罗取代亚里士多德的位置，提出了几项重要主张：首先他认为（我现在承认他是对的），我对公民话语的阐述本应当比已有的政治思想史教条更多地关注拉丁和罗马的论辩史；罗马人不是雅典人，不应把他们当作希腊文化的简单延伸。第二项主张更加鞭辟入里：西塞罗——尤其是按文艺复兴时期人文主义的理解——是辩论家、哲学家，一定程度上还是法学家，是古典文化的全面阐释者。因此，西塞罗具备某些马基雅维里不具备的素质，能够将公民生活解释成对人类所能创造的一切社会和文化价值的参与，解释成常常是由“人文主义”

1 Skinner, *Foundations of Modern Political Thought*, Vol. I, *Renaissance,* pp. 4—5.

一词做出了权威性概括的活动。这是否意味着12和13世纪的“西塞罗式”话语充分预示着巴隆所发现的15世纪佛罗伦萨的“公民人文主义”和共和主义“自由”，并不是我这里关心的问题。我只想指出，这种话语在13世纪既未预示也未显露出我在使用“马基雅维里时刻”这一短语时试图从马基雅维里思想中发现的东西。

以这个短语作为书名的本书，探讨的是罗马意义上的“德性”（virtus）和马基雅维里使用并欲复兴其罗马含义的“德行”（virtù）这个托斯卡纳语单词，它的意思是个人采取政治和军事行动的能力。当这种能力不受道德和政治的束缚时，“德行”可以派上用场，而这正是为何马基雅维里在君主不正当地运用“德行”时能够谈论它的原因。但是，罗马人所知道的“德性”是作为公民的一个特点，认为它在运用时不
558 仅遵守公共纪律，而且把那纪律本身作为一种善加以虔诚地崇敬。这便是马基雅维里所说的罗马人曾经拥有但后来丧失的“德行”。它既是高度公共的，也是高度人格化的，把它纳入“公民人文主义”范畴的理由在于，它将公民的人格独立与他的直接的公共行动统一起来，若无其一，便无其二。他一旦丧失独立，沦为主子的工具，或把自己的独立用于追求非公共的目标，从而要么变成主子要么沦为奴隶，腐败便随之而生。

从希腊的角度讲，“德性”的理想与其说属于雅典，不如说属于斯巴达。直到19世纪，伯里克利的《葬礼演说》才成为自由主义文化的神圣经典，因为它声称雅典人在行动或游戏中追求各种不同的利益的同时，仍能保持着他们对公共福祉的热忱。但我们并不需要将罗马人视为斯巴达人（尽管这样做很容易），就能认识到政治与社会或文化之间有一条尽管不那么绝对却十分明确的界限。政治关系到行动和决断，它们本身就是善，在追求这种善的过程中，行动者展现自己的人格和天性；以次要的善为目标的行动和决断更接近享乐的性质，追求享乐的政体或个人可以称为“奢靡”或“有女人气”。斯金纳从13世纪找到的那种西塞罗式理想不应被冠以这样的恶名，而且能够带来高度俭朴的风气，但它关注的是人类社会能够实现的全部福祉，它的决断的目的在于确保这些福祉的公正分配。因此，它关注的是正义而非“德性”，是公共行

动领域的独立和自决所必需的严格自律。而在马基雅维里的词汇中是没有正义一词的，尽管不能指责他不知道或不关心正义的含义。

这里我们开始遇到——尽管还隔着很长一段距离——伯林两种自由观之间的差别，然而我们同时也面对相互不一致的两种政治话语形式之间的差别。虽然受到公共纪律的约束并发生于公共领域，“德性”的实践必须通过个人的身体力行，而正义的实践尽管可以是个人持久的性情之表现，但在很大程度上需要法官、君主或以他们作为代言人的法律给人们做出规定。因此，“德性”有着一些原始因素，它是英雄成为公民并接受一个往往好战的共同体的纪律之后立刻开始的自我塑造。而正义可能意味着——虽然哲学家会对这一含义提出挑战——社会、
经济及文化的繁荣富足，这里事务繁多，个人的欲望和处世有形形色色 559
的方式。这里的问题是，在追求正义时个人是否总以同样的角色和人格行动。无论如何，原始公民很少产生由这一问题带来的困惑。

在令欧洲人着迷的后期希腊和拉丁文献中，罗马共和国被描绘成（尤其是被萨卢斯特，他是《马基雅维里时刻》本应给予更多研讨的作家）一个“自由权”（libertas）的栖息地，它使受到君王统治压制的贵族和平民的能量——即“德性”——得以舒解。这种“德性”从“治权”中释放出来，后者是行政长官、司令官或共和国的帝国本身的权威；“自由权”有着导致战争和征服的强烈意蕴。帝国腐化了人民，即或不是这样，帝国的规模之大也足以使“自由权”和“治权”落入某个“元首”（princeps）手中。可以说，这便是最初的“马基雅维里时刻”；自由共和国给自己设下了无法解决的难题。从建立君主或帝王的统治这一现象出发，思路可以沿着一个或两个方向行进：可以说，“自由权”和“德性”已经丧失，人们是作为某种体制的臣民而活着，在这种体制下他们无法再进行自我塑造；或者也可以说，他们被释放到普遍和平、有教化的居住区（eocumne）或帝国之中，这里他们能够在无数的行动模式中自由选择，得到最高长官和无需他们亲自制定的法律的庇护。“自由权与治权”被法律帝国所取代，行动自由被免于他人强加的非正义所取代。

为简明起见，可以说，政治思想、政治理论或政治哲学——总是受到法理学的渗透——是自由帝国的意识形态；共和政体给了我们什么则是另一个问题。历史拟制（这里是指宏大历史叙事的建构）采用两种截然不同的路径：一是解释共和国如何变成了帝国；二是坚持“德性”和“治权”既不可分割，又相互破坏。我在写这篇《跋》的同时，正在写一部以“罗马衰亡”为主题的历史著作，[1]我在这部著作中得出的结论是：尽管西塞罗本人与共和政体共存亡，成了它的烈士，但斯金纳从13世纪发现的“西塞罗式”公民理想与如下命题并非不一致：公民的各种
560 美德可以在法治和正义君主的统治之下付诸实践，因此，生活在奥古斯都、图拉真和查士丁尼统治下的民众是自由的，因为那儿有他们能够诉求的法律。另一方面，汉斯·巴隆所描述的二百年以后的佛罗伦萨人，则有理由坚持认为在恺撒的统治下“自由权”消失了，结果是君主变成了暴君和魔王，公民也不再具有维护帝国所必需的“德性”，而这个帝国正是在后者对抗蛮族中获得的。[2]

这两种叙述——前者比后者更契合于我们用来建构现代早期欧洲“政治思想史”的法学和哲学——的基础是两种自由观，它们大体类似于伯林划分出的“消极”和“积极”自由这两极：仅仅被保护的自由和坚持要主张的自由。一个人当然可以宣布他有自保的自由，这是民主自由主义历史的关键因素。在政治和理论话语史上，这两个截然对立的概念之间的关系极其复杂，[3]但要理解这一历史，就必须理解它们之间的明显差别。在《马基雅维里时刻》一书问世十年后，我出版了一部文

---

1 *Barbarism and Religion*, vol. III: *The First Decline and Fall*（Cambridge University Press，待刊）。

2 关于帝政衰落的问题，与斯金纳（见Skinner, Vol. I, *The Renaissance*, pp. 54—56）相比，我对“15世纪”人文主义和“14世纪”人文主义作了更明确的区分。早期作家所认为的罗马自由的没落和它作为神圣帝国而再生并不矛盾，这可见之于吉贝林（Ghibelline）的著述或圭尔夫（Guelf）时代教皇保护下的情况。而在布鲁尼（Bruni）看来，两者存在着更为决定性的断裂；马基雅维里则认为它已经成为绝对的断裂。

3 在晚近的政治理论和历史拟制领域，这方面的争论文献相当多，恕不一一提及，不过可参见Quentin Skinner, *Liberty Before Liberalism*（Cambridge University Press, 1997）。

集，其中有一篇文章强调指出，“权利”和“美德”这两个概念绝无可能归结为有着共同的含义。[1]理查德·塔克最近就此提出告诫说，“在人文主义者和法学家之间划出严格而清晰的界限”——他认为我就是这样做的——“没有说服力”和“容易引起误导”。[2]诚然，试图在两个如此庞大且范围模糊的实践群体之间划出严格而清晰的界线，是极易引起误导的，他们的成员往往相互重叠，并且经常相互取长补短；然而我 561
也不打算这样做。我要做出明确区分的是两个概念预设：一是人可以主张的权利（也许因为他天生就有这种权利），二是他必须从自身发现并在与同类的共同行动中表现出来的美德。确实，前者是法学语言以及因法学而产生的道德哲学、法哲学，有时还有历史哲学的语言中固有的成分，而后者更易于在有关古代公民行动的叙事中看到；人文主义者研究这种行动，并且将其精心纳入他们有关希腊和罗马公民体制兴衰的叙事之中。这一区分并不那么“严格而清晰”，因为两种理解模式往往彼此重叠，相互作用。但是，为了理解在这种相互作用过程中出现的紧张（“古代”自由观与“现代”自由观、“积极”自由观与“消极”自由观之间的紧张是它的主要内容），仍要坚持这一区分。

这些大致的区分可以同另一种区分联系起来看，即政治思想文献中两个分支的区分：一为政治哲学，它在中世纪和近代一向跟法学密切相关，倾向于把人类社会视为一个受各种自然法和实证法体系调整的

1 “Virtue, Rights and Manners: A Model for Historians of Political Thought”, *Political Theory*, IX, no.3 （1981）, pp. 353—368，收入*Virtue, History and Commerce*, pp. 37—50。

2 Richard Tuck, *The Rights of War and Peace: Political Thought and the International Order from Grotius to Kant* （New York: Oxford University Press, 1999）, p.14. 他所注意到的段落（n. 26）使用了“公民人文主义”（civic humanism），不管这一术语是否准确，它并不是指任何形式的“人文主义”。塔克试图将“人文主义”界定为法学人文主义，使之最符合他的论点。凯利（Donald R. Kelly, *The Human Measure: Social Thought in the Western Legal Tradition*, Cambridge, Mass: Harvard University Press, 1990）对这种人文主义——与“公民”（civic）人文主义相对的“民法”（civil）人文主义——如何塑造历史理解做了出色的描述。

活动复合体；另一分支为历史拟制，它作为政治思想的分支，往往关注古代的美德体系以及它们在中世纪和近代被那些很可能引起哲学家兴趣的体系所取代的情况。在《马基雅维里时刻》、《德行、商业与历史》（*Virtue, Commerce and History*, 1985）以及我正在撰写的多卷本《蛮族与宗教》（*Barbarism and Religion*, 1999）中，我认为自己的工作既是对"古代"和"现代"历史拟制的研究，也是政治思想的一个分支。在我看来，这种历史拟制包含着（但不限于）一种根植于人格独立的自由观，它要应付因社会、经济和文化的日趋复杂而产生的历史问题；在我看来，"美德"与"权利"之间虽然并非不可调和，却不可化约，所以我倾向于一种伯林式的观点，认为这些自由观不太可能达成任何持久的和解。这也许是一种历史哲学；但我宁愿把它作为起着支配作用的公式，它有助于理解在早期近代欧洲和美国的历史叙事的形成中发生了什么。

562 我认为，昆廷·斯金纳采用"西塞罗式"公民观，是把它作为我和巴隆提出的"马基雅维里式"公民观的对立面；前者意在重建共和国，使之成为受法律和正义调整的公民共同体，而不是这样一个共同体：它的公民具有严酷竞争性（且具有扩张性）的美德有可能通过确立平等的纪律（应当指出，这是一种统治的平等，而非权利的平等）来管理自身，也有可能做不到这一点。如果我的辨析无误，这种倾向会使斯金纳的共和政体观念史回到法学和哲学史所提供的语境；而塔克提出的完全不同的历史框架——在这一框架中，"西塞罗式"共和政体观与"塔西佗式"共和政体观相对立，而马基雅维里本人是"西塞罗主义者"——则要明确消除以下主张："德性"（virtus）的概念有自身的历史，它无法被纳入自然法及其变种的历史之中。[1]我承认，斯金纳和塔克所描述的各种历史，追究起来都是实际发生过的历史；我们都不认为

1　见塔克的以下著作*Natural Rights Theories: Their Origin and Development*（New York: Cambridge University Press, 1979）, *Philosophy and Government, 1572—1651*（Cambridge University Press, 1993）和*The Rights of War and Peace*，他本人在最后一本著作的《导论》中做过评论。

历史皆为虚构；但我要讲述另一种历史，回溯地看，它与他们所描述的历史相互作用，甚至可能延续至具有现在时态——我在这篇《跋》的下面还会谈到这一点。与此同时（我下面不再涉及上述两位学者）我发现，即便在三十年后，一般的历史研究领域，尤其是政治思想史家，仍然很不情愿接受这样的观点：《马基雅维里时刻》一书中研究的公民美德也有自己的历史；仍然有一种相当顽固的愿望，要削弱或消除这种历史的存在。[1]在某些情况下，这源自于更喜欢伯林的“消极”自由而不是“积极”自由，但它更多地是范式政治学的表现。长期以来，由于种种原因，政治思想史的写作受着哲学、神学和法学的三重主宰，因此极不乐意让第四种声音介入对话。与此相伴随的还有另一种倾向，历史学家们往往拙于运用本可使他们有所成就的辩证思考，这使他们认定，生疏的东西会削弱熟悉的东西的“重要性”，为了捍卫后者，必须削弱前者的“重要性”。在阅读《马基雅维里时刻》时，应当把它当作一部共和政体与替代政体之间的辩论史。 563

二

《马基雅维里时刻》一书问世不久，已故的杰克·赫斯特便在评论该书时问道：“真是见鬼，共和思想，而不是别的什么思想，怎么就偏偏先在英格兰而不是别的地方扎下了根？”[2]这个问题问得好，措辞也很生动。它带来了若干问题，至少是在意大利城市共和国形成的一种意识形态，出现在了拥有大片领土的集权化农业君主国，历史学家将后者描述为“现代国家”和“民族国家”。我们一向习惯于在欧洲历史中寻找“现代性”起步的时刻，斯金纳从距今十分久远的12世纪中叶找到

---

1 参看不久前出版的James Hankins（ed.），*Renaissance Civic Humanism: Reflections and Reappraisals*（Cambridge University Press, 2000）。

2 J. H. Hexter, *On Historians*（Cambridge, Mas.: Harvard University Press, 1979），p.288.他评论《马基雅维里时刻》的那一章（见该书pp. 255—303）最初发表于*History and Theory*, XVI（1977），pp. 306—337。

了这样一个时刻，即弗赖辛的奥托向他的日耳曼封建社会的读者描述意大利城邦政治的时刻。将马基雅维里称为第一位“现代”政治思想家，这种说法有着悠久的传统，其根据有二：一是他的“共和主义”同经院学派的教皇体制和帝国体制发生了彻底决裂，二是他的“马基雅维里主义”为至上君主制时代的“国家的理由”（raison d'état）提供了基础。我无法接受这种观点，我在执政团宫的一次演讲中[1]认为，我们所谓的“现代”政治思想，是直到拥有大片领土的君主国从宗教战争中崛起时才出现的，而马基雅维里既没有经历过这种君主国，也没有亲眼看到宗教战争。[2]以此观之，最早的“现代”理论家应是“万民法”（jus gentium）和“国家的理由”的阐释者格劳秀斯和霍布斯。与列奥·施特劳斯的追随者不同，我会让马基雅维里和霍布斯之间有更大的距离，尽管后来的思想家找到思想家先驱是件很有意思的事情。对于马基雅维里是“现代自然法”的阐释者这种观点，我也不认为有什么意义，因为我看不到有任何证据表明，自然法的概念框架进入过他的文本或他的头脑。既然马基雅维里的文本已经脱离他的控制，被哲学家和法学家阅读，这些文本便可以被重新解读为对他们思想的挑战，而在这一点上，对人文主义者和法学家做出明确区分，也许有一定用处。

564 就像马基雅维里对自己的看法一样，我认为他所关注的事情是在“现代”条件下陈述“古代”价值，[3]这是理解“共和”思想令人困惑地

1 1994年 6月20日，即过去归阿克顿（Harold Acton）爵士所有的别墅正式捐给纽约大学的日子，我发言时在座的有当时负责调查意大利政治阶层腐败案的调查组组长安东尼奥·迪·皮埃特罗（Antonio di Pietro），还有佛罗伦萨的大主教，他对我说，我讨论马基雅维里的方式使人觉得意大利的未来还有希望。我相信主教阁下和我本人对我们的谈话都心领神会。（译按：这里提到的“执政团宫”［Palazzo della Signoria］是佛罗伦萨著名建筑，在16世纪初共和时期是重要的政治活动场所。）

2 这篇演讲以“Machiavelli and the Rethinking of History”为题发表在*Il Pensiero Politico*, XXVII, no. 2（1994），pp.215—230。

3 Pocock, “Machiavelli and Guicciardini: Ancients and Moderns”, *Canadian Journal of Social and Political Theory*, II, no.3（1978），pp.93—109 and “Machiavelli in the Liberal Cosmos”, *Political Theory*, XIII, no. 4（1985），pp. 559—574.

出现在近代早期君主制中的关键。马基雅维里所鼓吹的价值，是严格意义上的“古代”价值。“德性”（virtus）的意识形态可以追溯到大约基督纪年以前7世纪希腊的装甲步兵暴动，它表达的是一种前苏格拉底、前基督教和前法学家的战士公民理想。试图证明“古代”价值有哲学意味，马基雅维里与它们分道扬镳具有“现代”意味，[1]这在我看来是无稽之谈。“德性”的语言与其说是雅典的语言，不如说是拉丁语言；从西塞罗到塔西佗这些伟大的罗马演说家和史学家维持着它的活力，因为他们都强调“德性”受到恺撒式帝国的价值的压制；共和思想与反共和思想的历史，是与有关罗马兴衰的历史拟制纠缠在一起的。然而，与本书相关的要点是，相当古老的价值存在于早期现代性之中，这一吊诡的局面正是“马基雅维里时刻”之含义的关键所在。本书有关后佛罗伦萨时代的各章所讨论的，便是巴洛克时期和启蒙运动时期政治思想中的“古代”与“现代”之争。

赫斯特对我所讲述的都铎—斯图亚特时代英格兰思想如何为一种积极公民观的发展留出了空间表示满意。但后来的批评者，如帕特里克·柯林森和马库·佩尔托尼等人[2]，却不赞同我所说的 1649年弑君之前尚不存在成熟的共和主义。我的意思是，只是到了那时，才有人以共和政体的形式去想象英国政体。在我看来，佩尔托尼等人发现的许多东西属于塔西佗主义的范畴，这在16世纪晚期是一种常见的话语模式，其中既有使自己臣服于不完美的君主制的训令，也有使自己表达这种不完美的手段。[3]它以塔西佗关于用元首制取代共和制的论述为基础，包 565

1 我认为这正是拉赫的核心观点，参看Paul A. Rahe, *Republics Ancient and Modern*（Chapel Hill: University of North Carolina Press, 1992）。

2 Patrick Collinson, *De Republica Anglorum: Or History with the Politics Put Back*（Cambridge University Press, 1990）; Markku Peltonen, *Classical Humanism and Republicanism in English Political Thought, 1570—1640*（Cambridge University Press, 1995）.

3 有大量从共和主义、君主制或哲学角度论述塔西佗主义的文献。参看Peter Burke, “Tacitism, Scepticism and Reason of State”, in J. H. Burns（ed., with the assistance of Mark Goldie）, *The Cambridge History of Political Thought, 1450—1700*（Cambridge University

含着对过去自由状态的想象，但它充其量是一种宫廷共和主义，是心怀不满的廷臣、谋士和权贵们用来把自己想象成罗马元老的手段。并不存在以君主的议事会取代君主制的设想，这种议事会从性质上说是聚散无常的。戴维·诺尔布鲁克揭示过这种关系，直到第一次内战爆发时，其成员才能够设想废君之事，并借罗马诗人卢肯来表达自己的想法。[1]我一向认为，经历了内战、政府解体和弑君的实际发生，才迫使人们把英格兰想象成共和国，[2]并寻求使这个共和国赖以立足的积极公民观。《马基雅维里时刻》一书中引起赫斯特注意的内容，旨在阐述一种有关公民精神而不是共和政体的理论，以及有关财产和武装的概念，我认为这也是该理论的一部分。

《马基雅维里时刻》问世两年后，我编辑出版了《哈灵顿政治著作选》[3]，撰写《时刻》一书时我就在从事这项工作。在本书以及我的写作中已经成型的历史框架中，哈灵顿是个核心人物；早在1975年之前的一些文章中，我已初步勾勒出这个框架以及他和马基雅维里在其中的
566 角色。[4]正如读者所知，本书的核心观点是：哈灵顿重新阐述了马基雅

Press, 1991), pp. 479—498。

1 David Norbrook, *Writing the English Republic: Poetry, Rhetoric and Politics, 1627—1660* (Cambridge University Press, 1999).

2 对弥尔顿也可以这样说。参见David Armitage, Armand Himy and Quentin Skinner (eds.), *Milton and Republicanism* (Cambridge University Press, 1995)。

3 J. G. A. Pocock (ed.), *The Political Works of James Harrington,* Cambridge University Press, 1977; 另参见*James Harrington: Oceana and a System of Politics,* Cambridge University Press, 1992。

4 "Machiavelli, Harrington, and English Political Ideologies in the Eighteenth Century", *The William and Mary Quarterly,* 3rd Series, XXII, no. 4 (1965), pp. 549—583, 后收入J. G. A. Pocock, *Politics, Language and Time* (New York; Atheneum, 1971; University of Chicago Press, 1989), pp. 104—147; "The Only Politician: Machiavelli, Harrington and Felix Raab", *Historical Studies: Australia and New Zealand,* XII, no. 46 (1966), pp. 265—296; "Civic Humanism and its Role in Anglo-American Thought", 收录于Pocock. *Politics, Language and Time*, pp. 80—103; "James Harrington and the Good Old Cause: A Study of the Ideological Context of his Writings", *Journal of British Studies,* X, no. 1 (1970), pp. 30—48。

维里关于武装的积极公民的学说，其背景则是地产乃实施武装之必要条件的历史，这一历史始于古典共和主义的古代，经过封建地产——所谓的“现代的精明”（modern prudence），一直延续到有可能使古代条件得到恢复的当时。这一框架，以及它的令人失望和转型，是“马基雅维里时刻”的历史所必需的，但这是个颇多争议的题目。有关财产变化的各种历史框架，并非不为1975年的人们所知，但它们大多数都止步于作为商品的财产，止步于多多少少已是资本主义的和商业的社会。我所提出的这一框架的作用是，延长不动产与动产、地产与商业之间的紧张关系的过程，使之贯穿于近代的各个时期，而这无论是1970年代的自由主义还是马克思主义思想都不愿接受的。有意大利的批评者认为，本书是试图将美国自由主义的意识形态强加于欧洲历史进程的计划的一部分，然而我在答复他们时却能够说，已经有人批评我这本书既不属于自由主义，也没有足够的美国倾向。[1]英语世界的马克思主义有一传统，从托尼到麦克弗森和希尔克里斯托弗·希尔，总是把哈灵顿打扮成资产阶级意识形态的宣传家，就像他那个时代的其他人一样。[2]

1 有关这个问题——尤其是与已故佩奇奥里（Renzo Pecchioli, *Dal Mito di Venezia all'Ideologia. Americana,* Venice; Marsillio, 1983）的关系——可参看Pocock, “Mito di Venezia and Ideologia Americana; A Correction”, *Il Pensiero Politico,* XII, no. 3 （1980）, pp. 483—486; “The Machiavellian Moment Revisited; A Study in History and Ideology”, *Journal of Modern History,* LIII, no. I（1981）, pp. 49—72; “Tra Goge Magog; I Pericoli della Storiografia Repubblicana”, *Ricista Storica Italiana,* XCVIII, no. I （1986）, pp. 147—194; “Between Gog and Magog; The Republican Thesis and the Ideologia Americanna”, *Journal of the History of Ideas,* XLVIII, no. 2（1987）, pp. 325—346, 后收入Frank Shuffleton（ed.）, *The American Enlightenment* （University of Rochester Press, 1993）, pp. 379—400。

2 R H. Tawney, “Harrington's Interpretation of His Age”, *Proceedings of the British Academy,* XXVII（1941）, pp. 199—233; C. B. Macpherson. *The Political Theory of Possessive Individualism: Hobhes to Ixicke* （Oxford: The Clarendon Press, 1962）, ch. 6; Christopher Hill, “James Harrington and the People”, 收录于*Puritanism and Revolution,* London: Mercury Books, 1962, pp. 299—313。有关这些著作的讨论，可参见*The Political Thought of James Harrington,* pp. 56—57, and Pocock, *The Ancient Constitution and the Feudal Law* （reissued）, Cambridge University Press, 1987, pp. 128—129, 139—144, 321—323。

对此我要指出，麦克弗森所描述的“占有性个人主义者”（possessive individualists），用在哈灵顿的反对者马休·沃伦身上，要比用于哈灵顿本人更合适。[1]对于我的论点至关重要的一点是，我们正进入一个地产和商业之间发生紧张的时期，而共和主义理论也许觉得最好以前者而不是后者作为自己的基础。但是，从未发生过短命的英格兰共和国要在农业价值和商业价值之间进行选择的“马基雅维里时刻”，我也从未
567 说过有这样一个“时刻”。[2]哈灵顿仅仅认为，与在市场上买卖的动产相比，可继承的地产是共和主义公民群体更稳固的基础。他认为，共和国应当扩大它的地产基础，以跟上共和国商业成长的步伐，他在特纳尚未形成其“边疆理论”[3]之前便阐述了这种理论，而那场不为马基雅维里所知的美德与商业之争，也已艰难起步。

我认为，哈灵顿是想把自己理想的（也是英格兰式的）共和政体建立在积极公民的美德的基础上，我根据这一观点对哈灵顿的解读受到了最顽强的反击。哈灵顿在利益观以及如何将个人利益转化为整体利益上颇费笔墨——或许比我注意到的还多。在其著作的某些地方，他似乎将自己的共和国的制度描述为一套旨在使人们从天性上做不到时也能按照美德行事的机制；他还提出一个颇为古怪的建议：将言论和行动分开，让言论局限于只辩论不决定的少数；而把行动留给只行动不辩论的多数。乔纳森·斯科特据此多次指出，哈灵顿不是共和主义者，而是头脑可能不太健全的怪异的霍布斯主义者，他的乌托邦是一个被打散的、非人格化的利维坦，旨在强迫人们违背自己的意愿表示服从。[4]

1 *The Political Thought of James Harrington* , pp. 88—89.

2 参见Steve Pincus, “Neither Machiavellian Moment nor Possessive Individualism: Commercial Society and the Defenders of the English Republic”, *American Historical Review,* 103, no. 3（1998）, pp. 705—736。

3 美国史学家弗雷德里克·特纳（Frederick J. Turner）在19世纪末创立的学说，强调边疆对美国历史发展的重要影响，对美国史学界有深远影响。——译注

4 Jonathan Scott, *Algernon Sidney and the English Republic, 1623—1677*（Cambridge University Press, 1988）; “The Rapture of Motion: James Harrington's Republicanism”, 收录于 Nicholas Phillipson and Quentin Skinner（eds.）, *Political Discourse in Early*

包括斯科特在内的许多学者对我们做出了有益的提醒，英格兰的共和主义有许多变种（但愿我没有说过哈灵顿的共和主义是唯一的共和主义，不过就算我说过，亦无伤大雅），布莱尔·沃登曾在一系列文章中对它们做过全面的考察。[1]为了就斯科特对哈灵顿的解读做出回应，我要 568
从后者最后一本著作中引一段话，它没有出现在《马基雅维里时刻》一书中，但我在写作该书时是知道的：

> 对形式的沉思使人诧异，它伴随着一种使人的灵魂上升至上帝的焦虑或冲突。
>
> 正如人的形式是上帝的形象，政府的形式就是人的形象。[2]

这是柏拉图式的语言，在霍布斯（或许还有马基雅维里）那里极少使用。它告诉我们，随着人类开始统治自己，他们变成像诸神，他们自己的统治以尘世为根基，上帝的统治则是以创世为根基。"大洋国"的制度不是操纵性的，而是采取了使人成为其应是的形式。我们已经远远超越罗马人的"德性"，走向柏拉图式的公民神学，它将公民提升至能够扮演自己的角色，从而消灭了教士，它有可能——出于这里无法细说的复杂原因——通过让基督教三位一体中的圣子地位低于圣父而告终。霍布斯可以说是殊途同归，他和哈灵顿都抨击正统基督教的教

Modern Britain（Cambridge University Press, 1993）, pp. 139— 163; "The Peace of Silence: Thucydides and the English Civil War", 收录于Miles Fairburn and W. H. Oliver（eds.）. *The Certainty of Doubts Tributes to Peter Munz*（Wellington: Victoria University Press, 1996）, pp. 90—116; *England's Troubles. Seventeenth-Century English Political Instability in European Context*（Cambridge University Press, 2000）。亦可参见J. C. Davis, "Pocock's Harrington: Grace. Nature and Art in the Classical Republicanism of James Harrington", *Historical Journal,* XXIV, no. 3 （1981）, pp. 683—697。

1 Blair Worden, ch. 15 of Burns （ed.）, *The Cambridge History of Political Thought, 1450—1700*; chs. 1 1—4 of David Wootton （ed.）. *Republicanism, Liberty, and Commercial Society, 1649—1776* （Stanford: Stanford University Press, 1994）.

2 Harrington, *A System of Politics*, IV, 3, 4; Pocock, *The Political Works of James Harrington*, p. 837; Pocock, *James Harrington* , p. 273.

会学说。[1]1977年以来，有关哈灵顿的最有价值的作品已由马克·戈尔迪（Mark Goldie）和贾斯廷·钱皮恩（Justin Champion）完成，他们考察了哈灵顿极端反教权主义的立场和他作为英格兰“激进启蒙运动”先驱所发挥的作用。[2]进入政治神学，将其作为理解“漫长的18世纪”英国思想的关键，是我衷心赞同的一项发展，尽管《马基雅维里时刻》一书没有提到它。[3]仍然有待考察的是，这两者是如何联系在一起的。

569 哈灵顿为其注入了公民概念的历史框架，在当时有着不同寻常的世俗性质，但它仍然属于我们所说的前现代。它采取绕圈子的形式重新回到它的起点，意在恢复使古代共和国成为可能的那些条件，其原因在于哈灵顿相信军队必须仍以土地为根基，试图拿现金供养常备军超出了国家的能力——正是这个问题导致了罗马共和国和此后的帝制走向崩溃。然而，在哈灵顿著书立说的半个世纪里，出现了以公共信用体系作为基础的常备军，从而导致 1700年的知识人所看到的（我在本书第12章也有论述）历史条件发生的转变。我后来的著述，包括我目前正在撰写的著作，一直在探讨这一转变被人们意识到的后果，以及它如何导致了所谓“启蒙运动”的诞生，而这个“启蒙运动”是有多重含义的。在1976年，即本书问世之后，我曾谈到自己开始进行一项研究爱德华·吉本《罗马帝国衰亡史》的计划，[4]吉本此书中的欧洲史观是以商

---

1 Pocock, *The Political Works of James Harrington,* pp. 78—82, 89—97; “Contexts for the Study of James Harrington”, *Il Pensiero Politico,* XI, no. I（1978）, pp. 20—35.

2 Mark Goldie, “The Civil Religion of James Harrington”, inAnthony Pagden（ed.）, *Languages of Political Theory in Early Modern Europe*（Cambridge University Press, 1987）, pp. 197—224; “Priestcraft and the Birth of Whiggism”, 收录于Phillipson and Skinner, 同前书, pp. 209—231; Goldie（ed.）, *The Reception of Locke's Politics,* London: Pickering and Chatto, 1999, vol. 1, introduction; J. A. I. Champion, *The Pillars of Priestcraft Shaken*: *The Church of England and Its Enemies, 1600—1730*（Cambridge University Press, 1992）。

3 J. C. D. Clark, *English Society, 1688—1832: Ideology, Social Structure and Political Practice during the Ancient Regime*（Cambridge University Press, 1985; 2rd ed., 2000）.

4 *Barbarism and Religion,* vol. I, *The Enlightenment of Edward Gibbon*（Cambridge University Press, 1999）, pp. 1—2.

业社会的兴起和扩展为基础，导致了一种有关古代地中海帝国的崩溃的史学，但仍然受到古代价值挑战。在这项计划以及其他一些场合，我打算将“马基雅维里时刻”加以扩展，使之也包括“美德”的理想和话语同“商业”的理想和话语之间的相互挑战，我不由自主地宣布，这一时刻拖延得如此之久，因此从很多方面可以说它至今也许仍在继续。

在《马基雅维里时刻》一书的最后四章，这一主张开始有了雏形，并在后来的著作，尤其是《德行、商业与历史》(1985)和《蛮族与宗教》(1999—)中，得到了进一步阐发。[1]这些著作的遭遇，它们被人接受的情况，一直因为它们参与围绕“积极”自由与“消极”自由之间、 570
“共和主义”与“自由主义”之间的一系列论战——即它们有时在无意中塑造(就目前争论的现状来说，“塑造”一词是恰当的)的论战——而受到影响。[2]这里不妨讲一讲《马基雅维里时刻》的写作意图、它如何被人误解以及应当如何理解，这也许会使事情变得复杂，却可以减少混乱。公共信用和常备军的出现造成的革命性影响是，它使人们认识到“商业社会”和后来的“市民社会”是政治和历史中的一股新的主导力量，这种事态的出现在很大程度上是由贸易、资本和动产造成的；人类在这种事态中的交换关系，带来了能够防御宗教战争和内战的财富

1 Pocock, *Virtue, Commerce and History: Essays on Political Thought and History, Chiefly in the Eighteenth Century* (Cambridge University Press, 1985); “Clergy and Commerce: The Conservative Enlightenment”, 收录于R. Ajello et al. (ed.), *L'Etá dei Lumi. Studi Storici nel Settecento Europeo in Onore di Franco Venturi* (Naples: Jovene, 1985), vol. I, pp. 523—622; “The Political Limits to Pre-Modern Economics”, 收录于John Dunn (ed.), *The Economic Limits to Modern Politics* (Cambridge University press, 1990); “The Significance of 1688. Some Reflections on Whig History”, in Robert Beddard (ed.), *The Revolutions of 1688 , The Andrew Browning Lectures. 1988* (Oxford: Oxford University Press, 1991), pp. 271—292; “Standing Armies and Public Credit: The Institutions of Leviathan”, 收录于Dale Hoak and Mordechai Feingold (eds.), *The World of William and Mary Anglo-Dutch Perspectives on the Revolution of 1688—1689* (Stanford: Stanford University Press, 1996), pp. 87—103; *Barbarism and Religion,* vol. I, ch. 4 (“The Hampshire Militia and the Problems of Modernity”)。

2 见本书第588页注3。

和文明。(可以说,摆脱宗教战争——包括它在英格兰的独特表现——的需要,是启蒙运动成长的关键动力。[1])在研究并推动"商业社会"和"市民社会"的现象时,像"风尚"(manners)和"礼仪"(politeness)之类的各种说法被逐渐赋予重要作用:社交风俗、有关自我和他人的公认形象,随着人们在日趋复杂的交往过程中相互来往而出现,他们参与到善意的摩擦之中,并用"优雅"来形容它,以"礼仪"来表现它。[2]礼仪社会也是商业社会,早期占据主导地位的资本主义文化逐渐将政治描绘成这样一个过程:它把人的欲望和利益转化为"风尚",使之变得"更优雅"、"更中庸"、"更精致"和"更柔和"(一个较危险的字眼)。[3]假如我们将启蒙运动视为一个日益消解宗教信仰力量的过程,那就必须进一步指出,"讲究礼仪的"男男女女是与宗教狂热格格不入的,因为在他们看来,他们彼此之间所知有限,这样的知识不过是"意见",这个字眼拒斥信仰,从而鼓励宽容——这正是形成我们所说的"自由主义"的关键一步,尽管本文尚未使用这个概念,而且我们也不急于采用它。

必须指出的是,礼仪社会是以日益有利于战争的方式组织起来的。
571 "商业"产生了"公共信用",而"公共信用"又导致了"常备军"。常备军不仅是国家追求其目标的手段,而且是防止因这种追求而毁灭自身的手段;军队一旦成为国家的军队,内战的危险也就随之减少(这是理解1688年这一英国历史奇迹的关键)。战争日益处在国家的控制之下,出现过一个短暂的乌托邦,这时的欧洲就像由各国组成的一个"邦联"或"共和国",在它们的互动中,"万民法"(jus gentium)和由商业传播的共同风俗文化的合力,使战争因素变得更加温和而文明(我不否认国际法对选择风尚这一主题的重要性)。这个乌托邦在1763年开始解体,

1 这方面的深入讨论见*Barbarism and Religion*, vol. I, pp. 56—58, 108—112。

2 Lawrence E. Klein, *Shaftesbury and the Culture of Politeness Moral Discourse and Cultural Politics in Eighteenth Century England* (Cambridge University Press, 1994).

3 赫希曼对此做过经典阐述,参看Albert Hirschman, *The Passions and the Interests: Political Arguments for Capitalism before Its Triumph* (Princeton University Press, 1976)。

因为英法两国在欧洲、美洲和印度为争夺霸权而大打出手，它们为此大举扩张“公共信用”，致使“国债”有引发革命之虞。在我拟定的哲学史中，我赋予大卫·休谟的如下格言以莫大的意义：“国家要么消除公债，要么毁于公债。”[1]休谟在他的所有著作中，都谈到过以商业为基础的现代社会优于以赤裸裸的个体为基础的古代社会，但他毕竟还设想过这样一个社会：它深陷于匿名债权人的累累债务，使一切财产的价值、每个人的自由、一切事物和观念的意义，统统取决于能否说服债权人维持一种完全建立在投机基础上的经济，社会中人与人的自然关系——也包括风尚——由于缺乏本体论或认识论的基础而终结和消失。埃德蒙·柏克也逐渐认识到，公债的增加会助长革命狂热，而革命则是颠覆一切风尚的计划。[2]

正是基于这一观点，我认为安德鲁·弗莱彻早在1698年做出的论证至关重要。[3]他是拓展贸易的热情倡导者，还是苏格兰达连省转口贸易计划[4]的发起人之一，但他也表示怀疑：随着商业和消费的增长，某些为人类自由所必需的东西，即操练武器和占有作为其基础的财产，是否会被抛弃，而这种财产是使个人能够亲自出现在他的政府中所不可缺少的。在回答这种怀疑时，我们看到丹尼尔·笛福做出了这样的论证：个人在议会中有代表就够了，他们能够制约控制着军队的国家滥用权力；以个人拥有武器为基础的社会，很可能是一个好战而贫穷的、分 572
裂为主子和奴隶的社会。这是直接民主和代议制民主之争，它近似于积极自由与消极自由之争；这也是历史上两种不太令人满意的“时刻”之争，就此而言，这也正是“马基雅维里时刻”的含义。拥有实现自身自由

1 见本书边码第497页。

2 可进一步参考*Virtue, Commerce and History,* ch. 10, “The Political Economy of Burke’s Analysis of the French Revolution”。

3 参见John Robertson (ed.), *Andrew Fletcher: Political Works,* Cambridge University Press, 1997。

4 “达连省转口贸易计划”指1700年苏格兰为拓展南美贸易在巴拿马达连省设立转口贸易公司的计划。对该公司的股票投机导致了严重金融危机，是促成1707年苏格兰与英格兰合并的原因之一。——译注

之手段的个人，易于退化到野蛮状态，得不到其他人的自由的支持。如果个人自由只是表现各种能力的自由，而绝没有将它们集中起来亲自采取公共行动，这个人就很容易腐化堕落，使自己臣服于暴政。历史上并不存在理想的时刻，尽管我们可以想象某种自由，比如审慎游走于古代与现代两极之间的自由，但行使这种自由却取决于维持人格的统一性，这是在历史行动中不可或缺的，而历史却是一个使这种统一性失去稳定性的过程。这就导致了某种历史主义，可以看到，18世纪的很多或大多数思想家都与这种历史主义有染。

我下面要指出一种古代自由与现代自由之争，前者主张个人直接行动，后者则主张以各式各样的活动作为媒介，把人们在社会中相互联系在一起——前者是刺猬的自由，它只知道自己，对别的事情一无所知，与之相反的是狐狸的自由，它知道的事情太多，以至于不再有需要它所知道的自我。[1]这近似于“积极”自由和“消极”自由之争；在前一种自由中，自我肯定能够变成一副原始而野蛮的面目，而在后一种自由中，免于限制的自由有可能无法回答这样的问题：受到限制或获得解放的究竟是谁？然而，它截然有别于——也就是说，它需要并提供一种不同的叙事——另一种“消极自由”的历史，后者完全是用法律语言讲述的，无论它是自然法、宪法还是实在法，它赋予个人以权利，并将个人的自由界定为这种权利的行使。被界定为jus、right、droit或recht[2] 的自由，在18世纪当然有着令人印象深刻的历史，当我决定讲述另一种历史时，无意于否认这种历史的重要性，尽管我可以猜想，我所叙述的历史提出了我没有叙述的历史未回答或未提出的问题。在前面引用的文章中，我宣布——这里必须坚持与塔克相反的观点——“美德”和“权利”是两
573 个无法通约的概念，其实我在做出这一宣布时所考虑的，是由“德行”、“权利”和“风尚”三者构成的一组概念。现在我可以说，从《马基雅维

1 Isaiah Berlin, *The Hedgehog and the Fox*，最初是作为*Russian Thinkers*（London: Hogarth. 1978）一书的一部分发表。

2 这几个单词分别为拉丁语、英语、法语和德语中的“权利”一词。——译注

里时刻》、《德行、商业与历史》及相关文章到《蛮族与宗教》第一卷，[1]我始终在讨论“美德”与“风尚”之间的辩证关系，无论当初还是后来，这种关系都不同于专注于“积极”自由和“消极”自由的历史学家所讨论的“美德”与“权利”之间的关系。我的意思不是说后一种争论不存在、不重要或应当从属于“美德”与“风尚”之争。我只想指出：若要理解18世纪发生的事情，那么我力图提供的叙事就要根据其自身来讲述。也许，对积极自由和消极自由的叙述，需要借用古代自由和现代自由的叙事这一迂回途径，才能理解这个故事的丰富内容。而且我注意到，斯金纳对18世纪涉足不深，我的航行则借助了完全不同的罗盘。

作为历史学家，我一向十分关注古代自由与现代自由之间的对话，故也难怪，其著作能够引起我最强烈共鸣的，当属已故政治哲学家汉娜·阿伦特。我确实讲述过一种早就引起她注意的现象的历史：在18世纪，社会奋起反抗政治，人类行动（human action）的想象被人类行为（human behavior）的想象所取代。[2]这一表述很有启发意义，但这并不意味着由于我可以把她的著作转化为历史，我就选择了阿伦特的哲学——就像主张历史从属于哲学的施特劳斯派学者哈维·曼斯菲尔德错误认为的那样。[3]精神生活既不是这么简单，也不能如此乱来。作为历史学家，我主要关心的是英语世界的历史中发生的事情。我发现，由弗莱彻和笛福在1698年揭示的古代自由与现代自由之间的紧张关系，在1734年左右由罗伯特·沃波尔爵士的支持者做了浓墨重彩的阐发，这比本杰明·贡斯当用它来理解雅各宾党和拿破仑时期的历史早了大约80年。[4]已故的朱迪·史柯拉曾以他特有的热忱，探究我为何花时间研究狭隘的英美史，而不加入主流，投身于研究法国大革命的洪流。对此我

1 见本书第599页注1。

2 Hannah Arendt, *The Human Condition,* University of Chicago Press, 1958, ch. 6, “The Rise of the Social”.

3 参见Hankins, *Florentine Civic Humanism,* pp. 226—227。

4 Biancamaria Fontana (ed.), *Benjamin Constant: Political Writings* (Cambridge University Press, 1988).

只能回答说：我研究的历史没有汇入洪流，它将这一洪流视为大旋涡，
574 惟恐避之不及；我研究的是既属于欧洲也属于美国的英法历史。

三

现在可以重提杰克·赫斯特的问题并做出如下回答：在辉格党统治下的议会制英国（也可以说任何地方），共和主义思想（也可以说一切事物）有着特定的影响，但没有直接的影响。它没有提出过任何用共和制取代君主制的方案。对1649年弑君之后的无王政体——甚至护国公和议会统治时期——的记忆，是对内战的记忆，谁也不想让它重演；人间的君主制是神的君主制的必要体现，这种信念确实根深蒂固。哲学上的共和派持什么样的神学信条是很难说清楚的。约翰·托兰也许是他们中的一员，他不但是自然神论者，而且是泛神论者。[1]凯瑟林·麦考利是辉格党时代英国学问盖世的共和派史学家，他在回望历史时，并不看哈灵顿的教条，而是考察"残余议会"（Rump Parliament）的短暂统治，当时一批喜欢哲理的政治家，如凡纳、悉德尼和（用华兹华斯后来的说法）"另一些把弥尔顿称为朋友的人"，本来能够通过立法使英国人民适应共和政体。[2]后来的历史学家又接过了这一话题，如威廉·戈德文、塞缪尔·柯勒律治等人，从他们的著作中可以看到，这些17世纪的人物所信奉的柏拉图式唯一神教，是多么容易转化成19世纪哲学上的理想主义。这一思想路线从未付诸实践。回顾既往，1688年的核心问题——是否发生了洛克式的政府解体和权力回归人民——几乎与公民共和国和公民美德没有任何联系；"人民"在行使他们的权利，只要他们觉得合适，就可以自由地恢复君主制。在英格兰或不列颠的历史上，

1 Margaret C. Jocob, *The Radical Enlightenment: Pantheists, Freemasons and Republicans* (London: Allen and Unwin, 1981).

2 Pocock, "Catharine Macaulay: Patriot Republican", in Hilda L. Smith (ed.), *Women Writers and the Early Modern British Political Tradition* (Cambridge University Press, 1998), pp. 243—258.

不存在"洛克时刻",至于在美洲"人民"走向建立联邦共和国的过程中是否肯定存在这样的时刻,则是一个仍然有待辩论和确定的问题。

在英格兰的背景下,"共和"语言更多地涉及到人格化的君权在平衡政体中的位置。自1642年查理一世的《对议会十九条提议的答复》采用这一理论并引起争议以来[1],有一点是清楚的,"共和政体"可以包含 575
积极君权的成分,它未必同国王与自己的议会合为一体而不处在它之外这种观点相符。可以指责"共和派"要把国王变成像威尼斯总督那样只有象征性地位,可是博林布鲁克却主张强化王权,以对抗议会的"威尼斯式寡头统治",他把国王想象成"爱国者",是由"爱国者"组成的人民的首脑。"爱国者"一词有着强烈的共和主义积极公民的意味。博林布鲁克所使用的"爱国者"一词,与早在内战时就已出现的对爱国者的另一种理解有异,后者是指爱祖国甚于爱政府或甚于爱国王的人,他很容易变成布鲁图斯、卡托或喀提林,直到 1790年代"爱国者"才有了"保王党"的最初含义,并被后辉格时代的知识人攻击为"沙文主义者"。它更直接地用来指一些反对派成员,他们诉诸古罗马的美德以反对大臣的腐败。约翰逊博士很有理由怀疑这类反对派的动机,所以才有了他那句著名的苛评:"爱国主义"是"恶棍最后的避难所"。

"爱国者"和"共和主义"的话语在很大程度上是要与一种议会制过不去,它可以抨击这种制度,却拿不出别的选择,这便是它只能担当反对派角色的原因。这种议会制是哈灵顿当年没有预见到的:它的基础是封建地产衰败之后留存下来的王权与贵族的庇护权和势力,以及他们在商业、信用、国债和常备军领域的大举扩张。这正是安妮王朝时代的托利党所谴责的"金钱利益",即以新型财产为基础的新寡头对英格兰的统治:他们占有的不是土地,甚至不是流动的商品和商业资本,而是以现在受其债权人统治的国家的未来信用作为抵押的票据。休谟对"公债"的分析使我们想到,即便是这位探究商业、自由和礼仪演化史的苏格兰伟大的历史哲学家,也无法确信自己解决了国债问题。埃德

1 Michael J. Mendle, *Dangerous Positions: Mixed Government, Estates, and The Answer to the XIX Propositions*(Ala.: University of Alabama Press, 1985).

蒙·柏克把法国革命视为“金钱利益”和无神论知识分子的毁灭性结合，它毁掉了风尚及其复杂的历史；但他也不得不说，不列颠的国债不同于法国，它有国民经济作基础，因此是安全的——为了对抗理查·普赖斯和托马斯·潘恩的休谟式预感，必须在实践中坚持这一点，[1]然而潘恩并不是古典共和派，他只是痛恨君主制罢了；他认为假如国债处在民主的控制之下，是能够刺激经济的。

576 一旦把“共和”思想视为提倡“古代自由”，必须在“现代”条件下保证它的生存，那就可以把这种思想视为一种参与辩论的历史哲学，一种包含在它所批评的历史之中的历史批评。不过，它不仅有哲学上的后果，也有实践的后果；它提供了揭露的手段，能把任何现存政体都说成“腐败”的政体，陷入了“美德”指导下的人格独立和自主遭到剥夺的境地；而苏格兰历史哲学并未对这一挑战做出明确回答。人的人格能否在历史中生存，是 18世纪哲学中的一个严肃问题；它在言辞和实践中带来的后果是，一切现存秩序总能被证明是腐败的。当美国革命宣布与辉格党和议会制度决裂并着手建立共和国时，这一点尤为重要。[2]

《马基雅维里时刻》的最后一章比前面的全部内容引起了更多争议，因为它探讨的是美国立国的历史性质。我曾在以往发表的著作中指出，我的叙述可以从佛罗伦萨一直延伸到费城，[3]但我记得当时已经认识到可以加上第15章，就此而言，我不认为自己写本书时便有意造成

---

1 Pocock (ed.), *Edmund Burke: Reflections on the Revolution in France* (Indianapolis: Hackett Publishers, 1987).

2 我主张英美的政治话语史因美国革命而发生分化，在法国大革命冲击下发生转型，参看“The Varieties of Whiggism from Exclusion to Reform: A History of Ideology and Discourse”，收录于*Virtue, Commerce and History* (1985), chapter 11; “A Discourse of Sovereignty; Observations on the Work in Progress”，收录于Nicholas Phillipson and Quentin Skinner (eds.), *Political Discourse in Early Modern Britain* (Cambridge University Press, 1993), pp. 377—428; “Political Thought in the English-Speaking Atlantic; (i) The Imperial Crisis”, “(ii) Empire, Revolution and an End of Early Modernity”. chs. 8 and 9 of Pocock (ed., Gordon J. Schochet 和 Lois G. Schwoerer协助编辑), *The Varieties of British Political Thought* (Cambridge University Press, 1994)。

3 参见本书第594页注4。

这种结果。认为美国的革命和宪法有其“共和主义”史前史的根源，持这种看法的并非只有我一人。伯纳德·拜林的《美国革命的意识形态起源》（*The Ideological Origins of American Revolution*）就曾指出过英国反对派意识形态的不同寻常的力量；道格拉斯·阿代尔的《名望与国父》也表明，1776年和1787年的领袖们将自己视为希腊和罗马意义上的立法者；[1]戈登·伍德的《美利坚共和国的创立》（*The Creation of American Republic*）研究了美国的古典共和主义及其被取代的程度，他的研究成果颇丰，这使他成为反驳我的观点的主要作家之一。因此，将 577
美国的革命和建国说成植根于漫长的共和主义传统之中，或者说成导致了那场古代自由与现代自由之间的对话（这正是“马基雅维里时刻”的首要含义），似乎不能说是失之武断；再者，说我采取了某些我没有记得自己采取过而且觉得无需赞同的立场，便不停地对我进行猛烈（有时是恶毒）攻击，这令我一直十分不解。我只能情不自禁地想，许多这样的批评只是一孔之见，带来这种结果的误解并不单纯，而是众多历史学家思维方式根深蒂固的一部分。

我无论如何也不想说，美国人（既然他们已经开始认识自己）仅仅受着“古典共和主义”或“乡村意识形态”（country ideology）的激励。这些因素都是存在的；它们是表达得十分清楚、往往自我封闭的信仰体系，能够对各种事件和价值提供详细的阐释。为了表明它们的存在，我有时不得不对其做全面的描述，仿佛它们是自足的体系。但作为“马基雅维里时刻”整个概念的内在成分，这种话语遇到了它的反对者——包括“现代自由”的反对者，并进入与后者的辩证对话，双方相互借鉴，并且都意识到对方的历史局限性。我的意思是，美国人所关心的问题是如何在不断变化的历史条件中保留价值；有人断定，我说过美国人仅仅受到他们力图维护的那些价值的激励，我觉得没有义务答复这种人。不

1　Douglass Adair, *Fame and the Founding Fathers,* ed. Trevor Colbourn, New York: Norton. 1974. 如Gerald Stourzh, *Alexander Hamilton and the Idea of Republican Government*（Stanford: Stanford University Press, 1971）中一样，阿代尔揭示了对共和主义观念的休谟式批判所造成的紧张。

论对立国先贤帮助形成的文化能够说些什么，他们都是历史上很老练的一代人。

我认为自己的立场被不公正地简单化了，如果我所言不虚，问题便是这种简单化是如何发生的。部分答案似乎在于，美国历史学家对约翰·洛克这个人有着特殊的崇敬，而对这样一位哲人的崇敬理应采取清晰的思想形式。在写作《马基雅维里时刻》时，我关心的是（现在我不会再这样做了）路易斯·哈茨的论证：美国人全都如同洛克一样思考问题，因为没有封建史，所以不存在其他思维方式可供他们使用。我在讨论英国人如何看待自己的封建史的早期著作中，已经注意到洛克本人并未参与的重要论战，它们与洛克参与过的论战密切相关；[1]在研究18世纪的美德与商业之争时，我并未发现洛克是它的推动者之一。因此
578 我提出一种研究策略，应当将洛克及其“重要性”从我们的头脑中清除出去，等待他本人扮演起他的重要角色再杀回来——我确信他会这样做。就他在有关美国革命的争论中的地位而言，我后来一直关注的，一是他在推动自由主义的准基督教方面发挥的重要作用，当时就有人注意到了它对美国人的感召力；[2]二是他关于人民如何才能宣布解散自己的政府的论述，如何被运用于一地人民切断同另一地人民的纽带这一完全不同的目的，[3]三是当代极端标新立异者的解释，他们认为这场革命完全是洛克的灾难性哲学的后果。[4]我并不认为《马基雅维里时刻》导致我贬低洛克的地位，或该书就有这样的意图；可是，直到今天，确

1 我在*The Ancient Constitution and Feudal Law*一书中提出如下观点：菲尔默（Sir Robert Filmer）著作的再版不仅引发一场哲学争论，而且引起一场史学争论，洛克反常地没有参与这场史学辩论。参见*Virtue, History and Commerce*, pp. 220—230。

2 *Barbarism and Religion*, vol. I, pp. 68—70. B. W. Young, *Religion and Enlightenment in Eighteenth-Century England: Theological Debate from Locke to Burke*（Oxford: The Clarendon Press, 1998）.

3 *Varieties of British Political Thought*, pp. 281—282.

4 “Josiah Tucker on Burke, Locke and Price: A Study in the Varieties of Eighteenth-Century Conservatism”, 收录于*Virtue, Commerce and History,* ch. 9。

实有一种写作习惯，仿佛为了反驳我，就要为洛克辩护。[1]我一直试图对洛克的作用做出界定；界定意味着划定范围，而不是贬低。

这里的困难部分地来自于方法论。历史学家往往不能实践他们所研究的辩证思维；他们把任何命题都看成仿佛能解释整个领域，把它与提出同样主张的另一些命题对立起来，在它们之间建立起否定性关系，比如“不是……而是”，“与其……不如”，“由此……到彼”。这或许能够解释一种陋习：只要一遇到有人说洛克没做过什么，就赶紧宣称他做过别的什么；然而，我们的目标应当是把洛克的著述或他的信仰模式所发挥的作用，跟其他著述和信仰发挥的作用联系在一起，从而将美国的建国视为它同自身就相互对立的价值进行的一场对话——这本是得到普遍同意的事实。洛克在这场对话中肯定扮演了重要角色，但它未必是一场有关洛克的对话，参与者或是支持洛克，或是反对洛克，表达的观点也是喜爱或厌恶从他著述中找到的观点。对于有些美国史学家对洛克的辩解和维护的态度，我们还有可能找到另一种解释，它带有更 579
多意识形态而不是方法论的色彩。对于《马基雅维里时刻》身陷其中的争议，日益形成了一种习惯，即把它当作“共和派”和“自由派”对美国宪法以及以它为基础的文化的不同解读之间的争论，[2]洛克成了“自由主义”这一著名的美国公民宗教的守护神和创立者，为此必须肯定一点，即“自由”公民只要了解自己的权利并积极肯定这种权利就够了，“共和”理论则要求这个公民认同于把自主和奉献精神结合在一起的“美德”，而“权利享有者”(rights-bearer)的概念并不完全与它相符。这里我们再次接近于本文前面所强调的“积极”自由与“消极”自由之

1 最近的著作见T. H. Breen, *The Lockean Moment: An Inaugural Lecture Delivered before the University of Oxford* (Oxford: The Clarendon Press, 2001)。异口同声为洛克在18世纪不列颠话语中的地位进行辩护的，几乎清一色来自美国的历史学家，例如Isaac Krammck, *Republicanism and Bourgeois Radicalism: Political Ideology in late Eighteenth—Century England and America* (Ithaca: Cornell University Press, 1991)；Ronald Hamovy, “*Cato's Letters,* John Locke and the Republican Paradigm”, *History of Political Thought,* XI (1990), pp. 273—294。

2 既然我不想参与这种辩论，因此就不必在此列举相关文献。

间的紧张关系。我提出，革命思想是基于担心“腐败”可能导致“美德”（从而还有自由）的丧失，于是就有人说我抹杀革命思想是以明示权利作为基础的重要性，这似乎就是“洛克时刻”的全部含义。我强调“共和主义”因素，是因为我认为它有应予揭示的历史；但“马基雅维里时刻”这一概念的要点在于，同一个行动中包含着各种歧异的原则，也许它们无力找出最终的解决方案。

浏览一下索引即可知道，《马基雅维里时刻》很少提到“自由主义”，而且就算全然没有提及，我也心安理得。18世纪尚未使用这个字眼，“自由的”（liberal）这个形容词也尚不具有它的现代含义。尽管那时已经出现一些要素，在适当的时候能够用“自由主义”的套话加以概括，但并不存在与它后来的含义相符的学说体系。本书讨论的毋宁是古代自由与现代自由之间的紧张这一全然不同的主题，即复杂的商业社会中的居民所享有的自由同对这种自由以及使之产生的历史的批评之间的张力。我的问题是，这种张力是否明显存在于美国革命和建国的过程中，我的回答是确实存在。带有部分洛克色彩的方案导致了独立，它宣布各殖民地和英帝国是一个邦联，然后以治理不当为由解散了这个邦联；但这一方案本身并不能导致共和国的创建。不存在一个洛克式共和国的蓝图，洛克关心的是政府的起源和终结，而不是它的结构和运
580 转，他小心回避了教导人民如何在解散政府之后重建国家。洛克式政体是一个权利享有者的共同体，但这并不涉及它的形式或宪法（除了它实行宪政的承诺之外）。因此，我们必须超越洛克，搞清楚这个新独立的国家为何理所当然地就是共和国，或者当时人们对这个词作何理解。道格拉斯·阿代尔提醒我们，建国之父将自己视为古典意义上的立法者和古典意义上的共和国创立者，对他们来说，公民精神和美德这类常用语有着极大的意义。伯纳德·拜林则告诫我们，革命的常用语是建立在对行政集团腐败的深刻忧虑上，而公民的独立、自由和美德（它们正面临严重威胁）提供了克服这种腐败的唯一出路。波尔也告诉我们，议会机构一向伴随着这样一种意识的扩散，不管是代表还是选民，很容易

被庇护权——包括国家的庇护权——所腐化。[1]腐败之说广为传播，这有助于解释为何创建共和国成了对付腐败的手段；而“马基雅维里时刻”的本质就在于，共和国本身也极易受到腐败的威胁。

可见，美德和腐败的话语构成了美国革命和宪政语言的一部分；问题在于这种话语的存在意味着什么。再次令人遗憾的是，有关《马基雅维里时刻》的争论所要论证的却是，共和国是以“共和主义”原则为基础，还是以另一些原则——如洛克式的、“自由主义的”或“现代”的原则——为基础。对于这个问题，我不想给出非此即彼的回答，我只想说，美国的建国引发了我所说的“古代”自由观与“现代”自由观之间的争论和冲突，也许这一争论永远无法最终解决。我在这里肯定冒犯了美国的建国理论：共和政体已经建立，建国确实关系到原则的正当性，把它描述成是非未定的“马基雅维里时刻”，是一种挑衅行为。戈登·伍德的《美利坚共和国的创立》实际上是对我的挑战的提前回应。他将“古典”共和主义明确描述为“古代的”，而将美国的共和制度说成是“现代”共和主义进展神速的胜利。为此目的，他比我更强调“古代”共和主义的贵族性质；在他看来，这种共和主义不过是美国乡绅的自卫行动。但是，就以下观点而言，他的论证还是有道理的：作为一种理想的古典共和制导致了贵族制与民主制之间的平等地位；正在形成的美国社会结构，很快就使“民主”和“平等”与自然贵族仍能在很大程度上 581
存在的观点变得互不相容，这就需要一种新的意识形态，人们情不自禁地把它称为“自由主义”。

于是，“共和”只好让位于“民主”。为此而深陷于麻烦之中的作者，莫过于约翰·亚当斯，他在《捍卫合众国宪法》（*Defence of the Constitution of the United States*，“继《圣经》之后受人误解最严重的书”[2]）中宣称，权势家族的贵族统治总会出现，必须对其加以防范，他

1 J. R. Pole, *Political Representation in England and the Origins of the American Republic*, London and New York: Macmillan, 1966.

2 Pocock, "'The Book Most Misunderstood since the Bible': John Adams and the Confusion about Aristocracy", 收录于Anna Maria Martellone and Elizabetta Vezzosi (eds.),

因暗示这种可能性而受到猛烈抨击。如果亚当斯依然在世，他对肯尼迪家族、布什家族、戈尔家族和洛克菲勒家族会作何评论，想来一定有趣。但是，如果他认为这些家族的权势是以他们的嫡亲、依附者和随从为基础，他的思想就不够现代了。然而在他那个时代，人们确实把贵族制视为一种现代威胁，当时人们认为亚历山大·汉密尔顿主张设立强势的行政长官，由他来掌握国债、常备军和广泛的政治特权。这就是受“金钱利益”支配的政府，英格兰的乡村派为此而对宫廷派的抨击持续了一百年，而汉密尔顿也受到谴责，说他试图引进“不列颠式的”统治制度。[1]这种争论有着漫长的历史，洛克在其中并未发挥显著作用，而这段历史中确实不乏“信用”、“财产”、“美德”和“腐败”之类的说法。有大量的文献告诉我——仿佛我另有高见似的——由杰斐逊式的农场主组成的共和国将投身于国内和海外贸易，但在我看来问题并不在此。问题始终在于信用而非商业，在于投资于国家的食利者和股票交易商，而不在于投资于生产和交易的企业家；如果说汉密尔顿本人失败了，但却可以认为他所倡导的政府体制生存了下来，并使美国的民主体制（它已经走过一段漫长的历史）中的紧张永久化了。因此，可以把共和政体初步视为应付18世纪问题的手段，而该体制的大获成功却使这些问题永久化了。

认为美国的建国进程是从“共和”走向“民主”——这大概不是对伍德观点的严重简单化——的主张，遇到了由它所引发的最不同寻常的生动表述，即麦迪逊的格言：由公民直接统治自己的社会是民主政
582 体，公民通过他们选出的代表进行统治的社会是共和政体。这是故意颠倒了两个概念的公认含义，即颠倒了其一被认为属于“古代”而其二被认为属于“现代”的含义。宣称联邦制是共和政体而非民主政体，这

Fra Toscaria e Stati Uniti. Il Discorso Politico nell'età della Constituzione Americana, Florence: Olschki, 1989, pp. 181—201。顺便说一句，虽然我不想与这些高贵的人士为伍，但我知道亚当斯会有何感想。

1 Lance Banning, *The Jeffersonian Persuasion,* Ithaca: Cornell University Press, 1978.

是极端保守的美国人的立场。麦迪逊这样写，是为了落实联邦主义方案，将各州组成的邦联转变为一个既能成为帝国，又不会被帝国所腐化的联邦共和国，这是一项最令美国的建国思想具有独特性的事业。如果不构想出一套复杂的方式，使公民能够选举代表他们的权威，是做不到这一点的；不为古人（但不包括罗马的法学家）所知的代议制是现代政治的伟大发现，这已经成为常识。然而这种语言却延续着古代与现代之争，使麦迪逊也未能消除它。无论麦迪逊是否知道，卢梭早就提出过这样的问题：一个道德人能够代表另一个道德人这种说法是否有任何意义，将另一个人的行动视为自己的行动，是否等于他允许自己腐化。代议制其实是一种拟制，创建一种完全拟制和虚构的政府体制，这同个人以公民身份行动、他是天生的政治人这一观念是不相容的。据认为，现代性的实质在于，人们生活在一个拟制的世界里，自我与他者是交换世界中人与人之间部分交往的产物。可以断定，我们自己已经陷入这样一种境地：有关拟制的知识不如人意到了难以容忍的地步。我们不仅怀疑那些迫使我们在他们中间进行选择的政客们的寡头统治是否在值得一提的意义上代表着我们，我们甚至怀疑自己是否还拥有自我以供他人代表。全球经济在后现代主义那里找到了同盟军，它告诉我们，自我和社会都是虚构的，我们的唯一选择是接下来购买哪一本虚构小说。

自1690年代英格兰出现商业社会以来，古代自由与现代自由之间的对话已经走过一段漫长的道路。[1]我一直隔着一段距离考察它的历史，要么从美国的自由主义、共和主义或共同体主义之间的论战出发，要么从探讨不列颠对积极自由和消极自由之间的区分出发，虽然能把这一历

1　有关这一进程及其现代状况，我认为最值得推荐的著作是Gisela Bock, Quentin Skinner, and Maurizio Viroli（eds.）, *Machiavelli and Republicanism*, Cambridge University Press, 1990; Skinner, *Liberty before Liberalism*; Philip Pettit, *Republicanism: A Theory of Freedom and Government*, Oxford, The Clarendon Press, 1997; Maurizio Viroli, *Republicanism,* New York; Hill and Wang, 1999。不言而喻，本文阐述的内容与这些著作并不完全一致。

史同两者联系在一起，但在我看来它与两者并非完全是一回事。读者也不应当认为，《马基雅维里时刻》的写作目的就是抵达这样一种哲学困境，或者应该被这样解读。它要揭示某些在它所叙述的历史中一直发生的事情，它触及到的许多事情呈现出完全不同的面目，并且能够做出不同的解释。在历史这一研究领域，许多解释可以而且应该同时并存。由于这个原因，假如存在一种从明显真实到日趋虚幻的历史叙事，我们就可以重新研究这一历史，找出我们塑造自己的许多方式，而不必只在以下两者之间做出选择：要么关起门来编造自己的故事，要么成为那些总想替我们编造的人手中任意摆布的材料。

2002年3—5月

加利福尼亚州圣莫尼卡、马里兰州巴尔的摩

文献目录

（A）原始文献

Addison, Joseph. *The Works,* with notes by Richard Hurd, ed. Henry Bohn (London: G. Bell, 6 vols., 1898—1912).

—— *The Spectator,* ed. Gregory Smith (London: J. M. Dent, 4 vols., 1958—1961).

Alberti, Leon Battista. *Della Famiglia,* trans. Renee Neu Watkins, *The Family in Renaissance Florence* (Columbia: University of South Carolina Press, 1969).

Anon. *A Declaration of the Parliament of England, Expressing the Grounds of Their Late Proceedings, and of Settling the Present Government in the Way of a Free State* (London, 1649).

Anon. *The True Portraiture of the Kings of England ...* (London, 1650).

Anon. *State Tracts: in Two Parts ... Several Treatises Relating to the Government, Privately Printed in the Reign of King Charles II ...* [*and*] *from 1660 to 1689 ...* (London, 1693).

Anon. *A Collection of State Tracts Published on Occasion of the Late Revolution in 1688 and during the Reign of King William HI* (London, 3 vols., 1706).

Anon. *A Letter from a Bystander to a Member of Parliament* (London, 1741).

Aquinas, St. Thomas. *Summa Theologica* (Cambridge, England: Black-friars Press, 43 vols., 1964—1972).

Aristotle. *The Works of Aristotle,* ed. W. D. Ross (London: Oxford University Press, II vols., 1908—1931).

—— *The Politics,* ed. Sir Ernest Barker (London: Oxford University Press, 1946).

Ascham, Anthony. *A Discourse Wherein Is Examined What Is Particularly Lawfull during the Confusions and Revolutions of Government* (London, 1648).

—— *Of the Confusions and Revolutions of Governments* (London, 1649).

Aubrey, John. *Brief Lives,* ed. Oliver Lawson Dick (London: Seeker and Warburg, 1958). Bacon, Francis. *Works,* ed. J. Spedding, R. L. Ellis and D. D. Heath (London, 14 vols., 1868—1901).

—— *The Reign of King Henry VII,* ed. F. J. Levy (Indianapolis: Bobbs-Merrill, 1972). Boccalini, Traiano. *Ragguagli da Parnasso* (Venice, 2 vols., 1612—1613). Boethius. *The Consolation of Philosophy,* trans. V. E. Watts (Harmondsworth: Penguin, 1970). Bolingbroke, Henry St. John, Viscount. *Works,* ed. David Mallett (London, 5 vols., 1754). Brown, John. *An Essay on the Manners and Principles of the Times* (London, 1757).

Burke, Edmund. *Works* (London: Bohn, 1877; Boston: Little, Brown and Company, 1899).

Cartwright, F. D. *The Life and Correspondence of Major John Cartwright* (London, 1826).

Cavalcanti, Giovanni. *Istorie Fiorentine* (Florence, 1838).

Cobbett, William, ed. *The Parliamentary History of England, from*

the Earliest Times to the Year 1803 (London, 1806—1820).
Contarini, Gasparo. *De Magistratibus et Republica Venetorum* (Paris, 1543).
—— *The Commonwealth and Government of Venice. Written by the Cardinall Gasper Contareno and Translated out of Italian into English by Lewes Lewkenor* (London, 1599).
Crevecoeur, Hector St. John. *Letters from an American Farmer* (London: J. M. Dent and Son, 1912, 1962).
Davenant, Charles. *The Political and Commercial Works of Dr. Charles DAvenant. Edited by Sir Charles Whitivorth* (London, 6 vols., 1771).
Defoe, Daniel. *An Argument showing that a Standing Army, with Consent of Parliament, Is not Inconsistent with a Free Government* (London, 1698).
—— *The True-Born Englishman. A Satyr* (London, 1700).
—— *The Review,* Facsimile Text Society (New York: Columbia University Press, 23 vols., 1928). Egmont, John Perceval, Earl of. *Faction Detected by the Evidence of Facts* (London, 1743). Ferguson, Adam. *Essay on the History of Civil Society,* ed. Duncan Forbes (Edinburgh University Press, 1966). Filmer, Sir Robert. *Patriarcha and Other Political Writings,* ed. Peter Laslett (Oxford: Basil Blackwell, 1949).
Fletcher, Andrew. *A Discourse of Government in Relation to Militias* (Edinburgh, 1698).
—— *Political Works* (London, 1737).
Fortescue, Sir John. *De Laudibus Legum Anglie*, ed. S. B. Chrimes (Cambridge University Press, 1949).
Giannotti, Donato. *Opere*, ed. G. Rosini (Pisa, 3 vols., 1819).
Greville, Fulke, Lord Brooke. *The Remains, Being Poems of Monarchy*

and Religion, ed. G. A. Wilkes (London: Oxford University Press, 1965).

Guicciardini, Francesco. *Dialogo e Discorsi del Reggimento di Firenze*, ed. Roberto Palmarocchi (Bari: Laterza, 1932).

—— Ricordi, ed. *R. Spongano* (Florence: Sansoni, 1959).

—— *Maxims and Reflections of a Renaissance Statesman*, trans. Mario Domandi (New York: Harper and Row, 1965).

—— *Selected Writings*, ed. and trans. Cecil and Margaret Grayson (London: Oxford University Press, 1965).

—— *The History of Italy*, ed. and trans. Sidney Alexander (New York: Collier, 1969, and Macmillan, 1972).

—— *The History of Florence*, trans. Mario Domandi (New York: Harper and Row, 1970). Hammond, Henry. The Works of Dr. Henry Hammond (London, 4 vols., 1671—1684).

Harrington, James. *Oceana and Other Works*, ed. John Toland (London, 1771).

Hervey, John, Lord. *Ancient and Modern Liberty Stated and Compared* (London, 1734).

Hobbes, Thomas. *The English Works,* ed. Sir William Molesworth (London, 11 vols., 1839—1845).

—— *Leviathan*, ed. Michael Oakeshott (Oxford: Basil Blackwell, n.d.).

—— *Behemoth*, ed. F. Tonnies (London, 1889; reissued, with intro. by M. M. Goldsmith, London: Frank Cass, 1969).

Hume, David. *Essays, Moral, Political and Literary* (London: World's Classics, 1903).

—— *The History of Great Britain*, Volume I, *Containing the Reigns of James I and Charles I*, ed. Duncan Forbes (Harmondsworth: Penguin, 1970).

—— *Economic Writings,* ed. Eugene Rotwein (Madison: University of

Wisconsin Press, 1970).
Hunton, Philip. *A Treatise of Monarchy* (London, 1643).
Jefferson, Thomas. *Notes on the State of Virgini*a, ed. W. Peder (Chapel Hill: University of North Carolina Press, 1955).
Landucci, Luca. *A Florentine Diary from 1450 to 1516*, trans. Jarvis (London: J. M. Dent, 1927).
Locke, John. *Two Treatises on Government*, ed. Peter Laslett (Cambridge University Press, 1960, 1963; New York: Mentor, 1965).
Machiavelli, Niccolo. *Tutte le Opere*, ed. F. Flora and C. Cordie (Rome: Arnaldo Mondadori, 1949).
—— *Opere*, ed. Mario Bonfantini (La Letteratura Italiana, Storia e Testi, vol. 29; Milan and Naples: Riccardo Ricciardi, 1954).
—— *The History of Florence*, trans. M. Walter Dunne, ed. Felix Gilbert (New York: Harper and Row, 1960).
—— *The Prince*, ed. and trans. G. Bull (Harmondsworth: Penguin, 1961).
—— *Lettere*, ed. F. Gaeta (Milan: Feltrinelli, 1961).
—— *The Art of War*, trans. E. Farnesworth, ed. Neal Wood (Indianapolis: Bobbs-Merrill, 1965).
—— *The Discourses*, trans. L. Walker, ed. Bernard Crick (Harmondsworth: Penguin, 1970).
Mandeville, Bernard. *The Fable of the Bees*, ed. F. B. Kaye (Oxford: The Clarendon Press, 2 vols., 1924).
—— *An Enquiry into the Origins of Honour and the Usefulness of Christianity in War*, ed. M. M. Goldsmith (London: Frank Cass, 1971).
Marvell, Andrew. *Complete Works*, ed. A. B. Grosart (London, 1875).
Millar, John. *A Historical View of the English Government*, 4th ed. (London, 4 vols., 1819).

Montesquieu, Charles Secondat, Baron. *Oeuvres Completes* (Paris: Gallimard, 1949).

Nedham, Marchmont. *Mercurius Politicus* (London, 1650—1660).

—— *The Case of the Commonwealth of England Stated*, ed. Philip A. Knachel (Charlottesville: University of Virginia Press, 1969).

Neville, Henry. *Plato Redivivus* (London, 1680), ed. Caroline Robbins, in Two English Republican Tracts (Cambridge University Press, 1969).

Parker, Henry. *Observations upon Some of His Majesty's Late Answers and Expresses* (London, 1642).

Polybius. *The Histories*, trans. E. S. Shuckburgh, ed. F. W. Walbank (Bloomington: Indiana University Press, 1962).

Ralegh, Sir Walter. *Works*, ed., with lives by W. Oldys and T. Birch (Oxford University Press, 1829).

Rousseau, Jean-Jacques. *The Political Writings of J. J. Rousseau*, ed. C. E. Vaughan (Oxford: Basil Blackwell, 1962).

Rushworth, John, ed. *Historical Collections of Private Passages of State* (London, 1659—1701).

Savonarola, Girolamo. *Prediche italiane ai fiorentini: I, Novembre—Dicembre del 1494,* ed. F. Cognasso (Perugia and Venice: La Nuova Italia Editrice, 1930).

—— *Prediche sopra Aggeo, con il Trattato circa il reggimento e governo della citta di Firenze,* ed. Luigi Firpo, *Edizione Nazionale delle Opere di Girolamo Savonarola* (Rome: Belardotti, 1955).

Sidney, Algernon. *Discourses on Government,* 3d ed. (London, 1751).

Smith, Adam. *Moral and Political Philosophy* (New York: Hafner, 1948).

—— *An Inquiry into the Nature and Causes of the Wealth of Nations* (London: J. M. Dent, 1910, 1950).

Squire, Samuel. *An Enquiry into the Foundation of the English Constitution* (London, 1745).

—— *An Historical Essay upon the Balance of Civil Power in England* (London, 1748).

Swift, Jonathan. *The Examiner,* ed. H. Davis (Oxford: Basil Blackwell, 1957).

—— *The History of the Four Last Years of the Queen,* ed. H. Davis (Oxford: Basil Blackwell, 1964).

—— *Political Tracts, 1711—1714,* ed. H. Davis (Oxford: Basil Blackwell, 1964).

—— *A Discourse of the Contests and Dissensions between the Nobles and the Commons in Athens and Rome,* ed. Frank H. Ellis (Oxford: The Clarendon Press, 1967).

Toland, John. *The Art of Governing by Parties* (London, 1701).

—— *The State Anatomy of Great Britain* (London, 1714).

—— *A Collection of Several Pieces of Mr. John Toland,* ed. Pierre Des Maizeaux (London, 1726).

Trenchard, John, with Walter Moyle. *An Argument showing that a Standing Army is Inconsistent with a Free Government and Absolutely Destructive to the Constitution of the English Monarchy* (London, 1697).

Trenchard, John, with Thomas Gordon. *Cato's Letters: or Essays on Liberty, Civil and Religious, and Other Important Subjects,* 3d ed. (London, 1723).

Tucker, Josiah. *Four Tracts on Political and Commercial Subjects* (London, 1774).

—— *A Letter to Edmund Burke, Esq.* (London, 1775).

—— *The True Interest of Britain* (London, 1776).

—— *A Treatise Concerning Civil Government* (London, 1781).

Woodhouse, A.S.P., ed. *Puritanism and Liberty* (London: J. M. Dent, 1950).

（B）二手文献：著作

Albertini, R. von. *Das florentinische Staatsbeivusstsein im ubergang von der Republik zum Prinzipat* (Bern: Francke Verlag, 1955).

Arendt, Hannah. *The Human Condition* (New York: Viking, 1958).

—— *On Revolution* (Chicago University Press, 1963).

Baron, Hans. *Humanistic and Political Literature in Florence and Venice at the Beginning of the Quattrocento* (Cambridge, Mass.: Harvard University Press, 1955).

—— *The Crisis of the Early Italian Renaissance,* 2d ed. (Princeton University Press, 1966).

—— *From Petrarch to Leonardo Bruni: Studies in Humanist and Political Literature* (Chicago University Press, 1968).

Bailyn, Bernard. *Political Pamphlets of the American Revolution, I* (Cambridge, Mass.: Belknap Press, 1965).

—— *The Ideological Origins of the American Revolution* (Cambridge, Mass.: Belknap Press, 1967).

—— *The Origins of American Politics* (New York: Vintage Books, 1970).

Bayley, C. C. *War and Society in Renaissance Florence* (University of Toronto Press, 1961). Berman, Marshall. *The Politics of Authenticity* (New York: Atheneum, 1970).

Blitzer, Charles. *An Immortal Commonwealth: The Political Thought of James Harrington* (New Haven: Yale University Press, 1960).

Bloom, Edward A. and Lillian D. *Joseph Addison's Sociable Animal: in the Market Place, on the Hustings, in the Pulpit* (Providence: Brown University Press, 1971).

Boorstin, Daniel. *The Genius of American Politics* (Chicago University Press, 1953).

—— *The Americans: the Colonial Experience* (New York: Random House, 1958).

Bouwsma, William J. *Venice and the Defense of Republican Liberty: Renaissance Values in the Age of the Counter-Reformation* (Berkeley and Los Angeles: University of California Press, 1968).

Brandt, William J. *The Shape of Medieval History: Studies in Modes of Perception* (New Haven: Yale University Press, 1966).

Bryson, Gladys. *Man and Society: the Scottish Enquiry of the Eighteenth Century* (Princeton University Press, 1945).

Butterfield, Sir Herbert. *The Statecraft of Machiavelli* (London: G. Bell and Son, 1940, 1955).

—— *George III, Lord North and the People* (London: G. Bell and Son, 1949).

Chambers, William N. *Old Bullion Benton: Senator from the New West* (Boston: Little, Brown and Company, 1956).

—— *Political Parties in a New Nation: The American Experience, 1776—1809* (New York: Oxford University Press, 1963).

Christie, Ian R. Wilkes, *Wyvill and Reform: The Parliamentary Reform Movement in British Politics, 1760—1785* (New York: St. Martin's Press, 1962).

—— *Myth and Reality in Late Eighteenth-century British Politics* (Berkeley and Los Angeles: University of California Press, 1970).

Cochrane, Charles Norris. *Christianity and Classical Culture* (New York: Oxford University Press, 1957).

Cohn, Norman. *The Pursuit of the Millennium,* 2d ed. (New York: Harper and Row, 1961).

Colbourn, H. Trevor. *The Lamp of Experience: Whig History and the*

Beginnings of the American Revolution (Chapel Hill: University of North Carolina Press, 1965).
Conklin, George Newton. Biblical Criticism and Heresy in Milton (New York: King's Crown Press, 1949).
Cook, Richard I. *Jonathan Swift as a Tory Pamphleteer* (Seattle and London: University of Washington Press, 1967).
Cosenza, Mario E. *Petrarch's Letters to Classical Authors* (Chicago University Press, 1910).
Cranston, Maurice and Peters, R. S., eds. *Hobbes and Rousseau* (New York: Doubleday Anchor Books, 1972).
Gumming, Robert D. *Human Nature and History* (Chicago University Press, 2 vols., 1969).
De Caprariis, Vittorio. *Francesco Guicciardini: dalla politica alla storia* (Bari: Laterza, 1950).
Dickinson, H. T. *Bolingbroke* (London: Constable, 1970).
Dickson, P.G.M. *The Financial Revolution in England: A Study in the Development of Public Credit* (London: Macmillan, 1967).
Dorey, T. A., ed. *Tacitus* (New York: Basic Books, 1969).
Dunn, John. *The Political Thought of John Locke: An Historical Account of the Argument of the Two Treatises of Government* (Cambridge University Press, 1969).
Earl, D. C. *The Moral and Political Tradition of Rome* (Ithaca: Cornell University Press, 1967).
Ferguson, Arthur B. *The Articulate Citizen and the English Renaissance* (Durham, N.C.: Duke University Press, 1965).
Ferguson, John. *The Religions of the Roman Empire* (Ithaca: Cornell University Press, 1970).
Fink, Z. S. *The Classical Republicans: An Essay in the Recovery of a Pattern of Thought in Seventeenth-Century England* (Evanston:

Northwestern University Press, 1945).
Fleisher, Martin, ed. *Machiavelli and the Nature of Political Thought* (New York: Atheneum, 1972).
Foot, Michael. *The Pen and the Sword* (London: Macgibbon and Kee, 1957).
Frank, Joseph. *The Beginnings of the English Newspaper* (Cambridge, Mass.: Harvard University Press, 1961).
Gardner, Lloyd C. *A Different Frontier: Selected Readings in the Foundations of American Economic Expansion* (Chicago: Quadrangle Books, 1966).
Garin, Eugenio. *Italian Humanism: Philosophy and Civic Life in the Renaissance,* trans. Peter Munz (New York: Harper and Row, 1965).
Giarrizzo, Giuseppe. *Hume politico e storico* (Turin: Einaudi, 1962).
Gilbert, Felix. *To the Farewell Address: Ideas of American Foreign Policy* (Princeton University Press, 1961, 1970).
—— *Machiavelli and Guicciardini: Politics and History in Sixteenth-Century Florence* (Princeton University Press, 1965).
Gilmore, Myron P., ed. *Studies in Machiavelli* (Florence: Sansoni, 1972).
Goetzmann, William H., ed. *The American Hegelians: An Episode in the Intellectual History of Western America* (New York: Alfred A. Knopf, 1973).
Gummere, Richard M. *The American Colonial Mind and the Classical Tradition: Essays in Comparative Culture* (Cambridge, Mass.: Harvard University Press, 1963).
Gunn, J.A.W. *Factions No More: Attitudes to Party in Government and Opposition in Eighteenth-Century England* (London: Frank Cass, 1972).

Gwyn, W. B. *The Meaning of the Separation of Powers: An Analysis of the Doctrine from its Origin to the Adoption of the United States Constitution* (New Orleans: Tulane Studies in Political Science, 1965).

Haley, K.H.D. *The First Earl of Shaftesbury* (Oxford: The Clarendon Press, 1968).

Haller, William. *Foxe's Book of Martyrs and the Elect Nation* (London: Jonathan Cape, 1963).

Hanson, Donald W. *From Kingdom to Commonwealth: The Development of Civic Consciousness in English Political Thought* (Cambridge, Mass.: Harvard University Press, 1970).

Haraszti, Zoltan. *John Adams and the Prophets of Progress* (Cambridge, Mass.: Harvard University Press, 1952).

Hartz, Louis B. *The Liberal Tradition in America: An Interpretation of American Political Thought since the Revolution* (New York: Harcourt Brace, 1955).

Hexter, J. H. *The Vision of Politics on the Eve of the Reformation: More, Machiavelli, Seyssel* (New York: Basic Books, 1972).

Hill, Christopher. *Puritanism and Revolution* (London: Seeker and Warburg, 1958).

—— *Society and Puritanism in Pre-Revolutionary England* (New York: Schocken Books, 1964).

—— *Antichrist in Seventeenth-century England* (London: Oxford University Press, 1971).

Hofstadter, Richard C. *The Idea of a Party System: The Rise of Legitimate Opposition in the United States, 1780—1840* (Berkeley and Los Angeles: University of California Press, 1969).

Holmes, George. *The Florentine Enlightenment, 1400—1450* (London: Weidenfeld and Nicolson, 1969).

Howe, John R., Jr. *The Changing Political Thought of John Adams* (Princeton University Press, 1966).

Huffman, C. C. *Coriolanus in Context* (Lewisburg: Bucknell University Press, 1972).

Jacob, E. F., ed. *Italian Renaissance Studies* (New York: Barnes and Noble, 1960).

Jacobson, David L., ed. *The English Libertarian Heritage* (Indianapolis: Bobbs Merrill, 1965).

Jordan, W. K. *Men of Substance: A Study of the Political Thought of Two English Revolutionaries, Henry Parker and Henry Robinson* (Chicago University Press, 1942).

Judson, Margaret. *The Political Thought of Sir Henry Vane the Younger* (Philadelphia: University of Pennsylvania Press, 1969).

Kelley, Donald R. *The Foundations of Modern Historical Scholarship: Language, Law and History in the French Renaissance* (New York: Columbia University Press, 1970).

Kenyon, J. P., ed. *The Stuart Constitution, 1603—1688* (Cambridge University Press, 1966).

Kettler, David. *The Social and Political Thought of Adam Ferguson* (Columbus: Ohio State University Press, 1965).

Kluxen, Kurt. *Das Problem der Politischen Opposition: Entwicklung und Wesen der englischen Zweiparteienpolitik im 18 Jahrhundert* (Freiburg and Munich, 1956).

Koebner, Richard. *Empire* (Cambridge University Press, 1961).

Kramnick, Isaac F. *Bolingbroke and His Circle: The Politics of Nostalgia in the Age of Walpole* (Cambridge, Mass.: Harvard University Press, 1968).

Ladner, Gerhart B. *The Idea of Reform: Its Impact on Christian Thought and Action in the Age of the Fathers* (Cambridge, Mass.:

Harvard University Press, 1959).
Lamont, William M. *Marginal Prynne, 1600—1669* (London: Routledge and Kegan Paul, 1963).
—— *Godly Rule: Politics and Religion, 1603—1660* (London: Macmillan, 1969).
Laprade, W. T. *Public Opinion and Politics in Eighteenth-century England to the Fall of Walpole* (New York: Macmillan, 1936).
Leff, Gordon. *Heresy in the Later Middle Ages* (Manchester University Press, 2 vols., 1967).
Lefranc, Pierre. *Sir Walter Ralegh Ecrivain* (Paris: Armand Colin, 1968).
Lehmann, W. C. *John Millar of Glasgow* (Cambridge University Press, 1960).
Letwin, William. *The Origin of Scientific Economics* (New York: Doubleday Anchor, 1965).
Levenson, Joseph R. *Liang Ch'i-ch'ao and the Mind of Modern China* (Berkeley and Los Angeles: University of California Press, 1953, 1959).
—— *Conducian China and its Modern Fate* (Berkeley and Los Angeles: University of California Press, 3 vols., 1958—1965).
Levy, F. J. *Tudor Historical Thought* (San Marino: Huntington Library, 1967).
Lewis, C. S. *Selected Literary Essays* (Cambridge University Press, 1969).
Mansfield, Harvey G, Jr. *Statesmanship and Party Government* (Chicago University Press, 1965).
Manuel, Frank E. *Shapes of Philosophical History* (Stanford University Press, 1965).
Markus, R. A. *Saeculum: History and Society in the Theology of St.*

Augustine (Cambridge University Press, 1970).
Marx, Leo. *The Machine and the Garden: Technology and the Pastoral Ideal in America* (New York: Oxford University Press, 1964).
Mazzeo, J. A. *Renaissance and Seventeenth-century Studies* (New York: Columbia University Press, 1964).
Molho, Anthony, and Tedeschi, John A., eds. *Renaissance: Studies in Honor of Hans Baron* (Florence: Sansoni, and DeKalb: Northern Illinois University Press, 1971).
Mosse, George L. *The Holy Pretence: A Study in Christianity and Reason of State from William Perkins to John Winthrop* (Oxford: Basil Blackwell, 1957).
McIlwain, C. H. *Constitutionalism Ancient and Modern* (Ithaca: Cornell University Press, Great Seal Books, 1958).
Macpherson, C. B. *The Political Theory of Possessive Individualism: from Hobbes to Locke* (Oxford: The Clarendon Press, 1962).
Nisbet, Robert F. *Social Change and History: Aspects of the Western Theory of Development* (New York: Oxford University Press, 1969).
Noble, David W. *Historians against History: The Frontier Thesis and the National Covenant in American Historical Writing since 1830* (Minneapolis: University of Minnesota Press, 1965).
O'Malley, John W. *Giles of Viterbo on Church and Reform: A Study in Renaissance Thought* (Leiden: E. J. Brill, 1968).
Parker, Harold T. *The Cult of Antiquity and the French Revolutionaries: A Study in the Development of the Revolutionary Spirit* (Chicago University Press, 1937).
Patch, H. R. *The Goddess Fortuna in Medieval Literature* (Cambridge, Mass.: Harvard University Press, 1927).
Plumb, J. H. *The Growth of Political Stability in England, 1660—1730*

(London: Macmillan, 1967).

Pocock, J.G.A. *The Ancient Constitution and the Feudal Law: English Historical Thought in the Seventeenth Century* (Cambridge University Press, 1957, and New York: W. W. Norton, 1967).

—— *Politics, Language and Time: Essays in Political Thought and History* (New York: Atheneum, 1971; London: Methuen, 1972).

Pole, J. R. *Political Representation in England and the Origins of the American Republic* (London: Macmillan; New York: St. Martin's Press, 1969).

Raab, Felix. *The English Face of Machiavelli* (London: Routledge and Kegan Paul, and University of Toronto Press, 1964).

Rawson, Elizabeth. *The Spartan Tradition in European Thought* (Oxford: The Clarendon Press, 1969).

Reeves, Marjorie. *The Influence of Prophecy in the Later Middle Ages: A Study in Joachism* (Oxford: The Clarendon Press, 1969).

Richards, James O. *Party Propaganda under Queen Anne: The General Elections of 1702—1713* (Athens: University of Georgia Press, 1972).

Ridolfi, Roberto. *Opuscoli di Storia Letteraria e di Erudizione* (Florence: Libr. Bibliopolis, 1942).

—— *Life of Girolamo Savonarola,* trans. C. Grayson (London: Routledge and Kegan Paul, 1959).

—— *Life of Niccolo Machiavelli,* trans. C. Grayson (London: Routledge and Kegan Paul, 1962).

Ridolfi, Roberto. *Life of Francesco Guicciardini,* trans. C. Grayson (London: Routledge and Kegan Paul, 1967).

Robbins, Caroline A. *The Eighteenth-century Commonwealthman: Studies in the Transmission, Development and Circumstances of English Liberal Thought from the Restoration of Charles II until the War with the Thirteen Colonies* (Cambridge, Mass.: Harvard University Press, 1959).

—— ed. *Two English Republican Tracts* (Cambridge University Press, 1969).

Rossiter, Clinton. *Seedtime of the Republic: The Origin of the American Tradition of Political Liberty* (New York: Harcourt Brace, 1953).

Rowe, J. G., and Stockdale, W. HL, eds. *Florilegium Historiale: Essays Presented to Wallace K. Ferguson* (University of Toronto Press, 1971).

Rubini, Dennis. *Court and Country, 1688—1702* (London: Rupert Hart-Davis, 1967).

Rubinstein, Nicolai, ed. *Florentine Studies: Politics and Society in Renaissance Florence* (London: Faber and Faber, 1968).

Seigel, Jerrold E. *Rhetoric and Philosophy in Renaissance Humanism: The Union of Eloquence and Wisdom, Petrarch to Valla* (Princeton University Press, 1968).

Shackleton, Robert. *Montesquieu: A Critical Biography* (Oxford: The Clarendon Press, 1961).

Shklar, Judith. *Men and Citizens: A Study of Rousseau's Social Theory* (Cambridge University Press, 1969).

Silberschmidt, Max. *The United States and Europe: Rivals and Partners* (New York: Harcourt Brace Jovanovich, 1972).

Simon, Renee. *Henry de Eoulainviller: historien, politique, philosophe, astrologue, 1658—1722* (Paris: Boivin, 1941).

—— *Un revolte du grand siecle: Henry de Eoulainviller* (Carches: Editions du nouvel humanisme, 1948).

Smith, Henry Nash. *Virgin Land: The American West as Symbol and Myth* (Cambridge, Mass.: Harvard University Press, 1950; New

York: Vintage Books, n.d.).

Sperlin, Paul M. *Rousseau in America, 1760—1809* (University of Alabama Press, 1969). Starns, Randolph. *Donato Giannotti and His Epistolae* (Geneva: Librairie Droz, 1968).

Starr, Chester G. *The Awakening of the Greek Historical Spirit* (New York: Alfred A. Knopf, 1968).

Stewart, John B. *The Moral and Political Philosophy of David Hume* (New York: Columbia University Press, 1963).

Stourzh, Gerald. *Alexander Hamilton and the Idea of Republican Government* (Stanford University Press, 1970).

Strauss, E. *Sir William Petty: Portrait of a Genius* (London: The Bodley Head, 1954).

Struever, Nancy S. *The Language of History in the Renaissance* (Princeton University Press, 1970).

Sydnor, Charles S. *Gentlemen Freeholders: Political Practice in Washington's Virginia* (Chapel Hill: University of North Carolina Press, 1952).

—— *American Revolutionaries in the Making* (New York: The Free Press, 1965).

Thompson, David, and Nagel, Alan F., eds. *The Three Crowns of Florence: Humanist Assessments of Dante, Petrarch and Boccaccio* (New York: Harper and Row, 1972).

Tuveson, Ernest. *Millennium and Utopia: A Study in the Background of the Idea of Progress* (Berkeley and Los Angeles: University of California Press, 1949).

—— *The Redeemer Nation: The Idea of America's Millennial Role* (University of Chicago Press, 1968).

Ullmann, Walter. *Principles of Government and Politics in the Middle Ages* (London: Methuen, 1961).

—— *History of Political Thought in the Middle Ages* (Harmondsworth: Penguin, 1965).

—— *The Individual and Society in the Middle Ages* (Baltimore: Johns Hopkins University Press, 1966).

Underdown, David. *Pride's Purge: Politics in the Puritan Revolution* (Oxford: The Clarendon Press, 1971).

Varese, Claudio. *Storia e Politica nella Prosa del Quattrocento* (Turin: Einaudi, 1961).

Venturi, Franco. *Utopia and Reform in the Enlightenment* (Cambridge University Press, 1971).

Vile, M.J.C. *Constitutionalism and the Separation of Powers* (Oxford: The Clarendon Press, 1967).

Von Fritz, K. *The Theory of the Mixed Constitution in Antiquity* (New York: Columbia University Press, 1954).

Wade, Ira O. *The Clandestine Organisation and Diffusion of Philosophic Ideas in France from 1700 to 1750* (Princeton University Press, 1938).

Walbank, F. W. *An Historical Commentary on Polybius* (Oxford: The Clarendon Press, 1957).

Wallace, John M. *Destiny His Choice: The Loyalism of Andrew Marveil* (Cambridge University Press, 1968).

Walzer, Michael. *The Revolution of the Saints: A Study in the Origins of Radical Politics* (Cambridge, Mass.: Harvard University Press, 1965).

Ward, John William. Andrew Jackson: *Symbol for an Age* (New York: Oxford University Press, 1955).

Weinstein, Donald. *Savonarola and Florence: Prophecy and Patriotism in the Renaissance* (Princeton University Press, 1970).

Western, J. R. *The English Militia in the Eighteenth Century: The*

Story of a Political Issue, 1660—1802 (London: Routledge and Kegan Paul, 1965).

—— *Monarchy and Revolution: The English State in the 1680's* (London: Blandford Press, 1972).

Weston, Corinne Comstock. English Constitutional Theory and the House of Lords (London: Routledge and Kegan Paul, 1965).

Whitfield, J. H. Petrarch and the Renascence (New York: Russell and Russell, 1965).

—— *Discourses on Machiavelli* (Cambridge: W. Heifer and Sons, 1969).

Wilkins, E. H. *The Life of Petrarch* (Chicago University Press, 1961).

Williams, S. H. *The Radical Reformation* (Philadelphia: The Westminster Press, 1962).

Wood, Gordon S. *The Creation of the American Republic* (Chapel Hill: University of North Carolina Press, 1969).

Yolton, John W., ed. *John Locke: Problems and Perspectives* (Cambridge University Press, 1969).

（C）期刊文章和学位论文

Banning, Lance G. "The Quarrel with Federalism: A Study in the Origins and Character of Republican Thought", Ph.D. dissertation, Washington University, 1972.

Baron, Hans. "Machiavelli: The Republican Citizen and the Author of The Prince" *English Historical Review* 76 (1961), 217—253.

—— "Beonardo Bruni", *Past and Present* 36 (1967), 21—37.

Forbes, Duncan. "Politics and History in David Hume," *The Historical Journal* 6, no. 2 (1963), 280—294.

Fuss, Peter. "Hannah Arendt's Conception of Political Community",

Idealistic Studies 3, no. 3 (1973), 252—265.

Gilbert, Felix. "Bernardo Rucellai and the Orti Oricellari: A Study in the Origin of Modern Political Thought," *Journal of the Warburg and Courtauld Institutes* 12 (1949), 101—131.

—— "The Composition and Structure of Machiavelli's Discorsi", *Journal of the History of Ideas* 14, no. 1 (1953), 136—156.

—— "Florentine Political Assumptions in the Period of Savonarola and Soderini", *Journal of the Warburg and Courtauld Institute* 20 (1957), 187—214.

—— "The Date of the Composition of Contarini's and Giannotti's Books on Venice", *Studies in the Renaissance* 14 (1967), 172—184.

Lamont, William M. "Richard Baxter, the Apocalypse and the Mad Major", *Past and Present* 55 (1972), 68—90.

Maclean, A. H. "George Lawson and John Locke", *Cambridge Historical Journal* 9, no. 1 (1947), 69—77.

Pocock, J.G.A. "The Onely Politician: Machiavelli, Harrington and Felix Raab", *Historical Studies: Australia and New Zealand* 12, no. 46 (1966), 165—196.

—— "James Harrington and the Good Old Cause: A Study of the Ideological Context of His Writings", *Journal of British Studies* 10, no. 1 (1970), 30—48.

—— "Virtue and Commerce in the Eighteenth Century", *Journal of Interdisciplinary History* 3, no. 1 (1972), 119—134.

Ranum, Orest. "Personality and Politics in the Persian Letters", *Political Science Quarterly* 84, no. 4 (1969), 606—627.

Riesenberg, Peter. "Civism and Roman Law in Fourteenth-century Italian Society", *Explorations in Economic History* 7, nos. 1—2 (1969), 237—254.

Robey, David. "P. P. Vergerio the Elder: Republicanism and Civic Values in the Work of an Early Humanist", *Past and Present* 58 (1973), 3—37.

Rosenmeier, Jesper. "New England's Perfection: The Image of Adam and the Image of Christ in the Antinomian Crisis, 1634 to 1638", *William and Mary Quarterly,* 3d ser., vol. 27, no. 3 (1970), pp. 435—459.

Rubini, Dennis. "Politics and the Battle for the Banks, 1688—1697", *English Historical Review* 85 (1970), 693—714.

Sanesi, G. R., ed. "Un discorso sconosciuto di Donato Giannotti sulla milizia", *Archivio Storico Italiano*, ser. 5, vol. 8 (1891), pp. 2—27.

Schwoerer, Lois F. "The Literature of the Standing Army Controversy", *Huntington Library Quarterly* 28 (1964—1965), 187—212.

Seigel, Jerrold E. "Civic Humanism or Ciceronian Rhetoric?" Past and Present 34 (1966), 3—48.

Shackleton, Robert. "Montesquieu, Bolingbroke and the Separation of Powers", *French Studies* 3 (1949), 25—38.

Skinner, Quentin. "Hobbes's Leviathan", *The Historical Journal* 7, no. 2 (1964), 321—332.

—— "History and Ideology in the English Revolution", *The Historical Journal* 8, no. 2 (1965), 151—178.

—— "The Ideological Context of Hobbes's Political Thought", *The Historical Journal* 9, no. 3 (1966), 286—317.

Starr, Chester G. "History and the Concept of Time", *History and Theory,* Beiheft 6 (1966), 24—35.

Wallace, John M. "The Engagement Controversy, 1649—1652: An Annotated List of Pamphlets", *Bulletin of the New York Public Library* 68 (1964), 384—405.

Walzer, Michael. "Exodus 32 and the Theory of Holy War: The History of a Citation", *Harvard Theological Review* 61, no. 1 (1968), 1—14.

Weddell, D. "Charles Davenant (1656—1714)—a Biographical Sketch," *Economic History Review,* ser. 2, vol. II (1958—1959), pp. 279—288.

Weston, Corinne Comstock. "Legal Sovereignty in the Brady Controversy," *The Historical Journal* 15, no. 3 (1972), 409—432.

Williamson, Arthur H. "Antichrist's Career in Scotland: The Imagery of Evil and the Search for a National Past", Ph.D. dissertation, Washington University, 1973.

Zagorin, Perez, ed. "Sir Edward Stanhope's Advice to Thomas Wentworth", *The Historical Journal* 7, no. 2 (1964), 298—320.

索　引

（根据原书索引编制，按译名汉语拼音重新排序。词条中的页码见本书边码，“~”代指主词条，词条后方括号中的字母“G”、“I”、“L”、“F”分别指该词条原文为希腊文、意大利文、拉丁文、法文。）

阿代尔 Adair, Douglass, 580
阿尔比齐 Albizzi, Rinaldo degli, 143
阿加托克雷 Agathocles of Syracuse, 152
阿奎那 St. Thomas Aquinas, 24, 107, 109
阿拉贡的斐迪南 Ferdinand of Aragon, 160
阿拉曼尼 Alamanni, Ludovico, 145, 151, 154, 156, 160, 165, 176, 180, 210, 266n, 286, 413
阿拉曼尼 Alamanni, Luigi, 151n, 293n—294n
阿伦特 Arendt, Hannah, 550
阿帕拉契亚山脉 the Appalachians, 511, 540
阿沙姆 Ascham, Anthony, 379—389; 《政府的混乱与革命》, 379
阿特伍德 Atwood, William, 417—418, 421
耶利米悲歌 jeremiad(s), 512—513, 543—545, 549
埃及 Egypt, 168
埃皮蒙奴斯 Epimonus de Garrula, 285
埃斯特家族（费拉拉的统治者） Este, rulers of Ferrara, 159, 176
艾迪生 Addison, Joseph, 426, 446—448, 452, 455—458, 464—465; 《旁观者》, 447—448, 455—456; 《有地自由民》, 447
爱 love, 16—17, 42, 53, 75, 177, 465, 498
爱 [G] *philia,* 99
爱丁堡（现代雅典） Edinburgh (Modern Athens), 504
爱尔兰 Ireland, 392, 442
爱国者 patriot, 371, 459;
爱国主义 patriotism, 409, 534, 536
安妮女王 Anne, Queen, 426, 446, 478, 485—486, 529

安全阀门（美国的） safety valve, the American, 535, 549
奥古斯丁 Augustine, 7, 33, 34, 38, 46, 74, 80, 350
奥古斯都 Augustus, 186, 264, 560
奥里切拉伊花园 Orti Oricellari, 120, 121, 124, 154, 185, 186, 240, 273, 295
奥利韦罗托 Oliverotto da Fermo, 152
奥托 Otto of Freising，556, 563
巴巴罗 Barbaro, Francesco, 100, 102n
巴隆 Baron, Hans, ix, 52, 56—58, 87, 90
柏克 Burke, Edmund, 15, 24, 126, 404—405, 489, 519, 540, 547; ～的思想, 549
柏拉图 Plato, 20, 22, 37, 65, 67, 69, 135n, 259n, 491—492; 《法律篇》, 102n, 327; 洞穴神话, 451, 472, 490; 《理想国》, 20—22, 50—51; 《政治家》, 20
柏拉图主义的形式, the Platonic Forms, 20—21
拜林 Bailyn, Bernard, 507, 509, 513
半人半马的怪物 centaur (fig.), 213, 353, 503, 532
帮派 [I] *setta* (*sette*), 132, 202n, 205n, 214, 254, 256, 260, 408
保守主义 conservatism, 219, 225, 341, 551
鲍兰韦耶 Boulainvilliers, Henri de, 476
鲍斯玛 Bouwsma, William J., x, 327
暴君（专制者） tyrant, 66, 157, 231, 294, 352, 411, 453, 537; 强大的～, 353
暴民政治 ochlocracy, 77
暴政（专制） tyranny, 52, 54, 72, 77, 91, 108, 195, 200—201, 216, 229, 230, 235, 264, 362, 433, 438, 456, 489, 509
贝尔纳多 Bernardo del Nero, 221—227, 231—241, 243—247, 249—253, 258—265, 460
本顿 Benton, Thomas Hart, 542
本分 degree, 348—349, 358—359, 365—366
比萨 Pisa, 213, 273; ～人, 125
彼特拉克 Petrarch, Francesco, 51, 59, 61, 62, 88, 181
笔墨大战 paper war, 426—427, 437, 467
必然性 necessity, 375—376
必然性 [L] *necessita,* 223
庇护（权） patronage, 406—407, 412, 416—417, 420—422, 425—426, 437, 441, 450, 461, 473—474, 478—479, 481—482, 488—489, 495, 507—509
《陛下对两院十九条提议的答复》 *Answer to the Nineteen Propositions of Parliament, His Majestys,* 361—366, 368, 377, 384, 388, 404, 408—409, 413—414, 416, 420, 479, 481, 497

边疆 frontier, 534—540, 544, 549, 550; ～扩张, 539; ～英雄, 535, 538; ～传奇, 535; ～修辞, 535; ～德行（*virtù*）, 539; ～战士, 535—537

边疆人 frontiersman, 538, 539

边沁 Bentham, Jeremy, 547

突变 *mutazione,* 221, 224, 244n, 255, 266, 268n, 27on, 282n

变故 accidents, 140, 188, 237, 251, 429, 341

变故［I］*variazione,* 282

变化（迁） change: ～和适应, 144;《对十九条提议的答复》论～, 365; 亚里士多德论～, 5; 军队激进主义的～, 373; 乡村派思想视为腐败的～, 420, 466, 477, 486; 循环的～, 79; 十八世纪思想中的～, 423, 447; 450, 458—461, 487, 527; 外部关系的～, 256; ～和联邦共和国, 523; 弗莱彻论～, 429—430; 佛罗伦萨的～, 89, 117, 160, 221, 226; 圭恰迪尼的历史著作论～, 220—242; 作为不可认知现象的～, 78—79; ～和人们的天性, 97; ～和现代国家, 329; 质的～, 208; 共和国与～, 79, 112, 190, 328; ～和世俗的因果关系, 303, 317, 339, 357; 时间作为～的维度, 26; 威尼斯历史中的～, 281

辩论和结果（哈灵顿的概念） debate and result (in Harrington), 394—395, 408, 414, 480

辩证 dialectic, 497, 503, 541, 543, 545—546, 549

辩证过程 dialectical process, 503, 550

宾夕法尼亚 Pennsylvania, 515—516

波爱修斯 Boethius, 7, 38, 40, 76, 92, 350;《哲学的慰藉》～, 36, 39; ～的分析, 349; ～的传统, 157

波尔 Pole, J. R., 513

波兰 Poland, 433, 447, 470

波利比阿（主义）的 Polybian: ～平衡, 277, 295, 319, 326, 329; ～循环图式, 243, 300, 303; ～均衡, 285; ～结构, 263; ～理论, 326, 484; ～循环理论, 317; ～君主制理论, 262; ～思想, 277; ～传统, 524; ～威尼斯范式, 263

波利比阿的《历史》 Polybius's *Histories*, 77; 第六卷, 102, 296, 300, 327

波利比阿 Polybius, 79, 116, 189, 190, 213, 273, 296—297, 308, 323, 327, 365, 539, 548

伯克利大主教 Berkeley, Bishop, 511, 539—540, 542;《艺术和学问在美洲的前景》, 511

伯里克利 Pericles, 500n, 552;《葬礼演说》, 88, 500; ～的美德, 89

博丹 Bodin, Jean, 30, 340

博尔贾 Borgia, Cesare, 149, 150, 175—176, 181, 205n

博尔斯丁 Boorstin, Daniel, 509

博林布鲁克 Bolingbroke, Lord, 424, 427, 434, 446—447, 476, 478—486, 488, 491, 496, 507—508, 514, 528,

531; 《手艺人》, 427, 478, 482
不成文法 [L] lex non scripta, 13
不朽 immortality, 92, 93
不动产 real, 456, 459, 460, 464 (参见“财产”)
不列颠 Britain (传说中的), 342; (现代的), 423, 468, 488, 508—510, 546—547
不列颠宪法 British constitution, 486, 494, 514, 528; ～政府, 508; ～思想, 525, 548
不平等 inequality, 208—210, 469, 473, 534
不稳定性 instability, 78, 79, 302, 317, 327, 328, 419, 453, 466
布恩 Boone, Daniel, 535, 550
布尔 Burgh, James, 528
布尔 Burr, Aaron, 529, 533, 541
布莱迪 Brady, Robert, 404, 418, 421, 482, 493
布莱迪之争 Brady controversy, the, 404 and n, 421
布莱克斯通 Blackstone, Sir William, 547
布莱特曼 Brightman, Thomas, 347
布朗 Brown, John, 484—485
布鲁尼 Bruni, Leonardo, ix, 52, 56, 59, 62, 85, 89, 91, 203, 305, 392, 395, 402; 著作:《佛罗伦萨城礼赞》, 87;《为皮埃尔·保罗·维杰里奥所作的对话录》, 87; 《佛罗伦萨人民史》, 87;《论军事》, 87, 88; 《葬礼演说》, 87, 88; 《论佛罗伦萨人的混合政体》, 89; 《历史》, 89
布鲁图斯 Brutus, 52—54, 308, 471
布特 Bute, Lord, 507
部落人 clansman (men), 501, 502
财产 property, 87, 335, 340, 345, 359, 363, 375—376, 381, 385—387, 391, 395, 402, 408—409, 414, 436, 450, 452, 456, 462—464, 467—468, 473—474, 481, 485, 487, 515—516; 农业～, 436; ～分配, 346, 387; ～平等, 534; freehold, 466; 可继承的～, 463; 土地～, 391, 478, 525; 可交易的～, 426, 450; ～的新形式, 479; 不动～, 386, 391, 441, 450, 452, 458, 461—463, 466, 486, 495; ～关系, 461; ～的作用, viii, 463
财产资格 qualification in property, 478
财富 wealth, 134, 135, 209
财政 finance, 426, 437, 447, 451, 460, 474, 478
财政 financial: ～革命, 425, 479, 546; ～结构, 412
参与(参政、参政权) participation, 公民～, vii, 56, 59, 75, 140, 200, 327, 339, 340, 551;亚里士多德论～, 67, 71, 72, 157; 布鲁尼论～, 87; 卡瓦尔坎蒂论～, 91, 93—94; ～和孔塔里尼, 324; 圭恰迪尼论～, 131, 142, 144—146, 226, 232—233, 250, 254, 261; 哈灵顿论～, 390, 393—394; 人文主义者对话中的～, 63—64; ～和

伊莱顿, 376, 390; ～和洛克, 436; ～和马基雅维里, 62, 202, 212; ～和皮姆, 358; ～和代议制, 518, 523; ～和历史的再评价, 58; ～和得救, 34; 萨伏那罗拉论～, 108, 222; ～和威尼斯, 118
参与（参政、参政权）[I] *participazione,* 142—144, 146, 149, 151n—154, 156, 157, 184, 213, 227, 232
操纵性政府 manipulative government, 127, 229, 235, 354, 413, 439, 451, 453, 459, 471, 487, 517; 治国术, 352
查理三世（法国的） Charles VIII, of France, 104
查理五世 Charles V, ～的帝国, 437
查理一世（英格兰和苏格兰的） Charles I of England and Scotland, 361, 388, 389n, 413; ～的处死, 377
查士丁尼 Justinian, 50
查塔姆伯爵 Chatham, Earl of, 510
长老会执事 deacons, 397
常备军 standing army 见“军队”
尘世之物 [I] *cose del mondo,* 215;
对外政策 [I] *cose di fuora* （见对外关系）; 特殊事物 [I] *cose particolari,* 303
臣民 subject(s), the, 19, 160, 335, 359, 365, 428, 431, 442
臣民 [I] *suddito* (i), 209, 210, 411
沉思 contemplation, 38, 56—59, 63, 65, 66, 68, 75, 78, 276, 544
沉思的生活 [L] *vita contemplativa,* 40, 56, 98
城邦 [G] *polis,* 3, 57, 64, 66—68, 73—76, 78, 84, 85, 99, 126, 164, 183, 203, 329, 334, 340, 348, 390, 397, 485, 492—493, 499, 527, 540, 552, 78, 169
城堡 castles, 209, 210
城郊 [I] *contado,* 147, 148, 176
城郊乡民 [I] *contadini,* 305
崇古派 antiquarians, antiquaries, 341, 386
抽签（选举方式） lot, selection by casting, 130, 134, 234, 254, 261, 262, 393
厨子 cook, the, 22; (fig.), 123, 137, 140, 308
传统 tradition(s), 12, 49, 59, 85, 110, 158, 159, 163, 166, 178, 179, 185, 212, 251, 389, 395, 405, 424, 533; 亚里士多德和人文主义的～, 329; 亚里士多德的共和主义～, 273; 雅典的～, 64; 公民人文主义～, 321; 古典～, 506, 521; 佛罗伦萨的共和主义～, 272; 理想主义～, 550; 杰斐逊—杰克逊的～, 539; 文艺复兴～, 513; 共和主义～, 317, 507, 514, 526; 社会主义～, 550; 亲威尼斯的～, 480; 辉格党～, 547
传统社会 traditional society, 49, 164, 338, 341
创新 innovation, 25, 113, 144, 149, 154, 156—157, 159—164, 167, 169—172,

174—178, 180, 184, 188, 194, 198, 203, 219, 279, 280, 329, 337, 353, 430, 457, 460
创新者 innovator (s), 149, 156—158, 160—162, 164—165, 167, 169—177, 180, 185, 191, 203, 238
创议（詹诺蒂）［I］*consultazione* (Giannotti), 287—288, 304, 315
次要原因 secondary causes, 333, 356, 405
达伯 Double, Tom, 441, 449n
达蒂 Dati, Goro, 91, 92, 495
达文南特 Davenant, Charles, 426—427, 437—448, 451, 454, 461, 492, 496;《一个现代辉格党人的肖像》, 439, 441;《对外贸易有益于英格兰》, 443—444
大人物［I］*grandi*, 298, 300—302, 307—309, 311—312
大围困时期的萨伏那罗拉派 Savonarolans in Great Siege, 270, 289, 293, 295, 316
大卫 David, 378—379
大西洋 Atlantic, the, 330, 392, 546; ～政治文化, 506—507; ～思想, 395; ～世界, 186
《大宪章》 Magna Carta, 345
大学 university(ies), 340
代表 representative(s), 382, 393, 407—408, 469, 509, 517—521, 547
代议制 representation, 288, 394, 496
代议制民主 representative democracy, 523, 530
丹比 Danby, Earl of, 406, 409, 412, 420, 424, 478
但丁 Dante, 35, 40, 50, 51, 61, 105, 445;《神曲》, 39;《地狱篇》, 7;《天堂篇》, 51
但以理书 Daniel, Book of, 32, 36, 511
当下 present, the, 54, 61, 62, 93, 420, 459, 497; 末世论的～, 32, 35, 44, 398; 历史的～, 36, 493; 神圣的～, 337
刀剑 sword, the, 171—172, 175, 201, 210, 368, 375, 378—380, 382, 385—386, 389, 392, 428—429, 433, 442, 470; ～的时刻
道德 moral: ～动物, 390; ～认同, 503; ～秩序, 167; ～人, 75; ～人格, 518
道德观 morality: 98, 163, 177, 431, 440—441, 459, 480—481, 487, 548—549; 公民～, 83, 432, 435, 440, 473; 新～, 435, 441, 446; 个人的～, 465, 470, 473, 491; 社会的～, 463—465
《道德经》, 191
得到拣选的民族 Elect Nation, the, 337, 345—347, 371, 373, 396, 403
得救（救世） salvation, 31, 34, 35 , 43 , 50, 75, 76, 80, 343, 346, 463
得救［I］*salvatione,* 293n
德·卡普拉里斯 De Caprariis, Vittorio, 121, 220, 241—242, 251—252
德·尼禄 del Nero, Bernardo （见“贝

尔纳多”）
德怀特 Dwight, Timothy, 542
德行［I］*virtù,* 86, 405, 429, 463, 476, 479, 487, 490, 493, 500—501, 523—524, 530, 532, 542, 552; 贵族的～, 243; ～和卡瓦尔坎蒂, 93, 98; 公民～, 181, 244, 249, 251—252, 277; 公民军的［I］（*della milizia*）～, 318n; 军事的（*delle arme*）～, 240n; 充满活力～, 488; ～和命运（*fortuna*）, 87, 136, 366, 374, 460; 詹诺蒂论～, 273, 281, 288, 290, 291n, 296—297, 299—300, 307—308, 313, 316, 323, 327; 圭恰迪尼论～, 132n, 133, 230, 232—235, 237—241, 243—245, 247—255, 257—264, 266, 269—271, 317; 杰克逊式的～, 535—540; 马基雅维里论～, 157—159, 161, 162, 166—181, 184—185, 188—190, 191n, 193, 194, 197—199, 201—203, 207, 211—113, 217, 269, 271, 295, 319, 333, 337, 366, 374, 406, 444; 马基雅维里意义上的～, viii, 92, 99, 366, 435, 442, 445, 472, 499, 510, 525, 529; 军事［I］(*militare*) ～, 181, 195n, 213; 军事～, 181, 201—202, 247—248, 300; 共和国的～, 306; 威尼斯式的～, 284—285, 321
德性［L］*virtus,* 37—39, 41, 42, 78, 86, 87—89, 157, 335, 350, 405, 465n, 472, 475, 479, 499, 529, 535
等级 estate(s), 349, 351—352, 354—355, 420, 450, 519; 有地产的～, 445; 三个～, 361—362, 364, 384, 409, 413
等级制 hierarchy, 49, 50, 53, 56, 62, 66, 339, 343, 349—351, 358, 485
等级制度 hierarchical order, 334
邓恩 Dunn, John, 424
笛福 Defoe, Daniel, 426—427, 432—436, 446—449, 452—455, 457—458, 459, 461, 467, 482, 493, 529; 《真正土生土长的英国人》, 433—434; 《评论》, 452—455
底层百姓［L］*plebei*, 312
地方领主［I］*seigneur,* 340
地位平等［F］*égalitédes conditions,* 537;
地位相同者之翘楚［I］*primus inter pares,* 101, 120, 148
地主 landowner, 469
帝国 empire, 50—51, 80, 197—199, 306, 342—343, 357, 444, 457, 460, 462, 466, 469n, 493, 510—511, 513, 524, 529—535, 543, 547; 美国～, 510, 529; 不列颠～, 509—510; 基督教～, 34; 商业～, 500, 510, 529; 农场主的～, 539; 永业地产的～, 534, 539, 541, 542; 罗马～, 见“罗马”; 普遍～, 166; 辉格党的～, 546
第二修正案 Second Amendment, the, 528
第三时代 Third Age, 46, 51, 80; 约阿西姆的～, 111

第五王朝 Fifth Monarchy, the, 511—513, 542
第五王朝派 Fifth Monarchists, 381, 395, 398
典章制度 civility: 佛罗伦萨的～, 88
佃农 tenants, 450; 依附性～, 447; 军事～, 388
动产 mobile (movable) property, 386, 391, 439, 441, 451, 461, 495;
都铎 Tudor (s), 302
独裁者 autocrat, 474—475, 477
独立 independence, 210, 407—409, 414, 417, 420, 447, 450, 458, 469, 480, 482, 486, 499, 508—509, 514
独立的个人 independent individual(s), 441, 519
独立派 Independents, 396, 476
独立宣言 Declaration of Independence, 547
妒忌 jealousy, 352
对外关系 external relations, 237, 252, 256, 289, 313—314, 363, 425, 530
对外政策 [I] *cose di fuora,* 237
多变 mobility, 94, 391, 395, 459
多里亚 Doria, Andrea, 299n, 318
多数 many, the: 美国理论中的～, 515—516; 亚里士多德论～, 69, 70, 72, 73, 153, 212, 520; 布鲁尼论～, 89; 公民人文主义论～, 85; 英格兰古典主义中的～, 354, 514, 519; 詹诺蒂论～, 285—289, 298, 305, 310—311, 315; 圭恰迪尼论～, 127, 129—130, 132—134, 142, 144, 221, 227—228, 232—234, 238, 253—255 , 261, 263, 480, 485; 哈灵顿论～, 387, 391, 393—395, 414, 480; 等级制理论中的～, 349; 马基雅维里论～, 202—203, 297; 波利比阿论～, 79
多样化、多样性 diversification, diversity, 140, 141, 239n, 334, 431, 487, 527, 551, 552
舵手（比喻） steersman (analogy), 146, 150, 238
俄亥俄 Ohio, the, 510
发明 invention, [I] *invenzione,* 280, 288
法（律） law(s), 19, 20, 29, 65, 87, 323—325, 334, 341, 344, 346, 353, 355, 363, 368, 374, 377, 386, 486, 492—493, 535, 540; 民～和教会～, 83; 普通～, 9, 17, 340—341, 345, 348, 360, 376, 404, 450; 习惯～, 10, 17; 英格兰～, 10—13, 15—17, 329; 人类～, 376, 378; 自然～, 11, 16, 375, 457; 实在～, 375; 罗马～, 83
法尔克兰德 Falkland, Lord, 361
法规 statute (s), 11, 16, 19, 24, 25, 27, 29, 47, 56, 62
法国 France, 13, 314, 342, 413, 468, 476; ～教会, 342; ～君主制, 159, 159n, 314, 413
法国（人）的 French, the, 313; ～法律制度史, 342; ～法律人文主义, 340; ～君主制, 159, 159n, 314, 413; ～贵

族[F](*noblesses*), 413, 476; ～农民, 357; ～革命者, 548; ～思想, 342
法律人 lawyers, 9, 10, 16, 338, 405, 475, 499
法律协会 Inns of Court, 340
法律之代言 [L] *jurisdictio,* 25—29, 159, 335
法则 [L] *regula juris,*10
凡纳 Vane, Sir Henry, 384, 389, 395, 398, 414; 《救治时弊》, 384
反基督分子 Antichrist, 107, 343—345, 382, 396, 398, 5I2, 543
反联邦党人 Antifederalists, the, 531
反律法主义、反律法派 antinomianism, antinomians, 337, 34647, 373, 375, 378
反宗教改革的教廷 papacy, Counter-Reformation, 327
方便与不便 conveniences and inconveniences, 362
非贵胄 [I] *non-beneficiati,* 312
非精英 non-elite, 73, 118, 119, 124, 129, 255—256, 286
菲尔默 Filmer, Sir Robert, 367, 376, 417, 421
菲利普 Philipps, Fabian, 411n
费尔丁 Fielding, Henry, 447, 478; 《汤姆·琼斯》, 447
费尔法克斯 Fairfax, Sir Thomas, 373
费奇诺 Ficino, Marsilio, 221 , 222n
分配 distribution, 64, 66, 70, 299; 权威～, 387—388; 职能～, 478; 权力～, 364, 404, 468, 473, 479, 523; of 财产～, 387, 468, 485
分配的正义 distributive justice, 84
分权理论 separation theory, 517
芬杜里 Venturi, Franco, 476
风俗 manners, 443, 465, 493, 533, 541, 547;
风俗 [I] *consuetudine,* 109, 153n
风俗习惯 [F] *moeurs et manieres,* 488, 491n, 492n; 参见“习俗”
封建 [L] *feudum,* 386
封建的 feudal: ～贵族, 388, 414, 415; ～精神, 133; ～的历史解释, 404, 406; ～领主, 164; ～君主制, 388; ～过去, 357; ～时期, 417; ～权力, 416, 419; ～学术, 418, 421; 参见“土地使用权”
封建领主 [I] *baroni,* 164
封建领主 lords, feudal, 386—388, 418, 420, 429—430, 432, 447
封建主义 feudalism, 385—386, 417, 421; 伪～, 366, 408
佛罗伦萨 Florence: 阿拉曼尼论～, 152—154; ～的启示观, 44; 卡瓦尔坎蒂论～, 453; 但丁论～, 50; 达蒂论～, 92; 1494年事变及此后的～, 104—105, 116, 266; 1512年及此后的～, 138—139; ～建城神话, 52; 詹诺蒂论～, 273, 274, 278, 280, 283, 285—286, 289, 291—293, 300—303, 305—307, 309, 313, 317—319; 大围困 (1528—1530), 266—267,

273—274, 286, 289, 302, 305; 圭恰迪尼论～，125—127, 139—140, 142, 149—150, 219—220, 224, 225, 227, 232, 233, 240—242, 248, 250—252, 258; ～的行会, 199—200; 马基雅维里和～, 157, 160, 186—187, 205n, 213, 216, 273, 327; 美第奇家族的～，64; 作为共和国的～，84, 87, 349, 482; 萨卢塔蒂和布鲁尼与～, 62; 萨伏那罗拉和～, 104—107, 109—110, 112—14, 215, 344; 维托里和～, 147

佛罗伦萨（人）的 Florentine(s), 365, 495; ～性格, 109; ～公民, 83; ～公共精神, 80; ～政府, 263; ～历史, 107, 263, 395; ～人文主义者, 56, 63; ～制度, 83; ～天性, 257; ～政治思想, 316, 381; ～政治, 221; ～共和派, 437; ～传统, 356—357; 参见“共和国”

佛罗伦萨政制 Florentine constitution: 1494年的～, 103, 105, 112, 117—120, 128, 130, 145, 185, 233—234, 240, 256—257, 265, 278, 303—304, 315; 1527年的～, 303—304, 306, 315; 正义旗手（职位）［I］*gonfaloniere*-(ate), 103, 117, 121—122, 131—132, 241, 257, 260, 287, 304, 311, 313, 315; 代理委员会（检察官）［I］ *procuratori,* 289, 312; 执政团 Signoria, 103, 117, 119, 257, 287; 十人委员会Ten of War, 257, 259, 273, 287, 289—290, 304—305; 另见“执行委员会”［*Collegio*］、“元老院”

佛罗伦萨制度 Florentine institutions: 大议会, 103, 105, 111, 117—120, 122; 阿拉曼尼论～, 152, 156; 詹诺蒂论～，278—279, 281, 283, 287, 289, 291—292, 295, 303—305, 312—315; 圭恰迪尼论～，127—129, 134, 14344, 146—148, 151, 221, 226—227, 233, 237, 240—241, 253—256, 258—262, 263—265

弗格森 Ferguson, Adam, 449—501, 503;《文明社会史论》，499—501

弗格森 Ferguson, Arthur B., 339—340

弗吉尼亚 Virginia, 515; ～大学, 533

弗莱彻 Fletcher, Andrew, 426—432, 435—437, 442, 446—447, 492, 500, 530;《论政府与民兵的关系》，428—432;《论苏格兰事务》，431

弗瑞波特 Freeport, Sir Andrew, 448

服从 deference, 395, 485—486, 515—516, 523

福克斯 Foxe, John, 343, 344, 347;《事迹与纪念》，342, 403

福特斯库 Fortescue, Sir John, 9—12, 17—22, 24, 29, 56, 115, 159, 334, 338, 357, 404

腐败（腐化、腐蚀） corruption: ～和异化, 502; ～和美国思想, 507—517, 526, 530—531, 537—538, 541, 543—544, 545—546, 548—549, 550; ～作为美德的对立面, viii—ix,

333, 365, 402, 405, 472, 484, 486, 497—498, 500, 503, 505, 508, 517, 538; ～和启示, 512—513; 1783年后英国思想中的～，1783, 547—548;《卡托通信》中的～，468; 公民人文主义的～，316—117, 329; ～的循环观, 217, 512—513, 543—544; 帝国导致的～，247, 466, 510—511, 524; ～和虚假意识, 475; 少数的～，227, 253, 485; 权力对善的～，71, 75, 76, 78, 195, 297; 政府财政导致的～，426—427, 434, 439, 441—443, 447, 449—450, 454, 458, 460, 478, 482—483, 508, 510; 圭恰迪尼论～，239, 258—263; 哈灵顿论～，387, 390, 392, 395, 400, 409; 不平等导致的～，208—210, 469, 517; ～的不可逆转性, 205—207, 507; 杰斐逊论～，532, 538—540; 奢侈导致的～，135, 431—432; 麦迪逊救治～的方式, 521, 530; 质料（*materia*）的～，207—208; 雇佣军导致的～，204, 209—211, 356; 现代军队导致的～，413, 415—416, 447, 458, 527—529, 536; 现代史中的～，436, 462, 466—467, 477, 480, 501, 504, 509, 516, 525, 533, 543, 552; 议会的～，407—410, 413—417, 419—420, 422, 424, 426, 473—474, 479, 514, 519; 欲望导致的～，522, 525; 私人权威取代公共权威导致的～，93, 203; 共和国的～，76, 80, 184—185, 219, 493; 罗马的～，276; ～和权力分立, 288, 480—481; 专业化导致的～，499; 贸易和商业导致的～，443—445, 508—509, 525, 535, 543; ～和威尼斯, 323; 陆地战争导致的～，442, 510

腐败［I］*corruzione,* 296

父权制 patriarchalism, 376, 422

父权制的 patriarchal, 436, 421

复形［L］*riformazione,* 293

富绅［I］*gentiluomini*: 马基雅维里学说中的～，209—210; 威尼斯的～，258, 278—281, 292

改革 reformation, 136, 208, 316, 336

改造［L］*reformatio,* 7, 42, 107, 111

高等法院［F］*parlements,* 314

高利贷 usury, 391

高卢人 Gallic, 342

哥特（人）的 Gothic: ～平衡, 388, 393; ～野蛮状态, 431; ～政制, 434; ～帝国, 539; ～自由, 512; ～政府, 416, 428, 433, 493—494; ～不稳定性, 416; ～君主制, 387; ～社会, 470, 482; ～美德, 441, 513; ～武士, 430, 493, 511; ～时代, 432; ～世界, 435

哥特人 Goths, the, 388

革命 revolution(s), 336, 360; 法国～，427; 尼德汉姆论～，382, 394; 圣徒的～，336—337; ～和解, 455; 另参见“美洲”、“英格兰”、“财政”、“佛罗伦萨”

革新 renovation, 113, 114

革新［I］*innovazione(i),* 266, 273, 28m, 295, 318
格登 Gordon, Thomas, 427, 467—468, 470, 476, 507; works；参见“特兰夏”
格拉古兄弟 Gracchi, Caius and Tiberius, 195, 204, 206, 211, 310, 388, 533
格莱韦尔 Greville, Fulke, Lord Brooke, 352, 353; 《论君主制》, 352
格劳秀斯 Grotius, Hugo, 536, 563
个人 individual: 启示录中的～, 337, 374—375; 政府崩溃时的～, 367—371, 379—380; 柏克的～, 24; 作为公民的～, 114, 335, 523, 527; 商业社会中的～, 436, 460—461, 464—466, 502; 自上而下的权威中的～, 334—335; 英格兰的～, 370; ～和幻觉［L］（*fantasia*）, 96; 弗格林论～, 499; 福特斯库的～, 56; ～和神恩, 42—43; 哈灵顿论～, 389—391, 394, 519; 伊莱顿论～, 376; 自由理论中的～, 523; ～和自由, 127, 227, 232; ～意义的丧失, 538; 没有主心骨的～, 548; 作为哲学家或公民的～, 99; 政治的～, 330; 政治算术中的～, 425; 政治中的～, 329; 清教的～, 336; 共和国对～的要求, 551; ～和轮换制, 257; 统治的～, 78; ～的得救, 35; ～的世俗意识, 338; ～和权力分立, 128; 时间中的～, 276; ～和普遍性, 89; ～的德行（*virtù*）, 167, 244; ～的美德, 156, 329, 441, 458, 466, 497, 526, 538; 作为政治动物的～, 460, 501
更新［I］*rinnovazione,* 107, 108, 136, 205n, 215, 293, 373, 407, 420, 508, 516, 524, 540, 546—447
工业（产业） industry, 362, 429, 443, 539—540
工业劳动 industrial labor, 550
公共 public: ～债务, 448, 464; ～领域, 337—339, 341, 390; 参见“权威”、“信心”“债务”、“利益”
公共事务［L］*res publica,* 145, 157, 249, 253—254, 259, 291, 369, 436, 469, 472, 479, 486, 523, 537, 551
公民 citizen, 亚里士多德的～理论, 67—69, 74, 132, 298, 329, 431; ～和武装, 88—90, 124—125, 199—201, 203—204, 209—210, 212, 238, 244—245, 291, 293—295, 381—383, 411, 492—493, 536; 雅典和斯巴达的～, 74, 495; ～的自主, 441, 450, 458, 475; 资本主义思想中的～, 458, 461; ～之间的对话, 62, 65; ～和腐败, 75—76; ～和廷臣, 154; 作为～的英格兰人, 334—336, 339—340, 350; 弗格森论～, 499—501; ～和佛罗伦萨词汇, 83; ～和边疆人, 539; 哈灵顿论～, 387, 392—393, 412, 414; 人文主义思想中的～, 86—87, 92, 114—115, 156—157, 466, 510; ～理想, 49; ～的知识和决定, 50, 62; ～

和立法, 264—265; ～和自由权［L］（*libertà*）, 226; ～和巫术, 99; ～和人性, 165, 316; 作为新君主的～, 160; 作为～的显贵［I］（*ottimati*）, 102; ～和宗教, 396—397, 463, 512—513; ～的性情［I］（*umori*）, 251; ～的德行和命运［I］（*virtù* and *fortuna*）, 184—185, 189—190, 366, 405, 524; ～的美德需要差异和平等, 516, 524, 530

公民（的）civic: ～行动, 518; ～行动, 334; ～结果, 59, 335—338, 340—341, 344, 347—348, 374—375; ～自由, 165; ～理想, 106, 241, 505; ～意识形态, 550; ～个体, 250; ～语言, 106; ～自由, 467; ～生活, 115, 295; ～道德, 83, 518; ～人格, 240; ～复兴运动, 462; ～共和主义, 408—409; ～美德, 74, 76, 80, 85—86, 98, 124, 184, 190—193, 196, 213—215, 217, 243, 316, 322, 349, 385, 389, 399, 432, 436, 441—442, 450, 471, 485, 488, 500

公民（公民权、公民精神、公民身份）citizenship ～的积极理想, 4, 56—57, 64, 66, 102, 337, 402, 507, 527; 亚当·斯密论～, 502; 美国思想中的～, 521, 544; 亚里士多德的～理论, 67—68, 74, 115, 117, 120; 武装和～, 89—90, 202, 213, 290; 英格兰的～观, 348—349; 佛罗伦萨的～经验, 143, 147, 165, 184; 佛罗伦萨的～传统, 101, 153; 命运和～, 116; 詹诺蒂论～, 290, 292; 圭恰迪尼论～, 317, 485; 哈灵顿论～, 385, 390, 416; 人文主义的～理论, 75, 87; 伊莱顿和～, 376; 正义和～, 108; 立法者和～的恢复者, 98; 马基雅维里和～, 156—157, 160—161, 193, 202, 213, 386; 先知预言和～, 105; ～与洛克思想的关系, 436; 罗马涅地区没有～, 139; 退出～, 551

公民精神［I］*civilità,* 153, 236n

公民军的演说词和训导词 militia orations and sermons, 293—294

公民人文主义 civic humanism, 51, 58—60, 65, 67, 83, 91, 102, 104, 106, 114, 115, 157, 271, 335,

公民人文主义者（的） civic humanist (s), vii, 66, 75, 87, 126, 127, 211, 231n, 232, 502; ～范畴, 450; ～概念, 333; 英格兰的～, 386; ～精神, 466; ～思想家, 467; ～序列, 446; ～紧张, 549; ～思想, 3, 114, 116; ～传统, 462, 499, 548; ～价值, 461, 505

公民生活［L］*vivere civile,* 3, 56, 57, 64—67, 75, 78, 83, 85, 106, 114—118, 121—122, 157, 184, 100, 208, 211, 214, 216n, 230, 263, 281, 330, 333—334, 383, 385, 500, 508

公债 funded debt, 441

公债 funds, 426, 439, 449—450, 453, 455—456, 460, 478, 496, 508

公债持有人 fundholders, 427, 528

宫廷派 Court, 340, 348—351, 405, 407—409, 413, 421, 429, 446, 467, 483, 487, 488, 509, 529, 547—548; ～意识形态, 467, 487, 488, 508, 525, 547; ～利益, 408; ～理论, 494; ～辉格党, 459, 474; ～的辉格党史, 459, 493

共和党 Republicans: 杰斐逊派的～, 528, 531—532

共和国（共和制） republic, the, vii, 3, 51, 53—55, 59, 66, 67, 85, 86, 92, 94, 183, 186, 270, 349, 351, 354, 357, 358, 379, 462, 493, 520, 524, 534, 537, 542, 545, 548; 美利坚～, 528, 535, 539, 546, 549; ～和启示, 108—109, 111—112, 193, 213—214, 399, 476; 《卡托通信》论～, 468, 473—474; 基督徒的～, 214; ～学说, 364; 作为～的英格兰, 330, 336, 339, 365—366, 368, 370, 380, 385, 401, 468, 474; 伊特鲁里亚～, 88; 联邦～, 527; 佛罗伦萨～, vii, 53, 54, 83, 86, 106, 117, 286, 315, 333, 437; ～和命运, 95, 96, 116, 156; 詹诺蒂论～, 275—276, 286, 288, 294, 309, 313; 圭恰迪尼论～, 234, 258, 264—266; 汉密尔顿论～, 488, 529—530, 543; 哈灵顿论～, 392—393, 396, 398—400, 414, 481; 帝制的～, 511; ～和个人, 98; 意大利的～, 333; 马基雅维里《战争的技艺》论～, 199, 201, 212;《论李维》论～, 186—193, 196—199, 202, 207—211, 212—218, 219, 503; 《君主论》论～, 158, 161, 164, 181, 184; ～和马基雅维里的武装理论, 177, 204, 386; 作为千禧年的～, 403; 孟德斯鸠论～, 491—493, 497, 530; 平民～, 258, 494; ～在时间中的问题, 75, 80, 84, 97, 116, 185, 328, 501, 541, 551;有代表的利益组成的～, 523; 罗马～, 51, 54, 80, 88, 101, 194, 198, 211, 212, 245, 281, 381—382, 386, 510; 作为普遍共同体的～, 402; ～和公民生活 [L] (*vivere civile*), 4; 韦伯斯特论～, 535

共和国的核心力量 [I] *nervo della republica,* 283—284, 311

共和派 commonwealthman, 371

共和派 republicans, 403

共和主义 republicanism, 456, 476, 519, 523; 贵族的～, 422; 古典～, 348, 422; 哈灵顿的～, 405, 476; 马基雅维里的～, 384, 405; 新哈灵顿派的～, 476; 清教革命以后的～, 403

共和主义的 republican: ～平衡, 588; ～精神, 487; ～人文主义, 402, 518; ～原则, 372; ～标准, 430, 532; ～理论, 360, 363, 522; ～传统, 186, 218, 243, 475, 518; ～美德, 462

共同福祉 commonweal, 339

共同体 community: 得到拣选者的～, 345; 议会中的～, 351; 政治～, 65, 385

古代的精明 ancient prudence, 429, 433
古代宪法 Ancient Constitution, the, 340, 342, 347, 359,. 366, 371, 372, 375, 385, 389, 404, 409, 416—420, 429, 441, 450, 455, 458, 473, 482, 493, 547
古典(时代)的 classical: ～分析, 103, 548; ～远古, 54, 191; ～平衡, 404, 482, 486; ～公民, 336,
股份 shares, 426, 453
股票 stock, 438, 440—442, 444, 453—454, 456; 公众～, 445; 国家～, 425
股票经纪人 stockjobber (s), 426—427, 441, 447—449, 456, 471, 475, 478, 484, 496
顾问 counselor(s), 26, 28, 29, 219, 312, 338—341, 348, 362, 364, 547; 雷利论～, 356
雇佣军 mercenary (ies), 89, 124, 176, 198, 200—201, 203—204, 210, 211, 231, 239, 240, 292, 310, 321; 372, 381, 388, 411, 430, 442
雇佣军 [I] *condottiere(i)*, 125, 182, 200, 240, 411—412, 425
寡头制 oligarchy(ies), 69, 72, 77, 91, 94, 100, 127, 164, 250, 253, 304, 385, 478, 486, 514; 议会～, 547
乖戾和性情多变 casualties and caprice, 532—533
官僚 bureaucracy, bureaucrats, 425; 文职～, 412; 军事～, 412, 419
官职 office, 407, 409, 450, 464
官职、官员 places, placemen, 406—408, 410, 412, 413, 420, 427, 473, 478
官职轮换 rotation in office, 256—257, 382—383, 393—394, 407, 414, 473, 519
惯例 convention, 451
归纳 induction, 10, 11, 21, 22
圭恰迪尼 Guicciardini, Francesco: ～作为法学家, 83; ～作为贵族派历史学家, 121; ～作为教皇委派的统治者, 139—140, 186; ～与佛罗伦萨的围困, 226—227; ～在西班牙, 122; 著作:《对马基雅维里〈论李维〉的思考》, 194, 268; 《论1512年美第奇家族复辟之后的佛罗伦萨政府》, 140—147; 《如何确保政府属于美第奇家族》, 149n, 151; 《大议会如何进行选举》*Del modo di eleggere gli uffici nel consiglio grande*, 130, 134—135;《关于佛罗伦萨政府的对话》, 186, 219—266, 268—269, 286—287, 318; 《洛格罗诺谈话录》, 122, 124, 126, 130—131, 134—140, 145, 153, 183, 220, 232, 233, 254—255;《记事录》, 216n, 220, 242, 266—270; ～作为美第奇家庭统治的分析家, 160; ～论贵族制, 395; ～与詹诺蒂的比较, 278, 283, 286, 289, 296, 308, 310, 313, 317—318; ～论腐败, 407, 548; ～对马基雅维里的批评, 194—196; ～

论信仰和疯狂, 294; ～论少数和多数, 480, 485; ～论政府, 460; ～论神恩, 170; ～与奥里切拉伊花园, 295; ～作为马基雅维里的同行, vii, 86, 117, 328—329, 334, 495; ～论参政 [I]（*participazione*）, 184; ～所说的特殊人 [I]（*particulari*）, 209; ～和佛罗伦萨人的第二天性, 165, 185; ～论国家 [I]（*stato*）, 175; ～论威尼斯, 285, 289

圭恰迪尼 Guicciardini, Piero, 220—222, 224n, 245—246, 258

贵族 aristocrats, 351

贵族 baron(s), 164, 210, 302, 419, 428—429, 432, 483, 493, 516

贵族 nobility, 101, 354—355, 416, 419, 433, 483, 514; 英格兰的～, 386, 389n, 473; 封建～, 388; 佛罗伦萨的～, 244; 法国的～, 476; 仆从式～, 413

贵族 nobles, 189, 196—197, 352, 356

贵族 peerage, peers, 409, 414—419, 514—515; ～的历史, 419

贵族（制） aristocracy, 69—73, 77, 100—103, 119, 135, 139, 145, 212, 219, 237, 262, 27879, 304, 310, 323, 353, 356, 394—395, 414, 485, 515, 528; 古代～, 514; 封闭的～, 377, 384, 394—395, 409, 414—416; 军事～, 413; 自然～, 414, 515—517, 520—521, 526, 531—533, 537—538; 轮换的～, 393; 圣徒～, 414; 常设～, 382; 威尼斯的～, 393

贵族的 aristocratic: ～原则, 197, 526; ～共和国, 258

贵族法案（1719） Peerage Bill of 1719, 515

贵族团体 baronage, 386, 393, 418—419

国 [L] *civitas*: 上帝之～, 34, 35, 39, 41, 45, 193, 462, 552; 世俗之～, 552; 地上之～, 34, 36, 39, 43, 53, 193

国家 state(s), 372, 410—413, 425—426, 531, 536, 549

国家（共和国） commonwealth: ～和武装, 200—201, 386; 平衡的～, 474, 495; 没有教士的～, 512;对～的信心, 441; 达文南特论～, 442—445; 作为～的英格兰, 357, 395, 519; 英格兰思想中的～, 409; 扩张的～, 390—393, 438, 510, 523, 531; 弗莱彻论～, 432; 哈灵顿论～, 390, 392, 400n, 412, 420; 人文主义的～, 348; 不朽的～, 388—389, 399; 有地者的～, 466, 468; 莱夫克努论～, 326; 受到常备军威胁的～, 470; 受到党争威胁的～, 483; 摩西的～, 396—399; 新哈灵顿派思想中的～, 429; 波利比阿的～, 80; 皮姆论～, 358; 作为共和国的～, 508, 514; 世俗～, 45; 至高无上的～, 397; 贸易和～, 438, 445, 460; 威尼斯的～, 102, 272,323; 自由民的～, 533

国家 [I] *stato* (i), 125, 149n, 151n,

158 and n, 175, 176, 178, 191n, 214n, 236, 244n, 27on, 278n, 288, 291n, 301, 304n, 307n, 313n,314n; 混合（*misto*）～, *297*; 封闭型（*stretto*）～, 265

国家的理由 reason of state, 369—371, 380

国家的理由［I］*ragione di stato,* 356;

国王 king(s), the, 12, 29, 30, 103, 189, 302, 334, 348, 352—353, 415, 418, 430, 432, 475, 518; the 英格兰～, 329, 355—360, 361—365, 371, 381, 386, 388—389, 410—411, 413, 419, 468, 514; 封建时代的～, 387—388, 428—429; ～的馈赠, 418; 爱国者～, 459, 484—485; ～、贵族和平民, 355, 361, 363, 404, 414, 419, 478, 480—481; ～在议会中, 13, 364, 371, 409, 481, 547（参见“罗马人”）

过去 past, the/a, 54—55, 344, 420, 422, 431, 433, 440, 458—459, 486, 487, 546

哈茨 Hartz, Louis B., 509

哈莱 Harley, Robert, 449

哈勒 Hale, Sir Matthew, 9, 404—405

哈勒 Haller, William, 343

哈里森 Harrison, William H., 538

哈灵顿 Harrington, James: ～和《卡托通信》, 469; 英格兰公民人文主义传统中的～, viii, 386, 389, 402, 436, 446, 450, 454, 484; ～论殖民地, 139, 514; ～和达文南特, 438, 442; ～和笛福, 433; ～和弗莱彻, 428—429; ～论封建君主制, 473; ～和法国, 413; ～和詹诺蒂, 272, 300, 302—303; ～和霍布斯, 396—398, 401; ～和上议院, 404, 409, 414, 415; ～和休谟, 493; ～和土地, 412, 485; ～论立法者和神恩, 170n; ～和马基雅维里, 317, 390; ～论中世纪的政府, 26—27; ～和孟德斯鸠, 480—481; ～论自然贵族, 515; ～和新哈灵顿派, 406, 416—417, 419—420; ～和内韦尔, 417—418, 420; 《大洋国》, 383—396, 399—400, 411, 415, 417, 442, 475, 510, 535; ～论委任制, 397; ～论财产, 387, 390; ～论共和主义末世论, 385, 398—399, 476; ～论轮换制, 382, 394, 407, 519; ～论常备军, 411—412; ～和托兰, 449; ～论威尼斯的抽签制, 285; ～和韦伯斯特, 534—535; ～和辉格党文化, 507—508

哈灵顿主义的 Harringtonian: ～宪法, 514; ～教义, 406, 419; ～解释, 419; ～自由, 418; 另参见“新哈灵顿派”

哈蒙德 Hammond, Henry, 397

哈维 Harvey, William, 394

海洋 sea, the, 392, 438, 442—443, 510, 535

汉密尔顿 Hamilton, Alexander, 462, 488, 528—533, 541, 543, 547—548

汉森 Hanson, Donald, 《从王国到共和国》, 27n, 335—536, 338

好运［I］*bouna fortuna,* 195
合理性 rationality, 93, 94, 327—328, 353, 403, 464, 465
和平与战争 peace and war，见“对外关系”、“职能”
荷兰 Holland, 391, 412, 424, 438
赫墨斯 Hermes de Caduceo, 393n, 407
赫斯特 Hexter, J. H., 175, 211, 563
赫维 Hervey, Lord, 427, 482;《古代自由和现代自由的表述与比较》，482
黑格尔 Hegel, G. W. F., 549
黑格尔派 Hegelians, 549—550
亨顿 Hunton, Philip, 366—369, 374;《论君主制》，366
亨汉大法官 Hengham, Chief Justice, 27, 28
亨利 Henry, Patrick, 426, 531
亨利八世 Henry VIII, 342, 429
亨利七世 Henry VII, King, 387—388（参见“培根”）
互爱 agape, 99
护国公时代，克伦威尔的 Protectorate, the Cromwellian, 381, 383—384
护民官 tribunes, 195, 246, 308
华莱士 Wallace, John M., 371, 379
怀特菲尔德 Whitfield, J. H., 183
幻觉 fantasy(ies), 96, 451—452, 454, 456—459, 461, 464—467, 470—472, 474—475, 484, 490—491, 496, 522, 533
幻觉［I］*fantaisies,* 489
幻想女神［L］*Fantasia,* 96—98, 180, 307, 453, 488
皇帝 Caesars, the, 277, 388
皇帝 emperor, 50, 51, 53, 381, 388
皇帝［L］*imperator(es),* 211, 510, 529
皇家交易所 the Royal Exchange, 456
黄金 gold, 455, 475; ～和纸币, 441, 444, 449, 451—452, 456, 474—475, 496; ～和银子, 435, 444, 450, 496
恢复［I］*rivoluzione,* 79
恢复原状［I］*ripigliare lo stato,* 205n, 521
辉格党 Whig, 421, 426, 433, 446—448, 452—456, 478, 483; ～主教, 421; 不列颠的～, 546; ～教义, 507; ～帝国, 546; ～意识形态, 407, 422, 428; ～传统, 547 美国的～, 538; 乡村派～, 459, 474; 独立的～, 477; ～小帮派, 433, 478, 507, 528; 现代～, 529; 老～, 466, 474, 477, 513
混合君主制 mixed monarchy, 237, 355, 358, 481, 515
混合体［L］*corpus misticum,* 334, 353—354
混合政体［G］*politeia,* 64, 70—72, 78, 86, 116, 121, 132, 138, 157, 169, 388, 479
混合政体 mixed body, 79, 326, 360, 365, 369—370, 377, 415—416
混合政制［I］*governo misto,* 286, 297, 299—300, 304—307, 311, 323
混合制国家 mixed state (*stato misto*), 91, 297

混合制政府 mixed government, 67, 100, 103, 185, 198, 243, 253, 272—273, 277, 286, 297—298, 305, 307—308, 315—316, 325, 327—328, 333, 355, 358, 361, 364—371, 382, 395, 402, 404, 414, 419, 422, 481

活动 activity, 67, 68, 73, 74, 328, 354, 391, 446, 480, 521; 公民～, 349—350, 486

火药 gunpowder, 429—430

货币 money, 391, 438—440, 443—444, 447—448, 452, 455—456, 459, 461; ～流通, 434; ～的发明, 435

货物 goods ～流通, 445, 502; ～交换, 451, 492, 502; 虚假的～, 471; ～操纵, 501; ～生产, 498, 501; 作为财产的～, 391; 真实的～, 456, 459, 464

霍布斯 Hobbes, Thomas, 324, 370—372, 378, 380, 382, 385, 396—400, 401, 417, 457, 474—475, 518; 《利维坦》, 324, 335, 370, 380, 389, 396—399, 474—475

霍布斯的, Hobbesian: ～语言, 471; ～自然状态, 440

霍布斯—列宁理论 Hobson-Lenin theory, 530

机缘［I］*Occasione* (fig.), 168—169

机缘［L］*occasione:* 詹诺蒂论～, 279, 281, 282n, 301, 302—304, 319; 圭恰迪尼论～, 266, 267n; 马基雅维里论～, 168, 170, 172, 174, 181, 189, 190, 193, 206, 301, 318—319, 453

机会［I］*caso,* 188, 194, 238n, 262n

积极的公民生活 active civic life, 549

积极生活［L］*vita activa,* 40, 56, 58, 84, 86, 98, 333, 335, 350, 485, 539, 546, 551

基督 Christ, 50, 60n, 111, 123n, 215, 342, 378; ～的嫁娘, 396, 399; ～的统治, 344, 378, 398—399, 400n, 511; ～再世, 343, 396—397

基督教 Christianity, 192, 202, 214, 463, 492; 亚里士多德主义的～, 7, 21, 96; 奥古斯丁时代的～, 41, 67; 中世纪的～, 67; ～教会, 34, 44—46, 105—107, 114, 190, 214—215, 343, 347; 396, 462; 英格兰的～, 329, 342; 好战的～, 80, 342; ～的改革, 348; 普世～, 342

基督教（基督徒）的 Christian, ～教会, 34; ～救赎教义, 31; ～帝国, 34; ～人文主义者, 76; ～思想家, 6; ～律法, 14, 43; ～君主, 350; ～共和国, 214; ～社会, 43; ～思想, 8, 462; ～价值观, 463, 492—493; ～美德, 75, 76, 133

基督教的清贫 Christian poverty, 215, 294

激进改革 Radical Reformation, 346

激进主义 radicalism, 英格兰的～, 372—375, 377, 381—383, 515

吉本 Gibbon, Edward, 211, 217n

吉尔伯特 Gilbert, Felix, 100, 117, 110—121, 220, 274, 287

集体意识［A］*asabiyah,* 499—500

技艺 art(s), the, 441—442, 470, 492—493, 409, 511, 552; ～的进步, 533, 538
技艺［I］*arte,* 200, 411; 参见《战争的技艺》
继承 inheritance, 175, 176, 359, 376, 389—391, 405, 445, 451, 463
加尔文 Calvin, Jean, 377
加尔文教 Calvinism, 337, 346; 苏格兰的～, 345
加尔文教的 Calvinist: 个人, 336; 教徒, 339; ～宿命论, 405
加林 Garin, Eugenio, 52, 60
家臣 retain, retainers, 356—357, 386, 388, 408, 418
家政 household, 68, 203
家政［G］*oikos,* 亚里士多德的～, 68, 386, 390, 450, 464, 475
价值（观） value(s), ix, 73, 74, 154, 266, 402, 459, 462, 466—467, 474, 486—487, 494, 496, 498, 501—502; 公民～和基督教～, 492, 505; 交换～, 435; ～目标, 69; ～和历史, 243, 252, 266, 402, 458, 462, 466—467, 486—487, 498, 508, 549, 552; 特殊～, 75, 76, 464; ～排序, 69; 私人的～, 491; 次要～, 501—502; 普遍的～, 501
坚实的土地［L］*terra firma,* 321, 392, 434, 442
见利忘义 venality, 407, 532, 548
建国之父 Founding Fathers, 480, 507
建筑师（比喻） architect (fig.), 296
交换 exchange, 431, 436, 440, 444—445, 450, 458, 464, 492, 498, 538; 商品～, 465, 502; 价值～, 435
交谈 conversation, 61—65
较少依附［I］*poca dependenza,* 309n, 315, 482
教皇 pope, the, 51, 106, 343, 396
教皇 popes: 亚历山大六世, 173—174; 克莱芒七世（朱利奥·德·美第奇）, 242; 尤利乌斯二世, 138, 301; 利奥十世（乔万尼·德·美第奇）, 138, 147, 149, 150, 152, 203, 242
教派 sects, sectarians, 335—336, 346
教士 clergy, 382, 396—398, 400, 473, 476, 512
教士 priest(s), 396, 474—475, 477, 499
教义自由派 latitudinarians, 403
教育 education, 432, 492—493, 502; 参见“好的教育”［I］
节俭 frugality, 249, 430, 438, 445—446, 458, 464, 492, 531
阶级 class: 冲突, 549; 斗争, 503
杰斐逊 Jefferson, Thomas, 211, 462, 529, 532—533, 535—536, 538, 540—543, 547; 《弗吉尼亚评论》, 532—533n, 538
杰斐逊派 Jeffersonians, the, 528—529, 532
杰克逊 Jackson, Andrew, 535—538; ～神话, 536
解放者 liberator, 535, 180—181, 318—

319
金钱利益 monied interest, 见“利益”
金融家 financier, 445, 447
金融业 banking, 547
谨慎 caution, 232, 241
进步 progress, 495, 501—504, 512; 技艺的～, 533; 文明的～, 540; 商业的～与腐败, 541; 社会～, 501, 504; ～理论, 293, 402
经济（学） economy, an, 451; 信用～, 496; 自然～, 444—445, 450; 新～, 452; 政治～, 450; 投机性～, 486
经济学 economics, 451, 498; 王道盛世时期的政治～, 445; 哈灵顿的～, 390; 马基雅维里的～, 446
经验 experience,《对十九条提议的答复》论～, 362; 亚里士多德理论中的～, 22—26, 129, 212, 485, 514; 柯克向詹姆士一世解释～, 17; 福特斯库论～, 14—19, 59, 334; 詹诺蒂论～, 280—282, 303, 311, 312; 神恩和命运与～的关系, 47—48, 49, 112, 115; 圭恰迪尼论～, 141, 219, 220, 221, 224—225, 227, 234—235, 238, 241, 251, 256—257, 261, 265; 哈灵顿论～, 395; ～和霍布斯, 399; 人文主义发现～的不充分, 62, 65, 85, 93, 335; 休谟论～, 498; 马基雅维里论～, 172; 中世纪王权和法律中的～, 28—29; 商人对～的快速积累, 91; 孟德斯鸠论～, 490; ～在商业社会变成了意见, 440, 457, 459—260, 465, 472; 显贵［I］（*ottimati*）重视～, 101; 议会的～, 353—354; ～和参与, 131; 柏拉图论～, 20; 代表的～, 517; ～和精神, 536
经验［I］*esperienzia,* 227—228, 232, 234, 241n, 247n, 256, 262n, 263, 267n, 81n
贵胄［I］*beneficiati,* 291
精神 spirit, 536
精神 spiritual, ～史, 107（参见“权威”）
精神［F］*esprit,* 251
精英 elite(s): 美国的, 507, 515—516, 520, 525; 亚里士多德论～, 69—70, 73, 90; 英格兰的～, 500; 作为～的佛罗伦萨显贵, 118—119, 148, 151, 153, 156; 詹诺蒂论～, 278, 286—287, 313—314; 圭恰迪尼论～, 127, 131, 134—135, 138, 139, 145, 231—235, 249, 253—257, 259, 261, 262, 284, 311; ～和共和主义理论, 202, 485; 作为～的圣徒, 395, 398
精英主义 elitism, 132, 248
警觉［I］*vigilanzia,* 239, 244, 252
旧世界 Old World, the, 537, 546
居鲁士 Cyrus, 168, 170, 175, 180
决策者（和决策） decision-makers (and making), 49, 50, 64, 70—73, 85, 87, 115, 129, 131, 133, 203, 226, 232, 233, 324, 466
决疑术 casuistry, casuists, 360, 366—371, 377, 389

绝对 absolute, 26, 28, 30, 345; ～权威（国王的）, 352, 353, 397; ～君主制, 159, 355, 362, 417, 422, 474, 477, 494; ～权力, 352—353, 481; 道德～性, 552
绝对君主制 [I] *principe assoluto,* 236
军（军队）army, an/the, 388, 389n, 412—413, 428, 430, 439, 508; 陆～, 412, 438, 441; 国家～, 412; ～军官, 409, 411—413;平民～, 381; 职业～, 406, 411—412, 432—434, 450, 499—500, 510, 528, 536; 常备～, 406, 410—413, 415, 419—421, 424—426, 428, 434, 439, 442, 447, 458, 468, 470, 478, 482, 507, 513, 529, 536, 549; 克伦威尔的～或新模范～, 336, 372—375, 377, 380—381, 383—384, 410, 413; 爱尔兰的～, 392
军队 [I] *milizia,* 244, 273, 305, 393
军人 soldier(s), 199, 356, 430, 475, 499, 530
军事 military: ～纪律, 196, 198, 201—203; ～政府, 415, 416; ～职业化, 416, 547; 罗马～, 245
君士坦丁皇帝 Constantine, Emperor, 33, 43, 190, 342, 345; ～的馈赠, 342
君主 monarch, 26, 56, 65, 66, 410, 458, 465, 489
君主 prince(s), the, 34, 45, 46, 153, 176, 177, 180, 185, 213—216, 238, 239, 240, 264, 299, 311, 317, 334—335, 338—341, 350—352, 354, 363, 380, 405, 537, ～的权威, 351; 福特斯库论～, 10—12, 16—19, 29; 世袭～, 161, 162, 178, 179; 新～, 141, 142, 144, 154, 155, 156—167, 172—173, 175—181, 185, 189, 198, 374
君主 [I] *principe:* 绝对～, 236, 307n; 自然（*naturale*）～, 158, 161, 181, 489; 新（*nuovo*）～, 161, 190, 333, 489, 510
君主国 principalities, 210, 219; 教会～ ecclesiastical, 190, 191
君主制 monarchy (ies), 52, 54, 66, 70, 73, 77, 91, 100—103, 109, 111, 139, 158, 159, 184, 209, 222, 250, 262, 347, 354—357, 360; 绝对～, 355, 362; 唯我独尊的～, 361; 封建～, 387, 388, 473; 法国～, 413; 哥特人的～, 387—388, 413, 473; 世袭～, 191, 384; 世袭和选举的～, 355; 历史上的～, 404; 拥有管辖权的～, 335; 有限～, 428, 473—474; 北方的～, 415, 416; 议会～, 405, 481, 488, 508—509, 515—516, 518, 525, 529—531, 546—547; 新教的～, 478; 受控制的～, 363; ～的复辟, 404; 拥有广袤领土的～, 334—335; 土耳其的～, 387, 412; 普遍～, 437, 444; 参见“英国的”和“混合制政府”
君主制、贵族制、民主制 monarchy, aristocracy, democracy, 277, 354,

362, 367n, 387
均衡 equilibrium, 328, 368, 371, 432, 479, 503, 504
俊杰 [L] *optimates*, 101, 258, 287
郡 shire, 340, 351
喀提林 Catiline, 529
卡博尼 Capponi, Niccolo, 274, 286, 289—290, 295
卡博尼 Capponi, Piero, 220, 221, 223, 229, 243, 266
卡尔丹 Ibn Khaldun, 499
卡米鲁斯 Camillus, Furius, 537
卡佩家族 Capetians, 159
卡斯蒂利奥 Castiglione, Baldassare, 153
卡特莱特 Cartwright, John, 547
卡托 Cato: 艾迪生论～, 487; 特兰夏和格登论～, 467—477, 484, 489—491, 509; ～作为历史人物, 471, 488, 529, 531, 533; ～式联邦主义, 531
卡瓦尔坎蒂 Cavalcanti, Giovanni, 91—98, 127, 453
卡修斯 Cassius, 50, 53
恺撒 Caesar, Julius, 52—54, 201, 488, 510, 529, 531, 537, 548
考弗莱 Coverley, Sir Roger, 447
柯克 Coke, Sir Edward, 16, 29, 404
柯勒律治 Coleridge, Samuel Taylor, 495
柯林森 Collison, Patrick, 564
科恩尼斯伯格 Koenigsberger, H. G., 338
科拉 Cola di Rienzo, 51, 105
科勒佩波 Colepeper, Sir John, 361
科隆纳 Colonna, Fabrizio, 182
科罗克特 Crockett, Davy, 535
克劳塞维茨 Clausewitz, Karl von, 536
克雷夫科尔 Crevecoeur, Hector St. John de, 540, 545
克伦威尔，奥利弗 Cromwell, Oliver, 375, 378—379, 392, 396, 406, 413, 536
克伦威尔，理查 Cromwell, Richard, 409, 414, 417
克诺克斯 Knox, John, 345
肯塔基 Kentucky, ～猎人, 536
空间 space, ix, 3, 4, 21, 22 , 84, 116, 215, 217, 541, 550
孔塔里尼 Contarlini, Gasparo, 271, 320—328, 394;《威尼斯共和国与政府》, 320—328
恐怖 terror, 538, 548
库柏 Cooper, Fenimore, 540
狂热精神 spirit of enthusiasm, 403
狂妄 [G] *hubris,* 78
扩张 expansion, 199, 210, 215, 310, 328, 357, 392—393 , 442, 524; 罗马的～, 305, 535, 539—543; 549
扩张的 expanding: ～民主, 535; ～国家, 289
拉蒙特 Lamont, 378
拉蒙特 Lamont, William M., 347, 378
拉斯莱特 Laslett, Peter, 424
莱夫克努 Lewkenor, Lewes, 320—321,

322n, 323n, 324, 325n, 326n
兰伯罗 Rainborough, Thomas, 376, 385, 390
兰杜奇 Landucci, Luca, 114—115
浪漫主义的 romantic: ～思想, 523; ～传统, 338
浪漫主义 romanticism, 535—536
劳 Law, John, 468, 475, 400
劳动 labor, 442—443, 458, 498; ～分工, 465, 501, 502, 505; ～价值学说, 457—458
劳动者 [L] *homo faber,* 550
老西方人 Old Western，3, 37, 338
类型 type(s), 33, 51, 373, 378, 399
礼仪 politeness, 470
李尔本 Lilburne, John, 433
李森伯格 Riesenberg, Peter, 83n
李维 Livy, 61, 62, 205n
里奇 Rich, Nathaniel, 381
理想主义 idealism, 548; ～的话语模式, 505; ～的战争理论, 536; 参见"形式"
理性 reason: 中世纪哲学和法学理论中的～, 4, 11, 14, 19, 22, 24—25, 29, 67, 334—335; 文艺复兴人文主义和古典政治学中的～, 97—98, 99, 115, 235, 256, 323—325; 浪漫主义的～观, 536, 549; 18世纪哲学中～作为欲望的奴隶, 457, 461, 472, 488, 493—495, 498, 509
理性 [L] *ratio,* 24—25
理智（理由）[I] *ragione,* 92, 94—95, 108, 198n, 228, 232, 271n, 293n
历史 history: ～中的行动, 552; 脱离～, 466; 作为变化的～, 78, 328; 公民～, 330; 古典时代的～, 373, 537; ～中的商业, 499, 501; 猜测～, 498; 乡村派的～观, 486—487; 宫廷派的～观, 459, 525; 克罗齐的～, 242; 循环的～, 218, 493, 540, 543; ～和末世论, 33—34, 43, 45; ～和人类的堕落, 297; ～和幻觉（*fantasia*）, 96—97; ～和命运（*fortuna*）, 39, 97; ～的封建解释, 421; 詹诺蒂论～, 277, 281, 327; ～和神恩, 7, 136, 396, 511; 圭恰迪尼论～, 220, 224—225, 242, 250; 哈灵顿论～, 388—389; 哈灵顿和新哈灵顿派的～, 449—450, 481; ～和历史主义, 551; 霍布斯和～, 370; 休谟和～, 497; 帝国主义的～, 53; 马基雅维里和～, 268—269; 现代的～意识, 46, 480; 自然和～, 537, 546; 调理～, 95; 作为特殊事件的～, 3; 人格和～, 402; ～和哲学, 63; 政治～, 36, 43; ～和政治人, 506; ～和作为反基督分子的教皇, 343; 前现代的～观, 46, 551; 生产的～, 498—499; 先知预言的～, 43, 44; 公共～, 43; 与～的争执, 545; 共和国和～, 80, 184—185, 218, 327—328, 493, 543, 551; 共和主义对～的评价, 54, 57, 58, 60, 83, 84, 327; 神圣的～, 31, 32, 44, 207, 343, 345, 512; 作为"现世"（*saeculum*）的～, 32; 经院学派的～, 5—6; 作为发展图式的～,

498—499; 世俗～, 8, 32—34, 36, 42, 44, 47, 344; 精神～, 106, 107; ～的恐怖, 116; ～的转型, 550; 维柯论～, 65, 498; 美德和～, 402; ～和向西部前进, 511; 参见"美洲"、"矛盾"、"英格兰"、"欧洲"、"佛罗伦萨"、"苏格兰"、"价值"、"威尼斯人"
历史的 historical, ～记忆, 276; ～因果关系, 300—302; ～变迁, 402, 467; ～君主制, 404; ～存在, 401; ～过程, 431, 498; ～科学, 498; ～自我形象, 334; ～自我理解, 333, 402
古老（古代、古人） antiquity, 14, 16—19, 23, 24, 27, 54, 62, 93, 115, 177, 191, 334, 341, 345, 348, 354, 359, 418, 421, 434, 521, 529; 下议院的～, 404; 超出记忆的, 405; 相沿成习的～, 547; ～斯巴达人和罗马人, 548
古老［I］ *antiquita,* 159n
历史拟制 historiography, 33, 46
历史性 historicity, 551
历史主义 historicism, 3, 551
立法 legislation, 18, 19, 23, 28—30, 129, 254—256, 289, 305, 313, 315, 319, 329, 340, 361, 364, 387, 404, 458, 467, 479—480, 548
立法机构 legislature, 409, 420, 495, 517, 521, 528
立法权 legislative, the, 408, 479, 493, 514, 525, 328, 488
立法者 legislator (s), 98, 124, 136—137, 140, 168—176, 178, 180, 187—193, 194, 206—208, 241, 264, 279—281, 283, 303—305, 318, 322, 366, 370, 379—380, 393—394, 396, 405, 411, 445, 490, 535, 537
利库尔戈斯 Lycurgus, 135, 168, 170, 175, 187—190, 193, 197, 206, 213, 264, 303, 306, 320, 369—370, 388—389, 443, 492, 535, 552
《利维坦》 *Leviathan*, 见"霍布斯"
利益 interest(s), 125, 355, 300, 464, 474, 483, 487, 495, 521, 523—525, 530—531, 535, 539; 土地～, 434, 446—447, 461; 基于～的借贷, 391; 金钱～, 446—448, 461, 468—469, 479, 507, 510, 525, 529; 永恒～, 376, 407; 私人～, 439, 495; 自我～, 464, 465, 467; 参见"特殊"
联邦 federal: ～宪法, 527; ～政府, 528; ～代议制结构, 530; ～共和国, 526; ～结构, 521, 523
联邦党 Federalist, party, 528, 531; 共和党与～的辩论, 513, 529; ～理论, 517, 525—526; ～思想, 518, 522—524; ～传统, 523
联邦党人 Federalists, the, 520, 525, 532, 541
《联邦党人文集》 *Federalist, The,* 522
联邦主义 Federalism, 525; 卡托式的～, 530; 麦迪逊式的～, 528, 531, 533; 非古典的～, 530
良知 conscience, 368—369, 371

列文森 Levenson, Joseph R., 243, 341
猎人（牧民、农民、商人） hunter (shepherd, farmer, trader), 498, 540
灵知［G］ *gnosis,* 99
另一个议会 the Other House, 384, 409, 413, 514
刘易斯 Lewis, C. S., 3
卢梭 Rousseau, Jean-Jacques, 462—463, 465, 504, 517, 518, 520, 521, 524, 546
鲁切莱 Rucellai, Bernardo, 101, 120, 121, 185
律法 law (Christian), 14, 43
《伦敦杂志》 *London Journal,* the, 427, 482
伦理 ethic, 基督教～, 440, 491; 公民～, 491, 495; 商业～, 441, 500; 骑士～, 133; 新教～, 445—456; 罗马元老院～, 36—37; 武士～, 491; 工作～, 550; 参见"美德"
罗伯特 Robert, Lord Brooke, 371
罗利 Raleigh, Sir Walter, 355—357, 360, 386;《内阁议事会》, 355;《国家要义》, 355—356;《议会特权》, 356—357
罗马的 Roman: ～古代, 548; ～公民战士, 493, 511; ～殖民活动, 442; ～帝国, 54, 216, 217n, 247, 281, 387, 393, 510; ～霸权, 524; ～历史, 120, 263, 268; ～先王, 195—196, 199, 245—246, 279, 281; ～法律, 83; ～自由, 277, 491; ～军事制度, 239; ～贵族, 189, 246—247, 281, 393, 491; ～人民, 51, 245, 314, 510; ～平民, 189, 196, 198—199, 202—203, 246—247, 310, 393, 491; ～底层平民［L］（*plebe bassa*）, 247; 参见"共和国"
罗马人 Romans, 13, 51, 78, 164, 166, 194, 207, 209, 216—217, 239—240, 314, 511, 535
罗穆路斯 Romulus, 168, 175, 187, 189, 192, 193, 194, 207, 280, 305, 379—380, 388, 535
洛克 Locke, John, 367—368, 406, 421, 423—424, 435—437, 450—451, 456—457, 463, 514, 526, 542, 545;《政府论》, 367, 421, 435
洛克（式）的 Lockean: ～"诉诸天意", 367—368; ～同意说, 544; ～契约, 545; ～"解散政府", 516; ～自由主义, 549; ～范式, 526, 539; ～原始主义, 537
马尔伯罗 Marlborough, Duke of, 488, 529
马尔库塞 Marcuse, Herbert, 549
马基雅维里（主义）的 Machiavellian: ～暧昧性, 529; ～美国, 462; ～分析, 361; ～习俗, 489; ～人文主义, 347; ～观念, 334; ～创新, 489; ～语言, 417, 500; ～时刻, vii—ix, 84—85, 183, 375, 477, 486, 503, 531, 533, 541, 545—546; ～范式, 460—461; ～紧张, 549; ～理论, 124, 386; ～思想, 423, 462, 491; ～传统, 423, 510,

524, 526; ～德行［I］（*virtù*）, 435, 522, 525

马基雅维里 Machiavelli, Niccolo, vii, viii, 86, 98, 117, 121, 141—142, 154, 156, 159, 165, 166, 175, 177, 180—182, 183, 186, 189—190, 219, 232, 242, 254, 256, 268—269, 271—273, 286, 292, 295, 297, 301—302, 306, 308—310, 315—317, 319—320, 327—328, 329, 334, 357, 364, 369, 380, 385, 393—395, 402, 408, 411, 430, 436, 454, 484, 487, 495, 497—498, 505, 509, 514, 516, 521, 528, 529, 537, 539, 545—546, 548; ～和阿拉曼尼, 152, 154, 165, 210; ～和军队, 124, 199—200, 202—204, 209—210, 333, 390—391, 450, 492; ～论博尔贾, 173—175, 181; ～论基督教和宗教, 190—192, 214—215, 294, 463, 492, 504—505; ～论腐败, 204—211, 386—387; ～论“平等”（*equalità*）, 208—209, 227, 468—469; ～论佛罗伦萨, 160, 186—187, 202—203; ～论形式与质料, 168—169, 207, 388; 论命运～, 162—163, 167, 170—171, 193, 207, 399; ～论人性, 96—97, 180, 193; ～和波利比阿, 189—190, 195; ～论自然君主（*principe naturale*）, 158, 161, 163—164; ～论新君主（*principe nuovo*）, 160, 163, 175, 178—179, 333, 374; ～论先知, 170—172, 190, 192, 206, 375; ～论罗马政治, 194—196, 202—203, 208—209, 211, 216, 246, 268, 281, 308, 491; ～和萨伏那罗拉, 108, 113, 184, 215; ～论习惯, 159, 164, 180, 212; ～论威尼斯, 187—188, 197—198, 289, 292, 438; ～论德行和美德（*virtù* and virtue）, 161—162, 167, 172—173, 178—179, 199, 203, 206—207, 212, 217, 238, 263, 271, 333, 337, 400, 444, 510—511, 535, 540; 著作:《战争的技艺》, 177, 182, 184, 199—203, 211n, 269, 295;《论洛伦佐去世后的佛罗伦萨政府》, 242;《应教皇利奥十世之请论改革佛罗伦萨政府》, 203;《论李维》, 157, 177, 179, 182, 183—218, 219, 231, 240, 245—247, 267, 280, 292, 303, 316, 393;《佛罗伦萨史》, 186, 27 3;《君主论》, 97, 141, 149, 152, 154, 155, 156—182, 184, 186, 188—194, 199, 206, 213, 219, 268—269, 301, 303, 318, 350

马基雅维里主义 Machiavellism, 333, 351, 357, 380; 启示录式的～, 513; 英格兰的～, 360, 383

马克思 Marx, Karl, 457, 461, 462, 505

马克思的理想 Marxian ideal, 551; ～在美国, 549

马克思主义 Marxism, 336, 461, 502, 549;

马克思主义的解释, Marxist interpretation, 338, 461

马略 Marius, 197, 207n
马韦尔 Marvell, Andrew, 379, 392, 399, 406, 408—409, 419—420; 《贺拉斯体颂歌》, 379; 《克伦威尔政府一周年颂》, 379; 《论亲教皇的专制政府的成长》, 406, 408
麦迪逊 Madison, James, 519—520, 522, 523, 530—531, 538, 545
麦迪逊的 Madisonian, ～联邦主义, 529, 531; ～自由主义, 535; ～政治学, 544, 548; ～综合, 531
麦基文 Mcllwain, C. H., 19, 25, 26
麦考利 Macaulay, Lord, 447
麦利乌斯 Melius, Spurius, 469
蛮荒 wilderness, the, 537, 539, 545, 550
蛮族 barbarism, 54, 499
曼德维尔 Mandeville, Bernard, 465, 475, 487
曼利乌斯 Manlius Capitolinus, 207n, 469n, 537
矛盾 contradiction, 历史～, 499, 503—505, 531, 549
贸易 trade, 391, 425—426, 430, 432—434, 436—439, 441—450, 464, 469—470, 484—485, 508, 530—531; 自由～, 531
贸易的 trading: ～公司, 468—470, 473; ～利益, 488; ～人, 431; ～国, 424, 440, 442; ～社会, 425, 464, 469—470
没有武装的城邦［I］*città disarmata,* 240, 252, 262, 270, 271, 272, 289
梅西亚 Mexia, Pedro, 437
美德 virtue: 积极的～, 76, 317, 350, 397, 472, 524; 农业社会的～, 533, 540; 美洲的～， 507—509, 511, 513, 515—525, 526—544, 545, 547; 古代的～, 51; 《对十九条提议的答复》论～, 362—365; ～与商业的对立, ix, 427, 431, 495, 549, 551; ～的腐化, viii, 387; 命运的～, viii, 40, 85, 185, 191, 349, 371, 385; 亚里士多德的作为一种～结构的共和国, 73—76, 115—116, 120, 123, 157, 168, 184—185, 189, 192, 208, 334, 349, 354, 364, 402, 550—551; ～和武装, 386; 波爱修斯论～, 36; 博林布鲁克论～, 482—485; 不列颠的～, 513; 布鲁尼论～, 87—90; 《卡托通信》论～, 469—474; 卡瓦尔坎蒂论～, 92—95, 97—98; ～和变化, 458—459; 基督教的～, 75, 76, 92, 133, 441; ～的共同体, 408; 孔塔里尼论～, 321—325; 顾问的～, 339; 乡村派的～观, 407—409, 414, 426—427, 432, 447, 450, 62—67, 478—479, 486—488; 宫廷派意识形态中的～, 487; ～和信用, 456—458; 达蒂论～, 91—92; 达文南特论～, 437—438, 443; 笛福论～, 434; ～的衰落, 513n, 521, 537; 帝国和共和国与～, 88—89, 215—217; ～的扩张, 539; ～和虚假意识, 475; 弗格森论～, 499—501, 503; ～和形式(*forma*), 207;

节俭的～, 445—446; 詹诺蒂论～, 297—298; 哥特人的～, 441, 513; ～和神恩, 42, 48, 113; 圭恰迪尼论～, 134—135, 145, 230—231, 253, 256; 哈灵顿论～, 385—387, 390—391, 392—395, 411; 休谟论～, 497; 个人～, 534; 军事～, 203, 217, 296—297, 322; 米拉论～, 502; 孟德斯鸠论～, 400—493; 天然的～, 540; ～和新柏拉图主义者, 99; ～和欲望, 462, 467; 爱国者的～, 513; 伯里克利的～, 89; ～的政治化, 211; 波利比阿论～, 78, 80; 《君主论》论～, 26, 181; 作为审慎的～, 24—25, 253; 公共～, 397, 474; 共和主义～, 85, 88, 89; ～的恢复 of, 205—206; 罗马的～, 205, 441, 513; 萨伏那罗拉论～, 108; ～的学问, 115—116, 128, 243, 484; 斯巴达人的～, 441; ～和稳定, 194, 328, 426; 托斯卡纳的～, 217n; 女人的～, 405; 参见"公民美德"、"威尼斯使美德成为机制"、"德行"

美德 [F] *vertu*, 501; 基督教的(*chretienne*)～, 491; 道德的(*morale*)～, 491; 政治(*politique*)～, 491—493

美第奇家族 Medici, the, 86, 101, 117, 120—122, 145, 148—152, 176, 231—236, 241—243, 248, 266—267, 292, 302—303, 305, 388; 科西莫, 86, 91, 97, 98, 108, 119, 143, 144, 147, 223, 227, 300; 托斯卡纳大公科西莫, 85, 154; 焦万尼主教(教皇利奥十世), 138, 147, 150, 152; 乔万尼·德莱·班德·内雷, 182; 朱利亚诺 138—139, 149, 153, 160; 朱利奥(教皇克莱芒七世), 242; 豪华者洛伦佐, 98, 102, 120, 121, 143, 148, 151n, 223, 229, 549; 乌尔比诺大公洛伦佐, 138—139, 149, 160; 皮耶罗, 102, 105, 120, 147, 148, 227

美第奇政府 Medicean government, 86; 1434—1494年的～: 117—120, 127, 138—139, 142—143, 205n, 220, 229, 234—237, 252—253, 263, 300; 1512—1527年的～: 122, 138—144, 151, 154, 160, 162, 165, 265, 273—274, 287; 1530年的～, 148, 154, 267, 318, 333

美国国会 Congress, the U.S., 528

美好的老事业 good old cause, the, 384, 422, 528

美洲(美国) America, ix, 218, 333, 442, 486, 506—550; ～的启示录, 511—512, 542—543; ～殖民地, 392, 410, 442, 467—468, 505—510, 515; ～宪法, 462, 513, 527—528, 531, 534, 537. 539, 544; ～文化, 543—545; ～历史, 505, 541, 543—544; ～神话, 537, 542, 545(参见"元历史"); ～政党, 528—529, 531—532; ～共和国, 528, 533, 539, 546; ～革命, 85, 315, 462, 467, 506, 508, 513, 516,

527, 546, 548; ～革命者, 516; ～革命军队, 527; ～社会意识和思想, 506, 527, 541, 546, 548—549, 551; ～的价值观, 330, 462, 532; West, 534; ～的工作伦理, 551; ～劳动力, 551
孟德斯鸠 Montesquieu, Baron de, 211, 251, 427, 441, 463, 465, 468, 475, 480—481, 484—485, 489—492, 497, 501, 507, 516, 521, 526, 530, 548; 《波斯人信札》, 468, 475, 477, 488; 《论法的精神》, 485, 488, 534
弥尔顿 Milton, John, 344, 395, 414, 476, 507
弥赛亚 messiah, 343; ～时刻, 111; ～主义, 403, 549—550
米拉 Millar, John, 502
米兰 Milan, 55, 64, 106, 150; ～的帝国派, 437
秘术 arcane art, 352, 354
秘术 ［L］*arcana,* 355; 治国～（*arcana imperii*）, 28, 48, 354
密西西比 Mississippi, the, 511; ～计划, 468, 475
民 ［G］ *demos,* 71, 387
民兵（公民军） militia: 佛罗伦萨的～, 124, 137, 148, 176, 20I, 203, 209, 231, 232, 240, 244, 248, 263, 272—273, 289—295, 306—307, 312, 317, 393; in 英格兰的～, 362, 410, 414, 416, 419—420, 427, 431—432, 435, 442, 450, 458, 507; 美国的～, 528
民众 popular: 民兵, 528; ～的自由, 528; 参见“政府”
民主（制） democracy (ies), 69, 70, 72, 73, 77, 91, 100—103, 239, 253, 262, 300, 307, 352, 356
命题 propositions, 4, 21, 22, 63
命运 fortune, 3, 36, 44, 47, 76, 197—199, 237, 238, 247, 294n, 328, 333, 405n, 445, 473; ～和商业, 493; ～和腐败, viii; ～、习俗和神恩, viii, 401; 英格兰思想中的～, 349—351, 363, 365—366, 370—371, 374—375; ～和信仰, 48; ～和幻觉, 533; 圭恰迪尼论～, 264—265; ～和革新, 160—163, 165, 179, 180; ～和权力, 114, 134—137; ～的作用, ix; ～和美德, 85, 91, 92, 95, 96, 385, 503 （另见“命运之轮）
命运 ［L］ *fortuna,* 77, 78, 218, 486; ～和商业, 503, 533; ～和腐败, 211—213 , 402, 405; ～和信用, 453—454; 英格兰思想中的～, 350, 366, 374, 387; 詹诺蒂论～, 297, 298n, 300—303, 317—319, 328; 圭恰迪尼论～, 230, 262n, 263, 265n, 268—270, 271n; 《君主论》中的～, 156—163, 172—181; ～的含义, 36—41; ～和德行 ［I］（*virtù*）、美德、德性（*virtus*）, 84—88, 94—97, 108, 136, 166—169, 173, 184, 185, 188—191, 193, 194, 203, 206, 460, 472, 525
命运的恩惠 goods of fortune, 375, 387
命运女神 Fortune, 36, 38—41, 47,

115—117, 319, 349; 作为主宰力量的～, 76—79
命运女神 [L] *Fortuna*, 168
命运之轮 wheel of fortune, 38—40, 47, 78—80, 116, 174, 302, 349—350, 366, 370, 454, 509, 533, 544
摩尔 More, Thomas, 339
摩门教徒 Mormons, 535
摩西 Moses, 168, 170—171, 175, 180, 190, 207, 213, 388—389, 398—399
摩西的 Mosaic: ～国家, 396, 398; ～律法, 346; ～神权统治, 397
末世 eschaton, 34, 44, 45, 80, 84
末世论 eschatology, 32—34, 43—46, 48, 104, 106, 217, 294, 541
末世论的 eschatological, 337, 343, 374, 293, 400, 378—379; 另见"当下"
莫伊勒 Moyle, Walter, 426
穆莱 Murray, William Vans, 526
内韦尔 Neville, Henry, 406, 417—421, 476; 《仿柏拉图》, 406, 417, 420—421, 476, 481
内战 civil war, 对个人的影响, 366, 369
那不勒斯 Naples, 104, 209
纳米尔 Namier, Sir Lewis, 408
南海公司 South Sea: ～危机, 426, 468, 474, 478, 490; ～董事, 468
能力 capacity: 公民的～, 37, 68, 74, 90, 129, 133, 232, 494—495, 502, 511—512, 517; 人的～, 339, 375; 天生的～, 375
尼德汉姆 Nedham, Marchamont, 379—384, 389, 394—395, 401, 508; 《为英格兰共和国辩护》, 382—383; 《政治快讯》, 382—383;《自由国家的优点》, 384
年金 pensions, 406—408, 450
宁录 Nimrod, 380, 389
农业的(农耕的) agrarian: ～民主, 535, 541; ～法, 210, 211n, 468—469, 485, 534; ～立法者, 388; ～人, 538; ～财产, 436; ～共和国, 534, 543; ～社会, 534, 538; ～领土, 391—399; ～乌托邦, 470; ～美德, 533; ～战士, 536
农业制度 agrarianism, 532
奴隶 servitude, 390
奴隶(制) slave, slavery, 229
奴役 [I] *servitù*, 229
努马 Numa Pompilius, 192, 207, 303
女性(象征符号) woman (symbolic), 465, 475
诺曼人 Norman(s), 13, 386, 433; ～篡权, 389
诺曼人的征服 Conquest, the Norman, 359
诺亚 Noah, 107
欧洲 Europe, ix, 74, 386, 392, 430, 510, 546
欧洲历史 European history, 427, 467
偶然的 contingent: ～原因, 485; ～事件, 3, 156; ～时间, 30; ～世界, 423
偶然的环境 accidental circumstance, 533

偶然性（事件） contingency (ies), 5, 8, 9, 25, 157, 165, 166, 167, 169, 190, 268, 270
帕多阿 Padua, 63, 273, 276
帕克 Parker, Henry, 368—369, 371, 374, 380
帕鲁塔 Paruta, Paolo, 327
排斥法案 Exclusion, Bill of, 406
排斥派 Exclusionists, 404
派系 clique(s), 266, 315
派系（党争） faction (s), 143, 209, 321, 326, 362—364, 408, 439, 441, 447, 483—484, 507, 522, 525, 535
派系 ［I］ *fazione,* 309
潘多尔菲尼 Pandolfini, Pier Filippo, 293n—294n
潘恩 Paine, Thomas, 515, 575
庞培 Pompey, 201
庞培尼乌斯 Pomponius Atticus, 276
培根 Bacon, Francis, 9, 357, 386; 《文集》，357;《亨利七世》，352, 357, 388
佩蒂 Petty, Sir William, 425n
佩蒂特 Petyt, William, 417—418, 421
佩尔托尼 Markku Peltonen, 564
朋党 ［I］ *intelligenza,* 135, 253, 260, 408
批准 ［I］ *approvazione,* 255, 287, 480
皮科 Pico della Mirandola, 98
皮科克 Peacock, Thomas Love, 539
皮姆 Pym, John, 358—359
皮特（小） Pitt, William, the younger, 547
脾性 ［I］ *umori,* 241n, 245, 251, 298—299, 307; 参见“性情”
平等 equality, 72, 148, 208—210, 227, 254, 258, 279, 281, 284—285, 362, 374, 387, 396, 429, 468—470, 472—474, 481, 485—486, 491—492, 516—517, 534, 537; 另见“平等规则”
平等 ［I］ *equalità,* 227, 228, 251, 256, 292n, 468
平等规则 ［G］ *isonomia,* 89, 473, 516, 537
平等的人 equals, 387
平衡 balance, 古典的～, 404, 482, 486;《对十九条提议的答复》论～，361—365, 413; 《卡托通信》论～，474; 孔塔里尼论～, 325—326; 达文南特论～，441; 笛福论～，432—434; 英国宪法中的～, 441, 450, 458; 联邦主义理论中的～, 525—526; 弗莱彻论～, 428—429; 1494年佛罗伦萨政制中的～, 103; ～和命运, 371;《谦卑的请愿和建议》论～，384; 休谟论～，494; 亨顿论～，366—367; 土地和贸易的～, 391; 麦迪逊论～，522—523; 尼德汉姆论～，382; 哈灵顿派论～, 420; 波利比阿式的～, 77, 349; 权力～, 454, 482, 488; 财产～, 417; 共和国的～, 548; 社会～, 497
平衡的 balanced: ～宪法, 189, 197,

385, 414, 434, 459, 469, 479—481; ～权力分配, 311; ～共和国, 349; 参见“政府”
平均派 Levellers, the, 376—377, 381—383, 389, 433
平民 commonalty, 354—355; 有地～和议会中的～, 419
平民［I］*popolo,* 101, 105, 118, 119, 143—144, 147, 148, 226, 233, 234, 248, 258, 261, 265—266, 283—284, 301, 309—310, 536;
平民［I］*popolari,* 307, 311—313
破产 bankruptcy, 496
仆臣（身份） vassal, vassalage, 386—387, 390, 411, 418, 428—429, 432—433, 468, 470, 483, 493—494, 546
仆人 servant (s), 203, 376, 390, 499
蒲伯 Pope, Alexander, 457, 478
普遍（性） universal(s), 4—5, 8, 11, 14, 18, 20, 22, 28, 29, 33, 39, 44, 56, 58, 61—66, 68, 71, 75, 76, 116, 156, 275, 493; ～概念, 219; ～形式, 79; ～利益, 3, 67, 68, 74, 115; ～君主制, 437; ～原则, 305, 375; 价值～, 3, 333
普遍化 generalization (s), 20—23, 25
普遍性 universality, 106
普遍意志 general will, 254
普遍意志［F］*volonté générale,* 517
普莱恩 Prynne, William, 347, 371, 396, 399
普赖斯 Price, Richard, 547, 575
普世教会 universal church, 342
普特南辩论 Putney Debates, 375—376, 381, 390
七年法案 Septennial Act, 473—474, 478, 482—483
七年战争 Seven Years War, the, 509
奇思怪想 caprices, 489
骑士 knight (s), 89; ～的劳役, 386
企业家 entrepreneur(s), 390, 456, 461, 495
启蒙运动 Enlightenment, the, 85, 476—477
启示（录） apocalypse （apocalyptic, apocalypticism）, 34, 333, 403, 433, 493, 541; 美国的～, 511—513, 532, 540—542; 布莱特曼的～, 346; 科拉·迪·雷恩佐的～, 51; 但丁的～, 50—52; 英格兰的～, 337, 342—345, 360, 396, 512; 佛罗伦萨的～, 113; 福克斯的～, 346; 哈灵顿的～, 385, 399, 401, 476; 历史～, 104; 霍布斯的～, 397, 401, 476; 中世纪异端的～, 45—47; ～模式, 104; 时刻～, 108, 110—112, 344, 375; 清教激进派的～, 373—375, 378—379; 卢梭的～, 504; 萨伏那罗拉的～, 104—110, 136, 215, 319, 344; ～辉格主义, 403, 512
契约 contract, the: 洛克的～, 545
千禧年 millennium, 46, 80, 84, 375, 378, 399—400, 420, 477, 511—513, 532, 542, 551; 共和派的～, 403

千禧年的期待 millennial hopes (expectation), 336, 403, 433; 美国的～, 511
千禧年主义 chiliasm, 337, 346; 千禧年主义者, 403; 前千禧年的～, 346
千禧年主义 millennialism, 34, 45, 46, 106, 542
《谦卑的请愿和建议》 *Humble Petition and Advice,* the, 384, 409, 481
前千禧年主义者和后千禧年主义者 pre- and post-millennialist, 344
钱伯斯 Chambers, William N., 524
强掳萨宾妇女 Rape of the Sabines, 306
乔治二世 George II, 486
乔治三世 George III, 507, 528, 531
乔治一世 George I, 446
勤勉［I］*industria,* 147, 244
清教 Puritanism, 338, 463, 476, 494; 激进的～, 423
清教徒（的） Puritan (s), ix, 337, 345, 403; ～的教义, 336; 英格兰～, 401; ～个人, 336; ～遗产, 476—477; ～千禧年意识, 385; 337, 348; ～牧师, 336; 激进的～, 401; ～圣徒, 346; ～紧张, 549; ～思想, 512
穷人 poor, the, 381
穷人［I］*poveri,* 300, 302
全体公民［G］*politeunm,* 78, 169
全体人民［I］*universale,* 143—146, 207, 224, 27 5
权臣（大臣） minister(s), 406—408, 412, 419, 479, 485, 507, 519
权贵 magnates, 356—357, 386
权力 power: 绝对～, 353; 《对十九条提议的答复》论～, 353; 亚里士多德论～, 71—72; 布鲁尼论～, 90; ～腐败, 409, 516; 廷臣生活中的～, 350; 达文南特论～, 438, 444—445; 事实上的～, 378; 联邦党人的～理论, 521; 佛罗伦萨的～, 101; 哈灵顿论～, 386—387, 390—391; 人文主义传统中的～, 329; 亨顿论～, 366, 371; 司法～, 314—315, 363; ～的正当性, 223; 混合政体中的～, 307; ～和金钱, 435, 490; ～的道德观, 548; 国家～, 425, 530; 尼德汉姆论～, 382—383; 代议制中的～, 518; 共和国的～结构, 299—300; 塔西佗主义论～, 352—353; 终极～, 494; 作为“德行”（*virtù*）的～, 307, 327, 479; ～和美德, 488; 参见“平衡”、“分配”、“行政权”、“职能”、“政府”、“分立”
权力分立 separation of powers, 128, 288, 304, 364, 407—408, 420, 480—481, 488, 514, 526
权利 right(s), 335, 355, 359
权威 authority, 53, 55, 106, 209, 299, 302, 316, 346, 360, 375, 380, 401, 423, 457, 525; 绝对～, 352—353, 397, 474; 阿拉曼尼论～, 154; 自下而上的～, 29, 334—335, 362; 习俗的～, 24, 404; 事实上的～, 383;

自上而下的～，29, 334—335, 352, 354—355, 357, 359, 361—362; ～的分配，66, 70, 283, 388; 福特斯库论～，19; 休谟论 ～，393—395, 508—509; 国王的～，28—30, 334—335, 348, 354—355, 358—359; 国王和议会的～，361, 363, 368; 正当的～，366—370, 377; 利维坦的～，397, 475; the 行政长官的～，127; 道德～，350; 天然的～，485; 贵族的～，414; 先知的～，379; 公共～，126, 200, 227, 253, 291, 326, 356, 407, 411, 464, 469, 537; 代表的～，517; 统治阶层的～，473; 世俗的～，343, 345, 396; 精神～，398; 普遍的～，50, 437; 不成文的～，13
热那亚 Genoa, 299n, 318, 391, 412
人 man: 作为公民的～，462; ～的古典形象，402; 自然～，446
人文主义 humanism, 51, 87; 宪政～，527; 英格兰的～，338—340; 英格兰法律～，341; 佛罗伦萨的～，63; 马基雅维里的～，347; 哲学的和政治的～，61; 政治～，340; 文艺复兴时期的～，453, 545; 共和派的～，402, 529; 参见“公民”
人文主义者（的） humanist(s), 54, 58, 59, 62, 67, 75, 87, 338—339; 基督教～，76; 公民～，vii, 66, 75, 402; 共和派～，348; 经验～，500; 佛罗伦萨的～，56, 63; 意大利的～，74; ～知识，93; ～哲学，63; ～政治理论，349; ～政治思想，316; 文艺复兴时期的～，437; ～共和国，84; ～学术，51; ～序列，505; ～思想，59; ～传统，329
人的堕落 Fall of man, 41, 47, 78, 80, 297
人格 personality, 公民的～，viii, 316, 391, 457, 463, 477, 524, 527, 551; ～和行动，65, 218; ～的让渡，504—505; ～和贵族，395; ～和武装，386; ～受习惯和继承的约束，85, 109, 154, 444; 对～的阴谋，508; ～和腐败，211, 387, 477, 486, 493, 502—503; ～和习俗，24; ～和狂热，96—97; 佛罗伦萨人的～，142, 240; ～和历史，ix, 505, 551; ～和文化史，408, 500—501; ～和市场，391; 孟德斯鸠对柏拉图～观的看法，491—492; 特殊人的～，232; 礼仪和～，467; 进步和～，501; 财产和～，456, 464, 466, 507; 清教徒的～，374; ～的改造，110; 统治者的～，223, 477; 社会～，68, 375, 436, 477; ～和社会，462, 493, 502; ～的专业化，501—502, 551; ～和德行（*virtù*），212; 和美德，486, 500; 和德性（*virtus*），37
人格或美德的基础 foundations of personality or virtue, 386, 389, 391, 423, 446, 450, 461, 463, 477,485, 501, 534
人类的进步和能力 human progress and capacity, 502

人民（平民） people: 武装的～，198, 203, 211, 244, 246, 383, 389, 391—393, 410 （参见“武装”）; ～大会, 23; 政治体中的～，334; 《卡托通信》论～，472; ～和习俗, 15, 18, 23; 达文南特论～，439; 笛福论～，432—433; 分化的～，516; 英格兰革命思想中的～，372—374; 联邦主义理论中的～，517—518, 520—525; 詹诺蒂论～，308, 310; 上帝的～，384; 圭恰迪尼论～，130—131, 244, 254; 哈灵顿论～，390, 394, 398, 415—416, 429; 休谟论～，494; 杰斐逊论～，533; 有地产的～，302, 388; 洛克论～，368; 马基雅维里论～，189, 196—198, 203, 383; 孟德斯鸠论～，489—490; ～的性质, 18; 尼德汉姆论～，382—383; 内韦尔论～，419; 帕克论～，369; 有财产的～，469; ～代表, 407—408, 517, 519; 共和国的～，389; ～的安全, 373; 自由～的暴政, 216, 544; 温特伍德论～，359—360

人民［L］*populus:* 369, 408

人民的福祉［L］*sains populi,* 369—372, 380

“人民的同意” *Agreement of the People,* the, 375

人权 Rights of Man, 548

认识 epistemology, 128, 486; 对投资的～，440; 对金钱的～，451; 对世俗现象的～，402

荣誉 glory, 133—135, 145, 176, 230, 277, 279, 529

荣誉 honor, 123, 133, 134, 137, 141, 145, 153, 219, 249—250, 259, 286, 289—290, 452, 455, 465; false, 471, 474—475 （参见“荣誉”［*onore*］）

荣誉［I］*onore,* 123n, 127n, 228, 232, 243, 249—253, 258, 26on, 286—287, 298—299, 311—313, 323; 参见“荣誉”（honor）

萨贝利科 Sabellico, Marcantonio, 274—276

萨尔皮 Sarpi, Paolo, 327—328; 《特伦托公会议史》，328

萨伏那罗拉 Savonarola, Girolamo: ～把共和国与启示录结合在一起, 104—105, 108—109, 111, 214—215, 294—295, 317—318, 327, 398; ～的失败, 114—116; 詹诺蒂论～，303; 圭恰迪尼论～，123—125, 220, 221, 227, 270; 马基雅维里论～，113, 170—171; ～和新柏拉图主义者, 99; ～作为布道者, 103—104; ～论“原型”（*prima forma*）和神恩, 107, 110—111, 112—13, 136—137, 175, 208, 373; ～在1494年的作用, 105, 113; ～论第二天性, 109—110, 135, 185, 344; ～论威尼斯, 105, 111—112, 121, 295

萨伏那罗拉政制 the Savonarolan constitution, 148, 227;

撒克逊人 Saxons, 13, 386

撒克逊人的自由 Saxon liberty, 433

萨卢塔蒂 Salutati, Coluccio, 52, 56, 57, 59, 62, 65, 186
萨卢斯特 Sallust, 559
萨默塞特 Somerset, Duke of, 347
萨切维雷尔 Sacheverell, Henry, 454
塞格尔 Seigel, Jerrold, 58, 59
塞克斯比 Sexby, 381
扫罗 Saul, 380, 397
沙夫茨伯里 Shaftesbury, Earl of, 406—407, 409, 413—415, 417, 419—420, 479, 514
莎士比亚 Shakespeare, William, 102, 133, 217, 349, 365; 《亨利五世》, 133;《科利奥兰纳斯》, 349; 《奥德赛》, 365
山上的城邦 city on a hill, 512
善（利益、福祉） good, 69; ～的腐化, 71; ～的专制, 71 （具有价值含义的）全体的～, 94; 共同～, 68, 74—76, 91, 107, 200, 203, 226, 238, 249—250, 294, 299, 358, 387, 464, 473, 483, 486, 487, 519, 520, 522, 523; 普遍～, 68, 136, 472; 有限的～, 200; 特殊～, 32, 67, 68, 71, 74, 75, 80, 201, 431, 472, 495, 501; 政治～, 202, 425; 私人～, 445, 472, 501, 526; 公共～, 88, 128, 132—136, 202—204, 209, 213, 228—229, 249, 259, 285, 293, 323—334, 329, 367n, 431, 440, 445—446, 464, 471—472, 485, 495, 501, 526; 对～的追求, 67, 71, 72, 235; 共和国的～, 491; 社会～, 202; 普遍～, 67; 整体的～, 71
商品 commodity(ies), 390—391, 431, 444, 45658, 464; 作为～的土地, 434; 可交易的～, 441
商人 merchant(s), 91, 391—392, 436, 439, 447—448, 456, 460, 491, 495, 525
商人 trader, the, 445—446, 460
商业 commerce, ix, 425, 427, 431—434, 437, 439, 441, 444, 453, 457—458, 462, 466, 470, 487, 490—495, 497—504, 522, 525, 527, 533—535, 538—539, 541—542, 543, 546, 549—552
商业的 commercial: ～礼仪, 435; ～社会, 436
上、下议院 houses, upper and lower, 354, 418
上帝 God: ～在历史中行动, 6, 31, 34, 36, 39, 84, 172; 诉诸 ～（亨顿）, 367; ～和征服者, 380; ～的英格兰人, 337, 345, 346, 348, 386; ～和皇帝, 53, 56; ～和佛罗伦萨, 103—105, 110, 263, 293; ～的恩宠, 41—42; ～道成肉身, 45; 杰斐逊论～, 532, 541; ～和国王的权威, 30, 335, 351, 353; 对～的认识, 41, 208; ～的律法, 375; ～和利维坦, 397—399; ～和摩西, 170—172, 175; 现身, 45, 396; ～的预言, 34, 43—44, 61n, 190, 370; ～和激进行动, 373—374; ～的救世, 34; ～和共和国, 213—215, 323—324, 368, 385;

共和国是～的王国, 385, 396, 398, 400n; ～和乌托邦, 403
上议院 House of Lords, 363—364, 377, 389n, 404, 406, 413, 414, 416, 419, 514
少数 few: ～作为亚里士多德的范畴, 69, 70, 73; 布鲁尼论～, 89; 柏克论～, 519—520; 英格兰宪法理论中的～, 354, 514; 詹诺蒂论～, 286—289, 297—299, 310—312, 315; 圭恰迪尼论～, 130, 132—134, 139—141, 144—145, 203, 221, 227—228, 230—234, 237—238, 240, 249, 252—253, 255—256, 261, 263, 485; 哈灵顿论～, 387, 394, 414; 马基雅维里论～, 211; 麦迪逊论～, 520; 孟德斯鸠论 ～, 490; 显贵 [I]（*ottimati*）和～, 101—102, 148; 作为～的代表, 517, 519; 共和主义理论中的～, 85, 284, 349, 480, 515
奢侈 luxury, 135—137, 247, 430—431, 433, 443—445, 492—493, 530, 532
社会 society, vii, ix, 12, 34, 326, 336, 386, 430, 459—460, 462—465; 亚里士多德的～分析, 71, 72—73; ～变化, 461; 基督教～, 43; 公民～, 34; 商业～, 497; ～腐败, 427; ～的创设, 113; 习俗与～, 12; 封建～, 336; ～和历史, ix, 462—463; ～和个人, 167; 投资～, 440; ～和立法者, 168—169; 重商主义～, 391, 412; 混合的完美～, 195; 货币和～, 435; 道德～, 157; 自然～, 545; ～和新君主, 175; 政治～, vii, 9, 330, 497, 527; 后美德的～, 537; 前商业～, 526; ～和救赎, 34—35; 投机～, 457; 另见“投资”、“世俗”、“贸易”、“传统”
社会的 social, ～动物, 68, 501; ～变化, 404; ～契约, 368; ～等级制, 524; ～时间, 462
社会主义思想和传统 socialist thought and tradition, 550—551
社团 associations, 64, 67, 69, 524; 自然～, 520
社团 [I] *universitas,* 156
身体（肉体）body: 自然～, 275; ～与灵魂, 296, 300
绅士 gentleman (men), 336—351, 395, 436; 乡村～, 447, 478, 508
神恩（恩典） grace, 43, 50, 106, 136, 270, 396, 511—512, 5 3 2, 541—542; ～和亚里士多德的理性, 67, 74; ～在英格兰政治思想中的衰落, 403; 国王得到的～, 28, 363; ～的王国和共和国, 80, 85, 99, 108, 110—111; ～和马基雅维里所说的摩西, 170, 190; 马基雅维里对～和共和国的区分, 213—215, 217—218, 400; ～和清教徒的天职, 374; ～和形式的恢复, 7, 42, 107, 110, 136—137, 208; ～和赎罪, 41, 42—43, 366; ～和世俗时间, vii, 48, 111, 113, 320, 349, 401; ～和稳定性, 180; ～和威尼斯, 325; ～和美德, 91, 112—113, 114, 466

神恩［I］*grazia,* 108, 135, 135n, 136, 170, 172, 208, 263, 264, 293n
神法 law of God, 375
神法［L］*jure divino*, 382, 476
神权统治 theocracy, 111, 397—399
神圣的 sacred, 190; ～历史, 32, 34, 342, 343, 345; ～时间, 337
神圣的统治 Godly Rule, 403
神授魔力 *charisma,* 37, 178, 179, 206
神意 providence, 3, 28—30, 43, 44, 47, 48, 85, 110, 114, 191, 270, 317, 368—369, 371, 378—379, 541
神意（人格化的）Providence (personified), 39, 40, 91
审慎 prudence:《对十九条提议的答复》论～, 362; 阿奎那论～, 24—25; ～和权威, 30; ～和良知, 368; 信用是～女儿, 454; ～和决策, 56; ～和经验, 25, 47—48, 234; ～和信仰, 49; 福特斯库论～, 19, 24, 62, 115; 詹诺蒂论～, 286, 311; 圭恰迪尼论～, 130, 134, 140—141, 145—146, 220, 227, 232, 237—238, 241, 243, 248, 252—253, 255, 258, 266, 269—270, 366; 哈灵顿论～, 399n; ～和詹姆士一世时期的王权, 353—354, 356; ～和中世纪思想中的王权, 26, 28; 马基雅维里论～, 178, 198, 232, 543; ～和显贵［I］（*ottimati*）, 101, 263; ～和神意, 371; ～和法规, 25,
审慎［I］*prudenza*, 232, 247n, 256, 263, 267n, 289, 311, 319n
生产 production, 492, 499, 501
生活［L］*vivere,* 118, 243, 247n, ～形式～, 280n; ～方式, 118, 224, 225n, 299, 316n; 基督徒的～, 293; 自由的（*libero*）～, 194, 264; 自由的和平民的～, 142; 政治～, 198n, 206; 在平民中～, 293; 平民～, 143—145, 199, 228
生意人［L］*homo mercator,* 550
圣彼得 Peter, St., 190
圣多明我 Dominic, St., 215
圣方济各 Francis, St., 215
圣灵 the Holy Spirit, 346, 375
圣马可派教友 San Marco, brethren of, 316
圣徒 saint(s), the, 34, 45, 46, 215, 336—338, 345, 348, 375, 378, 380, 389, 399, 463, 511, 513; 英格兰～, 374; 清教～, 346, 374; 激进的～, 343, 374; ～的统治, 344,
圣约 covenant(s), 31, 45, 175, 347, 368—370, 457, 512, 544—545
盛名［I］*chiarezza,* 279, 282, 323
诗学 poetry, 5, 8, 33, 61
施特劳斯 Strauss, Leo, 563
十四世纪［I］*trecento,* 54, 55
十五世纪［I］*quattrocento,* 86, 89, 100, 102, 495
时代 times, 266, 352
时间 time: 偶然～, 199; ～在美洲, 541—543; ～和天使, 22; 启示录中的～, 43—45, 104, 337, 343, 374, 396—

397; ～和亚里士多德, 21, 61, 75; ～和奥古斯丁, 41; ～和伯克利, 511; ～和波爱修斯, 40; 《卡托通信》论～, 472; 习俗、神恩和～, 208, 349; ～和但丁, 50; ～和达文南特, 443; ～维度, 3—5; “义务之争”中的～, 379; ～和命运, 38, 80, 178, 184, 370, 486; ～和詹诺蒂, 276—277, 314, 318—320; 上帝与～, 7, 8, 31, 34—35, 40; ～和格莱韦尔, 352, 354; ～和圭恰迪尼, 124, 221, 227, 237—238, 267—268; 哈灵顿和霍布斯论～, 395, 399—400, 433; ～和人文主义, 51, 61, 339; 超出记忆的～, 376; ～和继承权, 463; ～和马基雅维里, 156, 161, 165—166, 177—178, 180, 184, 188—190, 193, 268; ～的组织, 27, 114, 183, 504; ～政治学, 274; ～和审慎, 24—25, 30; ～和皮姆, 358; 共和主义理论中的～, viii, 3, 48, 53, 55, 60, 75—78, 83—85, 106, 112, 116, 185, 215, 217, 328—329, 500—501, 527, 541, 549, 551; 河流的比喻, 363; ～和萨伏那罗拉, 107, 111; ～和苏格兰学派, 503; ～和第二天性, 208; 世俗～, vii, 8, 527, 551; 社会～, 462

时间［I］*tempo,* 266, 267n

时间过程 time-process, 205—206

时间化 temporization, 268

时间顺序 time-sequence, 416

时刻 moment: 启示的～, 105, 322, 344, 375, 396, 476; 矛盾的～, 545; 腐败的～, 492; 死亡的～, 35; 失去正当性的～, 380; 亨顿的～, 371; 弥赛亚～, 111; 自然～, 401; 帕克的～, 371; 个人存在的～, 504; 后萨伏那罗拉～, 385; 共和主义～, 395—396; 卢梭～, 533, 540—541, 545; 萨沃纳罗拉～, 375; 刀剑的～, 380; 超越时间的～, 375; 参见“马基雅维里时刻”

时尚 fashion (s), 430

食利者 rentier(s), 427, 450, 456, 460—461, 499

史密斯 Smith, Henry Nash, 535, 539, 542, 550; 《处女地》, 539

史密斯 Smith, Thomas, 339

世俗的 secular: ～共同体, 396; ～文化, 338; events, 33; ～未来, 46; ～不朽, 178; ～特殊性, 9; ～现象, 114; ～君主, 342; ～过程, 385; ～社会, 456; ～世界, 337; 参见“权威”、“历史”、“现世”、“稳定性”

世俗化 secularization, 190, 338, 542

世袭的 hereditary: ～贵族, 73, 404, 524; ～君主制, 163, 184, 191; ～君主, 161—162; ～君主国, 176; ～统治者, 198

市场 market, the, 448, 460; 商品～, 390, 441; ～经济, 541; ～利润, 300

事件［I］*azione,* 301

事实（上）的 *de facto:* 有关～争论, 380, 389; ～政府、统治、权威, 377—378, 383; ～服从, 382

嗜好 fancy, 454; ～和同意, 435, 450, 456
嗜好 appetite, 222, 235, 486, 496, 522
嗜好［I］*appetito*, 222; 普遍的（*universale*）～, 225, 259n, 290n, 293n
赎罪 redemption, 8, 31, 33—35, 39, 41—43, 45, 50, 85, 194, 463
赎罪［L］*redemptio*, 7
数量和质量标准 quantitative and qualitative criteria, 70, 301, 302
双重统治权 double majesty, 335, 338, 348
税 tax (es), 征～, 410, 430; 直接～, 412; 土地～, 426, 442
司法 judiciary, 517, 521
司法（权） jurisdiction (s), 28, 335, 340, 344, 480
私有化 privatization, 460—461
斯巴达 Sparta, 74, 76, 112, 126, 135, 188, 197, 198, 206, 382, 391, 443, 474, 496, 500, 504
斯巴达的克莱奥梅尼 Cleomenes of Sparta, 206
斯巴达人 Spartans, 190, 495; 古代～, 548; ～作为公民战士, 493; 理想的～, 74
斯宾塞 Edmund Spenser, 96
斯多葛 Stoics, 79, 541
斯福尔扎 Sforza, Francesco, 150, 158n
斯金纳 Skinner, Quentin, 371, 380
斯密 Smith, Adam, 458, 498, 502; 《国富论》, 547
斯皮尔曼 Spelman, Sir Henry, 421
斯塔基 Starkey, Thomas, 339
斯特罗齐 Strozzi, Nanni, 87, 143
斯图亚特王室 Stuarts, the, 406
斯托尔兹 Stourzh, Gerald, 529
斯威夫特 Swift, Jonathan, 426, 434, 446—448, 452, 454, 459, 476, 478, 481, 491, 531, 《评论家》, 452, 454; 《英格兰人的教会情感》, 476; 《论贵族与平民》, 481
苏格兰 Scotland, 下议院 commons of, 382; ～高地, 447, 470, 501; ～社会, 431
苏格兰的 Scottish, ～历史, 345; ～学派school, 497—499, 502—504; ～社会科学, 501; ～理论家, 428—429, 505; ～思想, 504
苏格兰人 Scots, the, 396, 427—429
苏拉 Sulla, 186, 207
诉求 appeal: ～天意, 367—368, 371, 374; ～神意, 378—389
宿命 fate, 42, 77
宿命［G］*tyche*, 31, 36, 77
素质［I］*qualita*, 296, 301
梭伦 Solon, 168, 187, 189, 388
索代里尼，保罗 Soderini, Paolo, 220—221, 225, 226, 229, 231—235, 240—242, 248—251, 253, 265
索代里尼，保兰多尼奥 Soderini, Paolantonio, 295
索代里尼，皮耶罗 Soderini, Piero, 96,

121, 123, 124, 180, 203, 265
塔尔昆 Tarquin(s), 195, 310
塔克 Tuck, Richard, 562
塔西佗式的君主 Tacitean prince, 351
塔西佗主义 Tacitism, 351, 422
太监 eunuch, the, 475
泰勒 John Taylor, of Caroline, 526, 532
泰瑞尔 Tyrrell, William, 421; 《父权制不是君主制》, 421
特拉佩赞提奥 Trapezuntios, Giorgios, 100, 102n
特兰夏 Trenchard, John, 426—427, 432—437, 442, 467—468, 470, 473—474, 476, 507; 《卡托通信》, 427, 467—477, 481, 515, 528; 《独立辉格党人》, 427, 467
特里方奈 Trifone Gabriello, 276—277, 279, 289
特洛伊人 Trojan(s), 50
特纳 Turner, Frederick Jackson, 544
特权 privilege, 358, 361
特殊（性；因素；人物） particular(s), 亚里士多德和～, 22; 公民和～, 68, 75—76; 竞争性社会中的～, 489; ～和腐败, 78; ～和习俗, 23—24, 85; ～事件, 3, 5, 7, 30, 301; ～事件和欲望, 95; ～经验和神恩作为控制～的手段, 48, 267; 幻觉（*fantasia*）和～, 96; 命运和～, 39, 66, 95; 詹诺蒂和～, 275, 317; 人文主义论～, 60, 62—66; ～和不稳定, 79; 受时间限制的～知识, 5; ～和自由, 126; 医学和～, 65; 使～可以理解的模式, 4, 48, 114—115, 117, 157; 对～的参与, 64; ～的哲学和修辞学, 58—59; 柏拉图论～, 20—22; 财产和～, 375; 共和国和～, 97—98, 102, 116, 156, 213; ～和美德的学问, 116; ～和普遍, 8, 33, 68, 71, 75, 493
特殊的 particular: ～个人, 520; ～例子, 223; ～目的, 524; ～事件, 3—5, 30, 57, 78, 116, 237, 302, 401; ～利益, 255—256, 484; ～法律, 19; ～领袖, 312; ～人, 126, 229, 232, 252, 408; ～问题, 329; ～价值, 75, 76, 464; ～意志, 453, ～世界, 219; 参见“利益”
特殊的 [I] *particulare*(*i*)或 *particolare*(*i*), 123n, 127n, 133, 142, 209, 224, 226, 241n, 268n, 275, 290n, 310, 355
特殊举措 [I] *particolarità,* 282
特殊性 particularity (ies), 9, 53, 54, 115, 127, 303, 328, 349, 374, 402, 405, 444
提修斯 Theseus, 168, 175, 180
天使 angel(s), 21, 22, 324, 327
天下 [G] *oikumene,* 492
天意（天道） heaven, 368; 诉诸～, 371
廷臣 courtiers, 103, 140, 153—155, 210, 350—352, 355, 407, 419, 427, 473—475
投机 speculation, 391, 440, 458, 491, 546

投机的 speculative: ～社会, 457, 474, 491; ～经济, 486
投机者 speculators, 439, 451, 460, 491
投资 investment, 425, 440, 457, 530
投资者 investor, 425
图弗森 Tuveson, Ernest, 403, 477, 511—512, 532, 541, 550
图拉真 Trajan, 560
土地 land(s), 335, 376, 387—388, 390—391, 411—412, 416, 426, 428—429, 431, 435—436, 438—439, 441—443, 446—452, 458—459, 462, 470, 485, 493, 498—499, 508, 531, 534—535, 539—541, 549
土地利益 landed interest, 488
土地保有权 tenure, 335, 390, 419; 依附性的～, 386; 封建～, 386, 411, 429, 481; 另见“永业地产”
推定和沿袭 presumption and prescription, 15—17, 340, 404; 参见“柏克”、“哈勒”
托克维尔 Tocqueville, Alexis de, 537—538, 541, 543
托兰 Toland, John, 403, 426, 432, 435, 437, 442, 448, 476, 483;《民兵改革》, 432
托勒密 Ptolemy of Lucca, 109
托利党 Tory, Tories, 420—421, 426, 442, 446—449, 452, 477—478, 483, 529
托斯卡纳 Tuscany, 55, 210, 216; ～大公国, 154
瓦德 Ward, John William, 536—537
瓦拉 Valla, Lorenzo, 60, 61
瓦雷西 Varese, Claudio, 91
顽固不化 [I] *stabilita,* 94
万民法 [L] *jus gentium,* 380, 383; 最高裁判权 [L] *gladii,* 368
王道盛世时期 Augustan(s), the, 483; ～的不列颠, 466; ～的论战, 426, 446, 448, 457, 546; ～的英格兰, 531; ～的知识分子, 461, 477; ～的新古典主义, 548; ～的新马基雅维里主义, 450; ～的困境, 510; ～的政治经济学, 445; ～的政治思想, 426; ～的社会意识, 460; ～的紧张, 549
王权 crown, the, 348, 406, 411—413, 416, 419—420, 459, 473, 479, 488—489, 548; ～的权威, 404
威廉（诺曼的） William the Norman, 380
威廉三世 William III, 424, 427, 434, 446, 478
威廉一世（诺曼征服者） William I (Norman Conqueror), 380, 434
威尼斯 Venice, 55, 64, 116, 327, 366, 474; 宪政, 101, 148; 孔塔里尼论～, 320—327; 达文南特和～, 442; ～和1494年以后的佛罗伦萨政治, 117—120; 福特斯库论～, 14, 16, 334; 詹诺蒂论～, 272—286, 289, 292, 295, 304, 310—311, 313, 314, 317, 319, 328; 圭恰迪尼论～, 234, 241, 256—258, 260—263, 265, 271; 哈灵顿论

～, 285, 391—394, 442, 535; 莱夫克努论～, 321, 324—325; 马基雅维里论～, 189, 197—198, 210, 292, 438; ～神话（*mito di Venezia*）, 100—102, 112—113, 255, 262, 271, 284—285, 317, 319—320, 324—325, 327—328, 333, 393; 尼德汉姆和～, 382; 奥里切拉伊花园中的～, 124, 154, 186, 295; ～和显贵（*ottimati*）, 101, 103, 119—120; ～和萨尔皮, 327—328; ～和萨伏那罗拉, 104—106, 112; site of, 275

威尼斯（人）的 Venetian: ～贵族制, 322, 393; ～无记名投票, 288; ～大议会, 100, 103, 117—119; known as Grande, 277—285, 324; ～总督, 100, 101, 256, 258, 261, 263, 277, 281, 283; ～总督制, 112, 121, 280; ～选举程序, 261, 278, 284—286, 304, 319, 393; ～范例, 218; ～历史, 277, 279—281, 283, 319—320, 322, 327; ～形象, 271; ～法律, 14—16; ～1170年的法律, 279—280; ～1297年的法律, 278—279, 281—283; ～使美德成为机制, 262, 284—285, 288, 295, 322, 393; ～模范, 108, 185, 317; 242, 265, 254, 272, 295; ～范式, 260, 333; Quarantie, 314; ～制度, 259, 285; 另参见"执行委员会"（*Collegio*）、"富绅"［*gentiluomini*］、"元老院"

韦伯斯特 Webster, Noah, 526, 533—535, 538

韦尔克斯 Wilkes, John, 507

韦斯顿 Western, Squire, 447

韦斯顿 Weston, Corinne C., 361, 404

维护［I］*conservare,* 226

维吉尔 Virgil, 39, 61

维柯 Vico, Giambattista, 65, 498

维克利夫 Wyclif, 344

维斯孔蒂 Visconti, Giangaleazzo, 55, 57, 150

维托里，保罗 Vettori, Paolo, 147—149, 151, 154, 160, 176

维托里，弗朗西斯科 Vettori, Francesco, 62

维托里，皮耶罗 Vettori, Piero, 293n

维韦尔 Wyvill, Christopher, 547

伟大［I］*grandezza,* 311—312

伟大的无政府主义者 Great Anarch（蒲伯的）, 457

委任 ordination, 397

未来 future, 202, 425, 440, 497, 504, 540; 神圣的～, 337

温特沃兹 Wentworth, Thomas, 351, 359

文化（教养） culture, 64, 430—431, 447, 492, 498—500, 504, 542

文明 civilization, 500—501

文艺复兴 Renaissance, 126; ～的政治科学, 116; 作为概念的～, 54

文艺复兴时期的柏拉图主义 Renaissance Platonism, 63, 65

稳定（性） stability: 信用社会的～,

459, 525; 习俗与神恩, 180; ～和英格兰的君主制, 377; 英格兰塔西佗主义中的～，352; 佛罗伦萨的～，186; ～作为摆脱时间的现象, 188; ～和詹诺蒂的理论, 302, 317, 327; 哈灵顿论～，391, 393; 马基雅维里论～，197—199, 218; 美第奇家族的～，142; ～和混合制政府, 371, 414; ～和国债, 425; ～和城邦, 76, 85, 157, 183, 263; ～和自然君主（*principe naturale*）, 161, 176; ～和共和国, 77, 92, 94, 116, 183, 328; 世俗的～，viii, 84; ～和威尼斯, 99, 100, 102, 111, 112, 189, 262, 271, 277, 279, 289, 292, 306; ～和美德 , 80, 112, 194, 402, 426, 551; ～和公民生活（*vivere civile*）, 67

沃波尔 Walpole, Sir Robert, 424, 427, 477, 478, 484, 488, 493, 507, 528, 531, 548; ～政府, 474, 478; ～派作家, 427, 483, 529

沃尔泽 Walzer, Michael, 46, 336—339, 346;《圣徒的革命》, 336—338; ～的分析, 374

沃伦 Wren, Matthew, 567

乌尔比诺 Urbino, 64, 139, 149, 150, 153, 350

乌尔曼 Ullman, Walter, 29, 334

乌托邦 utopia, 403, 470, 477, 493, 511—512, 540—543, 551

巫术 magic, 98, 99, 471

无产阶级 proletariat, 502, 550

勇猛无耻 audacity, 198, 232, 238, 269, 543

无记名投票 ballot(s), 261, 284, 285, 288, 390, 393

无人格 impersonality, 政府的～，227, 255, 284—285

无始无终的世界 [L] *aeternitas mundi,* 217

无政府 anarchy, 77, 367, 417

无主土地 free land, 539

伍德 Wood, Gordon S., 509, 513, 516, 517, 520, 521, 523, 526—527, 534

战士（武士） warrior(s), 192, 201, 209, 210, 412, 430—431, 459, 493, 495, 499—500, 536, 539; 边疆～，535—537; 希腊、罗马和哥特人的～，511; 荷马的～，501（参见“公民”）

武装 arms: 佛罗伦萨理论中的～，viii, 211, 218, 333; 布鲁尼论～，89; 詹诺蒂论～，290—292, 312; 圭恰迪尼论～和佛罗伦萨, 137, 248, 254—255; ～和德行（*virtù*）, 231, 243, 246, 269—271; 马基雅维里论～和君主, 162, 177; ～和先知, 171; 《战争的技艺》, 200;《论李维》, 204, 213, 238, 243, 269—271; 民兵训导词（1528年—1530年）中的～，292—294; 英格兰思想中的～和军队激进主义, 372, 380; 培根和雷利论～，356—357; 弗莱彻论～，430—432; 哥特人的～理论, 450—451; 哈灵顿论～，385—386, 300, 392—393, 416; 尼德汉姆

论～，382; 内韦尔论～，419; 美国思想中的～，513, 535
武装的平民［I］*popolo armato*, 385, 389
物权［L］*proprieta(s),* 314, 335
西方思想 Western thought, viii, 12, 36, 42, 401, 527, 550—551
西塞罗 Cicero, 25, 56, 61, 135n, 371
希尔 Hill, Christopher, 336, 567
希腊人 Greek(s), 73, 116, 501, 511
希腊知识人 Hellenic, intellect, 6
悉德尼 Sidney, Algernon, 418, 421—422, 507,《论政府》, 421—422
习俗 custom: 军队激进主义的～，373; 博丹论～，30; ～和作为公民的个人, 56, 59, 129—130, 212; 英格兰思想中的～，334—335, 341, 345, 348—350, 353, 357, 359, 361, 366, 424, 458, 495; 福特斯库论英格兰法律中的～，12—14, 17; 福特斯库法律理论中的～，11, 13, 15—16, 18—19, 23—28; 哈勒论～，404—405; 哈灵顿论～，385, 389; ～与时间的可理解性, vii, 47, 85, 333, 349, 400—402; ～和伊莱顿, 376; ～和马基雅维里的革新观, 169, 175, 177, 179, 430; ～和马基雅维里的君主, 154, 158, 163—165, 216; ～和马基雅维里的宗教观, 191—193; ～和马基雅维里的改革者, 206; 风尚意义上的～，465, 533, 547; ～和第二天性, 85, 109, 144, 180, 184, 208（另参见“习惯”）
习俗［I］*costumi,* 247; 参见“优良的习俗”
习惯 use, usage (s), 3, 12, 14, 16, 17, 23, 47, 85, 109, 110, 111, 123, 129, 144, 153—154, 158—159, 161, 175—176, 178, 180, 208, 212, 241, 251, 283, 317, 333, 3fl, 347, 385, 389, 405, 465, 498
习惯［I］*usanze,* 283n
习惯法 customary law, 10, 17, 159, 341;
习俗的 customary: ～共同体, 191; ～结构, 93, 163, 208
下议院 Commons, 19, 386, 388, 389n, 413, 417—421, 432, 433, 435, 514; 古代的～，404, 418, 421
下议院 House of Commons, 340, 348, 361, 363, 377, 406, 411, 418, 427, 433—434, 442, 478—479, 514; ～的古老, 417, 421
先知 prophet(s), 32, 109, 113, 170—171, 173, 180, 190, 192, 207, 343, 380, 399, 535; 武装的～，170—171, 193, 206, 375; 没有武装的～，171
先知的 prophetic: ～权威, 379; ～历史, 43, 44; ～传统, 403; ～话, 397
先知预言 prophecy(ies), 32, 33, 36, 43, 45, 48, 50, 61, 80, 105, 113—115, 270, 378, 476, 541, 542
闲暇 leisure, 390—391, 395, 414, 431, 450, 485, 514—515
显贵［I］*ottimati,* 佛罗伦萨的: 作为公民贵族的～，119, 121, 243, 263; ～和1494年政制, 103, 119, 304; ～的困境, 122, 127; ～和卡博尼的倒台（1528年），295; ～和皮耶罗的倒台（1494年），105, 119, 220; 詹诺蒂和～，284, 286, 288, 304; 圭恰迪尼和～，127, 133, 134, 137, 141, 144, 145—147, 151, 219—221, 228, 232—234, 236, 240—243, 248, 251—252, 263, 265—266; 马基雅维里属于～，155, 156—157; ～和美第奇家族的统治, 120, 141, 144, 147, 151, 154, 160, 221, 236—237, 242—243, 248, 265—266; ～和威尼斯神话, 101—102, 108

现代 modern, 433; ～的精明, 388, 429; ～国家, 338

现代化 modernization, 338

现代性 modernity, 330, 422, 436, 467, 477, 506, 509, 529, 546

现代主义 modernism, 435

现实 reality, 451, 463, 490

现世［L］*saeculum,* 8, 32, 35, 39, 42, 45, 337—338, 343

宪法（政制）constitution *(costituzioni),* 70, 78, 169, 282, 410, 439, 459, 474, 480, 488, 521, 533, 541; 历史上的～，384; 混合制～，415, 416; 传统的～，377, 414; 参见“美洲（美国）”、“古代”、“平稳的”、“不列颠的”、“佛罗伦萨的”

宪法的 constitutional: ～人文主义, 527; ～修辞和理论, 527

乡村派 Country, 351, 407—409, 411, 421, 426—427, 437, 442, 446—447, 467, 474, 483, 486—488, 509, 525, 529, 547—548; ～意识形态, 407, 409, 427, 467, 478, 486, 508; ～成员, 408—409; ～政治, 486, 510; ～纲领, 407, 478, 482; ～理论, 522; ～传统, 519

乡绅 gentry, 336, 340, 348, 408, 410; 有地产的～，439, 485; 议会里的～，340

相互依赖 interdependence, 313

相信启示录的辉格主义 Apocalyptic Whiggism, 403, 512

想象 imagination, 454, 456—457, 459—460, 464, 487, 496, 498

向西部前进 westward: ～过程, 511—512, 539, 540; ～运动, 551

消费品 consumer goods, 435

协商（议决）deliberation: 圭恰迪尼论～，255, 287, 480; 詹诺蒂论～，287—289, 304, 315

协商（议决）［I］*deliberazione,* 260, 480

辛辛那提骑士团 Cincinnati, Order of the, 527—528

新奥尔良战役 New Orleans, battle of, 536, 538

新柏拉图主义者（的） neo-Platonic, 99; ～哲学, 98, 102; ～思想, 106

新哈灵顿主义思想，新哈灵顿派 neo-Harringtonian thought, neo-

Harringtonians, 406, 415—416, 419, 421—423, 428, 431—432, 443, 447, 458—459, 468, 474—475, 493, 507, 510, 516, 546—547

新教（徒）的 Protestant (s), 348, 462; ～伦理, 464

新马基雅维里主义 neo-Machiavellism: 英格兰的～, 424

新马基雅维里主义的 neo-Machiavellian: ～政治经济学, 423; ～思想, 427, 437, 529, 543

新世界 New World, the, 546

信任 confidence, 440—441, 451, 455, 457, 460, 464, 490, 496; 公众的～, 426, 439

信神的君主 godly princes, 342, 345

信徒会众［G］*ecclesia (ekklesia),* 397, 463

信心［F］*confiance,* 490, 496

信仰 faith, 7, 40—44, 47—49, 114, 115, 270, 294, 318, 333, 445, 550

信用 credit, ix, 425—426, 437, 439—441, 444, 446—451, 458—461, 464—467, 485, 487, 490, 496—497, 507—508, 531, 571, 575, 581; ～经济, 464; ～财政, 525; 纸币～, 507; ～结构, 442; 喻为人物的～, 426, 439, 452—457

信用［F］*crédit*, 490, 496

行动 action: 加尔文主义的～, 336; 公民理想的～, 1, 56, 58, 59, 63—66, 229, 386, 394, 445, 521, 550—552; 保守的和激进的～, 337, 375; 深思与～, 38, 68, 276; 混合团体（*corpus misticum*）与～, 334; 詹诺蒂论～, 319—320; 圭恰迪尼对～的态度, 220, 225, 267; 与马基雅维里的～的比较, 269; 历史～, 430, 486; 知识与～, 99, 157; 马基雅维里论～, 166—167, 178, 218, 269, 318; 英格兰思想中的～模式, 338, 341, 344, 348, 371; 作为～结构的共和国, 202; 投机社会中的～, 440—441

行动主义 activism, 334, 336, 551

行政 executive, 128, 408—409, 412—413, 419—420, 427, 434, 450, 469, 474, 478—479, 483, 487, 493—494, 508—509, 514, 517, 521, 525, 528—529; ～权, 488, 489; ～权、司法权、立法权, 480, 521

行政长官 magistrate (s), magistracy, 87, 126—129, 137, 256, 283, 313—315, 340, 382, 411, 469, 537

形式 form: 作为自然的目的, 5; 边疆与～, 539—540; 詹诺蒂和～, 275—276, 296; 神恩和美德赋予质料和命运以～, 76, 80, 161, 178, 183—185; 圭恰迪尼没有提到～, 136, 140, 219, 230; 缺少～的历史, 42; 立法与～, 254—255; 因人的堕落而失去～, 8; 马基雅维里和～, 157; 马基雅维里的立法者为～找到时机, 168—170, 174, 181; 马基雅维里腐败理论中的～, 207—208; 美国思想中的人民缺少～，517；作为～的城邦和全体公民，78；作为～的共和国，85，328，414；激进的启示录的～，373—374；萨伏那罗拉论～，107，110，111，136
形式［L］*forma*，108，123n，168n，207—208，274—275，309n
性情 humors，355（参见"脾性"［*umori*］）
休谟 Hume, David，27，423，427，472，493—498，504，508—509
修辞（修辞学；言辞；措辞）rhetoric，10，11，58，59，63，66，365，453，507，521；美国的～，539；平衡与稳定的～，522，523；不列颠的政治～，446—447；古典的～，484；腐败的～，497；末世论的～，400；命运的～，266；共和国和帝国的～，510；美德的～，478
修辞学家［L］*homo rhetor*，550
修昔底德 Thucydides，94
选举 election，政治～，128，129，130，134，135，234，254，256，260—262，284，304，313—315，350，382，407，519；教士～，397；议会～，377
选举的和世袭的继任方式 succession, hereditary or elective，222
选举权 franchise：议会～，376—377；传统～，404
选民 elect, the，347，398
选民（宗教意义上的）election (religious)，112，337，344—345，396—397，549
选择 choice，430—432
循环 cycle(s)，6，77—79，116，195，297，380；政体～，189，20 5；历史的～，511；美德的～，542
循环的 cyclical：～衰落，263；～历史，540，543；～模式，388—389；～再生，31，78，79；～图式，243；～理论，217；～观点，477
雅典 Athens，69，74，88，189，382，500，504；现代～，见"爱丁堡"
雅典的 Athenian，～哲学，102；～传统，64—66
雅典人 Athenians，168
亚当斯 Adams, John Quincy，536，538
亚当斯 Adams, John，128，317，395，512，526，531，546；《捍卫合众国宪法》，526—531；《论教会法和封建法》，512
亚该亚的斐洛波门 Philopoemon the Achaean，176
亚里士多德 Aristotle：公民传统中的～，66；～论公民，298；～论厨子和吃菜的人，22；孔塔里尼和～，324；～论服从，395；～论经验，22，129；～论形式，21；詹诺蒂和～，273，295，312—313，327；圭恰迪尼和～，268；～论史学和诗学，5；人文主义者和～，60；～论闲暇，390；～论多数，153；～论混合政体，355；～论音乐，491—492；～论自然法，12；～论家政（oikos），450；～论人民，516，519，521；～和哲学王，98，111，167；

《政治学》，21, 66, 89, 288, 317, 538; ～论人的政治天性, vii, 527, 550; ～的政治理论, 68—72, 100; ～论财产, 436; ～论奴隶制, 126; ～论时间, 6, 76; ～论普遍性, 20; ～论习惯, 16, 498; ～的用语, 303
亚里士多德的（主义的；式的）Aristotelian: ～范畴, 450; ～基督教, 7, 21, 96; ～公民, 339, 431; ～标准, 69—70, 100; ～伦理学, 435, 461, 472; ～语言, 73, 106, 127; ～具有伟大灵魂的人, 463; ～形而上学, 21; ～哲学, 10, 14, 84, 90, 111, 255; ～政治, 102, 109, 116, 243, 472, 478; ～政治科学, 283, 317, 318, 320, 327, 364; ～共和主义, 329; ～复兴, 56; ～技术, 394; ～目的论, 374, 405; ～理论, 200, 212, 302, 329, 364; ～理论家, 500; ～思想, 328, 462; ～传统, 126, 273, 329
亚里士多德主义 Aristotelianism, 中世纪的～，20
亚历山大六世（教皇） Alexander VI, Pope: 见“教皇”
亚洲 Asia, 542, 544
演绎 deduction, 17
羊毛业行会［I］*arte della lana,* 199—200
阳刚之气［I］*virilità,* 231
耶利米 Jeremiah, 136
野蛮人 barbarians, 217, 277
野心 ambition, 132—135, 138, 141, 145—147, 153, 231—232, 259, 263, 312, 323, 533
野心［I］*ambizione(i),* 151n, 228, 243, 252—253, 259, 260n
叶忒罗 Jethro, 399
一般原因（詹诺蒂）*cagione* (Giannotti), 279, 281, 282n, 301, 304
《一个有品质的人致乡村友人书》*Letter from a Person of Quality to his Friend in the Country,* 406, 415
一人 one, the, 70, 72, 102, 118, 121, 221—222, 227, 240, 242, 263, 286—287, 297—299, 312, 387, 394, 514
一人、少数和多数人 one, few, and many, 70, 75, 79, 99—101, 103, 117, 118, 121, 125, 189, 262—263, 277, 286, 296, 307, 309, 323—327, 357, 389, 404, 479, 495, 517, 522n
一人掌舵［L］*gubernaculum,* 25—29, 50, 159, 335
伊莱顿 Ireton, Henry, 375—377, 385, 389—390, 433
医生 doctor, physician (fig.), 109, 137, 140, 150, 239, 251, 296
医学 medicine, 65, 123, 140, 141
依附 dependence, 75, 126, 127, 147, 157, 162, 172—174, 186, 210, 211, 228, 231, 299, 313, 357
依附［I］*dependenza(ia),* 230, 261, 276n, 314
依附者 dependent, 234, 309, 502, 541
以色列 Israel, 44, 104, 168, 172, 391,

399; ～人, 171; 新～, 343
义务之争 the controversy over Engagement, (1649), 377, 379
议会 parliament(s), 13, 19, 329, 339—340, 353, 356, 361, 369, 371, 373, 389, 407—410, 412—414, 419—420, 427, 432—434, 439, 455, 459, 469, 474, 478—479, 488, 510, 519; 定期～, 416, 473, 478, 482; ～的起源, 347, 406; ～权力, 348; 护国公时期的～, 384; 残余～, 377, 381—382, 413; 短期～, 407, 519 (参见“君主制”、“主权”)
议会的 parliamentary: ～绅士, 340—341; ～拨款, 412
异化 alienation, ix, 72, 336, 343, 346, 360, 374, 458, 466, 502—503; 人格的～, 504—505
意大利 Italy, 86, 116, 117, 142, 157, 163, 180, 181, 188n, 215, 216, 245, 277
意大利的 Italian: 历史, 107; 人文主义者, 74; 思想, 59
意见 opinion, 439—441, 451—452, 456—457, 459—461, 464; ～的专制, 538; 多数～, 537
意识 consciousness: 美国的～, 506; 雅典人的时间～, 76; 欧洲的时间～, vii; 虚假～, 458, 461, 464, 474—475, 486, 488, 491, 496, 517; 人文主义～, 59, 87; 个人～, 338; ～模式, 334, 337, 348, 385; 民族～, 337; 语文学～, 61; 共和主义～, 349; 世俗～, viii, 337
意识形态 ideology, 105, 156, 338, 340—341, 348, 381, 432, 460—461, 466, 478, 486—88, 507, 550
音乐 music, 柏拉图的运用, 493
银行 bank(s), 412, 478; 英格兰～, 425, 433, 442, 449, 451, 455; 美国～, 528, 530, 535
英格兰 England, viii, 11, 13, 14, 44, 218, 329, 333—352, 355, 357, 361—362, 366—367, 372, 376—378, 380—381, 384—386, 388—389, 391—392, 395, 401, 405, 409, 413 , 415—417, 423—424, 433, 441—443, 447, 466, 468, 472—473, 477, 493, 500, 531, 546; ～的古代自由, 337; 王道盛世时期的～, 531; ～变成不列颠, 423; ～教会, 347; ～的公民人文主义, viii, 386, 499, 508; 作为共和国的～, 351, 519; ～的陆地战争, 424—425, 450; ～的民主观念, 383; ～帝国 (1530), 341—342; ～混合政体, 361—367; ～的现代性, 477; 作为共和国城邦的～, 330, 334, 350, 357, 380—382, 385, 392, 401, 414, 468; ～作为贸易的民族, 424, 442 (另见“不列颠”)
英格兰的 English: ～崇古思想, 341, 386; ～启示录apocalypse, 44, 337, 342—347 (参见“得到拣选的民族”); ～大西洋, 546; ～内战, 335, 357,

361, 381, 410; ～普通法, 9—19, 340—341; ～下议院, 419; ～保守主义, 377; ～宪法, 528; ～宪法理论, 408—420; ～王权, 412; ～自然神论, 476—477; ～有地自由民, 385, 413; ～政府, 361—364, 416, 480; ～历史, 302, 385—386, 395, 404, 427, 432, 467, 481, 493, 502, 515; ～人文主义, 338—341, 347; ～个人, 370; ～马基雅维里主义, 360, 370, 380, 383, 385, 424; ～民兵, 410, 414; ～道德意识, 85; ～反对派思想, 506; ～议会君主制, 364, 405, 473, 518; ～过去, 417; ～政治, 406, 426, 519; ～政治秩序, 360; ～政治辞语, 365; ～政治思想, 361, 385, 395, 401, 423—424; ～共和传统, 218, 395, 408, 476; ～王政复辟, 405—406, 410—411; ～革命, 85, 336; 1648—1649: 377; 1688: 421, 422, 451, 479; ～圣徒, 337, 346, 375; ～学者, 385—386; ～理论家, 509; ～思想, viii, 375, 403, 525; ～军队, 424, 427; ～自由民, 357
《英格兰法礼赞》 *De Laudibus Legum Anglie,* 9—11, 16, 29
英格兰人 Englishman, Englishmen, 330, 335, 338, 340—341, 348, 356, 364, 366, 372, 428, 438—439, 453, 474; 作为公民的～, 334, 336, 350, 385, 450
英国内战 English Civil War, 366—371, 401, 415; 第一次～, 368; ～时期的思想, 366, 370; ～时期的作家, 367
庸人［I］*volgare,* 54, 62, 86
永恒的当下［L］*nunc-stans,* 7, 29, 30, 39—41, 44, 45, 343, 396
永恒性 eternity, 343
永恒秩序 eternal order, 49, 50, 53, 54, 56, 401
永业地产的帝国 fee-simple empire, 534, 539, 541, 542
优点的储备 stock of merit, 440—441, 454;
优良的榜样［I］*buoni esempli,* 178n;
优良的军队 *buona milizia,* 196, 197, 245, 305, 307n
优良的教养［I］*buona educazione,* 195, 196, 212, 245, 432
优良的军队［I］*buone arme,* 178n, 432; 优良的立法*leggi,* 178n, 245, 432
优良的司法 *buona giustizia*, 125
优良的习俗 *costumi,* 204—205, 208
优良的秩序 *ordini,* 195, 196, 204, 245
优良的政体［I］*buon governo,* 305, 307n
优秀品质［G］*arete,* 37
尤利乌斯二世 Julius II, Pope, 138
犹大 Judas, 50, 53
犹太人 Jews, the, 391
有产者 proprietor(s), 341, 389, 411, 429, 447, 458; 武装的～, 411, 420
有地产的人 landed man, 445
有地自由民 freeholder(s), 391, 408,

413—414, 432—433, 450, 468; 武装的～, 410; 英格兰的～, 434
有信的人［L］*homo credens,* 550
有信仰的人［L］*homo religiosus,* 462
语文学 philology, 60, 63 ；参见“人文主义”
语言 language: 阿拉曼尼的～, 153; 《对十九条提议的答复》中的～, 362—364; 末日启示的～, 104—106; 亚里士多德的～, 73; 军队宣言中的～, 372—374; 伯里克利的～, 511; 波爱修斯的～, 38; 博林布鲁克的～, 479—480; 不列颠和美国的～分离, 547; 《卡托通信》的～, 471—472; 1660年之后～的变化, 402—405; 1688年之后的～, 423, 425; 公民～, 83—84; 英格兰采用的古典～, 354, 372, 401; ～和对话, 64; 孔塔里尼的～, 325; 达文南特论～, 441; 笛福的～, 433—434; 笛福受惠于马基雅维里的～, 454, 460; 佛罗伦萨的政治～, 102; 圭恰迪尼的～, 125, 135, 140; 哈灵顿的～, 394; ～和历史, 61; 休谟的～, 496; 杰斐逊的～, 532; 平均派的～, 381; 马基雅维里的～, 169, 170, 207; 马基雅维里论～, 163, 217n; ～和巫术, 98; 古典～在美国的存在, 506—507, 514, 516, 519, 544—545, 548; 先知预言的～, 33, 45; 皮姆的～, 358; 修辞学～, 59; 萨伏那罗拉的～, 108, 112, 135; 沙夫茨伯里的～, 415; 关于美德和腐败的～, viii
欲望（感情）passion(s), 324, 439, 441, 451—453, 457, 459—462, 464—467, 471—474, 482—483, 487—491, 493—500, 509, 522—523, 539
元老（院） senate (s), 382; 为佛罗伦萨设计的～, 122, 241, 256—262, 287—289, 311, 314—315; 《大洋国》中的～, 393—394; 罗马～, 19, 195, 245—246, 308, 310, 381n, 388, 485; 威尼斯～, 100, 119
元老院议员 senator, 405
元历史 metahistory, 美国的～, 543—544, 550
原型［L］*prima forma,* 107—109, 111, 136, 165, 175, 180, 184, 185, 193, 208, 328 , 373
原则（成因）［I］*principio (i)*, 124, 205, 215, 301, 459
原则（原理） principle (s), 10, 16, 21—24, 38, 50, 60, 98, 101, 184—186, 204, 214—215, 276, 279, 282—283, 375, 407, 434, 437, 459—460, 467, 471, 474, 482—484, 487, 491, 494, 497—508, 508, 519, 524—525, 530, 534
原则的恢复［I］*ridurre ai principii (ridurgli verso e' principii)*, 205n, 358—359, 407, 414, 432, 469, 508, 518, 519, 521, 547
约阿西姆派的唯灵论者 Joachite Spirituals, 346

约阿希姆 Joachim of Fiore, 45, 51
约翰王 King John 344
约翰逊博士 Johnson, Dr., 409
约书亚 Joshua, 207
增长 increase, 见“扩张”
债权人 creditors, 528
债权人［L］*homo credito,* 550
债务 debt, 391, 430, 438, 441, 444, 449—450, 468—469; 国债, 425, 442; 公债, 427, 439, 496
詹姆士二世 James II, 423—424
詹姆士一世 James I, 17, 29, 354
詹诺蒂 Giannotti, Donato, vii, 86, 271, 272—320, 322—323, 326—329, 334, 349, 366, 388, 392—393, 419, 481; 著作:《威尼斯共和国论》, 273—286, 289;《佛罗伦萨共和国论》, 273, 277, 292, 294, 319;《詹诺蒂论公民军的轶文》*Discorso sconosciuto ... alla milizia*, 290—293;《致卡博尼书》, 286—289, 304, 305n, 313—315
占卜术 augury, 202, 214
占星术 astrology, 95, 221
战争 war (s): 克劳塞维茨的～理论, 536; 乡村派思想中的～, 458, 460, 466, 478, 487; 达文南特论～, 437—438, 440—445; 笛福文中的～, 434, 453—454; 弗格森论～, 499—500; 圭恰迪尼论～, 239; 汉密尔顿论～, 531; 杰克逊的～神话, 536; 正义和～, 552; 陆地～和海上～, 442—443; 马基雅维里论～, 199, 201, 213, 218, 269, 392, 487; 斯威夫特论～, 447—448; ～和辉格党政府的财政, 425—427, 450, 488, 525, 529; of 1812, 535; 独立～, 516; 九年～, 437; 宗教～, 340; 革命和拿破仑～, 547; 西班牙王位继承～, 437; 参见“英格兰内战”
战争的技艺 art of war, 438
《战争的技艺》 见“马基雅维里”
哲学 philosophy, 9, 41, 42, 44, 45, 58—60, 66, 99, 220, 230, 250; 亚里士多德的～, 10, 14; 公民～, 115; 习俗～, 405; 演绎的～, 10; 政治～, 22, 28, 29, 320; 历史～, 5; 人文主义～, 63; 中世纪～, 4; 柏拉图主义～, 20; 政治～, 9, 36; 后亚里士多德～, 6
哲学（人格化的）Philosophy (personified), 38—40
哲学家 philosopher(s), 15, 74, 98, 354, 461;
哲学王 philosopher-king, 20—22, 64, 98, 174
征服 conquest, 355, 380, 433, 442, 490, 496, 509—510
征服权［L］*jus conquestus,* 368, 380, 383, 389
征服者 conqueror, 380
正当 legitimation, 142, 177, 371, 373—374, 377
正当性 legitimacy, 158, 159, 160, 162, 164, 165, 166, 169, 176, 178, 179,

194, 223, 344, 367, 379, 404, 413, 416, 460, 522
正义（公正） justice, 75, 78, 85, 108, 110, 250, 335, 356, 499, 514, 530, 552; 自然～，17; 正义（司法）[I] *giustizia,* 213
政（治团）体 body politic, 203, 204, 275, 334, 340, 369, 443
政党 party (ies), 483—484, 489, 524—525
政府（政体、统治） government: 贵族制的～，253; 王道盛世时期的～理论, 458—460, 472, 479, 487, 489; 平衡的～，viii, 355, 377, 408, 433, 512; ～变化, 129, 131, 221; ～和共同利益, 327; 腐败的～，409, 469, 507; 事实上的和合法的（*de facto* and *de jure*）～, 377—378; 专制～，71; 精英～，249; 英格兰～，340—341, 354—355; ～作用的扩张, 425; 联邦主义的～观, 521, 523—525, 526—531, 534; 弗格森论～，503; ～的四种权力, 283—284, 304—307, 309, 311, 315—316 （参见“职能”）; 一般～和特殊～，141, 223; 好～和坏～，72, 221—223, 229; 哈灵顿论～，387, 390, 407, 449; ～的历史发展, 429, 434—439, 466—467; 休谟论～，494—495, 497; 理想～，197, 234, 241, 251, 279, 296, 325; 杰斐逊论～，533, 541; ～和立法, 339; 马基雅维里的～分类, 158; 操纵性～，127, 229, 235; 中世纪的～，27; 混合～（见“混合”）; 现代～，329—330, 509; 现代美国的～，543, 548; 寡头制～，227; 平民～，122, 127, 146, 211, 239, 243—245, 248, 250, 253, 262, 274, 289, 295, 307; ～问题, 323; 皮姆和温特沃兹论～，358—360; ～改革, 346; 代议制和共和制～，517—519; ～中的权力分立, 480—482, 517; 三个等级的～，404; ～三种形式, 225, 241, 296, 308, 362; 专制～，230; 威尼斯～，119; 沃波尔～，474
政府结构 [I] *amministrazione,* 274, 299, 309n
政体循环 [G] *anakuklsis politein,* 77, 116, 333, 370, 379, 387, 401, 493, 511, 513（参见“循环”、“循环的”）
政体原理 [F] *les principes de sa constitution*, 488
政制 [I] *governo,* 118, 306; 优良的[I]～，305, 307n; 公民～，108n, 109; *di drento,* 125; 开放型～，117—119, 185, 202, 213, 239n, 395; 混合～（参见“混合政体”）; ～和领导, 108, 111; 封闭型～，118, 120, 122, 148, 233, 244, 253, 395
政治（学） politics, 63, 67, 72, 77, 80, 98, 99, 163, 370, 389—390, 401, 450, 459, 484, 486—487, 509, 516, 522, 537, 544, 552; 基督教的亚里士多德主义～，323; 古典～，521; 殖

民地的～, 574; 253—254, 263, 300, 307, 373, 465, 467, 486, 508, 515, 516; 英格兰的～, 357; 参见“混合政体”［G］
政治的 political: ～行动, 345; ～活动, 348; ～动物, 40, 58, 62, 74, 114, 184, 292, 299, 335; ～贵族, 101; ～算术, 425; associates, 98; ～能力, 357; ～共同体, 65, 102, 348; ～经济学, 423, 426, 450; ～历史, 36; ～人文主义, 61; ～知识, 220; 人, 250; ～过程, 533; ～社会, 277; ～理论, 220, 222, 503; 英格兰的～思想, 361, 401, 403; 佛罗伦萨的～思想, 316; 人文主义的～思想, 316; 西方～思想, 401
政治动物［G］*zoon politikon,* 98, 106, 335, 340, 386, 423 , 460, 462, 487, 492, 499, 501, 503, 517—518, 527, 546, 550 （另见“政治动物”）
政治人［L］*homo politicus,* 550
政治势力 influence, political, 406, 419, 473, 479—482, 494—495, 525, 528—529, 548
执行（詹诺蒂）［I］*esecuzione* (Giannotti), 287—288
执行委员会［I］*Collegio*: 詹诺蒂为佛罗伦萨设计的～, 311—313, 315; 威尼斯的～, 277—283, 287, 311
执政官 consul (s), consulate, 195, 239, 308
执政团（主人、主权者）［I］*signore,* 305, 307, 309, 311, 313—316; 天然的～, 141, 150
职能 functions, 政治～, 364, 478, 516; 英格兰理论中的～, 479—481; 公民的普遍～, 68; “大议会”（*Consiglio Grande*）的～, 122, 129, 254—255; ～的分配, 106, 117, I20, 253, 299—300, 478; 选举～和行政～, 128; 对外事务的～, 256, 289; 联邦主义理论中的～, 521; 哈灵顿论少数的～, 394—395, 414; 少数和多数的～, 89, 203, 253; 上议院的～, 415; 领导的～, 119; 圭恰迪尼论多数的～, 255; 一人、少数和多数的～, 100, 326; 决策过程中的～, 70—71, 115; 社会专业化的～, 502; ～和主权, 237, 313, 316（参见“权力”）
纸币 paper, 507, 546（参见“黄金”、“战争”）
制约和平衡 checks and balances, 521, 522
治安队［I］*polizia*, 393
治国术 statecraft, 28, 353—355
治权［L］*imperium,* 510
质料 matter, 41, 42, 76, 78, 85, 107, 136, 140, 161, 168—169, 170, 174, 181, 184, 193, 205n, 207, 219, 275, 276, 539, 540
质料 material, 183, 303
质料［L］*materia,* 108, 123n, 137, 140, 168n, 175, 207—208, 210, 217n, 388, 414, 517

秩序 order, 349; 自然～，485
秩序［I］*ordini,* 188, 247, 254, 258, 390, 458, 534
秩序恢复者［I］*ordinatore*, 369
秩序框架 frame of order, 340
智慧 intelligence: 天使的～, 21; “没有武装的城邦”中的～，240; 公民的～，32; 神的～，39; ～和经验, 17; 堕落的～，7; ～和命运～，37; 立法者的～，283, 369; 多数的～，262, 284; 共和国运用～，91, 94; 非哲学的～，17; ～和特殊的人, 237; 政治～的完美, 327; 哲学王的～，20, 21; 城邦和～，300; 国家理由的～，356; 《记事录》中的～，267; 臣民和君主的～，334—335; 超人的 ～，123; 受时间限制的～，7, 30; 威尼斯人的～，322; ～和美德, 354
中间阶层［I］*mediocri,* 294, 298—300, 302, 307, 312, 388, 419
重复［I］*ricorso,* 79
诛杀暴君 tyrannicide, 53, 343
主权 sovereignty, 53, 127, 236—237, 254, 315, 328, 341, 352, 368, 397, 409, 481, 525; 公民～，398
主权者 sovereign, the/a, 311, 313, 351, 396—397, 474, 518; 议会～，481, 548; 作为～的人民, 521
主子与仆人 masters and servants, 291, 292n
专业化 specialization, 430, 458, 499—503, 530, 551—552; 职能的～，499; 劳动～，498
专制 despotism, 71, 75, 510, 538, 548; 意见的～，538; 美德的～，549
专制者 despot, 见“暴政”
转移［L］*translatio,* 513; 治权 ～，511, 540; 学问的～，511
庄严气派 magnificence, 248—249
庄园 manor, the, 448
资本 capital, 425, 451
资本主义 capitalism, ix, 454, 460—461
资产阶级 bourgeoisie, 434, 550
资产阶级的 bourgeois: ～意识形态, 432, 460—461, 550; ～理性主义, 338
资格法案 Qualification Act, 452n
自耕农 yeoman, yeomanry, 357, 418, 515, 535, 539—540, 542; ～的国家, 533
自然［L］*natura:* 141, 223—224, 229n, 250, 259n, 290n; 全体的～［I］*dello universale,* 228
自然（天性） nature, 16, 42, 49, 65—67, 77, 80, 97, 98, 110, 113, 126, 153, 184, 235, 276, 349, 352—356, 373—374, 389n, 407, 489, 525, 527, 537—539, 541—542, 546;一个城邦的～，250—251; 第一～，85, 290; 佛罗伦萨人的～，227—228, 243; 人类的～，295, 497—498, 527, 530, 532; 个人的～，423; ～法, 56, 67; 人的～，192—193, 201, 261, 302, 317, 473, 522,

534, 552; ～时刻, 401; ～秩序, 458; 民族的～, 131, 222, 226, 414; 原初～, 293; 恢复～的形式, 317; 第二～, 24—25, 85, 109—111, 123, 136, 141, 153, 161, 165, 175, 180, 184—185, 208, 228, 250—251, 290, 334, 341, 375, 444, 498; ～状态, 370, 380, 440
自然 [G] *physis,* 5—7, 77, 78
自然的 natural, 524; ～贵族, 523, 525; ～法, 435; ～人, 370, 527
自然的 [L] *naturale,* 222—223, 229n, 250, 267n; 天生本能 [I] *naturalita,* 229n
自然神论 deism, 463, 476—477, 541
自然神论者 Deist(s), 403, 485, 512
自我 self, 484; ～意识, 462; ～的破坏性, 488; ～利益, 464, 465, 467, 487
自由 freedom, 387, 395, 408, 414, 430—431, 434, 528, 552
自由 liberty 艾迪生论～, 456; 阿拉曼尼论～, 154; 卢吉·阿拉曼尼论～, 294;《对十九条提议的答复》论～, 362—363; 军队宣言论～, 372; 博林布鲁克论～, 484; 布鲁尼论～, 88, 202;《卡托通信》论～, 470, 474; 公民～和宗教～, 512; ～和腐败, 356, 408, 414; ～和教养, 431, 447, 492—493, 542; 达文南特论～, 437—438, 445; 笛福论～, 432—435; 英格兰的～, 340, 345, 359—360, 374, 410, 417; 联邦党人的～思想, 526, 530; 弗莱彻论～, 428—431; 詹诺蒂论～, 286—287, 288—289, 291, 299, 302, 316—317; 圭恰迪尼论～, 126, 142, 186, 202, 225, 229, 232, 236, 249—250, 252—254, 262—263, 264; 哈灵顿论～, 392—393, 418, 469; 休谟论～, 494—495, 508—509; 马基雅维里论～, 158, 164—165, 180, 184, 186—187, 194, 196—197, 202, 209, 216, 333; 米拉论～, 502; 孟德斯鸠论～, 489—490; 消极的～观, 232; 罗马人的～, 277; 沃波尔派论～, 483
自由贸易 free trade, 531
自由民 freemen, 387—388, 392, 395, 419, 429, 431
自由权 [L] *libertà,* 125, 220, 226—227, 228, 238, 249—253, 256, 281, 283, 287, 293, 298, 310—313, 316
自由社会学 sociology of liberty, 85, 211, 466, 467
自由卫士 [I] *guardia della libertà,* 196—197, 366, 472
自由主义 liberalism, 523, 531, 533, 552; 洛克的～, 549; 麦迪逊的～
自有地产 freehold, viii, 376, 386, 390, 408, 466, 476, 534
自治 self-government, 146
自主 autonomy, 211, 213, 329, 430, 435, 441, 463, 464, 466, 486, 551
自尊，自爱 [F] *amour-propre, amour de soi-meme,* 465—467, 489 （参见

“自我”）
宗教 religion, 191—193, 217n, 438; 基督～, 214—215; 公民～, 202; 理性～, 494; 罗马～, 202, 214
租金 rent(s), 430, 433, 450
祖国［I］*patria,* 203, 231, 247, 249, 278, 293n

人文与社会译丛

第一批书目

1.《政治自由主义》(增订版),[美]J. 罗尔斯著,万俊人译　48.00 元
2.《文化的解释》,[美]C. 格尔茨著,韩莉译　89.00 元
3.《技术与时间:1. 爱比米修斯的过失》,[法]B. 斯蒂格勒著,裴程译　62.00 元
4.《依附性积累与不发达》,[德]A. G. 弗兰克著,高铦等译　13.60 元
5.《身处欧美的波兰农民》,[美]F. 兹纳涅茨基、W. I. 托马斯著,张友云译　9.20 元
6.《现代性的后果》,[英]A. 吉登斯著,田禾译　45.00 元
7.《消费文化与后现代主义》,[美]M. 费瑟斯通著,刘精明译　14.20 元
8.《英国工人阶级的形成》(上、下册),[英]E. P. 汤普森著,钱乘旦等译　69.00 元
9.《知识人的社会角色》,[美]F. 兹纳涅茨基著,郏斌祥译　26.00 元

第二批书目

10.《文化生产:媒体与都市艺术》,[美]D. 克兰著,赵国新译　29.00 元
11.《现代社会中的法律》,[美]R. M. 昂格尔著,吴玉章等译　39.00 元
12.《后形而上学思想》,[德]J. 哈贝马斯著,曹卫东等译　35.00 元
13.《自由主义与正义的局限》,[美]M. 桑德尔著,万俊人等译　30.00 元

14.《临床医学的诞生》,[法]M. 福柯著,刘北成译　25.00 元
15.《农民的道义经济学》,[英]J. C. 斯科特著,程立显等译　42.00 元
16.《俄国思想家》,[英]I. 伯林著,彭淮栋译　35.00 元
17.《自我的根源:现代认同的形成》,[加]C. 泰勒著,韩震等译　88.00 元
18.《霍布斯的政治哲学》,[美]L. 施特劳斯著,申彤译　29.00 元
19.《现代性与大屠杀》,[英]Z. 鲍曼著,杨渝东等译　59.00 元

第三批书目

20.《新功能主义及其后》,[英]J. 亚历山大著,彭牧等译　15.80 元
21.《自由史论》,[英]J. 阿克顿著,胡传胜等译　58.00 元
22.《伯林谈话录》,[英]L. 贾汉贝格鲁等著,杨祯钦译　23.00 元
23.《阶级斗争》,[法]R. 阿隆著,周以光译　13.50 元
24.《正义诸领域:为多元主义与平等一辩》,[美]M. 沃尔泽著,褚松燕等译　24.80 元
25.《大萧条的孩子们》,[美]G. 埃尔德著,田禾等译　27.30 元
26.《黑格尔》,[加]C. 泰勒著,张国清等译　118.00 元
27.《反潮流》,[英]I. 伯林著,冯克利译　48.00 元
28.《统治阶级》,[意]G. 莫斯卡著,贾鹤鹏译　98.00 元
29.《现代性的哲学话语》,[德]J. 哈贝马斯著,曹卫东等译　78.00 元

第四批书目

30.《自由论》(修订版),[英]I. 伯林著,胡传胜译　69.00 元
31.《保守主义》,[德]K. 曼海姆著,李朝晖、牟建君译　16.00 元
32.《科学的反革命》(修订版),[英]F. 哈耶克著,冯克利译　58.00 元

33.《实践感》,[法]P. 布迪厄著,蒋梓骅译 52.00 元
34.《风险社会》,[德]U. 贝克著,何博闻译 17.70 元
35.《社会行动的结构》,[美]T. 帕森斯著,彭刚等译 80.00 元
36.《个体的社会》,[德]N. 埃利亚斯著,翟三江、陆兴华译 15.30 元
37.《传统的发明》,[英]E. 霍布斯鲍姆等著,顾杭、庞冠群译 21.20 元
38.《关于马基雅维里的思考》,[美]L. 施特劳斯著,申彤译 78.00 元
39.《追寻美德》,[美]A. 麦金太尔著,宋继杰译 35.00 元

第五批书目

40.《现实感》,[英]I. 伯林著,潘荣荣、林茂译 30.00 元
41.《启蒙的时代》,[英]I. 伯林编著,孙尚扬、杨深译 35.00 元
42.《元史学》,[美]H. 怀特著,陈新译 89.00 元
43.《意识形态与现代文化》,[英]J. B. 汤普森著,高铦等译 68.00 元
44.《美国大城市的死与生》,[加]J. 雅各布斯著,金衡山译 29.50 元
45.《社会理论和社会结构》,[美]R. K. 默顿著,唐少杰等译 128.00 元
46.《黑皮肤,白面具》,[法]F. 法农著,万冰译 14.00 元
47.《德国的历史观》,[美]G. 伊格尔斯著,彭刚、顾杭译 58.00 元
48.《全世界受苦的人》,[法]F. 法农著,万冰译 17.80 元
49.《知识分子的鸦片》,[法]R. 阿隆著,吕一民、顾杭译 45.00 元

第六批书目

50.《驯化君主》,[美]H. C. 曼斯菲尔德著,冯克利译 68.00 元
51.《黑格尔导读》,[法]A. 科耶夫著,姜志辉译 45.00 元
52.《象征交换与死亡》,[法]J. 波德里亚著,车槿山译 45.00 元
53.《自由及其背叛》,[英]I. 伯林著,赵国新译 48.00 元

54.《启蒙的三个批评者》,[英]I. 伯林著,马寅卯、郑想译 48.00 元
55.《运动中的力量》,[美]S. 塔罗著,吴庆宏译 23.50 元
56.《斗争的动力》,[美]D. 麦克亚当、S. 塔罗、C. 蒂利著,李义中等译 31.50 元
57.《善的脆弱性》,[美]M. 纳斯鲍姆著,徐向东、陆萌译 55.00 元
58.《弱者的武器》,[美]J. C. 斯科特著,郑广怀等译 42.00 元
59.《图绘》,[美]S. 弗里德曼著,陈丽译 49.00 元

第七批书目

60.《现代悲剧》,[英]R. 威廉斯著,丁尔苏译 45.00 元
61.《论革命》,[美]H. 阿伦特著,陈周旺译 59.00 元
62.《美国精神的封闭》,[美]A. 布卢姆著,战旭英译,冯克利校 68.00 元
63.《浪漫主义的根源》,[英]I. 伯林著,吕梁等译 28.00 元
64.《扭曲的人性之材》,[英]I. 伯林著,岳秀坤译 22.00 元
65.《民族主义思想与殖民地世界》,[美]P. 查特吉著,范慕尤、杨曦译 18.00 元
66.《现代性社会学》,[法]D. 马图切利著,姜志辉译 32.00 元
67.《社会政治理论的重构》,[英]R. 伯恩斯坦著,黄瑞祺译 25.00 元
68.《以色列与启示》,[美]E. 沃格林著,霍伟岸、叶颖译 48.00 元
69.《城邦的世界》,[美]E. 沃格林著,陈周旺译 85.00 元
70.《历史主义的兴起》,[德]F. 梅尼克著,陆月宏译 48.00 元

第八批书目

71.《环境与历史》,[英]W. 贝纳特、P. 科茨著,包茂红译 25.00 元
72.《人类与自然世界》,[英]K. 托马斯著,宋丽丽译 35.00 元

73.《卢梭问题》,[德]E. 卡西勒著,王春华译 15.00 元
74.《男性气概》,[美]H. C. 曼斯菲尔德著,刘玮译 28.00 元
75.《战争与和平的权利》,[美]R. 塔克著,罗炯等译 25.00 元
76.《谁统治美国》,[美]W. 多姆霍夫著,吕鹏、闻翔译 35.00 元
77.《健康与社会》,[法]M. 德吕勒著,王鲲译 35.00 元
78.《读柏拉图》,[德]T. A. 斯勒扎克著,程炜译 28.00 元
79.《苏联的心灵》,[英]I. 伯林著,潘永强、刘北成译 28.00 元
80.《个人印象》,[英]I. 伯林著,林振义、王洁译 35.00 元

第九批书目

81.《技术与时间:2. 迷失方向》,[法]B. 斯蒂格勒著,赵和平、印螺译 59.00 元
82.《抗争政治》,[英]C. 蒂利著,李义中译 28.00 元
83.《亚当·斯密的政治学》,[英]D. 温奇著,褚平译 21.00 元
84.《怀旧的未来》,[美]S. 博伊姆著,杨德友译 38.00 元
85.《妇女在经济发展中的角色》,[丹]E. 博斯拉普著,陈慧平译 30.00 元
86.《风景与认同》,[英]W. J. 达比著,张箭飞、赵红英译 68.00 元
87.《过去与未来之间》,[美]H. 阿伦特著,王寅丽、张立立译 58.00 元
88.《大西洋的跨越》,[美]D. T. 罗杰斯著,吴万伟译 108.00 元
89.《资本主义的新精神》,[法]L. 博尔坦斯基、E. 希亚佩洛著,高铦译 58.00 元
90.《比较的幽灵》,[美]B. 安德森著,甘会斌译 48.00 元

第十批书目

91.《灾异手记》,[美]E. 科尔伯特著,何恬译 25.00 元

92.《技术与时间:3. 电影的时间与存在之痛的问题》,
[法]B. 斯蒂格勒著,方尔平译 65.00 元
93.《马克思主义与历史学》,[英]S. H. 里格比著,吴英译 47.00 元
94.《学做工》,[英]P. 威利斯著,秘舒、凌旻华译 39.00 元
95.《哲学与治术:1572—1651》,[美]R. 塔克著,韩潮译 45.00 元
96.《认同伦理学》,[美]K. A. 阿皮亚著,张容南译 45.00 元
97.《风景与记忆》,[英]S. 沙玛著,胡淑陈、冯樨译 78.00 元
98.《马基雅维里时刻》,[英]J. G. A. 波考克著,冯克利、傅乾译 108.00 元
99.《未完的对话》,[英]I. 伯林、[波]B. P. -塞古尔斯卡著,
杨德友译 65.00 元
100.《后殖民理性批判》,[印]G. C. 斯皮瓦克著,严蓓雯译 58.00 元

第十一批书目

101.《现代社会想象》,[加]C. 泰勒著,林曼红译 45.00 元
102.《柏拉图与亚里士多德》,[美]E. 沃格林著,刘曙辉译 54.00 元
103.《论个体主义》,[法]L. 迪蒙著,桂裕芳译 30.00 元
104.《根本恶》,[美]R. J. 伯恩斯坦著,王钦、朱康译 78.00 元
105.《这受难的国度》,[美]D. G. 福斯特著,孙宏哲、张聚国译 39.00 元
106.《公民的激情》,[美]S. 克劳斯著,谭安奎译 49.00 元
107.《美国生活中的同化》,[美]M. M. 戈登著,马戎译 35.00 元
108.《风景与权力》,[美]W. J. T. 米切尔著,杨丽、万信琼译 45.00 元
109.《第二人称观点》,[美]S. 达沃尔著,章晟译 69.00 元
110.《性的起源》,[英] F. 达伯霍瓦拉著,杨朗译 58.00 元

第十二批书目

111.《希腊民主的问题》,[法]J. 罗米伊著,高煜译　48.00 元
112.《论人权》,[英]J. 格里芬著,徐向东、刘明译　62.00 元
113.《柏拉图的伦理学》,[英]T. 厄温著,陈玮、刘玮译(即出)
114.《自由主义与荣誉》,[美]S. 克劳斯著,林垚译　62.00 元
115.《法国大革命的文化起源》,[法]R. 夏蒂埃著,洪庆明译　38.00 元
116.《对知识的恐惧》,[美]P. 博格西昂著,刘鹏博译　38.00 元
117.《修辞术的诞生》,[英]R. 沃迪著,何博超译　48.00 元
118.《历史表现中的真理、意义和指称》,[荷]F. 安克斯密特著,周建漳译　45.00 元
119.《天下时代》,[美]E. 沃格林著,叶颖译　78.00 元
120.《寻求秩序》,[美]E. 沃格林著,徐志跃译　48.00 元

第十三批书目

121.《美德伦理学》,[新西兰]R. 赫斯特豪斯著,李义天译　55.00 元
122.《同情的启蒙》,[美]M. 弗雷泽著,胡靖译　48.00 元
123.《图绘暹罗》,[美]T. 威尼差恭著,袁剑译　58.00 元
124.《道德的演化》,[新西兰]R. 乔伊斯著,刘鹏博、黄素珍译　65.00 元
125.《大屠杀与集体记忆》,[美]P. 诺维克著,王志华译　78.00 元
126.《帝国之眼》,[美]M. L. 普拉特著,方杰、方宸译　68.00 元
127.《帝国之河》,[美]D. 沃斯特著,侯深译　76.00 元
128.《从道德到美德》,[美]M. 斯洛特著,周亮译　58.00 元
129.《源自动机的道德》,[美]M. 斯洛特著,韩辰锴译(即出)
130.《种族与文化少数群体》,[美]G. E. 辛普森、[美]J. M. 英格尔著,马戎、王凡妹译(即出)

第十四批书目

131.《城邦与灵魂:费拉里〈理想国〉论集》,[美]G. R. F. 费拉里著,刘玮编译 58.00元

132.《人民主权与德国宪法危机》,[美]P. C. 考威尔著,曹晗蓉、虞维华译 58.00元

133.《16和17世纪英格兰大众信仰研究》,[英]K. 托马斯著,芮传明、梅剑华译(即出)

134.《民族认同》,[英]A. D. 史密斯著,王娟译 55.00元

135.《世俗主义之乐:我们当下如何生活》,[英]G. 莱文编,赵元译 58.00元

136.《国王或人民》,[美]R. 本迪克斯著,褚平译(即出)

137.《哲学解释》,[美]R. 诺齐克著,林南、乐小军译(即出)

138.《自由与多元论:以赛亚·伯林思想研究》,[英]G. 克劳德著,应奇等译 58.00元

139.《暴力:思无所限》,[美]R. J. 伯恩斯坦著,李元来译 59.00元

140.《中心与边缘:宏观社会学论集》,[美]E. 希尔斯著,甘会斌、余昕译 88.00元

有关"人文与社会译丛"及本社其他资讯,欢迎点击 www. yilin. com 浏览,对本丛书的意见和建议请反馈至新浪微博@译林人文社科。